AF287447

Horst H. Geerken

Hitlers Griff nach Asien

FSC
www.fsc.org
MIX
Papier aus ver-
antwortungsvollen
Quellen
Paper from
responsible sources
FSC® C105338

Horst H. Geerken

Hitlers Griff nach Asien

Der Anfang vom Ende der Kolonialzeit.
Deutsche Hilfe für Soekarnos Freiheitskämpfer
und Indiens Subhas Chandra Bose.
Eine Dokumentation, Band 2

A BukitCinta Book

Bibliografische Information der Deutschen Bibliothek:
Die Deutsche Bibliothek verzeichnet diese Publikation in der
Deutschen Nationalbibliografie; detaillierte bibliografische
Daten sind im Internet über http://dnb.dbd.de abrufbar.

Alle Rechte vorbehalten. A BukitCinta Book.
© 2015 bei Horst H. Geerken, 53177 Bonn
2. Auflage 2015
3. Auflage 2025

Umschlaggestaltung: Idee von Horst H. Geerken
Umsetzung: Sabine Berner, Barbara Bode
Foto Buchrückseite: Anette Bräker
Landkarten: Sabine Berner nach Skizzen von Horst H. Geerken
Lektorat: Anette Bräker, Michaela Mattern, Barbara Bode
Layout und Design: Arthur Bartl, Barbara Bode
Gesetzt in Adobe Garamond Pro

Verlag: BoD · Books on Demand GmbH, Überseering 33,
22297 Hamburg, bod@bod.de
Druck: Libri Plureos GmbH, Friedensallee 273, 22763 Hamburg
Printed in Germany

ISBN: 978-3-8192-9743-4

In Erinnerung an meine vielen indonesischen Freunde,
die als Freiheitskämpfer ihr Leben für die Unabhängigkeit
ihres Vaterlandes Indonesien riskierten, und
für Anette

Abb. 1
Übersichtskarte „Südraum" (Niederländisch-Indien und Malaya)
Die Niederlande im Größenvergleich

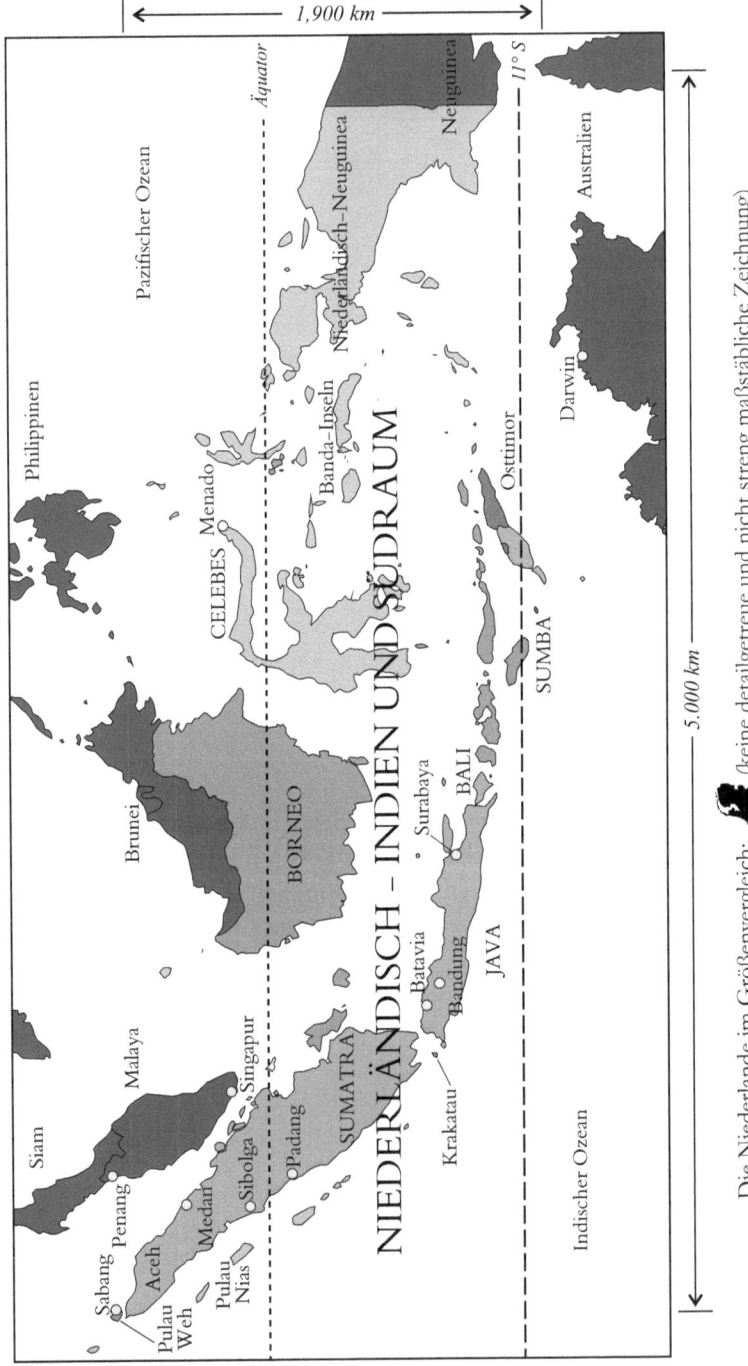

Die Niederlande im Größenvergleich: (keine detailgetreue und nicht streng maßstäbliche Zeichnung)

Inhalt

27. Rückblende auf Band 1 des Buches

In Band 1 wurde gezeigt, dass im Dritten Reich eine Euphorie für Niederländisch-Indien herrschte, die sich besonders in den unzähligen literarischen Neuerscheinungen über diesen Raum sowie bei Filmproduktionen offenbarte. Durch regelmäßig erscheinende Groschenromane für die deutsche Jugend, deren Handlungen mehrheitlich auf den Inseln und in den Gewässern Niederländisch-Indiens stattfanden, wurde die Jugend in den 1930er und 1940er Jahren stark für das heute Indonesien genannte Land sensibilisiert.

Es wurde auch gezeigt, welch wichtige Rolle der Verbindungsmann zwischen Außenminister Ribbentrop und Hitler, Walther Hewel, in Verbindung mit Niederländisch-Indien spielte. Durch sehr persönliche Eintragungen in dem Tagebuch Hewels konnte man seine Nähe zu Hitler direkt spüren. Besonders nach dem Einmarsch deutscher Truppen in die Niederlande und der Internierung aller Deutschen in Niederländisch-Indien war Hewel der zentrale Anlaufpunkt für alle Berichte aus diesem Raum.

Die Handelsbeziehungen des Dritten Reichs mit Niederländisch-Indien spielten in dem Buch eine wichtige Rolle. Auch wurden die Hintergründe, die zum Zweiten Weltkrieg und dem U-Boot-Krieg im Atlantik führten, dargelegt.

Ebenso wurde die Okkupation Südost-Asiens durch die Japaner ausgiebig behandelt. Dabei wurden schreckliche Ereignisse, die im Zuge der Eroberung geschahen, wie das Massaker von Nanking, oder der Eisenbahnbau von Siam nach Birma und die Transsumatra-Eisenbahn, nicht ausgespart.

Die Situation der Juden in Deutschland und in Niederländisch-Indien wurde beschrieben und gezeigt, dass die Ausreisewilligkeit der Juden aus Deutschland durch die späteren Alliierten stark behindert wurde. Selbst nach Kriegsende gingen Holocaust-Überlebende auf dem Weg nach Palästina nochmals durch eine zweite Hölle.

Nach der japanischen Besetzung Südost-Asiens wurden in Niederländisch-Indien und Malaya Stützpunkte der deutschen Kriegsmarine aufgebaut. Viele deutsche Unterseeboote erreichten diesen ‚Südraum', aber es gingen auch viele verloren. Die Hintergründe, weshalb deutsche U-Boote in einem so weit von Deutschland entfernten Gebiet operierten, wurden eingehend beleuchtet.

Horst H. Geerken
Im Winter 2014/15

28. Stützpunkt Sabang auf der Insel Weh und die italienischen U-Boote

An der Nordspitze Sumatras liegt eine Stadt mit rund 300.000 Einwohnern, die in der Zeit des Zweiten Weltkriegs noch Kota Radja hieß. Heute heißt die Stadt Banda Aceh. Kota Radja spielte schon in dem 1901 erschienenen Roman *Und Friede auf Erden* von Karl May eine zentrale Rolle.

Die Kota Radja vorgelagerte Insel Weh (Pulau Weh) mit der Ortschaft Sabang ist der nordwestlichste Punkt Indonesiens, man kann sagen: der nördlichste Vorposten der Insel Sumatra. Etwas nordwestlich davon liegen die zu Indien gehörenden Inselgruppen der Andamanen und Nikobaren. Von den Einheimischen wird die Insel Weh nach ihrer Hauptstadt auch nur Sabang genannt. Pulau Weh ist eine wunderschöne, ruhige und friedliche Insel vulkanischen Ursprungs am Ende der Welt. Bewachsen mit Kokospalmen und versehen mit vielen weißen Sandstränden und Korallenbänken ist sie ein Südseeparadies wie aus dem Bilderbuch. Es regnet viel, und so sind im Landesinnern die über 600 Meter hohen Berge mit einem undurchdringlichen Dschungel bedeckt. Hier, ganz im Westen, begann das niederländische Kolonialreich mit der kleinen Insel Weh und der Ortschaft Sabang. Die Touristeninsel Bali ist zum Beispiel rund 36 Mal größer. Aber wer weiß schon, dass diese kleine Insel, auf der zur Zeit des Zweiten Weltkriegs nur wenige tausend Menschen lebten, ein ziemlich geschichtsträchtiger Ort ist?

Heute leben auf der Insel rund 25.000 Menschen. Der einzige größere Ort dieser Insel, Sabang, ist ein kleiner bedeutungsloser und vergessener Ort, aber früher, Ende des 19. und Anfang des 20. Jahrhunderts, spielte Sabang dank seiner strategischen Position eine herausragende Rolle und war besonders im Zweiten Weltkrieg sogar Schauplatz heftiger Kämpfe.

Sabang machte schon nach dem Ersten Weltkrieg Schlagzeilen in der deutschen Presse. Als Japan das deutsche ‚Mandatsgebiet Tsingtao' erobert hatte, wurden etwa 800 Deutsche nach Japan gebracht und dort interniert. Diese Deutschen wurden erst 1920 in Sabang, das damals noch ein Teil Niederländisch-Indiens war, an Land gesetzt. Da die wirtschaftliche Situation in Deutschland nach dem Ersten Weltkrieg ausgesprochen schlecht war, blieben die meisten in Niederländisch-Indien und fanden eine Anstellung in der niederländischen Kolonialverwaltung.[1]

Sabang hat – nach indonesischen Angaben – den größten Naturhafen der Welt. Wie man auf der Karte sieht, ist der große Naturhafen durch die im

1   PNRI, *Deutsche Wacht*, 1922, Ausgabe Nr. 5

Westen der Insel hervorragende Landzunge vor den Monsunwinden gut geschützt. Schiffe mit dem größten Tiefgang konnten und können hier anlegen.

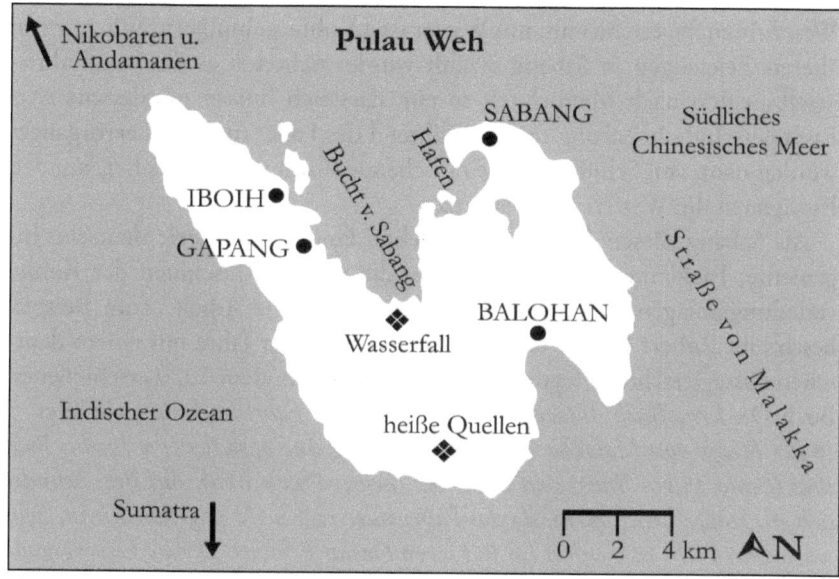

Abb. 2
Pulau Weh (Insel Weh) mit Sabang

Schon 1895 war der Hafen Bunkerstation für Kohle und Wasser auf halbem Wege zwischen dem Suezkanal und dem weiteren Osten. Während des
russisch-japanischen Krieges Anfang des 20. Jahrhunderts, bei dem erstmals
ein asiatisches Land eine europäische Macht besiegte, wurde man sich der
hervorragenden strategischen Lage dieser kleinen Insel bewusst. Der Hafen von Sabang lag gegenüber der Insel Penang in Malaya. Hier war die
nördliche Eingangspforte der Straße von Malakka. Von hier aus konnte
man diese wichtige Wasserstraße überwachen und beherrschen. Dies weckte
Begehrlichkeiten europäischer Großmächte. Die Niederlande verstärkten
ihre Aktivitäten und gründeten dort die ‚Aktiengesellschaft Seehafen und
Kohlestation Sabang‘, einen privaten Freihafen. Wo bisher nur Urwald
wucherte, entstanden nun Landungsbrücken und die modernsten Kohle-
transportmaschinen jener Zeit. Riesengroße Kräne ragten in den blauen
Tropenhimmel. Ein Trockendock war vorhanden, in dem nicht nur Schiffe
repariert, sondern auch kleinere Schiffe gebaut wurden. Für die Arbeiter
wurden eigene Siedlungen gebaut. Die junge Hafenstadt gewann, beson-

ders während des Ersten Weltkriegs, rasch an Bedeutung. Für die niederländischen und internationalen Schifffahrtslinien war Sabang damals noch wichtiger als Singapur.

Alle großen Passagierschiffe, die von West nach Ost und von Ost nach West fuhren, legten hier an, um Wasser und Kohle zu bunkern. Wie mir von älteren Zeitzeugen in Sabang erzählt wurde, richteten es die Schifffahrtsgesellschaften nach Möglichkeit so ein, dass sich immer mindestens zwei Passagierschiffe in Sabang trafen. Während des Lade- und Bunkervorganges wurden dann von Schiff zu Schiff rauschende Bordfeste veranstaltet, um den Passagieren die Wartezeit zu verkürzen.

Als Sabang diesen Aufschwung erlebte, fanden auch viele deutsche Ingenieure, Fachleute und Techniker für die großen Maschinen der Kohleverladungsanlagen, Beamte und Kaufleute dort eine Arbeit. Zum Beispiel beschreibt Robert Genin, der dort Ende der 1920er Jahre mit einem deutschen Passagierschiff anlegte, seinen Landausflug in dem 1929 erschienenen Buch *Die ferne Insel: Aufzeichnungen von meiner Fahrt nach Bali* wie folgt:
In der Straße von Malakka liegen zwei immergrüne paradiesische Inseln: Pulo Bras (heute: Pulau Bras)[2] und Pulo Weh (heute: Pulau Weh). Auf Bras befindet sich ein großer Leuchtturm, da das Fahrwasser hier nicht ungefährlich ist. Sein warnendes Licht ist weithin im Indischen Ozean sichtbar. Es mag kein Vergnügen sein, auf diesem Turm Dienst zu leisten, in tiefer Einsamkeit, in der Nähe der Atchinesen (heute: Acinesen, Einwohner von Aceh/Nordsumatra), jenes berüchtigten Volksstammes der Insel Sumatra. Viermal sind die Wärter von Piraten ermordet worden. Hoffnung auf Raub war die Veranlassung – aber nicht dies allein, sondern auch Rache![...]
Auf Pulo Weh liegt Sabang. Dort waren wir schon in Holländisch-Indien. Sabang! Ewiger Sommer! Hochgewölbte, ewig grüne Hügel, mit Bananenbäumen und Palmen bedeckt, umrahmen eine natürliche Bucht, einen sicheren Hafen, wie man ihn selten findet. Das Meer ist bis dicht an die Küste heran tief. Die Schiffe legen direkt am Kai an. Ein holländischer Polizist erscheint, ein Malaie mit nackten Beinen und krummem Säbel, sonst keine Behörde, keine Formalitäten – ein Freihafen, eine neutrale Kohlenstation, eine Konkurrenz für das mächtige Singapore, das glaubt, kein Schiff dürfe an ihm vorbeifahren. In den letzten Jahren hat sich das geändert: Viele Dampfer nehmen in Sabang ihre Kohle und fahren an Singapore vorüber. [...]

---

2   Pulo Bras liegt wenige Seemeilen westlich von Pulo Weh, heute Pulau Weh. Pulau Bras war während der niederländischen Kolonialzeit auch unter den Namen ‚Pulau Breueh‘ oder ‚Willemstoren‘ bekannt. Auf einer Bergspitze liegt der Leuchtturm, der mit seinem weit strahlenden Licht bis heute den nordwestlichen Eingang zur Straße von Malakka markiert. Pulau Bras ist kaum bewohnt.

Ein zweirädriger Karren, von einem lustigen Pferdchen unter dauerndem Glockengebimmel gezogen, nimmt dich in Empfang. Der Kutscher fragt nicht, wohin du willst. Schnurgerade fährt er zum Süßwasserbad. Ja, dies Bassin mit süßem Wasser unter Palmen ist der Anziehungspunkt aller Reisenden. Hier kommen sie in einem großen Bad zusammen. Am Eingang wird einem eine Kokosnuss eingehauen, und man trinkt mit Vergnügen den Saft aus der schmalen Öffnung. [...]
Doch man muss auch in das Hotel, das einem Japaner gehört, und in den Deutschen Klub. [...]
(Man) hört sich Heimatklänge im Deutschen Klub an, wo ein Klavier stand und vorjährige deutsche Zeitungen auslagen.
In Sabang, diesem kleinen aber mächtig aufblühenden Ort, findet ein besonders gemischtes Volk zusammen, das an der Kohlenstation seine Arbeit findet. Das Hafenarbeiterviertel ist fast ausschließlich chinesisch. Die Häuser stehen auf Pfählen. [...] Das große Geschäftshaus gehört einem Griechen. Er spricht Deutsch und erzählt mir, wie er vor zwanzig Jahren sich hier in vollster Einsamkeit ansiedelte. [...]
Unter lustigem Glockengebimmel, von munter springenden Pferdchen willig gezogen, durchquerte ich die Insel. Mein erster starker, tief nachwirkender Eindruck: hier schwebst du unter Palmen, durch Bananenhaine glückselig dahin. Hier ist tiefer, ungeahnter Friede, ewiger Sommer, ewiges Grün. [...][3]

Von all dem Glanz war zu Beginn des Zweiten Weltkriegs nicht mehr viel zu sehen. Es war wohl noch ewiger Sommer und auch noch ewiges Grün, aber Singapur hatte Sabang den Rang abgelaufen. Sabang wurde wieder ein kleiner bedeutungsloser vergessener Ort, aber der ‚tiefe, ungeahnte Friede‘ war schon bald dahin.

Als der Zweite Weltkrieg begann, musste auf Anordnung der niederländischen Kolonialherren die Hakenkreuzfahne am Deutschen Club eingeholt werden. Nach dem Einmarsch deutscher Truppen in die Niederlande wurde das Gebäude des Deutschen Clubs konfisziert. Alle auf der Insel Weh lebenden Deutschen wurden zunächst in Sumatra interniert und später in die Lager von Britisch-Indien verfrachtet. Einigen Deutschen ist jedoch die Flucht in den tiefen Dschungel der Insel Weh gelungen, wo sie sich mit Hilfe der einheimischen Bevölkerung bis zum Eintreffen der mit Deutschland verbündeten Japaner viele Monate lang versteckt halten konnten.

Die Insel Weh mit dem Hauptort Sabang war der erste Brückenkopf in Niederländisch-Indien, den Japan von Penang aus erobert hatte. Über den von den Japanern aufgebauten Marinestützpunkt Sabang war bisher so gut wie nichts bekannt, vielleicht auch daher, weil Sabang ein japanischer Stütz-

3   Robert Genin, *Die ferne Insel*, S. 65ff)

punkt war, der als letzter im damals sogenannten ‚Südraum' mit deutschem Personal besetzt wurde. Selbst der U-Boot-Fahrer und Autor vieler Bücher über den U-Boot-Krieg der Deutschen, Jochen Brennecke, hat über diesen Stützpunkt nur einmal ganz kurz am Rande berichtet. Auf seinen Übersichtskarten erscheint nicht einmal dieser Standort. Dabei spielte Sabang – wie wir sehen werden – als erster Anlaufpunkt für U-Boote nach der langen Seereise, bei der Überwachung der Straße von Malakka und als Versteck für vorwiegend deutsche Fremdenlegionäre eine herausragende Rolle, ganz abgesehen von Sabangs historischer Bedeutung.

Die französischen Truppentransporter, die bis zur Besetzung Frankreichs durch die deutschen Streitkräfte in Juni 1940 zwischen ihrem Heimathafen Marseille und ihren Besitzungen in Französisch-Indochina fuhren, mussten bei jeder Reise die ‚Straße von Malakka' zwischen der Insel Sumatra und der Malaiischen Halbinsel passieren. Französisch-Indochina war eine riesige Kolonie, die die heutigen Staaten Vietnam, Kambodscha und Laos umfasste. Militärische Konflikte waren an der Tagesordnung, und große Verluste gegen einem Feind, der aus dem Untergrund kämpfte und nicht zu fassen war, musste Frankreich durch einen regelmäßigen Nachschub an Fremdenlegionären wieder ausgleichen. Der weitaus größte Anteil an Fremdenlegionären kam aus Deutschland.

In Marseille wurden die Fremdenlegionäre mit dem Marschbefehl verabschiedet: *Vous êtes légionnaires pour mourir! Vive la Légion!* (Ihr seid Legionäre geworden, um zu sterben! Es lebe die Legion!). Es waren Söldner – Verurteilte, Gescheiterte, Entwurzelte, Verzweifelte –, aber keiner von ihnen wollte sterben. So war es kein Wunder, dass viele Legionäre jede Möglichkeit nutzten, um zu desertieren.

Die ‚Straße von Malakka' ist zwischen 3 und 300 Kilometer breit. Für Fremdenlegionäre war die Position zwischen Penang und Sabang der beliebteste Augenblick, um über Bord zu springen. Auf der Schiffsroute nach Norden kamen die Truppentransporter immer wieder in die Nähe der Küste Sumatras. Obwohl die französischen Truppen an Bord den Transport in dieser Wasserstraße besonders aufmerksam überwachten, gelang Tausenden die Flucht. Allerdings war die Freiheit für viele nur von kurzer Dauer, denn das Meer ist in dieser Region mit Haifischen und giftigen Wasserschlangen verseucht. Diejenigen, die es bis zur Küste schafften, waren noch längst nicht in Sicherheit, denn die flache sumpfige Küste Ost-Sumatras war durchgehend mit fast undurchdringlichen Mangroven bewachsen.

Diejenigen, die endlich eine Ansiedlung erreicht hatten, traten gerne in die Dienste der Niederländer in Niederländisch-Indien ein. Hier waren die Bedingungen wesentlich humaner als in der französischen Fremdenlegion. Aber viele lebten auch im Verborgenen in den Dschungelgebieten in Nordsumatra und Sabang. Von der einheimischen Bevölkerung wurden sie meist geduldet und erhielten Schutz.

1963 traf ich in Jakarta einen ehemaligen deutschen Fremdenlegionär, dem – kurz vor Ausbruch des Zweiten Weltkriegs – auf der Schiffsreise nach Französisch-Indochina die Flucht nach Sabang gelungen war. Nach seiner Aussage bedeutete zu jener Zeit ein Einsatz in Indochina fast den sicheren Tod. Er erzählte, dass sich teilweise bis zu 100 geflüchtete Fremdenlegionäre im Dschungel der Insel Weh versteckt hielten und nur darauf warteten, dass zufällig ein Schiff ihres Heimatlandes den Hafen von Sabang anlief, um zurück in die Heimat zu kommen.

Der genannte deutsche Fremdenlegionär schaffte es nicht mehr zurück nach Deutschland. Er wurde vom Zweiten Weltkrieg überrascht. Er versteckte sich zunächst bei Einheimischen in Sabang vor den Niederländern, da ihm – als deutschem Staatsbürger – die Internierung gewiss gewesen wäre. Nachdem die Japaner Sabang okkupiert hatten, arbeitete er dort zunächst auf dem japanischen Marinestützpunkt. Als ab 1943 auch die Deutsche Marine in Sabang präsent war, stellte er dieser seine Arbeitskraft zur Verfügung. Er war für den Betrieb eines Dieselkraftwerks verantwortlich. Nach der Kapitulation Japans schloss er sich den Freiheitskämpfern unter Soekarno an und kämpfte in Sumatra gegen die Niederländer, die ihre ehemalige Kolonie, das nun unabhängig gewordene Indonesien, wieder zurückerobern wollten. Nach 1950 wurde er indonesischer Staatsbürger und förderte nebenberuflich den Boxsport. Er hat seine deutsche Heimat nie mehr gesehen. Sie war nicht mehr seine Heimat. Mitte der 1970er Jahre ist er in Indonesien verstorben.

Nachdem bei dem rasanten Vorstoß der Kaiserlichen Japanischen Armee nach Süden Malaya unterworfen worden war, besetzten die Japaner sofort die strategisch wichtige Insel Weh. Der Hafen von Sabang bot sich für einen Marinestützpunkt an. Er war der ideale Ort, um den Schiffsverkehr in der Straße von Malakka zu observieren. Nun war es mit der friedlichen Ruhe auf der verschlafenen einsamen Insel vorbei.

Nachdem die Japaner ihren Marinestützpunkt eingerichtet hatten, baute auch Deutschland eine Basis für Personal der Kriegsmarine auf. Der Marinestützpunkt in Sabang war primär ein japanischer, durfte aber von den Deutschen mitbenutzt werden. Hier wurden die deutschen Boote nicht gewartet oder verproviantiert. Der Stützpunkt Sabang diente lediglich als erster Anlaufpunkt der Boote aus Europa. Von hier aus wurden sie mit Begleitschutz von Schiffen und aus der Luft nach Penang geleitet. Gegen Kriegsende wurde diese nördliche Strecke der Straße von Malakka immer mehr durch feindliche U-Boote gefährdet.

Das deutsche Marinepersonal führte hier sicherlich anfangs ein ruhiges und unbeschwertes Leben auf der tropischen Insel. Mit Kokospalmen, weißen, unberührten Sandstränden und Korallenbänken haben sie sich vermutlich so sicher wie im Paradies gefühlt – und das mitten im Krieg.

Schon vor dem Ersten Weltkrieg hatten die Niederländer ein Militärhospital in Sabang errichtet, das auch als medizinischer Stützpunkt für das deutsche Kaiserliche-Ostasien-Geschwader Verwendung fand. Das Krankenhauspersonal bestand aus niederländischen Ärzten und katholischen Schwestern. Viele deutsche Kriegsschiffe wie die Kreuzer *Scharnhorst* und *Gneisenau* oder die *Emden* kreuzten in diesen Gewässern.[4] Bis 1902 hatte das deutsche Kaiserliche-Ostasien-Geschwader ein eigenes Marine-Hospital in Yokohama in Japan, danach in der deutschen Besitzung Tsingtao in China.

Das Militärhospital in Sabang zählte während des Ersten und Zweiten Weltkriegs zu den besten Hospitälern in ganz Südost-Asien, zumal es während der japanischen Besatzung von 1942 bis 1945 von deutschem medizinischem Personal grundlegend renoviert und modernisiert wurde.

Deutsche kommerzielle Reedereien, wie der Norddeutsche Lloyd oder die Hamburg-Amerika Linie, ließen schon immer, wenn sie diese Gewässer passierten, kranke Seeleute und Passagiere im Krankenhaus von Sabang gesund pflegen. Vor Beginn des Zweiten Weltkriegs wurde hier auch der kranke Seemann Siegfried Meyrich von dem Lloyd-Schiff *Crefeld* behandelt. Bei Kriegsbeginn wurde er von den Niederländern direkt vom Krankenhausbett weg interniert. Später war er einer der wenigen, der den Untergang der *Van Imhoff* überlebte.[5]

Das niederländische Personal des Krankenhauses war entweder vor der japanischen Armee geflohen oder wurde von den japanischen Truppen liquidiert. Mit Hilfe der mit den deutschen U-Booten angekommenen Bordärzte nahm das Krankenhaus seinen Betrieb erneut auf. Es ist anzunehmen, dass schwere Erkrankungen der deutscher Seeleute und des deutschen Personals aller Marinestützpunkte im ‚Südraum' in Sabang behandelt wurden.

Wann das erste japanische U-Boot in den Hafen von Sabang einlief, konnte nicht eindeutig geklärt werden. Das erste Boot, das von Europa aus den ‚Südraum' erreichte, war das italienische Boot *Commandante Cappellini,* das als Fracht-U-Boot unter deutscher Befehlsgewalt stand. Es legte von Bordeaux kommend am 10. Juli 1943 in Sabang an.

Am 20. Juli 1943 erreichte U 511 unter Kapitänleutnant Schneewind, von Lorient kommend, als erstes deutsches U-Boot den Hafen von Penang. Ob U 511 zuvor in Sabang anlegte oder direkt nach Penang fuhr, ist nicht

---

4   Geerken, *Der Ruf des Geckos*, S. 407ff
5   Band 1 des Buches

dokumentiert. U 178 unter Korvettenkapitän Dommes und das italienische
Boot *Luigi Torelli* legten am 26. August 1943 gemeinsam in Sabang an. Kurz
danach fuhr U 178 nach Penang weiter.

Das erste deutsche U-Boot, dessen Einfahrt in den Hafen von Sabang
überliefert wurde, ist U 168 vom Typ IX C unter dem Kommando von
Kapitänleutnant Helmuth Pich. U 168 lief am 3. Juli 1943 mit sieben wei-
teren Booten aus Lorient in West-Frankreich aus. Bei Operationen an der
Westküste Indiens wurde das Boot durch Wasserbomben beschädigt. Der
Schaden konnte nicht mit Bordmitteln behoben werden. Kommandant
Pich bekam von der Seekriegsleitung in Deutschland den Befehl, zur Re-
paratur den Hafen von Penang anzulaufen. Nördlich von Sumatra wurde U
168 von einem japanischen Geleitboot aufgenommen und zunächst in den
Hafen von Sabang gebracht. Nach 132 Tagen auf See hatten die Männer von
U 168 endlich wieder festen Boden unter den Füßen.

Kommandant Pich beschreibt die Einfahrt nach Sabang in seinem Tagebuch wie folgt:

*Man hat bei diesen bergigen Inseln, die steil aus der kristallklaren, blauen See
herauswachsen, immer das Gefühl, dass man gleich anstößt. Nichts dergleichen.
Man hat immer noch zehn Meilen zu fahren. Der Hafen entsprach dem, was
man sich von einer Tropeninsel in seinen Träumen vorzustellen pflegt. Er war
kreisrund, ein Kraterhafen, hinter dem blütenweißen Strand Hütten, unter sich
wiegenden Palmen. Nach 152 Tagen[6] Einsatz endlich wieder der Befehl ,Ma-
schinen aus!*[7]

Ein japanischer Offizier informierte Kommandant Pich, dass ein japanischer
Admiral die ganze Mannschaft von U 168 zum Empfang bitte, aber alle
Mann sollten doch bitte zuvor das neu errichtete japanische Badehaus auf-
suchen. Anstelle von Blumenkränzen und Girlanden zum Empfang wird
man in Japan in der Regel zum Bade geladen. Die 55 Mann starke Besatzung
wurde einer nach dem anderen von drei japanischen Soldaten mit siedend
heißem Wasser abgebrüht und abgebürstet, bevor sie in frischen Khakiuni-
formen beim Empfang des japanischen Admirals erschienen. Kapitänleutnant Pich schreibt weiter:

*Er [Anm. d. Verf.: der japanische Admiral] macht uns und wir ihm Kompli-
mente. Wir waren ja so froh, dass wir endlich einen Tag Ruhe hatten und sahen
uns nach dem Empfang die Eingeborenen-Hütten am Strand und die Affen an.*

---

6 Nach meinen Berechnungen waren es ,nur' 132 Tage! Vielleicht schloss
Kommandant Pich die Anreise nach Lorient in seine Berechnung mit ein.

7 Brennecke, *Haie im Paradies*, S. 49ff

Im Übrigen wussten wir nicht, wie es weitergehen würde. Der Admiral hatte lächelnd gebeten, wir möchten uns gedulden. Geduld, ein Wort, das in Asien ganz groß geschrieben wird, das aber in uns nagt wie Sand in einem Getriebe.[8]

Doch schon am nächsten Tag ging es weiter. Zusammen mit dem Geleitboot und einem aus Penang eingetroffenen Wasserflugzeug Arado 196 zur Sichtung feindlicher U-Boote, erreichte U 168 sicher den Hafen von Penang. Kommandant Pich und seine Mannschaft wurden vom Stützpunktleiter Kapitänleutnant Konrad Hoppe, einem japanischen Militär-Musikzug und einer japanischen Band aus Tokyo, die abwechselnd deutsche und japanische Märsche intonierten, begrüßt. Was nach der ersten Begrüßungszeremonie folgte, beschreibt Pich so:

Das Baden kannten wir ja schon. Dann, nachdem ich mich vergewissert hatte, dass es meiner Besatzung an nichts fehlt, gingen diese Besuche los. Bei zwölf höchsten und höheren japanischen Offizieren. Angefangen beim Admiral, beendet bei einem Kapitän. Erst war es immer ein wenig steif. Aber bei jedem wurde ein kleines Gläschen gereicht. [...] Ich habe an diesem Vormittag 68 Stück verputzen müssen. Zum letzten Antrittsbesuch kamen wir daher schon sehr fröhlich an. Man war nicht indigniert, nein, man freute sich sehr darüber.[...]
Abends war zu unseren Ehren in dem Club der japanischen Marine ein großer Empfang arrangiert. Erst wurden kernige Worte des Dankes gewechselt, und schließlich, ich traute meinen Augen nicht, zogen die Herren Gastgeber, alles höhere und höchste Offiziere, ihre Jacken aus. So begann das Mahl. In Hemdsärmeln. Mich redeten sie mit ,Pitschi-San' an. Wie froh war ich, dass ich nur ein kleiner Kapitänleutnant war. Den Korvettenkapitän Ehrhardt, der von Singapur zur Begrüßung herübergekommen war, nannten sie ,Ehrhardt-Kakker'.[9]

Der japanische U-Kreuzer I-29 legte am 6. März 1943 in Sabang an, um den indischen Freiheitskämpfer Subhas Chandra Bose, den I-29 im Indischen Ozean von dem deutschen Boot U 180 übernommen hatte, an Land zu setzen. Laut einem Zeitzeugen[10] legte zum gleichen Zeitpunkt auch U 180 unter Kommandant Musenberg in Sabang an. Die beiden Boote waren gemeinsam von dem Treffpunkt im Indischen Ozean – von dem ich später noch detailliert berichten werde – nach Sabang gefahren.

Die U-Boot-Besatzungen und das Stammpersonal der Marinestützpunkte in Malaya und Niederländisch-Indien mussten schwerste Arbeit in den feucht-heißen Tropen leisten, an die sie nicht gewöhnt waren. Auch aus Si-

---

8   Ibid.
9   Ibid.
10   Dr. Madan

cherheitsgründen wurden Wartungsarbeiten im Boot durch die Mannschaft durchgeführt. Trotzdem war der allgemeine Gesundheitszustand der Leute zufriedenstellend. Anfangs wurde durch einen Irrtum eine sehr hohe Anzahl von Malariaerkrankungen – bis zu 25 Prozent der Mannschaften – gemeldet. Die in der Tropenmedizin noch unerfahrenen deutschen Sanitätsoffiziere hatten ein harmloses heftiges Tropenfieber mit Malaria verwechselt. Erst als der erfahrene Tropenarzt Dr. Schlenkermann für den ganzen ,Südraum' zuständig war und der Oberassistenzarzt Dr. Buchholz nach Singapur kam, wurde dieser Irrtum bemerkt. Malaria wurde nun sogar so selten diagnostiziert, dass auf eine Prophylaxe verzichtet werden konnte.

Trotzdem wurden viele tausende Ampullen des deutschen Arzneimittels Atebrin gegen Malaria und hunderttausende Atebrin-Tabletten mit den U-Booten nach Südost-Asien gebracht. Vermutlich wurden diese für die im Dschungel Malaysias kämpfenden Japaner und für die Zwangsarbeiter beim Bau der Trans-Sumatra- und der Siam-Birma-Eisenbahn benötigt.[11]

Dysenterie, Hautverletzungen und Geschwüre mussten regelmäßig behandelt werden, denn die Anfälligkeit für Krankheiten war in den Tropen um einiges höher als in Deutschland. Allerdings war die Versorgung mit Medikamenten im ,Südraum' sehr viel besser als zu Hause in Deutschland oder an der Ostfront.

Das ehemalige Militärhospital in Sabang ist heute das allgemeine Krankenhaus ,Rumah Sakit Umum Sabang'. Bis heute hat sich der gute Ruf des Hospitals gehalten. Als deutsche Ingenieure und Monteure der Firma AEG-Telefunken für ein neues Projekt ,Freihafen' in der zweiten Hälfte der 1960er Jahre für viele Monate in Sabang tätig waren um Telekommunikationseinrichtungen aufzubauen, wurden sie von dem damaligen Chefarzt Dr. Kamaruzzaman bestens betreut.

Italien war noch Partner der Deutschen im Dreimächtepackt und führte im Auftrag der Deutschen Kriegsmarine Transportfahrten nach Südost-Asien durch. Das italienische U-Boot *Luigi Torelli* wurde – wie weitere italienische U-Boote – zu einem Transport-U-Boot umgebaut. Alle acht Torpedorohre wurden in Laderaum oder zu Treibstofftanks umgebaut, und die Batterien für Unterwasserfahrt wurden teilweise entfernt, um weiteren Laderaum zu schaffen. Nach dem Umbau wurde die *Luigi Torelli* auch *Aquila IV* genannt. Am 16. Juni 1943 ist die *Luigi Torelli* mit Kommandant Enrico Gropalli aus Brest nach Südost-Asien ausgelaufen. Es war die 11. Feindfahrt der *Luigi Torelli*. Erstes Ziel des Bootes war der Hafen von Sabang in Nord-Sumatra, danach Singapur.

---

11 Departement of the Navy – Naval Historical Center, Washington DC, Report SRH-19, S. 8

Die *Luigi Torelli* hatte über 150 Tonnen Fracht geladen: Spezialstahl für die Kugellagerfertigung, Quecksilber, eine 2cm-Lafette, mehrere hundert Mauser Flugzeug-Abwehrkanonen vom Typ MG 151/20, U-Boot-Optiken, eine neu entwickelte 500 Kilogramm SC 500-Minenbombe und weitere Munition als Muster für die japanische Kriegsindustrie. Außerdem waren einige Ersatz-Torpedos für Penang an Bord.

Als wichtigstes Frachtgut waren auch zwei Funkmessgeräte FuMG der Firma Telefunken geladen, die allgemein unter dem Namen *Würzburg*-Radargeräte bekannt waren. Mit dieser Radaranlage konnte man Flugzeuge und Schiffe bis zu einer Entfernung von 60 bis 80 Kilometern orten, und damit die Straße von Malakka überwachen. Angriffe der Alliierten auf die Erdgas- und Erdölfelder Sumatras sollten rechtzeitig erkannt und dadurch leichter verhindert werden.

Nach der Kapitulation Italiens und dem Seitenwechsel zu den Alliierten lief die *Luigi Torelli* unter deutschem Kommando als UIT 25 (Unterwasser-Italien-Transportboot) weiter. Die Mehrheit der italienischen Marineleute blieb nach der Kapitulation und dem Seitenwechsel Italiens weiterhin in den Diensten der Deutschen Kriegsmarine auf den U-Booten. Die restlichen, die nicht auf deutscher Seite weiterkämpfen wollten, wurden von den Japanern in einem Gefängnis in Singapur interniert. Wie mir der bereits erwähnte deutsche Fremdenlegionär erzählte, sollen die Italiener als Freiwillige sehr zuverlässig für die Deutschen auf den Stützpunkten und den italienischen U-Booten weitergearbeitet haben.

Entweder war die Würzburg-Radaranlage in Sabang noch nicht in Betrieb, oder das Personal der Marinebasis in Sabang fühlte sich auf der einsamen tropischen Insel Weh so sicher, dass sie den Luftraum und die See bei Nacht nicht überwachten. Die Mannschaft aus Japanern und Deutschen, die bis dahin eine unbeschwerte Zeit auf der fernen Insel erlebt hatten, wurden völlig unvorbereitet im Schlaf erwischt. Jedenfalls war niemand auf einen Angriff der Alliierten vorbereitet.

Plötzlich wurde das tropische Paradies, gut fünf Grad nördlich des Äquators, zur Hölle. Am frühen Morgen des 19. April 1944 näherten sich der britische Flugzeugträger *HMS Illustrious* und der amerikanische Flugzeugträger *USS Saratoga* dem Hafen von Sabang. Unterstützt wurden die beiden Flugzeugträger von 20 weiteren Kriegsschiffen, wie den Kreuzern *HMS Ceylon* und *Gambia* und den Zerstörern *HMS Quillian, Quadrant* und *Dunlop*. Das britische Schlachtschiff *HMS Queen Elisabeth* war das Flaggschiff von Admiral James Sommerville, dem Oberbefehlshaber der *Eastern Fleet*, der auch diese Operation leitete. Es war eine Flotte aus Marineeinheiten der gemeinsam operierenden ‚US Navy‘, der ‚Britischen Royal Navy‘, der ‚Royal

Australien Navy', der niederländischen ,Koninklijke Marine' und der ,Royal New Zealand Navy'. Vor dem Angriff auf Sabang versorgte sich die Flotte am 6. April in Exmouth in West-Australien noch mit Treibstoff und Proviant.

Dabei war auch das französische Schwere Schlachtschiff *Richelieu* mit 40.000 Bruttoregistertonnen, das sich bei der Kapitulation Frankreichs in West-Afrika befand. Der Kommandant schloss sich nicht der deutschfreundlichen Vichy-Regierung an und operierte innerhalb der britischen *Eastern Fleet*.

Die USA ordnete Angriffe auf die japanisch-deutschen Marinestützpunkte in Südost-Asien an, um ihre eigenen Operationen östlich von Neuguinea und weiteren Inseln im Pazifik zu entlasten. Der strategisch wichtige Hafen Sabang wurde als erstes und wichtigstes Ziel ausgewählt, da hier wieder neue ausgedehnte Hafenanlagen mit Treibstofftanks und Docks sowie umfangreiche Telekommunikations-Anlagen aufgebaut waren. Hier war auch die erste Überwachungs-Radaranlage *Würzburg* installiert.

In Sabang gab es den Flughafen Lho Nga (heute: Maimun Saleh), von dem aus die Japaner ihre Truppen in Birma versorgten, die dort gegen die 14. Britische Armee kämpften. Der Angriff der Alliierten auf Sabang wurde unter dem Codenamen ,Operation Cockpit' geplant und durchgeführt.

Am frühen Morgen um 5:30 Uhr des 19. Aprils 1944 griffen 46 Bomben- und 37 Jagdflugzeuge den Hafen und die im Hafen liegenden Schiffe an. Auch der Flugplatz, die Radaranlage, die Telekommunikationseinrichtungen, die großen Öltanks und das Kraftwerk waren Ziele der Operation und wurden bombardiert. Der Hauptort Sabang auf dem tropischen Eiland stand plötzlich in Flammen! Die japanische Mannschaft wurde im Schlaf überrascht. Bis sie ihre Flugzeugabwehrgeschütze in Stellung bringen konnten, war schon alles zerstört. Es gelang ihnen nur noch, ein Flugzeug der Alliierten abzuschießen.

Als der Angriff beendet war, lag der Hafen mit seinen Docks in Trümmern, zwei japanische Zerstörer, zwei Handelsschiffe und ein Begleitschiff waren zerstört. Vermutlich war zu der Zeit kein deutsches U-Boot im Hafen, ansonsten wäre es sicherlich in der überlieferten Dokumentation der Briten erwähnt worden. Die Dieselgeneratoren für die Stromversorgung, Telekommunikationseinrichtungen und die Radarstation lagen in Trümmern, die Öltanks standen in Flammen und auf dem Flughafen Lho Nga waren 30 japanische Flugzeuge vernichtet.

Für die Alliierten war ,Operation Cockpit' ein voller Erfolg. Nach der Attacke erwähnte der Oberbefehlshaber der Eastern Fleet, Admiral Sommerville: *We caught the Japs with their kimonos up and their heads down and gave Sabang a good bang.*[12]

12 Water, *The Royal New Zealand Navy*, S. 359

Am 27. April 1944 wurden in Exmouth in West-Australien die Tanks der alliierten Flotte wieder gefüllt und neue Munition geladen. Anschließend wurde Sabang erneut attackiert. Von nun an kamen Sabang auf der kleinen Insel Weh und viele andere Städte in Sumatra nicht mehr zur Ruhe. Gleichzeitig mit der US-Offensive auf den Marianen- und Palau-Inseln im Pazifik wurde die paradiesische Insel Sabang am 10. Juni und 21. Juni 1944 erneut aus der Luft angegriffen.

Nur vier Tage später griffen die Alliierten den Hafen Port Blair auf den Andaman-Inseln, nördlich von Sabang, an. Die Andaman- und Nikobar-Inseln waren die einzigen Territorien Britisch-Indiens, die von Japan besetzt wurden. Sie wurden pro forma an die Exilregierung von Subhas Chandra Bose und der ‚Indian National Army‘ übergeben. Auf den beiden Inselgruppen wehte nun die Flagge von *Azad Hind*‘, die Fahne des von der Kolonialmacht Großbritannien befreiten freien Indiens. Die Flughäfen der beiden Inselgruppen waren jedoch durch alliierte Bombenangriffe zerstört, da sie dem japanischen Nachschub für Birma dienten.

Am 25. Juli 1944 wurde von den britischen Flugzeugträgern *HMS Victorious* und *HMS Illustrious* ein erneuter Luftangriff auf Sabang durchgeführt. Hier war wieder der Flughafen Lho Nga das Ziel. Danach folgten Luftangriffe der Alliierten auf die Hafenstadt Padang in West-Sumatra und die wenige Kilometer westlich im Landesinneren gelegene kleine Stadt Indaroeng. Padang und andere Städte Sumatras wurden erneut ab dem 24. August 1944 bombardiert. Die Flugzeugträger operierten unter dem Schutz des britischen Schlachtschiffes *HMS Howe* und anderer Kriegsschiffe der Eastern Fleet. Am 17. November 1944 wurde die kleine Hafenstadt Pangkalan Brandan an der Straße von Malakka, etwa 70 Kilometer nördlich von Medan, bombardiert. Am 20. November galt ein neuer Angriff Sabang. Am 17. Dezember 1944 wurde Belawan, der Hafen von Medan, zerstört. Die Lage im ‚Südraum‘ wurde immer unsicherer.

Nach den Angriffen war der Marinestützpunkt Sabang ab der zweiten Hälfte des Jahres 1944 operativ praktisch ausgeschaltet. Nach meinen Informationen liefen von da an auch keine deutschen U-Boote mehr diesen Hafen an. Die Straße von Malakka war durch Minen der Alliierten gefährlich geworden. Der sicherste Korridor für die Einfahrt in den ‚Südraum‘ wurde nun die Sundastraße mit dem ersten Anlaufhafen Batavia.

Ab März 1945 wurde das französische Schlachtschiff *Richelieu* mit der Zerstörung von Hafenanlagen und Küstenschutz-Batterien der japanischen Stützpunkte beauftragt. Obwohl die *Richelieu* als französisches Kriegsschiff im Konvoi der Alliierten operierte, wird sie in britischen Berichten und Dokumenten in Diensten der britischen Königin als *HMS Riselieu* geführt.

Kurz nach der Kapitulation Japans fuhr die *Riselieu* durch die Straße von Malakka nach Singapur. Am 9. September lief sie auf eine britische magnetische Seemine und wurde leck geschlagen. Sie konnte sich aber mit letzter Kraft noch nach Singapur retten.

Zwischen 1964 und 1975 war ich im Zusammenhang mit dem Freihafen-Projekt regelmäßig auf der Insel Weh und suchte – wenn es meine Zeit erlaubte – nach übriggebliebenen Fragmenten des japanisch-deutschen Marinestützpunktes aus der Zeit des Zweiten Weltkriegs. Außer einigen Ruinen im Hafengebiet konnte ich nichts mehr entdecken. Die Alliierten hatten bei ihren Angriffen ganze Arbeit geleistet!

Allerdings war immer wieder ein Schnellboot der indonesischen Marine ALRI im Hafen zu sehen. Wie sich herausstellte, war es ein Schnellboot aus deutscher Kriegsproduktion. Zu welcher Schnellboot-Klasse dieses Boot gehörte und wie es nach Sabang kam – vermutlich mit einem Blockadebrecher oder einem Versorgungsschiff – konnte nicht geklärt werden.

Im Jahre 1969 konnte mein Freund Jürgen Graaff, der als Leiter der Baustelle für den Aufbau von neuen Telekommunikationseinrichtungen in Sabang stationiert war, dieses Schnellboot besichtigen. Wie er sich heute erinnert, war das Schnellboot in einem Topzustand, gepflegt wie ein Juwel. Im Maschinenraum waren – 24 Jahre nach Kriegsende – immer noch die Original-Motoren in Betrieb: 3 Daimler-Benz Ottomotoren und 1 Maybach Diesel-Marschmotor. Vermutlich war es eines der ‚Leichten Schnellboote‘, die die deutschen Hilfskreuzer wie die *Kormoran* bei sich führten.

Im selben Jahr suchte Jürgen Graaff in einem Lagerschuppen der indonesischen Zollbehörde in Sabang nach einem bestimmten, von Deutschland gelieferten, Teil, das nicht auf die Baustelle geliefert worden war. Das fehlende Teil fand er nicht, aber er entdeckte einen noch gut erhaltenen 5 Kilowatt sogenannten ‚Tönenden Löschfunkensender‘ der Firma Telefunken, der aus der Zeit vor dem Ersten Weltkrieg stammen musste. Es war ein wertvolles historisches Gerät, das aus den Anfängen der drahtlosen Telegrafie stammte. Nachforschungen von Jürgen Graaff in seiner historischen Sendeliste ergaben, dass der Sender im Jahre 1911 an das Niederländische Kolonialministerium geliefert wurde. Die Wellenlänge lag zwischen 600 und 2.500 Metern. Selbst der Telefunken-Ingenieur Herr Nicolas, der damals die Montage der Anlage in Sabang leitete, ist noch vermerkt. Vielleicht war es damals, vor über 100 Jahren, auf dieser abgelegenen Insel noch nicht so einsam wie zu Jürgen Graaffs Zeiten. Damals liefen noch alle Passagierschiffe aus Ost und West diesen wunderschönen Naturhafen an um zu bunkern und rauschende Bordfeste zu feiern.

Diese historische Nachrichten-Sendeanlage war vermutlich für den Telegrafie-Verkehr mit diesen Passagierdampfern geplant, wurde aber nie in Betrieb genommen. Liegt dieses einmalige historische Stück immer noch in einem Lagerschuppen auf der Insel ‚am Ende der Welt'? Oder wurde es in der Zwischenzeit entsorgt? Das wäre ein großer Verlust!

Bei meinen Nachforschungen in Sabang wurde ich eines Tages von einem indonesischen Lehrer, der den Zweiten Weltkrieg dort erlebt hatte, auf ein Grab im alten Friedhof am Rande der kleinen Stadt Sabang aufmerksam gemacht. Hier waren vorwiegend niederländische Kolonialbeamte beerdigt worden. Er vermutete, das von ihm erwähnte Grab wäre das Grab eines deutschen Soldaten. Es war ein ziemlich heruntergekommenes Grab. Ein Kreuz war verschwunden, aber auf der Grabplatte konnte man noch einige verwischte französische Worte entziffern:
‚ICI REPOSE...CARISSAN...MORT GLORIEUSEMENT..,COMBAT...
CROISEUR ALLEM...' und ein Datum 'LE 28 OCTOBRE...'

Es war also kein deutscher Soldat sondern ein Franzose, der bei einer glorreichen Schlacht mit einem deutschen Kreuzer an einem 28. Oktober umgekommen war. Wie kam es, dass ein französischer Seemann bei einer Seeschlacht mit einem deutschen Kreuzer in diesen fernen Gewässern umkam und in Sabang auf der Insel Weh beerdigt wurde? Mein Interesse war geweckt und die Geschichte, die ich bei den Nachforschungen erfuhr, ist ziemlich spannend. Allerdings müssen wir dazu einen Zeitsprung zurück bis zum Ersten Weltkrieg machen:

Der *Kleine Kreuzer SMS Emden* der Deutschen Kaiserlichen Marine kam unter dem Kommando von Fregattenkapitän Karl von Müller aus Deutschland über Südamerika in den Pazifik, um sich dem Ostasien-Geschwader anzuschließen. Im Juli 1910 traf die *Emden* an der Insel Apia in Deutsch-Samoa mit dem Flaggschiff des Ostasien-Geschwaders, dem Großen Kreuzer *SMS Scharnhorst* und dem Befehlshaber des Ostasien-Geschwaders, Vizeadmiral Graf Spee, zusammen. Die *SMS Emden* war der kleinste Kreuzer der Kaiserlichen Flotte in dieser Region. Der Kommandant der *Emden*, Fregattenkapitän von Müller, erhielt den Auftrag, zunächst in die Marinebasis des damaligen deutschen Mandatsgebiets Tsingtao in China zu fahren und anschließend im Pazifik und in den Gewässern von Niederländisch-Indien zu kreuzen. In Niederländisch-Indien wurde die *Emden* vom Ersten Weltkrieg überrascht. Sie sollte nun hier und im Indischen Ozean britische und französische Handelsschiffe aufbringen.

An Bord der *Emden* war auch der Kapitänleutnant der Reserve Julius Lauterbach. Er sollte auf der *Emden* nur einige Wochen lang Offiziersaufgaben übernehmen. Lauterbach war schon seit vielen Jahren als Kapitän auf Handels- und Passagierschiffen der Hamburg-Amerika-Linie in Ost- und Südost-Asien unterwegs gewesen. Hier kannte er alle Routen und fast alle kommerziellen Schiffe der dort operierenden Nationen.

Am 28. Oktober 1914 griff der Kreuzer *Emden* den Hafen von Penang in der damaligen britischen Kronkolonie Malaya an. Die *Emden* konnte in der Dunkelheit der frühen Morgenstunden – getarnt als britisches Kriegsschiff – bis in den inneren Hafen von Penang eindringen. Aus nächster Nähe schoss sie zwei Torpedos auf den russischen Kreuzer *Schemtschug* (auch *Jemtchug*) ab, der sofort versank. Im Hafen lagen noch drei französische Kriegsschiffe, zwei Zerstörer und das Torpedoboot *D'Iberville*, die aber alle nicht einsatzbereit waren und vertäut am Pier lagen.

Der Angriff im Hafen von Penang hatte schwerwiegende Folgen für die deutsche Kaufmannschaft. Schon zu Beginn des Krieges wurden die meisten Deutschen in Malaya und Singapur von den Briten interniert. Aber dieser Vorfall brachte das Fass zum überlaufen, zumal in der Presse Singapurs behauptet wurde, dass August Diehn, der Leiter der deutschen Firma Behn, Meyer & Co., Spionage betrieben und die *Emden* geleitet hätte. Alle deutschen Firmen in Britisch-Malaya und Singapur wurden enteignet und der gesamte Besitz an die Bevölkerung versteigert. Der Erlös floss in die Taschen der britischen Krone. Nicht nur die letzten verbliebenen Deutschen wurden nun mit ihren Familienangehörigen in australischen Camps interniert, auch deutschstämmige Briten.

Obwohl die *Emden* schon seit Monaten von 20 feindlichen Schiffen im Indischen Ozean verfolgt wurde – Briten, Franzosen, Russen und Japanern –, gelang ihr mit ihrer ausgezeichneten Besatzung ein legendärer Erfolg: in nur zwei Monaten hat der Kreuzer *Emden* über 30 feindliche Handelsschiffe und zwei Kriegsschiffe versenkt oder aufgebracht. Die Briten beobachteten die anfänglichen Erfolge der kaiserlichen Marine mit argwöhnischen Augen. Sie sahen die britische Weltherrschaft über die Meere – besonders im Pazifik und im Indischen Ozean – schwinden. Aber Winston Churchill, im Ersten Weltkrieg noch ‚The First Lord‘ der britischen Admiralität, schwor Rache und holte zum Gegenschlag aus.

Als Kapitän von Müller den Hafen von Penang wieder verlassen hatte, tauchte plötzlich in der Bucht vor dem Hafen der französische Torpedoboot-Zerstörer *Mousquet* auf, der von einer Patrouille in der Straße von Malakka zurückkam. Die *Mousquet* war der *Emden* hoffnungslos unterlegen. Nach einem kurzen Seegefecht kenterte das Boot und versank in wenigen Minuten im Meer. Von der 80 Mann starken Besatzung der *Mousquet* starben 44 Mann den Tod auf See. Die *Emden* konnte 36 Mann aufnehmen, darunter

16 Verwundete. Auch der Kommandant der *Mousquet,* Leutnant Théroinne, überlebte schwer verletzt. Drei der verwundeten Seeleute verstarben kurz nach ihrer Rettung und erhielten ein Seemannsgrab.

Als die *Emden* in der Straße von Malakka weiter nach Süden dampfte, traf sie am 30. Oktober 1914 auf den britischen Frachter *Newburn,* der mit Salz und Korn beladen war. Dem Kapitän der *Newburn* wurde Immunität versprochen, wenn er die französischen Gefangenen unverzüglich nach Sabang bringen würde. Der Kapitän willigte ein und brachte vereinbarungsgemäß die noch überlebenden Gefangenen in Sabang an Land. Die Insel Weh mit der Hauptstadt Sabang und dem hervorragenden Krankenhaus lag im damals neutralen Niederländisch-Indien.

Die Verletzten wurden ins Marinehospital der Insel gebracht und von dem niederländischen Militärarzt Dr. Blankenberg und zwei zivilen Ärzten behandelt. Zwei der Verletzten, Jacques Carissan und Joseph Hamon, erlagen dort ihren Verletzungen. Für die beiden gab es ein einfaches Begräbnis in zwei nahe beisammen liegenden Gräbern. Kapitän Visser, der Kommandant der niederländischen Garnison in Sabang und Baron Frederic Mari van Asbeck, damals Leiter der verfassungsrechtlichen und politischen Abteilung des niederländisch-indischen Generalsekretariats, gaben den Toten die letzte Ehre.

Nach vier Wochen waren alle verwundeten Seeleute der *Mousquet* bis auf drei wieder soweit geheilt, dass sie am 14. November 1914 zusammen mit den andern Überlebenden der *Mousquet* auf dem Torpedoboot *D'Iberville* eingeschifft werden konnten. Sechs Tage später gingen sie im Hafen von Saigon an Land.

Aber was ist mit den beiden Gräbern in der Zwischenzeit geschehen? Acht Jahre nach dem Begräbnis, am 6. Juni 1922 legten zwei französische Kriegsschiffe, die *Moqueuse* und die *Malicieuse* in Sabang an, um auf dem Platz der Bestattung einen Grabstein zu errichten. Danach, besonders während des Zweiten Weltkriegs und dem anschließenden Freiheitskampf Indonesiens bis Ende 1949 wurden die Gräber den Umständen entsprechend vernachlässigt. Als 1960 die französische Fregatte *Béarnais* Sabang anlief, konnte der Kommandant nur noch ein Grab, das des Seemanns Jacques Carissan, finden. Das Grab des zweiten Seemanns wurde vermutlich während der Kriegswirren zerstört.

Im Jahr 1977 wurde das Wrack der *Mousquet* gehoben, da dieses die Einfahrt in den Hafen von Penang stark behinderte. Dabei wurden auch die Überreste der mit dem Schiff untergegangenen Seeleute geborgen und von der malaiischen Regierung an Frankreich übergeben. Ein Denkmal mit diesen Überresten wurde im August 1971 in Noumea in Neukaledonien eingeweiht. An das vergessene und vernachlässigte Soldatengrab in Sabang dachte bei dieser Gelegenheit niemand.

Als der französische Verteidigungsminister im April 1985 eine Liste aller französischen Soldatenfriedhöfe im Ausland verlangte, erinnerte man sich wieder an das Grab in Sabang. Am 9. März 1989 wurde das restaurierte und erneuerte Grab an seinem alten Platz eingeweiht. Dies ist das einzige – leider schon wieder sehr verwitterte – offizielle französische Soldatengrab in ganz Indonesien.[13]

Grabstätten von deutschen Marinesoldaten des Stützpunktes Sabang konnte ich nicht finden. Wie mir der bereits erwähnte ehemalige Fremdenlegionär – der während der japanischen Besetzung der Insel dort beschäftigt war – erzählte, seien bei den massiven Angriffen der Alliierten auf Sabang auch deutsche Marinesoldaten umgekommen. Während der chaotischen Zustände dieser Zeit hätten diese, wie auch viele Japaner, der Einfachheit halber ein Seemannsgrab erhalten müssen.

Die *Mousquet* war das letzte Schiff, das der Kreuzer *Emden* versenkte. Daher will ich auch noch kurz auf das Ende der *Emden* und die dramatische Flucht eines Teils der Besatzung eingehen, obwohl dies nicht direkt in den Kontext dieses Buches gehört: Nachdem die *Emden* die gefangenen und verletzten Seeleute der versenkten *Mousquet* an den britischen Frachter *Newburn* übergeben hatte, nahm der Kreuzer Kurs auf die australischen Cocosinseln (auch: Cocos-Keeling Islands), südwestlich der Insel Java. Der Auftrag an Kapitän von Müller war, einen Knotenpunkt von britischen Seekabeln auf Direction Island und die dortige große Kurzwellen-Funkstation zu zerstören. Am 26. Oktober 1914 übernahm die *Emden* Kohle von dem neuen britischen Kohlefrachter *SS Buresk,* der schon zuvor auf der Route nach Hongkong gekapert worden war und nun unter dem Kommando von Kapitän Klöpper als Versorgungsschiff für die *Emden* diente. Als zweites Kohle-Versorgungsschiff begleitete der ebenfalls gekaperte britische Kohlefrachter *Exford* die *Emden.*

Die *SMS Emden* fuhr, mit der Attrappe eines vierten Schornsteins, als britisches Kriegsschiff getarnt in die Einfahrt von Port Refuge auf Direction Island. Die Insel gehört zu der Gruppe der Cocos-Inseln. In zwei von einer Dampfbarkasse gezogenen Kuttern wurde Kapitänleutnant Hellmuth von Mücke mit 47 Mann an das Pier gebracht. Zu ihrer Überraschung erfuhren

---

13 Destins croisés entre l'Insulinde et la France, Archipel 54/1997,
    Jean Rocher: *Mort à Sabang*
    Henri Moreau: *Le Port de Sabang,* Paris 1926
    www.ww2db.com/battle_spec.php?battle_id=196
    www.wikipedia.org/operation_cockpit

sie keinen Widerstand durch die australische und britische Wachmannschaft – im Gegenteil, sie wurden von einer Willkommensparty höflich begrüßt.

Die Seekabel wurden von dem deutschen Kommando gekappt, die Seekabel-Relaisstation und die Kurzwellen-Funkstation wurden zerstört. Was die Deutschen nicht wussten, war, dass es dem britischen Funker gelungen war, noch eine Meldung über das Auftauchen der *Emden* abzusetzen. Der in der Nähe operierende australische Kreuzer *HMAS Sydney* unter dem Kommando von Kapitän John Glossep erhielt einen Funkspruch mit der Position der *Emden* und steuerte mit voller Kraft auf Direction Island zu.

Nur zwei Stunden nachdem Kapitänleutnant von Mücke an Land gegangen war, wurde die *Emden* von der *HMAS Sydney* überrascht und am 9. November 1914 in ein Seegefecht verwickelt. Die *Emden* war von Anfang an unterlegen, wurde schwer beschädigt und musste sich geschlagen auf ein Korallenriff vor North Keeling Island retten. Kapitän von Müller und seine Mannschaft wurden gefangen genommen. Nach einer langen Odyssee über die Meere landeten sie in einem Gefangenenlager auf der Insel Malta. Bis heute ragen auf Direction Island noch Teile des einst so stolzen und erfolgreichen deutschen Kreuzers aus der blauen See.

Aber wie kam der Notruf des Funkers auf Direction Island zur *HMAS Sydney?* Dies ist ein Kuriosum der Kriegsgeschichte und zeigt, wie aus Deutschland nach West-Australien gelieferte Empfangs- und Sendeanlagen mithalfen, den Kleinen Kreuzer *SMS Emden* der Kaiserlichen Kriegsmarine zu versenken: Die Regierung Australiens wollte das noch junge und abgelegene West-Australien durch Telekommunikation mit dem weiter entwickelten Osten verbinden und plante entsprechende Funkstationen und Empfangsanlagen in Perth und Sydney einzurichten. 1910 gewann die deutsche Firma Telefunken eine internationale Ausschreibung. Wenn man bedenkt, dass für die Fertigung der Anlagen und deren Verschiffung nach Australien nur zwölf Monate vergingen, war dies eine Meisterleistung. Die Montage und Inbetriebnahme der Anlage unter Leitung des Telefunken-Ingenieurs Moens ging genau so zügig voran. Bereits im August und September 1912 nahmen die beiden Stationen mit den Rufzeichen POP (Post Office Perth) und POS (Post Office Sydney) für die australische Postverwaltung ihren Betrieb auf.

Südlich von Perth war auf dem bis heute Wireless Hill genannten Hügel die Station POP aufgebaut. Der Sender war ein ‚Tönender Löschfunkensender‘ mit einer Antennenleistung von 25 Kilowatt und einer Wellenlänge von 600 bis 3.500 Metern für Morse-Telegrafie. Eine ‚Schirmantenne‘ war auf einem 120 Meter hohen Gittermast montiert. Für die damalige Zeit entsprach die Anlage den modernsten technischen Ansprüchen.

Der Funkbetrieb zwischen der West- und Ostküste Australiens lief reibungslos. Als die Rufzeichen von der ‚International Wireless Convention‘ weltweit vergeben wurden, erhielt die Perth Wireless Station das Rufzeichen VIP. Weitere Aufträge an Telefunken folgten für Melbourne und Macquarie Island, südlich von Tasmanien. Die Station auf der abgelegenen Macquarie-Insel im Arktischen Meer wurde als Verbindungsstelle für damals beginnende britische und australische Antarktis-Expeditionen benötigt. Auch für Neuseeland wurden Telefunken-Anlagen für Wellington, Auckland, Bluff Harbour und Doubtless Bay geliefert.

Die Telefunken-Anlagen übertrafen alle Erwartungen in Zuverlässigkeit und Reichweite. Da gleichzeitig mit den stationären Anlagen für Perth und Sydney auch mehrere Telefunken-Funkanlagen für die Ausrüstung von Schiffen geliefert wurden, war nun auch der Radiotelegrafie-Betrieb mit Schiffen auf hoher See möglich. So schrieb die Tageszeitung ‚Daily Telegraph‘ aus Sydney am 8. April 1913, dass der Dampfer *Australia* auf dem Weg nach Europa mit der Station POS (Sydney) noch in Verbindung stand, obwohl er sich bereits 1.970 Seemeilen westlich von Fremantle in West-Australien befand. Die Entfernung betrug etwa 6.000 Kilometer. Weiter schrieb der ‚Daily Telegraph‘, dass die neuseeländischen Stationen sogar noch von Schiffen, die zwischen Yokohama und Honolulu fuhren, Signale laut und deutlich empfangen konnten. Mit 8.000 durch Telegrafie überbrückten Kilometern, war dies für die damalige Zeit ein Reichweiten-Rekord.[14]

Als 1914 der Erste Weltkrieg ausbrach, wurde die Station in Perth von der australischen Marine (Royal Australian Navy) übernommen. Unter Anderem wurden von nun an alle Frequenzen überwacht, um deutsche Schiffe vor Australien und im Indischen Ozean aufzuspüren. Die Perth Wireless Station empfing den Notruf, den der Funker auf Direction Island noch vor der Zerstörung der Anlage absetzen konnte, mit der deutschen, von Telefunken gelieferten, Empfangsanlage. Er leitete die Nachricht mit der Position der ‚SMS Emden‘ über den deutschen Sender an die *HMAS Sydney* weiter. So haben deutsche Geräte den Untergang des deutschen Schiffes eingeläutet und das Schicksal nahm seinen Lauf.

Wo auf dem Wireless Hill einst die Funkstation POP/VIP stand, steht heute das ‚Wireless Hill Telecommunications Museum‘. Es ist am ‚Telefunken Drive‘ in einer herrlichen Parkanlage mit Blick auf Perth und den Swan River gelegen. Nur der Straßenname ‚Telefunken Drive‘ erinnert noch an die Pioniertat deutscher Ingenieure vor über 100 Jahren.

---

14 TELEFUNKEN-Zeitung, 2. Jahrgang, Nr. 12 und Privatarchiv Jürgen Graaff

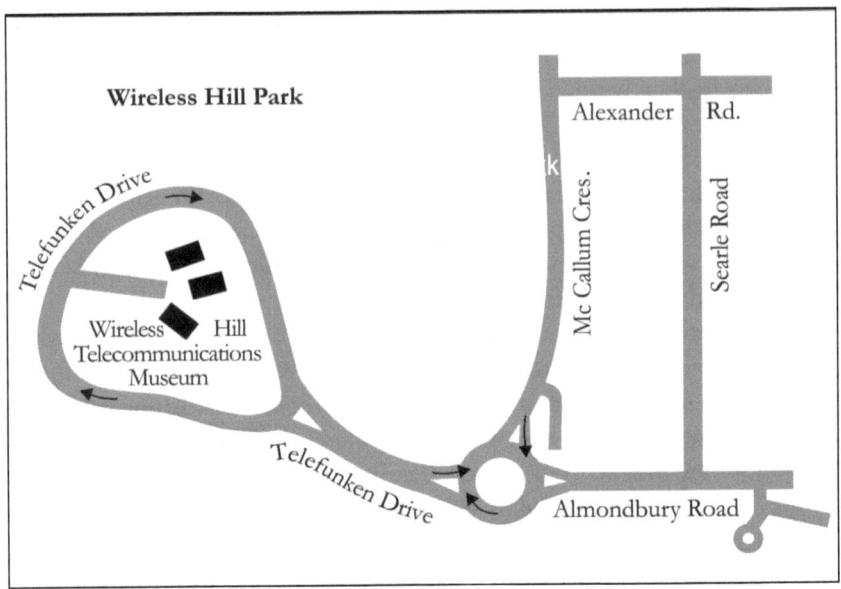

Abb. 3
Das ‚Wireless Telecommunications Museum‘ am ‚Telefunken Drive’ in Perth, West-Australien

Der hier beschriebene australische Kreuzer *HMAS Sydney* aus dem Ersten Weltkrieg wurde 1928 verschrottet und darf nicht verwechselt werden mit dem neuen australischen Kreuzer *HMAS Sydney* aus dem Zweiten Weltkrieg, der 1935 von der australischen Marine in Dienst gestellt wurde.[15]

Auch im Zweiten Weltkrieg spielte die Funkstation Wireless Hill bei Perth eine entscheidende Rolle bei der Versenkung des deutschen Hilfskreuzers *Kormoran*. Bei dem Seegefecht zwischen dem deutschen Hilfskreuzer *Kormoran* und dem australischen Kreuzer *HMS Sydney* wurde der australische Kreuzer am 19. November 1941 vor der Küste West-Australiens versenkt.

Nachdem der Kleine Kreuzer *SMS Emden* vernichtet war und auf dem Korallenriff von North Keeling Island lag, machte die *HMAS Sydney* nun Jagd auf den ehemaligen britischen Kohlefrachter *SS Buresk*. Das Schiff lief seit seiner Kaperung unter deutscher Flagge und hatte als Begleitschiff die *Emden* mit Kohle versorgt. Die unbewaffnete *Buresk* hatte natürlich keine Chance gegen den Kreuzer *Sydney,* und wurde von der Mannschaft versenkt.

Mit dem zweiten Kohle-Versorgungsschiff der *Emden,* dem Frachter *Exford,* war Kapitänleutnant der Reserve Lauterbach bereits geflüchtet. Lauterbach erhielt den Auftrag, als Kommandant der *Exford* das langsame Kohleschiff mit einigen Matrosen der *Emden* in dem neutralen niederländi-

15   siehe Kapitel 38, Operationen vor Australien und Neuseeland

schen Hafen von Padang an der Westküste Sumatras in Sicherheit zu bringen. Kapitänleutnant Lauterbach hatte nur wenige Tage das Kommando über den Frachter *Exford*. Das Schiff wurde in neutralen Gewässern von dem britischen Hilfskreuzers *Empress of Japan* aufgebracht.

Einen Tag nach der Versenkung der *Emden* kam die *HMAS Sydney* nach Direction Island zurück, um Kapitänleutnant von Mücke mit seiner Truppe gefangen zu nehmen. In der Zwischenzeit hatte von Mücke jedoch das einzige im Hafen liegende Schiff, den schrottreifen und eigentlich seeuntüchtigen Schoner *Ayesha,* beschlagnahmt und so gut es ging ausgerüstet. Den vorhandenen Proviant hatten sie mit den kooperativen Briten und Australiern geteilt. Der Schoner war für eine Besatzung von sieben Mann vorgesehen, nun gingen die 49 deutschen Seeleute an Bord. Kapitän Partridge, der britische Kommandant auf Direction Island, warnte noch von Mücke: In diesem verrotteten Boot sei eine Flucht reiner Selbstmord. Aber die Deutschen ließen sich nicht von ihrem Plan abbringen.

Ihnen gelang eine abenteuerliche Flucht über das Meer an die Westküste von Sumatra und bis in den heutigen Jemen. Von Hodeida am Roten Meer ging es auf Kamelrücken durch die Wüste weiter bis zur Endstation der von den Deutschen gebauten Bagdad-Bahn. Bei den Arabern ist diese abenteuerliche Reise immer noch als ‚die Karawane der Matrosen‘ im Gedächtnis. In Konstantinopel wurde Kapitänleutnant von Mücke und seinen Mannen ein grandioser Empfang bereitet. Nach einer mehr als siebenmonatigen Flucht brachte von Mücke im Juni 1915 den Rest seiner Mannschaft sicher nach Deutschland zurück. Sechs der Kameraden gingen durch Krankheit und durch Kämpfe mit aufständischen Araberstämmen verloren. Die Überlebenden des Kreuzers *Emden* erhielten vom Deutschen Kaiser das Recht zugesprochen, den vererbbaren Namenszusatz ‚-Emden‘ anzunehmen.[16]

1944 hätte sich die Geschichte fast wiederholt. Kapitänleutnant Oskar Herwartz, Kommandant von U 943, legte den Kurs für den Rückmarsch nach Deutschland so fest, dass er nahe an der Gruppe der Cocos-Keeling-Inseln vorbeifuhr. Er wollte – wie im Ersten Weltkrieg – wieder die Großfunkstelle und die Seekabel zerstören. Für den Überfall erbat er sich von Graf *Maeda* Maschinengewehre, Schnellfeuergewehre, Handfeuerwaffen, Handgranaten und Sprengmittel. An Bord eines U-Bootes gehörten diese für den Überfall benötigten Waffen nicht zur Ausrüstung. Graf *Maeda* lehnte den Wunsch des deutschen Kommandanten mit der Begründung ab,

---

16 TV Phoenix 05.06.2012, 20.15h, *Unter kaiserlicher Flagge,*
     Hellmuth von Mücke: *Emden und Ayesha,* Berlin 1915
     Julius Lauterbach: *1000 Pfund Kopfpreis tot oder lebendig. Fluchtabenteuer des ehemaligen Prisenoffiziers S. M. S. „Emden",* Berlin 1917

Japan hätte kein Interesse an der Insel, und wenn schon, dann könne Japan die Insel jederzeit erobern.[17]

Auf dem deutschen Stützpunkt in Batavia waren die benötigten Handfeuerwaffen wohl vorhanden, konnten aber – da sie zum Bestand der Dienststelle gehörten – nicht an Herwartz abgegeben werden. Herwartz, seine Offiziere und die Mannschaft waren enttäuscht. Zu gerne hätten sie den Handstreich von Kapitänleutnant von Mücke der *Bremen* wiederholt. Nun musste U 843 ohne einen Ausflug zu den Cocos-Keeling-Inseln, vollbeladen mit Rohstoffen, den Rückmarsch nach Deutschland antreten. Am 2. April 1945 kam das Boot wohlbehalten in Bergen in Norwegen an. Am 9. April, 100 Seemeilen vor Kiel und nur wenige Tage vor Kriegsende, wird das Boot von alliierten Flugzeugen angegriffen und versenkt. Von den 58 Männern an Bord überlebten nur 12, darunter auch Kommandant Herwartz.

Aber nun zurück in die Zeit des Zweiten Weltkriegs, um die Geschichte des italienischen U-Boots *Commandante Cappellini* zu Ende zu bringen. Die *Commandante Cappellini* fuhr nur noch eine Woche mit einem italienischen Kapitän. Als sie am 3. September 1943 in Singapur einlief, verkündete Italien die Kapitulation. Das führte zum sofortigen Bruch zwischen dem Deutschen Reich und Italien. Wenige Tage später, am 13. Oktober 1943, erklärte Italien dem Deutschen Reich den Krieg und trat an der Seite der Alliierten wieder in die Kampfhandlungen ein. Italien hatte die Seiten gewechselt.

Nach der Kapitulation Italiens wurden die italienischen Boote zunächst von Japan beschlagnahmt. Am 13.10.1943 wurden die Boote *Commandante Cappellini* und *Emilio Tortelli* in Sabang unter Beisein des deutschen Militärattachés, der zu diesem Anlass aus Tokyo angeflogen kam, an die Deutsche Kriegsmarine übergeben und in UIT 24 (*Commandante Cappellini*) und UIT 25 (*Emilio Tortelli*) umgetauft. UIT 25 fuhr nun unter dem Kommando von Fregattenkapitän Werner Striegler weiter. Striegler kam als Erster Wachoffizier (damals Oberleutnant zur See) mit U 511nach Penang.

Auch UIT 24 stach unter deutschem Kommando mit einer Mannschaft aus Deutschen und Italienern wieder in See. Es folgten verschiedene Verlegungsfahrten:
08.02.1944 aus Shonan (Singapur) ausgelaufen.
10.02.1044 in Penang (Malaya) eingelaufen.
07.03.1944 aus Penang (Malaya) ausgelaufen und über Shonan (Singapur) am 11.03.1944 in Surabaya (Java) eingelaufen.

Der fünfmonatige Aufenthalt in Singapur von Oktober 1943 bis Februar 1944 ist sicher damit zu erklären, dass sich nun eine deutsche Mannschaft mit der italienischen Technik vertraut machen musste. Die unzähligen Be-

---

17 Thomer, *Unter Nippons Sonne*, S. 185

schriftungen der Hebel, Ventile und Bedienungsknöpfe mussten von Italienisch ins Deutsche abgeändert werden.

Dem baugleichen italienischen U-Boot UIT 23 (*Reginaldo Giuliani*) widerfuhr dasselbe Schicksal. Bei der Kapitulation Italiens lag das Boot noch in Singapur und wurde sofort von der Japanischen Marine konfisziert. Am 23.10.1943 erfolgte die Übergabe von den Japanern an die Deutsche Kriegsmarine. Die Mehrheit der italienischen Offizieren und der italienischen Mannschaften schlossen sich dem Deutsche Reich an und stellten einen Teil der Mannschaft. Die anderen wurden als Kriegsgefangene von den Japanern interniert.

UIT 24 machte nun unter deutschem Kommando Transport- und Feindfahrten für Deutschland in der Javasee. Das Boot führte auch noch zwei Transportfahrten nach Japan durch. Am 25. Mai 1944 legte UIT 24 mit 34 Tonnen Zinn und Wolfram, die zuvor in Penang/Malaya geladen wurden, in Singapur ab und kam am 8. Juni 1944 in der Mitsui Werft in Tama/Japan an. Danach erfolgte die Weiterfahrt nach Kobe/Japan, wo Nachschubgüter für die U-Boote im ‚Südraum‘ geladen wurden. Am 5. September 1944 trat UIT 24 die Rückreise nach Singapur an, wo es 14 Tage später eintraf. Nach verschiedenen Feindfahrten in der Javasee und im Pazifischen Ozean trat UIT 24 eine weitere Fahrt von Singapur nach Kobe/Japan an, wo es am 18. Februar 1945 eintraf. Hier blieb UIT 24 bis zur Kapitulation Deutschlands und wurde dann von der japanischen Marine in Dienst gestellt.

Bis heute spielt eine große Rolle, wer die Kontrolle über die Straße von Malakka besitzt, da Piraten aus Malaysia und Indonesien immer noch diesen Seeweg unsicher machen. Während der Präsidentschaft von Soekarno, des ersten Präsidenten Indonesiens, übte Indonesien diese Kontrolle aus. Dies erweckte immer wieder das Missfallen und den Ärger der Vereinigten Staaten von Amerika, da Soekarno und Admiral Martadinata, der damalige Befehlshaber der indonesischen Marine ALRI, den Schiffen der US-Marine auf dieser Seestraße keine unbehinderte und unangekündigte Passage zwischen dem Indischen Ozean und dem Pazifik gewähren wollten.

Nach dem Sturz von Präsident Soekarno im Jahre 1965 durch den US-freundlichen General Soeharto, der mit Hilfe der CIA an die Macht kam, fielen Admiral Martadinata und weitere leitende Marineoffiziere der ALRI in Ungnade. Martadinata kam 1966 bei einem mysteriösen Hubschrauberabsturz am Punjak-Pass in West-Java ums Leben.

Nach einer Vereinbarung mit einem internationalen Konsortium von 2006 soll der Hafen Sabang zu einem der größten Containerhäfen Asiens ausgebaut werden. Ob die verschlafene Insel Weh mit Sabang wohl wieder einen friedlichen Aufschwung erleben wird? Der einheimischen Bevölkerung wäre dies zu gönnen.

29. Die Telefunken-Radaranlage Würzburg im fernen Asien

Das Interesse an der Funkmesstechnik war in Deutschland Anfang der 1930er Jahre noch gering. Erst 1934 begann die Entwicklung der ersten Geräte. Bei der Firma Telefunken begann die Entwicklung 1936, und das erste Mustergerät der Serie FuMG 65, allgemein als ‚Würzburg‘ bekannt, wurde im Sommer 1939 den deutschen Militärs vorgeführt. Nur gut ein Jahr später kam das Gerät zum Einsatz. Das von Telefunken eingesetzte MIT-Verfahren (Moving Target Indicator) brachte Deutschland eine deutliche Überlegenheit gegenüber den Geräten der Alliierten. Dieses von Professor Dr. Wilhelm T. Runge, dem Leiter der Radar-Entwicklung bei Telefunken, entwickelte MIT-Verfahren wird bis heute bei allen modernen Radargeräten eingesetzt.

Das Radargerät Würzburg war ein bodengestütztes Feuerleitradar, das seit 1940 bei der deutschen Luftwaffe und der Wehrmacht mit großem Erfolg verwendet wurde. Es war das erste Gerät, das nach dem Baukasten-Prinzip konstruiert war. Die einzelnen elektronischen Einheiten waren in getrennten Einschüben untergebracht, die bei einem Defekt auch von Laien ausgetauscht werden konnten.

Abb. 4
Erhaltene Radaranlage Würzburg in Douvres-la-Délirande, Frankreich

Mit dieser Radaranlage konnte man Schiffe bis zu einer Entfernung von 60 bis 80 Kilometern, Flugzeuge sogar bis zu 250 Kilometern weit orten. In Deutschland wurde es hauptsächlich eingesetzt, um mit einem Leitstrahl feindliche Flugzeuge zu erfassen und mit Hilfe der gewonnenen Daten die Flugabwehrkanonen zu steuern. Die Treffsicherheit wurde durch den Einsatz des Würzburg-Geräts einschneidend verbessert. Bis Kriegsende wurden rund 1.500 Würzburg-Geräte produziert. Es war das erste Impulsradargerät im Dezimeterwellen-Bereich und das modernste und leistungsstärkste Gerät jener Zeit. Eine Radaranlage wog knapp 20 Tonnen und der Durchmesser der Parabolspiegel-Antenne war bis zu 7,5 Metern. Dies zeigt, welche Gewichte und welche Dimensionen – selbst wenn der Parabolspiegel zerlegt war – in den Fracht-Unterseebooten transportiert werden konnten.

Japan war höchst interessiert, dieses effektive Gerät auch in Japan und im ‚Südraum' einzusetzen. Auf dem Radarsektor hatte Japan noch keine vergleichbaren Geräte. Ein Versuch, Ende 1942 eine Würzburg-Radaranlage mit dem ersten nach Europa gekommenen japanischen U-Boot I-30 nach Japan zu bringen, war aus Platzgründen gescheitert.

I-30 lief am 22. August 1942 mit Kapitän *Endo* von Lorient an der Westküste Frankreichs nach Japan aus. Zuvor musste das japanische Boot durch deutsche Techniker umgerüstet werden, um die großen Teile einer Würzburg-Anlage aufnehmen zu können. Gleichzeitig wurde der Rumpf des Bootes verstärkt und die extrem lauten Maschinengeräusche gedämmt. I-30, das als schwarzes Boot nach Lorient kam, wurde neu gestrichen und verließ Lorient nun in weiß.[18]

An Bord von I-30 waren auch der japanische Leiter des Nachbau-Projektes Würzburg, General *Susuki* und ein japanischer Radartechniker. Beide erhielten bei Telefunken eine Ausbildung für den Einsatz und Betrieb der Geräte.

Das Boot erreichte mit seiner Fracht auch sicher Singapur. Von hier aus sollte die Fahrt nach Japan weitergehen. Beim Auslaufen von I-30 aus dem Hafen von Singapur lief das Boot am 13. Oktober 1942 auf eine britische Mine und sank. 96 Personen überlebten, 16 wurden getötet. Ob die beiden Radarspezialisten überlebten, konnte nicht geklärt werden. Die Radaranlage war jedoch zerstört.

Nach diesem Verlust wurde der Beschluss gefasst, die Würzburg-Anlage in Japan nachzubauen. Teile, die in Japan nicht verfügbar waren, sollten aus Deutschland geliefert werden. Durch die Dringlichkeit, diese Radaranlagen im ‚Südraum' und in Japan in Betrieb zu nehmen, wurden jedoch noch

---

18 Tsuda, *Vorhaben Würzburg*, Kapitel 2: *Die Verhandlungen um die Übergabe der Würzburg-Anlage und der Transport nach Japan* (Übersetzung aus dem Japanischen)

weitere komplette Anlagen nach Fernost verschifft. Die ersten U-Boote – das waren die italienischen –, die von deutschen U-Boot-Bunkern in den ‚Südraum‘ ausliefen, hatten fast alle eine Würzburg-Radaranlage an Bord.

Mir ist bekannt, dass mindestens acht dieser fertig montierten Radaranlagen von Europa in den ‚Südraum‘ und nach Japan mit U-Booten verschifft wurden. Vier Anlagen gingen verloren, von den vier verbleibenden Anlagen war eine in Sabang aufgebaut. Vermutlich hatte die *Commandante Cappellini*, die als erstes Boot aus Europa in Sabang einlief, die Anlage für Sabang geladen, denn hier wurde die Würzburg-Anlage zur Überwachung der Straße von Malakka am dringendsten benötigt. Möglich ist auch, dass die *Luigi Torelli* die Anlage für Sabang an Bord hatte. Leider gibt es hierüber keine zuverlässigen Angaben. Sicher ist nur, dass die *Luigi Torelli* zwei Anlagen geladen hatte und auch in Sabang anlegte.[19] Auf dem Boot *Luigi Torelli* war auch der Telefunken-Ingenieur Heinrich Foders als Passagier, der in Zusammenhang mit dem Nachbauprojekt der Würzburg-Radaranlage in Japan die zentrale Rolle spielte. Eine Würzburg-Radaranlage war im japanischen Marinehafen Kure in Japan aufgebaut. Wo die beiden weiteren verblieben sind, konnte nicht geklärt werden.

Nach den Angaben von Alexander Werth – der den indischen Freiheitskämpfer Subhas Chandra Bose während seines Aufenthalts in Deutschland betreute – soll eine weitere Radaranlage, die das japanische U-Boot I-8 südlich der Azoren von einem deutschen U-Boot übernommen haben soll, Japan erreicht haben.[20] Meiner Ansicht nach war es jedoch kaum möglich, die tonnenschweren und sperrigen Geräte auf hoher See von U-Boot zu U-Boot umzuladen.

Andere U-Boote hatten mehrfach Konstruktionspläne und Bauteile wie Transformatoren und Vakuumröhren für die Würzburg-Anlagen sowie ganze Einheiten in den ‚Südraum‘ und nach Japan gebracht. Auch Radaranlagen anderer Typen wurden nach Ostasien mit U-Booten verschifft. Das waren eine ‚Hohentwiel‘-Anlage FuG 200 (ein Suchradar der Luftwaffe gegen Schiffe), eine FuMO-61 Radaranlage für den Einsatz auf Schiffen und U-Booten und eine FuMO 29 ‚Seetakt‘-Schiffsradaranlage. Diese drei Anlagen kamen nie in Japan an. Sie wurden mit den Booten von den Alliierten versenkt.[21]

---

19   zum Beispiel gibt es Angaben der italienischen Marine: http://www.regiamarina.net/detail_text_with_list.asp?nid=84&lid=1&cid=44)

20   Werth, *Der Tiger Indiens*, S. 175

21   Department of the Navy – Naval Historical Center, Washington DC, Report SRH-019, S. 6
http://www.ibiblio.org/hyperwar/NHC/blockade_running_subs.htm
Forum für deutsche Militärgeschichte, http://forum.balsi.de/index.php?topic=6572.0)

Als die mit dem japanischen U-Boot I-30 verschiffte ‚Würzburg'-Anlage
vor Singapur verloren ging, wurde sofort ein weiterer Versuch mit zwei gemeinsam fahrenden italienischen U-Booten unternommen. Damit sollten
neben anderer Fracht gleich mehrere Anlagen in den ‚Südraum' und nach
Japan gebracht werden. Da auf einem der Boote, der *Luigi Torelli*, der mir
persönlich bekannte Kollege und Radarspezialist Heinrich Foders der Firma
Telefunken mit an Bord war, kann ich hier die wichtigsten Daten dieser
Operation detailliert darlegen. Im Internet und sogar auf offiziellen Seiten
von Marinehistorikern werden für dieses Boot die unterschiedlichsten Informationen genannt. Große Unstimmigkeiten gibt es in den Datumsangaben,
bei der Nennung des Abfahrthafens an Frankreichs Westküste oder bei der
Route des Bootes. Bei den Datumsangaben gibt es oft Fehler, da die japanische Zeitrechnung von der europäischen abweicht. Aber hier waren die
Abweichungen viel gravierender. Auch wurde der Ort Sabang – wo das Boot
anlegte – nach Britisch-Malaya oder auch Borneo verlegt, obwohl er richtig
auf der Insel Weh vor der Nordspitze Sumatras in Niederländisch-Indien lag
und noch heute liegt.

Die nachfolgend genannten Daten und Angaben sind die einzig richtigen, denn sie beruhen auf den Angaben und Dokumenten des Zeitzeugen
Heinrich Foders und den Eintragungen in einem mir vorliegenden Buch,
das Foders japanischer Freund und Partner *Tsuda Kiyokazu* im Jahre 1981
in Japan veröffentlicht hat. Außerdem ist es mir gelungen, mit dem Neffen
von Heinrich Foders Kontakt aufzunehmen, von dem ich allerdings keine
darüber hinaus gehenden Informationen erhalten konnte.[22]

Die *Luigi Torelli* hatte neben weiterer Fracht zwei Würzburg-Anlagen für
die japanische Marine geladen, die *Barbarigo* sogar drei. Außerdem hatte
jedes Boot einen kompletten Satz Konstruktionspläne für den Nachbau der
Anlage in Japan an Bord. Die *Luigi Torelli* und die *Barbarigo* waren beide
zu Fracht-U-Booten umgebaute U-Boote der italienischen Marine, die die
Kriegsmarine gegen neue deutsche Kampf-U-Boote eingetauscht hatte. Die
italienischen Boote konnten im Atlantik nicht eingesetzt werden und waren
nach geringen Umbauten eher als Fracht-U-Boote zu gebrauchen.

Die *Luigi Torelli* wurde der Deutschen Kriegsmarine mit der kompletten
italienischen Mannschaft übergeben, die jedoch – einschließlich des Kommandanten Enrico Gropalli – unter deutscher Befehlsgewalt stand. Bis zum
letzten freien Plätzchen waren die Boote mit kriegswichtiger Fracht für Japan beladen. Selbst die Unterkünfte für Offiziere und Mannschaft wurden

---

22 Informationen direkt von Herrn Foders in den 1960 und 1970er Jahren
    Tsuda, *Vorhaben Würzburg*
    Prof. Dr. Federico Foders, Neffe von Heinrich Foders

verkleinert. So blieb von den drei Toiletten an Bord nur noch eine funktionsfähig. Die beiden andern wurden zu Laderäumen umgebaut. Die italienische Mannschaft der *Luigi Torelli* war bereits zu diesem Zeitpunkt äußerst missgestimmt, da sie in ihrer Bewegungsfreiheit stark eingeschränkt war und nicht unter dem Kommando der eigenen italienischen Marine stand. Die Fahrt nach Fernost begann daher für Fregattenkapitän Enrico Gropalli ohne Begeisterung und Eifer, da er keinerlei Entscheidungsvollmacht über das Boot hatte.[23]

Außer der Fracht waren an Bord der *Luigi Torelli* noch mehrere Passagiere. Dies waren der japanische Fregattenkapitän Satake Kinjo, ein japanischer Funkoffizier, der in Deutschland bei Telefunken eine Ausbildung an der Würzburg-Anlage erhalten hatte, zwei deutsche Ingenieure der Deutschen Schiff- und Maschinenbau Aktiengesellschaft Deschimag, einer U-Boot Werft in Bremen, sowie der Radarspezialist der Firma Telefunken Heinrich Foders mit einem Radartechniker. Nach den Aufzeichnungen von Foders und Tsuda war auch noch deutsches Marinepersonal an Bord, um dem italienischen Kapitän zur Seite zu stehen.[24]

Der Ingenieur Foders begleitete schon in Deutschland die Ausbildung von Fregattenkapitän Satake Kinjo. Die Produktionsstätten der Würzburg-Anlagen waren in Berlin, Backnang bei Stuttgart und in Ulm an der Donau. Heinrich Foders erhielt den Auftrag, den Aufbau der Würzburg-Radaranlagen im Fernen Osten zu leiten und bei der Firma Nihon Musen in Tokyo ein Nachbauprogramm in die Wege zu leiten. Foders musste lange überredet werden, bis er endlich einwilligte, Fregattenkapitän Satake nach Japan zu begleiten und diese Aufgabe in Japan wahrzunehmen.

Foders war bereits am 7. Juni 1943 aus Berlin mit der Bahn nach Brest an der Westküste Frankreichs gereist. Am 16. Juni 1943 liefen die *Luigi Torelli* und die *Barbarigo* aus Brest aus. Mit starkem Schutz der deutschen Luftwaffe und der Kriegsmarine erreichten beide Boote sicher den Nordatlantik. Sie fuhren streckenweise sogar in Sichtweite voneinander. Nur acht Tage nach dem Verlassen des Hafens von Brest, am 24. Juni 1943, wurden beide Boote auf der Höhe der Azoren von der britischen Marine angegriffen. Die *Barbarigo* wurde versenkt, die *Luigi Torelli* mit Herrn Foders an Bord entkam unbeschadet. Das Boot fuhr mit großem Abstand entlang der Küste Westafrikas nach Süden. Am 10. Juli 1943 erfolgte in der Nähe der Insel St.

---

23 in italienischen Dokumenten wird Capitano di Fregata Primo Longobardo genannt, der vom 7. Oktober 1940 bis 8. September 1943 Kommandant der Luigi Torelli gewesen sein soll

24 Tsuda, *Vorhaben Würzburg*, Kapitel 3: *Der zweite Transport der Würzburg-Anlage*

Helena eine massive Attacke durch alliierte Schiffe und Flugzeuge. Durch Alarmtauchen konnte die *Luigi Torelli* erneut unbeschadet entkommen. Die *Luigi Torelli* überstand insgesamt sechs Attacken der Alliierten.

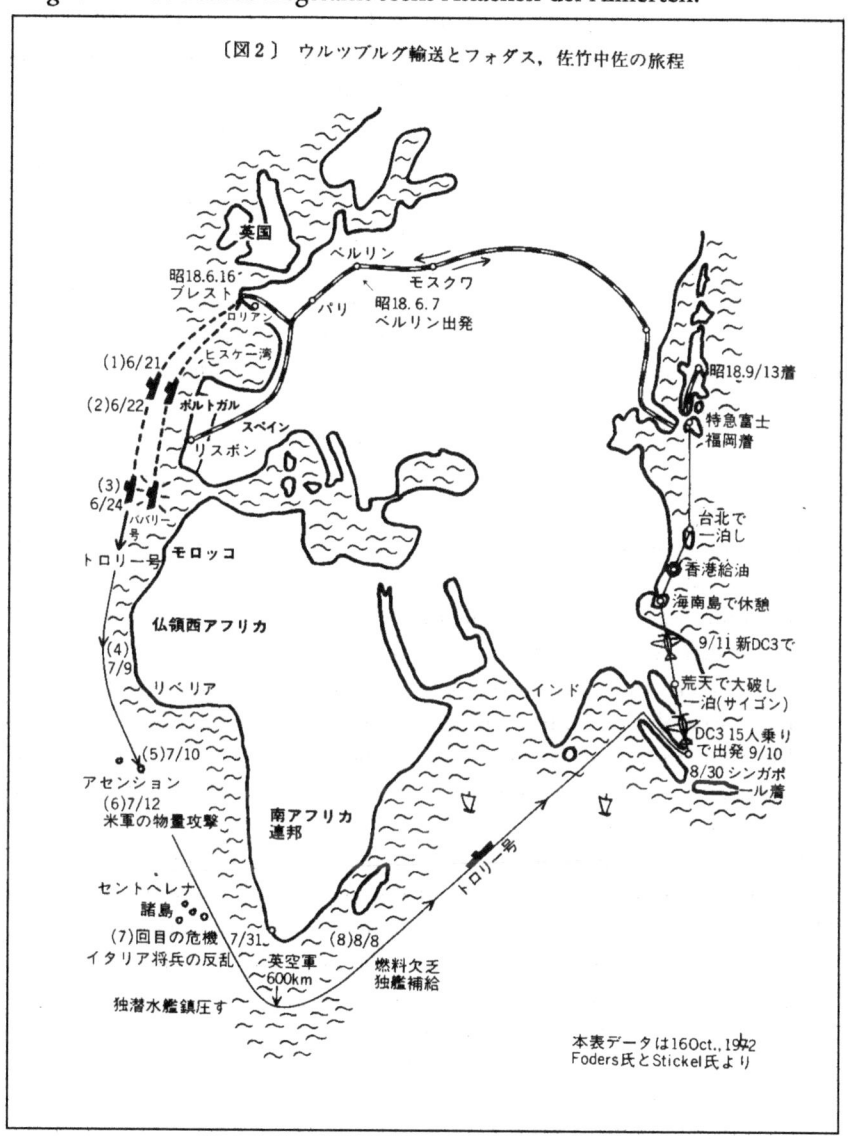

Abb. 5
Route der Luigi Torelli mit Heinrich Foders als Passagier aus dem japanischen Buch Vorhaben Würzburg (Titel übersetzt) von Tsuda Kiyokazu

In der Nacht vom 24. auf den 25. Juni 1943 wurde Mussolini abgesetzt. Marschall Badoglio wurde Premierminister. Er entfernte alle Faschisten aus der Regierung. Es dauerte einige Zeit, bis diese Nachricht zur *Luigi Torelli* durchgesickert war. Danach wurde die italienische Mannschaft immer unruhiger, flüsterte in Grüppchen miteinander und führte Befehle der Deutschen nur noch widerwillig aus. Das Verhältnis zwischen den deutschen und japanischen Passagieren einerseits, dem Kommandanten und seiner italienischen Mannschaft andererseits, verschlechterte sich von Tag zu Tag. Am 31. Juli 1943, als das Boot der Südspitze Afrikas am nächsten war, kam es zur offenen Meuterei. Kommandant Gropalli und die italienische Mannschaft wollten aufgeben und die gefährliche Mission für die Deutschen nicht mehr fortsetzen. Sie wollten in Südafrika an Land gehen und sich den Briten ergeben. Verhandlungen der Deutschen mit dem Kommandanten blieben erfolglos. Eine Kursänderung und Fahnenflucht nach Südafrika konnte das bewaffnete deutsche Marinepersonal zunächst verhindern.

Kurz nach der Meuterei kam ein deutsches U-Boot der deutschen Besatzung auf der *Luigi Torelli zur Hilfe*.[25] Mehrere deutsche Marinesoldaten und der deutsche Kommandant setzten auf die *Luigi Torelli* über, um mit dem italienischen Kommandanten Gropalli zu verhandeln. Dieser bestand auf der Übernahme der deutschen und japanischen Passagiere auf das deutsche Boot, damit er sich mit seiner italienischen Mannschaft den Briten in Südafrika ergeben könne. Natürlich war es nicht möglich, die Würzburg-Anlagen umzuladen, und diese durften keinesfalls in die Hände der Kriegsgegner gelangen. Erst als der deutsche Kommandant drohte, nach dem Übersetzen der Deutschen und Japaner auf das deutsche U-Boot die *Luigi Torelli* sofort zu versenken, willigte Gropalli widerwillig ein, die Fahrt nach Sabang und Singapur fortzusetzen.

Die *Luigi Torelli* umrundete das Kap der Guten Hoffnung in rund 600 Kilometern Entfernung. Bereits 700 Kilometer östlich des Kaps der Guten Hoffnung ging der *Luigi Torelli* im Indischen Ozean der Treibstoff aus. Fregattenkapitän Wilhelm Dommes von U 178 erhielt am 1. August 1943 von Berlin den Auftrag, die *Luigi Torelli* mit Treibstoff zu versorgen. Sein Boot operierte gerade im Indischen Ozean. Acht Tage später trafen die beiden Boote zusammen. Kurz zuvor hatte Dommes vor der Küste Mosambiks noch den britischen Frachter *City of Canton* versenkt.

Am 8. August 1943 wurde die *Luigi Torelli* von U 178 mit neuem Treibstoff versorgt. Bei der Betankung der *Luigi Torelli* gab es zunächst Probleme. Die See war ziemlich rau und die beiden Boote mussten einen Sicherheits-

---

25 um welches deutsche U-Boot es sich dabei handelte, haben Foders und Tsuda leider nicht vermerkt. Zu diesem Zeitpunkt operierten mehrere in der Nähe.

abstand von 80 Metern einhalten. U 178 hatte zwei Wasserschläuche zur Brandbekämpfung dabei, die aber nicht mit dem Tankanschluss des italienischen Bootes zusammenpassten. Der Leitende Ingenieur von U 178, Wiebke, wurde mit Teilen zur Verbindung der Schläuche auf die *Luigi Torelli* übergesetzt. Schließlich konnte doch so viel Treibstoff zum italienischen Boot gepumpt werden, dass die Fahrt fortgesetzt werden konnte. Das Wetter verschlechterte sich allerdings dermaßen, dass der Leitende Ingenieur nicht mehr auf U 178 zurückkommen konnte.

Damit der italienische Kommandant nicht noch einmal einen Fluchtversuch unternehmen konnte, war ohnehin zuvor schon entschieden worden, dass beide Boote die Fahrt gemeinsam fortsetzen würden. Mehrere Tage kämpften die beiden Boote gegen eine extrem hohe See. Am 26. August 1943 kamen sie in Sabang an.

Nun ist nicht eindeutig klar, ob in Sabang eine der beiden Würzburg-Radaranlagen, die die *Luigi Torelli* an Bord hatte, entladen wurde, oder ob dort die Anlage, die die *Commandante Cappellini* geladen hatte, bereits vor Ort war. Vermutlich hat der Telefunken-Radartechniker das Boot in Sabang verlassen, um den Aufbau der Anlage zu leiten. Foders blieb drei Tage in Sabang. Am 29. August 1943 fuhren beide Boote weiter nach Penang. Da dort nur noch ein letzter freier Liegeplatz vorhanden war, durfte nur U 178 anlegen. Die *Luigi Torelli* fuhr nach einem kurzen Aufenthalt direkt weiter nach Singapur, um die Fracht zu entladen. Foders erreichte den Stützpunkt Singapur am 30. August 1943, nur wenige Tage vor der Kapitulation Italiens.

Heinrich Foders hatte in Singapur zehn Tage Aufenthalt, um sich von der langen, qualvollen und aufregenden Seereise zu erholen. Die japanische Stützpunktleitung betreute ihn ausgesprochen gut. Er wurde in dem exklusiven Raffles Hotel untergebracht, erhielt reichlich Geld und konnte viele Ausflüge, auch nach Johor Baru in Malaya, machen. Foders schreibt, dass er hier eine ausgesprochen schöne Zeit erlebte.[26]

Vermutlich hat Foders die feierliche Übergabe des italienischen Bootes *Luigi Torelli* nach der Kapitulation Italiens an die Deutsche Kriegsmarine am 10. September 1943 in Singapur nicht mehr miterlebt. An diesem Tag flog er weiter nach Japan. Zu der Übergabe der *Luigi Torelli* an die deutsche Kriegsmarine waren der deutsche Marineattaché aus Tokyo, Admiral Paul Wenneker, und mehrere höhere japanische Offiziere nach Singapur angereist. Ein Großteil der italienischen Mannschaft blieb nun im Dienste der deutschen Marine, da die Italiener wegen der vorhergegangenen Meuterei in japanischer Kriegsgefangenschaft eine Verurteilung aufgrund versuchter Fahnenflucht befürchteten.

---

26 Tsuda, *Vorhaben Würzburg*, Kapitel 3, *Ankunft in Singapur und der Flug nach Japan*

Abb. 6
Übergabe von Luigi Torelli/UIT 25 in Singapur an die Deutsche Kriegsmarine am 10.
September 1943

Mit weiteren 14 Passagieren bestieg Foders am 10. September 1943 eine
DC 3 der japanischen Luftwaffe und flog nach Saigon. Da das Flugzeug durch
einen tropischen Sturm beschädigt wurde, musste in Saigon übernachtet und
das Flugzeug gewechselt werden. Am nächsten Tag bestieg Foders eine neue
DC 3 und flog über Hainan in China nach Hongkong, wo die Maschine
aufgetankt wurde. Nach einer weiteren Übernachtung auf Formosa erreichte
er Fukuoka in Japan. Von hier fuhr er mit der Eisenbahn weiter nach Tokyo,
wo er endlich, nach einer fast dreimonatigen Reise, am 13. September 1943
ankam und im luxuriösen Hotel Imperial untergebracht wurde.

Der Ingenieur Foders arbeitete mit der Firma *Nihon Musen* in Tokyo
zusammen. Der leitende Ingenieur von *Nihon Musen* für dieses Projekt,
Kiyokazu Tsuda, und Foders arbeiteten von Anfang an eng und vertrauensvoll zusammen, sodass sich schon bald daraus eine Freundschaft entwickelte.

Mit den anderen zuständigen japanischen Stellen, die für den Nachbau
der Würzburg-Radaranlage verantwortlich waren, lief die Zusammenarbeit
nicht so problemlos. Immer wieder musste er um benötigte Finanzmittel
oder zusätzliches Fachpersonal kämpfen. Da die aus Deutschland mitge-
brachten Zeichnungen und Schaltpläne von den japanischen Fachleuten
nicht verstanden wurden, mussten zunächst alle Pläne im Eilverfahren

nach japanischem Standard umgestaltet werden. *Kiyokazu Tsuda* schreibt mit Hochachtung, wie Foders diszipliniert nach einem – in Japan damals noch unbekanntem – Arbeitsplan gearbeitet hätte. Foders bedauerte, dass die Japaner nur sehr zurückhaltend ihre eigenen Entwicklungen auf dem Radarsektor zeigten. Es gab viele Fehlschläge, da er mit der Qualität der von Japan nachgebauten Teile nicht zufrieden war. Außerdem funktionierte der Nachschub von Bauteilen aus Deutschland nicht, da immer mehr der von der Westküste Frankreichs ausgelaufenen U-Boote den ‚Südraum‘ und Japan nicht mehr erreichten. So mussten selbst deutsche Vakuum-Elektronenröhren in Japan nachgebaut werden – eine fast unlösbare Aufgabe. Foders musste immer mehr improvisieren und deutsche Bauteile durch japanische ersetzen. Die Pläne und die gesamte Konzeption der Anlage mussten geändert und japanischen Verhältnissen angepasst werden.

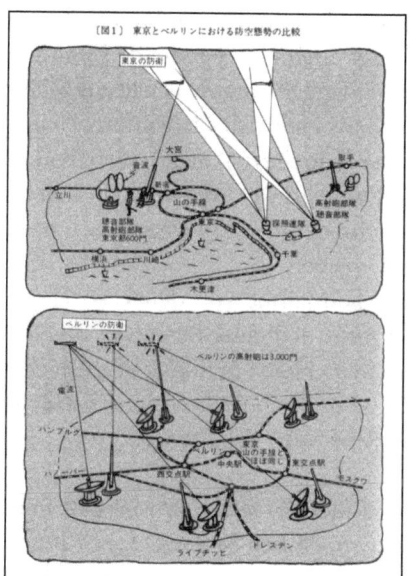 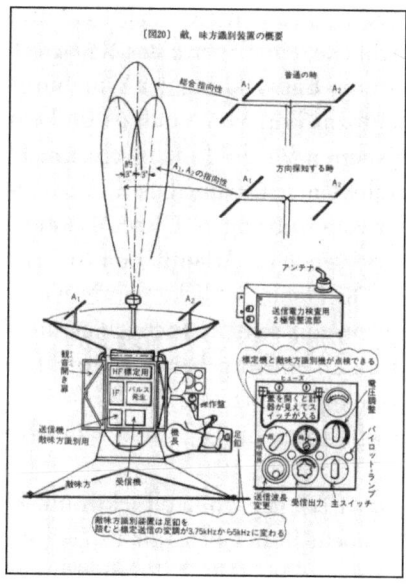

Abb. 7
Diagramme der in Japan nachgebauten Würzburg-Radaranlage

Als endlich der erste Prototyp einer technisch abgeänderten Würzburg-Anlage bereitstand, flogen die Amerikaner bereits Luftangriffe mit ihren B 29-Bombern auf Japan. Dies führte natürlich zu Schwierigkeiten bei der Serienfertigung. Wenige Tage vor der Kapitulation Japans wurde der erste funktionsfähige Prototyp der Würzburg-Anlage erprobt. Es konnten durch den Einsatz dieses Prototyps sofort zwei amerikanische Bomber abgeschossen werden. Die Anlage funktionierte einwandfrei, aber dann war der Krieg zu Ende. Der Prototyp der Würzburg-Radaranlage, alle weiteren Entwicklungen und alle technischen Unterlagen wurden vernichtet. Foders Einsatzbereitschaft, sein Improvisationsvermögen, seine technische Qualifikation und seine Anpassungsfähigkeit an die japanische Mentalität können jedoch nicht hoch genug gewürdigt werden.

Kurz vor Kriegsende, am 15. April 1945, verließ das mit einer Funkmessstation ,Hohentwiel' ausgerüstete Boot U 234 den Hafen der norwegischen Stadt Kristiansand in Richtung Atlantik, um noch wertvolle Fracht nach Japan zu bringen.[27] Das Boot hatte 240 Tonnen Fracht geladen. Neben vielem kriegswichtigem Material wie Düsentriebwerken für Strahlflugzeuge, einem zerlegten funktionsfähigen Düsenflugzeug vom Typ Me 262, Bauteilen für das Raketenflugzeug Me 163, Bauteilen für eine V2 und Quecksilber hatte das Boot auch 560 Kilogramm Uranoxyd geladen. Unter den Passagieren befanden sich der Korvettenkapitän und Marinebaurat Dr. Heinz Schlicke, ein Experte der Radartechnik, der auch eine beratende Funktion bei der Entwicklung der Würzburg-Radaranlage innehatte, sowie ein Oberleutnant Fritz von Sandrart und ein Leutnant Heinrich Hellendorn, beides Experten für die Luftabwehr mit Hilfe der Würzburg-Anlage. Herr Foders sollte Unterstützung bekommen, um die Radarentwicklung in Japan schneller voranzubringen. Diese Aktion schlug fehl, denn U 234 musste sich nach Kriegsende im Atlantik den Amerikanern ergeben.

Dr. Heinz Schlicke wurde nach seiner Festnahme von den USA eingeladen, auf seinem Fachgebiet für das ,Office of Naval Research' in New York an einem geheimen Projekt zu arbeiten. Heinz Schlicke blieb in den Vereinigten Staaten. Er veröffentlichte mehre technisch-wissenschaftliche Fachbücher. Im Jahr 2006 verstarb er im Alter von 93 Jahren.

Das 1915 gegründete Elektronik-Unternehmen *Nihon Musen* besteht heute noch. Besser bekannt ist es unter dem englischen Namen ,Japan Radio Corporation' (JRC). Produktionsanlagen waren und sind immer noch in Osaka, Tokyo und Mitaka. In der Nachkriegszeit durfte Japan natürlich nicht weiter an militärischen Radaranlagen forschen. Aber mit den durch die Würzburg-Anlage erworbenen Erkenntnissen wurden nun Geräte wie Wetterradar, Schiffsradar für Fischerboote und Sonargeräte zum Aufspüren von Fischschwärmen entwickelt und bis heute erfolgreich produziert.

Nach der Kapitulation Japans im August 1945 zog sich Foders in eine einfache Holzhütte in der Nähe von Hakone zurück. Hakone liegt südlich von Tokyo und war damals eine Tagesreise entfernt. Hier konnte er sich

---

27 s. a. Kapitel 42

relativ sicher fühlen. Hakone liegt wunderschön gelegen mitten in den Bergen, umgeben von Vulkanen und heißen Quellen. Die Holzhütte war sehr einfach, die Fenster waren nicht dicht und als der erste Winter nahte, wurde es in der Hütte ohne eine Heizungsmöglichkeit eisig kalt. Aus Schrott und Abfall baute er sich einen primitiven Holzofen nach deutschem Vorbild. Brennmaterial gab es wohl im nahen Wald genügend, nur musste er die Bäume selbst schlagen, zersägen und spalten. Aber nun fühlte er sich in der warmen Hütte wohl. Foders lebte hier in vollkommener Abgeschiedenheit, wurde aber trotzdem von den Amerikanern als Kriegsgefangener eingestuft. Aus nicht näher genannten Gründen durfte er aber weiterhin in seiner Holzhütte bleiben, wurde jedoch immer wieder beschattet.

Abb. 8
Die Holzhütte,
in der Foders
nach August
1945 wohnte

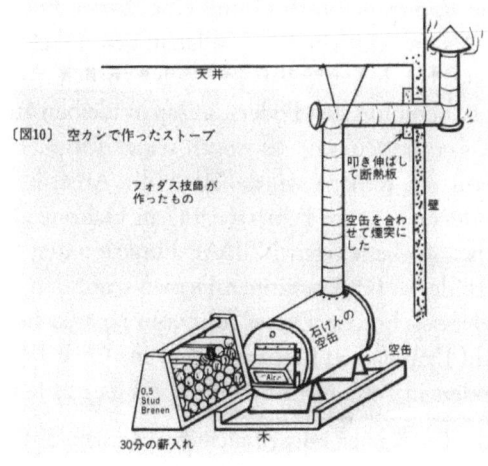

Abb. 9
Der von Foders konstruierte
Ofen machte auf seine
japanischen Freunde großen
Eindruck

Foders wollte in der Abgeschiedenheit von Hakone natürlich wissen, was sich in der Welt nach Kriegsende alles ereignete, und baute sich ein Kurzwellen-Radio, mit dem er internationale Sendestationen empfangen konnte. Irgendwie kam er in Kontakt mit einem zwielichtigen japanischen Schwarzhändler, der ihn in seiner Hütte besuchte. Dieser Schwarzhändler bat Foders, doch weitere Radios zu bauen. Er würde sie verkaufen und den Gewinn könnten sie teilen. Foders sagte sofort zu, denn er benötigte dringend ein zusätzliches Einkommen. Der Schwarzhändler brachte die benötigten Bauteile und Foders baute und baute. Es wurde ein lukratives Geschäft.

Foders hatte in der Abgeschiedenheit von Hakone und in den Wirren nach Kriegsende zunächst jeglichen Kontakt zu seinem Partner und Freund *Kiyokazu Tsuda* verloren. Ein persönlicher Kontakt oder die Versendung von Briefen war noch nicht möglich. So ließ er *Kiyokazu Tsuda* über den Schwarzhändler die Nachricht zukommen, dass dieser doch versuchen sollte, ihn an Weihnachten 1945 in Hakone zu besuchen. Tatsächlich gelang es *Tsuda,* am 24. Dezember 1945 nach Hakone zu kommen. Foders hatte ein stimmungsvolles Weihnachtsfest mit geschmücktem Tannenbaum und einem deutschen Weihnachtsessen vorbereitet. Für Herrn *Tsuda* war es sein erstes deutsches Weihnachten. Es war für ihn ein Erlebnis, das er nie mehr vergaß.

Ab und zu bekam Foders Besuch von in Hakone internierten Deutschen. Darunter waren ein Ingenieur Schüffner (ein Spezialist für Sonar-Anlagen der Firma Atlas, der ebenfalls zu *Nihon Musen* entsandt worden war), ein General Stöckelt (oder handelt sich hier um einen Herrn Stickel, der mit Foders die Karte der Reise mit U-Boot und Flugzeug nach Japan zeichnete?), einen Admiral Hans Koschella (dem Foders im Februar 1947 noch den Bau von Radios beibrachte) und eine Witwe Frau Lehnert.[28]

Als im Frühjahr 1947 in Japan gemunkelt wurde, dass die Amerikaner alle deutschen Internierten demnächst zurück nach Deutschland abschieben würden, bemühte sich Foders, in Japan bleiben zu dürfen. Er hatte die Besorgnis, dass er in Deutschland wegen seiner Tätigkeit für die japanischen Streitkräfte verurteilt werden würde. Aber die Amerikaner machten keine Ausnahme. Foders wurde im Februar 1947 in Hakone abgeholt und mit anderen Deutschen – ehemaligen NSDAP-Funktionären, Frauen und Kindern, und Leitern der in Fernost tätigen Firmen – auf den amerikanischen Frachter *Marine Jumper* gebracht. Dieser fuhr vom japanischen Hafen *Yokosuka* über Panama und Dover nach Bremen, wo er im April 1947 ankam. In Deutschland kam Foders in ein Lager und wurde ein ganzes Jahr lang immer wieder verhört.

---

28 Die Namen müssen nicht korrekt sein. Sie wurden aus der japanischen Schrift lautmalerisch niedergegeben.

Während der Überfahrt auf dem amerikanischen Frachter nahmen sich zwei Deutsche das Leben. Sie sahen in Nachkriegsdeutschland keine Zukunft. Da eine Nachrichtenverbindung noch nicht möglich war, war Foders Freund *Kiyokazu Tsuda* über den Zeitpunkt seiner Abreise nicht informiert. Vier Wochen nach seiner Abreise ergab sich für *Tsuda* eine Möglichkeit, Foders in Hakone erneut zu besuchen. Als er dort ankam, wohnte bereits die Witwe Lehnert in seinem Haus. Hier erhielt er die Nachricht, dass Foders einer der beiden aus dem Leben Geschiedenen gewesen sei. Da zu diesem Zeitpunkt keiner wissen konnte, dass es sich hier um eine Falschmeldung handelte, wurde in Tokyo zu Ehren von Foders eine japanische Totenzeremonie abgehalten. *Tsuda* ließ für Foders einen Totenaltar errichten und Foders wurde entsprechend der japanischen Tradition auf den gottgleichen Namen *Fodernomikoto* getauft. Groß war die Überraschung und Freude, als *Tsuda* 1951 einen Brief von einem lebenden Heinrich Foders erhielt.

Nach einem Jahr in deutscher Lagerhaft kam Foders am 5. April 1948 endlich wieder auf freien Fuß. Da er zunächst nicht in Erfahrung bringen konnte, ob seine Frau und Tochter in Berlin den Krieg überlebt hatten oder ob sie sich an einem anderen Ort aufhalten würden, kam er zunächst bei seinem Onkel in der Nähe von Bremen unter. Foders hatte keine finanziellen Mittel und es fehlten noch die Möglichkeiten, nach Berlin zu fahren. Daher arbeitete er zunächst in dem Betrieb für elektronische Bauteile seines Onkels. Obwohl Foders Haus in Berlin durch Bomben zerstört war, war die Fahndung nach seiner Familie erfolgreich. Im Juni 1950 konnte er mit einer amerikanischen Militärmaschine nach Berlin fliegen und war endlich nach sieben langen Jahren wieder mit seiner Frau und Tochter vereint.

Sein früherer Vorgesetzter bei Telefunken, der Pionier der Radartechnik und Autor vieler Fachbücher, Professor Dr. Wilhelm T. Runge, bewirkte Foders Wiedereinstellung in die Firma. In den 1960er Jahren lernte ich Herrn Foders persönlich kennen und schätzen. Bei mehreren Gelegenheiten kamen wir zusammen, da in den 1960er und 70er Jahren mehrere Richtfunkprojekte für Sumatra und Java zu Aufträgen geführt hatten und er in Deutschland der zuständige Sachbearbeiter war. Natürlich wurden dabei auch immer wieder seine Reise durch die Straße von Malakka und sein Aufenthalt in Japan angesprochen.

In Anerkennung seiner Verdienste für Japan wurde Foders 1964 nach Japan eingeladen. Der Präsident der *Nihon Musen*, Herr *Naruyoshi* dankte ihm persönlich für seine Verdienste. Bei einem zweiten Besuch in Japan im Jahre 1976, diesmal mit seiner Ehefrau, wurde er von *Nihon Musen* in das mondäne Hotel *Okura* in Tokyo eingeladen und von dem neuen Präsidenten *Hasegawa* empfangen.

Mit seinem japanischen Freund *Tsuda* und dessen Familie bestand bis zu Foders Tod eine enge freundschaftliche Verbindung mit gegenseitigen Besuchen in Japan und Deutschland. Zu Heinrich Foders Beerdigung im süddeutschen Backnang sind auch sein Freund *Tsuda* und einige seiner damaligen japanischen Kollegen und Freunde nach Deutschland gekommen, um ihm die letzte Ehre zu erweisen.

Das Buch von *Tsuda Kiyokaru* über das Vorhaben ‚Würzburg‘ beschreibt die technischen und privaten Details von Foders Aufenthalt in Japan sehr ausführlich. Zur Information habe ich in Anlage 1 eine Übersetzung des Inhaltsverzeichnisses beigefügt.

An dieser Stelle will ich noch über ein Ereignis berichten, das die Überlegenheit der Würzburg-Radaranlage schon bald schmälerte. In der Nacht vom 27. auf den 28. Februar 1942 entwendete eine britische Spezialeinheit von 120 Fallschirmspringern und Radartechnikern große Teile einer Würzburg-Anlage in der Nähe von Le Havre an Frankreichs Nordseeküste. Die Wach- und Bedienungsmannschaft wurde außer Gefecht gesetzt. Nur drei deutsche Soldaten überlebten den Angriff. Die Briten konnten die wichtigsten Teile der Anlage mit einem gefangenen deutschen Radartechniker nach England bringen. Durch diesen Handstreich waren britische Ingenieure in der Lage, ähnlich leistungsfähige Radargeräte zu entwickeln und ab Juli 1943 Maßnahmen gegen die Würzburg-Anlage durch das Abwerfen von Stanniolstreifen und durch Störsender zu ergreifen. Ende 1944 hatte Telefunken neue Geräte entwickelt und die Spitzenposition in der Funkmesstechnik wieder zurückerobert. Der Krieg war zu diesem Zeitpunkt allerdings bereits entschieden und neigte sich dem Ende zu.

Eine Würzburg-Radaranlage ist heute im Imperial War Museum in London zu sehen. Ob es sich dabei wohl um die bei Le Havre eroberte Anlage handelt?[29] Weitere Museumsanlagen sind in Greding in Bayern und in der Nähe von Douvres la Delivrande in der Normandie zu besichtigen.

Nach Kriegsende wurden von US-Soldaten betriebsfähige Würzburg-Radaranlagen erbeutet. Diese waren bis 1957 beim amerikanischen Militär im Einsatz. Durch eine Umrüstung auf eine Wellenlänge von 11 Zentimetern konnte die Reichweite dieser Geräte zur Erfassung von Flugzeugen auf fast 600 Kilometer erweitert werden.

---

29 Informationen von meinem leider in Perth/Australien verstorbenen britischen Freund Michael Hudelist, der selbst an dieser Aktion beteiligt war.

30. Subhas Chandra Bose und andere
Unterstützer Hitlers

Oben auf einem Hügel von Bandung lag der Club Bumi Sanguriang. Es war früher ein holländischer Club, aber nun trafen sich in den 1960er Jahren dort regelmäßig Indonesier mit Deutschen. Als ich Anfang 1964 in Bandung war, sollte dort zum ersten Mal seit Jahren wieder einmal ein deutscher Filmabend stattfinden. Ein Film aus Deutschland war damals noch etwas ganz Besonderes, und alles was in Bandung Rang und Namen hatte und Deutsch sprach, kam zu diesem Ereignis. Für uns Deutsche war diese Vorstellung allerdings mehr als peinlich, denn der Film, der gezeigt wurde, war ein Film aus dem Dritten Reich, in dem Adolf Hitler verherrlicht wurde. Wir deutschen Besucher wollten den Filmabend abbrechen, aber die indonesischen Gäste protestierten und setzten durch, dass der Film bis zum Ende gezeigt wurde. Die indonesischen Gäste waren über den Film nicht empört. Im Gegenteil, sie waren sogar von dem Hitler-Film begeistert. Wie ist das zu erklären?

Nach indonesischer Sichtweise hat Hitler durch seinen Krieg gegen die Niederlande – wie Sukarno vorhergesagt hatte – dazu beigetragen, die Unabhängigkeit Indonesiens zu beschleunigen. Die Indonesier argumentierten, dass durch den von Hitler verursachten Krieg in Europa der niederländische koloniale Machthaber so sehr geschwächt wurde, dass die Freiheitskämpfer in Indonesien die Oberhand gewinnen und letztendlich die Unabhängigkeit erreichen konnten. Dafür wären sie Hitler dankbar. Auch die Unterstützung der indonesischen Unabhängigkeitsbewegung und der PETA (der ersten Armee Indonesiens) durch das Dritte Reich wurde Hitler hoch angerechnet.

Es ist immer wieder peinlich, in ehemaligen europäischen Kolonien wie in Indonesien, Malaya oder Indien zu erfahren, wie positiv Hitler aufgrund dieser Argumentation bis heute gesehen wird. Die Sympathien der Inder für Deutschland beruhen heute auch noch darauf, dass Deutschland in zwei Weltkriegen gegen die Briten kämpfte, im Zweiten Weltkrieg sogar unter der Fahne des 5.000 Jahre alten indischen glücks- und heilsbringenden Symbols des Hakenkreuzes.

Da der Kampf für ein freies Indien eng mit Hitler, Japan, deutschen U-Booten und Südost-Asien zusammenhängt, soll in diesem Zusammenhang auch auf die Rolle, die Adolf Hitler in der indischen Unabhängigkeitsbewegung spielte, eingegangen werden.

Bereits nach Beginn des Ersten Weltkriegs unterstützte Deutschland die Unabhängigkeitsbewegung in Britisch-Indien. In Berlin fanden die indischen Revolutionäre Hilfe und Anerkennung. Zwei Studenten aus Bengalen gründeten 1915 in Berlin das ‚India Independance Commitee‘ und versammelten indische Freiheitskämpfer um sich. Das Komitee mit dem Studenten Chatto an der Spitze wurde von Großbritannien als ernste Gefahr wahrgenommen. Neben dem Komitee wurde 1918 auch noch in Berlin der ‚Bund der Freunde Indiens‘ gegründet, der ebenso die Unabhängigkeit British-Indiens zum Ziel hatte.

Deutschland hatte einen guten Ruf in Indien, weil es nach 1918 keine Kolonien mehr besaß und nach Großbritannien der zweitgrößte Handelspartner Britisch-Indiens war. Auch die deutsche Indologie wurde damals – und wird bis heute – von indischen Experten hoch geschätzt. Bedingt durch die gute wissenschaftlich-technische Zusammenarbeit beider Länder kamen immer mehr indische Studenten nach Berlin, weil sie nicht mehr im kolonialen Mutterland studieren wollten. Alle, mit wenigen Ausnahmen, agierten gegen die Kolonialherrschaft Großbritanniens.

In Berlin wurde von der indischen Vereinigung ‚Liga gegen den Imperialismus‘ das Journal *India Independence* in englischer Sprache herausgebracht und in ganz Europa vertrieben. Führende Vertreter des Indischen Nationalkongresses, die sich für eine Unabhängigkeit Indiens einsetzten, wie Jawaharlal (Panditji) Nehru oder Subhas Chandra Bose kamen schon vor dem Dritten Reich nach Deutschland, um sich über die Möglichkeit einer Hilfestellung von Seiten Deutschlands zu informieren.

Außerdem wollte Bose den Kampf der Sinn-Fein-Untergrundbewegung in Irland studieren. Er sah darin ein erfolgreiches Modell für Indien. Während des Ersten Weltkriegs unterstützte Deutschland den Befreiungskampf der Iren gegen Großbritannien und schmuggelte tausende Gewehre mit Munition, Sprengstoff und Maschinengewehre ins Land. Auch in Indien war der Gegner Großbritannien, und man hoffte ihn mit derselben Strategie schlagen zu können. Nach einigen fehlgeschlagenen Aufständen erreichte Irland letztendlich 1921 die Unabhängigkeit von Großbritannien. Bose wollte dieses erfolgreiche Modell nachahmen.

Bose wurde 1897 als neuntes von vierzehn Kindern in Cuttack/Orissa geboren. Sein Vater war Rechtsanwalt. Bose war ein mittelgroßer, gebildeter Mann mit interessanten Gesichtszügen. In Cambridge hatte er studiert und die Prüfung für den ‚Indian Civil Service‘ mit Erfolg abgelegt.

Großbritannien nahm die Unabhängigkeitsbewegung in Britisch-Indien nicht ernst, bekämpfte aber deren Führer mit aller Härte. Gefängnisaufenthalte waren die Regel. Nachdem Gandhi zum zivilen Ungehorsam gegen die Briten aufgerufen hatte, fand im Februar 1931 eine Unterredung Gandhis mit dem britischen Vizekönig Lord Irwin statt. Winston Churchill hielt dieses Treffen für ‚beunruhigend und ekelerregend‘. Ein ‚halbnackter Fakir‘ sollte sich nicht auf gleicher Ebene mit dem Vertreter Seiner Majestät unterhalten dürfen.[30]

Als Gandhi im Dezember 1931 erneut zu einem Gespräch mit dem neuen Vizekönig Lord Wellington geladen war, um zu einer Beruhigung der angespannten Lage und einer friedlichen Lösung der Unabhängigkeitsfrage zu gelangen, wurde er verhaftet und eingesperrt. Auch Subhas Chandra Bose, Nehru und weitere Kongressführer erlitten dieses Schicksal.

Boses Gesundheitszustand verschlechterte sich im Gefängnis von Tag zu Tag. Als er immer schwächer wurde, empfahl eine Ärztekommission einen Erholungsurlaub in Europa, aber auf eigene Kosten! Mit einer Polizeieskorte wurde Bose im Februar 1933 an Bord des Schiffes *Ganges* gebracht, ohne dass er sich von seinen Eltern und Geschwister verabschieden durfte. Laut Eintrag in seinem britischen Pass galt seine Aufenthaltsgenehmigung nur für Österreich.[31]

Nachdem jedoch die Tschechoslowakei und Polen eigene Ein- und Ausreisedokumente für Bose ausgestellt hatten, und weitere Länder wie Deutschland und Italien folgen wollten, sah sich der britische Konsul in Prag gezwungen, seine Aufenthaltsgenehmigung auf ganz Kontinentaleuropa auszudehnen. Nun waren die Grenzen für Bose offen. Besonders von Hitler und Mussolini wollte er erfahren, wie sie es fertigbrachten, die Volksmassen so zu elektrisieren.

Von 1933 bis 1934 schrieb Bose in Wien, Karlsbad und Bad Gastein sein Buch ‚*The Indian Struggle 1920 – 1934*‘. In Indien wurde der Verkauf dieses Buches von der britischen Regierung streng verboten. Bose verliebte sich in seine österreichische Sekretärin Emilie Schenkl, die er dann auch 1941 heiratete. Aus dieser Verbindung ging die 1942 geborene und in Deutschland an der Universität Augsburg bis zu ihrer Pensionierung Volkswirtschaft lehrende Tochter, Frau Professorin Dr. Anita Bose-Pfaff, hervor.

Im Juli 1933 traf Bose erstmals in Berlin ein. Sein Wunsch war, Hitler zu sprechen, um ihn von seiner negativen Einstellung gegenüber Indien abzubringen. Dazu kam es jedoch nicht. Hitler schrieb nämlich in seinem Werk *Mein Kampf: England wird Indien nur verlieren, wenn es entweder selbst in seiner Verwaltungsmaschinerie der rassischen Zersetzung anheimfällt oder wenn es durch das Schwert eines machtvollen Feindes bezwungen wird. Indischen Aufrührern wird dies nie gelingen. [...] Ich als Germane sehe Indien trotz allem immer noch lieber unter englischer Herrschaft als unter einer anderen.*[32]

---

30 Werth, Alexander, *Der Tiger Indiens*, S. 53
31 Ibid., S. 57ff
32 Hitler, *Mein Kampf*, Band 2, S. 654f

Reichsmarschall Hermann Göring bezeichnete Gandhi sogar als *anti-britischen und bolschewistischen Agenten.*[33] Diese Einstellung führender deutscher Politiker konnte Bose nicht gefallen. Als Hitler 1936 in einer Rede die *Vormachtstellung der Weißen* betonte, konterte Bose bei einer Pressekonferenz im Mai 1936 in Genf:

During the last few weeks my mind has been greatly disturbed at the insulting remarks made by the German Führer. [...] It is quite clear that Germany today is determined to curry favour with England by insulting India. I can have no objection if the Germans desire to lick the boots of the Britishers, but if they think that [...] an insult hurled at India will be quietly pocketed by us, they are sadly mistaken.[34]

Bose konnte zu diesem Zeitpunkt weder Hitler noch einen anderen hochrangigen Vertreter des Deutschen Reichs treffen. Er erhielt nur die ausweichende Antwort, dass sich die Reichsregierung in Bezug auf die Unabhängigkeitsbewegung in Indien neutral verhalten würde. Man wollte die Regierung Großbritanniens nicht beunruhigen. Bose hatte es zunächst sehr schwer, Deutschland für eine Zusammenarbeit zu gewinnen. Die Reichsregierung teilte nicht seine Meinung, dass Indiens Problem ein Weltproblem sei. Im Gegensatz dazu hatte Mussolini Bose während dieses Aufenthaltes in Europa mehrfach empfangen und ihm eine Zusammenarbeit angeboten. In der Zentrale der NSDAP erhielt Bose jedoch eine gewisse Unterstützung. Man wollte seinen Verbündeten in Bengalen Handfeuerwaffen und anderes technisches Gerät zur Verfügung stellen.

Als Bose im April 1936 von seiner Europareise nach Indien zurückkam, wurde er bei seiner Ankunft in Bombay bereits an Bord des Schiffes erneut verhaftet und im Gefängnis ‚Arthur Road Prison' in Bombay inhaftiert. Später wurde er in ein anderes Gefängnis in der Nähe von Poona verlegt. Den Briten waren die gegen sie gerichteten Aktivitäten Boses in Europa nicht verborgen geblieben. Elf Monate später, im März 1937, musste Bose aus gesundheitlichen Gründen erneut freigelassen werden. Mehrere Monate wurde er in den Bergen von Punjab ärztlich betreut.

Subhas Chandra Bose wurde 1938 und 1939 zum Präsidenten des Indischen Nationalkongresses gewählt. Von der britischen Regierung wurde der Kämpfer für die Unabhängigkeit Indiens wegen seiner extrem anti-britischen Haltung elf Mal – bis zu drei Jahren – inhaftiert. Parallelen zu Soekarno in Niederländisch-Indien sind nicht zu übersehen!

Großbritannien wollte – wie bereits im Ersten Weltkrieg – auch Indien mit in den Zweiten Weltkrieg gegen Deutschland und Japan ziehen. Sir Staf-

---

33   Werth, *Der Tiger Indiens*, S. 66
34   Netaji Collected Works, Band 8, S. 346, Pressekonferenz in Genf vom März 1936

ford Cripps, Mitglied des Kriegskabinetts, wurde von Churchill im März 1942 nach Indien entsandt, um die uneingeschränkte Solidarität Indiens zu fordern. Getrennt verhandelte er mit Mahatma Gandhi für den hinduistischen und mit Muhammad Ali Jinnah für den moslemischen Bevölkerungsanteil. Seine ‚Cripps Mission‘ genannten Verhandlungen führten zu keinem Erfolg, da der indische Kongress für einen Beistand im Gegenzug die sofortige Unabhängigkeit forderte. Diese wollte aber Großbritannien erst nach Kriegsende gewähren. Indien lehnte daraufhin eine Allianz mit den britischen Kolonialherren ab und antwortete mit offenem Widerstand, zumal Indiens Politiker nach den Erfolgen Japans in Südost-Asien ihre Chancen im Streben nach Unabhängigkeit steigen sahen. In der seit 1848 publizierten politisch-satirischen Wochenschrift *Kladderadatsch* wird diese ‚Cripps Mission‘ als Karikatur illustrativ gezeigt.

Abb. 10
Karikatur aus der Wochenschrift
‚Kladderadatsch‘ 1942. Text:
Cripps: Ich gebe Dir die Freiheit
wahrscheinlich nach dem Krieg!
Hast Du sonst noch Wünsche?
Inder: Geh mir aus der Sonne!
(Anm. des Verf.: Die Sonne im Hintergrund ist die japanische Kriegsflagge)

Abb. 11
Japans Kriegsflagge der aufgehenden Sonne

Bose erwähnte abfällig, dass das sonst so überhebliche Britische Königreich in der Welt um Geld, Soldaten und Munition betteln ginge, nicht nur bei freien Nationen wie den USA, sondern auch bei versklavten Ländern wie Indien. Die jahrhundertelang unterdrückten Völker spürten, wie die ‚stählerne Hand‘ der Kolonialmächte durch den Krieg in Europa erlahmte. Kurzerhand erklärte Großbritannien den Kongress Indiens als ungesetzlich und sperrte die maßgeblichen Führer der Unabhängigkeitsbewegung – darunter Jawaharlal (Panditji) Nehru und Mahatma Gandhi – bis Kriegsende hinter Gitter. Durch die altbewährte Methode des ‚Teilens und Herrschens' versuchten nun die Briten, den Gegensatz und die Probleme zwischen Hindus und Moslems zu schüren.

Subhas Chandra Bose, der Führer der indischen Nationalisten, war Oberbürgermeister der Millionenstadt Kalkutta und der führende Kopf der Kongresspartei. Obwohl er in Großbritannien studiert hatte, war er ein großer Bewunderer Deutschlands und daher den Briten suspekt. Gegenüber Hitler und seinen Ideen – besonders gegenüber seiner Rassenpolitik – war er jedoch mehr als reserviert. In Deutschland und Japan sah er trotzdem die Bundesgenossen für den indischen Freiheitskampf. Im Gegensatz zu Gandhi, der den friedlichen Weg zur Unabhängigkeit seines Landes wählte, wollte Subhas Chandra Bose diese so schnell wie möglich erreichen, auch mit militärischen Mitteln.

Bose initiierte in Indien eine Massenbewegung, die den Einsatz indischer Ressourcen und Soldaten zugunsten des britischen Empires für den Krieg gegen Deutschland verbot. Er wollte nicht mehr – wie seit Jahrhunderten geschehen – das indische Blut für britische Interessen fließen lassen. Großbritannien führte einen Krieg für Freiheit und Demokratie, wollte Indien aber dieses Recht nicht zugestehen. Es gelang Bose, eine Solidarität aller Inder, Hindus wie Moslems, herzustellen. Als er im November 1940 während seiner elften Inhaftierung einen Hungerstreik begann und keine Zwangsernährung zuließ, ließen ihn die britischen Behörden unter strengen Auflagen frei, um keinen Aufstand der Massen zu provozieren.

Der von den Briten geplanten zwölften Verhaftung entging Bose am 16. Januar 1941 durch die Flucht aus Kalkutta. Die Flucht aus Kalkutta gelang ihm in einem Wanderer W24[35] Auto, Baujahr 1937, nach Nordindien. Als Lastenträger und islamischer Versicherungsagent getarnt, erhielt er unterwegs von Vertrauten Begleitung, Hilfe und Unterkunft. Erst zehn Tage später wurde seine Flucht bemerkt, da er verschiedene Täuschungsmanöver, wie Briefe, die nach seiner Flucht datiert wurden und Gerüchte, er hätte sich in ein Kloster zurückgezogen, sorgfältig vorbereitet hatte. Bose war plötzlich vom Erdboden verschwunden. Erst ein Jahr später wurde das Geheimnis gelüftet, als er sich über den Rundfunk aus Berlin meldete.

Über einsame Pfade und verschneite Pässe erreichte Bose am 31. Januar 1941 Kabul in Afghanistan. Erst am 6. Februar 1941 gelang es ihm, den deutschen Gesandten in Kabul, Herrn Pilger, zu sprechen. Pilger wollte

---

35 Wanderer war eine Tochtergesellschaft der deutschen Auto- und Motorradmarke DKW/Auto-Union

sofort Instruktionen in Berlin einholen. Aus Sicherheitsgründen erfolgten alle weiteren Kontakte zwischen Pilger und Bose über den in Kabul ansässigen deutschen Vertreter von Siemens. Die deutsche Botschaft in Kabul war schon fest in die Aktivitäten der Unabhängigkeitsbewegung Indiens eingebunden. Hier gab es eine Vorhut der dem Oberkommando der Wehrmacht unterstellten ‚Spezialeinheit Brandenburg‘, deren Aufgabe es war, einen Vorstoß deutscher Wehrmachtseinheiten von der Türkei aus nach Indien vorzubereiten. Hitler war jedoch gegen diesen Plan.

Als irakische Truppen Anfang 1941 in ihrem Land einen massiven Aufstand gegen die Briten eröffneten, weitete sich dieser zu einem richtiggehenden Krieg aus. Der irakische Premierminister Rashid Ali al-Gaylani und der ehemalige Außenminister Ghulam Siddiq Khan aus dem benachbarten Afghanistan setzten sich nach Deutschland ab. Dieser Krieg veranlasste Hitler zu seinem Führererlass Nr. 30. Darin forderte er, die anti-britischen arabischen Kräfte im Irak und im Vorderen Orient zu stärken. Ein Sieg der Achsenmächte würde die Länder im Nahen und Mittleren Osten vom britischen Joch befreien. Alle Länder, die die Freiheit wollten, müssten sich dem Kampf gegen England anschließen.[36] Hitler drückte sich, wenn es um die Freiheitsbewegung der arabischen Staaten ging, im Vergleich zu Indien viel klarer aus. Die arabischen Staaten betrachtete er als die natürlichen Bundesgenossen des Deutschen Reichs, Indien nicht.

Eine wichtige Aufgabe der ‚Spezialeinheit Brandenburg‘ in Kabul in Afghanistan war, die Verbindung zum anti-britischen Untergrund in Indien aufrecht zu erhalten. Dafür waren rund einhundert ausgesuchte indische Untergrundkämpfer in Deutschland intensiv ausgebildet worden, damit sie ihr Wissen an andere Untergrundkämpfer in Indien weitergeben konnten. Die Ausbildung umfasste technische Fachbereiche wie Funkwesen und den Bau und Betrieb von Spionagesendern, die Benutzung von Chiffrier-Geräten, aber auch Fallschirmspringen, Reiten und Operationen im Gebirge. Diese deutsch-indische Kommandotruppe unter dem Befehl von Rittmeister Walter Harbich sollte Sabotageakte in Indien durchführen, um das Land zu destabilisieren. Gleichzeitig sollten neue Kämpfer für die Unabhängigkeitsbewegung gewonnen werden. Für diese Einsätze war die Kabul naheliegende, schon immer unruhige Nordwestgrenze Britisch-Indiens, die heute die Grenze zu Pakistan ist und von den Briten ‚Tribal Territory‘ genannt wurde, besonders geeignet. Diese Unternehmung lief unter dem Namen ‚Operation Tiger‘. Schon von 1936 bis 1937 hatte dort der Freiheitskämpfer Mirza Ali Khan einen Feldzug gegen das britische Militär gestartet

---

36 Führererlass No. 30 vom 23. Mai 1941
    www.chroniknet.de

und wartete auf Unterstützung durch Nazi-Deutschland. Ribbentrop ge-
nehmigte eine Million Reichsmark für die ‚Operation Tiger‘, wobei die Hälfte des Geldes für die Unterstützung der Aufständischen bereitgestellt wurde.[37]

Deutschlands Plan war sogar, eine Landebahn für die Langstreckenbomber Focke-Wulf Fw 200 Condor im ‚Tribal Territory‘ zu bauen. Material,
Agenten und Truppen sollten schnellstmöglich in dieses Gebiet gebracht
werden können. Der Plan scheiterte an den ungünstigen Bodenverhältnissen
in dem extrem bergigen Gelände. Daher wurden Material und Agenten der
Abwehr mit Fallschirmen abgesetzt.

Am 23. Februar 1941 wurde Subhas Chandra Bose über den Siemens-
Vertreter in Kabul mitgeteilt, dass er mit dem italienischen Gesandten
Alberto Quaroni in Verbindung treten solle. Zuvor hatte es einen regen
Austausch von diplomatischen Depeschen zwischen Deutschland, Italien
und der Sowjetunion gegeben. Zu dem Zeitpunkt waren die Sowjetunion
und Deutschland noch nicht im Krieg. Alle drei Länder wurden sich einig,
Bose mit einem italienischen Diplomatenpass, der auf den Namen Orlando
Mazzotta ausgestellt war, über die Sowjetunion nach Deutschland reisen zu
lassen. Deutschland war auch sein Ziel, da er dort – trotz der Vorbehalte
Hitlers – immer noch die größte Chance für eine Unterstützung sah. Er
erhielt einen Diplomatenpass des totalitären Italiens. Damit wollte man das
Problem seiner südländischen Hautfarbe – die für einen Deutschen nicht
typisch ist – eliminieren.

Am 18. März 1941 verließ Bose mit dem Namen Orlando Mazzotta
Kabul. In Begleitung von drei deutschen Militärs erreichte er in einem
Kraftfahrzeug Samarkand. Von hier ging es mit der Bahn weiter nach Mos-
kau. Mit Telegramm vom 31. März 1941 von der Deutschen Botschaft in
Moskau wurde Bose in Berlin angekündigt. Er beabsichtige, sich sogleich in
Berlin im Auswärtigen Amt zu melden.[38] Von Moskau reiste Bose mit einem
Flugzeug nach Berlin, wo er am 3. April 1941 eintraf.[39]

Als Bose Berlin erreichte, war Deutschland auf dem Zenit seines Erfolgs.
Ein riesiges Gebiet, das von der Arktis bis zu der Grenze Spaniens und
von der Westküste Frankreichs bis zum Schwarzen Meer reichte, war von
deutschen Truppen besetzt. Noch am Tag seiner Ankunft in Berlin wurde
Bose von Staatssekretär Dr. Ernst Woermann im Reichsaußenministerium
empfangen. Schon bei seinem ersten Besuch bei Woermann bat Bose um
100.000 deutsche Soldaten, die von Norden her in Indien einfallen sollten.
Eine Bitte, die natürlich nicht erfüllt werden konnte.

---

37 Schnabel, Reimund, *Tiger und Schakal: Deutsche Innenpolitik 1941-43*, Wien 1968
38 AA, Pol VIII, 1277g
39 Werth, *Der Tiger Indiens*, S. 115ff

Staatssekretär Ernst Woermann war der Sohn des bekannten Kunsthistorikers Karl Woermann. Zur Zeit der Ankunft von Bose in Berlin war Woermann Leiter der Politischen Abteilung im Reichsaußenministerium. Danach, von 1943 bis Kriegsende war er deutscher Botschafter bei der Nationalchinesischen Regierung in Nanking (heute: Nanjing).

Die aufregende, aber erfolgreiche Flucht Boses durch britisches Gebiet, das voll von Spionen, Denunzianten und Kontrollen war, wäre der Stoff für einen abenteuerlichen Film. Kabul wurde nun zur konspirativen Verbindungsstelle zwischen Subhas Chandra Bose in Berlin und der anti-britischen Bewegung in Indien.

Bose fand während des 2. Weltkriegs in Berlin bereits einen fruchtbaren Boden für seine Unabhängigkeitsbestrebungen vor. Auch die Reichsregierung war nun zugänglicher und hatte ein offenes Ohr für seine Wünsche. In Berlin hatte Bose viele deutsche und indische Freunde und Unterstützer, die ihn ‚Netaji‘, Führer oder ‚König von Bengalen‘ nannten. Er war der festen Überzeugung, dass seine Pläne für ein freies Indien nur mit außenpolitischer Unterstützung des Deutschen Reichs zu erreichen seien.

Die Betreuung Boses in Berlin übernahmen der spätere Legationsrat Dr. Adam von Trott zu Solz – den wir bereits im ersten Teil des Buches kennengelernt haben – und Dr. Alexander Werth, Sohn eines englischen Vaters und einer russischen Mutter, der seine Schulzeit in England verbrachte. Nach dem Krieg beschrieb er eindrucksvoll das Leben Subhas Chandra Boses in seinem Buch *Der Tiger Indiens*. Alexander Werth arbeitete von 1934 bis 1938 als Jurist und Berater für deutsche Firmen in Großbritannien. Während dieser Zeit machte er auch einen Abschluss für englisches Recht. Im September 1938 kam er nach Deutschland zurück und wurde 1940 aufgrund seiner guten Kenntnisse Großbritanniens vom Auswärtigen Amt in Berlin engagiert. Hier wurde Werth Stellvertreter von seinem Studienfreund Adam von Trott zu Solz und war im ‚Sonderreferat Indien‘ für die Betreuung Subhas Chandra Boses verantwortlich.

Beide Männer, Adam von Trott zu Solz und Alexander Werth, hatten große Kenntnisse über die politische Situation sowohl in Indien als auch in Großbritannien, und begegneten Bose – im Gegensatz zu Hitler – mit großer Sympathie und Verständnis für seine Pläne. Hitler sah wegen seiner Rassenvorurteile das indische Problem immer noch durch eine britische Brille.

Mehrere Abteilungen des Reichsaußenministeriums beschäftigten sich nun mit Bose. Dies führte zu dem genannten ‚Sonderreferat Indien‘, an dessen Spitze von Trott und Werth standen. Das ‚Sonderreferat Indien‘ war dem Staatssekretär Wilhelm Keppler unterstellt, der einen direkten Zugang zu Reichsaußenminister Ribbentrop hatte. Ein erstes Gespräch Boses mit

Ribbentrop am 29. November 1941 brachte den Durchbruch. Staatssekretär Keppler gewährte nun Bose absolute Freiheit in der Verwirklichung seiner Pläne. Bose bekam für die Vorbereitung der ‚Provisorischen Regierung Freies Indien' – die 1943 in Japan verwirklicht wurde – regelmäßig einen finanziellen Zuschuss. Dieses Darlehen sollte nach Kriegsende von einer nun freien indischen Regierung an Deutschland zurückgezahlt werde. Tatsächlich erfolgte bereits 1944 eine erste Rückzahlungsrate in Höhe von einer halben Million Yen über die Deutsche Botschaft in Tokyo an das Deutsche Reich. Es waren die Spenden von Indern, die Bose seit seinem Aufenthalt in Südost-Asien erhalten hatte.

In Berlin gründete Bose die Propaganda-Rundfunkstation ‚Radio Azad Hind' (Radio Freies Indien), die von Berlin aus seine Sendungen erfolgreich nach Indien und für im Einflussbereich Großbritanniens lebende oder kämpfende Inder ausstrahlte. Die täglichen Sendungen erfolgten in sieben Sprachen: Englisch, Hindustani, Bengali, Pushtu, Telugu, Tamil und Gujarati. Für diese Aufgabe waren zahlreiche Mitarbeiter in der ‚Zentrale Freies Indien' erforderlich: Journalisten, Redakteure, Schriftsteller, Übersetzer, Rundfunksprecher und so weiter. Auch deutsches und ausländisches Nachrichtenmaterial und Zeitungen mussten ausgewertet werden. Nachrichten aus Indien kamen über Kabul, das mehrere Geheimsender der Untergrundbewegung empfangen konnte. Alle Mitarbeiter in der ‚Zentrale Freies Indien', darunter viele indische Studenten, erhielten vom Deutschen Reich die Privilegien, wie sie eine diplomatische Mission genoss. Die Büros des indischen Freiheitssenders waren in der Villa Monikenberg in Berlin untergebracht.

Die Programme von ‚Radio Azad Hind' wurden über die leistungsstärksten zur Verfügung stehenden Sendeanlagen im holländischen Huizen bei Hilversum mit einer drehbaren Vorhangantenne nach Indien ausgestrahlt. Die Sendeanlage wurde etwa 1937 für einen Dauerkontakt mit der 12.000 Kilometer entfernten Kolonie Niederländisch-Indien in Betrieb genommen und hatte die Bezeichnung PHOHI (Philips Omroep Holland Indie). Beim Einmarsch deutscher Truppen in die Niederlande versuchte das niederländische Militär, diese Anlage zu demolieren. Die Schäden waren jedoch so gering, dass die Anlage durch deutsche Experten repariert und nach kürzester Zeit wieder in Betrieb genommen werden konnte.

Nur wenige Tage nachdem Singapur am 15. Februar 1942 in die Hände von Japan gefallen war, sprach Subhas Chandra Bose über ‚Radio Azad Hind' von Berlin aus zum indischen Volk:

[...] The fall of Singapore means the collapse of the British Empire, [...] and the dawn of a new area in Indian history. The Indian people who have [...] been ruined spiritually, culturally, politically and economically while under British

domination, must now offer their humble thanks to the Almighty for the auspi-
cious event. [...]One fifth of the human race has been ruthlessly suppressed and
persecuted. For other nations, British imperialism may be the enemy of today,
but for India, it is the eternal foe. [...] During this struggle, and the reconstruc-
tion that will follow, we heartily cooperate with all those who will help us in
overthrowing the common enemy. [...][40]

Die Vereinigten Staaten unterstützten in der Frage Indiens immer mehr die
Position des Britischen Königreichs. Roosevelt entsandte einen ‚Personal
Representative‘, Colonel Louis John, nach New Delhi. In Indien waren be-
reits rund 100.000 amerikanische Truppen stationiert, um die Briten zu un-
terstützen. In einer Rundfunkansprache vom 13. April 1942 attackierte Bose
erstmals die USA scharf. Er verdächtigte Roosevelt, die Rolle eines ‚Agent
Provocateurs‘ zu spielen, um nach der Vertreibung der Briten die Macht in
Indien an sich zu reißen.[41]

Die Unruhen in Indien weiteten sich aus bis zu dem Aufstand ‚Quit India‘, Verschwindet aus Indien! Demonstrationen und Übergriffe wütender
Inder auf britische Bürger und Soldaten gab es im ganzen Land. Polizisten
wurden mit Benzin übergossen und verbrannt, britische Offiziere wurden
auf der Straße gelyncht. Die Führer des Kongresses, einschließlich Gandhi
und Nehru, wurden ins Gefängnis gesteckt. Die Briten versuchten nun
durch mehr Gewalt, Verhaftungen, öffentliche Auspeitschungen und Strafen
wieder die Kontrolle über das Land zu erhalten. Es gab tausende Tote auf
beiden Seiten.

Diese Situation nützte Bose aus, um noch mehr Öl ins Feuer zu gießen.
Ende 1942 wurden an verschiedenen Stellen noch weitere Sendeanlagen in
Deutschland in Betrieb genommen, so dass Bose neben ‚Radio Azad Hind‘
noch weitere aufpeitschende Programme wie ‚National Congress Radio‘,
das die Funktion des nicht mehr arbeitsfähigen indischen Kongresses übernehmen sollte, ‚Azad Muslim Radio‘ für die in der Minderheit lebenden
indischen Moslems und ‚Waziristan Radio‘ ausstrahlen konnte. Letzteres
Programm war speziell für das ‚Tribal Territory‘ und die in dieser Grenzre-
gion von Afghanistan und Indien lebenden Stammesangehörigen gedacht.
Sie wurden aufgefordert, ihre Waffen gegen Indien zu erheben. Bose stellte
sogar in Aussicht, dass zu ihrer Unterstützung deutsche Fallschirmjäger in
die Region entsandt würden. Ich glaube kaum, dass diese Zusage mit dem
Deutschen Reich abgesprochen war.[42]

---

40   Hayes, *Subhas Chandra Bose in Nazi Germany,* S. 88f
41   Ibid., S. 102
42   Werth, *Der Tiger Indiens,* S. 133f

Da zu jener Zeit nur wenige Inder ein eigenes Rundfunkgerät besaßen, versammelten sich in den Abendstunden dutzende Hörer um ein Empfangsgerät. Die täglichen und gut zu empfangenden Programme von ‚Radio Azad Hind‘ zu hören, gedieh in der indischen Bevölkerung zu einem Ritual. Ohne großen Erfolg verboten die britischen Behörden den Empfang dieser Sendungen.

Von Rom aus betrieb ein anderer indischer Freiheitskämpfer, Mohhammad Iqbal Shedai, ab 1941 den anti-britischen Rundfunksender ‚Radio Himalaya‘. Im Gegensatz zu Bose operierte Shedai von Italien aus, da er sich von Italien eine größere Unterstützung für seine Unabhängigkeitsbewegung erhoffte als von Deutschland. Shedai war jedoch weit weniger erfolgreich als Bose, und die beiden betrachteten sich als Konkurrenten. ‚Radio Himalaya‘ wurde auch mehr oder weniger amateurhaft betrieben und erreichte nie die Professionalität und Popularität von Boses ‚Radio Azad Hind‘. ‚Radio Himalaya‘ erreichte jedoch mit seiner anti-britischen Propaganda vorwiegend die in Nordafrika für die Briten kämpfenden indischen Truppen.

Natürlich betrieb auch Deutschland anti-britische Propaganda, mit Radio ‚Germany Calling!‘ über den Äther. Von Hamburg aus wurde das Programm des fiktiven ‚Lord Haw-Haw‘ nach Großbritannien, Irland und die Vereinigten Staaten ausgestrahlt. Moderatoren waren der deutsche Wolf Mittler, der nach Kriegsende Moderator beim Bayrischen Rundfunk wurde, der britische Armeeoffizier Norman Baillie-Steward, der 1936 nach Österreich und Deutschland kam und ab 1939 für den Reichsrundfunk arbeitete, sowie der US-Bürger irischer Abstammung William Joyce. Letzterer war ein Mitglied von Oswald Mosleys ‚British Union of Fascists‘ und besaß neben seinem US-Pass auch einen britischen. Joyce war ein begabter Redner. 1939 floh er nach Deutschland, nachdem er von Freunden von seiner bevorstehenden Internierung in Großbritannien informiert wurde.

Unter den Moderatoren des Programms von ‚Lord Haw-Haw‘ spielte Joyce die wichtigste Rolle. Da während des Programms von *Germany Calling!* auch Grüße und Briefe von britischen Kriegsgefangenen in Deutschland verlesen wurden, war die Sendung in der britischen Öffentlichkeit mit mehr als sechs Millionen Zuhörern sehr populär. Selbst Churchill fand die Parodien von Radio *Germany Calling!* sehr unterhaltsam. Joyce wurde von Hitler mit dem Kriegsverdienstkreuz ausgezeichnet.

Um das Programm von *Germany Calling!* für die englischsprachigen Bürger möglichst attraktiv zu machen, wurde auch Swing- und Jazzmusik höchster Qualität ausgestrahlt, eine Musik, die für deutsche Bürger verboten war. Zu diesem Zweck wurde 1940 in Berlin von dem Saxophonisten Lutz Templin eigens ein Swing-Orchester mit dem Namen ‚Charly and his Orchestra‘ gegründet, das bis 1945 über 250 neue Musiktitel produzierte. Nur für den internen Gebrauch wurden rund 1.500 Schallplatten geprägt. Nur wenige überlebten den Krieg. Sie sind heute sehr begehrte Sammlerstücke und werden in Großbritannien und den USA mit mehreren Tausend Dollars gehandelt.[43]

Seine letzte anti-britische Sendung als ,Lord Haw-Haw' schloss Joyce am 30. April 1945, nur wenige Tage vor der Kapitulation Deutschlands, mit einem trotzigen ,Heil Hitler'. 1946 wurde er in Großbritannien wegen Hochverrats durch den Strang hingerichtet.

Lutz Templin überlebte das Kriegsende unbeschadet. Er wurde sofort mit seiner Band ,Charly and his Orchestra' von den amerikanischen Streitkräften engagiert. Regelmäßig spielte die Gruppe in Stuttgart und im Rundfunksender der amerikanischen Besatzungsmacht ,American Forces Network'(AFN).

Durch Adam von Trott kam es zwischen dem Journalisten und Autor Dr. Giselher Wirsing und Bose zu einer engeren Verbindung und einem Austausch von Informationen. Auch mit dem Autor Karl Haushofer, den Bose mehrmals in München traf, pflegte er eine freundschaftliche Beziehung. Walther Hewel war eng mit Haushofer befreundet und mit Wirsing bekannt, aber ich fand keine Hinweise auf ein Treffen Hewels mit Bose.

Boses englischsprachige Zeitschrift *Azad Hind* (Freies Indien) mobilisierte alle indischen Gruppierungen in ganz Europa. Auch zum Druck und Vertrieb dieser Zeitschrift erhielt er die volle Unterstützung des Dritten Reichs. Bose wurden in Berlin außer der Rundfunkstation auch Studios und Dienstgebäude für die ,Zentrale Freies Indien' zur Verfügung gestellt. Die ,Zentrale Freies Indien' residierte in Berlins Diplomatenviertel in der Lichtensteiner Allee 2a. Für Bose selbst und seine Frau wurde eine Villa in Berlin-Charlottenburg in der Sophienstraße zur Verfügung gestellt. Großbritannien versuchte vergeblich, den in ihren Augen aufsässigen und unbequemen, gegen ihre Interessen agierenden Inder zu liquidieren.

Am 26. Januar 1942 feierte Bose mit großem Aufwand im Hotel Kaiserhof in Berlin den indischen Unabhängigkeitstag, der zum Ärger der Briten schon 1930 von der Kongresspartei proklamiert worden war.[44] Hunderte Honoratioren der NSDAP, der Politik, der deutschen Streitkräfte, hochrangige Geschäftsleute, Diplomaten und Journalisten verschiedener Länder nahmen an den indischen Feierlichkeiten teil. Der Ballsaal war mit Blumenbuketts überladen und mit hunderten deutschen und indischen Fahnen der Unabhängigkeitsbewegung geschmückt.

---

43 http://www.bills-bunker.privat.t-online.de/media//DIR_69137/1b6c46baeeb 08c41ffff8037ffffff3.mp3

44 Die britische Herrschaft endete jedoch endgültig erst am 15. August 1947

Abb. 12
Nationale Feierstunde am 26. Januar 1942 anlässlich der bereits 1930 erfolgten Grün-
dung eines ‚Freies Indien‘ im Hotel Kaiserhof in Berlin. Staatssekretär Dr. Wilhelm
Keppler am Rednerpult

Nach dem Motto ‚Der Feind meines Feindes ist mein Freund‘ stellte Bose
dem Dritten Reich seine Dienste zur Verfügung. Bereits im Mai 1941 waren
die ersten indischen Kriegsgefangenen, die General Rommel in Nordafrika
von den britisch-indischen Truppen gemacht hatte, in Deutschland eingetroffen. Mit indischen Studenten und rund 3.500 indischen Kriegsgefangenen stellte Bose seine erste ‚Legion Azad Hind‘, die ‚Armee Freies Indien‘
auf. Weitere Inder aus ganz Europa strömten nach Deutschland, um Subhas
Chandra Bose ihre Kampfeskraft für ein unabhängiges Indien zur Verfügung
zu stellen. Alleine 14.000 weitere indische Kriegsgefangene aus Nordafrika
kamen im Laufe des Jahres 1942 nach Deutschland, um freiwillig der ‚Armee Freies Indien‘ beizutreten.[45]

Die indischen Kriegsgefangenen, die zunächst für die Briten – hauptsächlich in Nordafrika – gekämpft hatten, kamen aus Kriegsgefangenenlagern in
Nordafrika und Italien und wurden nun durch Bose und mehrere hundert
Ausbilder und Offiziere der Deutschen Wehrmacht für ihren neuen Kampf
gegen Großbritannien ausgebildet. Das ‚Infanterieregiment 950‘, umgangssprachlich in der Deutschen Wehrmacht als ‚Indische Legion‘ bezeichnet,
bestand ausschließlich aus indischen Soldaten. Die Inder wurden hauptsächlich in der Garnison Königsbrück bei Dresden ausgebildet. Das Regiment
erhielt die modernste Bewaffnung mit Flugzeugabwehr-Geschützen, Panzer-
abwehrkanonen und leichter Feldartillerie.

---

45   Hayes, *Subhas Chandra Bose in Nazi Germany*, S. XX

Abb. 13
‚Indische Legion‘ mit
Subhas Chandra
Bose in Deutschland

Die Soldaten der Legion trugen einheitlich deutsche Uniform mit dem Ärmelschild ‚Azad Hind‘, Freies Indien. So konnten sie nicht als Desserteure oder Partisanen bezeichnet werden, falls sie in britische Hände fielen. Die Fahne der ‚Indischen Legion‘ hatte ebenso die Aufschrift ‚Azad Hind‘, mit dem Bild eines indischen Tigers im Sprung.

Abb. 14
Fahne und Ärmelschild von ‚Azad Hind‘

Rund zwei Drittel der Soldaten waren Moslems, ein Drittel Hindus und Sikhs. Die Sikhs durften anstelle des deutschen Stahlhelms ihren Turban als Kopfbedeckung behalten. Den Fahneneid legten sie sowohl auf Subhas Chandra Bose als auch auf Adolf Hitler ab:

I swear by God this holy oath, that I will obey the leader of the German state and people, Adolf Hitler, Commander of the German Armed Forces, in the fight for the freedom of India, in which fight the leader is Subhas Chandra Bose, and that as a brave soldier, I am willing to lay down my life for this oath.[46]

Der britische Staatsbürger John Amery beteiligte sich – sehr zum Ärger seines Vaters – maßgeblich an der Formierung und Organisation der ‚Indischen Legion‘. Sein Vater, Leopold Amery, gehörte nämlich der Regierung Churchill als Minister für Indienangelegenheiten an. In Rundfunkansprachen aus Berlin rief sein Sohn John zum Sturz der Regierung Churchill auf. Großbritannien müsse die Seiten wechseln und mit Deutschland in den Krieg gegen die Sowjetunion ziehen. Nach dem Vorbild der ‚Indischen Legion‘ rief er – allerdings mit geringem Erfolg – unter den in Deutschland inhaftierten britischen Kriegsgefangenen zur Bildung eines ‚British Free Corps‘ auf. John Amery wurde nach Kriegsende in Großbritannien wegen Hochverrats durch den Strang hingerichtet.

Im Dezember 1942 wurde die ‚Indische Legion‘ mit zunächst 3.500 indischen Soldaten in vier Bataillone aufgeteilt. Der Kommandeur des Regiments war Oberstleutnant Kurt Krappe, der Kompaniechef Oberstleutnant Dr. Hans Seifritz. Ihr erstes Einsatzgebiet war an der Küste Hollands und auf der Insel Texel. 1944 wurde die ‚Indische Legion‘ in die Waffen-SS eingegliedert.

Deutsche Wehrmachtsangehörige mit einem abgeschlossenen Studium der Indologie wurden zur ‚Indischen Legion‘ abgestellt, um als Dolmetscher und als Vermittler zwischen den Kulturen zu fungieren. Für die deutschen Indologen war die Dienstzeit in der ‚Indischen Legion‘ eine hervorragende Gelegenheit, weitergehende Studien zu betreiben und ihre Sprachkenntnisse auszubauen. Zusammen mit indischen Experten entwickelten die deutschen Indologen eine neue Sprache für den Armeegebrauch, die sie ‚Hindustani‘ nannten. Englisch als Kommandosprache sollte durch ‚Hindustani‘ ersetzt werden. ‚Hindustani‘ war eine Mischung aus den beiden Hauptsprachen Indiens, Hindi und Urdu und wurde mit lateinischer Schrift geschrieben. Es war ein erster Schritt zu einer gemeinsamen Sprache Indiens, der aber nach Kriegsende leider nicht konsequent weitergeführt wurde. Gandhi bedauerte dies schon in einer seiner ersten öffentlichen Reden nach Erlangung der Unabhängigkeit. Er sagte, dass er sich schäme in der Sprache der Kolonialherren

---

46 Mangat, *The Tiger Strikes*, S. 124f

– englisch – sprechen zu müssen, um von allen seinen indischen Zuhörern verstanden zu werden.

Im Gegensatz zu der britischen Praxis, in der Armee getrennte Einheiten für Muslime, Hindus oder Sikhs zu haben, legte Bose besonderen Wert darauf, die ‚Indische Legion‘ nicht nach religiösen und ethnischen Zugehörigkeiten sowie nach der Stammeszugehörigkeit zu trennen. Bose bestand auf einer einheitlichen Truppe, um die nationale Einheit zu fördern. Dies gelang ihm auch hervorragend.

Am 29. Mai 1942 wurde Bose von Hitler empfangen. Für Bose verlief das Gespräch mit Hitler negativ. Adam von Trott zu Solz war als Dolmetscher bei diesem Gespräch dabei. Wie Trott berichtete lehnte es Hitler ab, seine Vorbehalte gegenüber Indien aus seinem Werk *Mein Kampf* zu kommentieren. Er vertrat – wie Großbritannien – die Ansicht, dass noch 150 Jahre vergehen würden, bis sich Indien selbst regieren könne.[47]

Abb. 15
Subhas Chandra
Bose wird von
Hitler empfangen

Boses Plan war, seine ‚Indische Legion‘ zusammen mit Truppen der Deutschen Wehrmacht über Persien nach Indien zu schicken, um die britische Kolonialherrschaft mit Waffengewalt zu beenden. Die ‚Spezialeinheit Brandenburg‘ hatte dazu in Kabul bereits Operationen vorbereitet. Hitler war jedoch unter keinen Umständen dazu bereit, deutsche Truppen an der Grenze Indiens einzusetzen. Bereits in seinem Werk ‚Mein Kampf‘ hatte Hitler den Briten das Recht eingeräumt, die Herrschaft über Indien zu behalten. Hitlers Vorschlag an Bose war, sich mit den Japanern zu liieren. Diese hätten bereits britische, französische und niederländische Kolonien in Südost-Asien besetzt und wären somit viel näher an Indiens Grenzen als Deutschland.

---

47   Werth, *Der Tiger Indiens*, S. 142f

Hitler erklärte sich jedoch bereit, alle Hilfe für eine Übersiedlung Boses nach Japan zur Verfügung zu stellen.

Boses Bemühungen für eine Invasion in Indien waren fehlgeschlagen. Er wollte nicht nur Propagandaarbeit von Deutschland aus ausüben, er wollte direkt an der Grenze zu Indien agieren. Daher sah er nun in einer Kooperation mit Japan bessere Chancen, zumal auch Japan – im Gegensatz zu Hitler – bereit war, nach Kriegsende eine Unabhängigkeitserklärung für Indien abzugeben. Bose nahm Hitlers Vorschlag an und traf nun Vorbereitungen für seine Übersiedlung nach Japan.

Im Juli 1942 wurde Bose von Himmler und Goebbels empfangen. Bose war überrascht, in Himmler einen extrem kompetenten Gesprächspartner über Hinduismus, alte Hinduschriften und über das indische Kastensystem zu finden. Im Gegensatz zu Hitler hatte Bose in Himmler einen Mann, der alle seine Pläne unterstützte und ihm auch jegliche Hilfe versprach.

Abb. 16
Subhas Chandra
Bose im Gespräch
mit Heinrich
Himmler, 1943

Im September 1942 wurde anlässlich der Gründung der ‚Deutsch-Indischen Gesellschaft' in Hamburg im Beisein von Subhas Chandra Bose die bis heute offizielle indische Nationalhymne erstmalig öffentlich vorgetragen – und das von einem deutschen Orchester! Die Hymne ist eine Vertonung von Tagores berühmtem Gedicht *Jana Gana Mana* (Herrscher über den Geist des Volkes).

Als gesichert war, dass Bose nur auf eine günstige Gelegenheit für seine Reise nach Japan wartete, ein genauer Zeitpunkt seiner Abreise aber noch nicht genannt werden konnte, veranstaltete Ribbentrop bereits am 14. Oktober 1942 zu seinen Ehren eine große Abschiedsfeier im Reichsaußenministerium in Berlin.

Am 26. Januar 1943 war anlässlich der jährlichen Feier zum indischen Unabhängigkeitstag im Hotel Kaiserhof in Berlin mit 600 Personen Boses vorletzter öffentlicher Auftritt in Deutschland. Seine Rede und die bis heute offizielle Nationalhymne wurden in Rundfunksendungen auf Kurzwelle live nach Indien und in die Welt ausgestrahlt. Unter den vielen deutschen, indischen und internationalen Gästen waren auch der Großmufti von Jerusalem und der Premierminister des Iraks, Rashid Ali al-Gaylani.

Bose besprach aus Tarnungsgründen noch mehrere Schallplatten, die in längeren Abständen über ‚Radio Azad Hind‘ ausgestrahlt werden sollten. Ebenso wurden von ihm vorsorglich Filmaufnahmen für die Deutsche Wochenschau gemacht. So sollte seine weitere Anwesenheit in Deutschland vorgetäuscht werden. Seinen letzten öffentlichen Auftritt hatte Bose zwei Tage nach dem Unabhängigkeitstag, dem 28. Januar 1943, vor den Soldaten seiner Indischen Legion. A. C. N. Nambir, der bereits seit 1942 die ‚Zentrale Freies Indien‘ in Berlin leitete und auch Boses Vertreter war, wurde nun der Befehlshaber aller indischen Angelegenheiten in Deutschland.

Nach Kriegsende wurde Nambir im Jahre 1951 der erste Botschafter der Republik Indien in Deutschland. Auf deutscher Seite wurde der Leiter der Politischen Abteilung im Reichsaußenministerium, Legationsrat Dr. Wilhelm Melchers, der im Dritten Reich eng mit dem ‚Sonderreferat Indien‘ befasst war, nach Kriegsende Personalchef im Auswärtigen Amt der Bundesrepublik und anschließend Deutscher Botschafter in Indien.

Auch ohne die Anwesenheit von Subhas Chandra Bose in Deutschland setzte die ‚Indische Legion‘ ihren Kampf im Zweiten Weltkrieg für Deutschland fort. Die ‚Indische Legion‘ wurde hauptsächlich in den Niederlanden und in Frankreich an der Atlantikküste eingesetzt.

Wenige Wochen nach der Invasion der Alliierten in Nordfrankreich wurde die ‚Indische Legion‘ in das Militärlager Heuberg auf der Schwäbischen Alb zurückgezogen. Bei dem Versuch, sich kurz vor Kriegsende in die neutrale Schweiz abzusetzen, wurde die in die SS integrierte ‚Indische Legion‘ – die sich bis Kriegsende mutig für Deutschland eingesetzt hatte – von den Alliierten gefangen genommen. Die Gefangenen wurden von den Briten nach New Delhi gebracht, wo sie des Hochverrats beschuldigt wurden. Aufgrund massiver Proteste und Demonstrationen der gesamten indischen Bevölkerung sahen die britischen Gerichte von einer Verurteilung ab und ließen alle Angehörigen der ‚Indischen Legion‘ bereits 1946 wieder frei.

Beim Rückzug der ‚Indischen Legion‘ wurden im Mai 1945 einige indische Soldaten von französisch-marokkanischen Truppen in Bayern erschossen. Diese wurden zunächst auf dem Friedhof in Immenstadt im Allgäu beerdigt. Die Leichen wurden 1946 von Amerikanern exhumiert, da sie in dem Grab die Leichen der Besatzung eines in der Nähe abgestürzten US-Bombers vermuteten. Die Überreste der indischen Soldaten wurden an einer anderen Stelle des Friedhofes wieder beerdigt. 1948 wurden sie erneut exhumiert und in den britischen Kriegsgräberfriedhof in Dürnbach (Bayern) umgebettet.[48]

Nicht alle Soldaten der ‚Indischen Legion‘ versuchten einen Ausbruch in die Schweiz. Ein Teil wurde nach Berlin verschlagen und hat am Endkampf um die Reichskanzlei teilgenommen. In sowjetischen Dokumenten wird sogar von einer ‚Tibetischen Kompanie der Waffen-SS‘ gesprochen. Viele Kämpfer der ‚Indischen Legion‘ kamen aus dem Norden Indiens. Da dieses Gebiet an Tibet angrenzt, wird zum Beispiel die indische Region Ladakh auch als West- oder Kleintibet bezeichnet. Die Bevölkerung von Ladakh ist der Rasse nach tibetisch und hat auch entsprechende Gesichtszüge. Sie besitzt jedoch die indische Nationalität. Auch ihre Sprache ist mit dem Tibetischen eng verwandt. Ich selbst habe Ladakh mehrfach bereist, wobei mir oft von Vätern und Verwandten, die während des Zweiten Weltkriegs in Deutschland waren, berichtet wurde.

Mancher Leser wird sich fragen, wie und wo ich die vielen bisher unveröffentlichten Detailinformationen über Bose erhalten habe. In vielen nächtelangen interessanten Gesprächen mit meinem leider viel zu früh verstorbenen Schwiegervater, dem Orientalisten Hans Bräker, habe ich viele Informationen über Subhas Chandra Bose und seinen Leibarzt Dr. R. Madan erhalten.

Die Verbindung zwischen der Familie des Orientalisten Hans Bräker in Köln und dem Augenarzt und Allgemeinmediziner R. Madan in New Delhi war von einer langjährigen engen Freundschaft mit gegenseitigen Besuchen in Indien und Deutschland geprägt. Auch meine Frau Anette ist ab 1984 zweimal mit Dr. Madan zusammengetroffen. Dabei wurde auch das Thema ‚Indische Legion‘ angesprochen, an das sie sich bis heute noch gut erinnern kann.

Nicht nur Dr. R. Madan, auch schon frühere Generationen seiner Familie setzten sich für die Unabhängigkeit Indiens von Großbritannien ein. Schon in seinen Jugendjahren, sicherlich beeinflusst durch seine Familie, war Madan überzeugt, dass es nicht mehr lange dauern würde, bis man der britischen Krone die Herrschaft über Indien entzieht, so wie man auch die britische ‚East India Company‘ abgeschafft hatte. Dr. Madan war eine sprudelnde Quelle von interessanten Informationen, die nun in dieses Kapitel mit eingeflossen sind.

R. Madan wurde in Kargil in Punjab, dem heutigen indischen Bundesstaat ‚Jammu and Kashmir‘, geboren. In Wien studierte er Allgemeinme-

---

48 Infos: Stadtarchiv Immenstadt, Herr G. Klein

dizin und promovierte auf dem Fachgebiet Augenheilkunde. Schon kurz
nach dem Eintreffen Boses im Jahre 1941 in Deutschland traf R. Madan mit
ihm zusammen. Dr. Madan schloss sich als einer der Ersten der ‚Indischen
Legion' an und wurde Leibarzt und enger Vertrauter von Subhas Chandra
Bose. Die beiden Stabsärzte der ‚Indischen Legion' waren gleichberechtigt,
der Inder R. Madan und der deutsche Oberarzt Ernst Koch-Grünberg. In
dieser Position traf Madan regelmäßig mit Bose zusammen.

Auch R. Madan wurde 1945 von den Alliierten als Kriegsgefangener
zurück nach Indien gebracht und im Kerker des ‚Roten Forts' in Delhi eingesperrt. Wie die anderen Mitglieder der ‚Indischen Legion' wurde er aufgrund der massiven Proteste und Demonstrationen der gesamten indischen
Bevölkerung 1946 wieder auf freien Fuß gesetzt. Neben seiner Tätigkeit als
Augenarzt von Mahatma Gandhi und Jawaharlal Nehru bemühte er sich
weiter um ein ‚Freies Indien', was auch 1947 zum langersehnten Erfolg führte. Leider konnte Subhas Chandra Bose diesen glücklichen Moment nicht
mehr erleben.

Allerdings wurde die große Freude der Inder über die erhaltene Unabhängigkeit schon bald getrübt. Die willkürliche Teilung Britisch-Indiens
durch Großbritannien in den – auch von dem Führer der ‚All India Muslim League', Ali Jinnah, gewünschten – Staat Pakistan mit mehrheitlich
muslimischem Bevölkerungsanteil und die hinduistisch geprägte ‚Indische
Union', führte zu einer der größten Flucht- und Vertreibungsbewegungen
der Geschichte. Zehn Millionen Hindus und Sikhs wurden aus Pakistan
vertrieben und sieben Millionen Muslims aus der ‚Indischen Union'. Folter,
Mord, Plünderung und Vergewaltigung waren an der Tagesordnung. Über
eine Million Menschen starben während der Unruhen.

Der willkürliche Grenzverlauf zwischen Pakistan und der ‚Indischen Union', den die Briten ohne Rücksicht auf die betroffenen Schicksale mit dem
Lineal auf der Landkarte vollzogen hatten, führt bis heute immer wieder zu
diplomatischen Verwicklungen, Grenzkonflikten und kriegerischen Auseinandersetzungen zwischen den beiden Ländern am Himalaya. Der Konflikt
ist, wie in vielen andern Regionen der Welt, ein trauriges Erbe der Kolonialherrschaft.

Die von Freundschaft geprägte Verbindung von R. Madan mit Deutschland brach nie ab. R. Madan wurde nach dem Krieg zum Vertrauensarzt der
Deutschen Botschaft in Indien berufen und bekam am 18. Juni 1978 von
dem deutschen Botschafter, Dr. Dirk Oncken, das Bundesverdienstkreuz
verliehen. Nach dem Ableben von H. Bräker und R. Madan besteht der
Kontakt zwischen meiner Frau und mir und Dr. Madans Schwiegersohn,
dem Arzt Dr. Vijay Arora, weiter fort.

Abb. 17
Dr. R. Madan bei der Verleihung des
Bundesverdienstkreuzes durch den
Deutschen Botschafter

Durch die nachfolgenden Fakten erklärt sich, weshalb den Aktivitäten Subhas Chandra Boses bisher so viel Platz eingeräumt wurde, denn nun wurden – laut dem Vorschlag Hitlers – Japan und Südost-Asien zu Boses wichtigstem Betätigungsfeld. Boses Wunsch, nach Japan zu übersiedeln, wurde nun Realität. Für seine Frau Emilie war es ein Abschied für immer. Bose muss dies gefühlt haben, denn vor seiner Überstellung nach Japan ließ er einen gefühlvollen Brief an seine Frau zurück. Darin schrieb er:

I do not know what the future has in store for me. May be, I shall spend my life in prison, may be, I shall be shot or hanged. But whatever happens, I shall think of you and convey my gratitude to you in silence for your love for me. May be I shall never see you again – maybe I shall not be able to write you again when I am back – but believe me, you will always live in my heart, in my thoughts and in my dreams. [...][49]

Aber wie kam Bose nun mitten im Zweiten Weltkrieg von Deutschland nach Südost-Asien und Japan? Eine Überstellung Boses nach Japan erwies sich als außerordentlich schwierig. Zunächst war vorgesehen, Bose mit einem italienischen Flugzeug nach Japan zu bringen, aber die Maschine wurde ohne Bose auf den Langstreckenflug entsandt. Bose wurde mitgeteilt, es hätte sich um einen Probeflug gehandelt, dem weitere folgen würden.

Dieser erste Probeflug war erfolgreich. Eine dreimotorige Militärtransportmaschine vom Typ Savoia-Marchetti SM 75 wurde für diese Unternehmung mit zusätzlichen Treibstofftanks ausgestattet, sodass die Maschine 8.000 Kilometer ohne Zwischenlandung zurücklegen konnte. Die Nutzlast verringerte sich entsprechend und betrug nur noch wenige hundert Kilogramm. Am 30. Juni 1942 hob die Maschine in Rom ab, um auf dem mög-

---

49 The Telegraph, Calcutta, India, Sunday, June 5, 2011, Titel: *To Emilie, with Love*

lichst weit im Osten liegenden Flugfeld, in der von Deutschland besetzten Ukraine, den Langstreckenflug anzutreten. In Odessa wurde die Maschine, die nun über zehn Tonnen Treibstoff fasste, voll aufgetankt. Von hier ging der Flug über die Sowjetunion in das von Japan besetzte China. Am 3. Juli 1942 erreichte das Flugzeug Tokyo.

Abb. 18
Ankunft des italienischen Langstreckenflugzeugs ‚Savoia-Marchetti‘ in Japan

Am 16. Juli 1942 trat die Maschine den Rückflug über Nationalchina und die Sowjetunion an. Da die Maschine bei der langen Strecke nach Westen viel Gegenwind hatte, dauerte der Flug bis Odessa lange 29 Stunden. Am 20. Juli 1942 erreichte das Flugzeug wieder Rom. Dies war der einzige beurkundete Flug, der während des Zweiten Weltkriegs von Europa nach Fernost gelungen war. Über diesen Flug gibt es einen Aktenvermerk im Politischen Archiv des Auswärtigen Amts in Berlin von Dr. Werth, Sonderreferat Indien, vom 14. Juli 1942. Darin handelt es sich um Besprechungen, die er mit ‚Orlando Mazzotta‘, dem Decknamen von Subhas Chandra Bose, und mit italienischen und japanischen Dienststellen vom 7. bis 12. Juli 1942 in Rom geführt hatte. Unter Punkt 1 des Aktenvermerks steht:

Der italienische Versuchsflug nach Tokyo ist gut gelungen, und zwar in zwei Etappen, deren eine von Europa bis in das besetzte China und deren andere von dort nach Tokyo führte. Die Flugzeit der ersten Etappe soll ca. 20 Stunden betragen haben. In Tokyo sind die italienischen Flieger durch Ministerpräsident Tojo empfangen worden. Dasselbe Flugzeug soll in nächster Zukunft den Rückflug auf der Strecke des Hinfluges antreten. Nach Rückkehr will dann die italienische Regierung die Möglichkeit der Errichtung eines regelmäßigen Flugverkehrs nach Ostasien prüfen und entscheiden, gegebenenfalls weitere Versuchsflüge durchzuführen. In Rom sprachen sich Botschaftsrat Kase und der dortige japanische Militärattaché, Oberst Shimutsu, positiv über die technische Durchführbarkeit eines Fluges von Europa nach Ostasien aus, ohne dass die Frage einer Benutzung dieses Weges durch Mazzotta diskutiert worden ist. [...][50]

Bose war verärgert, dass er diese erste Chance, schnell nach Japan zu kommen, nicht wahrnehmen durfte. Ein neuer Termin für den nächsten Flug konnte Bose von der italienischen Luftwaffe nicht genannt werden. In der Zwischenzeit hatte das erste japanische U-Boot I-30 am 5. August 1942 Lorient in Westfrankreich erreicht. Deutschland bemühte sich, dass Bose mit diesem Boot als Passagier nach Japan mitgenommen werde. Dies wurde jedoch von der japanischen Marineleitung mit der Begründung abgelehnt, grundsätzlich keine Zivilpersonen auf U-Booten mitnehmen zu dürfen.

Bose versuchte erneut sein Glück in Rom, doch noch mit einer italienischen Maschine nach Tokyo zu kommen. Bose wurde immer weiter vertröstet. Alle Bemühungen scheiterten an technischen und organisatorischen Problemen der Italiener. Ein zweiter Flug schien der italienischen Luftwaffe schließlich zu riskant. Bose reiste enttäuscht nach Berlin zurück. Hier wurde ihm von Hitler zugesichert, dass nun das Deutsche Reich seine Überstellung nach Japan mit einem U-Boot planen würde. Staatssekretär Weizsäcker sandte in dieser Angelegenheit am 8. Februar 1943 ein Telegramm an den deutschen Botschafter in Rom:

Um Unternehmen nicht zu gefährden, ist es unbedingt erforderlich, dass von jeder Benachrichtigung anderer Stellen abgesehen wird. Insbesondere darf an italienische Mission in Ostasien auch nicht andeutungsweise darüber gedrahtet werden. [...]Da in Aussicht genommene Reise von Subhas Chandra Bose mit italienischem Flugzeug bisher nicht zustande gekommen ist, wird sich Bose nunmehr in diesen Tagen auf anderem Wege nach Ostasien begeben. Das Eintreffen dort ist erst nach geraumer Zeit zu erwarten. Abreise darf nur allerkleinstem Kreise bekannt werden. Hier wird auf Anfragen bis auf weiteres erklärt, Bose befinde sich auf einer Besichtigungsreise. Auch werden durch ihn besprochene Schallplatten während seiner Abwesenheit durch Rundfunk so bekannt gegeben werden, als ob er sich noch in Berlin befände.

[...] gez. Weizsäcker[51]

50   Werth, *Der Tiger Indiens*, Dokument 10, S. 264
51   AA, Pol. VII, 140177

Das Deutsche Reich vereinbarte streng vertraulich die Übergabe Boses von einem deutschen auf ein japanisches U-Boot im Indischen Ozean. Am 7. Februar 1943 fuhr Bose in Begleitung von Staatssekretär Keppler, dem das ‚Sonderreferat Indien‘ unterstellt war, Boses Vertreter Nambier und Alexander Werth von Berlin nach Kiel. Sein Sekretär und Vertrauter Abid Hassan war in der Nacht auf einem anderen Weg nach Kiel gebracht worden. Selbst Hassan war nicht über Reiseprogramm und Ziel informiert worden.

Ende Januar 1943 lief das neue U-Boot U 180 vom Typ IX D1 unter dem Kommando von Korvettenkapitän Werner Musenberg nach der Fronterprobung in der Ostsee in Kiel ein. Das Boot wurde für eine Fernunternehmung mit Treibstoff und Proviant versorgt und seeklar gehalten. Wohin das Boot fahren solle, blieb ein großes Geheimnis. Der Führer hatte für U 180 eine Sonderaufgabe angeordnet, die geheime Reichssache war.[52] Nun begann für mich eine spannende Recherche.

Am 9. Februar 1943, um 8 Uhr in der Früh, drehten sich die Schrauben von U 180. Das Boot mit dem Kommandanten Musenberg und 55 Mann Besatzung legte in Kiel ab. In der Nacht zuvor wurde bereits Gepäck für zwei geheimnisvolle Passagiere in den Offiziersraum gebracht. Dabei waren auch mehrere Kisten, die aufgrund ihres Gewichts kaum bewegt werden konnten. Wie man heute weiß, enthielt sie fast 500 Kilogramm Gold in Barren für die Deutsche Botschaft in Tokyo. Das Gold wurde vermutlich für den Ankauf von Kautschuk und anderen Rohstoffen, die im ‚Südraum‘ beschafft und geladen wurden, benötigt.

Schon kurze Zeit nach dem Auslaufen wurden auf offener See die Maschinen von U 180 gestoppt. Zwei Passagiere in dicken schwarzen Wollmänteln und dunklen Hornbrillen wurden an Bord genommen und im Offiziersraum untergebracht. Aus Geheimhaltungsgründen stellte der Kommandant die beiden Passagiere der Mannschaft als Spezialisten für den Bau von U-Boot-Bunkern vor. Der eine, etwa 1,70 Meter große, kräftige Mann, war Subhas Chandra Bose. Bose war während des Dritten Reichs durch viele Auftritte in der ‚Deutschen Wochenschau‘ allgemein als der ‚Indische Adolf‘ bekannt geworden. Bose wurde daher trotz der Geheimhaltung von der Mannschaft sofort erkannt.

Der zweite Passagier, Abid Hassan, war ein Offizier der ‚Indischen Legion‘, der später bei der ‚Indian National Army‘ in Japan eine leitende Position einnahm. Hassan studierte schon vor dem Zweiten Weltkrieg in Deutschland Ingenieurswissenschaften. Während des Krieges wurde er Boses persönlicher

---

52 Nur im Buch von Botschafter Stahmer, *Japans Niederlage – Asiens Sieg* ist auf Seite 96 kurz erwähnt, dass Subhas Chandra Bose mit einem U-Boot nach Südost-Asien gelangte.

Adjutant, Vertrauter und Dolmetscher, da Bose selbst nur wenig Deutsch sprach.

In einem Interview mit der ‚Augsburger Zeitung‘ vom 19. August 2000 beschrieb der Obermaschinist von U 180, der damals 84-jährige Herman Wien, den Passagier Bose *als einen Mann der vornehm zurückhaltend war. Er wollte kein großes Aufsehen und sprach auch kaum Deutsch.* Auch Kommandant Musenberg äußert sich in seinem Tagebuch positiv über Bose: *Er macht einen sehr gesetzten Eindruck. Wenn überhaupt, dann spricht er sehr überlegt und verrät den auf allen Wissensgebieten umfangreich gebildeten Menschen. Er weiß genau, was er will.*[53]

Nachdem die gefährliche Durchfahrt durch die engste Stelle des Kanals geglückt war, legte das Boot einem Zwischenaufenthalt in Le Havre ein. Hier wurde Treibstoff und Proviant nachgefüllt für eine wochenlange Fahrt. Für Bose und Hassan war das Leben auf engstem Raum in einem U-Boot ungewohnt. U 180 passierte bei Sturm und starkem Seegang ungehindert die von den Alliierten streng bewachte Straße zwischen Island und den Färöer-Inseln. Wegen der starken Überwachung des Atlantiks in Küstennähe mussten große Umwege in Kauf genommen werden. Bose verbrachte die Schlechtwetterlage mit Seekrankheit in seiner Koje. Sein einziger Kommentar dazu war: *Das ist ja noch schlimmer als im Gefängnis.*[54]

Als die See entlang der Westküste Afrikas ruhiger wurde, konnten die beiden Passagiere ab und zu die frische Luft auf dem Kommandoturm genießen. Auch Bose konnte hier nicht der obligatorischen Äquatortaufe entkommen. Um die Eintönigkeit während der langen Reise zu unterbrechen, kochten die beiden indischen Passagiere zur Freude der ganzen Mannschaft in der kleinen Kombüse des U-Boots zwischendurch immer wieder indische Gerichte. Die Gewürze dazu müssen sie mitgebracht haben, denn diese Zutaten gehörten natürlich nicht zur Standardausrüstung eines deutschen U-Boots.

Auch das Kap der Guten Hoffnung an der Südspitze Afrikas wurde ohne Feindeinwirkung umrundet. Am 18. April 1943 versenkte U 180 im westlichen Teil des Indischen Ozeans den britischen Tanker *Corbis* mit zwei Torpedos. Der Tanker hatte über 13.000 Tonnen Dieselöl und 50 Tonnen Flugbenzin aus den Golfstaaten für Kapstadt geladen. Nur zehn der 59 Mann starken Besatzung überlebten das Unglück. Hier, vor der Küste bei Madras, operierte U 180 zunächst gemeinsam mit U 195.

Anschließend steuerte U 180 alleine einen von der japanischen und der deutschen Marineleitung festgelegten geheimen Treffpunkt an. Als U 180

---

53 Brennecke, *Haie.*. S. 31
54 Ibid.

am 21. April 1943 etwa 450 Seemeilen südöstlich von Madagaskar in der Morgendämmerung auftauchte, lag der riesige japanische Unterseekreuzer I-29 mit Korvettenkapitän *Yōichi (Juichi) Izu* als Kommandant und Kapitän *Masao Teraoka*, der Flottenkommandeur in Penang war, nur drei Seemeilen entfernt. Das japanische Boot I-29 war einen Tag zu früh am ausgemachten Treffpunkt eingetroffen.

Am 5. April 1943 hatte I-29 den Hafen von Penang mit zwei Tonnen Gold in Barren und 12 Tonnen Fracht für Deutschland verlassen. Das Gold war Bezahlung für bereits an Japan geliefertes deutsches Kriegsmaterial. Nachdem die Boote die von den beiden Außenministerien vereinbarten Flaggensignale zur Erkennung als Freund ausgetauscht hatten, nahm U 180 wieder Fahrt auf und steuerte auf U-Kreuzer I-29 zu.

Im Gegensatz zu deutschen U-Booten waren die japanischen U-Kreuzer viel größer und mit schwerer Artillerie ausgerüstet. Sie zeichneten sich durch hohe Geschwindigkeit und einen großen Aktionsradius aus. Vor dem Turm befand sich ein Hangar für ein Wasserflugzeug vom Typ Yokosuka E 14Y, das per Katapult gestartet wurde.

Größere U-Kreuzer der Kaiserlichen Japanischen Marine, die I-400 Boote der Sen-Toku-Klasse, konnten sogar drei Sturzkampf-Bombenflugzeuge mitführen. Diese Boote hatten eine Reichweite von 70.000 Kilometern und sollten für Angriffe an der Westküste des nordamerikanischen Kontinents und in Panama eingesetzt werden. Durch die große Reichweite waren aber auch Einsätze der I-400-Boote überall auf der Welt möglich. Einer der ersten Pläne war, die Schleusen des Panamakanals zu bombardieren, was Japan einen großen militärischen Vorteil gebracht hätte. Die Atombomben auf Hiroshima und Nagasaki und die darauffolgende Kapitulation Japans brachten diese Pläne zum Erliegen. Mit diesen Booten erfolgten vor Kriegsende lediglich ein Angriff an der Westküste Nordamerikas, um Waldbrände auszulösen und ein weiterer auf eine US-Marinebasis im Pazifik.

Doch nun zurück zu dem deutschen U-Boot U 180 und dem japanischen U-Kreuzer I-29. U 180 und I-29 durften aus Sicherheitsgründen keinen Funkverkehr aufnehmen. Als die beiden Boote nahe beieinander lagen, kam trotz sehr hoher See der japanische Kommandant mit einem Schlauchboot zu U 180.[55] Es gab eine herzliche Begrüßung durch den deutschen Kommandanten Werner Musenberg und einen Umtrunk in der Messe. Aufgrund des starken Winds und hohen Seegangs waren ein Austausch der wertvollen Güter und Übersetzen der beiden indischen Passagiere vom deutschen auf das japanische Boot nicht möglich. Der japanische Kommandant schlug

---

55 Alexander Werth schrieb, dass ein Offizier und ein Bootsmann vom deutschen zum japanischen Boot schwammen. Werth, *Der Tiger Indiens*, S. 174

vor, zur Übergabe der Fracht in den Hafen von Sabang auf der Insel Weh vor der Nordküste Sumatras zu fahren. Dort war bereits ein japanischer Marinestützpunkt eingerichtet. Korvettenkapitän Musenberg lehnte diesen Vorschlag ab, da seinem Boot bei diesem großen Umweg der Treibstoffvorrat für die Rückreise zu knapp geworden wäre. Die beiden Kommandanten entschieden sich daraufhin in Richtung Indien zu fahren, bis sie ruhigere Gewässer erreichen würden.

Nach einem weiteren Tag, am 27. April 1943, erreichten die beiden Boote ruhigere See in der Straße von Mosambik. Der Austausch der mehrere Tonnen schweren Güter, die I-29 für U 180 geladen hatte, begann. Neben Kisten mit japanischen Einmann-Torpedos, einer Dreizentimeter-Selbstladekanone, Lufttorpedos und anderem militärischem Material wurden von U 180 auch die Kisten mit Gold für die japanische Botschaft in Berlin übernommen. Das deutsche Boot erhielt auch einen Sack mit Post der deutschen Botschaft in Tokyo für Berlin.[56] Zur Aufwertung des Speiseplans erhielt die Mannschaft von U 180 von den Japanern frische Kartoffeln und Gemüse aus Penang.

Die Fracht von dem japanischen U-Boot wurde zunächst auf Deck gestapelt und genauestens untersucht, bevor das Material unter Deck gebracht wurde. Die Mannschaft musste darauf achten, dass keine Schaben, Flöhe und anderes Ungeziefer in das deutsche U-Boot eingeschleppt wurden. Ein anderes deutsches Boot hatte damit bereits schlechte Erfahrungen gemacht.

Neben den Kisten mit Gold für die deutsche Botschaft in Tokyo übernahm der japanische U-Kreuzer von U 180 auch Kisten mit Flugzeugmotoren, Hohlhaftminen HHL 3 und Anti-Sonar-Geräte aus Deutschland. Viele Konstruktionspläne, besonders des neuen deutschen U-Boots IX C/40 wurden I-29 übergeben. Während des Austauschs der Güter besichtigten die Männer von U 180 den japanischen Unterseekreuzer und die Japaner das deutsche U-Boot.

Nachdem sich Bose und Hassan dankend von der deutschen Mannschaft, die die beiden geheimnisvollen Gäste sicher zum Treffpunkt gebracht hatte, verabschiedet hatten, kamen zwei neue Gäste an Bord des deutschen Bootes, die Fregattenkapitäne *Tetsuhiro Emi* und *Tomonaga*. Die beiden Offiziere wollten sich in Deutschland über die neuesten Entwicklungen von U-Booten informieren.

Bevor Bose das deutsche Boot verließ, übergab er zwei Funksprüche an Kommandant Musenberg mit der Bitte, diese nach Deutschland abzusetzen. Am 28. April 1943 erfolgte die Entschlüsselung und Niederschrift der bei-

---

56 Warum dieser sinnlose Austausch von Gold erfolgte, ist nicht klar ersichtlich. Vermutlich handelte es sich um mangelnde Koordination

den Telegramme im Auswärtigen Amt in Berlin, die ich hier in Ausschnitten wiedergebe:

1.) Umsteigen Subhas Chandra Bose von deutschem auf japanisches U-Boot hat stattgefunden.

2.) Bose hat folgenden Funkspruch an Reichsaußenminister vor Übersteigen abgesetzt:

Dem Führer und Herrn Reichskanzler des deutschen Volkes und Reiches.

Bevor ich das deutsche Boot verlasse, möchte ich Eurer Exzellenz und der deutschen Regierung in meinem eigenen Namen und dem Namen der indischen Freiheitsbewegung, für die uns erwiesene Freundlichkeit, Unterstützung und Gastfreundschaft meinen herzlichen Dank aussprechen. Ich möchte ferner bei dieser Gelegenheit die unerschütterliche Solidarität mit Deutschland im Kampf gegen den gemeinsamen Feind bis zur Erringung des Endsiegs betonen. [...] Zum Schluss übersende ich meine Wünsche für einen baldigen Sieg Deutschlands und das persönliche Wohlbefinden Eurer Exzellenz. gez. Subhas Chandra Bose

Ein ähnlich lautendes Telegramm ging an den Reichsaußenminister.[57]

Abb. 19 Subhas Chandra Bose (vordere Reihe, 2. von links) auf dem japanischen U-Boot-Kreuzer

---

57 Ausschnitte aus Dokument 14 des AA, Werth, *Der Tiger Indiens*, S. 269

Am 29. April 1943 gab es auf dem japanischen Boot ein großes Fest. Es wurde die geglückte Übernahme der beiden indischen Passagiere mit einem indischen Festessen gefeiert und gleichzeitig der Geburtstag des Japanischen Kaisers.

In der wenigen Literatur über Bose kann man stets lesen, dass sich die beiden Boote nun trennten. U 180 sei nach der Übergabe von Bose und Hassan ohne Feindberührung um das Kap der Guten Hoffnung zurück in den U-Boot-Hafen in Bordeaux und der U-Kreuzer I-29 nach Osten, nach Sabang gefahren. Diese Angaben sind nicht richtig.

Nach Informationen von R. Madan – der mit Bose während dessen Zeit in Japan weiterhin in Verbindung blieb und Informationen aus erster Hand erhielt – war der Treibstoffvorrat von U 180 in der Zwischenzeit doch so weit erschöpft worden, dass eine Rückreise an die französische Westküste zu riskant geworden wäre. R. Madan war sich ganz sicher, dass U 180 gemeinsam mit I-29 auch den Stützpunkt Sabang anlief. Hier wurde U 180 mit Treibstoff und Proviant versorgt. Der Stützpunkt in Sabang war für diese Aufgabe nicht vorbereitet, daher wurde Treibstoff und Proviant speziell für U 180 aus Penang beigeschafft.

In Sabang wurde die gesamte Mannschaft von U 180 von dem japanischen Leiter des Stützpunktes begrüßt. Diese Angaben bestätigte auch Alexander Werth, der Bose in Deutschland betreut hatte und mit Bose weiterhin in Kontakt blieb.[58] Von Sabang fuhr U 180 ohne Zwischenaufenthalt zurück nach Bordeaux. Das Boot erreichte rund zwei Monate später mit seiner wertvollen Ladung sicher seinen Zielhafen an der Westküste Frankreichs.

Am 8. Mai 1943 wurden Bose und Hassan im Hafen von Sabang auf der Insel Weh von I-29 an Land gesetzt. In Sabang wurde Bose von Oberst *Yamamoto* herzlich begrüßt. Er war Leiter der Spionageabteilung *Hikari Kikan* und der ‚Japanisch-Indischen-Verbindungsgruppe'. Bose und *Yamamoto* kannten sich bereits aus Berlin, als *Yamamoto* dort Vertreter der Militärattachés war.

Nachdem sich Bose und Hassan von der langen Seereise in dem beengten Raum der U-Boote ein paar Tage in Sabang erholt hatten, ging die Reise weiter. Da die Straße von Malakka und Penang immer wieder von den Alliierten unsicher gemacht wurde, wollte der Kommandant von I-29 mit den für die weitere Kriegsführung Japans wichtigen indischen Passagieren kein Risiko eingehen. Daher flogen Bose und Hassan zusammen mit *Yamamoto* von Sabang über Penang, Manila, Saigon und Formosa nach Tokyo, wo sie am 21. Mai 1943 eintrafen. In Tokyo wurde Bose von Ministerpräsident *Hideki Tojo* begrüßt und etwas später sogar von *Kaiser Hirohito* empfangen.

---

58 Werth, *Der Tiger Indiens*, S. 151

In den wenigen vorhandenen Dokumenten über die Überführung von
Bose nach Japan variieren die Datums- und Ortsangaben erheblich, besonders im Internet. Die hier genannten sind die richtigen, da sie auf Original-
dokumenten des Politischen Archivs des Auswärtigen Amts in Berlin und
Aussagen des Zeitzeugen R. Madan beruhen. Bose hatte mehrere Telegramme aus Tokyo an das Reichsaußenministerium in Berlin gesandt, in denen
die von mir genannten Daten von Bose auch selbst genannt wurden. Es
kann wegen der Zeitdifferenz zwischen Japan und Deutschland höchstens
eine Abweichung von einem Tag geben.

In einem Telegramm vom 8. Juni 1943 schreibt Botschafter Stahmer aus
Tokyo an Staatssekretär Keppler in Berlin:

Geheime Reichssache:
*Subhas Chandra Bose, mit dem ich gestern in engstem Kreise eine Besprechung
hatte, bat mich mit seinen besten Grüßen für Staatssekretär Keppler nachstehen-
des Telegramm an Auswärtiges Amt zu senden. Beginn Telegramm Bose:*
*Am 8. Mai gelandet (in Sabang) und von Oberst Yamamoto empfangen. Geflo-
gen nach Tokyo. Hier am 21. Mai angekommen. [...] Habe schon führende Persönlichkeiten darunter Außenminister, Marineminister, Chef des Generalstabes
des Heeres und Marine getroffen. [...]*
*Indische Nationalarmee hier gänzlich unter indischer Führung mit indischen
Offizieren. Tageszeitung ‚Azad Hind‘ erscheint schon in Shonan (Singapur) in
Hindostani, Tamil und Englisch. [...] Ende Telegramm Bose*
*Habe Eindruck, dass Bose [...], größten Wert darauf legt, seine in Berlin be-
gründeten engen Beziehungen zu Deutschland aufrechtzuerhalten. Er brachte
seine Entschlossenheit zum Ausdruck, seine Arbeit in Ostasien im Sinne seiner
Berliner Besprechungen durchzuführen und dabei auch mit deutschen Stellen in
Verbindung zu bleiben. [...] gez. Stahmer*[59]

Am 19. Juni 1943 trat Subhas Chandra Bose in Japan erstmals vor die Öffentlichkeit. Vor 60 japanischen und ausländischen Pressevertretern sagte er in Tokyo:
*Viele Jahre hindurch waren die englischen Gefängnisse in Indien und Birma
meine Behausung. Anstatt aber nun in einem indischen Gefängnis zu schmach-
ten, stehe ich mitten unter Ihnen in der Hauptstadt Japans. Es ist symbolisch für
die Macht, die die Unabhängigkeitsbewegung in meinem Lande bereits gewonnen hat. Die Inder haben vom britischen Imperialismus nichts anderes als Erniedrigung, kulturelle Degeneration, Armut und politische Sklaverei geerbt. Wen
sollte es daher wundern, wenn das indische Volk nunmehr endgültig aufsteht und
versucht, die britischen Ketten abzuwerfen und seine Freiheit zu gewinnen.*[60]

---

59 AA, Pol VII, 140323
60 Werth, *Der Tiger Indiens*, S. 180f

Abb. 20
Subhas Chandra Bose in Japan

Wenige Tage darauf erhielt Bose von dem regierenden Staatschef Birmas, Dr. Ba Maw, folgendes Telegramm:
Ich gratuliere Ihnen von Herzen zu Ihrer Rückkehr in den Fernen Osten. Ihre Rede in Tokyo hat die Inder hier aufs tiefste bewegt und ihnen Mut und Hoffnung eingeflößt. Sowohl das indische wie das birmanische Volk haben lange auf diese Gelegenheit gewartet. Der Zeitpunkt ist gekommen, an dem wir aufstehen müssen. Birma verpflichtet sich hiermit, an Ihrer Seite um seine nationale Ehre und Unabhängigkeit zu kämpfen.[61]

Am 1. August 1943 nahm Bose als Ehrengast an den Feiern zur Unabhängigkeit Birmas in Rangoon teil.

Der U-Kreuzer I-29 fuhr von Sabang ohne seine beiden indischen Passagiere weiter nach Singapur, wo die Fracht aus Deutschland entladen wurde. Von Penang aus operierte I-29 erneut vor der Küste Ostafrikas und dem Golf von Aden, wo es den britischen Frachter *Rahmani* versenkte. Am 8. August 1943 verließ das Boot Penang in Richtung Japan. Am 19. August traf I-29 in der Marinewerft Kure in Japan ein, wo das Boot überholt wurde.

---

61   Ibid., S. 181

Vom japanischen Premierminister General *Hideki Tojo* erhielt Bose von Anfang an die volle Unterstützung. Der deutsche Botschafter in Tokyo, Stahmer, traf sich regelmäßig mit Bose zu einem Gedankenaustausch. Es entwickelte sich sogar eine tiefe Freundschaft zwischen den beiden. Stahmer musste Bose aber immer wieder klarmachen, dass Deutschland in Indien nicht militärisch eingreifen wolle. Deutschland könne das nicht verkraften. Stahmer schrieb über Bose:

Je mehr ich diesen ruhigen, gebildeten, mittelgroßen Mann mit dem interessanten Gesicht kennenlernte, umso größer wurde meine Sympathie für ihn. Aus der Arbeit an gemeinsamen Zielen wurde eine Freundschaft. [...] Er hatte feste Vorstellungen von der Zukunft seines Landes und sah seine Hauptaufgabe in der Versöhnung und Zusammenarbeit von Hindus und Moslems. Diese Möglichkeit demonstrierte er gern durch den Hinweis auf das gute Verhältnis zwischen seinen beiden Sekretären Swami und Hassan, die beide Glaubensrichtungen vertraten.[62]

Als die japanische Armee 1942 Singapur besetzte, bereitete Japan eine Invasion Indiens von Singapur aus vor. Mitte Februar standen hier bereits 75.000 indische Kriegsgefangene bereit, die zuvor unter der Flagge Großbritanniens in Birma, Malaya und Singapur gekämpft hatten, um sich freiwillig der ‚Indian National Army' (INA) anzuschließen. Alle hatten sich Indiens Unabhängigkeit von Großbritannien zum Ziel gesetzt. Dies geschah sicherlich in einigen Fällen auch unter Druck, denn wer sich als Kriegsgefangener nicht der ‚Indian National Army' anschloss, dem drohte Zwangsarbeit beim Bau der Eisenbahnlinie in Birma oder Siam. Der weitaus größte Teil der ‚Indian National Army' war jedoch von Boses Idee, gegen die Briten und für die Freiheit Indiens zu kämpfen, begeistert.

Bose konnte in Singapur das Frauenhilfscorps ‚Rani of Jhansi' gründen, dem sich Tausende Inderinnen anschlossen. Daraufhin veranlasste er sofort die Schaffung einer Regierungsabteilung für Frauenangelegenheiten, um eine korrekte Behandlung dieser Soldatinnen sicherzustellen. Die japanische Regierung unterstützte ihn dabei mit Material und finanziellen Mitteln.

In Penang hielt Bose im August 1943 vor rund 15.000 Indern eine flammende Rede. Für seinen geplanten Einmarsch in Indien benötigte er Geld und war auf Spenden angewiesen. Auch chinesische und jüdische Bürger, die, wie auch in anderen Regionen Südost-Asiens eine maßgebliche Rolle in der malaiischen Wirtschaft spielten, beteiligten sich an dem Spendenaufruf. Bose sagte:

England lebt heute nur noch von der Hilfe, die es von außen bekommt. Es kämpft unter amerikanischer Führung und mit amerikanischer Hilfe. Damit mögen die

---

62 Stahmer, *Japans Niederlage - Asiens Sieg*, S. 96f

Engländer zeitweilige Erfolge erringen. Auf die Dauer aber wird dieser Krieg den Engländern kein Glück bringen können. [...] Selbst wenn der Feind den Krieg gewinnen würde, wäre Großbritannien nicht unter den wirklichen Gewinnern. [...] Gleichgültig, ob die Achsenmächte gewinnen oder verlieren, auf jeden Fall werden die Engländer aus Indien herausgeworfen werden. [...] Bevor wir unser Ziel erreicht haben, müssen wir mit folgenden Problemen fertig werden: Wir brauchen Soldaten, wir brauchen Geld und andere Hilfsmittel; wir haben vorläufig zu wenig Waffen und müssen sie uns von anderen Ländern ausborgen.[63]

Die Bürger Penangs spendeten Geld und Gold. Alleine hier kamen (umgerechnet auf die heutige Kaufkraft) rund zwei Millionen US-Dollar in Boses Kriegskasse. Spendenaufrufe in anderen Städten wie in Bangkok oder Shanghai waren ähnlich erfolgreich. Auch die Regierung von Siam spendete Geld für Bose und gewährte seinen Truppen Durchgangsrechte auf dem Weg nach Bengalen.

Bereits im Ersten Weltkrieg hegten die Inder die Hoffnung auf ein Ende der Kolonialherrschaft. Im Gefangenenlager *Tanglin Barracks* in Singapur waren hunderte deutsche Kaufleute aus Singapur und Malaya interniert. Auch der Kapitän des Frachters *Exford*, Kapitänleutnant d. R. Julius Lauterbach war mit seinen Offizieren und Matrosen dort eingesperrt. Der Frachter *Exford* war für die Versorgung des Schlachtschiffes *Emden* mit Kohle vorgesehen, und Kapitän Lauterbach hatte das Kommando der *Exford* nur für einige Tage übernommen, um das Schiff in einen neutralen Hafen bringen.

Die *Exford* war in neutralen niederländischen Gewässern vor Westsumatra von den Briten aufgebracht worden. Die Deutschen im Gefangenenlager *Tanglin Barracks* wurden von 20 britischen Soldaten und 850 Indern bewacht. Die indischen Posten witterten Morgenluft und fraternisierten mit den Deutschen. Ihr Hass gegen die Briten wurde auch dadurch geschürt, dass die Briten auf die Eigenheiten ihrer Ernährung und ihre Religion kaum Rücksicht nahmen.

Am 15. Februar 1915 begann der sogenannte ‚Inder-Aufstand‘ in Singapur. Telefon- und Telegrafenleitungen wurden zerschnitten und die Funkstationen zerstört. Die britischen Lagerposten des Gefängnisses ‚Tanglin Barracks‘ wurden von den Indern erschossen und die gefangenen Deutschen befreit. Mit hasserfüllten Gesichtern stürmten die indischen Truppen die Stadt, um die fliehenden Briten hinzurichten. Erst als die britischen Kolonialherren ihre Truppen durch neue Einheiten aus Indien und Malaya verstärkt hatten, konnten sie Singapur wieder unter ihre Kontrolle bringen.

---

63 Werth, *Der Tiger Indiens*, S. 195

Die freiheitsliebenden Inder beherrschten vier Wochen lang Singapur. Während dieser Zeit gelang vielen Deutschen die Flucht in neutrale Länder. Zum Beispiel gelang Kapitänleutnant Lauterbach mit anderen noch während des Krieges eine spektakuläre Flucht über Sumatra, Surabaya, die Philippinen und die USA zurück nach Deutschland, wo er gut sechs Monate später eintraf.

Aufstände gegen die Briten gab es in allen ihrer Kolonien in Südost-Asien, wie zum Beispiel 1919 in Birma, als britische Soldaten ablehnten, vor dem Betreten von buddhistischen Tempelanlagen ihre Schuhe auszuziehen. Es war eine grobe Missachtung der birmanischen Kultur und führte zu langanhaltenden Unruhen.

Im Zweiten Weltkrieg ist die birmanische Unabhängigkeitsbewegung ein Bündnis mit den Japanern eingegangen. Auch Birma stellte ein freiwilliges Truppenkontingent zusammen, zunächst die ‚Burma Independence Army‘ BIA, die später in der ‚Burma National Army‘ BNA aufging und an der Seite von Boses ‚Indian National Army‘ ebenfalls gegen die Briten kämpfte.

Bose hatte keine Mühe, viele Freiwillige für seine ‚Indian National Army‘ zu gewinnen. Er konnte nun über 120.000 Soldaten disponieren.[64] Sein Plan war, zusammen mit der Kaiserlichen Japanischen Armee möglichst rasch in Indien einzufallen. Auch beim japanischen Militär und bei einflussreichen Politikern reiften Pläne, auch noch Indien in die ‚Großasiatische Wohlstandssphäre‘ mit einzuschließen. Die Unterstützung für Subhas Chandra Bose war jedoch nur halbherzig, da bei einem Gelingen des Vorhabens nicht Japan, sondern die ‚Indian National Army‘ den Ruhm selbst einstreichen würde.

Japan hatte keinen definitiven Plan und auch nicht die Mittel dazu, um in Indien eine neue Front zu eröffnen. Man hatte eher die Hoffnung, dass Indien alleine, von innen heraus, das koloniale Joch abschütteln würde. Noch bevor Stahmer als Deutscher Botschafter in Tokyo akkreditiert wurde, bedrängte der japanische Außenminister *Tōgō Shigenobu* Stahmers Vorgänger Ott, die Unabhängigkeit Indiens nach Kriegsende doch gemeinsam anzuerkennen. Berlin antwortete zurückhaltend.

Im Februar 1942 stellte Japan die alleinige Anerkennung der Unabhängigkeit Indiens und Birmas in Aussicht. Am 16. Februar 1942 verkündete der japanische Premierminister *Tojo Hideki*:

[...] India now holds a golden opportunity to rise from her state of barbaric enslavement and marchs as comrades-in-arms towards Great East Asian co-prosperity in her hands. The Japanese Empire shall spare no effort to assist the people of India in their patriotic endeavors to regain their rightful independence.[65]

---

64 Ibid., S. 204
65 Krug, Hirama, Sander-Nagashima, Niestlé, *Reluctant Allies*, S. 74

Schon einige Tage zuvor hatten die japanischen Streitkräfte eine Vereinbarung mit Bose mit folgendem Wortlaut getroffen:

Further strong measures should be taken towards India with the objective of disrupting her communications with Great Britain and the United States, thus urging her to abandon her cooperation with Great Britain and accelerating the anti-British movement.[66]

Aber alleine, ohne die Unterstützung durch das Deutsche Reich, wollte Japan zunächst nicht in Indien eingreifen. Japan erkannte jedoch die ‚Provisorische Regierung Freies Indien' offiziell am 21. Oktober 1943 an. Die Hauptstadt von ‚Azad Hind' war Port Blair auf den Andamanen, da die Inselgruppen der Andamanen und Nikobaren die einzigen Gebiete waren, die von Japan in Britisch-Indien besetzt waren. Der Regierungssitz war Rangoon und Singapur. Subhas Chandra Bose war Staatsoberhaupt und Premierminister dieser provisorischen Regierung. Für den neuen Staat wurden sogar schon neue Briefmarken hergestellt, die allerdings nicht mehr in Umlauf gebracht wurden. Neben Japan haben auch noch Deutschland, Italien, Kroatien, Birma, Thailand, Mandschukuo, die Philippinen und Nationalchina die ‚Provisorische Regierung Freies Indien' diplomatisch anerkannt.

Abb. 21
Briefmarken des freien
Indiens Azad Hind

---

66   Ibid., S. 74

Die Chancen für den Erfolg einer Invasion Indiens waren zu diesem Zeitpunkt besonders groß, denn Gandhi forderte in einer Rede, die britischen Truppen aus Indien abzuziehen. Als sich Großbritannien weigerte, war der Widerstand gegen die britische Kolonialherrschaft in ganz Indien enorm angewachsen. Aber Japan hatte nicht mehr die militärische und politische Kraft diese Chance wahrzunehmen.

Die ,Indian National Army' brach jedoch trotz der nur halbherzigen Unterstützung Japans von Birma aus im Osten Indiens ein. Die sogenannte ,Imphal-Operation' begann. Die japanischen Truppen wurden von General *Mutaguchi* angeführt. Nach anfänglichen Erfolgen scheiterten die Pläne Japans durch verhängnisvolle Fehler bei der Planung und wegen der langen und schlechten Verbindungswege durch fast unpassierbaren Dschungel von Birma nach Bengalen. Ein ausreichender Nachschub an Proviant und Munition für die Truppen war nicht möglich. Durch den von Churchill verursachten ,Bengalischen Holocaust' konnten die Truppen nicht aus lokalen Ressourcen versorgt werden. Der japanische Flottenchef Admiral *Ugaki Matome* schrieb in sein Tagebuch:

Japan will sich Führer Ostasiens nennen. Ist Japan bereit und hat es die Möglichkeit den Indern zu helfen, ihre Unabhängigkeit zu erhalten? Wenn nicht, sind wir es nicht wert Nachbarn genannt zu werden, noch weniger Führer Asiens.[67]

Außerdem wütete die Malaria im Frontgebiet zwischen Birma und der indischen Provinz Bengalen besonders heftig und führte zu außergewöhnlich vielen Ausfällen von japanischen Soldaten. Java in Niederländisch-Indien hatte das Chinin-Monopol. Der deutsche Arzt und Tropenforscher Dr. Franz Wilhelm Junghuhn, der der ,Humboldt von Java' genannt wird, legte dort um 1850 den Grundstein für die Kultivierung des Chininbaums in Plantagen. Nur dort war der weltweit knappe Grundstoff gegen Malaria in großen Mengen verfügbar. Als japanische Truppen Java besetzt hatten, fiel das Chinin-Monopol in ihre Hände. In Deutschland wurde die Rinde in das Anti-Malariamedikament Atebrin verarbeitet. Mit deutschen U-Booten wurden Unmengen Atebrin-Tabletten und Ampullen in den ,Südraum' gebracht. Nun konnten die Truppen mit einer täglichen Ration versorgt werden. Die Malaria-Anfälle wurden nun weniger, konnten aber nicht ganz verhindert werden.

Die ,Imphal-Operation', die vom 15. März bis zum 8. Juli 1944 dauerte, war wegen schlechter Ausrüstung der indischen Truppen und einem ungleichen Kräfteverhältnis zum Scheitern verurteilt. Bitten um Nachschub und Nahrungsmittel an die Japaner konnten nicht erfüllt werden. Nach einem

---

67   Matome Ugaki: *Fading Victory*, S. 181 (Übersetzung H. Geerken)

Verlust von 65.000 Mann mussten die indischen und japanischen Truppen den Rückzug antreten.[68]

Lediglich die beiden zu Indien gehörenden Inselgruppen der Andamanen und Nikobaren im Indischen Ozean blieben von Japan besetzt und wurden – da neben Hitler auch Japan wenig an Indien interessiert war – am 23. Oktober 1943 offiziell an Bose und seine ‚Regierung Freies Indien‘ übergeben. Nur über diesen beiden Inselgruppen wehte die Flagge Azad Hind, die Fahne des ‚Freien Indiens‘. Noch am selben Tag erklärte die ‚Regierung freies Indien‘ Großbritannien und den Vereinigten Staaten den Krieg.

Abb. 22
Subhas Chandra Bose besichtigt 1944 das Gefängnis auf den Andamanen

Bengalen, damals der nordöstliche Teil Indiens, dessen östlicher Teil den heutigen Staat Bangladesch umfasst, wurde 1943 von einer vernichtenden Hungersnot heimgesucht. Trotz der Bitten von Indern, Bengalen und sogar des Vizekönigs von Indien, General Wavell, hat Churchill aus strategischen Gründen jede Hilfe Großbritanniens für die Bevölkerung Bengalens strikt abgelehnt. Subhas Chandra Bose bot eine großangelegte Hilfsaktion an. Er hatte erreicht, dass die ‚Indian National Army‘ zusammen mit Japan Reis aus Birma in die von Hunger geplagte Regionen liefern konnte. Sowohl die britische Kolonialregierung als auch Churchill lehnten dieses Hilfsangebot rigoros und brüsk ab.

Es war eine strategische Entscheidung Churchills. Ohne verfügbare Nahrungsmittel vor Ort wurde ein eventueller Vormarsch der japanischen Armee und der ‚Indian National Army‘ nach New Delhi wesentlich erschwert. Sie konnten keinen Proviant aus den eroberten Gebieten abschöpfen. Der Hungersnot, die in Asien der ‚Bengalische Holocaust‘ genannt wird, fielen nach neuesten Recherchen von indischen und australischen Historikern rund acht Millionen Inder zum Opfer. Es war eine Gräueltat, auf die die Briten nicht stolz sein können.

---

68 Werth, *Der Tiger Indiens,* S. 207

Als Japan durch das Kriegsgeschehen im Pazifik immer mehr gebunden wurde und Niederlage nach Niederlage verkraften musste, übergab es Mitte 1944 die bisher von Japan geführte ‚Indian National Army‘ in indische Hand. Umgehend marschierten drei Divisionen, die ausschließlich aus Indern bestanden, über Birma erneut nach Indien. Endlich war der Weg für sie frei, direkt in Indien gegen die Kolonialherren zu kämpfen. Ohne Gegenwehr überschritten sie die indische Grenze und pflanzten südlich von Imphal, der Hauptstadt des heutigen Unionsstaats Manipur, erstmals die Flagge des ‚Freien Indien‘ auf dem indischen Festland auf. An diesem Platz werden heute Subhas Chandra Bose und die ‚Indian National Army‘ mit einem Monument geehrt. Der Vormarsch nach New Delhi kam jedoch zum Stillstand, als das kaiserliche Japan im August 1945 bedingungslos kapitulierte. Auch die beiden Inselgruppen der Andamanen und Nikobaren blieben als ‚Freies Indien‘ bis zu diesem Zeitpunkt in Subhas Chandra Boses Hand. Mit der Kapitulation Japans kapitulierte auch die ‚Indian National Army‘.

Drei Wochen vor der Kapitulation Japans trat auch noch die Sowjetunion in den Krieg gegen Japan ein. Als sich das Kriegsende abzeichnete, entließ Bose alle Angestellten der ‚Provisorischen Regierung Freies Indien‘ und der in Singapur stationierten indischen Nationalarmee. Zu diesem Zeitpunkt war sie immer noch 23.000 Mann stark. Alle noch verfügbaren Mittel der Staatskasse wurden an die Soldaten verteilt.

Nachdem Bose von Deutschland und Japan keine Hilfe mehr erwarten konnte, strebte er ein Bündnis mit der Sowjetunion an. Am Morgen des 15. August 1945 verließ Bose mit einem Flugzeug und einigen Begleitern Singapur und flog zunächst nach Bangkok und weiter nach Saigon und Taiwan. Von hier sollte Bose mit einer zweimotorigen japanischen Militärmaschine vom Typ 97-2, die von den Alliierten ‚Sally‘ genannt wurde, zu den sowjetischen Streitkräften in Mandschukuo (heute: Mandschurei) gebracht werden. Oberfeldwebel *Aoyagi*, der die Maschine steuerte, war ein sehr erfahrener Pilot. Von nun an beruhen alle Angaben über Boses weiteren Verbleib auf Spekulationen und Verschwörungstheorien:

• Die zuverlässigste Version, wie Bose ums Leben kam, ist wohl die, die auch Alexander Werth vertritt. Werth war der Betreuer Boses während seines Aufenthaltes in Deutschland. Werth hielt auch weiterhin Kontakt zu Bose und seinen Mitarbeitern in Japan. Nach seinen Recherchen war die japanische Militärmaschine mit 13 Personen besetzt und hob am 18. August 1945 vom Flughafen Taipeh ab. Unmittelbar nach dem Start sackte die Maschine ab und geriet in Brand. Einige wenige Passagiere überlebten den Absturz. Nach deren Aussagen erlitt Bose derart schwere Verletzungen, dass er nur wenige Stunden danach am selben Tag seinen Verletzungen erlag. Sein Leichnam soll verbrannt worden sein. Asche, die angeblich von Bose stammen soll, wird im *Renkoji*-Tempel in Tokyo aufbewahrt.[69]

Diese Version scheint plausibel, da sich aber die Aussagen der Überlebenden ganz erheblich widersprachen, kommt der Verdacht auf, dass Bose gar nicht in dem verunglückten Flugzeug war. Im Mai 2006 hatte eine japanische Kommission die letzten Tage und die Todesursache von Subhas Chandra Bose erneut untersucht. Sie kam zu dem Schluss, dass der Flugzeugabsturz und der Tod in einem Krankenhaus in Taipeh stark bezweifelt werden müssen.

- In einer anderen Version, die in der japanischen Presse zu lesen war, wird behauptet, dass das Flugzeug an der chinesischen Küste abgestürzt sei. Alle Insassen hätten den Tod gefunden.[70]
- Wieder andere Quellen behaupten, Bose sei wohl lebend in das nun von der Roten Armee besetzte Mandschukuo gekommen. Boses Ehefrau Emilie behauptete bis zu ihrem Tode, dass ihr Ehemann noch am Leben wäre, aber von den Sowjets in Russland festgehalten werde.

Nach Ende des Zweiten Weltkriegs steuerte die Unabhängigkeitsbewegung Indiens auf einen Höhepunkt zu. Der vorhersehbare Konflikt hätte nur durch die Entsendung von mehreren zusätzlichen Divisionen aus Großbritannien militärisch unterdrückt werden können. Nach Kriegsende war aber diese finanzielle Belastung für Großbritannien kaum möglich, so dass Premier Attlee schließlich einwilligte, die Regierungsgewalt an Indien zu übertragen. Die Zustimmung der oppositionellen konservativen Partei erhielt er jedoch nur unter einer Bedingung, nach dem Prinzip ‚divide et impera'. Das Land wurde in zwei Teile geteilt, in das überwiegend hinduistische Indien und das vorwiegend muslimische Pakistan. Das Ziel der Briten war die nationale Desintegration Indiens. Es war – wie in ähnlich gelagerten Fällen – eine fatale Entscheidung. Unruhen, Vertreibungen und Gewalt mit hunderttausenden Toten waren die Folge. Der Konflikt zwischen Pakistan und Indien wirkt bis heute nach.

Zwei Jahre nach dem Tod von Subhas Chandra Bose, im August 1947, konnte Pandit Nehru als erster Ministerpräsident Indiens das Ende der Kolonialherrschaft und die Unabhängigkeit Indiens in New Delhi verkünden. Subhas Chandra Bose hatte einen riesigen Anteil daran. Von den Briten wurde Bose als Verräter und Kollaborateur Hitlers und Japans bezeichnet. In Indien gilt er jedoch bis heute, gleichberechtigt neben Mahatma Gandhi und Jawaharlal Nehru, als der größte Patriot und Nationalheld. Ich habe mehrmals Indien bereist. In allen Landesteilen fand ich sein Portrait. Seine Verdienste an der Unabhängigkeit Indiens sind nicht vergessen.

---

69   Ibid., S. 223ff
70   Stahmer, *Japans Niederlage - Asiens Sieg*, S. 97

Abid Hassan, Boses Sekretär und Dolmetscher, der mit Bose im Unterseeboot nach Japan reiste, überlebte den Zweiten Weltkrieg. 1947 trat er in den diplomatischen Dienst Japans ein und wurde unter anderem Botschafter des Japanischen Kaiserreichs in Ägypten und Dänemark. 1984 starb er in Hyderabad. Die Verbindung zwischen Subhas Chandra Bose und Abid Hassan lebt weiter. Der Neffe von Bose, Aurobindo Bose, heiratete die Nichte von Abid Hassan.

Zu seinem 100sten Geburtstag wurde Subhas Chandra Bose im Januar 1997 posthum als Nationalheld geehrt. Neben Mahatma Gandhi und Jawaharlal Nehru war Bose die dritte Person, die diese Ehrung für den Kampf um ein freies und unabhängiges Indien erhielt. Bose wird bis heute auf Münzen, Briefmarken und in Gedenkstätten in Indien geehrt. Wie auch von indischer Seite immer wieder anerkannt wird, hat Deutschland einen nicht unwesentlichen Beitrag für die Unabhängigkeit Indiens geleistet.[71] Auch der von Subhas Chandra Bose eingeführte Namen ‚Azad Hind‘, Freies Indien, ist in Indien allgegenwärtig. Tageszeitungen oder Rundfunkstationen tragen diesen Namen. Auch der Schnellzug zwischen Kalkutta und Pone wird ‚Azad Hind Express‘ genannt.

Es war aber nicht nur Subhas Chandra Bose, der mit seiner ‚Indischen Legion‘ an der Seite Hitlers gegen die Briten kämpfte. Für die Soldaten der deutschen Wehrmacht waren ausländische Freiwillige und ausländische Einheiten, die mit ihnen kämpften, nichts Außergewöhnliches.

Zum Beispiel kämpfte die spanische *Division Azul*, die ‚Blaue Division‘, von 1941 bis 1943 gegen die Sowjetunion. Diese Freiwilligendivision wurde innerhalb der deutschen Wehrmacht als 250. Infanterie-Division geführt. Die Division bestand aus vier Infanterieregimentern mit knapp 3.000 Offizieren und Unteroffizieren und einer Mannschaft von annähernd 15.000 Mann. Wenn man die Offiziere und die Mannschaft, die während des Krieges ausgetauscht oder aufgestockt wurden, mitzählt, waren in der ‚Blauen Division‘ annähernd 55.000 spanische Freiwillige im Einsatz. Ihre Aufgabe war der ‚Kampf gegen den Kommunismus‘. Auch diese Division trug die deutsche Wehrmachtsuniform mit dem Ärmelschild *Division Azul*.

---

71   Die Informationen für dieses Kapitel erhielt ich (wenn nicht bereits genannt) aus den folgenden Quellen:
Dr. R. Madan, New Delhi und Prof. Dr. Hans Bräker, Bonn
Günther und Rehmer, *Inder, Indien und Berlin*
Dr. Lothar Günther, *Indien und Deutschland – Berichte und Analysen*, Nr. 4/2007
H. G. Stahmer, *Japans Niederlage - Asiens Sieg*, S. 96
www.lexikon-der-Wehrmacht.de

Über den Niederländer Hendrik Alexander Seyffardt, den ehemaligen Generalstabchef der niederländischen Armee, und den Vorsitzenden der *Nationaal Socialistische Beweging* NSB und andere Hitler-freundliche Parteien in den Niederlanden habe ich bereits im ersten Teil des Buches berichtet. Die niederländische ‚34. SS-Freiwilligen-Grenadier-Division Landstorm Nederland' war dem deutschen Befehlshaber der Waffen-SS in den Niederlanden unterstellt. Sie war hauptsächlich in der Normandie gegen den Vormarsch der Alliierten in Holland eingesetzt.

Auch französische Freiwillige unterstützten Hitler. Die ‚33. Waffen-Grenadier-Division der SS Charlemagne' war ein Verband der Waffen-SS mit einer Stärke von 10.000 bis 15.000 Mann. Dieser ‚SS-Verband Charlemagne' kämpfte im Winter 1940/41 an der Ostfront, und später versuchte er, zusammen mit der skandinavischen ‚11. SS-Freiwilligen-Panzergrenadier-Division Nordland', bis zur Kapitulation Deutschlands Berlin zu verteidigen.

Die skandinavische ‚SS-Division Nordland' hatte eine Stärke von knapp 13.000 Mann, in der die Dänen mit 7.000 Mann das größte Kontingent stellten. Es gab eine ‚Waffen-Grenadier-Division der SS Hunyadi' aus Ungarn, eine ‚Lettische-Waffen-Grenadierdivision der SS' und so weiter. Die Aufzählung könnte noch weitergeführt werden. Sie soll jedoch nur zeigen, dass Hitler nicht nur aus Indien Unterstützung erhielt, sondern dass er auch von vielen europäischen Nachbarn freiwillige Helfer anzog.

Eine herausragende Rolle spielte während des Zweiten Weltkriegs die sogenannte ‚Arabische Division'. Der Großmufti von Jerusalem und Präsident des obersten ‚Islamischen Rates', Mohammed Amin el Husseini, besuchte im November 1941 Hitler in Berlin. Um die Unabhängigkeit Palästinas von Großbritannien durchzusetzen hatte er bereits zwischen 1936 und 1939 mehrere Revolten gegen die Briten angetrieben. Er bot Hitler seinen Beistand im Kampf gegen Großbritannien mit der Bereitstellung einer arabischen Division an. Im Gegenzug sollte Hitler die Unabhängigkeit Palästinas von den Briten nach dem Endsieg garantieren. Sie einigten sich darauf, dass sie zunächst gegen die gemeinsamen Feinde kämpfen würden, gegen Großbritannien und die Juden. Eine Entscheidung über die Unabhängigkeit Palästinas sollte zu einem späteren Zeitpunkt getroffen werden.

Es war die Geburtsstunde der ‚Muslimischen SS-Division Handschar', der ‚SS-Division Krummsäbel'. Als Erkennungszeichen befand sich auf der Divisionsfahne und auf dem Ärmelschild der Soldaten das Emblem eines Krummsäbels. 1943 bestand die Division aus annähernd 22.000 Mann, die in Südfrankreich und auf dem Balkan eingesetzt waren.

Abb. 23
Der Großmufti von Jerusalem, Mohammed Amin el Husseini, besichtigt die freiwillige
,Muslimische-SS-Division Handschar'

Die deutschen Soldaten nannten die Moslems der ,SS-Division Handschar'
umgangssprachlich ,Muselgermanen'. Diese Bezeichnung sowie Witze über
den Islam und die Moslems wurden von Heinrich Himmler, dem Reichsführer der SS, strengstens verboten. Himmler war ein großer Freund und
Bewunderer des Islams. Er setzte sich sogar innerhalb der Waffen-SS für
die Einführung der Polygamie in Deutschland ein. Wollte er dadurch die
Geburtenrate steigern, oder das Verhältnis zu seiner jungen Sekretärin, mit
der er zwei Kinder hatte, legalisieren?[72]

Himmler ordnete auch an, das Wort ,Antisemitismus' ab sofort zu vermeiden, da unter den Begriff ,Semiten' auch die Araber fallen würden. In
einer Aktennotiz vom 17. Mai 1943 schreibt er:
Mit der Verwendung dieses Wortes wird immer die arabische Welt getroffen, die
nach Aussage des Großmufti überwiegend deutschfreundlich ist. Das feindliche
Ausland benutzt den Hinweis, dass wir mit dem Wort ,Antisemitismus' arbeiten
und damit auch bekunden wollen, dass wir die Araber mit den Juden in einen
Topf werfen.[73]

---

72   ZDFinfo, 20.06.13, 20.15h Himmler
73   Aktennotiz Himmler an Dr. Koeppen v. 17.5.1943, ns-archiv, Hans Hagemeyer

Kurz vor Kriegsende, als die Sowjetarmee bereits in Berlin einmarschierte, floh Mohammed Amin el Husseini mit einem Flugzeug der deutschen Luftwaffe aus der deutschen Reichshauptstadt in die Schweiz. Seinen Lebensabend verbrachte er in Frankreich.

Wenig bekannt ist, dass Rumänien mit mehr als 650.000 Soldaten nach Italien zahlenmäßig die drittgrößte Streitkraft der Achsenmächte war. Schon vor dem Zweiten Weltkrieg hatte Hitler mit Rumänien ein Militärbündnis unterzeichnet, und im November 1940 trat Rumänien dem Dreimächtepakt bei. Die schlagkräftige rumänische Armee kämpfte an der Seite Hitlers hauptsächlich im Osten gegen die Sowjetunion. Rund die Hälfte dieser Soldaten ist an der Ostfront gefallen.

Aufgrund der vielen Nationen, die Soldaten für die Deutsche Waffen-SS bereitstellten, wurde diese auch ‚Himmlers Europäische Armee' genannt. Im Laufe des Krieges wurde der Anteil an ausländischen Freiwilligen aus den besetzten und neutralen Gebieten immer größer.

31. Der Bengalische Holocaust

Bengalen war hunderte Jahre lang nicht nur Lieferant von Baumwolle, durch den Anbau von Reis und Weizen war Bengalen auch die Kornkammer Indiens. Die änderte sich schlagartig, als die Briten Mitte des 19. Jahrhunderts durch Zwangsmaßnahmen den Indigoanbau einführten und somit Bengalen von Reisimporten aus dem ebenso von den Briten besetzten Birma abhängig machten. Während des Zweiten Weltkriegs wurde durch die Besetzung Birmas durch Japan dieser Versorgungsweg plötzlich abgeschnitten. Die in Indien produzierten Reismengen hätten natürlich ausgereicht, den zusätzlichen Bedarf der bengalischen Bevölkerung zu decken. Aber durch das Hamstern von Vorräten durch die indische Bevölkerung sowie durch staatlichen Reisaufkauf der Briten für Militär und Staatsbeamte verschlimmerte sich der Engpass. In Bengalen wurde gehungert, währenddessen sich in Großbritannien die Reis- und Weizenüberschüsse anhäuften.

Die Hungersnot in Bengalen wurde 1943 von Menschenhand verursacht. Auf Anweisung von Churchill wurde aus strategischen Gründen jegliche Hilfe verhindert. Churchill lehnte zum Beispiel ab, Schiffskapazitäten für den Reistransport nach Bengalen zur Verfügung zu stellen. Auch das Hilfsangebot von Subhas Chandra Bose wurde nicht angenommen. Die ‚Indian National Army‘ wollte mit Hilfe Japans Reis in die von Hunger geplagte Region liefern. Durch den Mangel an Lebensmitteln in Bengalen hoffte Churchill, eine japanische Invasion zu verzögern. Die Nachschubwege der Japaner wurden immer wieder unterbrochen, so dass eine eigene Versorgung der Truppen aus Birma alleine kaum möglich war.

Churchills Anweisungen erfolgten während der Casablanca-Konferenz 1943. Hier soll er das Problem mit dem Hinweis verniedlicht haben, *die Bengalis würden sich ohnehin wie die Karnickel vermehren.* Churchill hat durch seine Hilfeverweigerung viele Millionen Bengalen und Inder bewusst in den Tod getrieben. Großbritannien versuchte jahrzehntelang erfolgreich, diesen ‚Bengalischen Holocaust‘ im Verborgenen zu halten. Dies gelingt nun nicht mehr, denn inzwischen beschäftigt dieses Thema Historiker, Filmemacher und Autoren.

Der indische Autor N. G. Jog hat sich noch während des Zweiten Weltkriegs in seinen Buch *Churchills Blind Spot* mit der unrühmlichen Rolle der Briten bei dieser Hungersnot kritisch befasst. Er war der Erste, der diese Gräueltat als Holocaust bezeichnete.

Auch der renommierte indische Filmemacher Satyajit Ray hat sich 1973 in seinem Film *Ashani Sanket* (Distant Thunder) dieses Themas angenommen. In dem Film, der im selben Jahr in Berlin den ‚Goldenen Bären‘ erhielt, spricht er von fünf Millionen Bengalen, die durch diese Hungersnot ihr Leben lassen mussten.

Der australische Wissenschaftler Gideon Maxwell Polya berichtet in seinem Buch *Jane Austen and the Black Hole of British History* sogar von vier Millionen Bengalen und sechs bis sieben Millionen Indern aus angrenzenden Regionen, die in den Tod getrieben wurden.[74]

Die bengalische Ärztin und Autorin Madhusree Mukerrjee hat die neuesten Erkenntnisse über die Rolle Churchills im ‚Bengalischen Holocaust‘ in ihrem 2010 erschienenen Buch *Churchills Secret War* verarbeitet. Sie bezeichnet Churchill als Massenmörder, rassistischen Imperialisten und Holocaust-Leugner. Nach ihrer Ansicht ist das sechsbändige Werk Churchills über den Zweiten Weltkrieg, *The Second World War*, eine geschönte und verlogene Geschichte, da unter anderem der von ihm verursachte Tod von rund acht Millionen Bengalen und Indern mit keinem einzigen Wort erwähnt wird.

Der angesehene britische Historiker und Experte für Churchill, Sir Martin Gilbert, hat schon mehrere Bücher über Churchills Rolle im Zweiten Weltkrieg veröffentlicht. In seinem neuesten zweibändigen Werk über Churchill, das 2004 erschien, hat auch er den britischen Holocaust in Bengalen vollständig unterschlagen. Man stelle sich einmal vor, ein deutscher Historiker würde eine neue Biographie über Adolf Hitler veröffentlichen, ohne den deutschen Holocaust an den Juden zu erwähnen. Ein Aufschrei der Empörung würde durch die deutsche Bevölkerung und die internationalen Medien hallen!

Neben dem Holocaust des Deutschen Reichs an den Juden war der ‚Bengalische Holocaust‘ der Briten ein weiteres schreckliches Verbrechen an der Menschheit während des Zweiten Weltkriegs. Das Verbrechen wurde weit weg von Europa – in Asien – verübt, und es war damals viel einfacher als heute, eine Berichterstattung zu unterbinden. Es wird den Briten aber nicht gelingen, dieses Verbrechen weiter zu vertuschen und aus der Geschichtsschreibung zu löschen.

Erst in neuester Zeit wird der ‚Bengalische Holocaust‘ in indischen Büchern und Filmen vermehrt angeprangert. Immer mehr neue Details über die unrühmliche Rolle Churchills in diesem Zusammenhang kommen ans Tageslicht. Eine Aufarbeitung der Rolle Churchills in Zusammenhang mit

---

74   Polya, Gideom M., *Jane Austen and the Black Hole of British History*, Kapitel 14, S. 133

diesem Verbrechen steht den Briten noch bevor.[75] Wenn Unrecht geschehen ist, muss auch über Unrecht gesprochen werden dürfen!

---

75   Kurze Zusammenfassung aus den folgenden Quellen:
      Madhusree Mukerrjee, *Churchills Secret War*
      Gideon M. Polya, *Jane Austen and the Black Hole of British History*
      N. G. Jog, *Churchills Blind Spot*
      www.archiv.ub.uni-heidelberg.de/safiva.dok

32. Die Deutsche Botschaft in Tokyo und
der Spionagefall Dr. Sorge

Die deutsch-japanischen Beziehungen waren – wenn man von der Besetzung der deutschen Kolonie Tsingtao in China durch Japan im Ersten Weltkrieg absieht – meist traditionell freundschaftlich und von gegenseitiger Wertschätzung geprägt. Nach dem Ende der Abschottung Japans von der Außenwelt kamen in der Meiji-Zeit von 1868-1912 viele deutsche Wissenschaftler als Lehrer und Berater – sogenannte *o-yatri haikokujin* – nach Japan. Unter anderen auch mein Großonkel Carl Schenk, der ab 1871 an der Universität in Yedo (heute: Tokyo) lehrte und bis heute als ‚Vater der japanischen Mineralogie‘ verehrt wird.[76]

Im Jahre 1906 wurde die damalige Gesandtschaft des deutschen Kaiserreichs in Japan zu einer Botschaft aufgewertet. Im Gebäude der damaligen Deutschen Gesandtschaft in Tokyo war auch noch im Dritten Reich die Deutsche Botschaft untergebracht. Dort war die wichtigste Schaltzentrale während des Zweiten Weltkriegs im Fernen Osten, in der so viele grundlegende Entscheidungen über den Seekrieg in den Gewässern von Niederländisch-Indien oder den Einsatz und die Ladung von Blockadebrechern getroffen wurden. Hier liefen alle Fäden zusammen, die die Kriegsführung in Südost-Asien und Ostasien betrafen. Auch das Deutsche Konsulat in Batavia war der Deutschen Botschaft in Tokyo untergeordnet.

Für so ein wichtiges Partnerland wie Japan vermutet man ein großes repräsentatives Gebäude. Das Gegenteil war der Fall. Die Deutsche Botschaft war immer noch in dem einfachen, schon etwas heruntergekommenen Gebäude der ehemaligen Deutschen Gesandtschaft untergebracht. Erst im Jahre 2004 zog die Deutsche Botschaft in ein neues modernes Gebäude um.

1933 wurde Generalmajor Eugen Ott zunächst als Beobachter beim Japanischen Heer nach Tokyo entsandt. Im Februar 1934 wurde er zum Militärattaché befördert. Im März 1938 wurde Ott – der Wunschkandidat der japanischen Regierung – vom Deutschen Außenminister Joachim von Ribbentrop zum Deutschen Botschafter in Japan ernannt. Ribbentrop wollte mit der Erfüllung des japanischen Wunsches erreichen, dass auch der japanische Militärattaché in Berlin, der General der Kaiserlichen Japanischen Armee *Oshima Hiroshi* – mit dem das Deutsche Reich hervorragend zusam-

---

76 Kagakushi, *The Journal of the Japanese Society for the History of Chemistry*, Volume 37, Number 4, 2010, Note: Takeshi Ozawa, *C. Schenk, the First Teacher of Chemistry and Mineralogy in the Predecessor of the University of Tokyo*, S. 183

menarbeitete – , ebenfalls als Botschafter für das Deutsche Reich aufgewertet würde. Dies geschah dann auch 1940. Joachim von Ribbentrop und Walther Hewel waren mit *Oshima Hiroshi* persönlich eng befreundet. Viele Dokumente im Politischen Archiv des Auswärtigen Amts in Berlin zeigen, dass sie regelmäßig – auch privat – zusammentrafen.

In Zusammenhang mit der ,Spionageaffäre Richard Sorge' wurde Botschafter Ott im November 1942 nach Berlin zurückgerufen. Heinrich Georg Stahmer wurde nun trotz seiner ,nichtarischen' Frau 1943 zum Deutschen Botschafter in Japan ernannt. Seine Ehefrau, Helga Stahmer, geborene Richter, war mütterlicherseits Jüdin.

Zuvor, von 1941 bis Ende 1942, war Stahmer Deutscher Botschafter im von Japan gestützten Nationalchina. Dort wurde Ernst Woermann ab Juli 1943 Stahmers Nachfolger. Der Sitz der chinesischen Nationalregierung war seinerzeit nicht in Peking, sondern in dem zentraler liegenden Nanking (heute: Nanjing). In den Unterlagen von Walther Hewel befinden sich Kopien von Briefen Adolf Hitlers an *Seine Exzellenz, den Präsidenten der Chinesischen Nationalregierung, Herrn Wang Ching Wei* mit der Bitte, den deutschen Botschafter Stahmer in Nanking abrufen zu dürfen, sowie ein weiterer Brief Adolf Hitlers an *Seine Majestät, den Kaiser von Japan*, mit der Bitte, Herrn Heinrich Georg Stahmer den Posten als Deutscher Botschafter für das Kaiserreich Japan zu übertragen.[77]

Stahmer reiste als Passagier mit U 511 unter dem Kommando von Kapitänleutnant Fritz Schneewind nach Japan. Das Boot verließ am 10. Mai 1943 Lorient an der Westküste Frankreichs und erreichte Penang am 20 Juli 1943. U 511 war das erste Unterseeboot, das Hitler als Geschenk der Kaiserlich Japanischen Marine überließ. Japanisches Marinepersonal wurde mit der Technik von U 511 vertraut gemacht. Das Boot fuhr als RO-500 unter japanischer Flagge – mit neun hochkarätigen deutschen U-Boot-Fachingenieuren – weiter nach Japan, wo es am 7. August 1943 im japanischen Marinehafen in Kure ankam. Danach trat Stahmer seinen Dienst als Deutscher Botschafter in Japan an.

Der neue Botschafter Stahmer war zuvor schon mehrmals in Japan, und im Auswärtigen Amt in Berlin war er schon seit geraumer Zeit mit Fernostproblemen beschäftigt gewesen. Er begleitete zum Beispiel den Herzog von Sachsen-Coburg und Gotha auf einer Reise von Herbst 1939 bis Frühjahr 1940 durch Japan. Außerdem führte er im September 1940 die Verhandlungen mit dem japanischen Außenminister *Matsuoka* in Tokyo, auf die dann die Unterzeichnung und Verabschiedung des Dreimächtepaktes folgte. Stahmer hatte also hervorragende Voraussetzungen für diesen Posten.

77 AA, Pol. Archiv, private Unterlagen Hewel

Erst nach Ende des Zweiten Weltkrieges wurde bekannt, dass der Delegierte Stahmer, Botschafter Ott und der japanische Außenminister *Matsuoka* ohne Autorisation der Deutschen Regierung in Berlin bei den Verhandlungen in Tokyo von September bis Dezember 1940 sechs geheime Zusatzprotokolle zum Dreimächtepakt abgeschlossen hatten. Stahmer und Ott konnten dadurch die starke Opposition in Japan zu diesem Pakt brechen. Diese Protokolle wurden nicht nach Berlin gesandt und blieben bei der Deutschen Botschaft in Tokyo unter Verschluss. Der Inhalt dieser geheimen Zusatzprotokolle legte fest, dass nach einem Sieg der Japaner im Pazifik die ehemaligen deutschen Kolonien im Pazifik von Japan offiziell an Deutschland zurückgegeben worden wären. Anschließend hätte Deutschland auf seine Ansprüche verzichtet und hätte die ehemaligen Besitzungen gegen eine noch auszuhandelnde Entschädigung Japan überlassen. Diese Geheimprotokolle waren nur Stahmer, dem damaligen deutschen Botschafter in Tokyo Ott und dem japanischen Außenminister *Matsuoka* bekannt. Dass auch der deutsche Außenminister von Ribbentrop informiert war, ist anzunehmen, aber nicht gesichert. Da die Abtretung der ehemaligen deutschen Kolonien im pazifischen Raum ein wichtiges Anliegen der Japaner war, aber Stahmer und Botschafter Ott an der Zustimmung Hitlers zweifelten, wollten sie den Dreimächtepakt an diesem Punkt nicht scheitern lassen.[78]

Da deutsche wie auch die zuständigen Kreise in Japan wussten, dass Hitler eigentlich nur an den ehemaligen deutschen Kolonien in Afrika interessiert war, machte der japanische Verbindungsmann zwischen der deutschen Marine und dem Generalstab der Japanisch Kaiserlichen Marine, Kapitänleutnant *Maeda Minoru,* bereits 1938 diesen spektakulären Vorschlag: Wenn Japan diese ehemaligen deutschen Kolonien im Pazifik erobert hätte, würde es diese ohne Berücksichtigung der Verträge von Versailles oder des Völkerbundes an das Deutsche Reich zurückgeben. Japan würde danach diese Mandate von Deutschland zurückkaufen.[79]

Über die Deutsche Botschaft in Tokyo während des Dritten Reichs kann man nicht schreiben, ohne den spektakulären Spionagefall Dr. Sorge zu erwähnen. Der Journalist Dr. Richard Sorge hatte erstklassige Kontakte zur Deutschen Botschaft, wo er sich auch das Vertrauen von Botschafter Ott erschleichen konnte. Er war ein Meisterspion, der für die Alliierten, aber besonders für die Sowjetunion arbeitete. Er fungierte als Berater von Botschafter Ott und ging in der Deutschen Botschaft ein und aus. Einem Außenstehenden musste es so erscheinen, als sei er ein dort tätiger Diplomat. Die Deutsche Botschaft war sein Domizil und niemandem fiel seine

---

78   Krug, Hirama, Sander-Nagashima, Niestlé, *Reluctant Allies,* S. 250ff
79   Ibid., S. 157

Agententätigkeit auf. Zunächst auch nicht der japanischen Geheimpolizei *Kempetai*.

Bereits Anfang der 1930er Jahre bestanden Kontakte zwischen der *Kempetai* und der deutschen Abwehr, die nach Unterzeichnung des Dreimächtepakts gewaltig intensiviert wurden. Zum Beispiel wurde Deutschland vor der ,Operation Barbarossa' – dem Einmarsch deutscher Truppen in die Sowjetunion – über die sowjetische Truppenstärke in Fernost informiert. Andererseits setzte sich Admiral Canaris, der Leiter der deutschen Abwehr, dafür ein, dass die neutrale portugiesische Kolonie Ost-Timor (im Südosten des indonesischen Archipels) von Japan zunächst nicht besetzt wurde. Admiral Canaris wurde wegen seiner Spionagetätigkeit und des Widerstands gegen den Nationalsozialismus wenige Tage vor Kriegsende hingerichtet.

Der Journalist Richard Sorge war ein überzeugter Kommunist russisch-deutscher Abstammung. Bereits 1929 spionierte er, als Pressevertreter getarnt, für die Sowjetunion in China. In Japan begann seine Spionagetätigkeit 1933. Er trat zu seiner Tarnung in die NSDAP ein und schrieb für die ,Frankfurter Zeitung'. Zu seiner eigenen Sicherheit lieferte er zum Schein auch Material an den deutschen Geheimdienst.

Bereits in China lernte Sorge den japanischen Journalisten *Ozaki Hotsumi* kennen, der in Japan sein wichtigster Gehilfe wurde. *Ozaki Hotsumi* vermittelte ihm Kontakte zu allerhöchsten japanischen Kreisen, bis hin zum japanischen Premier *Konoe Fumimaro*. Seine Informationen an die Sowjetunion waren überaus präzise und ausführlich. So informierte er Stalin über den bevorstehenden deutschen Angriff auf die Sowjetunion mit detaillierten Daten über Tag, Truppenstärke und Angriffsrichtung. Gleichzeitig informierte er die Sowjetunion, dass ein Angriff Japans an seiner Ostflanke nicht vorgesehen war. So konnte die Sowjetunion alle ihre Truppen aus Sibirien abziehen und mit verstärkter Kraft Hitlers Vorstoß im Westen stoppen. Nach japanischen Quellen soll er auch vor dem japanischen Angriff auf Pearl Harbour gewarnt haben.

Sorge meldete das Auslaufen jedes Blockadebrechers mit der vorgesehenen Route an die Alliierten. Die Alliierten mussten dann ihre Kreuzer und Zerstörer nur an der entsprechenden Position auf Lauer legen und warten, bis der Blockadebrecher auftauchte. Dies erklärt auch die überdurchschnittlich großen Verluste dieser Versorgungsschiffe. Sorge lieferte kriegsentscheidende Informationen an die Gegner des Deutschen Reichs.

1930 lernte Sorge in Shanghai die deutsche Kommunistin und Agentin für den sowjetischen Geheimdienst mit dem Deckname ,Sonja' kennen. Von nun an arbeitete sie eng mit Sorge zusammen. In Shanghai wimmelte es von Spionen, zweifelhaften Gestalten, Gerüchten, aber auch von brauchbaren Informationen. Für ,Sonja' war Shanghai ein ergiebiges Feld, denn nach

1933 fanden hier 15.000 Juden aus Deutschland Zuflucht, weil hier die Einreise nicht erschwert wurde wie in Großbritannien, den USA oder den Niederlanden.

Die Jüdin ‚Sonja‘ arbeitete unter vielen Decknamen, wie Ursula Maria Kuczynski, Ruth Werner, Ursula Beurton, Ursula Hamburger oder Ursula Schulz. Sorge ließ sie unter seiner Führung Nachrichten aus China und Mandschukuo sammeln. Auf Empfehlung von Richard Sorge ging sie 1933 nach Moskau, um ihr Spionagewerkzeug zu perfektionieren. Danach wurde sie von Moskau aus geführt und erfolgreich in Europa und Asien eingesetzt.

1938 warb ‚Sonja‘ in Deutschland mehrere britische Staatsbürger als Spione an. Im Juni 1941 begab sie sich auf Befehl von Dr. Sorge nach Oxford in Großbritannien. Kurz nach ‚Sonjas‘ Abreise wurden in Deutschland 33 Spione verhaftet. Deutschland hatte in der Zwischenzeit mobile Peilanlagen entwickelt, mit denen Agentensender genau lokalisiert werden konnten. Wurde nur ‚Sonja‘ von Dr. Sorge gewarnt und die anderen Agenten in Deutschland geopfert?[80]

Von Großbritannien aus sandte ‚Sonja‘ auch nach Kriegsende hochbrisante Nachrichten mit ihrem Geheimsender an die Sowjetunion. Nach der Enttarnung des ‚Atom-Spions‘ Klaus Fuchs floh sie 1949 in die Deutsche Demokratische Republik (DDR) und arbeitete dort im Amt für Information. Von der Sowjetunion und der DDR wurde sie hoch geehrt. Sie war die erfolgreichste Spionin im Zweiten Weltkrieg im Dienste der Sowjetunion. 1980 wurde ihr aufregendes Leben in der DDR verfilmt. Der Film basiert auf ihrem gleichnamigen Buch *Muhme Mehle*. Im Jahr 2000 verstarb ‚Sonja‘ mit 93 Jahren in Berlin. Aber welcher ihrer vielen Namen war nun ihre wahre Identität? Sie wurde als Ursula Maria Kuczynski geboren und starb als Ruth Werner.

Richard Sorge konnte tausende codierte Nachrichten aus seinem Privathaus und von seinem Segelboot von hoher See aus in die Sowjetunion senden. Es gelang der japanischen Geheimpolizei *Tokkō* erst sehr spät, Richard Sorge und seinen Gehilfen *Ozaki Hotsumi* zu enttarnen. Es war mehr als peinlich, dass die Agententätigkeit Sorges dem Polizeiattaché der deutschen Botschaft nicht aufgefallen war. Dieser hatte sich mit Sorge in einer durchzechten Nacht verbrüdert.[81] Richard Sorge und *Ozaki Hotsumi* wurden zum Tode verurteilt und am 7. November 1944 in Tokyo angeblich gehängt.

Um Sorges Tod gibt es viele Geheimnisse und Vermutungen. Da Sorge deutscher Staatsangehöriger war, forderte das Deutsche Reich seine

---

80 Bartolomew Lee, *Radio Spies: Episodes in the Ether Wars*, S. 73 und 106
    www.trft.org/TRFTPix/spies9eR2006.pdf

81 Tischert, *Die Abenteuer des letzten Kapers*, S. 85

Auslieferung. Deutschland wollte Sorge wegen der begangenen schweren Verbrechen selbst verurteilen. Dies wurde von japanischer Seite verweigert. Die Deutsche Botschaft in Tokyo erhielt keine schriftliche Bestätigung von Sorges Tod. Dem Deutschen Botschafter Stahmer wurde von Japan verweigert, der Exekution beizuwohnen oder die Leiche zu identifizieren. So hielt es nicht nur der deutsche Botschafter für sehr wahrscheinlich, dass Sorge lebend, im Austausch mit in der Sowjetunion festgenommenen japanischen Spionen, an diese ausgeliefert wurde. Es ist also durchaus möglich, dass der Meisterspion Richard Sorge nach Kriegsende fröhlich in der Sowjetunion weiterlebte und seinem aus Tokyo bekannten exzessiven Lebensstil mit Frauengeschichten und starkem Alkoholgenuss weiter nachgehen konnte. Das Geheimnis bleibt. Die Machenschaften der Geheimdienste sind rund um die Welt undurchsichtig!

Auch der in Tokyo tätige Journalist Karl Hoffmeier wurde beschuldigt, dem Spionagering um Sorge angehört zu haben. Da er der Spionage so gut wie überführt war, sollte er in Deutschland vor ein Kriegsgericht gestellt werden. Aus diesem Grund wurde er mit dem Blockadebrecher *Burgenland* aus Tokyo abgeschoben. Es war der letzte Blockadebrecher, der Japan verließ. Die *Burgenland* wurde am 5. Januar 1943 vor Südafrika durch den alliierten Kreuzer *Omaha* und den Zerstörer *Jouett* gestellt. Erst kurz vor der Versenkung des Schiffes durch die Mannschaft wurde Karl Hoffmeier, erst 31 Jahre alt, von dem zu seiner Bewachung abgestellten SS-Hauptsturmführer erschossen. Der im März 1940 als Marineattaché nach Tokyo delegierte Konteradmiral Paul Wenneker hatte den Befehl ausgegeben, mit allen Mitteln zu verhindern, dass Hoffmeier in die Hände der Alliierten fiele. Paul Wenneker war ‚Admiral Ostasiens‘ und er hatte somit die höchste Befehlsgewalt in diesem Raum. Aufgrund dieses Befehls und der Erschießung Hoffmeiers kam es 1966 zum sogenannten ‚Wenneker-Prozess‘. Der Prozess gegen Paul Wenneker endete wegen Verjährung mit einem Freispruch.

Die Deutsche Botschaft in Tokyo war während des Krieges reichlich mit Personal bestückt. Außer der üblichen Stammbesetzung, mit Botschafter und den entsprechenden Fachabteilungen für Politik, Wirtschaft, Kultur und so weiter, waren dort noch Attachés für alle Waffengattungen, also Marine, Heer und Luftwaffe, mit ihrem Stamm an Beamten. Es gab sogar einen Polizeiattaché, Oberst Meisinger, und einen Parteiattaché, zunächst ein Herr Hillmann, später ein Herr Spahn. Letztere vertraten die Interessen der NSDAP und versuchten den Einfluss der Partei auf die deutsche Gemeinde zu erweitern. Polizeiattaché Meisinger ließ sogar die der Kriegsmarine unterstellten Schiffs- und Bootsbesatzungen der Blockadebrecher in den Restaurants und Bars von Yokohama und Kobe überwachen. Das hätte er besser bei Richard Sorge gemacht!

In diesem Kontext sollte aber auch auf den deutschen Marineattaché Paul Werner Wenneker, den ich schon mehrfach erwähnt habe, näher eingegangen werden. Während seiner Dienstzeit in Tokyo wurde er zum Admiral und ‚Deutschen Admiral Ostasien‘ befördert. Admiral Wenneker war bereits in den Jahren 1934 bis 1937 Marineattaché an der Deutschen Botschaft in Tokyo. In dieser Funktion war er auch Verbindungsmann der deutschen Kriegsmarine zur kaiserlichen japanischen Marine *Dai-Nippon Teikoku Kaigun* (Marine des Kaiserreichs Groß-Japan). Neben den USA und Großbritannien war Japan eine der größten Seemächte der Welt. Entsprechend wichtig und stark war die Position eines Marineattachés in Japan.

Von 1937 bis Ende 1939 war Wenneker Kommandant auf dem Panzerschiff *Deutschland*. Anfang 1939 war Adolf Hitler mit an Bord dieses Schiffes auf einer Fahrt in der Ostsee. Wenneker wurde 1940 erneut mit dem Posten des Marineattachés in Tokyo betraut. Er reiste mit der Transsibirischen Eisenbahn bis Wladiwostok am Pazifischen Ozean und mit einem Boot weiter nach Japan. Am 27. Februar 1940 traf er in Tokyo ein. Mit Botschafter Generalmajor Ott arbeitete Wenneker bis zu dessen Ablösung hervorragend und vertrauensvoll zusammen. Das Verhältnis und die Zusammenarbeit zwischen dem neuen Botschafter Stahmer und Wenneker war jedoch von Anfang an durch Spannungen getrübt. Nach der Spionageaffäre Sorge hatte Botschafter Stahmer ein starkes Misstrauen gegen jedermann, der gut mit seinem Vorgänger ausgekommen war. Dazu kam, dass Stahmer und sein Polizeiattaché Oberst Meisinger – ein Angehöriger der SS und der Geheimen Staatspolizei GESTAPO – überzeugte Nationalsozialisten waren. Ihre Tätigkeiten waren primär von Partei-Interessen geprägt.

Admiral Wenneker unterstanden auch die aus Deutschland entsandten Experten, die die Fortschritte der deutschen Waffentechnik den Japanern in ihren Forschungsstätten zugänglich machen sollten. Es gab ein bis zwei Dutzend U-Boot-Fachleute, Diesel-Spezialisten und Funk- und Radar-Ingenieure. Von letzteren war Heinrich Foders der Experte, der das Nachbauprojekt der ‚Würzburg‘-Anlage leitete. Ein weiterer deutscher Fachmann sollte ein Radar-Gerät für japanische Flugzeuge entwickeln. Deutschland versorgte Japan laufend mit den neuesten Forschungsergebnissen und Entwicklungen. Mit jedem deutschen Boot, das nach Ostasien fuhr, wurden Einzelstücke, Bauteile, Mustergeräte und Konstruktionspläne an die japanischen Militärstellen geliefert.

Im Gegensatz dazu waren die Japaner bei der Herausgabe von militärischen Informationen über neue Waffenentwicklungen sehr zurückhaltend.

Vermutlich trauten die Japaner – zu Recht – dem deutschen Enigma-Code nicht und befürchteten, dass bei der Weitergabe per Funk nach Berlin wichtige Informationen an den Feind gelangen könnten. Überhaupt waren die japanischen Waffengattungen sehr zurückhaltend, den neuesten Stand ihrer Entwicklungen an Deutschland weiterzugeben. Dies bemängelte auch schon Heinrich Foders. Auch Wünsche für Besuche von technischen Anlagen wurden nur ungern berücksichtigt. Immer wieder stießen die Deutschen auf das ihnen unbekannte rätselhafte, unbeteiligte und unnahbare Lächeln ihrer fernöstlichen Waffenbrüder. So dauerte es sogar Monate, bis Admiral Wenneker das neue Schlachtschiff *Yamato* besichtigen durfte. Außer vielen tiefen, freundlichen, aber oft auch ironischen Verbeugungen passierte meist wenig.

Auch Nachrichten über die Bewegung der feindlichen Schiffe im ‚Südraum‘ wurden nur lückenhaft an die deutschen Dienststellen weitergegeben. Dadurch gingen mehrere deutsche U-Boote und Hilfskreuzer verloren. Die Gestellung von Geleitschiffen und die Luftsicherung für die deutschen U-Boote bei Annäherung an die deutschen Stützpunkte im ‚Südraum‘ war völlig unzureichend. Deutschland und Japan waren im Zweiten Weltkrieg aufeinander angewiesen. Das ist Japan nie richtig klar geworden, obwohl Japan einen großen Nutzen aus der Tätigkeit der Deutschen im ‚Südraum‘ zog. Man hatte den Eindruck, dass die Japaner ausschließlich mit ihrem Kaiserreich verbündet waren.

Zum Aufgabengebiet von Admiral Wenneker in Tokyo gehörte auch, die Verbindung zu sogenannten vereidigten Vertrauensleuten beziehungsweise Agenten zu pflegen. Die Vertrauensleute waren an allen wichtigen Hafenplätzen in Japan und in Ost- und Südost-Asien stationiert und unterstanden der Abteilung Abwehr von Admiral Canaris in Deutschland. Deutsche Agenten waren auch in Shanghai und Harbin in China stationiert. So soll zum Beispiel der Agent in Harbin, ein Herr Lissner, von russischer Seite den Termin der alliierten Landung in der Normandie erfahren haben. Einige Tage vor der Landung soll der gegen das Dritte Reich arbeitende Canaris diese Information erhalten, aber nicht an die zuständigen Stellen weitergeleitet haben.

Viele Vertrauensleute waren meist alteingesessene deutsche Firmenchefs und leitende Angestellte von Handelshäusern, oder Leiter von deutschen Reedereien, die auch vertrauensvolle Parteigenossen waren. Ihre Aufgabe war, Bewegungen von ausländischen Kriegs- und Handelsschiffen und deren Beladung nach Tokyo zu melden. Außerdem sollten sie die Beschaffungsmöglichkeiten von Rohstoffen und Lebensmitteln eruieren. Alle Vertrauensleute waren mit kleinen Funk- und Chiffriergeräten ausgerüstet. Meldungen an die Vertrauensleute wurden über die örtlichen Konsulate oder verschlüsselt über Radio XGRS von Shanghai aus weitergegeben. Vertrauensleute saßen in Tokyo, Yokohama, Kobe, Dairen, Tsientsin, Manila, Bangkok, Batavia, Surabaya und anderen bedeutsamen Orten. Der Agent Lissner berichtete aus Harbin in China auch über den Spionagefall Sorge und die Reaktion der Japaner nach Berlin. In diesem Bericht, von dem auch Walther Hewel Kopie erhielt, hat er Admiral Wenneker als Nachfolger des abgesetzten Botschafters Ott vorgeschlagen.[82] Wie wir sahen, wurde dieser Vorschlag nicht berücksichtigt.

Schon in Friedenszeiten und während des Ersten Weltkriegs waren auf der ganzen Welt Vertrauensleute eingesetzt. So war zum Beispiel damals Theodor Helfferich, der Bruder von Emil Helfferich, in Batavia als Vertrauensmann der Deutschen Kaiserlichen Kriegsmarine stationiert.[83]

Vier Wochen nach der Besetzung Javas durch die japanischen Truppen bereiste Admiral Wenneker zusammen mit dem italienischen Marineattaché Admiral Balsamo auf Einladung der japanischen Regierung die eroberten Südgebiete. Neben China, Formosa, Französisch-Indochina, den Philippinen, den Inseln Palau, Guam und Saipan wurde auch Malaya, Sumatra und Java besucht.

Das umfangreichste Aufgabengebiet von Admiral Wenneker war der Marine-Sonder-Dienst MSD. Hier mussten Zweigstellen mit Personal, Funkanlagen, Vorrats- und Verpflegungslager neu eingerichtet werden. Die Zweigstellen in Japan waren in Yokohama und in Kobe, im ‚Südraum' in Singapur, Penang, Batavia und Surabaya.

16 deutsche Handelsschiffe, die bei Kriegsausbruch in japanischen, chinesischen und mandschurischen Häfen ankerten, und ein weiteres, das in Bangkok lag, wurden von der deutschen Kriegsmarine übernommen und in Japan zusammengeführt. Auch in Südamerika liegende Schiffe wurden nach Japan gebracht. Die als Blockadebrecher geeigneten Schiffe wurden in Japan mit einer Panzerung der Brücken versehen und mit Flugabwehrgeschützen bestückt. Sieben als Blockadebrecher ungeeignete Frachtschiffe wurden als Charterschiffe an die japanische Marine gegeben. Diese wurden als Transportschiffe im ‚Südraum' eingesetzt.

Als die Aufgaben des MSD immer umfangreicher wurden, wurde Kapitän zur See Werner Vermehren mit der Leitung beauftragt. Vermehren kam

---

82   Informationen zu Wenneker stammen aus den folgenden Quellen:
      Berichte über die Aufenthalte in Japan von Admiral Paul Werner Wenneker,
      zusammengestellt von G. F. Dose, Neffe von Admiral Wenneker. Copyright Ilse
      Bosch, geborene Wenneker;
      www.deutsches-marinearchiv.de/organisatio/seegebiete/japan
83   Geerken, *Der Ruf des Geckos'* S. 408

mit dem Blockadebrecher *MS Dresden* nach Tokyo. Sein Büro war zunächst auch im Gebäude der Deutschen Botschaft angesiedelt, wurde aber später aufgrund der alliierten Luftangriffe auf Tokyo nach Kamakura, etwa 50 Kilometer südwestlich davon, verlegt. Sein Stab bestand aus fünf Offizieren, zwölf Funkern und zahlreichen weiblichen und männlichen zivilen Angestellten. In Kamakura waren auch die Funk- und Empfangsanlagen für die Kurzwellenverbindungen der Deutschen Botschaft nach Berlin und zu den Stützpunkten im ‚Südraum' installiert.

Werner Vermehren stand die Deutsche Wirtschaftsdelegation mit der ROGES, der Rohstoff-Gesellschaft zur Seite.[84] Die ROGES wurde ab Juli 1942 in Tokyo angesiedelt und stand unter der Leitung von Staatsrat Helmut C. H. Wohlthat. Vertreter der ROGES waren in Singapur, Batavia und Surabaya stationiert. Die Wirtschaftsdelegation war zuständig für den Einkauf von Rohstoffen, allgemeine Fracht und Proviant auf den Märkten in Japan und dem ‚Südraum'. Dies waren besonders Kautschuk, Zinn, Chinin und Opium, die vorwiegend in Niederländisch-Indien beschafft wurden. Das Schwermetall Wolfram und Molybdänerz wurden zunächst nur in Japan und in Mandschukuo, später aber auch in Java beschafft und verladen. Da die kostbare Fracht in den U-Booten zum großen Teil in den unter Seewasser stehenden Ballasttanks verstaut wurde, wurden alle empfindlichen Teile in wasserdichte Zinnbehälter eingelötet.

Treibstoff und Öl für die Boote wurde ausschließlich im ‚Südraum' besorgt und durch die japanische Marine zur Verfügung gestellt. Allerdings war die Qualität des Schmieröls von minderer Qualität, so dass immer wieder Lagerschäden in den Motoren der U-Boote auftraten. Der kleine deutsche Tanker *Bogota* wurde als Transportschiff eingesetzt, um Treibstoff von Balikpapan – den Ölfördergebieten und Raffinerien in West-Sumatra – zu den Stützpunkten zu bringen. Ab und zu war es auch erforderlich, dass Blockadebrecher und U-Boote zum Betanken direkt zu den Ölfördergebieten in Westsumatra oder Ostborneo fahren mussten.

Der Spionagefall von Richard Sorge beschäftigte im Nachkriegsdeutschland die Medien sehr und war allgemein bekannt. Aber wer weiß schon, dass es parallel zu dem Fall Sorge in Japan noch einen zweiten unabhängigen Spionagering gab?

Ein deutscher Kaufmann in Kobe führte eine sehr aktive Agentengruppe, die vorwiegend Informationen der japanischen Marine über einen Geheimsender an die Alliierten weitergab. Nach der Kapitulation des Deutschen Reichs wurde das deutsche Personal des Marinestützpunktes in Kobe und Mannschaften der in Japan vom Kriegsende überraschten U-Boote in der

---

84 ROGES, siehe Diagramm in Band 1 des Buches

Umgebung von Kobe und Osaka untergebracht. Japan war bis zu seiner Kapitulation noch weitere Monate im Krieg.

Da immer wieder Ziele der japanischen Marine von den Alliierten angegriffen wurden, verdächtigte man das deutsche Marinepersonal als Informationsquelle. Die Koordinaten dieser Ziele konnten nur durch Spionage an den Gegner gelangt sein. Tatsächlich wurden diese deutschen U-Boot-Leute regelmäßig bei Mitgliedern der Agentengruppe zu Festessen und Trinkgelagen eingeladen, um sie auszuhorchen. Durch die Informationen dieser Gruppe wurde auch ein gerade fertiggestellter neuer japanischer Flugzeugträger mit 50.000 Bruttoregistertonnen nur einen Tag vor seiner In-Dienst-Stellung von den Amerikanern angegriffen und versenkt. Dies war das letzte Werk der Agentengruppe.

Die deutschen Agenten wurden enttarnt und vor Gericht gestellt. Viele Tage mussten die deutschen Marinesoldaten, die mit ihnen verkehrt hatten, als Zeugen aussagen. Alle Mitglieder des Spionagerings wurden zum Tode verurteilt. Da unmittelbar nach Prozessende auch Japan kapitulierte, wurden die Urteile nicht mehr vollstreckt.

Der deutsche Botschafter, der Stahmer in Nanking nachfolgte, war ab Juni 1943 der bereits mehrfach erwähnte Dr. Ernst Woermann. Er reiste als Passagier in einem U-Boot über Penang nach Nanking. Es gibt viele Quellen, die behaupten, dass Woermann zusammen mit Stahmer in dem U-Boot U 511 nach Penang reiste. Dies trifft nach Aufzeichnungen von Botschafter Stahmer nicht zu.[85] Woermann ging in einem andern Boot auf die langen Reise, dessen Kennung ich nicht ausfindig machen konnte. Weitere Passagiere, die mit Woermann reisten, waren der japanische Admiral *Nomura*, der bisher das Verbindungsbüro der japanischen Marine zum Deutschen Reich geleitet hatte, und ein Herr Spahn, der den Posten eines NSDAP-Attachés an der Deutschen Botschaft in Tokyo übernehmen sollte.

Ernst Woermann, der Sohn des Kunsthistorikers Karl Woermann, war seit 1919 im Auswärtigen Dienst tätig. Ernst Woermanns Onkel, der jüngere Bruder seines Vaters, war der bekannte Kolonialpionier und Großreeder Adolf Woermann, Überseekaufmann und Politiker im Kolonialrat, der sein großes Vermögen mit der Woermann-Linie besonders im Handel mit den deutschen Kolonien in West- und Südwest-Afrika anhäufte. Er war seinerzeit der größte Privatreeder der Welt.

Mit Beginn des Dritten Reichs wurde Ernst Woermann überzeugter Nationalsozialist. 1936 übernahm er für zwei Jahre das Amt als Botschaftsrat an der Deutschen Botschaft in London. Er war somit Vertreter von Joachim von Ribbentrop, der ‚Außerordentlicher und Bevollmächtigter Botschafter

---

85   Stahmer, *Japans Niederlage - Asiens Sieg*, S. 198

des Deutschen Reichs' in London war, aber seinen Arbeitsmittelpunkt mehr in Deutschland sah.

Ein Jahr vor Ernst Woermanns Berufung als Botschafter bei der nationalchinesischen Regierung in Nanking wurde er noch zum SS-Standartenführer befördert. Nach Ende des Krieges wurde Woermann interniert und wegen seiner Funktion als Leiter der Politischen Abteilung im Auswärtigen Amt während des Dritten Reichs zu fünf Jahren Haft, bei Anrechnung der Untersuchungshaft, verurteilt. Nach dem Prozess heiratete Woermann seine Verteidigerin Martha Unger.

Eng mit der Deutschen Botschaft in Tokyo verbunden war auch Helmut C. H. Wohlthat. Wir kennen ihn bereits durch das geplante ,Rublee-Wohlthat-Abkommen'. Er war auch der Organisator der deutschen Südpolarexpedition von 1938/1939, über die später noch kurz berichtet wird. Wohlthat war ab 1936 an der Realisierung des Vierjahresplans beteiligt, und wurde 1941 von Reichsmarschall Göring als Leiter der deutschen Wirtschaftsdelegation nach Japan delegiert.

Wie bereits berichtet waren an der Deutschen Botschaft in Tokyo auch der Marine-Sonder-Dienst MSD[86] unter Leitung von Admiral Wenneker und Kapitän zur See Vermehren stationiert. Fachlich unterstand der MSD dem Oberkommando der Kriegsmarine. Aufgabe des Marine-Sonder-Dienstes war die Versorgung der deutschen Blockadebrecher und U-Boote für die Fahrt in die Heimat, sowie die Bereitstellung, Verteilung und Beladung von Gütern und Rohstoffen auf die einzelnen Schiffe und Boote. Die Güter und Rohstoffe mussten natürlich zunächst in Japan und im ,Südraum' durch die ROGES beschafft werden.

Genau dies war die Aufgabe der deutschen Wirtschaftsdelegation. Entsprechend den Anforderungen aus Deutschland beschaffte Wohlthat mit seinen Mitarbeitern diese Güter. Kautschuk wurde in Niederländisch-Indien und Malaya eingekauft, Opium gab es in Siam und Birma, Chinin und Agar Agar auf Java. Opium und Chinin wurden für medizinische Zwecke benötigt, Agar Agar für Flugzeugfarben. Agar Agar ist ein pflanzliches Geliermittel aus Algen, das in Asien in der Lebensmittelindustrie verwendet wird. Wolframerz und Molybdän wurden zunächst in Japan beschafft, später in Niederländisch-Indien.

Wohlthat war bis Kriegsende in Japan. Als hochrangiger Beamter im Dritten Reich machte er auch in Nachkriegsdeutschland Karriere. Er führte eine Handelsgesellschaft, war in vielen Aufsichtsräten der deutschen Wirtschaft, und wurde 1954 sogar als Direktor der Weltbank vorgeschlagen.

---

86   MSD, siehe Diagramm im ersten Band des Buches, S. 312

33. Kommunikation

Auf dem Hochfrequenzgebiet der Kurzwelle hinkte die deutsche Entwicklung gelegentlich etwas hinter der britischen nach. Ein Grund dafür war, dass Funkamateure – meist fanatische Entwickler und Schrittmacher auf diesem Gebiet – im Dritten Reich aus Angst vor Spionage ausgeschaltet wurden. In Großbritannien waren diese Pioniere der Kurzwelle dagegen fest in die Entwicklung neuer Geräte mit eingebunden. Durch Spionage und eine große mit hochqualifizierten Spezialisten besetzte Abteilung für die Dechiffrierung des deutschen Funkverkehrs waren die Briten oft früh über technische Neuerungen der Deutschen informiert und konnten Gegenmaßnahmen ergreifen.

Die Zusammenarbeit der Achsenmächte Japan und Deutschland war im Zweiten Weltkrieg von vielen Unzulänglichkeiten und Behinderungen von Seiten Japans begleitet. Japan war zeitweise mehr als zugeknöpft beim Austausch von Informationen. Sie hatten große Furcht, dass der deutsche Code von den Alliierten entschlüsselt werden könnte. Die Befürchtungen Japans waren gerechtfertigt. Die Briten eroberten bereits am 9. Mai 1941 eine Enigma-Chiffriermaschine von Bord des Bootes U 110. Von diesem Zeitpunkt an konnten die Alliierten die deutschen Funksprüche nach und nach entziffern, was ihnen bis Kriegsende unschätzbare strategische Vorteile brachte. 28 Überlebende von U 110 wurden von dem britischen Zerstörer *HMS Bullog* gerettet und in strengste Haft genommen, damit eine Nachricht über die Erbeutung der Chiffriermaschine nicht nach Deutschland gelangen konnte. Die deutsche Seekriegsleitung war bis Kriegsende der Ansicht, U 110 wäre mit Kapitän und Mannschaft untergegangen.

Wie konnte die Kommunikation mit den Stützpunkten in Südost-Asien und den U-Booten, die noch östlich des Indischen Ozeans, praktisch am anderen Ende der Welt, an der Ostküste Australiens und vor Neuseeland operierten, überhaupt funktionieren? Das Oberkommando der Marine beschloss bereits 1936, eine Führungsstelle für die Seekriegsleitung einzurichten. Diese Leitstelle mit dem Decknamen ‚Koralle' wurde in einem Nachrichtenbunker in der Nähe von Berlin untergebracht. Die von der ‚Koralle' aus ferngesteuerten Sendeanlagen mit Richtantennen waren in Nauen, Elmshorn, Königs-Wusterhausen und anderen Stellen des Deutschen Reichs aufgebaut. Darüber hinaus gab es mehrere mobile, sehr leistungsfähige Sendestationen, die auf überdimensionierte Lastkraftwagen montiert waren. Auch die Empfangsanlagen, die ebenso von der ‚Koralle' ferngesteuert wurden, befanden sich an verschiedenen Standorten des Deutschen Reichs.

Die Nachrichtenverbindung von der Deutschen Botschaft in Tokyo nach Berlin und zu den deutschen Marinestützpunkten in Südost-Asien erfolgte überwiegend auf Kurzwelle. Die Funkstationen in Japan waren etwa 50 Kilometer südwestlich von Tokyo in Kamakura an der Sagami-Bucht untergebracht. Sie wurden von der Funkstation der Deutschen Botschaft in Tokyo aus ferngesteuert und ferngetastet.

Die Koordinierung des Funkverkehrs zwischen den einzelnen deutschen Marinestützpunkten und zu der Deutschen Botschaft in Tokyo erfolgte vorwiegend von der Funkstelle Penang aus. Der dortige Leiter war Oberfähnrich Dechow. Alle Stützpunkte im ‚Südraum‘ hatten mindestens eine Funkausrüstung. Sie konnten untereinander und mit Japan kommunizieren, und notfalls auch Berlin direkt erreichen. Der Funkverkehr des Stützpunktes Surabaya mit Deutschland wurde meist über den Stützpunkt Batavia abgewickelt, da dort eine leistungsfähigere Funkstation zur Verfügung stand. Der deutsche Stützpunkt Batavia durfte auch die von den Japanern erbeutete Funkstation der niederländischen Post bei Bandung mitbenutzen. Die Telefon- und Morsesignale wurden über eine Telefon-Oberleitung von Batavia nach Bandung übertragen.

Die Entfernungen, die überbrückt werden mussten, waren gewaltig. Zum Beispiel waren die äußersten Stützpunkte Sabang und Surabaya auf der Luftlinie rund 3.000 Kilometer voneinander entfernt. Die Entfernung von Batavia nach Tokyo beträgt knapp 6.000 Kilometer, nach Berlin sogar 11.500 Kilometer.

Aufgrund der Einflüsse der Ionosphäre auf die Kurzwelle und den damit veränderten Ausbreitungsbedingungen mussten die Frequenzen bei Kurzwelle mehrmals täglich sowie entsprechend den Jahreszeiten gewechselt werden. Die Nachrichten für den Funkverkehr wurden vom militärischen Personal des Nachrichtenreferenten an der Deutschen Botschaft in Tokyo mit Hilfe von Chiffriermaschinen verschlüsselt. Eine Telefonverbindung mit Deutschland wurde nur für nebensächliche Gespräche benutzt, da diese nicht abhörsicher war.

In der Nähe von Wolfsburg befand sich eine Sendestelle der Deutschen Reichspost mit mehreren leistungsfähigen Kurzwellensendern. Diese Sendestelle war für den kommerziellen Telefonie-Funkverkehr mit überseeischen Ländern vorgesehen, wurden jedoch bei Kriegsbeginn zum Teil vom Oberkommando der Marine betrieben. Einer dieser Sender wurde ausschließlich für den Funkverkehr mit der Deutschen Botschaft in Tokyo verwendet.

Die Stützpunkte der Deutschen Kriegsmarine waren teils mit deutschen, teils mit japanischen Geräten bestückt. Zum Beispiel hatte U 29 zwei deutsche Funkstationen geladen, eine für Singapur und eine für Kobe in Japan.

Auch die U-Boote hatten Kurzwellenfunkanlagen an Bord, mit denen eine Kommunikation untereinander sowie mit Berlin und den Stützpunkten in Südost-Asien möglich war. Im Zweiten Weltkrieg kam dem Funkverkehr auch als Waffe im Seekrieg immer größere Bedeutung zu. Bewusst wurden immer wieder Notrufe mit falschen Standorten gesendet, um den Feind zu verwirren.

Die deutschen Firmen Telefunken, Siemens und Lorenz waren zu jener Zeit die bahnbrechenden und wichtigsten Hersteller von Telekommunikationsgeräten. Alle nach Südost-Asien ausgelaufenen U-Boote wurden mit den folgenden Geräten ausgerüstet:
- einem Telefunken-Kurzwellensender mit 200 Watt Leistung und einem Frequenzbereich von 3-23 MHz, Typ T200FK,
- einem Notsender Lorenz Lo 40k mit 40 Watt Leistung,
- einem Langwellensender mit 150 Watt Leistung und einem Frequenzbereich von 300-600 KHz, Typ 2113S,
- einem Empfänger zum Empfang der Funktelegramme mit einem Frequenzbereich von 1,5-25 MHz, Typ E52 ‚Köln‘,
- einem Empfänger mit einem Frequenzbereich von 0,3-15 MHz, Typ E437S,
- einem Empfänger zum Empfang des Längstwellensenders ‚Goliath‘ der Firma Telefunken Typ T3PL mit einem Frequenzbereich von 5-33 KHz und
- einem Rundfunkempfänger zur Unterhaltung und Information der Mannschaft mit Langwelle, Mittelwelle und zwei Kurzwellenbereichen, Typ E 1012.
- Außerdem war eine UKW Sende-Empfangsanlage mit 10 Watt Leistung an Bord, um mit benachbarten Booten kommunizieren zu können.

Da für die Kurzwelle aufgrund der Physik nur herkömmliche Drahtantennen verwendet werden können, waren die U-Boote gezwungen, für einen Funkverkehr an die Wasseroberfläche zu kommen. Die Genauigkeit der Frequenzeinstellung an den Geräten machte es den U-Booten möglich, nur wenige Sekunden lang sogenannte ‚Kurzsignale‘ in Höchstgeschwindigkeit auf zuvor festgelegten Frequenzen und Uhrzeiten – sozusagen blind – abzusetzen. Dadurch wurde die Peilung des Standortes der Boote durch den Feind erheblich erschwert.

Diese Kurzsignale mit Morsezeichen enthielten immer eine Positionsangabe und verschlüsselte Buchstaben- und Zahlengruppen, die die Informationen beinhalteten. Alle ausgesandten Funksprüche und alle empfangenen Nachrichten wurden mit der Codier-Maschine ENIGMA verschlüsselt bzw. dechiffriert. Die U-Boote wurden vom Hauptquartier in Berlin geleitet. Erst wenn die Boote in den östlichen Indischen Ozean eintraten, wurde der Austausch von Nachrichten und Befehlen auf den Frequenzen des ‚Südraums' mit den Stützpunkten direkt durchgeführt. Es war zunächst das effizienteste Nachrichtensystem des Zweiten Weltkriegs.

Die Funkverbindung zu den Unterseebooten im Indischen Ozean und in den Gewässern von Südost-Asien erfolgte zusätzlich auf Längstwellen. Diese elektromagnetischen Strahlen mit extrem niedriger Frequenz zwischen 15 und 60 KHz und dadurch sehr großer Wellenlänge konnten Salzwasser bis zu einem gewissen Grad durchdringen. Die Längstwellen-Sender für den Verkehr mit den U-Booten in Südost-Asien standen in Nauen bei Berlin. Aufgrund der sehr großen Entfernung von rund 11.500 Km Luftlinie bis zur Insel Java war die Verbindung äußerst unzuverlässig.

Dies änderte sich nach der Besetzung der Niederlande und der Kapitulation Frankreichs. Beide Länder hatten moderne und gut ausgerüstete Kommunikationsnetze für die Kommunikation mit ihren Überseebesitzungen. Diese Einrichtungen fielen betriebsbereit in die Hand der Deutschen Wehrmacht und konnten nun für die Zwecke der Deutschen Kriegsmarine an die Leitstelle ‚Koralle' angeschlossen werden. Auch in Frankreich fielen 24 Kurzwellen- und 7 Längstwellen-Sender betriebsbereit in deutsche Hände. Nun hatte die Leitstelle eine große Auswahl von Stationen und konnte gleichzeitig auf mehreren Frequenzen senden.

In den Niederlanden war es die Sendestation Kootwijk mit mehreren Kurzwellen- und einem Längstwellen-Sender, die nun den deutschen Streitkräften zur Verfügung standen. Die Gegenstation von Kootwijk war die Sende-Großstation Malabar auf Java, die in den Bergen südlich von Bandung stand. Beide Stationen, Kootwijk und Malabar, hatte bereits 1922 die deutsche Firma Telefunken mit den damals leistungsstärksten Geräten aufgebaut. Über diese Sender wurde die erste drahtlose Funkverbindung zwischen Ostasien und Europa hergestellt. Eine Hangantenne, die in Malabar über ein Tal von Gipfel zu Gipfel gespannt war, war nach Kootwijk in Holland ausgerichtet. Malabar war die für ganz Südost-Asien wichtigste und leistungsstärkste Funkstation.[87] Es ist anzunehmen, dass die japanische Armee bei der Okkupation Javas diese Station Malabar betriebsbereit übernahm. Belegt ist nur, dass sie gegen Ende des Zweiten Weltkrieges von den Japanern zerstört wurde.

---

87   siehe hierzu Geerken, *Der Ruf des Geckos*, S. 22 u. 287ff

Eine einschneidende Verbesserung der Kommunikation mit den U-Booten, die im Indischen Ozean und der Javasee operierten, wurde durch den im Frühjahr 1943 in Betrieb genommenen Längstwellen-Sender ‚Goliath‘ erreicht. Der von den Firmen C. Lorenz AG und Telefunken gemeinsam entwickelte Sender war der erste und leistungsstärkste Megawatt-Röhrensender der Welt. In der Endstufe des Senders waren mehrere wassergekühlte Leistungsröhren der Firma Telefunken eingesetzt. Jede Röhre war annähernd zwei Meter hoch und wog 90 Kilogramm. Die Leistung aller bisherigen Sender wurde um ein Mehrfaches übertroffen. Der Sender wurde von 1943 bis Kriegsende von der Kriegsmarine betrieben. Der Leiter der Sendestelle war der Marine-Funkamtmann Karl Wrackmeyer. Da für die Antenne von ‚Goliath‘ eine Fläche von drei Quadratkilometern benötigt wurde, war in der Sendestelle Nauen nicht genügend Platz vorhanden. ‚Goliath‘ wurde daher bei Kalbe-Milde, zwischen Hannover und Berlin, aufgebaut. Es war eine gewaltige Anlage. Die Antenne bestand aus 15 Stahlgittermasten mit einer Höhe von 170 Metern und drei Rohrmasten mit einem Durchmesser von zwei Metern und einer Höhe von 203 Metern. Mehrere mit Motoren fernbedienbare Antennen-Abstimmspulen wurden vom Sendergebäude aus gesteuert. Jede dieser Spulen aus Kupfer hatte eine Höhe von fünf Metern bei einem Durchmesser von 3,5 Metern und einem Gewicht von fünf Tonnen.

Mit Hilfe dieses Längstwellen-Senders konnten nun alle U-Boote und Kriegsschiffe, die in fernen Weltmeeren operierten, weltumspannend sicher erreicht werden. Selbst der kommerzielle Verkehr mit festen Funkstellen, wie der in Tokyo, wurde nun zum größten Teil über ‚Goliath‘ abgewickelt, da bei dieser Leistung eine absolute Übertragungssicherheit gewährleistet war. Der Sender war hauptsächlich für Morsetelegrafie mit einer Sendefrequenz von 16 Kilohertz vorgesehen. Bei einer Sendefrequenz von 30 Kilohertz konnten auch mit dem ‚Hellschreiber‘ – einem im Dritten Reich erfunden Vorläufer des Faxgeräts – Faksimiles übertragen werden. Auch Telefonie war mit eingeschränkter Sprachqualität bei einer Sendefrequenz ab 45 Kilohertz möglich. Die tägliche Betriebszeit betrug 20 Stunden.

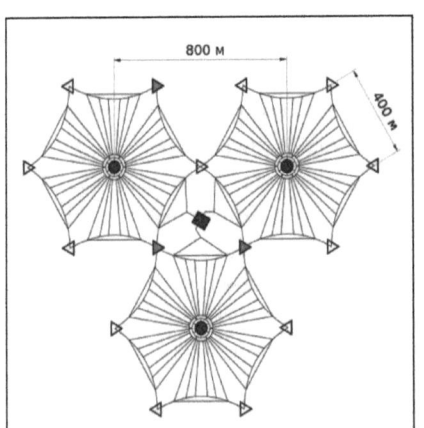

Abb. 24
Schema der riesigen Antennenanlage des Senders ‚Goliath‘

Die U-Boote wurden für den Empfang der Längstwellen mit ausfahrbaren Rahmenantennen ausgestattet, die unter Wasser bis zu einer Geschwindigkeit von acht Knoten eingesetzt werden konnten. Aus dem Zweiten Weltkrieg wurden Empfangsbeobachtungen überliefert, die selbst heute noch Funktechniker überraschen. Danach konnten die U-Boote im Indischen Ozean oder in der Straße von Malakka die Signale von ‚Goliath‘ aus Deutschland noch bei einer Tauchtiefe von 14,5 Metern empfangen. Für die damalige Zeit eine beachtliche Leistung.

Ende Juni 1945 übernahm die Sowjetarmee das Gelände. Sie ließen die Anlage, die die Betriebsmannschaft beim Einmarsch der Alliierten teilweise zerstört hatte, reparieren und in Betrieb nehmen. Die Anlage wurde demontiert und im April 1947 in die Sowjetunion gebracht. ‚Goliath‘ wurde in der Nähe von Moskau wieder aufgebaut. Dort tat der Sender noch jahrelang seinen Dienst für die sowjetische Kriegsmarine.[88] Die ursprüngliche Sendeleistung von 1.000 Kilowatt wurde aber nie wieder erreicht.

Wegen der hohen Umzäunung benützten die Amerikaner nach Kriegsende das Gelände zunächst als Kriegsgefangenenlager für 85.000 deutsche Soldaten. Heute wird das Gelände wieder landwirtschaftlich genutzt.

Nach der Kapitulation Japans und nachdem Singapur wieder unter britischer Herrschaft war, wurden mehrere Dutzend Experten des deutschen Stützpunktpersonals und der dort vom Kriegsende überraschten U-Boot-Mannschaften von den Briten als Arbeitskräfte eingesetzt. In der Marinewerft Selatar führten sie Reparaturarbeiten an britischen Kriegsschiffen durch oder bauten wertvolle Bauteile aus den dort verbliebenen deutschen U-Booten aus.

Ein deutscher Oberfunkmeister war zur Reparatur eines britischen Funkpeilers in der Hochfrequenzabteilung eingesetzt. Dabei stellte er überraschend fest, dass dieses Peilgerät automatisch funktionierte und die gepeilten Koordinaten per Funk an eine Zentrale weiterleitete. Plötzlich wurde ihm klar, weshalb im letzten Kriegsjahr so viele deutsche Unterseeboote im Indischen Ozean verloren gingen. Alle Länder entlang den Küsten des Indischen Ozeans, von Assam im Osten bis zum Roten Meer im Westen und Südafrika waren noch unter britischer Verwaltung. Entlang dieser Küsten wurden Dutzende dieser automatischen Peilanlagen installiert. Anhand der verschlüsselten kurzen Funksignale der U-Boote konnte nun die Position der einzelnen Boote exakt festgestellt werden. Flugzeuge wurden losgeschickt und die Boote durch Seeminen vernichtet.

---

88 Herold, Klaus, *Der Längstwellensender Goliath bei Kalbe an der Milbe von 1941-1945*, S. 236-249

Die deutschen Fachleute der Unterseeboote wurden auf den verschiedensten Gebieten von den Briten in Anspruch genommen. So hatte der Leutnant (Ing.) Dietrich Hille von U 181 zusammen mit Obermaschinenmaat Walter Pfeiffer, der sich gut mit Kühlsystemen auskannte, eine demolierte Eisfabrik zu reparieren. Dies gelang hervorragend. Als erste Eisfabrik Singapurs nach dem Krieg konnten bereits nach wenigen Wochen wieder vier Tonnen Eisstangen pro Tag produziert werden.

Amerikanische Konzerne beteiligten sich bereitwillig an Hitlers Kriegsvorbereitungen, da sie dadurch große Gewinne erwirtschaften konnten. Für viele US-Industrielle war Hitler die einzige Lösung gegen den sich immer weiter ausweitenden Kommunismus. Von der Ford Motor Company und General Motors mit der deutschen Tochtergesellschaft Adam Opel AG wurden hunderttausende Kettenfahrzeuge und Militärlastwagen an die Deutschen Streitkräfte geliefert. IBM (International Business Machines Corporation) lieferte auch während des Krieges Geräte über die Schweiz an Deutschland. Ohne deren Hollerith-Lochkartentechnik wären bei den in Deutschland, Polen. Rumänien, Ungarn oder der Tschechei durchgeführten Volkszählungen mit rassistischen Meldungen eine Aussortierung der Juden, Sinti und Roma aus der Bevölkerung kaum durchführbar gewesen. Auch die ITT (International Telephone and Telegraph Corporation) war mit von der Partie. Alle Kriegsschiffe und Unterseeboote der Deutschen Kriegsmarine wurden außer mit Telekommunikationsgeräten deutscher Firmen auch mit Nachrichtentechnik der ITT ausgerüstet.

Der Chef von ITT, der Colonel der US-Army Sosthenes Behn, war einer der ersten amerikanischen Wirtschaftsvertreter, der Hitler am 2. August 1933, kurz nach der Machtergreifung, besuchte. Behn war ein Pionier der Nachrichtentechnik und Gründer von ITT. Er war bis Kriegsende ein großer Bewunderer Hitlers. Er berief treue Nationalsozialisten in die Führungsriege der beiden deutschen Tochtergesellschaften der ITT: Der ‚Standard Elektrizitäts-Gesellschaft‘ (SEG), die bereits im Besitz von ITT war und der Firma ‚C. Lorenz AG‘, die 1930 von ITT erworben wurde. Beide Gesellschaften waren auf dem Gebiet der Telefontechnik, der Telekommunikation, der Radartechnik und dem Großsenderbau tätig. Nach Kriegsende fusionierten beide Gesellschaften und firmierten mit dem neuen Firmennamen ‚Standard Elektrik Lorenz‘ (SEL).

ITT erwarb außerdem die Berliner Firme ‚Huth GmbH‘, die Teile auf dem Gebiet der Radartechnik und der Telekommunikation für die Wehrmacht herstellte. 1938 kaufte die ITT über ihre Tochter ‚C. Lorenz AG‘ noch einen Anteil von 28 Prozent an den Focke-Wulf-Flugzeugwerken. Je schneller die Nazis aufrüsteten, desto intensiver wurden die Investitionen von ITT in Deutschland. Von 1933 an investierte ITT alle Gewinne der deutschen Gesellschaften in neue Rüstungsbetriebe. Weltweit ging der Umsatz der ITT durch die Kriegsereignisse ab 1939 zurück, in Deutschland stieg er durch die Produktion von Telekommunikationsgeräten für die deutschen Streitkräfte jedoch gewaltig. Der Profit wurde über die Moral gestellt – damals wie heute.

Von 1938 an wurde der Berliner Rechtsanwalt Dr. Gerhard Alois Westrick[89] Aufsichtsrat-Vorsitzender der deutschen ITT-Holding. Die ITT-Gesellschaften in Österreich, der Schweiz und in Rumänien waren der deutschen Holding unterstellt. Alle diese Werke produzierten während des Krieges ausschließlich für die deutschen Streitkräfte. Schiffe, U-Boote, Flugzeuge und die Armee waren mit Telekommunikations- und Verschlüsslungsgeräten der ITT-Töchter ausgerüstet. So hatten die in den ‚Südraum‘ ausgelaufenen U-Boote, neben anderen Geräten auch die speziell für U-Boote entwickelte Radaranlage FuMu 61-65 (Hohentwiel U), den

---

89 Der ältere Bruder des späteren Staatssekretärs Ludger Westrick unter Bundeskanzler Ludwig Ehrhard. (Über den Sohn von Ludger Westrick, der in den 1960er Jahren in Indonesien sein Unwesen trieb und der mir persönlich bekannt war, hatte ich in meinem Buch ‚Der Ruf des Geckos‘ S. 35f und 129 berichtet.) Gerhard Alois Westrick hielt sich vorwiegend in den USA auf. Er fungierte für einflussreiche amerikanische Firmen als Verbindungsmann zwischen deutschen und amerikanischen Firmen. Gerhard Alois Westrick war ein enger Freund von Texaco-Chef Torkild Rieber. Westrick wurde von Texaco massiv finanziell unterstützt. Er war sehr einflussreich und verkehrte in den höchsten amerikanischen Kreisen. Zum Beispiel war er mit John Foster Dulles, dem spätere Außenminister der USA, Partner in einer Anwaltspraxis in Washington. Westrick war Mitglied des sogenannten ‚Rieber-Rings‘, der sich zum Ziel gesetzt hatte, Nazi-Deutschland zu unterstützen und eine Beteiligung der USA am Zweiten Weltkriegs zu verhindern. Mitglieder des ‚Rieber-Rings‘ waren unter anderem Henry und Edsel Ford, der GM-Vizepräsident James D. Mooney, Gründer und Präsident der ITT Sosthenes Behn, Ralph B. Strassburger, Finanzier und Zeitungsbaron aus Pennsylvania (Harald und Times, sein Schwiegervater war der steinreiche Präsident der Singer Nähmaschinen Co.), Eberhard Faber, Eigentümer des 1861 in New York gegründeten Schreibwarenkonzerns, Vertreter von Eastman Kodak, des Schreibmaschinenherstellers Underwood-Elliott-Fisher und vielen anderen. Die Nachrichten, die vom ‚Rieber-Ring‘ über Westrick an den deutschen Geheimdienst gelangten, waren unbezahlbar. Im Juni 1940 berichtete Dr. Westrick nach Berlin, dass die Mitglieder des ‚Rieber-Rings‘ bei Präsident Roosevelt intervenieren würden, um eine Verbesserung der Beziehungen mit Deutschland herbeizuführen, sowie die Hilfslieferungen an Großbritannien auszusetzen. Westrick behauptete gegenüber seinen amerikanischen Freunden, eine Unterbrechung der Hilfslieferungen an Großbritannien würde den Krieg in drei Monaten beenden.

Empfänger Lo6L39 und den Reserve-Kurzwellensender LO40K39 an Bord. Auch der Längstwellensender ‚Goliath' wurde ab 1941 unter der Leitung der C. Lorenz AG aufgebaut.

Nach Kriegsende kassierte die ITT in Amerika sogar eine Entschädigung von der US-Regierung für ihre während des Krieges in Deutschland durch Luftangriffe zerstörten Rüstungsfabriken. Colonel Sosthenes Behn wurde für seine ‚hervorragenden Leistungen für die USA' im Jahre 1957 durch ein Begräbnis auf dem ‚Arlington National Cemetery' in Washington geehrt.

34. Proviant für die deutschen U-Boote

Da der Proviant während der langen Seereise entweder aufgebraucht oder durch das feuchte Klima in den tropischen Gewässern verdorben war, musste in Penang und den anderen deutschen Marinestützpunkten frischer U-Bootproviant für die neuen monatelangen Unternehmungen oder die Heimreise beschafft werden. Auf dem lokalen Markt war eine entsprechende Verpflegung nicht erhältlich, da sich Frischproviant in einem U-Boot nicht lange hält. Auch die Vorratshaltung für Tiefkühlkost war in den U-Booten äußerst begrenzt.

Konserven nach westlichem Geschmack waren auch auf dem Schwarzmarkt in den benötigten Mengen nicht verfügbar. Daher gab es ernste Probleme. Bisher wurde Dosenproviant – besonders Fleischkonserven – aus dem chinesischen Nanking nach Penang gebracht oder auf dem Schwarzmarkt in Shanghai eingekauft. Auch Beuteproviant von aufgebrachten alliierten Schiffen wurde für die Versorgung der U-Boote verwendet. Nachdem der Seeweg aus China wegen der großen Verluste der Blockadebrecher unterbrochen war, fehlte im ,Südraum' der Nachschub. Als die Vorräte zu Ende gingen, mussten neue Wege gefunden werden. In Penang schienen die Voraussetzungen für eine Produktion von Dosenproviant am günstigsten.

Mit Hilfe der Japaner wurde eine stillgelegte Konservenfabrik wieder in Betrieb genommen und neues Personal angelernt. Der für den ,Südraum' zuständige Fregattenkapitän Dommes und der Stationsleiter von Penang, Kapitänleutnant Hoppe, wurden mit der Organisation beauftragt. Beide hatten natürlich von Lebensmittelkonservierung und dem Umgang mit einheimischem Personal wenig Erfahrung.

Zum Glück hatten sie Willy Vogel und einige Handelsschiffkapitäne und Prisenoffiziere zur Seite, die wussten, wie man mit den sensiblen Einheimischen umzugehen hatte. Willy Vogel lebte bereits viele Jahre in Südost-Asien. Er sprach fließend chinesisch, das er in Nanking erlernt hatte, und auch Malaiisch. Auch einige der Handelsschiffkapitäne sprachen gut die malaiische Sprache. Willy Vogel war der Leiter einer großen chinesischen Bäckerei, die von nun an ausschließlich für die Deutschen arbeitete. Das Roggenmehl für das deutsche Graubrot wurde in Shanghai beschafft.

Der Verwaltungsfeldwebel Klossek kam mit dem Hilfskreuzer *Thor* nach Tokyo. Er war ein Experte für die Konservierung von Lebensmitteln und wurde für die neue Aufgabe nach Penang versetzt. Klossek begann, Fleisch und Brot zu konservieren. Selbst Rauchfleisch oder Mehl musste eingedost werden, damit es an Bord nicht verderben konnte. Für eine Produktion in großem Stil musste zunächst das knapp gewordene Weißblech für die Herstellung von Dosen beschafft werden. Die den Deutschen wohlgesonnenen und geschäftstüchtigen Chinesen schleppten ihnen über nicht nachvollziehbare dubiose Wege alles heran, was dringend im Marinestützpunkt benötigt wurde, auch Weißblech.

Es wurde eine fleischverarbeitende Industrie mit Räuchereien für Speck und Wurstwaren aufgebaut. Die Bäckerei in Penang stellte nun Brote für den deutschen Geschmack her. Die Rezepte dafür wurden aus Berlin per Funk übermittelt. Der gesamte Proviant von Brot über Gemüse bis zu Wurstwaren musste in Dosen eingelötet werden. Für all diese Arbeiten wurden ungelernte, aber geschickte und arbeitswillige einheimische Arbeiter angelernt, die schon nach kurzer Zeit die von den Deutschen errichteten Anlagen selbstständig bedienen und betreuen konnten.

Gemüse wie Sellerie, Tomaten, Kohl, Karotten und Kartoffeln wurden auf Java in der ehemaligen Teeplantage von Emil Helfferich, Tjikopo (heute: Cikopo), angebaut und geerntet. Der Leiter der Farm, Kapitänleutnant Hermann Tangermann von dem Versorgungsschiff *Brake*, hatte über 400 fleißige und geschickte javanische Gärtner und Bauern als Hilfskräfte für den Gemüseanbau eingestellt.

Auf den lokalen Märkten, auch den Schwarzmärkten, war damals nur die in Südost-Asien übliche Süßkartoffel erhältlich. Tjikopo war der erste Platz auf Java, wo die älteste deutsche Kartoffelsorte ‚Siglinde‘ mit Erfolg angepflanzt wurde. Die Sorte ‚Siglinde‘ ist resistent gegen viele Krankheiten und wurde auch bei den Einheimischen so beliebt, dass sie heute in ganz Indonesien zu finden ist. Selbst in indonesische Gerichte wie Gado-Gado hat sie Eingang gefunden. Die Kartoffeln und das geerntete Gemüse wurden mit U-Booten von Batavia für die Konservierung und das Eindosen nach Penang gebracht.

Obst wie Ananas und Mangos, aber auch vitaminreiche Kokosnussschnitzel und Bambussprossen wurden für die Konservierung direkt in Penang eingekauft. Nun konnten die U-Boote bestens mit neuem Proviant in Dosen versorgt werden. Auch Tiefkühlkost wurde hier für die auslaufenden Boote vorbereitet. Ich war schon mehrfach in Penang, aber Überbleibsel dieser ehemals deutschen Industrie habe ich nicht mehr finden können.

Als Frischfleisch in Malaya praktisch nicht mehr zu beschaffen war, wich man nach Java aus. Hier gab es noch reichlich Hühner und Enten sowie Rinder und Wasserbüffel. In Bandung fanden die Proviantmeister bei ihrer Suche nach einer geeigneten Produktionsstätte zu ihrer Verwunderung eine kleine deutsche Fleisch- und Wurstfabrik, die aber nun verlassen war. Aber wie kam eine deutsche Metzgerei nach Bandung?

In jungen Jahren verließ ein in Deutschland geschulter Metzger und Koch aus dem Schwarzwald seine Heimat und suchte – wie viele andere Deutsche – sein Glück in Niederländisch-Indien. Dies geschah wenige Jahre nach Ende des Ersten Weltkriegs. In Bandung fand er eine Anstellung als Koch im renommierten Hotel Preanger, in dem die niederländischen Pflanzer verkehrten. Pflanzer sind Leiter von Tee-, Palmöl- oder Kokosnussplantagen, so wie auch Walther Hewel einer war. Einige Jahre später baute sich der Metzger eine dauerhafte eigene Existenz durch diese kleine Fleisch- und Wurstwarenfabrik auf. Seine Wurst- und Dosenprodukte waren in ganz Niederländisch-Indien beliebt. Das Geschäft florierte, aber der Zweite Weltkrieg vernichtete alle seine Zukunftspläne.

Als deutsche Truppen in den Niederlanden einmarschierten wurde er, wie alle Deutschen, interniert und nach Britisch-Indien gebracht. Der Metzger aus dem Schwarzwald landete letztendlich in dem großen Internierungslager in Dehra Dun, in Nord-Indien, am Fuße des Himalayas.

Als die Deutschen nun ihre Stützpunkte auf Java aufbauten, war die kleine Fleischfabrik in Bandung verlassen und ohne Personal, aber noch funktionsfähig. Man erinnerte sich an einen leitenden Mitarbeiter, einen Volksdeutschen mit niederländischer Staatsangehörigkeit, der früher dort gearbeitet hatte. Durch irgendeinen Glücksfall wurde dieser Fleischer weder durch die Niederländer noch durch die Japaner interniert, da er mit seiner einheimischen Ehefrau in einem kleinen Dorf untergetaucht war. Er und sein Assistent wurden wieder aktiviert und die Fleischfabrik mit Leben erfüllt.

In Bandung türmten sich nun die Fleischkonserven zu Türmen: Goulasch, Rindsrouladen, Hühnerfrikassee, Entenbrust à l'orange und die verschiedensten Wurstsorten wurden eingedost und nummeriert, fertig zur Neuversorgung der Boote. Auf die Versorgung mit reichlich und abwechslungsreichem Proviant wurde von der Marineleitung besonderer Wert gelegt. Dönitz ließ es den U-Boot-Mannschaften an nichts fehlen. Sie sollten es bei ihrer langen und gefährlichen Reise so gut wie möglich haben.

Als ich Anfang der 1960er Jahre nach Jakarta kam, war der Metzger aus dem Schwarzwald schon wieder in seiner zweiten Heimat – die nun Indonesien hieß. Er war wieder Koch, doch diesmal im ersten und einzigen Luxushotel in Jakarta, dem Hotel Indonesia, einem Prestigeprojekt des ersten Präsidenten Indonesiens, Soekarno. Hier lernte ich ihn kennen, aber leider kann ich mich heute nur noch an seinen Vornamen Konrad erinnern.

Damals waren Speisen nach europäischem Geschmack in Indonesien wegen der fehlenden Zutaten noch selten. Aber Konrad konnte zaubern! Auf Bestellung machte er den Deutschen in Jakarta jedes gewünschte Gericht, sogar schwäbische Maultaschen. Spätzle waren ohnehin immer auf dem

Speiseplan des Hotels. Erst im Alter von 75 Jahren setzte er sich nach einem ereignisreichen Leben zur wohlverdienten Ruhe. Konrad konnte mir noch viele Geschichten aus den letzten Jahren der niederländischen Kolonialzeit und der Zeit der Internierung auf Java und in Dehra Dun in Britisch-Indien erzählen.

Eine chinesische Schuhfabrik in Penang hatte sich mit Hilfe Willy Vogels auf die Herstellung von deutschen U-Boot-Schuhen und Soldatenstiefeln in allen Größen spezialisiert. Die Schuhe wurden in jeder gewünschten Stückzahl zu günstigen Preisen handgefertigt und geliefert. Deutsche Wehrmachtsstiefel wurden sogar von Penang an die Deutsche Botschaft in Tokyo geliefert. Ob diese Stiefel für die Kaiserliche Japanische Armee waren, ist nicht belegt. Laut Berichten von indonesischen Zeitzeugen wurden jedoch deutsche Wehrmachtsstiefel mit U-Booten nach Batavia und Surabaya gebracht. Diese waren für die japanische Armee, die ein für die Tropen völlig unzureichendes Schuhwerk trug, und für die Ausrüstung von Soekarnos erster Armee PETA gedacht. Die PETA sollte für den späteren Unabhängigkeitskampf gegen die Niederländer gut ausgerüstet sein. Ob die an die PETA gelieferten Wehrmachtsstiefel aus Deutschland kamen oder aus malaiischer Produktion stammten, war nicht mehr zu ermitteln.

Als eine Kuriosität auf Bali gilt der hinduistische Tempel ‚Pura Bukit Lan Pucak' auf Bali. Anstelle der üblichen beiden furchterregenden Tempelwächter vor dem Eingang stehen hier nämlich zwei japanische Soldaten in voller Ausrüstung, lebensgroß in Stein gehauen, mit deutschen Militärstiefeln an den Füßen. Die beiden japanischen Tempelwächter wurden während der japanischen Okkupation in Niederländisch-Indien in Stein gemeißelt. Dies sind Zeugnisse des großen Humors der Balinesen.

Süßwasser durfte auf den U-Booten bei den meist monatelangen Operationen nur zum Kochen und Trinken verwendet werden. Eine Dusche der verschwitzten Körper war nur mit Seewasser möglich. Dafür benötigte man eine Seewasserseife, die auch bei der Benutzung von Salzwasser schäumte. Mit Hilfe eines Rezepts aus Deutschland und den Zutaten, die in Siam erhältlich waren, wurde diese unter deutscher Anleitung von Chinesen in Penang hergestellt. Gegen Ende des Krieges waren alle deutschen Marinestützpunkte mehr oder weniger autark.

Am besten klappte noch die Versorgung im Stützpunkt Surabaya. Hier war auf dem Schwarzmarkt noch fast alles zu beschaffen, was das Herz begehrte. Außerdem versorgten die deutschen Frauen in Sarangan, über die später noch berichtet wird, den Stützpunkt mit frischem Obst und Gemüse, das sie für die Mannschaften in den umliegenden Bergdörfern bei den Bauern einkauften und auch selbst anbauten.

Als das von Australien kommende britische Kühlschiff *SS Nanking* – voll beladen mit Konserven, Obst und Gemüse, Rind- und Schweinefleisch, Mehl, Butter und anderen Lebensmitteln – gekapert wurde, waren die Deutschen auf dem Stützpunkt Penang bestens versorgt. Das Schiff wurde in den Hafen von Penang gebracht und diente dort bis Kriegsende als Lagerhaus.[90]

---

90 Informationen erhalten bei Gesprächen mit indonesischen und malaiischen Zeitzeugen,
siehe auch Brennecke, *Haie...* S. 135ff)

35. Freizeitgestaltung der deutschen Soldaten

Die U-Boote wurden bei ihrer Anreise nach Südost-Asien oft tagelang auf der von den Monsunwinden aufgewühlten See hin- und hergeworfen. Der Kommandant und die Mannschaft mussten auf engstem Raum vier oder fünf Monate lang, oft noch länger, Tag und Nacht, sieben Tage die Woche unter größter Belastung auf Posten sein. Es gab nur kurze Ruhe- und Schlafpausen, die noch oft genug bei drohender Gefahr unterbrochen wurden.

Die lange, gefährliche und spannungsgeladene Anreise der U-Boote nach Südost-Asien brachte die Mannschaft oft an ihre physischen und psychischen Grenzen. Dazu kamen die ungewohnten klimatischen Verhältnisse, die an ihren Kräften zehrten. Kein Wunder, dass sich die Stimmung der Mannschaft nach monatelangem Einsatz hob und die Gesichter sich aufhellten, wenn die Kommandanten der U-Boote beschlossen, in Richtung Penang oder Batavia zu fahren, um Proviant und Treibstoff aufzufüllen und Material aus Deutschland zu entladen. Dann hieß es bei der Mannschaft: *Auf nach Südost-Asien! Auf ins Paradies!* Schon die Namen dieser tropischen Welt weckten Sehnsüchte: Java, Surabaya, Malaya! Wenn man diese Namen hört, denkt man auch heute noch sofort an grüne Reisfelder, hohe Kokospalmen, exotische Früchte und die schlanken gebräunten Südseeschönheiten mit ihren geschmeidigen Körpern.

Für die Besatzung muss es eine Erlösung gewesen sein, als eines Tages nach der so langen mühevollen Seefahrt – endlich, endlich – einer der westlichsten Marinestützpunkte, Sabang, Penang oder Batavia in Sichtweite kam, und die Männer sich hier eine Ruhepause auf festem Boden, mit dem so sehr vermissten frischen Obst und Gemüse, gönnen konnten.

Die mindestens dreimonatige Liegezeit in den Häfen von Penang, Batavia, Surabaya oder Singapur für die Überholung, Reparatur und Neuausrüstung der Boote war allerdings auch anstrengend. Da auf allen deutschen Marinestützpunkten im ‚Südraum‘ verständlicherweise kaum ausgebildetes einheimisches Fachpersonal zur Verfügung stand, musste die von der langen Seereise erschöpfte Besatzung – oft auch aus Geheimhaltungsgründen – die Überholung ihrer Boote zum Teil selbst durchführen. Die deutschen Schweißer, Mechaniker und Elektriker, die in Diensten der niederländischen Kolonialregierung standen, waren zum größten Teil in die Internierungslager von Britisch-Indien gebracht worden. Japanische Fachkräfte standen nicht zur Verfügung, da diese – um das Gesicht zu wahren – körperliche Arbeit vor der einheimischen Bevölkerung nicht nur scheuten, sondern rigoros ablehnten.

Sie wollten als Sieger und als neue Herren das in Asien so bedeutungsvolle ‚Gesicht‘ nicht verlieren.

Die Arbeit in den Booten war mörderisch. Durch die Strahlung der prallen tropischen Sonne auf die stählernen Kolosse in der Nähe des Äquators waren Innentemperaturen von 50° Celsius und mehr keine Seltenheit. Damals gab es noch keine Klimaanlagen.

Es gab aber immer wieder Zeiten für die Erholung. Das offizielle Freizeitangebot durch die Lagerkommandanten war gewaltig. An allen deutschen Stützpunkten konnte Sportarten wie Golf, Tennis, Tischtennis, Schwimmen oder Fußball nachgegangen werden. Man veranstaltete deutsch-japanische Sportwettstreite; selbst im traditionellen japanischen Ringkampf Sumo übten sich die deutschen Seeleute. Viele deutsch-japanische Freundschaften wurden geschlossen. Es gab organisierte Jagdausflüge in den Dschungel, und sicherlich wurde auch eine Wanderung in den kühleren Bergen mit Freude aufgenommen.

Abb. 25
Deutsche und japanische Seeleute schließen Freundschaften

Abb. 26
Deutsch-japanisches Sumo-Sportfest in Penang

In regelmäßigen Abständen durften die Mannschaften einige Tage in den kühlen Erholungsorten in Malaya oder auf Java verbringen. In Penang fuhr man
auf den 830 Meter hohen wunderschönen ‚Penang Hill'. In einer halben Stunde konnte man über eine Drahtseilbahn auf den Berg gelangen. Die Offiziere
und Mannschaften durften dort die luxuriösen Bungalows – die früher die
Briten für ein Wochenende benutzten – bewohnen. Die großzügigen Villen
mit den umlaufenden Veranden lagen in weitläufigen Parkanlagen, unter riesigen schattenspendenden Bäumen mit Scharen von Vögeln, deren Zwitschern
die Seeleute lange nicht mehr gehört hatten. Von hier oben hatte man einen
zauberhaften Blick auf das umliegende Land und die Straße von Malakka.
Jeder deutsche Soldat konnte dort einen Erholungsurlaub verbringen. Es
war ein Paradies am Rande des Urwaldes. Dienstordnung gab es hier keine,
nur unbegrenzte Freiheit. Chinesische Köche und malaiische Bedienungen
versorgten und verwöhnten die Deutschen hier wie Könige. Im Penang-
Büchlein[91] wurden auf dem Berg ausgedehnte Spaziergänge empfohlen.

Eine Straße führte zu dem in der Nähe liegenden ‚Mount Pleasant' mit
einem großen Schwimmbad unter Palmen. Auch Ausflüge zu den ‚Cameron
Highlands' mit seinen Teeplantagen, sowie Hotels und Restaurants der geho-
benen Klasse, waren eine begehrenswerte Abwechslung in der Nähe Penangs.

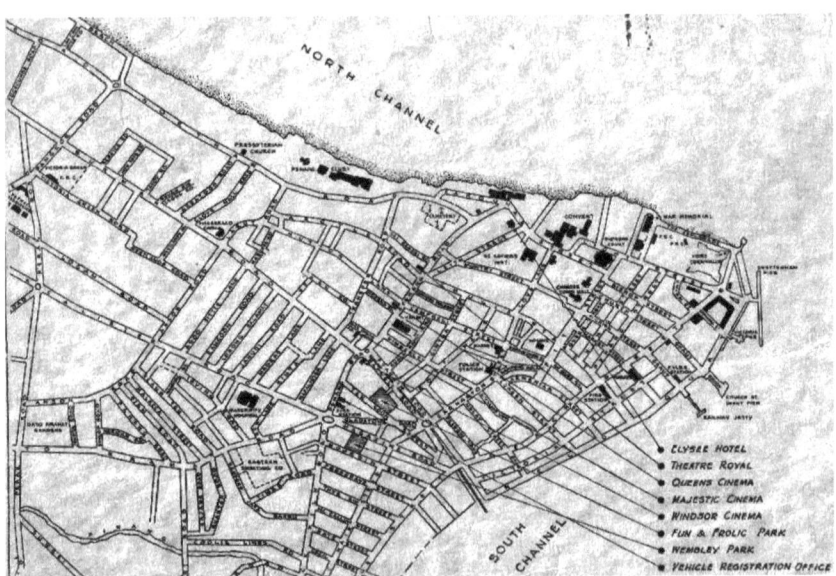

Abb. 27
Stadtplan Penang aus dem Penang-Büchlein, Ausgabe 1944

91   siehe Band 1 des Buches

Im Penang-Büchlein wurde den Soldaten ein Besuch der vielen Tempel sowie des Botanischen Gartens empfohlen. Letzterer wäre sehr nett angelegt, aber eher etwas für verträumte Naturen, steht in dem Büchlein. Im Ort Penang selbst wurde ein Besuch der folgenden Lokalitäten besonders empfohlen: Das Elysee Hotel, das Theatre Royal, das Queens Cinema, das Majestic Cinema, der Fun- and Frolic Park, der Wembly Park und das Recreation Office. Typisch deutsche Gerichte dürfe man in Penang nicht erwarten. Zum Beispiel waren zunächst an sich wünschenswerte Dinge, wie zum Beispiel Kartoffeln, nicht zu bekommen.[92]

Auch in der Inselstadt Singapur gab es genügend Ausgehmöglichkeiten. Die deutschen Soldaten konnten alle öffentlichen Lokale besuchen, von der japanischen Marine wurden jedoch die im Shonan-Büchlein aufgeführten Lokalitäten besonders empfohlen:

Nur für deutsche und japanische Offiziere:
Suikosha, japanischer Marineclub in der Scotts Road
Daiichi Mutsumi, schräg gegenüber *Suikosha*
Konan Club, früher Cricket Club, gegenüber Stadthalle
Nanto Hotel, zuvor Adelphi Hotel[93]
Nanten Churo, in der New Bridge Road
Minami-Sukiyaki-Restaurant, nur bei vorheriger Bestellung
Goodwood Park Hotel[94]

Für Oberfeldwebel:
Nanmeiso, alter holländischer Club
Satsuki-Restaurant

Für alle Dienstgrade:
Daini Shukusha, ehemals Union Jack Club
Daisan Shukusha, ehemals Marine Hostel
Daini Mutsumi, in der Battery Road

---

92 www.die-feldpost-2-weltkrieg.org, Penang-Büchlein, S. 4-6
93 Nach der Kapitulation Japans wurde das Nanto Hotel in Adelphi Hotel zurückbenannt. Anfang der 1960er Jahre war das Adelphi Hotel immer noch in seinem ursprünglichen Zustand in Betrieb. Ich hatte zu dieser Zeit des Öfteren in diesem Hotel mit seinen übergroßen Zimmern übernachtet. Einige ältere Kellner konnten sich noch gut an die Feste erinnern, die deutsche Offiziere hier gefeiert hatten.
94 Dies war der ehemalige Deutsche Club Teutonia, der 1914, bei Beginn des Ersten Weltkriegs, von den Briten beschlagnahmt und enteignet und in ein Hotel umgewandelt wurde. Nun waren die Briten vertrieben und deutsche Offiziere durften nun wieder hier ihre Cocktails schlürfen.

Aoitori-Restaurant, beim Union Building, dem Dienstgebäude des deutschen
   Stützpunktes
Swing-Restaurant, Serangoon Road
Rising Sun-Restaurant, in der Lavender Street

Tanzhallen:
Great World (Japanisch: *Daisekai*), Vergnügungspark
Great Eastern Asia-Cabaret (Japanisch: *Daitoa*)
Tien Yak Kei-Cabaret, in der Maxwell Road

Die Tanzhallen durften nur in Zivil betreten werden. Wenn man nähere Be-
kanntschaften mit einheimischen Damen suchte, war der ‚Tiger Club' in
Singapur sehr beliebt. Alle japanischen Militärlokale trugen das Zeichen
‚M'. Ohne besondere Einführung sollten sie von den deutschen Marinesoldaten nicht besucht werden.

   Auch das elegante und durch den Cocktail Singapore-Sling bekannte
Raffles Hotel, das nun in *Shanon Hotel* umbenannt war, wurde im Shonan-
Büchlein genannt. Für heimatlichen Kuchen und Kaffee gab es in Singapur
auch ein ‚Cafe Wien'. Oft bestand Gelegenheit zu einem Konzertbesuch
oder einer Filmvorstellung in der Shonan-Stadthalle (Japanisch: *Shonan
Kokaido*). Den Soldaten wurde auch eine Fahrt auf die Festlandseite nach
Johore Baru empfohlen, um dort den Sultans-Palast zu besuchen. Zu regelmäßigen Gymnastikübungen trafen sich die Soldaten auf den Rasenplätzen
in der Nähe des Lagers Pasir Panjang am Hafen der Westreede.[95]

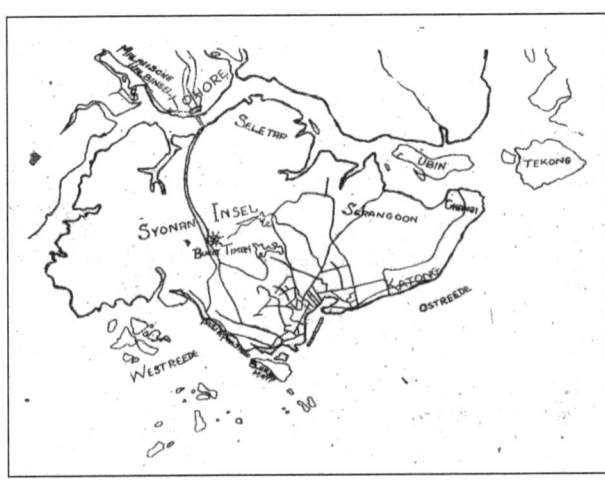

*Abb. 28
Stadtplan von
Singapur aus
Singapur Büchlein,
Ausgabe 1944.
An der Westreede
legten die deutschen
U-Boote an.*

95 www.die-feldpost-2-weltkrieg.org, Shonan-Büchlein, Ausgabe 1944, S. 10-12

In Surabaya gingen die Soldaten meist in das kühle Bergdorf Tretes mit dem herrlichen ‚Nimfenbad‘, einem Luxusbad der Holländer, gefüllt mit frischem Gebirgswasser, das von einer Quelle am Berg in weißen Kaskaden ins Becken stürzte. Tretes, ein Erholungsort der ehemaligen Kolonialherren, lag über 800 Meter hoch am Fuße des Vulkans Arjuna, hatte kühle Temperaturen und war nur eine gute Autostunde durch idyllische Dörfer von Surabaya entfernt. Das riesengroße Luxusbad war beeindruckend, mit Sprungtürmen und Rutschen, mit Bächlein und Brücken in einer immergrünen Landschaft mit blühenden Büschen, Kokospalmen und Hunderten von Orchideen. Rund um das Becken standen Nymphen aus purem Marmor. Kühle Getränke und ein Aperitif wurde zum würzigen Essen im Garten serviert. Hier konnten sich die Soldaten entspannen. Als ich das Luxusbad Anfang der 1960er Jahre besuchte, hatte es schon einiges von seiner damaligen Pracht verloren. In der Nähe von Tretes liegt auch der noch aktive Vulkan Bromo, der sicher für den einen oder anderen ein beliebtes Ausflugsziel war. Auch der Ferienort Sarangan mit der Deutschen Schule war nicht zu weit entfernt.

Abb. 29
Landkarte Ostjava (Ausschnitt)

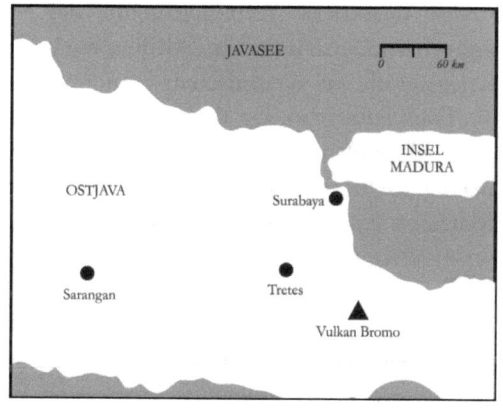

Wenn die U-Boote in Batavia mit Zinn, Molybdän, Wolfram, Rohgummi und Chinin für die Kriegswirtschaft in Deutschland beladen wurden, oder man auf Ersatzteile aus Deutschland warten musste, vergnügten sich die deutschen Matrosen so lange in den vielen Bars von Tanjung Priok, dem Hafen von Batavia, oder flanierten auf dem mondänen Oranje-Boulevard, der heutigen Jalan Diponegoro. Hier und im Pasar Baru waren die vornehmen Geschäfte immer noch gefüllt mit bunten einheimischen und ausländischen Waren.

Bei einem längeren Aufenthalt erholten sich die Soldaten in Schichten auf der kühlen Teeplantage Tjikopo (heute: Cikopo) am Fuß des Vulkans *Gunung Pangrango*. Die Teeplantage, die früher Emil Helfferich gehörte, wurde wegen der Zweckentfremdung als Erholungsort von den Soldaten ‚U-Boot-Wiese‘ getauft.

Emil Helfferich, der bereits Anfang des 20. Jahrhunderts nach Niederländisch-Indien kam, kaufte zusammen mit seinem Bruder nach Ende des Ersten Weltkriegs auf Java diese Teeplantage in der Nähe von Bogor. Als Emil Helfferich im Jahre 1928 nach Deutschland zurückkehrte, übergab er die Leitung der Plantage Albert Vehring. Beim Einmarsch der deutschen Wehrmacht in die Niederlande wurde die Teeplantage der Brüder Helfferich von der niederländischen Kolonialregierung enteignet. Albert Vehring wurde interniert. Vehring war ein Überlebender der *Van Imhoff*-Katastrophe und wurde ‚Außenminister‘ der ‚Freien Republik Nias‘.

Als die Japaner Java okkupiert und die deutsche Marine ihren Stützpunkte in Batavia eingerichtet hatte, konnte der Stützpunktleiter, Korvettenkapitän Dr. Hermann Kandeler, bei Gesprächen mit den japanischen Militärbehörden erreichen, dass die Plantage der Helfferich-Brüder wieder an die Deutschen zurückgegeben wurde. Nun wurde auch Albert Vehring wieder als Manager der Plantage eingesetzt.

Beide Brüder Helfferich hatten schon immer eine persönliche und enge Beziehung zur deutschen Marine. Zum Beispiel war Theodor während des Ersten Weltkriegs ‚Vertrauensmann‘ der Marine. Er berichtete alle Bewegungen von ausländischen Schiffen nach Deutschland. Oft legten deutsche Kriegsschiffe zu Freundschaftsbesuchen in Häfen Niederländisch-Indiens an. Die Plantage in den Bergen war somit schon immer ein Treffpunk deutscher Marineleute gewesen. So war zum Beispiel Vizeadmiral Graf Spee Gast bei den Helfferichs, und oft bereiteten die Brüder hunderten Offizieren und Matrosen einen herzlichen Empfang auf der Plantage mit einer ‚Indonesischen Reistafel‘.

Es bot sich also nun an, dass sich die U-Boot-Fahrer nach einer langen und anstrengenden Fahrt während der Überholung und Beladung ihrer Boote hier erholen konnten. Da oft auf Ersatzteile aus Deutschland gewartet werden musste, ergaben sich Liegezeiten von mehreren Monaten. Aber in diesem tropischen Paradies in angenehmer Höhenluft wurde den Mannschaften der Aufenthalt nie zu lange.

Auf dem Grundstück standen neben den Herrenhäusern Bungalows und etliche etwas vernachlässigte und verwaiste kleine Häuser der Teepflückerinnen und Teepflücker. Mit den durch bunte Bougainvillea-Ranken überwucherten Mauern und den Hibiskus-Büschen davor sahen diese Hütten – wie alle Tropenhäuser – niemals ärmlich, sondern eher idyllisch aus. Die U-Boot-Männer, die an die bedrückende Enge und Einschränkungen bei schlechter Luft gewöhnt waren, fühlten sich hier wohl und waren glücklich.

Unter Mithilfe von Albert Vehring wurde auf der Teeplantage ein landwirtschaftlicher Betrieb aufgebaut. Hier gab es frisches Gemüse, Kartoffeln, und Obst direkt vom Baum. Es wurden auch Hühner gehalten und Schweine und Rinder gezüchtet. Von hier oben erfolgte die Versorgung der U-Boote mit Proviant für die lange Rückfahrt in die Heimathäfen. Am Tag gab es Wanderungen, Sport und Spiel, und die nächtliche Stille wurde nur unterbrochen vom Zirpen der Millionen Zikaden. Krieg? Für die Marinesoldaten waren die Erholungsaufenthalte auf der ‚U-Boot-Wiese' eine unbeschwerte Zeit im Paradies.[96] Aber in der deutschen Heimat bombardierten die Alliierten bereits die Städte, und Goebbels schrie in die Mikrophone: *Wollt Ihr den totalen Krieg?* Das Volk schrie *ja* und jubelte ihm zu.

Immer wieder muss hier lebhafter Betrieb geherrscht haben, zum Beispiel als 136 gerettete Besatzungsmitglieder des versenkten deutschen Versorgungsschiffs und Tankers *Brake* am 24. April 1944 mit U 168 in Batavia eintrafen, und auf der ‚U-Boot-Wiese' längere Zeit neue Kraft schöpfen durften.

Ein Landgang durch die lokalen Märkte war für die Marinesoldaten immer ein Erlebnis. Kaum einer von ihnen hatte je Asien gesehen. Ob auf der malaiischen Halbinsel oder auf Java, die einmalige Stimmung, die Geräusche, die Gerüche und die angebotenen Waren glichen sich überall in Südost-Asien. Wenn die Marinesoldaten ausgingen, legten sie ihre Uniformen ab und zogen die einheitliche khakifarbene leichte Zivilkleidung an. Außerhalb der Häfen durften sie in der Öffentlichkeit nie in Uniform auftreten, um für die einheimische Bevölkerung nicht als Besatzer zu gelten. Die Japaner stellten der Mannschaft sogar seidene Oberhemden zur Verfügung. Welch ein Luxus, den es in Deutschland schon lange nicht mehr gab. Das einzige Merkmal, das sie für die Japaner als Deutsche erkennen ließ, war eine Kordel, die am Hemd befestigt war.

Wie exotisch müssen den jungen deutschen Marinesoldaten anfangs die bunten und üppigen Märkte in Südost-Asien vorgekommen sein, nachdem in Deutschland – mitten im Krieg – schon Schmalhans Küchenmeister war. Ob in Penang, in Batavia, Surabaya, Sabang oder Singapur, überall gab es für sie viele unbekannte frische tropische Früchte und Gemüse im Überfluss: Saftige safrangelbe Mangos, die riesige gelbe Baummelone Papaya, braune schuppige Salakfrüchte, glänzende violette Auberginen, hellgrüne Limetten und glühendrote Chilis. Alles war kunstvoll und sorgfältig zu hohen Pyramiden aufgeschichtet.

Männer und bunt gekleidete Frauen in Sarongs saßen auf Bastmatten auf dem Boden und verkauften aus oben aufgerollten Jutesäcken Hülsenfrüchte, Reis, Zwiebeln, Zucker und Mehl. An kleinen Ständen flatterten bunte Stoffbahnen im Wind. Dazwischen flanierte hübsche Mädchen, die sich mit einem riesigen Bananenblatt vor der Sonne schützten.

96 www.bogor.indo.net.id

An jeder Ecke roch es nach dem malaiischen Curry oder Kokosöl und nach dem in ganz Südost-Asien so beliebten Kreuzkümmel. Der Geruch, der von Zimt, Ingwer, Nelken, Vanille, Kardamom und vielem mehr über dem Markt hing, war betörend. Auf Bananenblättern ausgebreitet lagen Betelpfefferblätter, gelöschter Kalk, Betelnuss, Kardamon, Nelken und andere Gewürze. Daraus wird eine Mischung des bei den älteren Frauen besonders beliebten Anregungsmittels ‚Siri‘ hergestellt, das dann stundenlang gekaut wird und einen hässlich blauen Mund hinterlässt.

Die Straßen wurden von chinesischen Läden mit Bäckereien, Schuhmachern, Goldschmieden, Schneidereien und unzähligen kleinen Kiosken mit allerlei Plunder gesäumt. In dunklen Seitenstraßen lagen Berge von bunter indischer und siamesischer Seide. Alle Geschäfte machten durch große Reklameschilder auf sich aufmerksam. Gerupfte Enten und Hühner hingen an den Hälsen in Reihen bei den Metzgereien und Restaurants. Die Luft trug den Geruch von Gewürzen, Brot, Kokosnuss – aber auch von Fisch, Rauch und Unrat. Und immer wieder übertönte ein schwerer süßlich-würziger Duft diese Mischung. Es war der Geruch der ‚Kretek-Zigaretten‘, eine bis heute in ganz Indonesien beliebte Spezialität, die es nur hier gibt. Der Tabak der ‚Kretek-Zigaretten‘ wird mit Gewürznelken vermischt, und da Indonesier starke Raucher sind, liegt der süßliche Duft der Nelken über jeder Ansammlung von Menschen. Im Laufe des Krieges wurde das Angebot auf den Märkten allerdings dürftiger, als Japan begann, viele Lebensmittel zu beschlagnahmen, um die Bevölkerung in der Heimat zu versorgen.

Eine Altstadt mit vielen historischen Gebäuden und einer China Town gab es in Penang, Batavia, Singapur und Surabaya. In Penang, in der Hauptstadt George Town, befand und befindet sich bis heute ein großer jüdischer Friedhof an der Jalan Yahudi, der Jüdischen Straße. Ich nehme jedoch an, dass durch die Indoktrination und Judenhetze Hitlers dieses Ziel für die deutschen Marinesoldaten damals nicht besonders anziehend war.

Auf allen Märkten wimmelte es von Menschen, aber besonders in Penang war es ein wildes Völkergemisch aus Malaien, Chinesen, Indern, Arabern und Nachkommen der Portugiesen, die die ersten Siedler waren. Das geschäftige Gedränge war teilweise so groß, dass ein Vorwärtskommen kaum möglich war. All dies wurde von einem bunten Gemisch der verschiedensten Sprachen dieser Völkergruppen durchdrungen. Wie fremd müssen sich die jungen deutschen Matrosen in ihrer khakifarbenen Einheitskleidung in dem geschäftigen Geschiebe der bunten Menschenmenge vorgekommen sein.

Auffallend war, dass auf den südost-asiatischen Märkten zu jener Zeit überaus viele Produkte ‚Made in Germany‘ angeboten wurden. Kinderspielzeug, Nähmaschinen, Werkzeuge, Küchenutensilien, Baumaterial wie Schrauben und Scharniere, alles wurde aus Deutschland importiert. Deutsche Messer aus Solingen der Marke ‚Tjap Mata‘ (auf Deutsch: Markenzeichen Auge) mit einem eingeprägten Auge wurden speziell für diese Region in Solingen hergestellt. Diese Messer waren in Südost-Asien besonders beliebt und galten über viele Jahrzehnte als die besten in ganz Asien. Heute sieht es anders aus. Es dominiert knallbuntes Plastik und das Markenzeichen ‚Made in China‘.

Überall wurde eifrig geredet und gehandelt. Aus den Kaffeehäusern drang die rege Unterhaltung der Männer und der Duft von Kaffee. An allen Ecken wurde gekocht, gebraten und gegessen. Jede Nationalität bot ihre Spezialitäten an. Hier, in Südost-Asien, gibt es die schärfsten Chilischoten der Welt. Wenn man sich an die Schärfe gewöhnt hat, kann man die interessantesten Kombinationen der lokalen Küchen genießen.

Bei Nacht war und ist das Leben und Treiben auf den Märkten bis heute noch eindrucksvoller als bei Tag, und das Angebot noch verwirrender. Jetzt sah man noch hunderte kleine fahrbare Garküchen, die im flackernden Licht der Petroleumlampen malaiische, chinesische, arabische und indische Gerichte kochten und anboten. Jede Garküche hatte ihre eigene Spezialität: Nudelgerichte, Fleisch- oder Fischbällchen, Teigtaschen, gebratenen Reis oder Suppen. Auf dem Fußboden waren nun anstelle von Gewürzen und Lebensmitteln Töpfe, Geschirr, Kleider, Bücher und vieles mehr ausgebreitet.

Unter freiem Himmel fanden mitten auf der Straße Hochzeiten oder Essgelage der Einheimischen statt. Damals wie heute war ein ‚Pasar Malam‘, ein Nachtmarkt, ein wildes Durcheinander. Und später in der Nacht flanierten dazwischen aufgetakelte Prostituierte jeden Alters auf der Suche nach einem Freier.

Allerdings waren die Märkte auf Java während der japanischen Besetzung nicht so üppig bestückt wie die auf der malaiischen Halbinsel und in Singapur. In Niederländisch-Indien schöpften die Japaner viel größere Mengen für die Versorgung ihrer eigenen Bevölkerung ab, so dass die Schwarzmarktpreise auf den Märkten von der einheimischen Bevölkerung kaum mehr bezahlt werden konnten.

In jeder der genannten Städte gab es unzählige Kinos, jedoch mit Angeboten, die dem Geschmack der Deutschen nicht besonders entsprachen. Anders war es mit den malaiischen Theatern, in denen junge Tänzerinnen zu Gamelanmusik auftraten. Hier konnte man ganz neue und ungewohnte Eindrücke gewinnen.

Im Morgengrauen und in der Abenddämmerung riefen die Mullahs das Lob Allahs, *Allah-Hu-Akbar, Allah-Hu-Akbar,* mit ihren singenden Stimmen von den Minaretten der Moscheen. Es war für die deutschen Soldaten eine exotische, unbekannte und doch friedliche Welt – mitten im Zweiten Weltkrieg.

Schon kurz nach seiner Ernennung zum Deutschen Botschafter in Tokyo reiste Heinrich Georg Stahmer, der auch für das große Gebiet des ‚Südraumes' zuständig war, nach Malaya und Niederländisch-Indien. In seinem Buch *Japans Niederlage – Asiens Sieg* schrieb er über die Situation der Deutschen auf dem Marinestützpunkt in Penang:

Trotz drückender Hitze fand ich die Offiziere und Mannschaften der Station Penang bei einem Besuch in guter Stimmung und wohlversorgt vor. Die Japaner hatten sich alle Mühe gegeben, für ihre Bedürfnisse einschließlich der des Herzens zu sorgen. [Anm. d. Verf.: hier umschreibt Stahmer sicherlich sehr diskret die Bereitstellung von Prostituierten, von den Japanern Dunkelmädchen genannt, um die Bedürfnisse der sexuell ausgehungerten Matrosen zu befriedigen]. Eine schöne Erholungsmöglichkeit bot eine Bergbahn, die aus der schwülen Hitze des Tages auf ein etwa achthundert Meter hohes Gebirgsplateau führte. [Anm. d. Verf.: Hier kann es sich nur um den 830 Meter hohen Penang Hill handeln, auf den bis heute eine Seilbahn führt. Oben gibt es immer noch gute Gaststätten und Hotels und man hat einen herrlichen Rundblick über die Hauptstadt George Town der Insel Penang. Während der Kolonialzeit war dies ein beliebtes Erholungsziel der Briten].[97]

Wie Botschafter Stahmer schrieb, sorgten sich die japanischen Besatzer auch um die *Bedürfnisse einschließlich der des Herzens* für die deutschen U-Boot-Männer und des Personals der Stützpunkte. In manchen Monaten lagen drei oder vier U-Boote gleichzeitig in den jeweiligen Häfen. Es war nicht nur für die Japaner, auch für die lokale Bevölkerung, immer eine Attraktion, wenn ein haifischartiges deutsches U-Boot mit dem geneigten Bug und dem daran angebrachten zackigen Netzschneider und der hinter dem Kommandoturm wehenden deutschen Fahne im Hafen eines Stützpunktes lag.

In jedem der deutschen Stützpunkte waren neben den Offizieren zwischen 150 und 300 aus Deutschland entsandte Marinesoldaten als Stammpersonal vorhanden. Das waren U-Boot-Fachleute, Ingenieure, Funker, Verwaltungsleute, Ärzte, Sanitäter, Handwerker und so weiter. Daneben gab es deutsches Zivilpersonal, Deutsche und Deutsch-Indos, die sich der Internierung in Britisch-Indien auf irgendeine Weise entziehen konnten. In Surabaya waren es auch einige Jugendliche, die auf Grund ihres Alters nicht interniert wurden und mit ihren Müttern im nahegelegenen Bergort Sarangan wohnten. Für dieses Stammpersonal sowie für die Mannschaften der gedockten U-Boote wurden von den japanischen Behörden Bungalows und Quartiere bereitgestellt. Dies waren meist die Häuser der von den Japanern internierten Niederländer. Für Hilfs- und Servicearbeiten wurde auch

97   Stahmer, *Japans Niederlage – Asiens Sieg*, S. 197f

einheimisches Personal eingestellt. Gegen Kriegsende sollen einige Tausend deutsche Soldaten im ‚Südraum‘ gelebt und gearbeitet haben.[98]

Es war verständlich, dass sich die von der Arbeit in den U-Booten und von der unerträglichen Hitze ermüdeten Männer nach Entspannung sehnten – und die Verführungskünste der jungen grazilen malaiischen und chinesischen Damen mit ihren geschmeidigen Körpern waren groß! Die Japaner stellten den Deutschen ihre ‚Häuser‘, wie das ‚Taifun Hotel‘ in Penang, mit malaiischen, chinesischen und indischen Prostituierten zur Verfügung. Japanische Soldaten wurden mit Bussen dort abgeladen und nach einer geregelten Zeit – meist eine Stunde später – wieder abgeholt.

Es gab mehrere Gründe für die Einführung von japanischen Kriegsbordellen mit sogenannten *Jugun Ianfu*‘ (Dunkelfrauen oder Trostmädchen): man wollte die unkontrollierte Vergewaltigung von Frauen aus der Bevölkerung verhindern, gleichzeitig sollten Geschlechtskrankheiten eingedämmt werden. Allerdings wurde durch die Bordelle die Zahl der infizierten Japaner in wachsendem Maße gesteigert. Der Besuch in einem Bordell sollte auch zur Steigerung der Arbeitsmoral und als Belohnung dienen. Sexuelle Ausschweifungen und Untreue der Ehemänner waren zu jener Zeit aus Sicht des japanischen Mannes keine Untugenden. Dies änderte sich erst nach dem verlorenen Zweiten Weltkrieg, als die japanischen Frauen ihre Rechte unmissverständlich formulierten. Danach wimmelte es in den Großstädten Japans von alleinstehenden Ehefrauen, die ihre untreuen Männer verlassen hatten.

Zunächst wurden durch die japanischen Behörden in Zeitungsannoncen nur berufsmäßige Prostituierte für ihre Kriegsbordelle angeworben. Als aber das Reservoir erschöpft war, wurden Frauen festgenommen und zur Prostitution gezwungen. In Frontnähe, und durch die Inkompetenz von lokalen japanischen Militärautoritäten sowie durch den Einsatz von Hilfspolizisten aus Korea und Formosa, geriet dieses System immer mehr außer Kontrolle. Man geht von mindestens 100.000 bis 200.000 Frauen und Mädchen aus, die während des japanischen Siegeszuges durch den ‚Südraum‘ in solchen Kriegsbordellen als Sexsklavinnen gehalten wurden. Es waren Frauen aus China, Korea, Indonesien, Malaya, Indien und den Philippinen.

Die zeitlich begrenzte und organisierte ‚Tätigkeit‘, aber besonders die mangelnde Hygiene und Infektionsgefahr in den japanischen Kriegsbordellen, gefiel den Deutschen nicht, zumal der Stützpunktsarzt in Penang, Dr. Schlenkermann, durch die vielen Krankheitsfälle über Gebühr belastet wurde. Mit Hilfe von Stationsleiter Hoppe und Korvettenkapitän Jürgen Oesten, Kommandant von U 861, wurde den Deutschen von den Japanern ein eigenes Haus, das ‚Hotel Shanghai‘, in Penang zur Verfügung gestellt.

98   nach Aussage von indonesischen und deutschen Zeitzeugen

Daraus entstand dann ein Freizeitheim für die Deutschen mit Bar, Tanzsaal und Billard- und Tischtennisräumen.

Das ‚Hotel Shanghai‘, das in einem parkähnlichen Garten lag, war ehemals die riesengroße Villa des 1935 verstorbenen millionenschweren chinesischen Kapitäns Chung Thye Phin. Chung Thye Phin wurde als der reichste Mann Penangs bezeichnet. Entsprechend luxuriös und großzügig waren das Gebäude und die Ausstattung. Nach seinem Tod wurde das Gebäude verkauft und nun zum ‚Hotel Shanghai‘ umgebaut.

Das Hotel lag an der damaligen Kelawai Road (heute: Northam Road) in Penang. 1964 wurde das Hotel abgerissen und auf dem Grundstück ein großes Appartementhaus errichtet, das bis heute erhalten ist. Umgangssprachlich hieß das Freizeitzentrum ‚Hotel Shanghai ‘ bei den deutschen Seeleuten ‚Haus der Tausend Freuden‘.

Im Gegensatz zu den Japanern waren hier nur junge Frauen, die sich freiwillig meldeten, angestellt. Der Andrang war groß. Jede Dame erhielt einen Vertrag, in dem die Art der Tätigkeit, die Laufzeit des Vertrags und die Bezahlung festgelegt wurden. Dabei wurde unterschieden, ob eine Dame nur zum Tanz bereit war, oder auch mit den Soldaten das Bett zu teilen gewillt war. Die Tanzmädchen bekamen eine grüne Plakette. Die Soldaten waren angehalten, sich ihnen gegenüber entsprechend diszipliniert und zurückhaltend zu verhalten. Die Damen, die zu mehr bereit waren, bekamen eine rote Plakette.

Die malaiische Musikergruppe ‚Hawaiian Boys‘, die im ‚Shanghai Hotel‘ zum Tanz aufspielte, wurde von einem Funk-Obergefreiten, der selbst Musiker war, geschult und betreut. Die Gruppe spielte ausschließlich deutsche Schlager und Volkslieder. Für jedes Getränk, jeden Tanz mit einer Tanzdame, für jede Leistung mussten die deutschen Soldaten und Offiziere zunächst ein Ticket kaufen. Barzahlung im Lokal oder an die angestellten Damen war verboten. Für ein grünes Ticket für 20 Cent gab es einen Tanz, für ein gelbes Tickert für einen Dollar ein Bier und so weiter. Die Krönung war ein zartrosa Ticket zu 8 Dollar: *Sie haben die Wahl*, sagte der Verkäufer am Schalter, *aber bitte wählen Sie nur eine Dame mit einer roten Plakette. Von allen anderen Hände weg!* Die Damen mit den grünen Plaketten wurden, da sie nur Tanzmädchen waren, nicht von dem Stützpunktarzt Dr. Schlenkermann untersucht. Damen mit roter Plakette durften während der Laufzeit ihres Vertrages das ‚Hotel Shanghai‘ nicht verlassen, um jede Ansteckung außerhalb des Hauses auszuschließen. Jede dieser Damen hatte ihr eigenes Zimmer. Sie hatten eine eigene Küche und einen Aufenthaltsraum.

Die Damen in den verschwenderisch geschlitzten Seidenkleidern wurden direkt von der Verwaltung des Freizeitzentrums bezahlt. Trinkgelder waren nicht erwünscht, aber es gelang den anmutigen und dessen ungeachtet zielbewussten

Damen doch immer wieder, von ihren deutschen Kunden ein extra Geschenk oder Trinkgeld zu ergattern. Die Damen in den deutschen ‚Freizeitheimen' kamen vorwiegend aus China, Malaya und Indonesien. Ein Mangel an weiblichen Wesen bestand nicht. Viele junge deutsche Soldaten – oft erst 20 Jahre alt – verliebten sich innerhalb und außerhalb der Freizeitheime in eine der hübschen Damen mit den braunen Mandelaugen und blieben für immer in Südost-Asien.

In der Nähe, an Penangs Vergnügungsmeile ‚Tonga Park', lag hinter zwei Tanzhallen für Einheimische die ‚Gambling Farm'. Hier trafen sich reiche Chinesen und arme malaiische Kulis am selben Spieltisch zum Würfelspiel, zu dem ostasiatischen Steinspiel ‚Mahjong', oder zum Roulette. Auch deutsche Soldaten versuchten hier ihr Glück, obwohl die Stützpunktleitung vor Glücksspielen warnte.

Als der Stützpunkt Surabaya für die Überholung und Reparatur der U-Boote fertiggestellt war, wurde Kapitänleutnant Hoppe, der ehemalige Bordflieger von Hilfskreuzer *Michel*, von Penang als Stationsleiter nach Surabaya versetzt.

Das Hauptquartier des deutschen Marinestützpunktes in Surabaya lag am Tunjungan-Boulevard, der aufgrund des auch dort stehenden vornehmen kolonialen Oranje Hotels von den deutschen Marinesoldaten als Oranje-Boulevard[99] bezeichnet wurde. Bis heute ist das ehemalige Oranje Hotel in Surabaya, das nun Hotel Majapahit heißt, eine historische Sehenswürdigkeit.

Das ausgedehnte Gelände des deutschen Stützpunktes war mit einem mit Stacheldraht bewehrten Bambuszaun umgeben und war etwa fünf Kilometer vom Hafen entfernt. In zwei Gebäudegruppen ehemaliger Villen waren Unteroffiziere und Mannschaften untergebracht. Bäder und Toiletten befanden sich außerhalb der Gebäude. Mehrere offene Garagen dienten als Speisesaal. In einem separaten Gebäude waren die Klinik und Räume des Stabarztes untergebracht. Die Offiziere bewohnten einen separaten Appartement-Trakt. Im Hauptgebäude des Stützpunktes befanden sich Unterrichtsräume, Büros und Besprechungszimmer für die Offiziere. In verschiedenen Nebengebäuden waren Lager- und Kartenräume, die Kleiderkammer und Werkstätten für die verschiedenen Sparten wie für Dieselmotoren, Elektrotechnik, Schweißarbeiten oder für die Überholung der Batterien.

In einem Gebäude im südlichen Teil des Komplexes, das von vielen Antennen umgeben war, waren die Funkräume untergebracht. Der Zutritt zu diesem Gebäudes war nur wenigen Personen gestattet, denn hier war das Zentrum für die Funkverbindungen mit der Zentrale in Berlin, mit dem Marineattaché in der Deutschen Botschaft in Tokyo und mit den anderen deutschen Marinestützpunkten im ‚Südraum'. Auch die Funkverbindungen

---

99 nicht zu verwechseln mit der während der Kolonialzeit benannten Oranje-Laan, die heute Jalan Papadayan ist

mit den U-Booten und Hilfskreuzern, die in Ostasien und in australischen Gewässern operierten, konnten über Surabaya abgewickelt werden. Besonders gesichert waren hier die Räume, in denen Nachrichten chiffriert und dechiffriert wurden.

Auf dem Gelände des Stützpunktes gab es auch vier Tennisplätze mit Betonbelag, die in der prallen Mittagssonne zum Exerzieren mit Neuankömmlingen verwendet wurden. Manch ein Schweißtropfen ist hier auf dem heißen Betonboden verdampft.

In den Kantinen der Stützpunkte gab es Zigaretten, deutsche Schokolade, Kölnisch Wasser, Seifen von Nivea und jede Menge Alkoholika. Alles wurde mit den U-Booten von Deutschland in den ‚Südraum‘ gebracht. Mit Bier wurden die Stützpunkte von den ehemals niederländischen Brauereien in Batavia und Surabaya beliefert. Die Brauereien wurden von den Japanern wieder in Betrieb genommen.[100] Nach Kriegsende kamen deutsche Bierbrauer ins Land und brauten hier Biere der Marken ‚Bintang‘ und ‚Anker‘.

Auch in Surabaya gab es ein Bordell für die japanischen Soldaten. Da Stationsleiter Hoppe bereits aus Penang mit der Gründung eines deutschen Freizeitheims Erfahrung hatte, baute er auch in Surabaya das ‚Taifun Hotel‘ auf, das nur für deutsche Soldaten reserviert war. Die Traumvilla eines von den Japanern internierten niederländischen Kaufmanns, die gegenüber des deutsche Stützpunktes lag, wurde entsprechend umgebaut und nach deutschem Geschmack mit Tanzsaal, Bar und Tischtennisraum eingerichtet. Das Freizeitheim ‚Taifun Hotel‘ in Surabaya konnte für die deutschen Marinesoldaten seinen Betrieb aufnehmen.

Auch für Tanzmusik war gesorgt. Otto Kühn, ein Jugendlicher mit fuchsroten Haaren, der zuvor in Sarangan auf der Deutschen Schule war, spielte virtuos auf seiner Gitarre. Auf Wunsch der Offiziere gründete er eine Band mit deutschen und indonesischen Musikern. Nach wenigen Proben klappte das Zusammenspiel so gut, dass sie schon bald im ‚Taifun‘ zum Tanz aufspielen konnten. Der im Deutschen Reich verbotene Chanson ‚Surabaya Johnny‘ von Bertold Brecht und Kurt Weill wurde hier der Renner. Passend zu ihrem derzeitigen Domizil sangen die Soldaten begeistert immer wieder den Refrain ‚Surabaya Johnny, warum bist du so roh? Surabaya Johnny, ich lieb dich so‘! Damit sich Otto Kühn nach den langen Tanzabenden etwas erholen konnte, wurde er vom Stationsleiter nur zum leichten Küchendienst abkommandiert.[101]

Stationsleiter Kapitänleutnant Hoppe führte in Surabaya die selben Regeln ein, die sich in Penang bereits bewährt hatten. Man musste Wertmarken kaufen für Getränke, einen Tanz mit einem der Tanzmädchen oder

---

100 Zusammenfassung von: Keppner, *Wie weit bis Airmolang?*, S. 337ff und 384
101 Ibid., S. 377

für einen Besuch der oberen Gemächer. Der Zutritt dieser oberen Gemächer war reichs- und volksdeutschen Jugendlichen unter 21 Jahren, die zur Ausbildung auf dem Stützpunkt waren, nicht erlaubt. Im ‚Taifun Hotel‘ in Surabaya wurde wie im ‚Shanghai Hotel‘ in Penang auf gepflegte und förmliche Umgangsformen geachtet. Zum Beispiel musste man ein Tanzmädchen nach einem Tanz zurück zu ihrem Platz begleiten und sich mit einer höflichen Verbeugung verabschieden. Auch die javanischen Damen liebten gute Manieren sehr.

Besonders beliebt bei den U-Boot-Männern waren die Indo-Mädchen, meist Mischlinge von einem europäischen Vater und einer indonesischen Mutter. Sie waren schlank, groß, hatten einen gut gebauten Körper und waren ausgesprochen hübsch. Mit ihrer leicht bräunlich getönten Haut und den wiegenden Schritten waren sie als Tanzpartnerinnen äußerst beliebt. Nicht wenige hatten einen deutschen Vater, der in niederländischen Kolonialdiensten gestanden hatte und sprachen gut Deutsch. Oft trieb sie die pure Not dazu als Tanzmädchen zu arbeiten, da das deutsche Familienoberhaupt von den Niederländern verschleppt worden war. Auch die anderen, die keine deutschen Vorkenntnisse hatten, lernten schnell.

Ich lernte Mitte der 1960er Jahre zwei Damen[102] in Surabaya kennen, die damals als Tanzmädchen im ‚Taifun Hotel‘ gearbeitet hatten. Beide waren seit jener Zeit miteinander befreundet. 20 Jahre danach waren sie immer noch hübsch anzusehen. Sie waren verheiratet und hatten selbst Kinder. Wie sie mir erzählten, hätten sie ohne irgendwelchen Zwang gearbeitet und wären immer korrekt behandelt worden. Mit den Deutschen hätten sie viel Spaß gehabt, und es wäre eine unbeschwerte und die schönste Zeit ihrer Jugend gewesen. Besonders geschätzt hätten sie die guten Manieren der Deutschen. Ihr damals gelerntes Deutsch hatten sie nicht vergessen.

Wem das ‚Taifun Hotel‘ zu steif und zu förmlich war, der ging in den nahe gelegenen ‚Tabarin Bar und Tanz Club‘ in der Palm Lane. Hier verkehrten hauptsächlich japanische Soldaten. Hier waren die Preise niedriger, aber die Mädchen waren auch hier hübsch und aufmerksam. Vor Kriegsbeginn war der Musiker Bart Groenewoud Eigentümer des ‚Tabarin Bar und Tanz Clubs‘. Damals leitete er die Tanz- und Jazzkapelle Oriental Ramblers. Ob dies während der japanischen Besatzungszeit auch noch so war, konnte ich nicht mehr in Erfahrung bringen. Die Gegend um den ‚Tabarin Bar und Tanz Club‘ war in den Abendstunden ein beliebtes Ziel. Gegenüber befand sich das chinesische Restaurant Shanghai und in der Nähe lag das Maxim Cinema.[103]

---

102 Namen und Adresse sind dem Autor bekannt
103 Informationen von Zeitzeugen in Surabaya von 1963-1970

Abb. 30
Tabarin Bar und
Tanz Club, um 1939

Die deutschen Offiziere gingen allerdings meist in das vornehme ehemalige Hotel Oranje, das während der japanischen Besetzung in ‚Yamato Hotel‘ umgetauft wurde. Das Hotel gehörte ursprünglich den in ganz Südost-Asien bekannten iranischen Sarkies-Brüdern. Das im kolonialen Stil erbaute Hotel Oranje wurde 1911 eröffnet. Zwischen 1923 und 1926 wurde es durch zwei weitere Flügel erweitert. Der seit der Stummfilmzeit bekannte Filmstar Charlie Chaplin mit seiner Liebhaberin, späteren Ehefrau[104] und Filmpartnerin[105], der damals bekannten Filmschauspielerin Paulette Goddard, oder der Schriftsteller Joseph Conrad gehörten zu den Stammgästen.

Abb. 31
Oranje Hotel, Surabaya, vor dem Zweiten Weltkrieg

---

104 1936-1942
105 zum Beispiel in den Filmen *Moderne Zeiten* oder *Der große Diktator*

Abb. 32
Hotel Yamato
1942-1945

Weltbekannte Kolonialhotels der Sarkies-Brüder in Südostasien sind auch das ‚Eastern & Oriental Hotel‘ (genannt: P & O Hotel) in Penang, das ‚Raffles Hotel‘ in Singapur und das ‚Strand Hotel‘ in Rangoon. Alle gehören bis heute zu den besten Hotels der Welt[106]. Während der japanischen Besetzung wurde das ‚Hotel Oranje‘ in ‚Hotel Yamato‘ unbenannt.[107] Kurzzeitig wurde das Hotel als Internierungslager für niederländische Frauen und Kinder zweckentfremdet, bevor die japanischen Streitkräfte hier ihr Hauptquartier einrichteten. Japanische und deutsche Offiziere hatten hier ihre Unterkunft und gingen ein und aus. Es war ein Luxushotel mit allem Komfort, mit einem wunderbaren tropischen Garten, einem Paradies. Das Hauptquartier der Deutschen Kriegsmarine lag gegenüber.

Abb. 33
Hotel Majapahit 2014

---

106 Informationen aus der Broschüre *Brief History* aus dem Hotel Majapahit
107 auf Deutsch: ‚großer Friede‘ oder ‚große Harmonie‘, kann aber auch die allen asiatischen Völkern überlegene ‚Yamato-Rasse‘ bedeuten, von der angeblich alle Japaner abstammen

Nach der Kapitulation Japans richteten die Niederländer in Zimmer 33 des Hotels wieder ein vorläufiges Hauptquartier für ihre zurückkehrenden Streitkräfte ein und hissten die niederländische Flagge auf dem Dach des Hotels. Für sie war die Unabhängigkeitserklärung Indonesiens null und nichtig. Indonesische Freiheitskämpfer unter der Führung von Roeslan Abdul Gani[108] stürmten am 19. September 1945 ihr Büro und verlangten eine Erklärung. Nachdem die Niederländer verdeutlichten, dass sie immer noch die Herren im Lande wären und der Kolonialstatus wieder hergestellt werden würde, rissen die Freiheitskämpfer bei einem Gerangel mit den Niederländern den blauen Streifen der niederländischen Flagge ab. Übrig blieben die rot-weißen Streifen, die Farben der indonesischen Freiheitsbewegung, der heutigen Nationalflagge.

Abb. 34
Flagge der
indonesischen
Freiheitsbewe-
gung auf dem
Yamato Hotel

Das Hotel wurde für kurze Zeit in Hotel Merdeka (Hotel der Freiheit) umbenannt. 1946 kamen die ‚Sarkies-Brüder‘ zurück nach Indonesien und nannten das Hotel im Andenken an den Gründer Lucas Martin Sarkies um in L.M.S.-Hotel. 1996 wurde das Hotel von der ‚Mandarin Oriental Gruppe‘ übernommen und erhielt den Namen ‚Mandarin-Oriental Hotel-Majapahit‘.

Im Andenken an das Ereignis vom 19. September 1945 weihte der Initiator Roeslan Abdul Gani einen Fahnenmast und eine Erinnerungsplakette im Hotel ein. Seit 2006 ist das Hotel das luxuriöse Sechs-Sterne Hotel Majapahit, das bis heute viele internationale Auszeichnungen und Preise erhielt.

---

108 Mitstreiter Soekarnos und nach der Unabhängigkeit Indonesiens erster Botschafter bei den Vereinten Nationen und Minister in der Soekarno-Ära

Nach diesem kurzen Überblick gehen wir wieder zurück in die Zeit der japanischen Besatzung. Der Leiter des japanischen Stützpunktes in Surabaya war Kapitän *Fudja*. Um ein möglichst gutes Verhältnis zwischen der japanischen und deutschen Stützpunktleitung zu gewährleisten, durfte Kapitän *Fudja* als einziger Japaner auch das deutsche ‚Taifun Hotel‘ besuchen. Er wurde ein Dauergast! Kapitän *Fudja* aß und trank viel und was er wollte, auf Kosten der Deutschen Kriegsmarine. Auch mit den grazilen Tanz- und Blumenmädchen durfte er sich nach Herzenslust vergnügen. Die Großzügigkeit des Deutschen Reichs wurde belohnt. Wenn das deutsche Personal Hilfe, Ersatzteile oder technische Unterstützung benötigte, war er immer im Rahmen seiner Möglichkeiten bereit, sofort zu helfen.[109]

Den einheimischen Malaien und Chinesen in Malaya und Niederländisch-Indien gefiel, dass die disziplinierten Deutschen – im Gegensatz zu ihren niederländischen Kolonialherren und den Japanern – sie mit Respekt auf gleicher Augenhöhe behandelten und besonders auch dem übermäßigen Alkoholgenuss entsagten. Dies große Ansehen wirkt in Indonesien bis heute nach, denn immer noch glaubt man an die altbekannten deutschen Tugenden wie Pünktlichkeit, Gründlichkeit oder Disziplin, die im heutigen Deutschland nun leider weniger gepflegt werden. Das gute Benehmen der deutschen Soldaten im ‚Südraum‘ ist sicherlich auch auf die Vorbereitung mit entsprechenden Broschüren, wie dem *Penang*- und dem *Singapur-Büchlein*, mit Benimmregeln und Kleidervorschriften zurückzuführen.

Sicherlich hatten die exotische Lebensweise und das friedliche Leben der Menschen in Südost-Asien auch einen nachhaltigen Eindruck auf die deutschen Marinesoldaten gemacht. Kein Wunder, dass nach Ende des Krieges nicht wenige keinen Drang verspürten, in die zerstörte, am Boden liegende Heimat zurückzukehren.

Als Beispiel soll hier die Liebesgeschichte des auf dem Versorgungsschiff *Uckermark* dienenden Offiziers Hans Willi Böhm dienen. Nach der Zerstörung seines Schiffes im Hafen Yokohama wurde Böhm an den Stützpunkt Penang versetzt. Hier lernte er – trotz des Verbotes, mit Frauen vor Ort eine Beziehung einzugehen – die einheimische Krankenschwester Agnes Vaz kennen und lieben. Heimlich versorgte Böhm seine Agnes und deren Familie mit Essen aus der Offizierskantine.

Bei Kriegsende wurde Böhm wie seine Kameraden als Kriegsgefangener im Changi-Gefängnis in Singapur eingesperrt. Nach gut einem Jahr wurde er entlassen. Sein erster Weg führte ihn zurück zu seiner Geliebten Agnes in Penang. Sie heirateten und übersiedelten nach Deutschland, wo sie drei Kinder zeugten. Später gingen sie zurück nach Penang, wo Agnes weitere

---

109 Brennecke, *Haie...*, S. 162

drei Kinder gebar. Im Jahr 1973 wanderte die Familie nach Perth in West-Australien aus, wo Hans Willi Böhm im Alter von 86 Jahren starb. Böhm hatte Penang lieben gelernt. Bei seiner Beerdigung in Perth standen zwei Flaggen an seinem Grab, die deutsche und die von Penang.[110]

Manch deutscher Soldat tauchte nach seiner Entlassung aus der Kriegsge-fangenschaft in dem tropischen Paradies unter. Auf Java schlossen sich viele Deutsche – wie auch Japaner – den indonesischen Freiheitskämpfern an und kämpften bis Ende 1949 gegen die zurückkehrenden Niederländer. Viele Deutsche fanden hier bis zu ihrem Lebensende ein neues Glück. Aber ich bin mir auch sicher, dass bei vielen immer wieder Heimweh aufkam, wenn die Sonne am Abend wie ein feuriger Ball im Westen – wo die ferne Heimat lag – versank und das Meer blutrot färbte.

Die andern, die nach der Kriegsgefangenschaft wieder in die zerstörte deutsche Heimat zurückkehrten, sprachen sicherlich noch oft sehnsüchtig von den köstlichen und bezaubernden Jahren in den Tropen des ‚Südraums‘. Der blutrote Sonnenuntergang in den Tropen war einer jener Momente, den die deutschen Marinesoldaten ein ganzes Leben lang nicht mehr vergessen konnten.

---

110 Khoo Selma Nasution, *More Than Merchants*

36. Deutsche Marineflieger im ‚Südraum‘

Bereits in den 1930er Jahren war Niederländisch-Indien Ziel mancher deutscher Sportfliegerinnen und Sportflieger. Die deutsche Fliegerlegende des letzten Jahrhunderts, Elly Beinhorn, brach 1932 im Alter von 24 Jahren mit der kleinen offenen, nur 80 PS starken Klemm-Argus-L16 Maschine, mit der Kennung D-2160, zu ihrem ersten Alleinflug rund um die Welt auf. Zwischenaufenrhalte waren in Niederländisch-Indien in Batavia, Bandung, Surabaya und Kupang auf der Insel Timor. Überall wurde sie begeistert empfangen, da es die erste deutsche Maschine war, die zu dem von Deutschland weit entfernten Archipel flog.

In Surabaya wurde sie vom Flughafendirektor empfangen. Es war der dickste Mann der Stadt, der aufgrund seiner stattlichen Figur ‚Reistafel König‘ genannt wurde. Vor dem Weiterflug nach Australien ließ sie auf der Marine-Flugstation (‚Marine Luchtvaart Dienst‘ MLD) der Holländer in Surabaya den Motor ihrer Maschine generalüberholen. Sie nutzte die Zeit der Motorüberholung und fuhr in einer Nachtfahrt mit dem Dampfer nach Bali, da ihr Victor von Plessen vorgeschlagen hatte, Walter Spies in Ubud zu besuchen. Hier traf Elly Beinhorn Anfang 1932 mit Walter Spies zusammen. Wie man aus den vielen Aufnahmen in ihrem Buch *Ein Mädchen fliegt um die Welt* ersehen kann, lernte sie durch Spies das ursprüngliche Bali kennen.

Oberstleutnant Horst Pulkowski und Leutnant Rudolf Jenett, schrieben bei ihrem Flug nach Australien Geschichte. In ihrem zweisitzigen Reiseflugzeug Arado Ar 79, das damals das schnellste Flugzeug seiner Klasse war, stellten sie mehrere Rekorde auf. Aufenthalte waren in Medan, Batavia und Surabaya. Zwischen dem 7. und 15. Januar 1938 besuchten die beiden Piloten der Deutschen Luftwaffe auch Bali. Von Bali ist eine historische Aufnahme überliefert, die damals der bekannte schweizer Maler Theo Meier machte, vermutlich auf dem Flugplatz Buleleng im Norden Balis.

Abb. 35
Das Flugzeug
Arado Ar 79 mit
balinesischen Kindern

143

Bei ihrem Rückflug nach Deutschland kollidierten sie über Madras in Indien mit einem Greifvogel und stürzten ab. Beide fanden den Tod.

Die japanische Luftwaffe war während des gesamten Krieges nicht in der Lage, eine lückenlose und undurchlässige Luftüberwachung in der Straße von Malakka zwischen Sumatra und Malaya zu gewährleisten. Um den großen Küstenbereich des eroberten ‚Südraums‘ überwachen zu können, hätte Japan viel mehr Flugzeuge benötigt. Diese Lücke erkannten die Alliierten. Ab Ende 1943 waren daher ständig feindliche U-Boote in der Meerenge im Einsatz, um den Nachschub der Japaner zur Birmafront – an der Birma-Thailand-Eisenbahn wurde zu diesem Zeitpunkt noch gebaut – und das Ein- und Auslaufen der deutschen U-Boote zu stören. Die deutschen U-Boote waren durch die Präsenz der Alliierten in diesen Gewässern extrem gefährdet.

Im Frühjahr 1944 wurden daher zwei deutsche zweisitzige Arado-Wasserflugzeuge Typ Ar 196, die speziell für die Küstenpatrouille entwickelt wurden, mit den Hilfskreuzern *Michel* und *Thor* nach Penang gebracht. Die Leitung dieses ‚Marinesonderdienstes Ost-Asien‘ hatte der Pilot Oberstleutnant zur See Ulrich Horn. Die beiden deutschen Maschinen wurden, damit sie von den japanischen Streitkräften sofort als Freund erkannt wurden, mit der japanischen *Hinomaru*-Markierung – der japanischen Sonnenwappenflagge – versehen. Sie wurden aber ausschließlich von deutschen Piloten geflogen. Die beiden Arado-Wasserflugzeuge waren eine große Hilfe, um die Beweglichkeit der deutschen U-Boote in der Straße von Malakka und der Javasee sicherzustellen. Die Luftüberwachung konnte in diesem Raum noch intensiviert werden, als ein japanisches Wasserflugzeug Typ *Aichi E 13A* für die deutschen Marineflieger hinzukam. Außer der dreiköpfigen Besatzung konnte dieses Flugzeug noch eine Bombenlast von 250 Kilogramm bei einem Aufklärungsflug mitführen.

Abb. 36
Arado-Wasserflugzeuge
Typ Ar 196

Die Arado-Wasserflugzeuge wurden aber nicht nur zur Sicherung der deutschen U-Boote beim Ein- und Auslaufen in Penang eingesetzt, auch bei Rettungsaktionen leisteten sie hervorragende Dienste. Zum Beispiel erwartete man am 14. Februar 1944 im Stützpunkt Penang das ehemalige italienische U-Boot UIT 23, das seit der Kapitulation Italiens mit gemischter deutsch-italienischer Besatzung unter deutscher Flagge fuhr. Das U-Boot hatte viele Überlebende des versenkten deutschen Hilfskreuzers *Michel* und des Tankers *Brake* an Bord. Der Tanker *Brake* war im Indischen Ozean für die Versorgung der deutschen U-Boote mit Treibstoff stationiert und wurde versenkt. Die geretteten Seeleute hielten sich auf dem Oberdeck auf, als UIT 23 in der Straße von Malakka von dem britischen U-Boot *HMS Tally-Ho* versenkt wurde. Die Überlebenden, die sich auf Deck und auf dem Turm aufgehalten hatten, versuchten dem vom versenkten Boot aufsteigenden Öl zu entkommen und hielten sich an Trümmerteilen über Wasser. Der britische Angreifer kümmerte sich nicht um die in der See schwimmenden Männer.

Als UIT 23 in Penang überfällig war, beauftragte der Stützpunktleiter ein Arado-Wasserflugzeug, nach dem Boot Ausschau zu halten. Der Pilot entdeckte den Ölteppich des versenkten U-Boots und die die darin schwimmenden Seeleute. Die Maschine wasserte. Da aber im Flugzeug selbst kein Platz war, wurden bei jedem Rettungsflug fünf Überlebende an den Schwimmern festgebunden und an Land gebracht. Das Flugzeug pendelte so lange zwischen der Unglücksstelle und Penang hin und her, bis auch der letzte Überlebende gerettet war. Die 26 Männer der Besatzung, die bei dem Torpedoangriff innerhalb des Boots waren, fanden in der Straße von Malakka ein Seemannsgrab.[111]

Die in der See schwimmenden Überlebenden von UIT 23 hatten großes Glück, denn die Gewässer dieser Region sind extrem mit Haifischen verseucht. Vermutlich hat sie der Ölteppich gerettet. Weniger Glück hatten die Überlebenden des französischen Passagier- und Frachtschiffes SS *La Seyne*. Das Schiff war mit 162 Personen an Bord am 14. November 1909 auf dem Weg von Java nach Singapur, als es 26 Seemeilen vor Singapur von dem britischen Dampfschiff *Onda* gerammt wurde und in kürzester Zeit versank. Obwohl der Kapitän der *Onda* sofort alle Rettungsboote zu Wasser ließ, gab es nur 61 Überlebende. Die Haifische hatten in einer Art Blutrausch ein schreckliches Blutbad angerichtet.

Der Service der beiden Arado-Maschinen wurde normalerweise auf dem deutschen Marinestützpunkt in Singapur durchgeführt. Aber Oberstleutnant Ulrich Horn flog seine Maschine zum Austausch der Schwimmer ab und zu

---

111 Brennecke, *Jäger...*, S. 341 und
    www.uboataces.com

zum japanischen Marine-Stützpunkt bei Penang. Er sprach etwas japanisch, und kam mit der zusätzlichen Zeichensprache bestens mit den japanischen Monteuren zurecht. Die japanischen Piloten, die die Aichi E 13A flogen wunderten sich, dass ein Wechsel der Schwimmer der deutschen Flugzeuge durch eine ausgereiftere Technik in nur einem Zehntel der Zeit erfolgen konnte, verglichen mit einem Schwimmerwechsel bei ihren Maschinen.[112]

Als sich später der U-Boot-Verkehr mehr nach Batavia verlagert hatte, wurden die beiden Arado-Maschinen nach Batavia verlegt. Der Weg durch die Sundastraße in den Indischen Ozean barg nun weniger Gefahren als die Straße von Malakka. Auch hier, in der Javasee und in der Sundastraße, leisteten die beiden Maschinen hervorragende Dienste. Nach der Kapitulation Deutschlands wurden sie den japanischen Marinefliegern übergeben.

Es gab aber noch eine größere Anzahl deutscher Flugboote und Wasserflugzeuge in dem von Japan besetzten Niederländisch-Indien. Die größte deutsche Marine-Flugstaffel war dem Stützpunkt in Surabaya angeschlossen. Während der Kolonialzeit war dies bereits die größte Basis der niederländischen Marineflieger (‚Marine Luchtvaart Dienst' MLD). Die legendäre deutsche Flug-Ikone des 20. Jahrhunderts, Elly Beinhorn, ließ dort bei ihrem Rund-um-die-Welt-Flug im Jahre 1932 den Motor ihres kleinen, nur 80 PS starken, offenen Flugzeugs Klemm Argus L16 vor dem Weiterflug nach Australien überholen.[113] Hier sah sie über 60 Wassermaschinen stehen, davon alleine 45 Dornier-Wal-Flugboote.[114]

Aus dem Archiv des Dornier Museums in Friedrichshafen und dem 1939 erschienenen Buch von Irmgard Loeber konnte ich in Erfahrung bringen, dass 1937 der niederländische ‚Marine Luchtvaart Dienst' 72 neue Flugzeuge, darunter 42 deutsche Flugboote DO 24 der Firma Dornier bestellt hatte. Nach einem Dokument über die Stärke der niederländisch-indischen Wehrmacht vom Januar 1939, das ich in einer Akte von Walther Hewel gefunden habe, besaß der MLD bereits zu diesem Zeitpunkt 72 Seeflugzeuge und 18 kleinere Katapult-Flugzeuge.[115]

Die Dornier DO 24 war ein hochseefähiges dreimotoriges Fernaufklärungs-Flugboot, das auch bei Seenot-Rettungseinsätzen hervorragende Dienste leistete. Die bisher in Niederländisch-Indien eingesetzten 46 Dornier-Flugboote ‚Wal' aus den 1920er Jahren mussten aus Altersgründen ersetzt werden. Die für Niederländisch-Indien vorgesehenen neuen Maschinen wurden mit dem Zusatz ‚K' versehen, es waren die Flugboote vom Typ DO 24K.

---

112 Hiroshi Yasunaga, *Shito no Suiteiai* und www.j-aircraft.com
113 Geerken, *Der Ruf des Geckos*, S. 149
114 Elly Beinhorn, *Ein Mädchen fliegt um die Welt*, S. 95
115 AA: Pol VIII 1977/41, 740/84671)

Anfang 1938 wurde die erste DO 24K mit dem Kennzeichen X-1 in Niederländisch-Indien in Dienst gestellt. In schneller Folge wurden nun die Maschinen mit dem Kennzeichen X-2 bis X-29 an die Niederlande ausgeliefert. Die letzte noch in Deutschland produzierte Maschine mit der Bezeichnung X-37 wurde im Dezember 1939, also bereits einige Wochen nach Kriegsbeginn, an die Niederlande ausgeliefert.

Abb. 37
Flugboot Dornier DO 24

Bis zum Einmarsch der deutschen Wehrmacht in den Niederlanden wurden nach indonesischen Angaben insgesamt sieben Maschinen nach Niederländisch-Indien verschifft. Nach Angaben des Dornier Museums und der Dornier Stiftung für Luft- und Raumfahrt in Friedrichshafen waren bis zum Einmarsch der deutschen Wehrmacht jedoch bereits 37 Maschinen an den MLD in Niederländisch-Indien ausgeliefert worden. Nach deren Angaben wurde der größte Teil dieser Flugzeuge nach der Besetzung der Niederlande durch die deutsche Wehrmacht ‚zurückerobert'.

Die niederländische Industrie wurde durch die deutsche Wehrmacht für die deutsche Kriegsproduktion eingesetzt. Neben vielen weiteren kriegswichtigen Gütern wurden in den Fokker-Flugzeugwerken, wie auch in der Firma Aviolanda in Dordrecht Dornier DO 24K Flugboote in Lizenz weitergebaut. Die Belegschaft der Fokker-Flugzeugwerke vervielfachte sich durch immer neue Aufträge in kürzester Zeit. Erst Ende 1944 lief die niederländische Lizenz-Fertigung der Dornier DO 24K Flugboote aus, und die Schiffswerft De Schelde zog in die Fertigungshallen ein.

Ein weiterer wichtiger Stützpunkt für die Marineflieger in Niederländisch-Indien war Sandar Lampung, das früher Telukbetung oder Tanjung Karang genannt wurde. Während der japanischen Okkupation wurde dieser Hafen für Flugboote ‚Osthafen' genannt, obwohl er ganz im Westen des niederländisch-indischen Archipels, an der Sundastraße gegenüber der Vulkaninsel Krakatau im Süden Sumatras, lag. ‚Oosthaven' war bereits während der niederländischen Kolonialzeit der Hafen für Wasserflugzeuge des ‚Marine Luchtvaart Dienstes'. Er wurde ‚Oosthaven' oder ‚Haven Oost' genannt, weil er östlich der Niederlande lag. Neben den hochseefähigen Fernaufklärungsflugbooten Dornier DO 24K waren in ‚Osthafen' während der japanischen Okkupation auch japanische Wasserflugzeuge vom Typ Aichi E 13A stationiert.

Die Niederländer hatten auch noch Basen für ihre Wasserflugzeuge in West-Java an dem See Pangalengan, 45 Kilometer südlich von Bandung, und auf dem 700 Meter hoch gelegenen See Bagendit bei Garut. Eine weitere Staffel mit Wasserflugzeugen war am Tobasee stationiert. Der Tobasee, der größte Binnensee Indonesiens und der größte Kratersee der Welt, liegt in der Mitte Sumatras. Von hier aus konnten die Flugboote in kürzester Zeit die Westküste Sumatras sowie die Ostküste mit der Straße von Malakka erreichen.

Nach Informationen indonesischer Zeitzeugen wurde ein zerlegtes Wasserflugzeug vom Typ Dornier DO 24K mit einem der letzten Fracht-U-Boote von Deutschland nach Java transportiert. Nach der Montage sei diese Maschine Ende 1944 an Soekarnos erste Armee PETA übergeben worden. Bei der Rückkehr der Niederländer nach Kriegsende habe diese Maschine – nun im Besitz der Freiheitskämpfer – in einer einsamen Bucht an der Westküste von Sumatra ein für die Niederländer unauffindbares Versteck gefunden. Während des Unabhängigkeitskrieges gegen die Niederlande von 1945 bis Dezember 1949 habe dieses Flugzeug für den Transport von Soekarno und anderen leitenden Freiheitskämpfern große Dienste geleistet.

Auch Soekarno nutzte den ‚Osthafen' während der japanischen Okkupation. Mit einer deutschen Dornier DO 24K ließ er sich zu verschiedenen Inseln des Archipels fliegen. Er warb um Kämpfer für die PETA, und er bemühte sich, die verschiedenen Milizverbände und Splittergruppen der ehemaligen niederländischen Armee KNIL (Koninklijk Nederlandsch Indisch Leger) für seinen Unabhängigkeitskampf zu gewinnen. Der wasserreiche indonesische Archipel war wie geschaffen für Amphibien-Flugzeuge. Hier gab es überall Meer mit einsamen Buchten, große Flüsse durch den Dschungel und viele einsame Seen. Landemöglichkeiten gab es überall.

Bis über die 1970er Jahre hinaus hätte man dieses von Soekarno benutzte Dornier-Wasserflugzeug auf dem Militärflughafen Kalijati bei Subang als

Symbol der Freiheit Indonesiens bewundern können. Kalijati war der Platz, an dem sich 1942 die Niederländer den Japanern unterwerfen mussten. Dort ist immer noch der Raum zu besichtigen, in dem die Kapitulationsurkunde unterzeichnet wurde.

Nach Angaben des Flughafenkommandanten von Kalijati, Ltn. Agusprio Susilo, ist diese letzte funktionstüchtige Dornier DO 24K aus dem Zweiten Weltkrieg schon vor Jahren – vermutlich Ende der 1970er Jahre – in dem bergigen Gelände des Vulkans Tangkubanprahu in West-Java gegen einen Berg geprallt.

Im Frühjahr 2010 traf ich mit einem ehemaligen Piloten und Offizier der indonesischen Luftwaffe AURI (Angkatan Udara Republik Indonesia) zusammen, der schon längere Zeit im Ruhestand war, aber sich noch gut an die deutschen Flugboote DO 24K erinnern konnte. Er erzählte mir, dass mehrere dieser Flugboote von der PETA und den späteren Freiheitskämpfern benutzt wurden, und nach der Unabhängigkeit an die indonesische Luftwaffe übergeben wurden. Er selbst habe die deutschen Dornier-Wasserflugzeuge bis Ende der 1970er Jahre oft geflogen, um den damaligen Direktor der staatlichen indonesischen Ölgesellschaft Pertamina, General A. R. Ramli, zu den Ölfördergebieten in Borneo (heute: Kalimantan) und Sumatra zu bringen. Es wäre ihm immer ein großes Vergnügen gewesen, die äußerst zuverlässigen Maschinen auf den großen Flüssen mitten im Dschungel von Borneo zu landen. Der Luftwaffen-Pilot wusste allerdings nicht, wo später die Dornier-Flugboote abgeblieben sind.

Wie viel der ursprünglich bestellten Dornier-Flugboote letztendlich bis zur Kapitulation Deutschlands im Jahre 1945 in Niederländisch-Indien ankamen und wie viele von den Japanern erbeutet wurden, kann nicht mehr exakt festgestellt werden. Sicher ist, dass die dem Marinestützpunkt Surabaya angeschlossene Marine-Fliegerstaffel mindestens sieben Dornier DO 24K zur Überwachung der östlichen Javasee im Einsatz hatten. Mit den beiden in Batavia stationierten Arado-Maschinen, der japanischen *Aichi*-Maschine und einigen Dornier-Flugbooten in ‚Osthafen' und am Tobasee kommt man auf eine Stückzahl von mindestens 10 bis 15 Maschinen.

Es könnte gut sein, dass einige der in den Fokker-Werken gefertigte Flugzeuge zunächst mit Blockadebrechern und später zerlegt in Transport-U-Booten nach Niederländisch-Indien gebracht wurden. Technisch wäre das kein Problem gewesen, denn belegt ist, dass zerlegte Flugzeuge in U-Booten bis nach Japan transportiert wurden. Dies waren zum Beispiel:

- 5 Messerschmitt Bf 109E-7, auch Me 109 genannte Jagdflugzeuge, die auch als Jagdbomber, Nachtjäger oder Aufklärer einsetzbar waren. Mit insgesamt über 34.000 Stück war dies das meistgebaute Jagdflugzeug der Geschichte;

- 1 Messerschmitt Propellerflugzeug Me 210A-1, das eine Bombenlast von 2.000 Kilogramm tragen konnte;
- 1 Messerschmitt Düsenjäger Me 163 Komet, der unter Fliegern ‚Kraft-Ei‘ genannt wurde. Dies war das erste Flugzeug, das mehr als 1.000 Kilometer pro Stunde schnell war;
- 1 Messerschmitt Düsenjäger Me 262, das erste Düsenflugzeug, das in Serienfertigung ging und von dem nahezu 1.500 Stück während des Krieges gefertigt wurden.

Allerdings – so wurde mir von Zeitzeugen erzählt – seien die sieben Dornier-Flugboote des niederländischen ‚Marine Luchtvaart Dienst‘ MLD bei der Invasion Japans Anfang 1942 durch die Niederländer stark beschädigt oder zerstört worden. Es müssen also weitere Dornier-Maschinen während der japanischen Besatzung nach Niederländisch-Indien gelangt sein. Beweise hierüber liegen nicht vor. Es ist nach Informationen von indonesischen Zeitzeugen jedoch so gut wie sicher, dass die PETA mindestens eines, vermutlich aber mehrere der Dornier-Flugboote DO 24K nach der Kapitulation Japans für den Unabhängigkeitskampf in Besitz nahmen.

Der Pilot und Colonel der indonesischen Luftwaffe AURI, Sasonko Djati, erklärte am 21.10.2011 gegenüber dem Journalisten Iwan Santosa von der indonesischen Tageszeitung KOMPAS, dass seit den 1980er Jahren bei der indonesischen Marine und Luftwaffe keine Flugboote mehr im Einsatz seien.[116]

Nach 1945 befanden sich noch vier Messerschmitt-Flugzeuge Bf 109 auf dem Flugplatz in Bandung, die den Freiheitskämpfern in die Hände fielen. Es waren Flugzeuge, die die japanische Luftwaffe im Rahmen des Technologietransfers erhalten hatte. Da nach der Unabhängigkeit Indonesiens die vorübergehende Hauptstadt Yogyakarta war und sich auch Präsident Soekarno dort aufhielt, wurden die Maschinen nach dort überführt. Ob bereits indonesische Piloten diese Maschinen fliegen konnten, oder ob japanische Piloten die Maschinen überführten, ist nicht bekannt. Bei den Bombenangriffen der Niederländer während der ‚Polizeiaktionen‘ auf Yogyakarta, wurden mindestens zwei dieser Maschinen zerstört.[117]

---

116 Quellen: www.kompas.com vom 21.10.2012,
  Dornier Museum Friedrichshafen
  www.wikipedia.org/Dornier_DO_24 und
  Informationen von Zeitzeugen
117 Informationen von Zeitzeugen und von Alif Rafik Khan

37. Operationen vor Australien und Neuseeland

Bevor auf die Operationen der deutschen U-Boote in diesem Raum näher eingegangen wird, werden zunächst einige Einsätze von Überwasser-Schiffen im Zweiten Weltkrieg am anderen Ende der Welt beschrieben, zumal diese vor dem Einsatz der U-Boote erfolgten. Als Beispiel für viele andere Schiffe sollen hier nur die Operationen von zwei deutschen Hilfskreuzern mit deren Prisen beschrieben werden.

Die Flotte der deutschen Kriegsmarine war der ihrer Kriegsgegner von der Größe der Schiffe und deren Anzahl her weit unterlegen. Nach Ende des Ersten Weltkriegs wurde der Schiffsbau in Deutschland durch den Versailler Vertrag in der Höhe der Tonnage limitiert. Zu Beginn des Zweiten Weltkriegs mangelte es der Kriegsmarine besonders an Kreuzern. Daher wurden neun kommerzielle Frachtschiffe umgebaut und notdürftig bewaffnet. Die Geschütze waren hinter schnell zu entfernenden Attrappen von Aufbauten versteckt, so dass sie auf den ersten Blick wie ganz normale Frachtschiffe aussahen. Sie wurden mit großen Tanks und Provianträumen ausgestattet, damit sie monatelang autark auf See sein konnten. Die Mannschaft war bis über 400 Mann stark. Diese Schiffe wurden Hilfskreuzer genannt, die Alliierten nannten sie AMCs (Auxiliary Merchand Cruisers).

Die Hilfskreuzer waren nicht dazu gedacht, in Kampfhandlungen mit feindlichen Kriegsschiffen verwickelt zu werden, sie sollten lediglich Handelsschiffe aufbringen oder versenken, um den Nachschub der Alliierten zu stören. Diese neun Hilfskreuzer waren im Zweiten Weltkrieg sehr erfolgreich, sie versenkten 138 feindliche Frachtschiffe.

Die Geschichte des Hilfskreuzers *Kormoran* ist insofern für dieses Buch interessant, da das Operationsgebiet des Schiffes nicht nur im Indischen Ozean, sondern auch vor der Küste Australiens lag. Das Schiff lief 1938 in der Germaniawerft in Kiel als das Handelsschiff *Steiermark* vom Stapel. Es war für die Hamburg Amerika Linie (HAPAG) bestimmt. Nach Beginn des Zweiten Weltkriegs wurde es in Hamburg zum Hilfskreuzer umgebaut, bewaffnet und in *Kormoran* umgetauft. Von der deutschen Seekriegsleitung wurde die *Kormoran* als *Schiff 41* geführt. Die Bewaffnung bestand aus sechs schweren 15 cm Kanonen, zwei 3,7 cm Panzerabwehr- und fünf 2 cm Flugzeugabwehrkanonen. Darüber hinaus wurde die *Kormoran* für Torpedos ausgestattet. Zwei Torpedorohre befanden sich unter Wasser, zwei über Wasser. Eine Abwurfvorrichtung für Seeminen befand sich am Heck des Schiffes. 390 Seeminen konnten geladen werden. An Bord waren noch ein leichtes

Schnellboot und für Aufklärungsflüge drei Arado 196 A1 Wasserflugzeuge. Alle militärischen Einrichtungen waren hinter Attrappen versteckt, so dass das Schiff vom Feind nicht als ein Hilfskreuzer erkannt werden konnte.

Von den deutschen Hilfskreuzern war während des Zweiten Weltkriegs die *Kormoran* der größte. Die Indienststellung für die deutsche Marine erfolgte am 9. Oktober 1940 unter dem Kommando des 1902 geborenen Korvettenkapitäns (später Fregattenkapitän) Theodor Detmers.

Am 3. Dezember 1940 lief der Hilfskreuzer *Kormoran* als Frachter getarnt aus Gotenhafen in der Ostsee zu der ersten Reise aus. Die Treibstofftanks waren voll. Ohne nachtanken zu müssen war die Reichweite der *Kormoran* fast 140.000 Kilometer.[118] Es hätte also eine lange Reise werden können, aber sie dauerte nur elf Monate.

Die Blockade der Alliierten in den Atlantik konnte die *Kormoran* unbemerkt durchbrechen. Im Südatlantik wurden Treibstoff und Proviant von dem Versorgungsschiff und Hilfskreuzer *Atlantis* aufgefüllt. Die *Atlantis* hatte 622 Tage in überseeischen Gewässern auf See operiert, ohne Werft, ohne Hafen, um dort operierende deutsche Schiffe und U-Boote auf hoher See mit Proviant und Treibstoff zu versorgen. An Bord wurde mit lebenden Schweinen, Schafen und Hühnern eine Art Landwirtschaft betrieben, um auch frischen Proviant zur Verfügung zu haben.

Auf der Fahrt rund um Afrika und durch den Indischen Ozean versenkte die *Kormoran* den griechischen Frachter *Antonius*. Im östlichen Indischen Ozean wurde die *Kormoran* unentdeckt von den Alliierten am 24. Oktober 1941 vom Versorgungsschiff *Kulmerland* erneut mit Treibstoff, Proviant und zusätzlicher Munition versorgt. Nun sollte die *Kormoran*, getarnt als ein holländisches Schiff mit dem Namen *Malakka Straat*, die Shark Bay bei Canarvon an der Westküste Australiens verminen. Hier suchten und fanden niederländische U-Boote, die ihren Stützpunkt in Fremantle bei Perth hatten, immer wieder Unterschlupf.

Nachdem dieser Auftrag erfüllt war, erhielt der Kapitän Theodor Detmers den Befehl, über Java und Sumatra in den Golf von Bengalen zu fahren. Obwohl die *Kormoran* in nur elf Monaten bereits zehn Schiffe versenkt und ein weiteres, den kanadischen Tanker *Canadolita*, als Prise genommen hatte, ging ihr letzter Kampfeinsatz unglücklich für sie aus.

Die entscheidende und letzte Schlacht fand am 19. November 1941 mit dem australischen Kreuzer *HMAS Sydney* vor der australischen Westküste, gut 200 Kilometer westlich der Shark Bay und 1.800 Kilometer nördlich von Perth, statt. Als Kapitän Detmers die Frage der *HMAS Sydney* nach dem geheimen Erkennungscode nicht beantworten konnte, suchte die *Kormoran*

118 Es gibt Quellen, die nur eine Reichweite von 14.000 km angeben. Meiner Ansicht nach sind 140.000 richtiger, da in die Kormoran mehrere Zusatztanks eingebaut wurden und das Schiff 3 Jahre ohne nachzutanken auf See sein konnte.

mit Höchstgeschwindigkeit das Weite. Der Kreuzer *HMAS Sydney* war der *Kormoran* aber an Geschwindigkeit und Feuerkraft weit überlegen und kam immer näher. Kapitän Detmers befahl daher, die deutsche Kriegsflagge zu hissen und das Feuer zu eröffnen.

Schon mit den ersten Treffern waren die Brücke und der Feuerleitstand des australischen Kreuzers zerstört. Die Granaten der 15 cm Hauptgeschütze durchschlugen die Bordwand und explodierten im Schiffsinneren. Ein Torpedo der *Kormoran* traf den Bug der *HMAS Sydney*. Ein großes Feuer brach aus. Mit dem letzten noch einsatzbereiten Geschützturm der *HMAS Sydney* wurde der Maschinenraum der *Kormoran* schwer getroffen. Die stark brennende *HMAS Sydney* verließ den Ort der Seeschlacht in Richtung Süden. Die *Kormoran* lag manövrierunfähig in der See.

Auch auf der *Kormoran* brach Feuer aus. Die Stromversorgung und die Löschanlage fielen aus. Als Kapitän Detmers feststellte, dass die Schiffsmotoren mit Bordmitteln nicht mehr repariert werden konnten, ordnete er die Selbstversenkung an. Die Mannschaft ging in die Rettungsboote. Kapitän Detmers verließ als letzter Mann das Schiff. Zwei Rettungsboote mit 106 Seeleuten erreichten die westaustralische Küste bei Canarvon. Nach vier Tagen nahmen britische Schiffe noch Überlebende auf. Von der 397 Mann starken Mannschaft der *Kormoran* überlebten 316 Mann. 20 Mann waren während des Seegefechts gefallen, 61 ertranken.

Erst nach fünf Tagen startete die australische Marine eine Suchaktion nach der *HMAS Sydney*. Von dem australischen Kreuzer fehlte jede Spur. 645 australische Seeleute gingen mit dem Schiff, das der Stolz der australischen Marine war, verloren.

Bis heute rankten sich viele Legenden um den Kreuzer, zumal das Schiff spurlos verschwunden war. Nur ein einziger Rettungsring des Kreuzers wurde gefunden. Was war geschehen? Warum ging die Mannschaft nicht in die Rettungsboote? Warum drehte die *HMAS Sydney* nach Süden ab und nicht nach Osten an die Küste? Es gibt bis heute viele Fragen und keine Antworten. Ganz Australien war schockiert und erschüttert. Das Geheimnis beschäftigt Historiker und Autoren bis heute. Es wird wohl ewig auf dem Meeresgrund ruhen.

Mehr als 66 Jahre nach der Tragödie wurden im März 2008 endlich die *Kormoran* und wenige Tage später auch die *HMAS Sydney* auf dem Meeresgrund entdeckt. Beide Schiffe liegen etwa 22 Kilometer voneinander entfernt in rund 2.500 Metern Wassertiefe.

Hier soll noch darauf hingewiesen werden, dass es sich bei der versenkten *HMAS Sydney* nicht um dasselbe Schiff handelt, das im Ersten Weltkrieg den deutschen Kleinen Kreuzer *SMS Emden* versenkte. Die von der *Kormoran* versenkte *HMAS Sydney* war ein Nachfolger und wurde erst im September 1935 von der australischen Marine in Dienst gestellt.

Der Kommandant der *Kormoran*, Korvettenkapitän Theodor Detmers, und die überlebenden deutschen Seeleute wurden in Perth als Kriegsgefangene interniert. Es war Detmers zweiter ‚Besuch‘ in Australien. Bereits 1933 machte er dort mit dem Leichten Kreuzer *Köln* einen Flottenbesuch.

Schon wenige Monate nach der Internierung machte Detmers zusammen mit weiteren Offizieren einen Ausbruchversuch. Sie gruben einen Fluchttunnel. Sie hatten den Plan, in Fremantle, dem Hafen von Perth, ein Segelschiff zu ‚kapern‘, um mit diesem in das von Japan besetzte Niederländisch-Indien zu flüchten. Ihr Vorhaben wurde entdeckt und vereitelt.

Während der Kriegsgefangenschaft in Australien wurde Detmers im Dezember 1941 von Großadmiral Dönitz mit dem Ritterkreuz ausgezeichnet, da die Versenkung der *HMAS Sydney* die einzige bekannte Versenkung eines regulären Kriegsschiffes durch einen Hilfskreuzer war. Die eigentliche Aufgabe der Hilfskreuzer bestand nämlich nur in der Störung, Versenkung und Kaperung von Handelsschiffen.

Der Orden und die Urkunde wurde Detmers vom Internationalen Roten Kreuz ins Gefangenenlager überbracht. Im Mai 1947 wurde Detmers und die restliche Mannschaft der *Kormoran* aus australischer Gefangenschaft entlassen. Der Kommandant der *Kormoran* verstarb 1976 in Hamburg.[119]

Natürlich kaperte die Deutsche Kriegsmarine auch Handelsschiffe der Kriegsgegner. Diese Prisen waren besonders wertvoll, und das nicht nur wegen der Ladung. Meist musste nur der Schiffsname geändert werden, und das Schiff konnte unerkannt unter fremder Flagge weiter für Deutschland operieren. Gute Beispiele dafür sind der Hilfskreuzer *Pinguin* und der Minenleger *Passat*. Der Hilfskreuzer *Pinguin* war – aus Sicht des Dritten Reichs – ein erfolgreicher, vielleicht der erfolgreichste, Hilfskreuzer der Deutschen Kriegsmarine. Während des nur kurzen Einsatzes von elf Monaten als Hilfskreuzer wurden von der *Pinguin* 33 Schiffe versenkt oder als Prisen genommen. Weitere Schiffe wurden durch die von der *Pinguin* gelegten Seeminen versenkt. Von der deutschen Seekriegsführung wurde die *Pinguin* als *Schiff 33* geführt, von der Royal Navy war sie als *Raider F* gefürchtet.

1936 wurde die *Kandelfels* von der DDG-Hansa in Bremen (Deutsche Dampfschifffahrts-Gesellschaft Hansa) als Frachter für den Stückgutverkehr mit Südost-Asien in Dienst gestellt und nach Kriegsbeginn von der

---

119 Zusammenfassung aus den folgenden Quellen:
Deutsches U-Boot Museum, Cuxhafen-Altenbruch
Detmers u. Brennecke: *Hilfskreuzer Kormoran*
Hamburger Abendblatt vom 18. März 2008: *Der tödliche Bluff in der Haifischbucht*
Spiegel Online vom 16. März 2008: *Wrack des legendären Kreuzers Kormoran entdeckt*
Winter: *Duell vor Australien*

Kriegsmarine requiriert. Die *Kandelfels* wurde als Hilfskreuzer umgebaut und mit sechs 150 Millimeter Geschützen, einer 75 Millimeter Kanone und mehreren 37 Millimeter Flugzeugabwehrgeschützen bestückt. Außerdem erhielt die *Kandelfels* zwei Torpedorohre, eine Abwurfvorrichtung für Seeminen und einen getarnten Platz für zwei Wasserflugzeuge vom Typ Heinkel He 114A-2. Getarnt als russischer Frachter mit dem Namen *Katschura* verließ das Schiff am 15. Juni 1940 unter dem Kommando von Fregattenkapitän Ernst-Felix Krüder (später Kapitän zur See) die Gewässer von Norwegen. An Bord geladen waren 16 Torpedos und 300 Seeminen für den eigenen Gebrauch, sowie weitere 25 Torpedos und 80 Seeminen, die vor Afrika und im Indischen Ozean zur Versorgung an andere Boote weitergegeben werden sollten. Laut Einsatzbefehl sollte das Schiff den Handelsverkehr im Indischen Ozean stören, Seeminen vor australischen Häfen legen und die norwegische Walfangflotte und deren Basen in der Antarktis zerstören.

Als das Schiff norwegische Gewässer und den Einflussbereich der Russen verlassen hatte, änderte die *Katschura* ex *Kandelfels* ihre Identität. Nun wurde sie Hilfskreuzer *Pinguin*. Der Name *Pinguin* wurde gewählt, da auch ein Einsatz in der Antarktis vorgesehen war.

Die deutschen Hilfskreuzer wie die *Pinguin* waren mit allen Fazilitäten wie eine schwimmende Insel ausgerüstet, damit sich auch U-Boot-Mannschaften bei einem Zusammentreffen auf dem Deck und mit einem abwechslungsreichen Essen kurz erholen konnten. An Bord waren ein Lazarett, ein Gefechtsverbandsplatz, ein Operationsraum, eine Zahn- und eine Röntgenstation sowie ein Laboratorium. Mehrere Mediziner betreuten die Kranken und Verletzten. Auf der *Pinguin* waren dies neben mehreren Sanitätern der Stabsarzt Dr. Hasselmann und der Assistenzarzt Dr. Wenzel. Hier wurde nicht nur die rund 350 Mann starke Besatzung der *Pinguin* ärztlich versorgt, sondern auch kranke und verletzte Seeleute von gekaperten Schiffen oder U-Boot-Männer, die eine intensive Behandlung benötigten. Auf der *Pinguin* wurde von den beiden Ärzten trotz vom Sturm aufgepeitschter See und stark schlingerndem Schiff manch schwierige Operation durchgeführt. Wenn es sich machen ließ, versuchte jedoch der Bordmeteorologe Dr. Roll für eine Operation möglichst ruhigere Gewässer ausfindig zu machen.

Südlich der Kap Verden traf die *Pinguin* mit dem ersten deutschen U-Boot zusammen. Es war ein von der türkischen Marine bestellter U-Boot-Kreuzer, der bei Kriegsbeginn von der deutschen Kriegsmarine konfisziert und als U-A in Dienst gestellt wurde. Das Boot hatte eine Länge von 86 Metern, mit sechs Torpedorohren und einem 10,5 Zentimeter Geschütz vor dem Turm.

U-A war das erste deutsche U-Boot, das unter dem Kommando von Kapitänleutnant Hans Cohausz eine Unternehmung im Südatlantik durchführte. Dort hatte U-A einige feindliche Schiffe versenkt und alle Torpedos verschossen. Nun wurde U-A von der *Pinguin* mit neuen Torpedos ausgerüstet und mit Treibstoff und Proviant versorgt. Für solche Fälle hatten die Hilfskreuzer immer extra Bestände an Bord, damit die U-Boote länger in entfernten Gebieten operieren konnten. Bei der hohen Dünung des Atlantiks in Äquatornähe war das Umladen der Torpedos oft ein schwieriges und langwieriges Unterfangen.

Kommandant Cohausz und die bärtigen U-Boot-Männer wurden auf der *Pinguin* mit einem ‚Herzlich Willkommen' empfangen. Nach dem langen Aufenthalt in der engen U-Boot-Röhre durfte sich jeweils ein Drittel der Mannschaft auf der ‚schwimmenden Insel' *Pinguin* für einige Stunden entspannen. Endlich gab es für die U-Boot-Männer wieder eine Frischwasserdusche und ein Frischwasserbad. Sonntäglich gekleidet ging man frisch rasiert in Gruppen an Deck spazieren oder sonnte sich in einem Liegestuhl. Auf einem Schifferklavier wurden alte Seemannslieder gespielt, und unter Deck wurde mehrfach derselbe Film gezeigt, damit ihn die ganze Mannschaft ansehen konnte. Der Bäcker hatte besonders knusprige Brötchen gebacken und der Bordmetzger hatte für frische Schweineschnitzel eines der am Heck des Schiffes in einem Holzverschlag gehaltenen Schweine geschlachtet.[120]

Viel zu schnell verging die abwechslungsreiche Zeit auf der *Pinguin* und die U-Boot-Männer mussten zurück in ihr enges Zuhause. Am 18. Juli 1940 verließ U-A den Hilfskreuzer *Pinguin,* um in dem neues Einsatzgebiet rund um Südafrika zu operieren. Mit sechs Feindfahrten war U-A eines der erfolgreichsten deutschen U-Boote des Zweiten Weltkriegs.

Als griechischer Frachter mit dem Namen *Kassos* getarnt versenkte die *Pinguin* am 31. Juli 1940 in der Nähe der vulkanischen Insel Ascension im Südatlantik den britischen Frachter *Domingo de Larrinage.* Die britischen Seeleute, die den Angriff überlebt hatten, wurden an Bord der *Pinguin* genommen.

Südlich von Madagaskar im Indischen Ozean sichtete ein Heinkel-Bordflugzeug der *Pinguin* einen großen Tanker. Es war der norwegische Tanker *Filefjell,* der von der britischen Marine gechartert war. Der Frachter war mit 500 Tonnen Öl und Flugbenzin auf dem Weg vom Persischen Golf nach Kapstadt. Das Heinkel-Wasserflugzeug der *Pinguin* war für so einen Fall mit britischen Markierungen getarnt. Der Pilot warf eine Nachricht auf das Deck des Tankers mit dem Befehl, den Kurs zu ändern und die Funkstation nicht mehr zu benützen. Als der Kapitän diese Anweisungen nicht einhielt, zerstörte das Flugzeug mit seinen Bordwaffen die Funkanlage und nahm die Brücke unter Beschuss. Der Kapitän der *Filefjell* ergab sich und wartete, bis die *Pinguin* den Tanker erreicht hatte. Kapitän Krüder wollte die 500

---

120 Brennecke, *Pinguin*, S. 134ff

Tonnen Öl an Bord nehmen, aber weitere Schiffe kamen in Sicht. Mit einer deutschen Wachmannschaft an Bord blieb die *Filefjell* zurück. Die *Pinguin* nahm Kurs auf die gesichteten unbekannten Schiffe.

Der britische Tankers *British Commander* wurde von der *Pinguin* aufgebracht. Die 45-köpfige britische Mannschaft wurde an Bord genommen und das Schiff versenkt. Dem norwegischen Frachter *Morviken* stieß das gleiche Schicksal zu. Auch die 35 Mann der norwegischen Besatzung sowie ein schnelles Motorboot wurde an Bord der *Pinguin* genommen. Danach musste der Tanker *Filefjell* der *Pinguin* an einen ruhigen Platz außerhalb der Schifffahrtstraße folgen. Die 500 Tonnen Öl und die Besatzung wurden von der *Pinguin* an Bord genommen und das Schiff versenkt. Es war ein ereignisreicher und aufregender Tag!

Unter Deck gab es Gefangenenräume für gut 200 Seeleute von gekaperten oder versenkten Schiffen. Kapitäne dieser Schiffe bekamen eigene Kabinen. Ihre Wertsachen, Kleidung und Gebrauchsgegenstände durften die Gefangenen auf die *Pinguin* mitnehmen und behalten. Die Kriegsgefangenen wurden meist getrennt nach Nationalität untergebracht. Sie hatten ihre eigenen Toiletten. Sie erhielten dasselbe Essen, und Zigaretten wurden zugeteilt wie für die deutsche Mannschaft. Nur einige britische Kapitäne beklagten sich über die Bordverpflegung. Sie konnten nicht verstehen, dass auf einem deutschen Kriegsschiff vom Kommandanten bis zum Matrosen alle dasselbe Essen bekamen. Auf britischen Schiffen legte man auf Klassenunterschiede großen Wert.

Ein Problem machten nur die Inder, die auf den britischen Schiffen Dienst taten. Sie wurden in einem separaten Gefängnisraum untergebracht, in dem eine Küche eingebaut wurde. Hier durften sie sich ihr eigenes Essen kochen. Auch die beiden Ärzte an Bord hatten durch die Inder eine größere Belastung, da sie wegen jeder Kleinigkeit den ,Doktor' aufsuchten.

Chinesen sind bekanntermaßen gute Köche, sauber und äußerst fleißig. An Bord der *Pinguin* war ein Chinese, der auf einem britischen Frachter gefangen genommen worden war. Wegen seines gebrochenen Beines musste er für längere Zeit im Lazarett behandelt werden. Als er wieder genesen war, durfte er in der Bordküche mitarbeiten und musste nicht mehr in den Gefangenenraum zurück.

Die Kriegsgefangenen durften in Gruppen an Deck kommen. Wenn sich am Morgen die Kriegsgefangenen auf Deck tummelten, war dies ein friedfertiges Bild wie auf einem Passagierdampfer ... bis die Alarmglocken schrillten! Dann mussten alle schnellstens unter Deck.

Die *Pinguin* hatte unter dem Namen *Kassos* bereits so viel Aufmerksamkeit erregt, dass das Schiff erneut seine Identität ändern musste. An einem einsamen Platz erfolgte die Transformation. Am 10. September 1940 war die *Pinguin* nicht mehr wiederzuerkennen. Das Schiff hatte nun eine schwarze Hülle, zwei schwarze Schornsteine mit hellblauen Bändern und ein weißes Oberdeck. Nun fuhr die *Pinguin* als britischer Frachter *Trafalgar* getarnt weiter. Eines der beiden Heinkel-Wasserflugzeuge ging bei rauer See beim Start verloren. Während der Zeit des Neuanstrichs wurde ein Ersatzflugzeug, das unter Deck lagerte, zusammengebaut.

Nachdem die *Pinguin* in den Gewässern vor Madagaskar einen so großen Erfolg verzeichnen konnte, wollte Kapitän Krüder vor seinem Einsatz in Australien hier nochmals sein Glück versuchen. Schon am 12. September 1940 sichtete er den britischen Frachter *Benavon*, der auf dem Weg von London nach Singapur war. Die *Benavon* war bewaffnet und es kam zu einem Feuergefecht. Die Brücke und die Funkanlage der *Benavon* wurden zerstört und das Schiff fing Feuer. Der Kapitän, die Decksoffiziere und der Funker wurden bei dem Feuergefecht getötet. Die überlebenden 28 britischen Seeleute wurden von der *Pinguin* an Bord genommen.

Nur vier Tage später sichtete die *Pinguin* den norwegischen Frachter *Nordvard* auf der Fahrt von Fremantle in West-Australien über Südafrika nach Großbritannien. Die *Nordvard* wurde gestoppt. Der Kapitän und die 30-köpfige Mannschaft ergaben sich ohne Gegenwehr. Das Schiff hatte 7.500 Tonnen australischen Weizen und andere Lebensmittel geladen. Dieses Schiff mit der wertvollen Fracht wurde als Prise genommen. Da von den bisher versenkten britischen und norwegischen Schiffen bereit an die 200 Kriegsgefangene an Bord der *Pinguin* waren, wurden über 100 davon auf die *Nordvard* übergesetzt. Das Schiff wurde von einer deutschen Prisenmannschaft übernommen und nach Bordeaux in Fahrt gesetzt. Am 22. November 1940 kam es dort mit der Kriegsgefangenen und der wertvollen Fracht sicher an.

Nach den Plänen von Fregattenkapitän Krüder und seinem Navigationsoffizier, Leutnant Wilhelm Michaelson, benötigten sie für die Minenlegung vor australischen Häfen und der Bass-Straße zwischen Südaustralien und Tasmanien ein zweites Schiff. Zwischen der Sundastraße und den Christmas Islands, südlich der Westspitze Javas, sichtete die *Pinguin* den norwegischen Tanker *Storstad*. Die *Storstad* war auf dem Weg von Britisch-Nord-Borneo (heute: Sabah) nach Melbourne in Australien. Sie ergab sich ohne Gegenwehr und wurde als Prise genommen. An einem einsamen Platz südlich der Küste Javas wurde die *Storstad* in einen Minenleger umgebaut und ein Teil ihres Öls von der *Pinguin* übernommen. Das Schiff wurde auf den Namen *Passat* getauft und mit 110 Seeminen als Hilfsminenleger ausgerüstet. Mit einer gemischten deutsch-norwegischen Mannschaft unter dem Kommando von Leutnant Erich Warning stach die *Passat* wieder in See. Kapitän Krüder war sich sicher, dass ein Tanker, der für Melbourne deklariert war, bei den Briten und Australiern dort am wenigsten Misstrauen erregen würde.

Nun trennten sich die Wege der beiden Schiffe. Die *Passat* verminte den Seeweg nach Melbourne in der Bass-Straße und die schmale Zufahrt des Port-Phillip-Bays zum Hafen. Danach nahm die *Passat* Kurs auf Adelaide und verminte dort die nur zehn Meilen breite Zufahrtstraße zum Hafen zwischen der Känguru-Insel und dem Festland.

Mit einer unbeschreiblichen Kühnheit legte die *Pinguin*, unbemerkt von den Sydney vorgelagerten Küstenbatterien Fort Phillip und Macquire, Minen direkt vor die Hafeneinfahrt von Sydney. Danach folgte die Verminung des Hafens von Newcastle, und in einer dunklen Nacht fielen Minen in die beiden Einfahrten vor Port Hobart auf Tasmanien. Nach der *Passat* nahm nun auch die *Pinguin* Kurs auf Adelaide und senkte ihre letzten Seeminen in die von Port Augusta und Port Pirie nach Westen führenden Seewege.

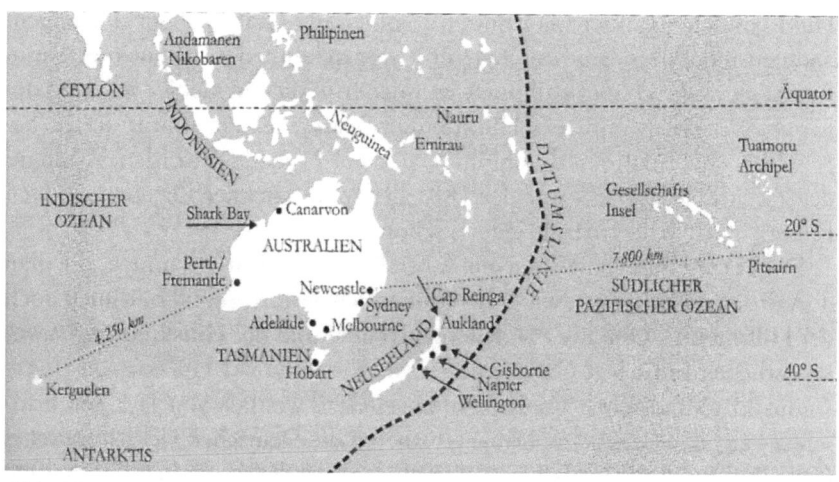

Abb. 38
Weit entfernte Operationsgebiete der deutschen Kriegsmarine von 1943-1945 im südlichen Indischen Ozean und im südlichen Pazifik

Als die Minen verlegt waren, nahm die *Pinguin* Kurs auf einen 700 Seemeilen westlich von Perth vor Westaustralien vereinbarten Treffpunkt mit der *Passat*. Am 15. November 1940 trafen sich die beiden Schiffe nach einer gelungenen und in der Seegeschichte einmaligen Aktion. Während dem Handstreich der Minenlegung vermieden die beiden Schiffe jeglichen Funkkontakt, um möglichst unbemerkt zu bleiben.

Die australische Küstenwache wähnte sich noch weit entfernt vom Kriegsgeschehen und konnte sich nicht vorstellen, dass deutsche Schiffe bis direkt vor ihre Flottenstützpunkte kommen würden. Aber schon bald wurde Australien aufgeschreckt. Bereits am 7. November – die *Pinguin* war noch auf dem Weg zum vereinbarten Treffpunkt mit der *Passat* – lief das große britische Kühlschiff *Cambridge* in der Bass-Straße auf eine Mine und sank. Nur zwei Tage später lief der amerikanische Frachter *City of Rayville* auf eine Mine und sank. Die australischen und britischen Medien redeten immer noch von unerklärlichen Explosionen unter Wasser oder im Laderaum der Schiffe. Man konnte sich in Australien immer noch nicht vorstellen, dass deutsche Schiffe bis vor ihre Haustüre kamen. Als jedoch in kurzer Zeit fünf britische, amerikanische und australische Schiffe durch die von der *Pinguin* und *Passat* verlegten Minen versenkt wurden, wurde man auch in Australien wach. Nun wurden von der australischen Marine gefährdete Seegebiete als Sperrgebiet erklärt. Man vermutete in australischen Medien, dass dieses Husarenstück vor ihrer Haustüre nur von einem Graf Luckner mit seinem ‚Gespensterkreuzer‘ habe durchgeführt werden können. Graf Luckner war in Australien wegen seiner Kühnheit, mit der er in diesem Gebiet während des Ersten Weltkriegs mit dem Hilfskreuzer *Seeadler,* einem motorisierten Segelschiff, Kapernfahrten durchführte, zu einer Legende geworden. Während des Zweiten Weltkriegs war der 1881 geborene Luckner für einen aktiven Einsatz in der Kriegsmarine jedoch schon zu alt.

Der Nachschub von Waren aus Australien nach Großbritannien, die man dort dringend benötigte, war nun empfindlich gestört, zumal nun auch noch der Hilfskreuzer *Orion* vor Südwest-Australien und der Hilfskreuzer *Atlantis* im östlichen Indischen Ozean operierten.[121]

Am 11. November 1940 kaperte die *Atlantis* westlich von Java den britischen Frachter *Automedon.* Dabei erbeuteten die Deutschen viel strategisches Geheimmaterial des britischen Kabinetts, das für den britischen Generalstab in Fernost bestimmt war. Mit dem gekaperten norwegischen Tanker *Ole Jacob* wurden diese Geheimpapiere zur Deutschen Botschaft in Tokyo gebracht und kurz danach auch der japanischen Regierung übergeben. Diese Geheimpapiere haben die Planung des deutschen und japanischen Militärs stark beeinflusst.

Am 16. November 1940 nahm die *Passat* wieder ihre originäre Identität als norwegischer Tanker *Storstad* an und fungierte in Begleitung der *Pinguin* als Hilfstrossschiff. Die Mannschaft bestand nun aus 18 deutschen und 25 freiwilligen norwegischen Seeleuten. Bereits am nächsten Tag stellten die beiden Schiffe den großen britischen Frachter *Nowshera.* Er war auf dem Weg von Adelaide nach Großbritannien. Der Kapitän ergab sich ohne

---

121 Ibid., S. 163f

Gegenwehr. Die *Nowshera* hatte Zinkerz, Weizen und Wolle geladen. Der Proviant der *Nowshera* und die 113 Seeleute wurden übernommen und das Schiff mit der wertvollen Fracht in westaustralischen Gewässern versenkt.

Am 20. November 1940 wurde nach einem kurzen Feuergefecht das über 10.000 Tonnen große britische Kühlschiff *Maimoa* aufgebracht. Mit 5.000 Tonnen Gefrierfleisch, 1.500 Tonnen Butter, 16 Millionen Eiern, Mehl und anderen Lebensmitteln war das Schiff auf dem Weg von Fremantle in West Australien nach Großbritannien. Nachdem die Vorratsräume der *Pinguin* und *Passat* bis unter die Decke aufgefüllt waren und die 87-köpfige Besatzung übernommen war, wurde die *Maimoa* versenkt.

Am 20. November 1940 sichtete die *Storstad* ein weiteres britisches Kühlschiff mit einer ähnlichen Fracht, die *Port Brisbane*. Auch dieses Schiff war unterwegs von Australien nach Großbritannien. Da die *Port Brisbane* bewaffnet war, wurde Hilfskreuzer *Pinguin* herbeigerufen. Bei einem kurzen Feuergefecht wurden die Brücke und die Funkstation der *Port Brisbane* zerstörte. Dabei wurde der Bordfunker getötet. Von der 87-köpfigen Besatzung konnten von der *Storstad* nur 60 Mann und ein weiblicher Passagier übernommen werden. Die restlichen Männer konnten in der Dunkelheit mit einem Rettungsboot entkommen. Über das Schicksal der geflüchteten Männer ist nichts bekannt.

Am 28. November 1940 versenkte die *Pinguin* nach einem Feuergefecht ein weiteres bewaffnetes britisches Kühlschiff auf dem Weg von Australien nach Großbritannien, die *Port Wellington*, ein Schwesterschiff der *Port Brisbane*. Neben vielen Tonnen gefrorener Lebensmittel hatte dieses Schiff noch Weizen und Stahl an Bord. Bei dem Feuergefecht wurden der Bordfunker und der Kapitän tödlich verletzt. 81 britische und australische Besatzungsmitglieder und sieben weibliche Passagiere wurden von der *Pinguin* übernommen. Die Störung des Lebensmittelnachschubs für die britische Bevölkerung durch die *Pinguin*, die *Storstad/Passat* und die *Orion* bereitete Großbritannien zwischenzeitlich immer größere Probleme.

Weitere Hilfskreuzer sowie der Schwere Kreuzer *Admiral Scheer* störten den Nachschub der Briten im westlichen Indischen Ozean und rund um Afrika. Die *Admiral Scheer* hatte das größte Kühlschiff Großbritanniens, die *Dequesa*, als Prise genommen. Die *Dequesa* hatte neben vielen Tonnen Konserven auch rund 18 Millionen Eier und 7.000 Tonnen australisches Gefrierfleisch an Bord. Da die Kohlevorräte der *Dequesa* für eine Fahrt in einen Hafen an der französischen Atlantikküste nicht ausreichten, wurde das Schiff als *Verpflegungsschiff Wilhelmshafen Süd* im Indischen Ozean belassen. Nicht nur die *Pinguin*, auch die Hilfskreuzer *Storstad*, *Thor* und andere

Schiffe wie das Versorgungsschiff *Nordmark,* füllten hier ihre Bestände auf, ohne die riesigen Kühlräume der *Dequesa* leeren zu können.

Der Hilfskreuzer *Pinguin* hatte von den inzwischen über zehn versenkten Schiffen mehr als 300 britische, australische und norwegische Kriegsgefangene und mehrere Frauen an Bord. Auch die *Storstad* hatte noch Kriegsgefangene aufgenommen. Weitere Gefangene hatte die *Storstad* von dem Hilfskreuzer *Atlantis* übernommen, der vom 8. bis 9. Dezember 1940 mit der *Pinguin* und *Storstad* zusammengetroffen war. Kapitän zur See Ernst-Felix Krüder der *Pinguin,* dem an Weihnachten 1940 für seine Verdienste das Ritterkreuz verliehen wurde, betrachtete es als seine Pflicht, die bisher aufgenommenen Besatzungsmitglieder der versenkten oder als Prise genommenen gegnerischen Schiffe zu retten.

Kapitän Krüder ließ nun alle Gefangenen auf die *Storstad* übersetzen und entließ das Schiff mit Kurs nach Frankreich. Als Kriegsgefangenentransporter erreichte die Prise *Storstad,* ex *Passat,* mit fast 550 Gefangenen am 4. Februar 1941 sicher Bordeaux. Der größte Teil der norwegischen gefangenen Seeleute wurde im März 1941 mit dem deutschen Schiff *Donau* nach Norwegen gebracht und dort repatriiert.

Die *Pinguin* nahm nun Kurs nach Süd-West, um die norwegische Walfangflotte in der Antarktis, die von der britischen Regierung gechartert war, zu stören. Diese Aktion der *Pinguin* wird der Vollständigkeit halber nur kurz zusammengefasst, da sie nicht unmittelbar in den Kontext dieses Kapitels gehört.

Teils freiwillig, teils unter Druck, brachte die *Pinguin* die gesamte Walflotte von Fabrikationsschiffen, Fangschiffen, einem Versorgungsschiff und einem Walöl-Tanker auf, insgesamt 15 Schiffe. Ohne einen einzigen Schuss erbeutete die *Pinguin* über 20.000 Tonnen Walöl im Wert von damals mehr als vier Millionen Dollar, über 10.000 Tonnen Dieselöl und vieles mehr.

Ein Teil der norwegischen Mannschaft arbeitete mit ihren Schiffen freiwillig für das Deutsche Reich weiter, wie wenn nichts geschehen wäre. Die Seeleute wurden nun für die Lieferung von Walöl vom Deutsche Reich bezahlt. Zwei Schiffe, der Walöl-Tanker *Solglimt* und das Walöl-Fabrikschiff *Pelagos,* wurden mit ihrer wertvollen Fracht nach Bordeaux entsandt, wo sie auch im März 1941 eintrafen.

Von der deutschen Seekriegsleitung erhielt nun die *Pinguin* den Befehl die restlichen Schiffe der Walflotte zu einem Rendezvous-Punkt mit dem deutschen Tanker *Nordmark* südlich der Insel Tristan da Cunha, einem britischen Überseegebiet im Südatlantik, zu bringen. Die *Nordmark* hatte einige Prisenmannschaften an Bord, die das Kommando der Walfangflotte übernehmen sollten. Ein Wal-Fangschiff wurde auf See mit dem neuen Namen *Adjutant* versehen. Die *Adjutant* sollte die Gruppe verlassen und der *Pinguin* folgen. Die restlichen Schiffe machten sich unter Führung des Fabrikationsschiffes *Ole Wegger* auf den Weg zurück nach Europa. Alle Schiffe, bis auf zwei, erreichten am 20. März 1941 Bordeaux. Die beiden wurden kurz vor ihrem Ziel von der britischen Corvette *HMS Scarborough* gestoppt und von den Mannschaften versenkt. Die deutsch-norwegischen Mannschaften wurden von der britischen Corvette aufgenommen.

In der Zwischenzeit hatten die *Pinguin* und die *Adjutant* die äußerst einsame subantarktische Inselgruppe der Kerguelen mit dem Gazellehafen (heute: Port Couvreux) erreicht. Die Kerguelen sind ein französisches Antarktisterritorium vulkanischen Ursprungs im südlichen Indischen Ozean, jeweils knapp 4.000 Kilometer von der südafrikanischen und australischen Südküste entfernt.

Die Inselgruppe ist eine unbewohnte, menschenfeindliche und kahle Einöde, die tagein tagaus von antarktischen Stürmen der ‚Roaring Fourties‘ umtost wird. Sturm-, Schnee-, Regen- und Hagelböen wechseln sich ab. Die Fliegen sind hier flügellos. Die Stürme gestatten ihnen das Fliegen nicht, und so warfen sie im Laufe der Zeit das nutzlose Anhängsel ab. Die Höchsttemperatur im südlichen Sommer liegt dort bei 7-10° Celsius, die Wassertemperatur bei 5-6°. Im Winter sinkt die Temperatur jedoch nur wenig unter 0° Celsius. Zehn Prozent der Landfläche sind von Gletschern bedeckt. Die höchste Erhebung ist der Mount Ross mit 1.850 Metern.

Im Gazellehafen (heute: Port Couvreux) hatte Frankreich Anfang des 20. Jahrhunderts eine Versuchsstation zur Züchtung von Schafen und zur Verwertung der Robben eingerichtet. 1931 wurde diese wegen der ungünstigen Wetterverhältnisse endgültig aufgegeben, sodass die Inselgruppe im Zweiten Weltkrieg längst wieder verlassen und menschenleer war. Nur noch eine vielfältige Vogelpopulation, Pinguine, Robben und Kaninchen bevölkerten das öde, von Moos bewachsene Eiland. Ein zusammengefallener Anlegesteg und ein paar verfallene Holzhäuser zeugten noch davon, dass hier einmal eine kleine französische Siedlung war. Es war ein ungemütlicher Platz, ohne Baum, ohne Strauch, den Schiffe mieden. Als einziges verwertbares Gemüse wuchs hier der nur auf dieser Inselgruppe vorkommende ‚Kerguelenkohl‘. Er wurde wegen seines hohen Gehalts an Vitamin C gerne von den Robben- und Walfängern gegen Skorbut gegessen. Hier, bei dieser von jeglicher Zivilisation abgeschnittenen, kalten und stürmischen Inselgruppe, die fern jeglicher internationaler Seewege liegt, trafen sich die deutschen Hilfskreuzer und Versorgungsschiffe. Es war der geheime ‚Flottenstützpunkt Kerguelen‘.

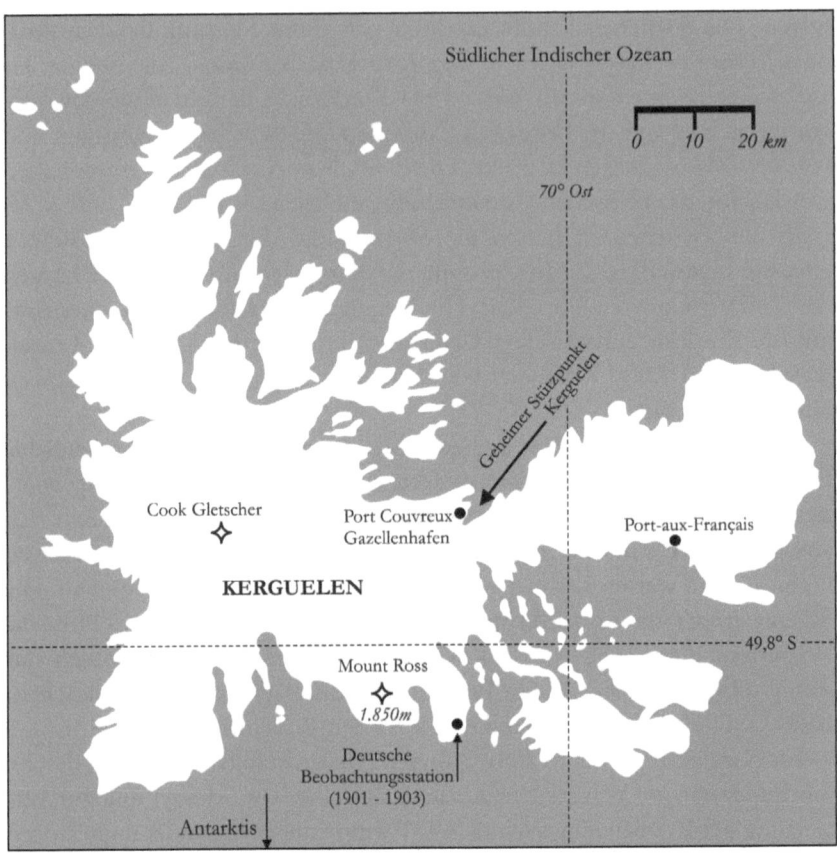

Abb. 39
Die Inselgruppe der Kerguelen

Genaues Kartenmaterial der Inselgruppe der Kerguelen war bereits im Besitz der Kriegsmarine, denn bereits Mitte 1874 war die Korvette *Gazelle* unter dem Kommando von Kapitän Freiherr von Schleinitz im Auftrag von Kaiser Wilhelm I. zu einer wissenschaftlichen Expedition zu den Kerguelen aufgebrochen. Von Oktober 1874 bis Februar 1875 wurde die Inselgruppe erforscht. Hauptgrund war die wissenschaftliche Beobachtung des Venus-Durchgangs vor der Sonnenscheibe am 9. Dezember 1874, um die genaue Entfernung der Erde zur Sonne berechnen zu können. Dieser Venus-Durchgang konnte nur südlich von Australien beobachtet werden. Außerdem wurde die Inselgruppe detailliert vermessen, obwohl es nur schlecht vorstellbar ist, dass die damalige Regierung wirtschaftliche Interessen an diesem kleinen und kargen Stück Land hatte.[122]

---

122 *Globus*, Band XXIV, No. 22 von 1876, S. 344ff und

Am 24. Dezember 1898 legte auch das Forschungs-Dampfschiff *Valdivia* anlässlich der ‚Deutschen Tiefsee-Expedition‘ im Gazellehafen an. Eine weitere deutsche wissenschaftliche Expedition zur Erforschung der Kerguelen folgte von 1901 bis 1903. Es war die deutsche Antarktis-Expedition unter Erich Dagobert von Drygalski mit dem Forschungsschiff *Gauss*. Drygalski war Geograph, Geophysiker und Polarforscher. Die Aufgabe bestand darin, neben der Hauptexpedition eine geomagnetische und meteorologische Beobachtungsstation zu errichten, die von fünf Personen besetzt werden sollte. Die Wissenschaftler sollten langfristig Vergleichsdaten zu den Beobachtungen der Wissenschaftler auf dem Forschungsschiff *Gauss* liefern. An Bord der *Gauss* waren für die Beobachtungsstation der Biologe Dr. Emil Werth und der Matrose Urbanski.

Als die *Gauss* die Kerguelen erreichte, war der gecharterte Küstenpassagierdampfer *Tanglin* des Norddeutschen Lloyd unter Kapitän Neuhauß bereits wenige Tage zuvor auf den Kerguelen eingetroffen. Dieser hatte die restlichen drei Personen für die Beobachtungsstation an Bord: den Meteorologen Josef Enzensperger, den Geographen Karl Luyken und den Matrosen Wienke. Die fünf Männer sollten alleine auf der Inselgruppe zurückbleiben. Die Leitung der Station hatte der Meteorologe Josef Enzensperger. Er war zuvor der erste Wissenschaftler auf der ‚Königlich Bayrischen Meteorologischen Hochstation Zugspitze‘ auf knapp 3.000 Metern Höhe.

Seine Ankunft auf den Kerguelen mit der *Tanglin* beschreibt Enzensperger wie folgt:

11. November [1901]. Es ist erreicht! Aber schwer haben wir es noch erkaufen müssen. Was wir an See am 7. des Monats sahen, ging ins Aschgraue, und alles, was auf dem Schiff fuhr, meinte, solches noch nie gesehen zu haben. [...] Diese unglaublichen Wellenberge! Ich maß solche von 12 Metern Höhe. Dem Kapitän [...] fiel wohl ein Stein vom Herzen, als aus dem dichten Nebel sich die Umrisse eines hohen Landes schälten, [...] und bei prachtvollem Sonnenschein fuhren wir ein in eine wunderbar schöne Fjordlandschaft.
[...] Der Kontrast zwischen den unzähligen Inseln, dem blauen Wasser, das in unendlich viel Armen tief ins Land dringt, den steilen Kuppen der Basaltberge und dem eisbedeckten Innern der Insel ist überwältigend schön. Schade, dass das abscheuliche Wetter so selten dieses Bild rein zu genießen gestattet.[...][123]

Ob die Passagiere bei der stürmischen See das gute Essen auf der *Tanglin* genießen konnten, ist fraglich. Auf der Fahrt von Australien zu den Kerguelen schrieb ein Passagier der *Tanglin* am 2. Juni 1901 einen Gruß an die Heimat

Globus, Band XXIX, No. 23 von 1876, S. 364ff

123 lberti-Sittenfeld, Conrad, *Die Eroberung der Erde: Der Weiße als Entdecker, Erforscher und Besiedler fremder Erdteile*, S. 499

auf die Speisekarte. Demnach gab es an diesem Tag Boullion mit Nudeln, Falscher Hase mit Kartoffeln, Schmorbraten mit Schnittbohnen, Biskuit Torte, Frucht und Kaffee. Wie der Passagier schrieb, dauerte die Reise von Singapur über Australien und die Kerguelen sechs bis sieben Monate.

Abb. 40
Speisekarte des Dampfers Tanglin vom 2. Juni 1901 auf der Fahrt zu den Kerguelen (Vorder- und Rückseite)

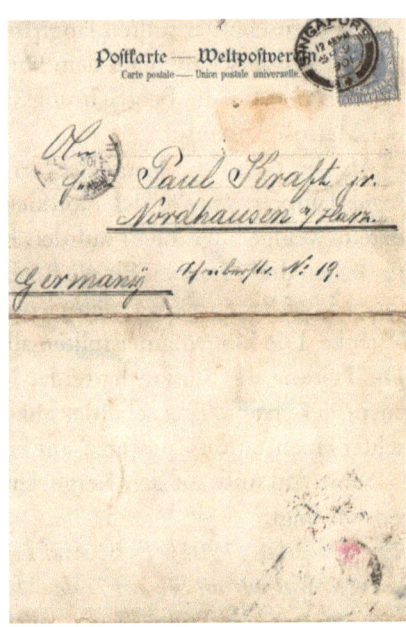

Die *Tanglin* hatte 200 Tonnen Material für den Aufbau der Beobachtungsstation sowie Polarhunde aus Ostsibirien an Bord. Es dauerte wegen des schlechten Wetters zehn Tage, bis die Bauhölzer, weiteres Baumaterial, Kohle, Proviant und so weiter von den chinesischen Matrosen an Land geschafft wurden. Am 31. Januar 1902 lichtete die *Gauss* wieder die Anker und fuhr Richtung Südpol weiter. Die drei Wissenschaftler und zwei Matrosen blieben alleine auf der unwirtlichen Inselgruppe zurück. Nachdem die zahllosen Messgeräte installiert waren, begannen die Messungen. Die Männer erkundeten auch die nähere Umgebung der Station. Die weiteste Expedition war zu der knapp 40 Kilometer entfernten Gazellebucht.

Schon bald stellten sich bei Dr. Werth Symptome der durch Mangelernährung verursachten Krankheit Beriberi ein. Auch Josef Enzensperger erkrankte und verstarb am 2. Februar 1903, eine Woche vor seinem 30. Geburtstag. Sein Grab in der Nähe der Station wurde bis heute nicht gefunden. Auch Dr. Werths Gesundheitszustand verschlechtere sich täglich.

Endlich, mit vier Wochen Verspätung, traf am 30. März 1903 das Schiff *Staßfurt* der Deutsch-Australischen Schifffahrtsgesellschaft auf den Kerguelen ein, um die Gruppe nach 14 langen Monaten auf der einsamen Insel wieder abzuholen. Nach einer Überfahrt von zwei Wochen erreichte das Schiff Sydney, wo Dr. Werth in einem Sanatorium gesund gepflegt wurde.

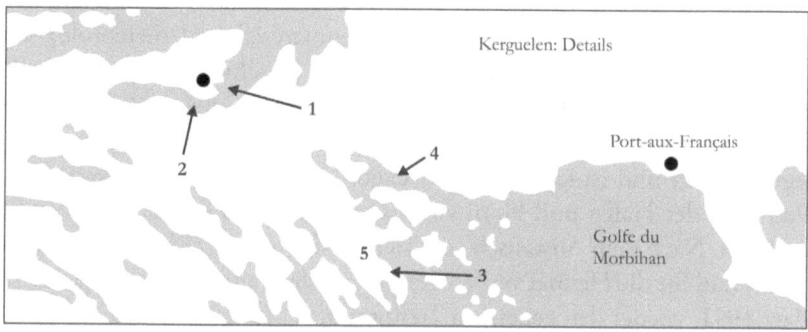

1) Gazellehafen / Port Couvreux
2) Gazelle-Bucht und Gazelle-Fjord
3) Deutsche Beobachtungsstation von 1901 - 1903
4) Karl Luyken-Fjord
5) Halbinsel Gauss / Presqu ile du Gaus

© Horst Geerken *(keine detailgetreue und nicht maßstäbliche Zeichnung)*

Abb. 41
Kartenausschnitt der durch die Expeditionen und die Deutsche Kriegsmarine besuchten Gebiete der Kerguelen-Inseln

Abb. 42
Die wissenschaftliche Beobachtungsstation der deutschen Expedition von 1901-1903 im Sommer der südlichen Erdhalbkugel

Bis heute findet man Zeugen der deutschen Präsenz auf den Kerguelen. Nach dem Biologen Dr. Emil Werth ist der ‚Mount Werth' benannt, nach dem Geographen Karl Luyken der ‚Karl-Luyken-Fjord. Das Forschungsschiff *Gazelle* findet seinen Namen wieder in der ‚Gazellebucht', der ‚Gazelle-Passage' und dem ‚Gazellehafen' (heute: Port Couvreux). Nach dem Forschungsschiff *Gauss* ist die ‚Halbinsel Gauss' (Presqu'île du Gauss) benannt.[124]

Als die deutschen Hilfskreuzer *Pinguin* und *Adjutant* am 13. März 1941 zum Austausch von Material und Reparaturen an den Schiffen auf dem geheimen Stützpunkt der Kerguelen in der Gazellebucht zusammentrafen, konnten sie somit auf ausführliches Kartenmaterial und meteorologische Daten zurückgreifen. In dem tief ins Innere einschneidenden Fjord, der von hoch aufragenden Felswänden begrenzt wurde, trafen die beiden Hilfs-kreuzer mit dem Hilfskreuzer *Komet* zusammen. Die Einfahrt zum Hafen liegt versteckt und ist kaum zu entdecken. Durch die hohen Felswände im Westen ist der Hafen und Fjord vollkommen von den starken Westwinden geschützt. Nach dem Austausch von Treibstoff, Proviant, Material und Brie-fen aus und für die Heimat verließ die *Komet* schon am nächsten Tag, am 14. März 1941, wieder den geheimen Treffpunkt.

Über den Hilfskreuzer *Komet* wird noch an weiteren Stellen berichtet werden. Der Hilfskreuzer *Komet* (zuvor: Frachter *Ems*) war das einzige deut-sche Schiff, das im Juli 1940 – also noch vor dem Einmarsch der deutschen Armee in die Sowjetunion – mit Hilfe sowjetischer Eisbrecher durch die Nord-Ost-Passage, entlang der Nordküste Sibiriens, in den Pazifik gelangte. Nach der ersten Feindfahrt von sensationellen 516 Tagen kehrte die *Komet* sicher in ihren Heimathafen Hamburg zurück.

Die *Adjutant* wurde in der Gazellebucht zu einem Minenleger umgebaut und der Rumpf der *Pinguin* von Algen- und Muschelbewuchs gesäubert. Ein im Frachtraum mitgenommenes zerlegtes Arado Ar-196 Wasserflugzeug wurde zusammengebaut. Zur großen Freude der Besatzungen der Schiffe traf auch noch das Versorgungsschiff *Alstertor* mit Post aus der Heimat und Frischgemüse im ‚Flottenstützpunkt Kerguelen' ein.[125]

Bei den Arbeiten an der *Pinguin* verunglückte der Matrose Bernhard Herrmann tödlich. Er wurde auf der Insel beigesetzt. Bis heute wird dieses südlichste deutsche Soldatengrab auf einer abgelegenen Insel der Kerguelen auf Kosten der Bundesrepublik Deutschland von Frankreich gepflegt.

Nachdem die Alliierten Informationen erhielten, dass sich deutsche Hilfskreuzer zum Austausch von Kraftstoffen, Material und Proviant in der Inselgruppe getroffen hatten, wurden in der Folge einige zum Ankern ge-

124 www.familie-luyken.de
125 Brennecke, *Pinguin*, S. 225ff

eignete Häfen und Buchten durch Frankreich vermint. Seit 1950 werden die Kerguelen nun ganzjährig von Wissenschaftlern bewohnt. Die rund 50 Personen werden regelmäßig von dem Versorgungsschiff *Marion-Dufresue* mit Proviant von der 3.450 Kilometer entfernten Insel Reunion beliefert.

Nachdem die Wassertanks der *Pinguin* und *Adjutant* mit Frischwasser aus einem nahen Bach gefüllt waren, verließen die beiden Schiffe am 25. März 1941 wieder den geheimen Stützpunkt. Die *Pinguin* stach getarnt als norwegischer Frachter *Tamerlane* in See. Die *Adjutant*, die den Auftrag hatte den Hafen von Karachi – damals noch Britisch Indien – zu verminen, begleitete sie.

Die *Tamerlane*, ex *Pinguin*, machte weiterhin Beute, da durch das Arado-Wasserflugzeug feindliche Schiffe früher gesichtet werden konnten und auch die *Adjutant* ausschwärmte und Ausschau hielt. Südlich der Seychellen versenkte die *Tamerlane* den britischen Frachter *Empire Light* und übernahm 70 britische Seeleute. Die Sichtung gegnerischer Schiffe wurde jedoch immer seltener, da die Briten die Fahrtroute für Frachter in Küstennähe entlang der britischen Stützpunkte verlegt hatten.

Ein weiterer britischer Frachter mit einer Ladung von militärischem Gerät, die *Clan Buchanan*, wurde aufgebracht und versenkt. 110 britische Seeleute wurden von der *Tamerlane* an Bord genommen. Vor der Versenkung konnte der Bordfunker der *Clan Buchanan* noch Notrufsignale absetzen, die von zwei britischen Stationen aufgenommen wurden. Die Britische Marine in diesem Seegebiet wurde in Alarmbereitschaft gesetzt.

Auf der Route vom Persischen Golf nach Mosambik sichtete die *Tamerlane* den britischen Tanker *British Emperor*. Da dieser der Aufforderung zu Stoppen nicht nachkam, wurden bei einem kurzen Feuergefecht die Brücke und das Steuerhaus des Schiffes zerstört. Der Funker konnte jedoch weiterhin Notrufsignale absenden. Die *British Emperor* fing Feuer. Die Mannschaft rettete sich ins Meer und wurde von Booten der *Tamerlane* aufgenommen. Der brennende Tanker wurde mit einem Torpedo versenkt und die *Tamerlane* verließ den Schauplatz in südöstlicher Richtung.

Die britische Marine hatte zwischenzeitlich ihre Aktivität im Indischen Ozean verstärkt. Der britische Kreuzer *HMS Cornwall*, der rund 500 Seemeilen weiter südlich der *Tamerlane* kreuzte, hatte die Notrufsignale der *British Emperor* aufgenommen und steuerte mit voller Kraft auf die *Tamerlane* zu. Es kam am 8. Mai 1941 zu einem Feuergefecht, bei dem zunächst die *Tamerlane* im Vorteil war, da durch mehrere Treffer das elektrische System und der Telefonverkehr auf dem Schiff unterbrochen wurden. Die *HMS Cornwall* entwischte in einen Bereich außerhalb der Reichweite der Geschütze der *Tamerlane*, um den Schaden zu beheben.

Beim zweiten Feuergefecht war der Schwere Kreuzer *HMS Cornwall* im Vorteil. Die *Tamerlane* fing Feuer. Kapitän Krüder ließ die Rettungsboote für die Kriegsgefangenen und die Mannschaft ins Wasser. Kurz danach schlug eine Granate in der Brücke ein. Eine weitere Granate traf den Laderaum der Seeminen. 150 hochexplosive Seeminen zerrissen die *Tamerlane* in viele tausend Stücke. In wenigen Sekunden war das Schiff von der Wasseroberfläche verschwunden. Nach Aussage der britischen Kreuzerbesatzung verursachte die Explosion der Seeminen eine bis zu 3.000 Meter hohe Stichflamme, wie aus einem ausbrechenden Vulkan.[126]

Der Kreuzer *HMS Cornwall* nahm 83 Überlebende der *Tamerlane* auf, 60 Mann der deutschen Besatzung und 23 Kriegsgefangene, acht britische Offiziere und 18 Inder. Nun waren die Deutschen Gefangene. Die Briten und Inder hatten wieder ihre Freiheit erlangt.

Bei dem Untergang des Schiffes verloren 214 britische und indische Gefangene sowie 341 deutsche Seeleute ihr Leben. Die meisten Offiziere, darunter auch der Kommandant der *Tamerlane*/ex *Pinguin*, Kapitän zur See Ernst-Felix Krüder, waren nicht unter den Überlebenden. Für 555 meist junge Seeleute wurde der Indische Ozean das Grab!

Der Kommandant des Schweren Kreuzers *HMS Cornwall*, Percival Clive Wickham Manwaring, sprach gegenüber den geretteten deutschen Offizieren seine Hochachtung für sie und Kapitän Krüder wie folgt aus:
Sie haben dem britischen Imperium viel Schaden zugefügt. Aber Sie haben uns, wo auch immer, einen fairen, sauberen Kampf geliefert. Wir wissen auch, dass Kapitän zur See Krüder alles versuchte, unnötiges Blutvergießen zu vermeiden. Wir wissen auch durch einen geretteten Seeoffizier, dass er seine Gefangenen gut behandelte. Ihm und damit auch Ihnen dafür zu danken, halte ich für meine Pflicht.[127]

Die *Pinguin* hatte während ihres Einsatzes auf See von nur elf Monaten unter verschiedenen Tarnnamen fast 110.000 Kilometer zurückgelegt und insgesamt 33 Schiffe versenkt oder als Prise genommen. Das Schiff war eines der erfolgreichsten Hilfskreuzer der Deutschen Kriegsmarine, aber auch der erste Hilfskreuzer, der durch die Alliierten versenkt wurde. Kapitän zur See Ernst-Felix Krüder wurde für seine herausragenden Leistungen noch posthum das Eichenlaub zum Ritterkreuz verliehen.

Während des Seegefechts mit dem Kreuzer *HMS Cornwall* konnte das Begleitschiff der *Pinguin*, die *Adjutant*, entkommen. Da das Gebiet rund um Indien für deutsche Schiffe äußerst gefährlich geworden war, wurde der *Adjutant* ein neues Operationsgebiet zugeteilt. Das ehemalige Walfangboot

126 Ibid., S. 248
127 Ibid., S. 254

Adjutant wurde von dem Hilfskreuzer *Komet* mit Seeminen, Proviant und Treibstoff ausgerüstet. Als einzige Bewaffnung erhielt das Boot auf dem Vorschiff eine alte Bootskanone aus den Jahren vor dem Ersten Weltkrieg und wurde als Hilfsminenleger *Adjutant* nach Neuseeland entsandt. Hier legt die kleine *Adjutant* erfolgreich Minen vor den Häfen Lyttelton und Wellington, sowie in der Cook-Straße und kehrt sicher zum Hilfskreuzer *Komet* in den Indischen Ozean zurück.

Aber was ist aus dem Schweren Kreuzer *HMS Cornwall* geworden? Nach einem Werftaufenthalt operierte der Kreuzer wieder im Indischen Ozean zwischen Colombo und der Sundastraße. Nur wenige Monate nach der Versenkung der *Pinguin* wurde die *HMS Cornwall* zusammen mit ihrem Schwesterschiff *HMS Dorsetshire* am 5. April 1942 südlich von Colombo bei einem japanischen Luftangriff versenkt. Von der insgesamt 1.546 Mann starken Besatzung konnten 1.122 gerettet werden. Die deutschen Kriegsgefangenen auf der *HMS Cornwall* waren bereits in Sicherheit. Sie wurden schon kurz nachdem die *Pinguin* versenkt wurde in Port Viktoria auf der Insel Mahé der Seychellen an Land gesetzt.

Die britische Vorherrschaft im Indischen Ozean war nur vorübergehend gebrochen. Mit der von Japan verlorenen Schlacht um die Midway-Inseln im Pazifik Anfang Juni 1942 wendete sich allerdings das Blatt wieder zu Gunsten der Alliierten.

Es gab noch weitere deutsche Schiffe, die bis nach Australien, Neuseeland und noch weiter nach Osten vorgedrungen sind. Beispiele hierfür sind die Hilfskreuzer *Komet* und *Orion*. Die *Orion* war das erste deutsche Kriegsschiff, das in australischen Gewässern operierte. Einsätze waren vor Brisbane, rund um Tasmanien, im ‚Great Australian Blight‘ im Süden des Kontinents, vor Albany in West-Australien und bei der Nordinsel Neuseelands. Südlich von Tasmanien versenkte die *Orion* am 15. August 1940 das britische Handelsschiff *Turakina*.

Die beiden Schiffe *Komet* und *Orion* operierten auch in den Gewässern von Mikronesien im Pazifik rund um die Insel Nauru. Die Insel Nauru, in der Nähe des Äquators, wurde 1888 vom deutschen Kaiserreich ‚zum Schutze der deutschen Seefahrer‘ annektiert. Um 1900 wurden von den Deutschen auf der Insel riesige Phosphatvorkommen entdeckt. Nach dem verlorenen Ersten Weltkrieg wurde die Insel australisches Protektorat und die Phosphatvorkommen wurden durch Großbritannien, Australien und Neuseeland abgebaut. Für die drei Länder gab es riesige Gewinne, die einheimische Bevölkerung blieb arm.

Die Hilfskreuzer *Komet* und *Orion* versenkten im Pazifik in der Nähe dieser Phosphat-Insel mehrere britische und australische Spezialschiffe für den

Phosphattransport. Zwischen dem 6. und 8. Dezember 1940 und nochmals am 27. Dezember griffen die beiden Hilfskreuzer mit ihren Bordgeschützen den Hafen von Nauru an. Die Phosphat-Verladeeinrichtungen, die Öltanks und weitere Hafeneinrichtungen wurden zerstört. Die Folgen für die australische Wirtschaft waren verheerend, da die Verladung von Phosphat erst Monate später wieder aufgenommen werden konnte. 1968 hat sich Nauru von Australien gelöst und ist bis heute eine souveräne Republik.

Von den bisher versenkten Schiffen hatten die *Komet* und *Orion* weit über 500 australische und britische Kriegsgefangene an Bord. Da die Vorräte an Bord dadurch schneller aufgebraucht wurden als geplant, liefen die beiden Hilfskreuzer die Insel Emirau (auch Emira) im Bismarck-Archipel in Neuguinea an und ließen die Gefangenen frei. Von der australischen Marine wurden diese kurz danach nach Brisbane gebracht.

Der bereits weiter oben genannte Hilfskreuzer *Atlantis*, unter dem Kommando von Kapitän zur See Bernhard Rogge, operierte auf allen Weltmeeren. Im Südpazifik kreuzte die *Atlantis* zwischen Neuseeland und den zu Französisch-Polynesien gehörenden Gesellschaftsinseln. Im abgelegenen Tuamotu-Archipel erlaubte Kapitän Rogge nach vielen Monaten auf See der Mannschaft einen kurzen Landurlaub.

Die *Atlantis* legte auch an einer Pitcairn vorgelagerten kleinen Insel an. Pitcairn ist bis heute durch Fletcher Christian und seine im Jahr 1789 begangene Meuterei auf der Bounty bekannt. Nachdem er und seine 26 Männer sich mit Frauen aus Tahiti versorgt hatten, ließen sie sich auf der kleinen unbewohnten Felseninsel mitten im großen Pazifischen Ozean nieder. Die Meuterer galten bis 1808 als verschollen. Nachdem die Pitcairn-Gruppe wieder entdeckt wurde, wurde sie 1838 von der Britischen Krone als Kolonie annektiert. Zu der Zeit, als die *Atlantis* dort anlegte, lebten etwa 200 Menschen auf Pitcairn. Nur wenige Seemeilen entfernt, musste die Mannschaft sehr darauf bedacht sein, nicht von den Einwohnern der einzigen bewohnten Hauptinsel Pitcairn entdeckt zu werden. Auf dieser war nämlich während des Zweiten Weltkriegs eine britische Marine-Funkbeobachtungsstation installiert.

Am 22. November 1941 ging die lange Reise der *Atlantis* bei einer Operation im Südatlantik zu Ende. Nach 622 Tagen auf See und zurückgelegten knapp 190.000 Kilometern war dies die längste Fahrt eines Hilfskreuzers. Während dieser Zeit hatte die *Atlantis* 22 alliierte Schiffe versenkt oder erbeutet. Nun wurde die *Atlantis* von dem britischen Kreuzer *HMS Devonshire* gestellt und schwer beschädigt. Ein Mann wurde dabei getötet. Am nächsten Tag gab der Kapitän den Befehl, das Schiff zu versenken. Die überlebenden 305 Mann der Besatzung wurden von dem deutsche U-Boot U 126 aufgenommen und zwei Tage später an das Versorgungsschiff *Python* abgegeben.

Die *Python* war ein ehemaliges Kühlschiff für den Bananentransport der Hamburger Reederei Laeisz.

Nur wenige Tage später erlitt die *Python* das gleiche Schicksal. Westlich von St. Helena wurde sie am 1. Dezember 1941 von der *HMS Dorsetshire* entdeckt und beschossen. Elf Seeleute wurden dabei getötet. Auch die *Python* musste daraufhin von der Mannschaft versenkt werden. In den Rettungsbooten, in Schlauchbooten, im Wasser waren nun nicht nur mehrere hundert Männer der beiden deutschen Schiffe, die *Python* hatte auch noch viele Kriegsgefangene von den erbeuteten Schiffen an Bord. Nachdem die *HMS Dorsetshire* deutsche U-Boote gesichtet hatte, verließ sie sofort das Gebiet nach dem Angriff und kümmerte sich nicht um die Schiffbrüchigen.

Die deutsche Seekriegsleitung organisierte eine großangelegte Rettungsaktion. Glücklicherweise waren einige deutsche und italienische U-Boote in der Nähe. U 68, U-A, U 129, U 124 und die italienischen U-Boote *Luigi Torelli, Enrico Tazzoli* und *Guiseppe Finzi* konnten alle Schiffbrüchigen aufnehmen und sicher nach St. Nazaire an die Westküste Frankreichs bringen.

Der letzte deutsche Hilfskreuzer, der in australische Gewässer vordrang, war die *Michel.* Die *Michel* lief im Mai 1943 aus Yokohama aus und operierte nordwestlich von Perth im Indischen Ozean. Hier versenkte sie im Juni 1943 zwei Tanker, die auf dem Weg von Fremantle in den Mittleren Osten waren. Bei den Attacken wurden 47 Seeleute und Passagiere getötet. Die Überlebenden wurden an Bord genommen. Danach verlegte das Schiff sein Einsatzgebiet in den Pazifik.[128]

Die ersten U-Boote, die in australischen Gewässern operierten, waren von der Japanischen Kaiserlichen Marine. I-10 und I-21 versenkten an der Ostküste Australiens von Januar bis Ende Februar 1943 sechs feindliche Schiffe. Im März 1943 legte das japanische Boot I-6 von Deutschland neu entwickelte akustische Seeminen vor dem Hafen von Brisbane aus.

Die U-Boote der Deutschen Kriegsmarine, die in das für deutsche U-Boote unbekannte Seegebiet von Australien und Neuseeland vorstießen, erhielten ihre Befehle und Einsatzpläne direkt von Großadmiral Dönitz per Funktelegramm aus Deutschland. Es wurden drei deutsche U-Boote für eine längere Australien-Operation auf Java ausgerüstet: U 862 in Batavia, U 168 und U 537 in Surabaya.

---

128 Quellen zu den Operationen der Hilfskreuzer:
  Deutsches U-Boot Museum, Cuxhafen-Altenbruch
  www.lexikon-der-wehrmacht.de
  Google: German auxiliary cruiser Pinguin und Pinguin 36
  Chronik des Seekriegs 1939 bis 1945
  www.wikipedia: Axis naval activity in Australian waters

U 537 verließ mit Kapitänleutnant Peter Schrewe am 1. Oktober 1944 den Hafen von Batavia und fuhr nach Surabaya. Hier wurde das Boot auf den Australien-Einsatz vorbereitet.

Über U 537 und den Landgang zum Aufbau der Wetterstation ‚Kurt‘ an der amerikanischen Ostküste in Labrador im Jahre 1943 wurde bereits im ersten Teil des Buches berichtet. Auch schon damals führte Kapitänleutnant Schrewe das Boot.

Als U 537 überholt und ausgerüstet war, verließ es am 9. November 1944 den Hafen von Surabaya mit Kurs nach Australien. Das Boot wollte durch die 2,4 Kilometer breite Meerenge ‚Selat Bali‘ zwischen Bali und Java in südliche Gewässer kommen. Doch schon wenige Seemeilen östlich von Surabaya, vor der Küste Javas, endete der Australien-Einsatz. Das Boot wurde von dem amerikanischen U-Boot *USS Flounder* durch ein Torpedo versenkt. Alle 58 Mann von U 537 gingen mit dem Boot unter.

Über das zweite Boot, U 168, das mit Kapitänleutnant Helmut Pich zu Operationen vor die australische Küste entsandt werden sollte, wurde bereits zuvor berichtet. Kommandant Pich hatte mit U 168 in den letzten Wochen bei zwei Feindfahrten in den Gewässern um Niederländisch-Indien drei alliierte Schiffe versenkt und eines beschädigt.

U 168 musste in Batavia eine seiner zwei Schiffschrauben an U 532 abgeben, damit dieses Boot möglichst schnell wieder in den Indischen Ozean entlassen werden konnte. U 168 sollte nun bei langsamer Fahrt mit nur einer Schraube nach Surabaya verholt werden, um dort eine neue Schraube zu erhalten. Diese war kurz zuvor aus Deutschland in Surabaya eingetroffen. In Surabaya sollte dann U 168 zusammen mit U 537 für den Australien-Einsatz ausgerüstet werden.

U 168 lief am 05. Oktober 1944 zu der Verlegungsfahrt aus Batavia nach Surabaya aus. An Bord waren 56 Mann, darunter der Bord-Meteorologe Dr. Balke und der Bordarzt Dr. Wenzel. Bei der Überwasser-Fahrt durch die vor Batavia liegenden Inselgruppe ‚Pulau Seribu‘ (Tausend Inseln) bestand bei allen deutschen Booten die Vorschrift, dass sich die gesamte Mannschaft, außer dem Fahrpersonal, an Deck aufzuhalten habe. Zwischen den vielen Inseln und Korallenriffen lauerten oft alliierte Boote und wenn die Mannschaft an Deck war, hatten die Männer bei einem eventuellen Angriff bessere Überlebenschancen. Sie hatten dann noch die Möglichkeit, zu einer der vielen nahegelegenen Inseln zu schwimmen.

Die Gefahrenstelle ‚Pulau Seribu‘ wurde problemlos durchquert und das Boot fuhr dann entlang der Nordküste Javas nach Osten. U 168 war schon in der Nähe des Zielhafens Surabaya, als es am 6. Oktober 1944 völlig unerwartet einen Torpedotreffer im Vorschiff erhielt. Das Boot jagte sofort in die Tiefe, bis auf den Grund. Der Tiefenmesser zeigte 45 Meter Wassertiefe. Ein Teil der Mannschaft im Vorschiff wurde getötet oder war eingeschlossen. Trotz der gefährlichen Tiefe organisierte Kapitänleutnant Helmut Pich das Auftauchen der noch lebenden Männer ohne Sauerstoffgeräte. 28 Mann, die Hälfte der U-Boot-Besatzung, überlebten den Ausstieg aus dieser gefährlichen Tiefe.

Das niederländische U-Boot *Zwaardfis* unter Kapitän van Goosen hatte aus rund 900 Metern Entfernung einen Fächer von sechs Torpedos abgeschossen. Ein Torpedo traf und versenkte U 168. Trotz der Grausamkeiten und der zunehmenden Gewalt während des Zweiten Weltkriegs erfüllte Kapitän van Goosen eine vielbeachtete humane Aktion. Die überlebenden 28 deutschen Seeleute, darunter auch Kapitänleutnant Helmut Pich, wurden entgegen den Vorschriften der niederländischen Marine von U-Boot *Zwaardfis* an Bord genommen. Die Mannschaft wurde in der Nähe der Küste von javanischen Küstenseglern übernommen und an Land gebracht, in die Freiheit. Kapitänleutnant Pich und drei weitere Offiziere behielten die Niederländer an Bord und fuhren in den niederländischen Stützpunkt nach Fremantle, dem Hafen von Perth in West-Australien, zurück. Hier wurden sie den australischen Behörden übergeben und kamen in Kriegsgefangenschaft. Kapitänleutnant Helmut Pich wurde 1947 aus der Kriegsgefangenschaft entlassen und verstarb am 18. März 1997 in Deutschland.

Wie später die niederländische Besatzung des Bootes *Zwaardfis* berichtete, ging U 168 durch Spionage verloren. Die Alliierten setzten für Geld besonders liebreizende Mädchen mit guten Sprachkenntnissen auf die deutschen U-Boot-Mannschaften an. Es ist bekannt, dass Männer im Bett gerne reden und ausplaudern. So erfuhren die Niederländer die Auslauftermine der Boote, die vorgesehene Route und den Zielhafen. Hatten sie diese Informationen, mussten sie sich entlang der vorgesehenen Route nur noch auf die Lauer legen und warten, bis der Gegner in Schussweite der Torpedos kam.

Da nun die beiden anderen Australien-Boote nicht mehr existierten, war U 862 das einzige Boot, das für die Mission nach Australien übrig blieb. Im Indischen Ozean hatte sich das Boot durch die Fehlzündung eines akustischen Torpedos fast selbst versenkt. Nur durch sofortiges Alarmtauchen konnte sich U 862 vor dem zurückkehrenden Torpedo in Sicherheit bringen. Das Boot vom Typ IX D2 drang bis weit in den Pazifik vor und versenkte vor der Ostküste Australiens ein Handelsschiff. Es war mit dem neuen sehr effektiven Radarsystem FuMo65 Hohentwiel (ein Funkmess-Ortungsgerät) ausgerüstet, und war daher vor überraschenden Luft- und Seeangriffen relativ sicher. Im Gegensatz zu den meisten in Südost-Asien operierenden deutschen U-Booten, ist die Historie von U 862 von der Kiellegung bis zur Übergabe durch die Japaner an die Alliierten fast lückenlos dokumentiert.

Dieser Verdienst gebührt besonders Kommandant Heinrich Timm, der den Zweiten Weltkrieg überlebte und später in leitender Position bei der Deutschen Bundesmarine über den Einsatz des Bootes berichten konnte. Als Beispiel für viele andere Boote möchte ich daher den detaillierten Verlauf und die abenteuerliche Geschichte von U 862 zusammenfassen, obwohl dieses Resümee nicht nur den Einsatz in Australien und Neuseeland beschreibt:

8. Juni 1943: Stapellauf des 1.616 BRT Langstrecken-U-Bootes vom Typ IXD-2 bei der DESCHIMAG AG in Weser mit der Registriernummer U 862. Der Innenausbau begann.

7. Oktober 1943: U 862 mit einer Mannschaft von 63 Mann war einsatzbereit. Das Kommando hatte Fregattenkapitän Heinrich Timm. Das Boot hatte vier Bug- und zwei Hecktorpedorohre. Nachdem von der deutschen Kriegsmarine im Sommer 1943 entschieden wurde, deutsche U-Boote in den Indischen Ozean zu entsenden, erreichte die erste Gruppe der ‚Monsun-Boote' im September 1943 Südost-Asien.

21. Mai 1944: Eine weitere Gruppe von U-Booten verließ Kiel mit dem Ziel Penang und Niederländisch-Indien. Dabei war auch U 862 mit schwerer Ladung für Japan: Viele hundert Flaschen mit Quecksilber für die japanische Fertigung von Zündern und Batterien, Bleibarren, Stahl, Aluminium und noch ungeschliffenes optisches Glas. Außerdem waren Zeichnungen, Blaupausen und Modelle neuer deutscher Waffen an Bord. Kommandant Timm legte noch in verschiedenen norwegischen Häfen an. Hier wurde ein Leck in den Treibstofftanks festgestellt. Das Boot fuhr zur Reparatur in den norwegischen Hafen Narvik.

3. Juni 1944: U 862 verließ Narvik, durchfuhr die Dänemark-Straße und fuhr an der Westküste Afrikas entlang nach Süden.

5. Juli 1944: Im Südatlantik versenkte U 862 den amerikanischen Frachter *Robin Goodfellow*, der von New York nach Kapstadt unterwegs war.

Anfang August 1944: Im Indischen Ozean versenkte U 862 vier alliierte Frachter, und Heinrich Timm wurde während der Weiterfahrt nach Penang zum Korvettenkapitän befördert.

20. August 1944: In der Straße von Mozambik wurde U 862 von einem zweimotorigen britischen Flugboot ‚Catalina' angegriffen. Das feindliche Flugboot wurde, da durch das Radar rechtzeitig gewarnt, mit der Bord-Flak abgeschossen.

9. September 1944: Nach 99 Tagen auf See erreichte U 862 Penang. Kommandant Heinrich Timm und die Mannschaft wurden von Fregattenkapitän Wilhelm Dommes, dem Chef des ‚Südraums' und Kommandant der Monsunboote in Penang (zuvor Kommandant von U 178), sowie

Konteradmiral *Uozumi Jisaku*, dem Leiter der japanischen Marinebasis mit der deutschen und der japanischen Nationalhymne begrüßt.

11. September 1944: Timm lud Konteradmiral *Uozumi Jisaku* sowie Kommandant *Ariizumi Tatsunosuke* und die Offiziere von dem japanischen U-Boot I-8, das zum selben Zeitpunkt in Penang lag, auf sein Boot U 862 ein. Umgehend erfolgte eine Gegeneinladung auf I-8.

12. September 1944: U 862 verließ Penang wieder mit Kurs durch die Straße von Malakka nach Singapur. In der Straße von Malakka wurde U 862 zur Sicherheit von einem der in Penang stationierten deutschen Arado-Flugboote begleitet. Dieses Flugboot brachte auch Fregattenkapitän Dommes nach Singapur. Noch am selben Tag kam U 862 in dem ‚Seletar‘ Marinehafen in Singapur an. Das Boot kam zur Überholung in ein Trockendock. Das Quecksilber und die andere Fracht wurden entladen. Für Batavia wurde das Boot mit den Metallen Molybdän und Wolfram beladen. Diese Fracht sollte von Batavia aus nach Deutschland transportiert werden.

19. September 1944: In einem Funktelegramm aus Berlin wurde Korvettenkapitän Heinrich Timm das Ritterkreuz verliehen. 50 Mann der Besatzung erhielten das Eiserne Kreuz I. oder II. Klasse. Timm erhielt von Dönitz erste Anweisungen für seine Australien-Operation. Er flog von Singapur zu Dienstbesprechungen mit deutschen und japanischen Offizieren nach Batavia und Surabaya. Hauptgrund war, von der japanischen Marine Informationen über Handelsrouten und Schwerpunkte der Handelsschifffahrt in australischen Gewässern zu erhalten. Das Ergebnis war gleich Null. Timm schrieb in sein Tagebuch:

Ich flog mit einer japanischen Verkehrsmaschine nach dort. Aber erfahren habe ich bei der dortigen Flotte nichts. Die Japaner erzählen sowieso nicht gerne etwas. Sie lächelten. Sie waren überaus freundlich, aber sie schwiegen. Und da war da noch ein Kapitän zur See Fudjy [richtig: Fudja], mit einem Bart, wie ihn Wilhelm II. trug. Er lud uns ein zum Bier, und wir mussten die ganze Zeche bezahlen. ...[129]

Nachdem Kapitän Timm bei der japanischen Marine nur ängstliche Verschlossenheit erfahren hatte, wurde ihm klar, dass er sich bei diesem Einsatz in unbekanntes Gebiet nur auf seinen eigenen Instinkt und seine bisherige Erfahrung verlassen konnte.

27. Oktober 1944: Britische B-24 Bomber verminten den Weg nach Penang in der Straße von Malakka. Die Ein- und Ausfahrt der Boote wurde dadurch erheblich gefährlicher.

November 1944: Penang wurde mehrfach von den Alliierten angegriffen. Die deutschen U-Boote wurden nach Batavia verlegt, die japanischen Boote nach Surabaya.

---

129 Brennecke, *Haie im Paradies*, S. 179

5. November 1944: U 862 verließ Singapur mit Kurs auf Batavia

7. November 1944: U 862 machte in dem Außenhafen für die Monsun-Boote in Batavia fest. Am folgenden Tag wurde das Boot von Korvetten-kapitän Kandeler, dem Leiter des deutschen Stützpunktes Batavia, in den Haupthafen gelotst.

18. November 1944: U 862 verließ Batavia für einen 90-tägigen Einsatz in Australien und Neuseeland durch die Sundastraße. Es blieb der einzige Kampfeinsatz eines deutschen U-Bootes im Pazifik während des Zweiten Weltkriegs. Kapitän Timm fuhr entlang der Westküste Australiens. Am südwestlichsten Punkt Australiens, vor Cap Leeuwin, zeigte sein Radar-Warngerät starke Ortungen an, so dass er mit seinem U-Boot weit nach Süden auswich.

9. Dezember 1944: Schon seit Tagen stand Kapitän Timm mit U 862 vor dem Hafen von Adelaide und den Känguru-Inseln, aber sie fanden kein lohnendes Ziel. Schließlich sichtete er südlich von Adelaide, dicht vor der Küste Tasmaniens, den griechischen Tanker *Illios*. Als sich U 862 zum An-griff auf den Tanker vorsetzte, verriet das starke Meeresleuchten der Bug-welle das Boot. Von Bewohnern Tasmaniens wurde die australische Ma-rine alarmiert. Beim Anflug eines australischen Bombers tauchte U 862. Das Boot verließ das Gebiet. Südlich von Tasmanien wurde U 862 erneut entdeckt und musste erneut unter Wasser gehen.

24. Dezember 1944: U 862 umrundete die Südspitze von Tasmanien und fuhr entlang der Küste von New South Wales nach Norden.

25. Dezember 1944: U 862 versenkte das amerikanische ‚Liberty'-Schiff *Robert J. Walker* vor der Küste von New South Wales mit zwei Torpedos. Es ist das einzige Schiff, das von einem deutschen U-Boot während des Zweiten Weltkriegs im Pazifik versenkt wurde. Kapitän Timm blieb noch einige Zeit vor Sydney. Als er einen großen Frachter angreifen wollte, tauchten wieder australische Flugzeuge auf. Kommandant Timm verließ aufgrund der starken Luftüberwachung dieses Seegebiet und nahm Kurs auf Neuseeland. Der Grund, weshalb U 862 rund um Australien kein geeignetes Ziel fand und die Luftüberwachung der Küsten Australiens so intensiv war, ist einfach zu erklären: Die Briten hatten eine ENIGMA-Verschlüsselungsmaschine von U-Boot U 110 im Atlantik erbeutet und den Code der deutschen U-Boote geknackt. Die australischen Streitkräfte wurden über den geplanten Einsatz von U 862 gewarnt und konnten sich vorbereiten. Die Routen der alliierten Handelsschifffahrt wurden da-raufhin weit nach Süden verlegt.[130] Da an Weihnachten der Angriff auf die *Robert J. Walker* erfolgte, wurde bei der Fahrt nach Neuseeland das

130 Axis naval activity in Australien waters

Weihnachtsfest nachgeholt und Silvester gefeiert. Vermutlich tönten anlässlich des Weihnachtsfestes ausnahmsweise auch Weihnachtslieder über die Bordlautsprecher. Timm war nämlich großer Liebhaber von klassischer Musik und normalerweise gab es zur Entspannung der Mannschaft nur Klavierkonzerte, Sonaten und Symphonien an Bord seines U-Bootes.

7. Januar 1945: Das Boot erreichte Cape Reinga an der Nordspitze Neuseelands.

12. Januar 1945: Timm kreuzte vor der Zufahrt nach Auckland, jedoch wieder ohne Sichtung eines lohnenden Ziels.

15. Januar 1945: Bei hoher See steuerte Kommandant Timm sein Boot direkt vor die Einfahrt des kleinen Hafens der Küstenstadt Gisborne im Nordosten der Nordinsel. Er fand aber hier kein lohnendes Ziel. Es lagen nur einige kleine Schiffe, die Holz geladen hatten, im Hafen. Das nächtliche Treiben in der kleinen Hafenstadt wurde durch Ferngläser beobachtet. Eine Nacht später versucht das Boot sein Glück in der Hawke's Bay. Es schlich sich bis in die Hafeneinfahrt von Napier an der Ostküste der Nordinsel. Auch hier fand er kein lohnendes Ziel. Nur einige kleine Küstenfrachter lagen im Hafen. In einem nördlich von Napier gelegenen Badeort lag Timm nur wenige hundert Meter vor der Küste. Die Mannschaft sah in strahlend hellem Licht fröhliche Paare bei sommerlichen Temperaturen auf den Terrassen der Hotels unter Lampions tanzen. Hier war Friede – und in Deutschland fielen die Bomben der Alliierten auf die Städte!

Beim Operieren vor der neuseeländischen Küste kam Kapitän Timm mit seinem Boot immer wieder so nahe an Land, dass U 862 auch von den Bewohnern mit bloßem Auge entdeckt wurde. Dies gab in Neuseeland immer wieder Anlass zu wilden Spekulationen und Geschichten. Zum Beispiel meldete der Landwirt Frank Steiner aus Napier, dass seine Kühe auf einer Weide an der Küste im Januar 1945 von Unbekannten bei Nacht abgemolken wurden. Am Tage hätte er ein U-Boot in der Nähe der Weide gesichtet. Natürlich wurde die Mannschaft von U 862 für diesen Vorfall verantwortlich gemacht, die bei einem Landgang ihre Bordverpflegung aufbessern wollte. Die angesehene neuseeländische Tages- und Sonntagszeitung ‚The Times' berichtete am 18. Januar 1994 nochmals ausführlich über den Vorfall.

Dieser Landgang der deutschen U-Boot Mannschaft wird immer wieder als Tatsache verbreitet. Angeblich ist die Geschichte auf einen nächtlichen Austausch von Kriegserlebnissen zwischen dem neuseeländischen Air Marshall Sir Hughes und Kapitän Heinrich Timm zurückzuführen. Timm war nach dem Krieg Kommandant der Schulfregatte *Scharnhorst*. Sir Hughes beschrieb in einem britischen Veteranenmagazin den Landgang als Tatsache.

Hat Kapitän Timm zu später Stunde ‚Seemannslatein' erzählt oder fand ein Landgang tatsächlich statt? Das ist bis heute nicht sicher, aber ganz ausgeschlossen hat Kapitän Timm einen Landgang bis zu seinem Tode nicht.

17. Januar 1945: Auf dem Weg nach Wellington, dem größten Hafen Neuseelands erhielt U 862 über Funk den Befehl aus Deutschland, sofort den Rückmarsch nach Batavia anzutreten. Timm sagte später dazu: *Wenn es geheißen hätte ‚Rückmarsch antreten', dann hätte ich mir ja noch ein bisschen Zeit gelassen, aber das ‚sofort' zwang mich doch, es gleich zu tun.*[131]

21. Januar 1945: U 862 umrundete die Südinsel von Neuseeland und nahm Kurs auf die Tasmanische See. In der Tasmanischen See kämpft das Boot mit mehr als zehn Meter hohen Wellen.

6. Februar 1945: 250 Seemeilen vor Fremantle, dem Hafen von Perth in West-Australien, versenkt U 862 das amerikanische ‚Liberty'-Schiff *Peter Silvester*, das auf der Fahrt von Melbourne nach Colombo/Ceylon war. Dies war die letzte Attacke eines deutschen U-Boots in australischen Gewässern und im Indischen Ozean vor der Kapitulation Deutschlands.

14. Februar 1945: Nach der Umfahrung Australiens und Neuseelands kam U 862 wieder durch die Sundastraße. Das Boot wurde auf den letzten Seemeilen von einem Arado-Flugboot begleitet und legte nach einer langen Reise wieder in Batavia an. Der Leiter des ‚Südraums', Fregattenkapitän Dommes und der Leiter der Dienststelle Batavia, Korvettenkapitän Kandeler, gaben nach der geglückten Rückkehr einen großen Empfang für Kommandant Timm und seine Mannschaft.

Erst hier erfuhr Timm von dem Schicksal der beiden anderen für einen Australien-Einsatz vorgesehen Boote und den Grund des Befehls zu einer ‚sofortigen Rückkehr'. Starke alliierte Streitkräfte rückten in Südost-Asien von Norden nach Süden vor und die ‚Indische Nationalarmee' unter dem Befehl von Subhas Chandra Bose befand sich auf dem Rückzug. Wenn die malaiische Halbinsel mit Penang und Singapur gefallen wäre, hätte U 862 vermutlich nicht mehr per Funk kontaktiert werden können. Das weitere Schicksal von U 862 wird später beschrieben.[132]

---

131 Brennecke, *Haie...*, S. 181
132 Zusammenfassung aus den folgenden Quellen:
SENSUIKAN! IJN Submarine I-502: Tabular Record of Movement
© 2001-2010 Bob Hackett & Sander Kingsepp, Revision 5
Deutsches U-Boot Museum Cuxhafen-Altenbruch
www.deutsches-u-boot-museum.com

38. Frühe Freiheitskämpfer und Gründung der PETA, Pembela Tanah Air

Der Ursprung des indonesischen Nationalismus fällt mit dem Beginn der niederländischen Kolonialherrschaft zusammen. Im Laufe der Jahrhunderte wurde die heimatliche Wirtschaft durch holländische Unternehmungen und Zwangsanbau von Monokulturen aus dem Gleichgewicht gebracht. Die Unzufriedenheit der einheimischen Bevölkerung und die Ablehnung gegenüber den Kolonialherren wuchsen von Jahr zu Jahr. Die Worte Unabhängigkeit und Freiheit wurden immer lauter ausgesprochen.

Der 1894 geborene Tan Malaka war einer der herausragenden nationalen Freiheitskämpfer während der ersten Hälfte des letzten Jahrhunderts, aber auch ein leidenschaftlicher Kommunist. Obwohl Tan Malaka 1963 von Präsident Soekarno der Titel eines Nationalhelden verliehen wurde, ist er heute leider aus vielen Geschichtsbüchern der Schulen Indonesiens verschwunden. Verantwortlich dafür war die dogmatisch antikommunistische Ära unter dem zweiten Präsidenten Soeharto, der versuchte, die Lorbeeren der Unabhängigkeit für sich zu reklamieren.

Tan Malaka studierte mit Hilfe von Spenden seines Heimatdorfes in Medan auf Sumatra und auch in den Niederlanden, wo er mit den kommunistisch-sozialistischen Ideen in Berührung kam. In den 1920er Jahren war Tan Malaka der führende Kopf der Kommunistischen Partei und der Gewerkschaften Niederländisch-Indiens. Ende 1921 wurde er zum ersten Vorsitzenden der PKI, der Kommunistischen Partei Indonesiens, ernannt. Der Kommunismus war für asiatische Völker schon immer anziehend. Kollektives Denken und Handeln entspricht bis heute asiatischer Kultur. Besonders die Besitzlosen zeigen für das kommunistische Gedankengut großes Interesse. Auf der anderen Seite besteht auch eine große Sehnsucht nach Freiheit.

Tan Malaka war der erste, der die niederländische Kolonialregierung faschistisch nannte. Nachdem ab 1930 die Kolonialregierung indonesische Nationalisten immer größeren Repressalien aussetzte, wurde die Regierungsform in Niederländisch-Indien selbst von rechtsgerichteten Niederländern wie Mussert als faschistisch bezeichnet.[133]

Wie alle Kämpfer für die Freiheit Indonesiens wurde Tan Malaka von den Holländern verflucht, verfolgt und von Versteck zu Versteck gehetzt. An der Südküste von Java, westlich von Pelabuhan Ratu, in der bis heute

---

133 s. Band 1 des Buches

abgelegenen und wenig bekannten Region von Bayah, fand er immer wieder Unterschlupf und konnte sich in Ruhe auf seine nächste Aktion vorbereiten. Tan Malaka setzte sich uneigennützig und mit all seiner Kraft für eine Loslösung von den Niederlanden ein und hat sich unbestritten große Verdienste auf dem Weg zur Unabhängigkeit verdient. Allerdings war sein Ziel ein kommunistisches Indonesien.

Im Jahre 1922 wurde der politische Außenseiter Tan Malaka von der niederländischen Kolonialregierung wegen subversiver Tätigkeiten aus Indonesien verbannt. In Moskau und Berlin suchte er die Nähe der Linken. 1927 wurde mit seiner Hilfe und der Unterstützung durch die Sowjetunion die ‚Kommunistische Partei der Südsee‘ gegründet, die die Länder Niederländisch-Indien, Malaya, Siam und Indochina umfasste. Die Sowjetunion wollte damit ihren Einfluss in dieser Region geltend machen. Nach Aufenthalten in China, auf den Philippinen, in Siam, Birma, Malaya und Singapur, kehrte Tan Malaka nach zwanzig Jahren Abwesenheit 1942, nachdem japanische Truppen Niederländisch-Indien besetzt hatten, in seine Heimat zurück. Soekarno hatte sich zu dieser Zeit schon mit den Japanern liiert, und er hatte natürlich eine andere Philosophie zur Gestaltung eines freien Indonesien als Tan Malaka.

In Indonesien kursieren bis heute immer wieder Gerüchte, dass Tan Malaka in Berlin mit Hitler zusammengetroffen sei. Nach meiner Ansicht ist dies reine Spekulation. Bewiesen ist nur, dass er in den Monaten von August bis November 1922 in Berlin war. Hier traf er mit seinem Landsmann Darsono zusammen, um Kontakte mit der Kommunistischen Partei Deutschlands zu knüpfen. Eine Verbindung zu Hitler ist schon deshalb kaum denkbar, da Hitler mit Sicherheit nicht mit einem überzeugten Kommunisten wie Tan Malaka fraternisieren wollte.

Tan Malaka stand Soekarno immer kritisch gegenüber. Seiner Ansicht nach gingen Soekarno und Mohamad Hatta zu nachgiebig und geduldig mit den Niederländern um. Am 21. Februar 1949 wurde, nach Angaben des niederländischen Historikers Harry Poeze, Tan Malaka in dem Dorf Selopanggung in Ostjava am Fuße des Berges Gunung Wiliis auf Befehl von Leutnant Soekotjo[134] von der indonesischen Armee erschossen. Nun wird Tan Malaka wieder geehrt. Es ist sogar geplant, ihm zu Ehren ein Monument zu errichten.[135]

Die Niederlande wurden durch die Ausbeutung Indonesiens zu einer der reichsten Kolonialmächte weltweit. Der Gewinn blieb bei ihnen zu Hause

---

134 später Brigadegeneral und Bürgermeister von Surabaya
135 Workshop Harry Poeze: *Tan Malaka, Left Wing Moovement and the Indonesian Revolution*, 20.10.2010 und
      Jakarta Post, 17.02.2014, S. 6

in Europa. Sie waren überzeugt davon, dass eine Kolonie nur zum Vorteil der Kolonialmacht da war, ohne Rücksicht auf die einheimische Bevölkerung. Schulbildung, soziale Sicherheit und menschenwürdige Bedingungen blieben auf der Strecke. Während der jahrhundertelangen niederländischen Kolonialzeit kam es zu unzähligen Exzessen und Verbrechen. Auf den Plantagen in Sumatra, Java und anderswo führten die einheimischen Kulis ein menschenunwürdiges Sklavenleben ohne Rechte. Die Todesrate der Kulis war hier durch Erschöpfung, Krankheit und Unterernährung außergewöhnlich hoch. Machtmissbrauch, Gewalttätigkeiten der Plantagenbesitzer und Aufseher waren an der Tagesordnung. Diese Zustände wollten Soekarno und seine Mitstreiter für immer beenden, und so war es kein Wunder, dass die nationale indonesische Freiheitsbewegung täglich mehr Zulauf erhielt. Obwohl die Niederländer in ihrer Kolonie die nationale Freiheitsbewegung mit äußerster Härte bekämpften, wurde der Widerstand der Einheimischen gegen sie immer größer. Die Indonesier sahen ihre Chance gekommen, nun endlich unabhängig zu werden.

Schon 1928 trafen sich junge indonesische Nationalisten zu ihrem ersten Kongress (Sumpah Pemuda). Ihr Ziel war ein vereintes freies Vaterland, eine Nation mit nur einer Sprache. Es ist der besondere Verdienst von Soekarno, dass durch seine Beharrlichkeit diese Ziele letztendlich erreicht wurden.

Viele junge gebildete Menschen der ersten Stunde, die in allen Ländern Ostasiens für ein Ende der Kolonialherrschaft kämpften, fanden im Kommunismus ihr Heil. Wie ist dies zu erklären? Die kommunistischen Ideen, wie die Enteignung der Besitzenden und eine Bodenreform sowie die Beseitigung sozialer Missstände, waren für die Besitzlosen, die Jahrhunderte durch weiße Kolonialherren ausgebeutet wurden, bestechende Gedanken. Außerdem entsprach das kollektive Denken und Handeln, wie es Moskau predigte, mehr der asiatischen Tradition und dem asiatischen Denken als die westliche kapitalistische Ordnung. Während in der westlichen Welt die Quantität der Zeit höher eingestuft wird, ist es dort eher die Qualität. Im Grunde genommen gibt es in Südost-Asien im Vergleich zum Westen ein anderes Verhältnis zu Zeit und Ego. Ein Ego, in dem Sinne wie bei uns, existiert nicht. Man ist immer ein Teil einer Familien- oder Dorfgemeinschaft, in der man seine Existenzberechtigung durch eine bestimmte Funktion erfüllt. Diese Lebenseinstellung ähnelte bereits dem Kommunismus.

Seit der russischen Revolution im Jahre 1917 durften unzählige junge Asiaten die bekannte Moskauer ‚Universität für Fernöstliche Studien‘ besuchen. Moskau hatte damit den kommunistischen Samen in den unterdrückten Ländern gesät, und fand somit immer Gruppen, die sich die Unabhängigkeit unter dem Kommunismus zum Ziel gesetzt hatten. Die Führer dieser Gruppen waren die Vorkämpfer für eine Unabhängigkeit. Auch Soekarno sagte bei mehreren Gelegenheiten: *Die Kommunistische Partei war die einzige, die sich konsequent gegen die Niederländer erhob.*

Soekarno und Hatta strebten schon seit vielen Jahren die Unabhängigkeit Indonesiens an und verbrachten dafür die längste Zeit ihres Lebens in niederländischen Gefängnissen oder im Exil. Nun, als die inhaftierten indonesischen Nationalisten durch die japanischen Truppen befreit waren, durften sich Soekarno und Hatta wieder frei im Lande bewegen und ihre nationalen Ideen von Freiheit und Unabhängigkeit weiter verbreiten. Nach 16 Jahren Gefängnis und Deportation war Soekarno 1942 endlich ein freier Mann.

Einige von den Japanern besetzte Länder Südost-Asiens waren mit Hilfe Japans bereits auf dem Weg zur Unabhängigkeit. Soekarno, der von Japan als zukünftiger Führer des Landes auserkoren wurde, erhielt die Zusage, dass auch Niederländisch-Indien darauf vorbereitet würde. Die indonesische Nationalbewegung unter Soekarno wurde von den Japanern nicht nur geduldet, sie wurde sogar großzügig unterstützt. Die Idee ‚Asien den Asiaten‘ wurde von Japan bis zum Ende des Krieges verfolgt. Japan hielt sich an diese Zusage.

Mit den Nationalisten um Soekarno und Hatta begannen die Japaner eine fruchtvolle Zusammenarbeit. Beide Seiten arbeiteten auf die koloniale Befreiung hin und bauten mit Hilfe der einheimischen – allerdings noch sehr dünnen – Führungsschicht eine immer noch labile Ordnung auf. Diese labile Ordnung wurde immer wieder – wie auch in den anderen besetzten Länder der ‚Großasiatischen Wohlstandssphäre‘ – durch die kommunistische Untergrundbewegung gestört, die von den USA, Frankreich und Großbritannien massiv unterstützt wurde. Diese Länder versuchten durch den dadurch verursachten Zwist ihre Kolonien zu halten.

Soekarno war klug genug eine japanische Okkupation hinzunehmen, um gleichzeitig die inneren Kräfte des Landes zu stärken und auf eine Unabhängigkeit von den Niederlanden vorzubereiten. Er betrachtete die Japaner nicht als Befreier. Er benutzte sie als Mittel zum Zweck und ging mit ihnen eine taktische Allianz ein. Zu seinem Freund Waworunto[136] sagte er kurz nach dem Einmarsch der japanischen Armee:

Ich weiß, dass sie [Anm. d. Verf.: die Japaner] Faschisten sind. Aber ich weiß auch, dass dies das Ende des niederländischen Imperialismuses ist. Es wird genau so kommen, wie ich es vorhergesagt habe: wir werden durch eine Periode japanischer Okkupation gehen müssen, um danach für immer unsere uneingeschränkte Unabhängigkeit erhalten zu können.[137]

136 Ich war mir seinem Sohn befreundet
137 Adams, *Sukarno*, S. 156

Um ein Chaos zu verhindern benutzte Japan Soekarno, um das vielfältige indonesische Volk mit seinen vielen verschiedenen Ethnien, Sprachen und Religionen zusammen zu halten. Obwohl Soekarno jahrelang in Gefängnissen oder im Exil politisch isoliert war, war er dem Volk immer in Erinnerung geblieben. Er war der einzige, der im ganzen riesigen Archipel bekannt war und als Führer akzeptiert wurde. Auf der anderen Seite brauchte Soekarno auch Japan, um unter seinem Schutz weitreichende Zugeständnisse zu erhalten.

Zu dieser Zeit bezeichneten manche Politiker – besonders aus dem Ausland – Soekarno als Kollaborateur. Aber Soekarno war nur klug genug, den siegreichen Japanern auch Zugeständnisse zu machen, um seinem eigenen Ziel – der Vorbereitung auf eine bevorstehende Rückkehr der Niederländer – mit einer eigenen Armee näher zu kommen. Die Japaner hatten für eine freiwillige indonesische Hilfstruppe, die *Heiho*, bereits indonesische Jugendliche rekrutiert. Der japanische Propaganda-Apparat *Sendenbu* warb bei der Jugend, um für die japanische Nation und eine ‚Großasiatische Wohlstandssphäre‘ zu kämpfen. Über 42.000 jugendliche Indonesier dienten in der Hilfstruppe *Heiho*, alleine aus Java kamen 25.000. Sie wurden bewaffnet und vorwiegend in Birma, Malaya, Borneo und Neuguinea eingesetzt.[138] Die *Heiho* stand unter japanischer Befehlsgewalt und kämpfte im Auftrag der Japaner gegen die Alliierten. Soekarno wollte jedoch eine eigene Truppe, die unter indonesischem Kommando stand und deren Ziel nach dem Erhalt der Unabhängigkeit die Verteidigung des Vaterlandes war.

Sukarno erhielt von der japanischen Regierung die Zusage, mit japanischer Hilfe Vorkehrungen für eine indonesische Regierung – an deren Spitze er stehen sollte – zu treffen. Er legte sein ganzes Gewicht in die Waagschale, um von den Japanern ein Maximum an Zugeständnissen für sein Land zu erreichen und den Aufbau einer unabhängigen indonesischen Volksarmee voranzutreiben.

Unter dem Vorwand, Japan im Kampf gegen die Alliierten unterstützen zu wollen, überzeugte Soekarno die japanischen Militärbehörden, indonesische Milizverbände zu rekrutieren und ausbilden zu dürfen. Die Truppe wurde PETA, Pembela Tanah Air (Verteidiger des Vaterlandes) genannt. Die Japaner nannten sie *Kyodo Boei Giyugun*. Es war eine freiwillige Armee. Sukarno setzte seine gesamte Kraft in den Aufbau dieser Organisation und ließ die Japaner im gutem Glauben, die PETA wäre auch zum Kampf gegen die Alliierten bereit. In Wirklichkeit wartete Sukarno nur auf den Tag des Abzugs der japanischen Truppen. Die PETA sollte dann die entscheidende Kraft sein, um gegen die befürchtete Rückkehr der Niederländer gerüstet

138 http://oktorino.tripod.com/id48.html

zu sein. Soekarnos Hauptziel war, die Niederlande mit allen Mitteln an der Rückeroberung der reichen kolonialen Pfründe zu hindern.

Um eine schlagkräftige Truppe so schnell wie möglich aufstellen zu können, flog Soekarno 1943 nach Saigon, wo er Marschall *Teranchi,* dem japanischen Oberkommandierenden für den Südpazifik, einen Besuch abstattete. Soekarno wollte noch weitergehende Zugeständnisse erreichen. Anschließend flog er weiter nach Tokyo, wo er freundlich und zuvorkommend vom *Tenno,* dem japanischen Kaiser, empfangen wurde. Für Soekarno war es eine erfolgreiche Reise. Er hatte sein vorläufiges Ziel erreicht! Er konnte unter seiner Regie die Volksarmee PETA aufstellen.

Im ,Südraum' waren nun bereits 500 Millionen Asiaten unter japanischer Führung. Daher war Japan froh, wenn es auch durch einheimische Kräfte unterstützt wurde. Allerdings waren auch Japans Mittel beschränkt, da die Anforderungen an das Heer, die Marine und die Luftwaffe immer größer wurden. Auch die Japaner mussten sich einschränken. Wenn man aus heutiger Sicht die Besetzung der südlichen Gebiete betrachtet, so gab es nicht nur Grausamkeiten. Japan hat auch Außerordentliches zum Wohle der von den Kolonialherren befreiten Völker geleistet.

Die PETA wurde am 3. Oktober 1943 offiziell gegründet und die indonesischen Führungspersonen von dem japanischen Generalleutnant *Kumakichi Harada* im Militärkomplex in Bogor auf Java vereidigt. Das Motto der PETA war *Indonesia Akan Merdeka,* Indonesien wird frei sein! Die Truppenfahne enthielt das Symbol des Japanischen Kaiserreiches, die aufgehende Sonne und den Halbmond mit einem Stern, dem Symbol des islamischen Glaubens.

Abb. 43
Flagge der
PETA

Eine größere Anzahl von indonesischen Offizieren, die später in den regulären indonesischen Streitkräften dienten, erhielt sogar ihr Patent von der japanischen Besatzungsmacht. Um möglichst rasch eine schlagkräftige Truppe auf die Beine stellen zu können, war in den Radios Niederländisch-Indiens nun immer öfter die eindringliche Stimme des Freiheitskämpfers Soekarno zu hören, der für neue Mitglieder der Freiwilligenarmee PETA warb. Die freiwillige Armee wurde mit japanischen Waffen ausgerüstet und erhielt einen überwältigenden Zulauf aus allen Schichten der Bevölkerung.

Abb. 44
Truppenappell
der PETA

Die Streitkraft der PETA umfasste auf Java 66 Bataillone, 20 Bataillone auf Sumatra und 3 auf Bali. Die Vorausschau Soekarnos erwies sich als richtig. Schon ab Oktober 1945 musste die Revolutionsarmee Soekarnos, die PETA, gegen die wiederkehrenden Niederländer und die sie unterstützenden Briten kämpfen. Später, während des fast fünfjährigen Unabhängigkeitskampfes, bildeten hunderttausende freiwillige aktive Freiheitskämpfer das Rückgrat des indonesischen Widerstands. Die PETA bildete den Grundstein für die heutigen indonesischen Streitkräfte.

Viele Informationen über die PETA erhielt ich von meinen leider viel zu früh verstorbenen Freunden Wibowo und Daan Jahja, mit denen ich jahrelang vertrauensvoll zusammenarbeitete. Beide waren von Anfang an Mitglieder der PETA und als Freiheitskämpfer leisteten sie fünf Jahre lang treue Dienste für ihr Vaterland. Sie brachten mich in den 1960er Jahre mit vielen ihrer Mitkämpfer zusammen.

Immer wieder wurde mir von diesen Zeitzeugen erzählt, dass Hitler die Freiheitskämpfer während der japanischen Besatzung finanziell und mit militärischen Gütern unterstützt hätte. Selbst deutsche Offiziere hätten als Ausbilder in der PETA gedient. Diesen Informationen wollte ich weiter nachgehen und werde darüber in einem eigenen Kapitel berichten.

Bis heute hat sich die Sichtweise vieler Indonesier nicht geändert, dass Hitler durch seinen Krieg in Europa und die Präsenz in indonesischen Gewässern, ganz besonders jedoch durch seine Besetzung der Niederlande, entscheidend zur Beschleunigung der Unabhängigkeit Indonesiens beigetragen hat. Diese Entwicklung hatte Soekarno schon einige Jahre vor dem Zweiten Weltkrieg vorhergesagt. Die sicher größere Rolle, die Japan bei dieser Entwicklung gespielt hat, wird meist unterschätzt.

39. Kriegsverbrechen auf See

Das ‚Monsun-Boot' U 852 mit dem Kommandanten Kapitänleutnant Heinz-Wilhelm Eck lief am 18. Januar 1944 in Kiel aus. Ziel waren die Häfen Penang in Malaya und Batavia auf Java. Auf dem Weg nach Südost-Asien versenkte Kapitänleutnant Eck am 13. März 1944 im Indischen Ozean den griechischen Frachter *Peleus*. Dieser Dampfer lief unter Charter des britischen Verkehrsministeriums. Zwei Wochen später versenkte er den britischen Dampfer *Dahomian* vor Kapstadt. Danach fuhr U 852 entlang der Küste Ostafrikas weiter. Bei der Versenkung des griechischen Frachters kam es zu einem tragischen – und glücklicherweise nur einmaligen – Vorfall. Der Krieg nahm an Härte zu.

Der Stabschef des Befehlshabers der Unterseeboote, Günter Hessler, empfahl allen U-Boot-Kommandanten Anfang 1944, große Trümmerfelder, die ein versenktes Schiff hinterließ, möglichst zu zerstören. Eine Entdeckung und Hinweise auf die Operationsgebiete der deutschen U-Boote durch die alliierte Luftaufklärung sollte vermieden werden.

Die *Peleus* hatte 35 Mann Besatzung. Einige überlebende Besatzungsmitglieder klammerten sich an Trümmerteile und konnten sich auf Rettungsflöße, die beim Untergang der *Peleus* freikamen, retten. Aufgrund des ‚Laconia-Zwischenfalls', über den ich anschließend kurz berichte, durften keine Überlebenden mehr an Bord von U-Booten genommen werden. In der Zwischenzeit war es Nacht geworden. U 852 fuhr langsam durch das Trümmerfeld und versuchte, mit dem Maschinengewehr die größeren Wrackteile und die Rettungsflöße zu versenken. Da die Rettungsflöße unsinkbar waren, gab Kommandant Eck den Befehl, sie mit Handgranaten zu zerstören. Nachdem auch die Handgranaten und sogar der Einsatz der 20mm-Zwillings-Flugzeugabwehrkanone bei der Spurenvernichtung nicht den gewünschten Erfolg zeigten, brach Eck eine Stunde nach Mitternacht die wilde Schießerei ab und fuhr in Richtung Arabisches Meer weiter.

Was Eck angeblich nicht wusste, war, dass ein Wachoffizier und drei Seeleute der *Peleus* das Maschinengewehrfeuer und den Handgranatenangriff hinter Trümmerteilen versteckt überlebten. Sie hatten gesehen, wie ihre Kameraden regelrecht abgeschlachtet wurden. 35 Tage später wurden drei Überlebende von einem portugiesischen Dampfer aufgefischt. Ein Verletzter war den Strapazen auf einem Rettungsfloß nicht gewachsen und verstarb. Nun wurde das Massaker in der Nacht vom 13. auf den 14. März 1944 bekannt.

U 852 mit Kommandant Eck operierte inzwischen vor der Küste Somalias. Am 30. April 1944 setzte er einen längeren Funkspruch an die Zentrale in Deutschland ab, der jedoch von den Briten abgehört wurde, und mit Hilfe von automatischen Peilanlagen konnte die Position von U 852 geortet werden. Die Alliierten waren nun in den Gewässern Ost-Afrikas mit Abwehrmaßnahmen gegen die deutschen U-Boote gut gerüstet. Luftwaffenstützpunkte der Alliierten gab es in Aden, auf der Insel Diego Garcia und auf dem Addu-Atoll im Indischen Ozean, südlich der Malediven. Am 2. Mai 1944 überraschten sechs Wellington-Bomber der RAF Luftwaffenbasis in Aden U 852 und bombardierten das Boot mit sechs Wasserbomben. Der Angriff erfolgte so schnell, dass das Boot keine Zeit zur Verteidigung oder zum Tauchen hatte. Das Boot erlitt schwere Schäden mit Wassereinbrüchen und defekten Batterien. Eine Rettung des Bootes war aussichtslos. Eck entschied sich, U 852 an der somalischen Küste an Land zu setzten. Die Besatzung konnte mit dem Flugabwehrgeschütz weitere Angriffe der britischen Flugzeuge verhindern.

Als das Boot an der somalischen Küste auf Grund lief, rettete sich die Mannschaft an Land. Das Boot sollte zerstört werden, aber die Sprengladung hatte nur teilweise gezündet. Die Briten griffen erneut an und töteten sieben Mitglieder der Mannschaft. 56 Mann der Besatzung, einschließlich des Kommandanten und der Offiziere, kamen in britische Gefangenschaft. Auch das Kriegstagebuch von U 852 fiel in britische Hände. Somit war eindeutig bewiesen, dass dieses Boot mit Kommandant Eck die *Peleus* versenkt hatte und für das Massaker verantwortlich war.

Nach Ende des Krieges wurde am 17. Oktober 1945 der Prozess gegen fünf Angeklagte des Bootes U 852 eröffnet. Alle fünf wurden wegen Kriegsverbrechen verurteilt. Am 30. November 1945 wurden der Kommandant Eck, sein 2. Offizier und der Bordarzt erschossen. Der Leitende Ingenieur und ein Matrose bekamen langjährige Haftstrafen. Kapitänleutnant Eck war von allen deutschen U-Boot-Kommandanten der Einzige, der den Befehl, keine feindlichen Überlebenden zu retten, allzu wörtlich nahm.[139]

Vorhergegangen war ein ähnlicher Vorfall im Atlantik, wobei die Vereinigten Staaten die Täter waren: Der amerikanische Zerstörer *USS Roper* unter dem Kommando von Hamilton W. Howe versenkte in der Nacht vom 14. April 1942 westlich von Florida das deutsche U-Boot U 85 mit Kommandant Oberleutnant Eberhard Greger. Ungefähr 40 Mitglieder der Besatzung konnten das sinkende U-Boot noch verlassen. Der amerikanische Kapitän Howe entschied sich, sie nicht zu retten und warf 11 Wasserbomben zwischen die schwimmenden Besatzungsmitglieder. Bei Tagesanbruch barg

139 Cameron, *Peleus*

der britische Trawler *HMS Bedforshire* 29 Leichen. Elf Seeleute überlebten zum Teil schwer verletzt den Angriff. Kapitän Howe wurde wegen dieser Tat jedoch nicht zur Rechenschaft gezogen. Nur drei Wochen später wurde *HMS Bedforshire* von U 558 versenkt.[140]

Das amerikanische U-Boot *Wahoo* mit Kommandant Dudly Walker Morton verübte vor Wewak, im Norden der ehemaligen deutschen Kolonie in Neuguinea, ein ähnliches Kriegsverbrechen. Während der deutschen Kolonialzeit wurde die Hafenstadt Wewak ,Dallmannhafen' genannt. Während des Zweiten Weltkriegs befand sich bei Wewak der größte japanische Luftwaffenstützpunkt in Neuguinea. Als sich ein kleiner Konvoi mit Versorgungsschiffen dem Hafen näherte, wurden zwei Transporter, die *Buyo Maru* und die *Fukuei Maru*, durch Torpedos von *USS Wahoo* versenkt. Von der *Buyo Maru* retteten sich über 100 Überlebende in Rettungsboote, meist indische Kriegsgefangene des 2. Bataillons des 16. Punjab Regiments aus Singapur. Kommandant Morton befahl, die Rettungsboote mit den Schiffbrüchigen zu versenken und im Meer schwimmende Überlebende zu töten. Obwohl Morton diese Tat im Logbuch der *USS Wahoo* eingetragen hatte, kam es wegen diesem Massaker nie zu einer Anklage.[141]

Ein weitaus barbarischerer Vorfall, bei dem tausende hilflose Überlebende regelrecht abgeschlachtet wurden, ereignete sich 1943 in der Bismarcksee bei Neuguinea. Ein japanischer Geleitzug, bestehend aus acht Zerstörern und acht Truppentransportern, begleitet von 100 Kampfflugzeugen, befand sich am 2. März 1943 auf dem Weg von Rabaul nach Lae, einer größeren Stadt im Süden Neuguineas. Der Konvoi wurde entdeckt und bis zum 4. März von über 100 Bombern und 54 Kampfflugzeugen der US- und der australischen Luftwaffe mehrmals angegriffen. Alle acht Truppentransporter und vier Zerstörer wurden etwa 100 Kilometer von Finschhafen[142] entfernt versenkt. Tausende Überlebende der Truppentransporter retteten sich in Rettungsboote oder trieben mit ihren Rettungswesten im Wasser. Aufgrund eines Befehls der US-Seekriegsleitung sollten alle Überlebenden der versenkten Schiffe liquidiert werden. Tagelang machten US- und australische Flugzeuge und Schnellboote Jagd auf die im Wasser schwimmende japanische Soldaten und Seeleute. Nach japanischen Angaben wurden bei diesem Angriff 7.000 Mann getötet, auf einem australischen Denkmal steht die sicher untertriebene Zahl 2.890. Die Zahl der Toten differiert und liegt

---

140 Gannon, *Operation Paukenschlag*, S. 393 f. u. 475

141 http://de.wikipedia.org/wiki/USS_Wahoo_SS-238

142 der Naturhafen an der Nordostküste Papuas-Neuguinea wurde 1884 von dem deutschen Forscher Otto Finsch entdeckt. Während der deutschen Kolonialzeit spielte Finschhafen eine wichtige Rolle.

vermutlich in der Mitte. Eindeutig ist jedoch, dass diese Vernichtungsaktion von überlebenden Schiffbrüchigen eindeutig den Genfer Konventionen widersprach und das größte Massaker des Zweiten Weltkriegs an Schiffbrüchigen war. In den USA und in Australien wurde für dieses Kriegsverbrechen kein Verantwortlicher zur Rechenschaft gezogen.[143]

Nun wollte ich noch kurz auf den ‚Laconia-Befehl' Hitlers, der von Admiral Dönitz an alle U-Boot-Kommandanten weitergeleitet wurde, zurückkommen. Mit diesem Befehl wurde Ende 1942 allen deutschen U-Booten untersagt, Überlebende eines versenkten gegnerischen Schiffes zu retten und an Bord zu nehmen. Vorausgegangen war die Versenkung des britischen Passagierschiffes *RMS Laconia*: U 156 hatte bereits drei erfolgreiche Feindfahrten hinter sich. Es operierte im Westatlantik, in der Karibik und vor dem Panama-Kanal. Bis dahin hatte das Boot bereits 16 Schiffe der Alliierten, darunter fünf Tanker, versenkt und mehrere Schiffe beschädigt. Auf der vierten Feindfahrt patrouillierte U 156 mit Kommandant Korvettenkapitän Werner Hartenstein vor der Küste West-Afrikas. Er war Teil der ‚Gruppe Eisbär', die aus vier Unterseebooten und einem Versorgungsunterseeboot bestand.

U 156 hatte vor der Küste West-Afrikas bereits einen britischen Dampfer versenkt, als es am 12. September 1942 auf den mit 14 Geschützen bestückten britischen Truppentransporter *RMS Laconia* traf. Die *RMS Laconia* war auf dem Weg von Suez in Ägypten nach Liverpool. Aus Sicherheitsgründen wählte das Schiff nicht die kürzere Route durch das Mittelmeer, sondern den viel längeren Weg rund um Afrika. Das Schiff war nach vierwöchiger Fahrt bereits an Kapstadt vorbei. An Bord waren 2.700 Menschen, darunter rund 340 Passagiere, viele Frauen und Kinder, die vor dem näher rückenden deutschen Afrika-Corps aus Ägypten flohen. Neben britischen und polnischen Soldaten waren 1.800 italienische Kriegsgefangene aus dem Nordafrika-Krieg an Bord. Die Gefangenen wurden von polnischen Soldaten bewacht. Da die *RMS Laconia* als bewaffneter Truppentransporter unterwegs war und nicht als Transportschiff mit Passagieren und Kriegsgefangenen gekennzeichnet war, wurde das Schiff von U 156 mit zwei Torpedos versenkt.

Als Kommandant Hartenstein mit seinem U-Boot auftauchte, sah er 2.700 Menschen im Wasser um ihr Leben kämpfen. Hartenstein begann mit U 156 eine in der Seekriegsführung beispiellose Rettungsaktion. Es war die größte Rettungsaktion des Zweiten Weltkriegs. Hartenstein informierte Admiral Dönitz per Funk. Dönitz zeigte Mut zur Menschlichkeit und

---

143 Samuel Eliot Morison, *Geschichte der Marineoperationen der USA im Zweiten Weltkrieg*, Band 6;
Stahmer, *Japans Niederlage*, S. 151;
wikipedia.org/Schlacht_in_der_Bismarcksee

beorderte zur Unterstützung weitere deutsche und italienische Boote zur Unglücksstelle. Hartenstein setzte noch auf der offiziellen Notruffrequenz folgenden Notruf ab, um auch Hilfe von alliierten Schiffen zu bekommen: *If any ship will assist the ship-wrecked ‚Laconia' crew, I will not attack, providing I am not being attacked by ship or air force. I picked up 193 men. 4,53 South, 11,26 West. – German submarine.*

U 156 blieb an der Unglücksstelle, bis noch weitere deutsche U-Boote und ein italienisches Boot an der Rettungsaktion teilnahmen. Hartenstein hatte in der Zwischenzeit alleine 200 Schiffbrüchige auf und unter Deck an Bord genommen, darunter auch Frauen, sowie noch vier Rettungsboote mit mehreren hundert Überlebenden im Schlepp. Jedes der anderen drei deutschen U-Boote hatte ähnlich viel Überlebende an Bord und in Schlauchbooten. Der Konvoi fuhr in Richtung der afrikanischen Küste. An Deck von U 156 war eine vier Quadratmeter große Rot-Kreuz-Flagge aufgespannt. In vermeintlicher Sicherheit waren bis dahin mehr als 1.500 Menschen, darunter viele britische Frauen und Kinder. Kriegsschiffe der französischen Flotte wollten den Konvoi auf hoher See treffen und die Überlebenden übernehmen.

Der Funkspruch von U 156 mit der Bitte um Hilfe an die Alliierten wurde von den Briten in Freetown empfangen, und da sie sich nicht zuständig fühlten, an den amerikanischen Luftwaffenstützpunkt auf Ascension Island weitergeleitet. Dort nahm man den Funkspruch der Deutschen auch nicht ernst. Man wollte am nächsten Tag mit nur einem Flugzeug bei den angegebenen Koordinaten nach dem dubiosen deutschen U-Boot suchen. Man witterte eine Falle.

Am Morgen des 16. September 1942 entdeckte der amerikanische Bomber vom Typ Liberator den Konvoi und griff die U-Boote und die geretteten Schiffbrüchigen trotz eindeutiger Kennzeichnung mit Wasserbomben an. Eines der Rettungsboote im Schlepp hinter U 156 wurde getroffen und das U-Boot selbst beschädigt. Kommandant Hartenstein und die anderen U-Boote ließ die Leinen zu den Rettungsbooten kappen und alarmtauchen. Die vielen Schiffbrüchigen an Deck der U-Boote und die in ihren Rettungsbooten waren wieder alleine im weiten Meer. Der amerikanische Einsatzleiter, der den Befehl zur Bombardierung gab, sagte später zu seiner Entschuldigung: *German Submarine is German Submarine. We make no difference.* Er nahm nicht einmal Rücksicht auf die eigenen, alliierten Schiffbrüchigen! International wird ein Angriff auf wehrlose Schiffbrüchige – Freund oder Feind – verurteilt, wie bei Kommandant Eck von U 852. Dem amerikanischen Einsatzleiter geschah nichts!

Als Kapitänleutnant Hartenstein per Funk Admiral Dönitz von dem Vorfall berichtete, wurde er und die anderen U-Boote aufgefordert, die Rettungsaktion sofort abzubrechen. Viele Überlebende der *Laconia* ertranken. Etwa 500 Überlebende, die unter Deck der U-Boote untergebracht waren, konnten noch am selben Tag von einem französischen Schiff übernommen werden. Überlebende der *RMS Laconia* versuchten, mit Rettungsbooten die westafrikanische Küste zu erreichen. Unerklärlicherweise blieben Rettungs- und Suchaktionen der britischen- und amerikanischen Streitkräfte in diesem Raum aus. Nur zwei der Rettungsboote erreichten die westafrikanische Küste. Ein Boot war 39 Tage auf See. Nur vier Menschen erreichten lebend die Küste. Weit über 2.000 Menschen fanden bei diesem Desaster den Tod. Der Krieg wurde immer grausamer!

Nach dem Vorfall gab Hitler über Dönitz am 17. September 1942 den sogenannten ‚Laconia-Befehl' an alle deutschen U-Boote aus. Von diesem Tag an durften keine Rettungsversuche von Besatzungen versenkter gegnerischer Schiffe mehr unternommen werden. Für seine beispiellose Rettungsaktion wurde Kommandant Hartenstein von Hitler am selben Tag das Ritterkreuz verliehen. Die vorläufige Urkunde wurde von dem Stationsleiter des Marinestützpunktes Penang, Wolfgang Erhardt unterzeichnet.

Während der Kriegsverbrecherprozesse in Nürnberg im Jahre 1946 wurde Dönitz auch wegen diesem Befehl angeklagt. Das Gericht sah sich aber außerstande, ihn in diesem Punkt zu verurteilen. Die US-Regierung gab im Pazifik-Krieg gegen die Japaner gleichlautende Befehle heraus.[144]

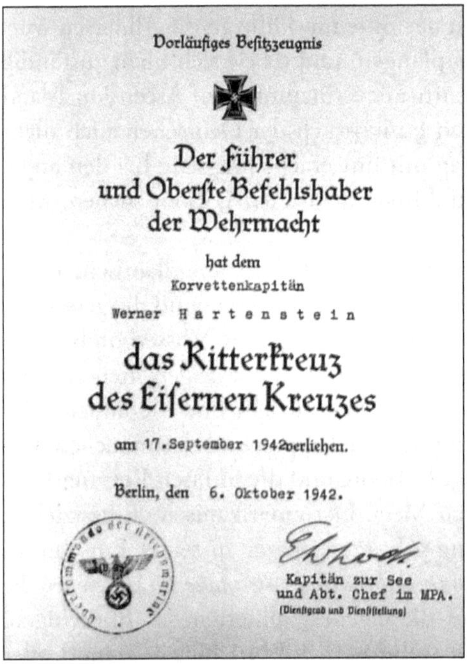
Vorläufiges Besitzzeugnis

Der Führer
und Oberste Befehlshaber
der Wehrmacht

hat dem
Korvettenkapitän
Werner Hartenstein

das Ritterkreuz
des Eisernen Kreuzes

am 17.September 1942 verliehen.

Berlin, den 6. Oktober 1942.

Kapitän zur See
und Abt. Chef im MPA.
(Dienstgrad und Dienststellung)

Abb. 45
Vorläufiges Besitzzeugnis der Verleihungsurkunde für Werner Hartenstein

144 Peilard, *The Laconia Affair*
www.wikipedia.org/Laconia-Befehl

Auch von japanischer Seite gab es viele Kriegsverbrechen. Als Beispiel will ich nur zwei Einsätze des japanischen Unterseekreuzers unter dem Kommando von Kapitän *Ariizumi Tatsunosuke* nennen: Das niederländische Schiff *SS Tjisalak* war eigentlich ein Passagierschiff, das während des Zweiten Weltkriegs von den Alliierten, mit vier Geschützen bewaffnet, als Frachter zwischen Australien und Ceylon eingesetzt war. An Bord waren neben der Fracht 80 Niederländer, Briten und Chinesen als Mannschaft, zehn britische Soldaten als Kanoniere für die Geschütze, und 27 Passagiere. Am 26. März 1944 war das Schiff, von Melbourne kommend, westlich von Perth. In den frühen Morgenstunden wurde die *SS Tjisalak* von dem japanischen U-Boot I-8 angegriffen und mit nur einem Torpedo versenkt. Den Angriff überlebten 105 Schiffbrüchige, die von I-8 an Deck genommen wurden. Ein Überlebender der *SS Tjisalak* nach dem andern wurde mit dem Samurai-Schwert hingerichtet oder mit zusammengebundenen Händen und Beinen wieder ins Meer geworfen. Wie durch ein Wunder überlebten vier Seeleute das Massaker und wurden nach 30 Stunden von dem amerikanischen Liberty-Schiff *SS James O. Wilder* aufgenommen.

Nur gut zwei Monate später wurde von demselben Kapitän ein ähnliches Verbrechen verübt. Das US-Liberty-Schiff *SS Jean Nicolet* war, beladen mit Maschinen, Lastwagen, Landungsbooten und anderem Kriegsmaterial, auf dem Weg von Fremantle in West-Australien nach Colombo auf Ceylon. An Bord waren 41 Seeleute als Mannschaft, 28 Marinesoldaten zur Bedienung der Bordgeschütze und 31 Passagiere. Am 2. Juni 1944 versenkte I-8 die *SS Jean Nicolet* mit zwei Torpedos. Alle 100 Menschen an Bord konnten sich in den Rettungsbooten in Sicherheit bringen. Bevor das Schiff sank, gelang es dem Funker noch einen Notruf mit Positionsangabe abzusetzen, der auch in Colombo empfangen wurde. Von dort wurde sofort ein Flugzeug an die Unglücksstelle entsandt.

Alle Überlebenden wurden an Deck von I-8 beordert. Einer nach dem andern wurde abgeschlachtet. Als das britische Flugzeug aus Colombo nahte, musste I-8 das Massaker abbrechen und alarmtauchen. Noch 23 Überlebende schwammen nun zwischen den Leichen. Das Flugzeug warf ein Schlauchboot ab, und 30 Stunden später wurden alle von dem britischen Trawler *HMS Hoxa* gerettet.

Kapitän *Ariizumi Tatsunosuke* kehrte im August 1945 mit seinem U-Boot-Kreuzer nach einer 64-tägigen Mission nach Japan zurück. Nur einen Tag Fahrt war es noch bis zu dem Marine-Stützpunkt *Yokosuka,* als ihm die Kapitulation Japans per Funk mitgeteilt wurde. Er beging noch auf seinem Boot Selbstmord, da er sicher war, dass er wegen seiner Kriegsverbrechen auf See von den Alliierten verurteilt werden würde. Nach dem Krieg wurden diesem Kapitän noch weitere Kriegsverbrechen auf See angelastet. Insgesamt hatte er 15 alliierte Schiffe versenkt, bei denen es keine Überlebenden gab. Durch einen Denunzianten in der Mannschaft von I-8 wurden drei weitere Mitglieder der Mannschaft identifiziert. Alle drei wurden vor einem US-Militärgericht zum Tode verurteilt.

Nach dem Krieg wurden fast alle japanischen Kommandanten von U-Booten von den Amerikanern als Kriegsverbrecher der Klasse B verurteilt, darunter fünf Admirale, vier Kapitäne, zwei Kommandanten und viele Offiziere und Mannschaftsmitglieder. Sie mussten Freiheitsstrafen von sieben bis zwanzig Jahren verbüßen.

40. Sarangan: Eine deutsche Schule auf Java

Nun, mitten im Zweiten Weltkrieg, nach der Eroberung Niederländisch-Indiens durch Japan, begann sich das Deutsche Reich verstärkt um die Deutschen in Niederländisch-Indien zu kümmern. Wie aus den von Walther Hewel überlieferten Unterlagen im Archiv des Auswärtigen Amtes in Berlin ersichtlich ist, hat er sich sehr für das Wohlergehen der Deutschen eingesetzt, die von den Niederländern in Internierungslagern in Niederländisch-Indien festgehalten worden waren. Dies waren vorwiegend Frauen und Kinder, die nun wieder auf freiem Fuß waren.

In unzähligen Briefen ließ Hewel schon zuvor nach verschollenen Familienmitgliedern forschen. Es ist daher anzunehmen, dass er sich auch während der japanischen Besetzung des Landes sehr für die Belange der Deutschen einsetzte. Leider liegen für diesen Zeitraum keine Belege Hewels vor.

Hewel hatte während seiner Zeit auf Java auch den Höhenluftkurort Sarangan besucht und konnte sich somit eine Vorstellung von den dortigen günstigen Verhältnissen betreffend Klima, Verpflegung und Unterbringung

Abb. 46
Deutsche Frauen und Kinder wurden 1942 von der japanischen Armee aus den niederländischen Internierungslagern befreit. Mit Hakenkreuzfahne und japanischer Flagge verlassen sie das Lager in Batavia.

machen. Zum Beispiel traf Hewel 1935 mit Korvettenkapitän Kandeler in Sarangan zusammen.[145] Später, während der Besetzung Niederländisch-Indiens durch Japan, war Kandeler Leiter des Stützpunktes Batavia. Vermutlich geht daher die Initiative, in Sarangan eine deutsche Schule zu errichten, nicht zuletzt auch auf die Anregung Hewels und Kandelers zurück.

Ein Schulunterricht für deutsche Kinder wurde nach dem Einmarsch der Deutschen Wehrmacht in Holland am 10. Mai 1940 in Niederländisch-Indien verboten und sollte nun, nachdem das Land japanischer Machtbereich geworden war, wieder aufgenommen werden. Die deutsche Seite machte Druck auf die Japaner, alle schulpflichtigen deutschen Kinder, die in Niederländisch-Indien ansässig waren, in einem Internat zusammenzufassen. Die deutschen Kinder sollten für das Vaterland zu ,guten Deutschen' erzogen werden.

Aus irgendwelchen Gründen wollte man zunächst die Mütter von ihren Kindern trennen. Sollte es eine Kinderlandverschickung wie im deutschen Heimatland werden, um die Kinder dem Einfluss der Mütter zu entziehen? Mütter wie Kinder protestierten: Die Mütter, weil ihre Männer schon verschleppt worden waren und sie sich in dieser unsicheren Zeit nicht von ihren Kindern trennen wollten. Die Kinder protestierten, weil sie gar nicht mehr in eine Schule wollten. Sie hatten schon zwei Jahre – seit der Internierung ihrer Väter – durch das Verbot der Niederländer keinen Schulunterricht mehr. Sie hatten sich an die unbegrenzte Freiheit gewöhnt. Sie wollten sich nicht mehr einem straffen Schulsystem unterordnen. Die Jungen waren verwildert, die Mädchen mit ihren züchtigen Zöpfen hatten schon eher mit der Mutter das Haus gehütet.

Die Mütter setzten sich durch. Ende 1942 bekamen alle Mütter die Aufforderung, sich gemeinsam mit ihren Kindern in Sarangan einzufinden. Sarangan spielte für die Deutschen von 1942 bis zum Ende des Unabhängigkeitskampfes der Indonesier gegen die Niederlande Ende 1949 eine erwähnenswerte Rolle.

An der Grenze zwischen Mittel- und Ostjava liegt am Fuße des Vulkans Gunung Lawu in 1.400 Metern Höhe das beschauliche und geruhsame Dorf Sarangan. Es war ein kleiner Höhenluftkurort für niederländische Kolonialbeamte, mit kleinen Familienhotels, Gäste- und Ferienhäusern. Sarangan, rund um den See Telaga Pasir gelegen, hatte ein herrliches frisches Klima. Es war ein verschlafenes Dorf, aber ab Ende 1942 begann ein emsiges Treiben und das Dorf wurde mit Leben erfüllt. Heute gibt es eine steile Straße hoch nach Sarangan. Damals musste man die letzten mehrere hundert Meter zu

---

145 AA, Handakte Hewel 3, Dok. R 27471, Brief Wilhelm Kandeler an Hewel v. 18.10.40

Fuß oder auf dem Rücken eines immer mit seinem Treiber bereitstehenden
Ponys zurücklegen.

Hier oben trafen nun die deutschen Mütter und Kindern mit anderen aus
allen Teilen des riesengroßen Archipels, der das koloniale Niederländisch-
Indien war, zusammen. Sie waren vom Anblick Sarangans und der Umgebung überwältigt. Man hatte einen herrlichen Blick auf den gut 3.200 Meter
hohen Vulkan, dessen Lavazungen bis weit ins Tal reichten, die Hügel rund
um Sarangan hatten eine üppige tropische Vegetation und der See Telaga
Pasir lud mit seinem kalten Wasser zum Bade ein. Nach den Wirren, Demütigungen durch die Niederländer und Unsicherheiten der vergangenen
Monate war dies ein kleines Paradies. Sarangan war ein kleines ‚Sarang‘, was
auf Deutsch Nest bedeutet. Viele alte Freunde und Bekannte sahen sich
wieder. Es gab sogar einen Arzt und eine Krankenschwester in der Gemeinschaft. Die Mütter wurden mit den noch nicht schulpflichtigen Kindern in
den verschiedenen kleinen Hotels und Gästehäusern, die rund um den See
verstreut waren, untergebracht. Die schulpflichtigen Mädchen und Jungen
bekamen einen Platz in getrennten Internaten.

Bis Anfang 1943 waren über 350 Deutsche, darunter 175 Schülerinnen
und Schüler, aus allen Teilen des Archipels in Sarangan eingetroffen. Es waren meist Mütter mit ihren Kindern, aber auch Kinder, die alleine kamen.

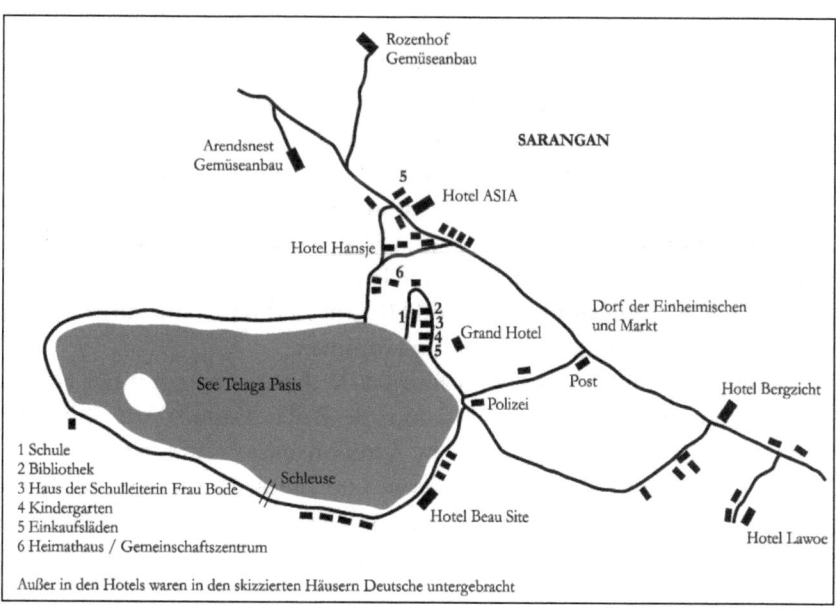

Abb. 47
Skizze eines Lageplans von Sarangan

Die Kinder wurden entsprechend ihrer Vorkenntnisse in Klassen eingeteilt und schon bald danach begann der Schulunterricht. Die Schule mit einem Sportplatz lag direkt am See. Mehrere Klassenräume waren in schlichten Baracken aus dem ortsüblichen Bambusgeflecht untergebracht, die die Japaner eigentlich zur Unterbringung von niederländischen Internierten vorgesehen hatten. Die Baracken passten nicht zu den gepflegten, im einheimischen Stil gebauten, Häusern des Dorfes.

Es war eine rein deutsche Schule mit neun Klassen von der Unter- bis zur Mittelstufe, die größte deutsche Schule in Ostasien. Vom Deutschen Reich wurden über die Deutsche Botschaft in Tokio und das Konsulat in Batavia finanzielle Mittel für den Unterhalt der Schule bereitgestellt. Die reichsdeutschen Mütter bekamen Zuwendungen. Die volksdeutschen Mütter gingen dagegen leer aus. Auch Kinder von ‚Indos‘ mit deutschem Pass durften die Schule besuchen.

Oberhalb von Sarangan waren ausgedehnte Weiden und Stallungen mit Kühen. Hier gewannen deutsche Landwirte Milch, die an die Mütter und Kleinkinder verteilt wurde. Auch Gemüsegärten wurden auf Terrassen die Hänge hoch angelegt, um die Deutschen mit Kartoffeln, Karotten, Tomaten, Kohl, Zwiebeln und Salat zu versorgen. Obst war hier auf dem Dorf ohnehin billig und reichlich vorhanden. Fleisch- und Wurstwaren wurden in Eigenregie hergestellt. Brot gab es bei einem deutschen Bäcker, Torten, Kuchen und Feingebäck in der Konditorei. Bei der Versorgung mit Lebensmitteln wurde zwischen Reichs- und Volksdeutschen kein Unterschied gemacht. Jeder half jedem und Hunger leiden musste in Sarangan keiner. Auch die Gärtner in den umliegenden Orten wurden angehalten, mehr Gemüsegärten anzulegen. Die Ernte wurde ihnen zu festen Preisen, auch für die Versorgung des Stützpunktpersonals in Surabaya, abgenommen.

In der Schule war Disziplin gefragt, wie zu Hause in der deutschen Heimat. Auch hier wurde zu zackigen Liedern rund um den See marschiert. Die Jugendbewegungen Jungvolk und Hitlerjugend waren nun auch in dem ehemaligen Niederländisch-Indien angekommen.

Für die einheimische Jugend gründeten die Japaner eine mit der Hitlerjugend vergleichbare Jugendorganisation, die ‚Badan Pemuda Asia Raya‘, die Großasiatische Jugend, eine fanatische, straff organisierte junge Truppe. Anstelle einer Uniform mit Schulterstücken und Emblemen trugen sie Shorts mit Hemd. Als Bewaffnung bekamen die Jüngeren Stöcke und die Größeren Spaten. Später, beim Unabhängigkeitskampf, spielte die ‚Großasiatische Jugend‘ eine ganz wichtige Rolle.

Bevor der Unterricht mit allen Fachrichtungen beginnen konnte, musste zunächst perfektes Deutsch gelehrt werden. Die meisten im Archipel geborenen Mädchen und Jungen sprachen ein Deutsch, das mit holländischen und malaiischen Wörtern gefärbt war. Da die Schule unter der Schirmherrschaft Japans stand, war Japanisch die erste Fremdsprache von der ersten Klasse an. Die Deutsche Schule wurde nun die *Doitzu Gakko.* Gerade sprachlich wurde von den Kindern viel verlangt. Neben Deutsch und Japanisch wurde noch Englisch, Französisch und Latein gelehrt. Die Deutsche Schule sollte den javanischen gleichgestellt werden, so dass ab der dritten Klasse noch Malaiisch-Unterricht dazukam. Außerdem wurde Geschichte, Biologie, Algebra, Geometrie, Physik, Chemie, Religion und so weiter unterrichtet.[146] Ein Teil der Kinder beherrschte bisher nur die deutsche Sütterlin-Schrift. Nun musste auf die lateinische Schrift, in der auch Malaiisch geschrieben wurde, umgestellt werden.

Sütterlin war seit dem 16. Jahrhundert die vorherrschende Schrift in Deutschland. Ab Anfang 1941 wurde an den Schulen in Deutschland die lateinische Schrift als Normalschrift gelehrt. Die Sütterlinschrift wurde als sogenannte ,Schwabacher-Judenletter-Schrift' von Adolf Hitler diffamiert und verboten. Martin Bormann, Hitlers Stellvertreter, veröffentlichte am 3. Januar 1941 die Verordnung, dass nach und nach sämtliche Druckerzeugnisse auf diese lateinische Normal-Schrift umgestellt werden müssten.[147] Hitler wollte durch diese Verordnung vor allem international verstanden werden. Durch die Umstellung von Zeitungen und Zeitschriften auf die lateinische Schrift und deren Auslandsverbreitung wollte er eine weltweite Wirkung erzielen.

Bei der Erstellung der Lehr- und Wirtschaftspläne für die Schule waren die Japaner eng mit einbezogen. An sechs Tagen in der Woche war Unterricht, an drei Tagen war Sport angesagt. Da es zunächst weder Kino noch andere Unterhaltungsmöglichkeiten gab, wurden im Laufe der Zeit Freizeitgruppen für Musik, Spiel und Yoga gegründet.

Am 20. April 1943, dem 53. Geburtstag von Adolf Hitler, wurde die ,Deutsche Schule Sarangan' mit viel Pomp und großem Aufwand im Beisein von japanischen und deutschen Ehrengästen offiziell eingeweiht. Die Vertreter des Deutschen Reichs waren aus Batavia und Tokyo angereist. Es wurden viele Reden vom Endsieg gehalten, Flaggen gehisst und patriotische Lieder gesungen. Die deutschen Jungen und Mädchen marschierten nun nicht mehr mit dem Kommando ,eins, zwei, drei, vier' im Gleichschritt um

---

146 Zöllner, *Sarangan*, S. 25
   Informationen von Zeitzeuge Hardy Zöllner
147 Rundschreiben von Martin Bormann, dem Reichsminister und Privatsekretär Hitlers
   www.altearmee.de/bormann.JPG

den See, nun hieß es auf Japanisch *itchi, ni, sang, shi.* Anstelle von ‚Sieg Heil' rief man nun *Kooa sai banzai!* Mit einem großen Sportfest endete die Einweihung der Deutschen Schule.

Die erste Schulleiterin war Frau Braun. Sie musste aber schon bald Sarangan verlassen, da sie Jüdin war. Die Nachfolgerin wurde Frau Lydia Bode. Sie hatte mit ihrem Mann, einem Missionar der Rheinischen Mission, viele Jahre bei den Batakern am Tobasee in Sumatra gelebt. Während dieser Zeit hatte sie das Neue Testament in die Batak-Sprache übersetzt. Ihr Ehemann ist beim Untergang der *Van Imhoff* umgekommen.

Der Lehrkörper bestand zunächst aus einem Lehrer und 15 Lehrerinnen. Der einzige Mann im Lehrkörper war ein Deutscher, der viele Jahre in Japan gelebt hatte und dort an der Universität Deutsch lehrte. Später kam noch ein japanischer Lehrer für den obligatorischen Unterricht in Japanisch hinzu. Den Sportunterricht gab eine Heilgymnastin, deren Mann, ein Arzt und Niederländer mit deutschen Wurzeln, von den Japanern interniert worden war. Die wenigsten der deutschen Lehrerinnen waren ausgebildete Pädagogen. Ohne Vorkenntnisse wurden Mütter für den Unterricht angeleitet. Im Laufe der Zeit erhöhte sich die Anzahl der Schülerinnen und Schüler auf über 180.[148] Die Lehrmittel für die Schule wie Bücher, Hefte und Schreibutensilien kamen erst einige Monate später mit einem Unterseeboot aus Deutschland in Batavia an und wurden von dort nach Sarangan weitergeleitet.

In Sarangan gab es einen deutschen Arzt und eine Krankenschwester. Es wurde ein Kindergarten für die noch nicht schulpflichtigen Kinder eingerichtet. Weitab vom schrecklichen Krieg in Europa lebten die Deutschen in Sarangan zunächst wie im Frieden, auf einem autarken deutschen Eiland in einer exotischen Umgebung. Zu Hause im Deutschen Reich war durch die täglichen Luftangriffe auf die Städte kein geordneter Schulbetrieb mehr möglich, und die Kinder der Städte wurden in ländliche Regionen evakuiert.

In Sarangan lief der Schulbetrieb dagegen seinen geregelten Gang. Um sechs Uhr am Morgen war für die Kinder Aufstehen angesagt. Nach dem Frühsport gab es ein Frühstück im Speisesaal, und danach wurde im Gleichschritt mit Gesang von Wanderliedern in die Schule marschiert. Für die einheimische Bevölkerung war dies ein ungewohntes Bild. Hitlers Geburtstage am 20. April oder die bei der Hitlerjugend so beliebte Sonnenwende Mitte Juni waren immer große Ereignisse. Geburtstage der Kinder wurden mit Blumen, Gesang und selbstgebackenen Kuchen gefeiert, ebenso der 1. Mai, der ‚Tag der Arbeit', mit Maitanz um einen Maibaum. Das Erntedankfest wurde am 1. Oktober gefeiert, obwohl man in Sarangan rund ums Jahr ernten konnte. Kurz nach Hitlers Geburtstag wurde jetzt auch noch der

---

148 Keppner, *Airmolang*, S. 214 ff

Geburtstag von Kaiser *Hirohito* am 29. April gefeiert. Die neugierigen Einheimischen nahmen an diesen Festen immer als Zaungäste teil.

Es gab viele Feiertage in Sarangan und auf den deutschen Stützpunkten, denn nun wurden die Feiertage beider Länder wahrgenommen. Laut Shonan-Büchlein waren dies 25 im Jahr 1944.

Japanische Feiertage:
Shitô-Hai: Neujahrsfest, 1.Januar
Kigen-Setsu: Reichsgründungstag, 11. Februar
Shuki-Kôreisai: Frühlingsfest zu Ehren der kaiserlichen Ahnen, 21. März
Jimmu-Tennô-Sai: Todestag des *Jimmu-Tennô*, 3. April
Tenchô-Setsu: Kaisers Geburtstag, 29. April
Shûki-Kôeisai: Herbstfest zu Ehren der kaiserlichen Ahnen, 24. September
Kannamesai: Fest des göttlichen Kostens, 17. Oktober
Meiji-Setsu: Geburtstag des *Meiji-Tennô*, 3. November
Niinamesai: Erntedankfest, 23. November
Taishô-Tennô-Sai: Todestag des *Taishô-Tennô*, 25. Dezember

Deutsche Feiertage:
Neujahr: 1. Januar
Tag der Nationalen Erhebung: 30. Januar
Heldengedenktag: 12. März
Karfreitag: 7. April
Ostern: 9. April
Nationaler Feiertag des Deutschen Volkes: 1. Mai
Hitlers Geburtstag: 20. April
Himmelfahrt: 18. Mai
Pfingsten: 28. Mai
Fronleichnam: 8. Juni
Erntedankfest: 1. Oktober
Reformationsfest: 5. November
Gedenktag für die Gefallenen der Bewegung: 9. November
Bußtag: 15. November
Weihnachten: 25. und 26. Dezember[149]

Das japanische Sonnenbanner wehte täglich neben der deutschen Fahne mit dem Hakenkreuz über Sarangan, aber an Kaiser *Hirohitos* Geburtstag war Sarangan in ein japanisches Fahnenmeer getaucht. Jeder Schüler hatte ein japanisches Fähnchen in der Hand, das er zu Ehren des japanischen Kaisers

149 www.die-feldpost-2-weltkrieg.org, Shonan-Büchlein, Ausgabe 1944, S. 18

begeistert schwenkte. An all diesen Feiertagen marschierten die Schülerinnen und Schüler mit der ganzen deutschen Gemeinschaft singend um den See zum festlich geschmückten Platz gegenüber der Schule. Hier fanden dann sportliche Wettstreite statt. Auch Weihnachten und Silvester wurde gemeinsam gefeiert, mit Geschenken für alle Kinder.

In Sarangan gab es Sportfeste, Kinderpartys, Laientheater und auf dem See *Telaga Pasir* wurde gerudert und gesegelt. Sogar einen Herren- und einen Damenfrisör gab es. Flöten- und etwas später Klavierunterricht wurde angeboten, sowie Reit- und Voltigier-Kurse. Die Kinder waren von morgens bis abends beschäftigt.

Die Deutsche Schule in Sarangan war ein Vorzeigemodell. Kein Wunder, dass sich immer wieder Besucher anmeldeten. Schon in den ersten Monaten gab es Besuche von einem japanischen Arzt, von Vertretern der Deutschen Botschaft in Tokyo, vom japanischen Unterrichtsminister, vom Zivilgouverneur von Java und vom japanischen Oberbefehlshaber der Truppen im Pazifik. Im Januar 1944 gab es einen Besuch von einem japanischen Professor, der in Bonn studiert hatte und perfekt Deutsch sprach.

Bei der Kontrolle durch einen Vertreter der Deutschen Botschaft in Tokyo, ob die Erziehung der Kinder im Sinne von Nazi-Deutschland erfolgen würde, mussten einige Kinder die Schule wieder verlassen. Volksdeutsche wurden ja noch toleriert. Aber rein niederländische Kinder ohne einen deutschen Hintergrund in der Deutschen Schule? *Nein*, sagten die Kontrolleure, *das darf nicht sein!*

Die Reichsdeutschen in Sarangan hatten die Volksdeutschen in der allgemeinen Not natürlich ohne Vorbehalt in ihre Gemeinschaft mit aufgenommen und auch den Umständen entsprechend unterstützt. Wie mir ein ehemaliger volksdeutscher Schüler mit niederländischer Staatsangehörigkeit aus Sarangan erzählte, durften nach Kriegsende die Volksdeutschen bei ihrer Rückkehr in die Niederlande nie erwähnen, dass sie zeitweise die Deutsche Schule in Sarangan besucht hätten. Die Pensionsansprüche der Eltern wären mit sofortiger Wirkung verfallen.

Das Verhältnis der einheimischen Bevölkerung mit den Deutschen war ausgezeichnet und von gegenseitiger Freundschaft geprägt. Die deutschen Mütter kauften auf dem lokalen Markt bei den Bauersfrauen ein, die einheimischen Männer fanden Arbeit in den deutschen Gemüsegärten oder wurden für Reparaturen an den Häusern gebraucht. Indonesische Frauen und Mädchen halfen in den Häusern als Haushaltshilfen. Täglich pilgerten die Bäuerinnen der umgebenden Dörfer nach Sarangan, um dort ihre Bananen, Papayas , Mangos und andere Früchte anzubieten. Was dachten sich wohl diese, wenn sie die deutsche Jugend laut singend im Gleichschritt um den See marschieren sahen?

Die deutsche Jugend freundete sich mit Gleichaltrigen im Dorf an. Wenn die Jungen auf große Wanderung zum Gipfel des noch qualmenden 3.265 Meter hohen Vulkans *Gunung Lawu* aufbrachen, nahmen sie ihre einheimischen Freunde mit. Die kannten alle Pfade durch den dichten Urwald für den fünfstündigen Aufstieg. Sie wussten auch, wie man mit schwarzen Panthern, Schlangen und den im dichten Wald hausenden Geistern umzugehen hatte. Hier auf Java und besonders rund um den Vulkan, war vieles verwunschen – ‚Hantu' sagten die Einheimischen dazu! Geister!

Dem ganzen Gebiet rund um den heiligen Vulkan werden von den Einheimischen bis heute versteckte Kräfte und mystische Energien nachgesagt. An den Hängen des Vulkans findet man in Wäldern versteckt uralte hinduistische Tempel, wie Candi Sukuh, Candi Kethek oder Candi Cetho. Sie stammen aus der Mitte des 15. Jahrhunderts, aus der Zeit, bevor Java zum Islam bekehrt wurde. In dieser abgelegenen Gegend leben immer noch kleine Hindu-Gemeinschaften. Hier waren die deutschen Jungs auf die Erfahrung ihrer einheimischen Freunde angewiesen.

Eines Tages kamen zwei Männer nach Sarangan. Es waren zwei der wenigen Überlebenden der *Van Imhoff*, die sich auf die Insel Nias retten konnten. Die kleine Insel Nias vor Westsumatra rückte bei der Tsunamikatastrophe an Ostern 2005 erneut ins Rampenlicht der westlichen Welt. Die unrühmliche Geschichte der *Van Imhoff* und der kuriose Staatsstreich auf der Insel Nias waren nun schon bis nach Sarangan durchgedrungen. Aber nun hörte man die ganze und wahre Geschichte aus berufenem Munde. Einer der Neuankömmlinge, ein Herr Fischer, war ein mittelgroßer Mann mit einer sportlichen Figur. Er war ehemals Vertreter der deutschen Firma Bosch in Niederländisch-Indien. Berühmt wurde er als Anführer des kuriosen ‚Staatsstreiches', auf den ich hier nochmals eingehen möchte, da man nun die abenteuerliche Geschichte aus seinem Munde hörte: Bei dem Untergang der *Van Imhoff* schickten die Niederländer hunderte zivilinternierte Deutsche bewusst in den Tod, darunter 18 katholische und 20 evangelische Missionare und Pfarrer. Die 65 Überlebenden wurden am Strand von Nias von den Niederländern wieder festgenommen und im Polizeigefängnis des Hauptortes der Insel, Gunung Sitoli, eingesperrt. Sie wurden von niederländischen Soldaten und 38 einheimischen Polizisten, sogenannten *Veldpolitie,* bewacht. Die indonesischen Polizisten, die die Deutschen bewachen sollten, verbündeten sich mit den Deutschen und schmuggelten Waffen zu den Gefangenen. Die Indonesier konnten ohnehin nicht verstehen, dass sie Deutsche bewachen sollen, die doch gerade erst ihre verhassten Kolonialherren in Europa besiegt hatten. Die Deutschen kamen am Palmsonntag 1942 frei und nun brachten sie gemeinsam mit dem indonesischen Wachpersonal die Niederländer hinter Schloss und Riegel. Auch alle auf der Insel Nias anwesenden Briten und Australier wurden nun eingesperrt.

Zusammen mit indonesischen Persönlichkeiten der Insel Nias wurde die ,Republik Nias Merdeka', die ,Freie Republik Nias' ausgerufen. Alles war mit deutscher Gründlichkeit organisiert. Ihr erster Ministerpräsident wurde dieser Herr Fischer, und Albert Vehring[150], der seit 1928 die Teeplantage der Brüder Emil und Theodor Helfferich auf Java verwaltet hatte, wurde Außenminister. Die Bewohner der Insel Nias jubelten. Sie waren die ersten im gesamten indonesischen Archipel, die mit Hilfe der Deutschen das Joch von 350 Jahren ausbeuterischer Kolonialherrschaft abwerfen konnten – mehr als drei Jahre bevor Soekarno, der erste Präsident, im August 1945 die Unabhängigkeit des gesamten Indonesischen Archipels ausrief!

Mit nur wenigen Waffen konnten die Deutschen Lynchjustiz und Plünderungen durch die einheimische Bevölkerung verhindern und die Kontrolle über die etwa 200.000 Einwohner der Insel aufrecht erhalten. Weder Chinesen, Niederländer noch die alliierten Kriegsgefangenen hätten ohne das deutsche Übergangsregime auf Nias überlebt. Sie wären alle ohne Gnade von den Einheimischen massakriert worden. Nach Ende des Krieges haben dies selbst die Niederländer eingeräumt. Der Außenminister, Albert Vehring, segelte mit einem einheimischen Fischerboot 200 Kilometer nach Sumatra, um mit den japanischen Truppen Verbindung aufzunehmen. Er begleitete diese zurück auf die Insel Nias.

Die ,Freie Republik Nias' bestand einige Monate, bis die japanischen Truppen Nias besetzten. Die indonesischen Bewohner der Insel Nias begrüßten die Japaner mit Jubel und dem Nationallied *Indonesia Raya*. Drei Tage später, am 20. April, feierten die Deutschen und Japaner gemeinsam Hitlers Geburtstag mit einem dreifachen ,Sieg Heil' und *Banzai*.

Am 23. April 1942 verließen die Deutschen Nias. Sie waren nun frei und reisten zu ihren Familien oder ihren früheren Arbeitsstätten. Viele meldeten sich freiwillig zur Arbeit auf den deutschen Marinestützpunkten. Die niederländischen, britischen und australischen Gefangenen von Nias wurden zum Eisenbahnbau nach Sumatra und Birma abtransportiert.

Nur ein einziger Deutscher blieb auf der Insel Nias zurück, der Arzt Dr. Heid, der seit der Gefangennahme der Niederländer das Krankenhaus der Insel in Gunung Sitoli leitete. Vor seiner Internierung durch die Niederländer war er in Bandung auf Java als Arzt tätig. Nur wenige Monate nach dem Handstreich, im August 1942, nahm er sich selbst das Leben.

---

150 Über das Kriegsverbrechen der Niederländer an den Deutschen beim Untergang der *Van Imhoff* haben Herr Vehring und andere Überlebende eidesstattliche Erklärungen abgegeben (z. B. Notar Bernhard Grünewald, Düsseldorf, Urkundenrolle Nr. 61/1949)

Im heutigen Indonesien ist diese kuriose Geschichte deutsch-indonesischer Beziehungen, die sich mitten im Zweiten Weltkrieg ereignete und zum ersten unabhängigen Teil Indonesiens führte, leider kaum noch bekannt, obwohl der international renommierte indonesische Schriftsteller Rosihan Anwar in seinen Kurzgeschichten *Sejarah Kecil* darüber berichtete.[151]

Herrn Fischer, der durch seinen ‚Staatsstreich‘ das Vertrauen und die Anerkennung der japanischen Militärbehörden sowie der Deutschen Botschaft in Tokyo erworben hatte, wurde nun die Leitung der deutschen Gemeinschaft in Sarangan als einer Art Bürgermeister anvertraut.

Eines Tages tauchte auch der Schweizer Maler Willy Quidort in Sarangan auf, um dort das Kriegsende abzuwarten. Er kam 1938 nach Bali. Selbst als Bürger eines neutralen Landes durfte er nach Kriegsbeginn Bali nicht mehr verlassen.[152] Während der japanischen Besatzungszeit war er als Schweizer ein sogenannter ‚freier Gast‘ und konnte sich mit Einschränkungen frei bewegen und nach Sarangan kommen. In seinem Gepäck hatte Quidort ein Grammophon und eine größere Sammlung von Schallplatten. Beides stellte er für die selten gewordenen kulturellen Ereignisse in Sarangan zur Verfügung.[153] Quidort war mit Walter Spies befreundet. Er wohnte mit seiner Frau vorübergehend als Gast im Haus von Spies in Campuan bei Ubud auf Bali. Wie Walter Spies im Juli 1938 an seine Mutter schrieb, konnte er sogar von Quidorts maltechnischen Kenntnissen profitieren.[154] Quidort durfte sogar sein eigenes Haus auf dem Grundstück von Walter Spies in Campuan erstellen, das er aber nur kurz bewohnte.[155]

Quidorts Schüler, Ernest Albert Christen, ebenfalls Schweizer, war 1938 bis 1939 ebenfalls bei Walter Spies auf Bali. Er war Maler und Architekt. Er hatte die seltene Gelegenheit, von 1936 bis 1937 nach seinem Architekturstudium ein Jahr lang Assistent des deutschen Stararchitekten Professor Paul Bonatz zu werden. Während dieser Zeit entwarf er Villen für die nationalsozialistische Prominenz des Deutschen Reichs, wie die Privatresidenz von Reichsaußenminister Joachim von Ribbentrop in Berlin-Dahlem. Auch das typisch balinesische Haus seines Lehrmeisters Quidort auf dem Grundstück von Walter Spies hatte er entworfen. Kurz vor Kriegsbeginn konnte Christen noch in seine schweizerische Heimat zurückreisen.

Als der Krieg der Alliierten im Pazifik immer näher rückte und ab und zu schon amerikanische Flugzeuge Java überflogen, musste man sich auch in

151 Anwar, *Sejarah Kecil*, S. 79ff
152 Rupp, *Ernest A. Christen*, S. 26
153 Keppner, *Airmolang*, S. 290
154 Rhodius, *Walter Spies*, S. 374
155 Ibid., S. 411

Sarangan auf schlimmere Zeiten vorbereiten. Japanische Militärs machten mit den Frauen Luftschutzübungen. Wassereimer wurden zu Löschzwecken in einer Kette von Mensch zu Mensch weitergereicht und an einer Strohpuppe wurde demonstriert, wie man amerikanische Fallschirmjäger, bevor sie sich von ihrem Fallschirm befreien konnten, mit Bambussspeeren unschädlich machen konnte.

Im Februar 1944 wurde erstmalig ein Arbeitsdienst für die älteren Schülerinnen und Schüler in Sarangan eingerichtet, um auf einem großen Stück Land Djarak anzupflanzen. Djarak ist die Rizinuspflanze, aus deren Samen das Rizinusöl gewonnen wird. Das Rizinusöl wurde nicht nur medizinisch angewendet, es wurde in Deutschland dringend für die Kunststoff- und Farbindustrie sowie für die Herstellung von Biodiesel benötigt. Das Öl, nicht nur aus Sarangan, wurde von Batavia und Surabaya in größeren Mengen in Unterseebooten nach Deutschland geliefert. Obwohl die Russen schon in Richtung Berlin marschierten und Dresden durch schreckliche Bombenangriffe zerstört war, wurden in Sarangan noch die letzten Reserven mobilisiert.

Ab einem Alter von 16 Jahren wurden alle reichsdeutschen Jungen aus Java zum Militärdienst eingezogen. Die Jungen aus den Städten Javas kamen zunächst zur Ausbildung nach Surabaya. Das Deutsche Konsulat in Batavia erinnerte sich, dass auch in dem Luftkurort Sarangan Jugendliche in diesem Alter waren und wählte rund ein Dutzend für den Wehrdienst aus. Die Jungen waren stolz und träumten von Heldentum und Dienst am Vaterland, so wie es ihnen in den vergangenen Jahren in der Hitlerjugend immer wieder eingetrichtert wurde. Die zurückbleibenden Mütter winkten ihren Jungen mit Tränen in den Augen nach, als sie mit einem japanischen Fahrzeug abgeholt und zum deutschen Stützpunkt in Surabaya gebracht wurden.

Auf dem Gelände des Stützpunktes befanden sich vier Tennisplätze mit Betonbelag, die in der strahlenden Tropensonne unsäglich heiß wurden. Hier wurden die Jungs aus Sarangan mehrere Wochen lang im Schweiße ihres Angesichts gedrillt. Die Unbekümmertheit der bisherigen Jugend war schnell dahin. Sie lernten das Vokabular der U-Boot-Leute: bei U-Boot-Motoren sprachen sie nun von ,Jockels', Wasserbomben waren ,Wabos', Flugzeuge ,Bienen' und die Munition für die U-Boot-Bordflak hieß ,Flitzknödel'. Als Dienstkleidung trugen sie dunkle khakifarbene Shorts mit kurzärmligen Oberhemden. An einem breiten Ledergürtel hing ein langes japanisches Seitengewehr. Die Ausgeh-Uniform war grau. Das Oberhemd hatte Achselklappen mit Adler und Hakenkreuz, die geschickte chinesische und javanische Näherinnen darauf gestickt hatten. Weiße Dienst- und Ausgehuniformen waren den deutschen Offizieren vorbehalten.

Zum Missfallen der Jungens aus Sarangan war das Essen auf dem Stützpunkt echt deutsch: viel Fleisch, Kartoffeln, Knödel, dicke Soßen, wenig Gemüse und viel Pudding. Sie waren von Kindesalter eher an das leichte indonesische und chinesische Essen mit Fisch, Reis und viel Gemüse gewöhnt.[156]

Wenn man keinen Ausgang hatte, durfte man das Stützpunktgelände nach Einbruch der Dunkelheit nicht mehr verlassen. Doch den Jungen aus Sarangan war – wie allen Marinesoldaten – das Loch im Zaun bekannt. Obwohl alle Offiziere, selbst der Stationsleiter, über den geheimen Ausgang Bescheid wussten, wurde er nicht verschlossen. Auch die Offiziere wollten ab und zu ihren javanischen Freundinnen einen Abendbesuch abstatten. Auch die Jungs aus Sarangan schlüpften unerlaubt durch das Loch, um in einem javanischen Restaurant in der Nähe ihre gewohnten Speisen zu genießen.

Aufgrund ihrer deutschen Abstammung und ihres deutschen Blutes wurden später auch die Kinder der Volksdeutschen ab 16 Jahren zum Wehrdienst zugelassen. Auf dem deutschen Marinestützpunkt Surabaya wurden sie verächtlich ‚Beutegermanen‘ genannt. Aber für das dringend benötigte zusätzliche Personal waren sie gut genug. Hier herrschte weiterhin rege Betriebsamkeit. Unterseeboote liefen ein und aus, Fracht für Deutschland wurde angeliefert, die U-Boote mussten von vertrauenswürdigen Trägern beladen werden und es wurde gehämmert und geschweißt. Nach dreimonatiger und oft noch längerer Fahrt rund um Afrika waren die Boote meist reparaturbedürftig und mussten für die Rückreise überholt werden. Da wurde jede helfende Hand benötigt.

Die Kinder der ‚Holländer-Deutschen‘ konnten sich dem Aufruf zum Wehrdienst kaum verweigern, denn ohne den Schutz des Deutschen Reiches wären die Jugendlichen und ihre Mütter von den Japanern in Lager verbannt worden. Reichsdeutsche Indos, Mischlinge zwischen Deutschen und Einheimischen, erhielten zu ihrer großen Enttäuschung meist keinen Einzugsbefehl. Viele wollten auch eine deutsche Uniform tragen und mitmischen im ‚Großen Krieg‘.

Nach der Grundausbildung wurden einige Jungs aus Sarangan, die sich nun wie richtige Männer fühlten, auf die Stützpunkte in Batavia und Singapur verteilt, aber die meisten blieben in Surabaya, um eine weiterführende Ausbildung als Funker oder Dieselmechaniker zu erhalten. Zusammen mit ein paar U-Boot-Männern fuhren die Jungs nun jeden Morgen mit einem schweren Horch-Einheits-Personenkraftwagen mit offenem Mannschaftsaufbau die paar Kilometer hinaus zum Hafen. Dieser Horch-Kraftwagen mit Allradantrieb und Allradlenkung wurde speziell für die Deutsche Wehr-

---

156 Keppner, *Airmolang*, S. 363ff

macht entwickelt und in großen Stückzahlen produziert. Im Hafen durften die jungen Soldaten dem Obermaschinisten beim Überholen der beiden U-Boot-Diesel zur Hand gehen. Aber sie mussten auch Rohgummi und Zinnbarren im Kielraum der Boote verstauen.

Wenn die Jungs Ausgang hatten, fühlten sie sich in ihrer schicken Ausgehuniform und mit dem weißen Marineköppchen auf dem Kopf wie der Stationsleiter höchstpersönlich. Sie liefen den Mädchen auf dem Oranje-Boulevard hinterher und hatte die große Hoffnung, dass eine der Hübschen anbeißen würde. Vor dem ersten Ausgang hatte sie der Stabsarzt allerdings eingehend aufgeklärt und gewarnt. Jedem drückte er zum Abschied ein Päckchen Präservative in die Hand.

In das deutsche Freizeitzentrum ‚Taifun Hotel‘, das bei dem Stützpunkt am Oranje-Boulevard lag, gingen sie allerdings nicht gerne, obwohl dort ihr Kamerad und Freund Otto Kühn mit seinen javanischen Musikern zum Tanz aufspielte. Dort waren sie unter Aufsicht ihrer Vorgesetzten. Die Getränke und Tanzmädchen waren ihnen hier zu teuer, aber vor allem ging es ihnen dort zu steif und zu förmlich zu. Dort musste man sich nach einem Tanz artig vor seiner Partnerin verbeugen und ihr die fällige Tanzmarke übergeben. Nach getaner Tag- oder Nachtarbeit konnten die Damen dann die Marken in Rupiahs oder japanische ‚Bananen-Dollars‘ umtauschen. Außerdem war den Jungs aus Sarangan im ‚Taifun Hotel‘ der Zutritt zu dem oberen Stockwerk mit den intimen Gemächern verwehrt. Nach Ansicht von Stationsleiter Hoppe waren sie für solche Spielchen noch zu jung.

Ebenfalls in der Nähe des Stützpunktes gab es die ‚Tabarin-Bar mit Tanz Club‘. Hier verkehrten auch japanische Soldaten. Dieses Etablissement war billiger und legerer und die Mädchen waren dort genauso hübsch und anschmiegsam. Hier war der beliebte Treffpunkt der Jungs aus Sarangan, wenn sie Ausgang hatten.

Der Ernst des Krieges kam nun auch nach Sarangan. Nachdem ein alliertes Aufklärungsflugzeug über Sarangan gesichtet wurde, erging vom japanischen Oberkommandanten der Befehl, alle Häuser zu verdunkeln. Bei Nacht wurden nun die Fenster verhängt und das elektrische Licht reduziert. Der Schulunterricht lief jedoch bei Tag wie gewohnt weiter. Nun kamen auch immer mehr Marinesoldaten der in Surabaya liegenden U-Boote für einen Landurlaub in den Luftkurort. Kurz vor Kriegsende wurden noch ein Filmvorführapparat und die Filme ‚Reitet für Deutschland‘ und ‚U-Boote Westwärts‘, sowie einige Wochenschauen aus Tokyo nach Sarangan gesandt. Die Abwechslung wurde freudig begrüßt. Vermutlich handelte es sich um den Filmapparat der *Scharnhorst*, der zuvor an die deutsche Kolonie in Tokyo ausgeliehen war, oder um einen, den einige U-Boote – wie U 181 – zur Unterhaltung der Mannschaft an Bord hatten.

Es waren die ersten Tage im Mai 1945. Es waren Tage wie alle anderen zuvor. Die Sonne ging hinter den bewaldeten Bergen auf und die Vögel jubilierten und freuten sich über jeden neuen Tag. Die deutschen Mütter, Kinder und Männer in Sarangan freuten sich weniger, denn es ging das Gerücht von Hitlers Tod um. Als die Nachricht bestätigt wurde, war man entsetzt. Hitler tot? Unser Idol, dem wir blind vertrauten? Wie soll es nun weitergehen?[157]

---

157 Informationen von dem ehemaligen Sarangan-Schüler Hardy Zöllner
   Hausmitteilung ‚Sarangan‘ der Sarangan-Freunde, Hamburg 1989
   Keppner, *Wie weit bis Airmolang*

41. Operation ,Transom' und die letzten deutschen U-Boote vor Kriegsende im ,Südraum'

Nur vier Wochen nach dem ersten von mehreren Angriffen auf den Stützpunkt Sabang wurde am 17. Mai 1944 der zweite Marinestützpunkt von den Alliierten angegriffen. Unter dem Codenamen ,Operation Transom' galt nun der Angriff dem für die Wartung und Reparatur der deutschen U-Boote so bedeutsamen Hafen von Surabaya. Wie schon in Sabang wurden auch hier die Japaner unvorbereitet überrascht.

Wieder war es der amerikanische Flugzeugträger *USS Saratoga*, der nach seinem erfolgreichen Angriff auf den Stützpunkt Sabang mit seinen Flugzeugen nun den Marinestützpunkt in Surabaya bombardierte. In der darauf folgenden Nacht erfolgte ein zweiter Angriff mit sieben schweren B-24 Bomberflugzeugen der US-Luftwaffe, die auf dem geheimen Militärflughafen ,Corunna Downs', südlich von Marble Bar in West-Australien, stationiert waren.

Der Schaden in Surabaya scheint aber nicht so groß gewesen zu sein wie der in Sabang, denn nur drei Wochen später, am 10. Juni 1944, ist UIT 25 – das Boot, das während der ,Operation Transom' im Hafen von Surabaya lag – aus Surabaya nach Kobe ausgelaufen. Das Boot kann also nicht, oder nur minimal, beschädigt worden sein. Das Kommando dieses Bootes hatte nun Oberstleutnant zur See Alfred Meyer, der zuvor auf U 183 der erste Wachoffizier war. Die Mannschaft bestand nur aus zehn deutschen U-Boot-Männern, die von U 183 übernommen wurden. Die restlichen waren Matrosen von Hilfskreuzern und italienisches U-Boot-Personal. UIT 25 pendelte mehrmals zwischen dem ,Südraum' und Japan, um vorwiegend Wolfram und Molybdän für den Weitertransport nach Deutschland in den ,Südraum' zu bringen.

Obwohl nun die meisten deutschen U-Boote den bisher noch nicht attackierten Stützpunkt Batavia anliefen, legten nach der ,Operation Transom' doch noch einige deutschen Boote in Surabaya an, nämlich U 861 am 3. November 1944, U 537 am 9. November 1944 und U 195 am 17. März 1945.

Auch in anderen Gebieten Südost-Asiens nahm der Krieg an Härte zu. Zum Beispiel zerbombten am 4. April 1945 die Alliierten noch große Teile der Stadt Bangkok. Auch die beiden wichtigsten Kraftwerke wurden zerstört. Bangkok war noch Monate später ohne Elektrizität, ohne Telefon und ohne Straßenbahn.

Der Kommandant Kapitänleutnant Fritz Schneewind war der erste, der mit seinem Boot U 511 Penang erreicht hatte. Nun war er einer der Letzten, der im ‚Südraum‘ noch kurz vor Kriegsende sein Leben lassen musste. Schneewind übernahm in Penang am 20. Dezember 1943 das Kommando von U 183, das bei Feindfahrten in den Gewässern von Niederländisch-Indien bereits mehrere alliierte Schiffe versenkt hatte. Zunächst erfolgte eine Verlegungsfahrt nach Kobe in Japan, wo in der Marinewerft neue Batterien in das Boot eingebaut wurden. Im ‚Südraum‘ selbst gab es keine Möglichkeit, diese nachzubauen. Unter den deutschen U-Boot-Leuten war allgemein bekannt, dass die in Japan nachgebauten Batterien für die deutschen U-Boote wesentlich besser waren als das Original aus Deutschland. Sowohl die Kapazität war größer als auch die Lebensdauer länger. Lag es an den knappen oder fehlenden Rohstoffen in Deutschland während des Krieges? Oder hatten japanische Ingenieure eine bessere Technologie?

Am 9. März 1945 traf U 183 aus Kobe kommend wieder im Stützpunkt Batavia auf Java ein. Wenige Tage danach lief das Boot zu seiner siebten Feindfahrt aus. U 183 operierte in der Javasee südlich von Borneo (heute: Kalimantan) in der Straße von Makassar. Dort wurde es am 23. April 1945, nur wenige Tage vor der Kapitulation Deutschlands, von dem amerikanischen U-Boot *USS Besugo* durch ein Torpedo versenkt. Die *USS Besugo* unter dem Kommando von Capt. Miller hatte einen Sechserfächer von Torpedos auf U 183 abgeschossen. Ein Torpedo traf genau mittschiffs. Innerhalb weniger Sekunden ging U 183 unter und sank auf den Meeresgrund. Von der 55-köpfigen Mannschaft hat nur einer mit einigen Knochenbrüchen den Angriff überlebt, der Obersteuermann Karl Wiesniefsky. Er wurde von dem amerikanischen U-Boot aufgenommen. Am 10. Januar 1946 kam der Obersteuermann nach seiner Entlassung aus amerikanischer Kriegsgefangenschaft wieder nach Deutschland zurück.

Unter den Toten war auch Kommandant Fritz Schneewind. Schneewind wurde am 10. April 1917 in Padang (West-Sumatra) geboren. Seine Eltern betrieben dort eine deutsche Handelsniederlassung. Er sprach fließend Malaiisch und war dadurch für den Einsatz in Niederländisch-Indien prädestiniert. Nun fand Fritz Schneewind seine letzte Ruhe in seiner alten Heimat, in der Javasee. Der einzig Überlebende Wiesniefsky von U 183 berichtete später:

Am 21. April 1945 verließ U 183 in der Abenddämmerung unauffällig den Hafen von Batavia. Der Turm war zum Schutz gegen japanische Schiffe beiderseitig mit den japanischen Landesfarben gekennzeichnet. Am 23. April 1945 gegen 13:20 Uhr verließ der Kommandant den Turm. Seine letzten Anordnungen waren: ‚Normaler Ausguck und Tauchen nach Ortung‘.

Der Steuermann, der mit sechs erfahrenen Ausguckposten die Brückenwache übernommen hatte, suchte gleich darauf den achterlichen Luftraum nach Flugzeugen ab. Als er das Glas absetzte und einen kurzen Blick zu den Ausguckposten warf, ereignete sich eine gewaltige Explosion. Eine etwa fünf Meter hohe Stichflamme schoss an der Backbordseite des Turmes hoch. Ein schwerer Schlag erschütterte das Boot. Mit schmerzverzerrten Gesichtern sackte die Brückenwache in sich zusammen. Aus dem Boot drang ein einziger Schrei und schon strömte das Wasser durch das Turmluk. Noch in voller Fahrt schnitt das Boot unter, alles mit sich reißend. Binnen weniger Sekunden war U 183 verschwunden. Nur der Obersteuermann konnte die Oberfläche wieder erreichen. Inmitten des sich gebildeten Ölflecks, wartete er darauf, dass noch einige seiner Kameraden auftauchen. Doch keiner konnte sich mehr retten. Dafür tauchte nach etwa 10 Minuten ein U-Boot an der Oberfläche auf, nahm Fahrt auf und steuerte schließlich auf die Unfallstelle zu, wo es den einzigen Überlebenden von U 183 aufnahm. Anschließend suchte das U-Boot noch etwa eine Stunde nach Überlebenden, doch es war niemand zu finden. Das Wasser hatte sich über dem auf 65 Meter liegenden U 183 für immer geschlossen.[158]

Wenn ein Trockendock im Marinehafen Selatar in Singapur von den japanischen Behörden für ein deutsches U-Boot freigegeben wurde, musste ein Boot, selbst wenn es noch nicht hundertprozentig seetauglich war, von Penang, Batavia oder Surabaya für größere Reparaturen nach Singapur überführt werden. Auch größere Reparaturen an der Außenhaut der Boote konnten nur dort durchgeführt werden.

So lief auch am 17. Mai 1944 das Monsun-Boot U 532 unter Kommandant Fregattenkapitän Otto-Heinrich Junker aus dem Hafen Penang aus, um das Boot nach Singapur zu verholen. Junker hatte das Boot im November 1942 übernommen. In vier Einsätzen mit 400 Tagen auf hoher See hatte Junker acht alliierte Schiffe versenkt und zwei schwer beschädigt.

Da die Maschinen von U 532 nicht die volle Leistung brachten, fuhr das Boot aus Sicherheitsgründen so nahe wie möglich entlang der Küste nach Süden in Richtung Singapur und bekam zusätzlichen Geleitschutz aus der Luft durch ein Arado 169 Wasserflugzeug. Durch die geringe Wassertiefe in Küstennähe musste U 532 über Wasser fahren.

Trotz der Sicherung aus der Luft wurde U 532 von dem getauchten britischen U-Boot *HMS Tally-Ho* (Codename der britischen Marine: *P 317*) gesichtet und angegriffen. Das Boot wurde von Winston Churchill persönlich auf den Namen *HMS Tally-Ho* getauft. Das britische Boot hatte bei den Andamanen-Inseln und vor den zu Siam gehörenden Semilan-Inseln bereits

---

158 Deutsches U-Boot Museum Cuxhafen-Altenbruch

erfolgreich operiert sowie Seeminen vor dem Stützpunkt Sabang und vor der Ostküste Sumatras verlegt.

Mit einem Fächer von sechs Torpedos griff *HMS Tally-Ho* das deutsche Boot an. Kommandant Junker konnte durch geschickte Manöver allen Torpedos ausweichen. Einige rasten mit ihrer tödlichen Fracht nur drei bis vier Meter am Boot vorbei der Küste zu. Die Straße von Malakka war sehr unsicher geworden. Aber Kommandant Junker hatte wieder einmal Glück gehabt. Am nächsten Tag legte er um die Mittagszeit sicher in Singapur an und fuhr U 532 nach der Überholung zur Beladung nach Batavia.

Am 13. Januar 1945 verließ Kommandant Junker mit dem Boot Batavia, um mit einer Fracht von Kautschuk und Molybdän zurück nach Deutschland zu fahren. Am 8. Februar 1945 wurde U 532 im westlichen Indischen Ozean von U 195 mit zusätzlichem Treibstoff versorgt. Im Atlantik versenkte Junker am 13. März den britischen Frachter *Baron Jedburgh* und am 28. März den amerikanischen Frachter *Oklahoma*. Am 15. Mai ergab sich U 532 auf See dem britischen Kriegsschiff *HMS Anthony* und wurde nach Liverpool geleitet, wo es am 17. Mai 1945, 117 Tage nach seiner Abfahrt aus Batavia, eintraf. Fregattenkapitän Otto-Heinrich Junker war einer der ganz wenigen Kommandanten, der während des gesamten Einsatzes von vielen hundert Tagen bis Kriegsende nur einen einzigen Mann seiner Besatzung verlor. Dieser wurde bei extrem rauer See kurz vor der Ankunft in Liverpool von Bord gespült. Das britische Begleitschiff hatte dem Wunsch von Kommandant Junker tauchen zu dürfen nicht stattgegeben. Fregattenkapitän Otto-Heinrich Junker und seine Mannschaft kamen in britische Kriegsgefangenschaft, aus der sie erst 1948 wieder entlassen wurden. Junkers Verdienst, kurz vor seiner Kapitulation noch einen unbewachten britischen Truppentransporter nicht torpediert zu haben, wurde ihm bei seiner Vernehmung und dem Urteilsspruch nicht angerechnet.

U 859 unter dem Kommando von Oberleutnant zur See Johann Jebsen und U 861 unter dem Kommando von Korvettenkapitän Jürgen Oesten erreichten an zwei aufeinanderfolgenden Tagen nach einer langen Überfahrt mit Operationen im Indischen Ozean im September 1944 Sabang. Der Stützpunkt war nach dem verheerenden alliierten Angriff vom April desselben Jahres wieder eingeschränkt funktionsfähig.

Auf der Fahrt bis Sabang hatte U 859 drei alliierte Schiffe versenkt, darunter auch am 28. August 1944 den Liberty-Frachter *SS John Barry*. Das Wrack der *SS John Barry* liegt heute noch in 2.600 Metern Tiefe vor der Küste des Sultanats Oman im Arabischen Meer. Das Schiff hatte Silber- und Goldbarren sowie Münzen im Wert von mehreren hundert Millionen US-Dollar geladen.

Nach dem freudigen Empfang der Mannschaften der beiden deutschen U-Boote durch die dort stationierten deutschen und japanischen Kameraden sollten die Boote zusammen von Sabang nach Penang gelotst werden, um dort ihre Fracht aus Deutschland zu löschen. Die Situation in der Straße von Malakka war sehr gefährlich geworden. Ununterbrochen patrouillierten dort alliierte U-Boote. Der Geleitschutz der japanischen Marine in der Nähe der deutschen Stützpunkte war meist nicht zufriedenstellend. Dadurch gingen alleine auf der Strecke zwischen Sabang und Penang mindestens fünf deutsche U-Boote verloren.

Zur großen Freude der Mannschaften brachte der Lotse für jedes Boot zur Begrüßung noch große Körbe mit frischen tropischen Früchten und kaltem japanischen Bier an Bord. Im Zick-Zack-Kurs steuern die Boote den Zielhafen Penang an, den auch U 861 sicher erreicht.

Weniger Glück hatte U 859. Nach einer mehr als fünfmonatigen Überfahrt wurde U 859 am 23. September 1944 nur wenige Seemeilen vor dem Zielhafen Penang von einem Torpedo des britischen Unterseeboots *HMS Trenchant* versenkt. Von der 67 Mann starken Besatzung konnten 19 gerettet werden.

Korvettenkapitän Jürgen Oesten, der mit U 861 Penang sicher erreicht hatte, war ein erfahrener U-Boot-Kommandant. U 861 war bereits sein drittes Boot. Zuvor war er Kommandant auf U 61 und U 106. Bei insgesamt zwölf Feindfahrten hatte er 20 Schiffe versenkt und weitere schwer beschädigt, darunter das schwere britische Schlachtschiff *HMS Malaya* so schwer, dass es für viele Monate zur Reparatur ins Dock musste.

Als Kommandant Oesten am 20. April 1944 mit U 861 von Lorient in den ‚Südraum' aufbrach, war er bereits überzeugt, dass der Krieg nicht mehr gewonnen werden könne. Vor dem Auslaufen sagte er:

Ich hatte ein verdammt mulmiges Gefühl, weil ich eigentlich wusste, dass es nichts brachte - was wir versenken und wen wir auch töten würden, nichts davon war wirklich notwendig.[159]

U 861 wurde nach Singapur verholt, um dort überholt zu werden. Danach operierte das Boot zwischen Singapur, Batavia und Surabaya. U 861 wurde mit neuer Fracht für Deutschland beladen und verließ mit Ziel Lorient am 15. Januar 1945 den Hafen Surabaya. Da das Passieren der Sundastraße wegen einer Blockade durch alliierte U-Boote sehr riskant geworden war, entschloss sich Kommandant Oesten, den längeren Weg zum Indischen Ozean durch die Lombok-Straße, zwischen Bali und der östlich davon liegenden Insel Lombok, zu nehmen. Aber auch hier lauerten bereits zwei amerikani-

159 Williams: *U-Boot-Krieg im Atlantik*

sche U-Boote auf U 861, denn das Auslaufen des Bootes und sein Kurs wurden durch Spitzel an die Alliierten verraten. Bis zur Lombok-Straße wurde U 861 zur Sicherung von einem japanischen Zerstörer begleitet. Als Oesten zur Überprüfung des Bootes einen Tauchgang machte, stellte er fest, dass in der Lombok-Straße eine ungewöhnlich starke Unterströmung nach Süden vorherrschte. Oesten ließ das Boot, um Treibstoff zu sparen, den ganzen Tag treiben und tauchte erst in der Nacht wieder auf.

Ein Teil der Mannschaft hatte das durch Stechmücken übertragene tropische Dengue-Fieber bekommen. Damals war man der Ansicht, dass kühlere Temperaturen dagegen helfen würden. Aus diesem Grund steuerte Oesten sein Boot abseits der üblichen Route scharf nach Süden, der kühleren australischen Küste zu. Die unter Wasser zurückgelegte Strecke in der starken Strömung der Lombok-Straße und die ungewöhnliche Route in Richtung Australien hatten sein Boot gerettet. Er entkam den beiden amerikanischen U-Booten, die ihn verfolgten.

Mit viel Glück durchquerte U 861 den Indischen Ozean. Hier wie im Atlantik war die Präsenz der alliierten Kriegsmarine bereits übermächtig. Aus diesem Grunde änderte Oesten seine Route immer wieder und wich im Atlantik weit nach Norden aus. Im Nordmeer rammte U 861 einen Eisberg, der Schaden war jedoch unerheblich. Nach einer Überfahrt von mehr als drei Monaten lief das Boot am 18. April 1945 sicher in der deutschen Marinebasis Trondheim in Norwegen ein. Am 6. Mai 1945 kapitulierten der Kommandant und seine Mannschaft gegenüber den Briten. Sie kamen in britische Kriegsgefangenschaft.

Im Dezember 1944 und Januar 1945 verließen die letzten vier deutschen U-Boote den ‚Südraum‘ mit Rohstoffen. Obwohl keines dieser Boote verloren ging, erreichten sie die Häfen in Europa zu spät, um noch einen Beitrag zum Krieg leisten zu können.[160]

Hier soll noch das weitere Schicksal von U 862, dem einzigen deutschen U-Boot, das in Australien und Neuseeland operierte, beschrieben werden. Am 14. Februar 1945 kam U 862 nach der langen Reise wieder sicher in Batavia an. Bis zu diesem Zeitpunkt wurde die Operation von U 862 mit Kommandant Korvettenkapitän Heinrich Timm bereits beschrieben.

Am 18. Februar 1945 traf U 862 mit dem deutschen Versorgungsschiff *Bogota* zusammen und verließ noch am selben Tag den Hafen von Batavia. Das Boot passierte am nächsten Tag die Banka-Straße.[161] Am 20. Februar 1945 kam das Boot in Singapur an und wurde auf der Marinewerft überholt.

---

160 Krug, Hirama, Sander-Nagashima, Niestlé, *Reluctant Allies*, S. 231
161 Zwischen der Ostküste von Sumatra und der Insel Banka ist die 11 bis 27 Kilometer breite Banka-Straße

Nach Abschluss der Arbeiten und der Erholung der Mannschaft sollte das Boot Ende April wieder nach Deutschland auslaufen. Im Boot wurde jeder kleinste freie Platz mit Kautschuk und Molybdän beladen. Selbst die Anzahl der mitzuführenden Torpedos wurde auf acht reduziert, um mehr Platz für diese wertvollen Rohstoffe zu gewinnen. Das Oberkommando der Marine in Berlin lehnt den Wunsch Japans ab, bei Madras in Südindien einige japanische Agenten an Land zu setzen.

Bei der Überholung und den erforderlichen Reparaturen gab es einige Verzögerungen, aber die Hauptmaschinen waren nun fertig und hatten einen erfolgreichen ersten Probelauf absolviert. Die Abfahrt von U 862 wurde nun auf den 12. Mai 1945 festgelegt. Am 5. Mai 1945 sandte der deutsche Marineattaché in Tokyo und Admiral Ostasien, Admiral Paul Wenneker, das Code-Wort ‚Lübeck' an alle U-Boote in Asien. Dieses Code-Wort war der Befehl, alle Kampfhandlungen gegen die Alliierten mit sofortiger Wirkung einzustellen.[162]

Kurz vor Kriegsende verließen noch mehrere U-Boote deutsche Häfen. und einige konnten auch unbeschadet durch die Seeblockade der Alliierten schlüpfen und nach der Kapitulation Deutschlands entkommen.

So verließ zum Beispiel das U-Boot U 234 am 25. April 1945 Kiel mit dem Ziel Java und Japan. Wegen technischer Probleme musste das Boot die deutsche Marinebasis Kristiansand in Norwegen anlaufen. Am 15. April 1945 – nur drei Wochen vor Kriegsende – stach U 234 endgültig mit Kurs nach Java in See. Das Kommando hatte Kapitänleutnant Johann Heinrich Fehler. Der 2. Wachoffizier war Leutnant Ernst Pfaff, der für die Ladung verantwortlich war. Der Schiffsarzt war Dr. med. Franz Valentin Walter. Es sollte eine lange Reise werden, um die Fracht über den ‚Südraum' nach Japan zu bringen. Hitler persönlich gab den Auftrag für diese geheimnisvolle Reise, als er endlich realisierte, dass der Krieg für Deutschland verloren war.

U 234 war eigentlich ein Minenleger-U-Boot, wurde aber zum Transport von Frachtgut umgebaut. Nur noch mit Hilfe der U-Boot-Flotte konnte die militärische Zusammenarbeit zwischen Japan und dem Deutschen Reich notdürftig aufrecht erhalten werden.

Die Ladung bestand aus mehreren größeren Kisten und vielen kleineren. Selbst die Torpedorohre wurden als Lagerraum zweckentfremdet. Wie der 2. Wachoffizier Pfaff später in einem Protokoll während des Verhörs gegenüber dem amerikanischen Geheimdienst erwähnte, war niemand an

---

162 SENSUIKAN! IJN Submarine I-502: Tabular Record of Movement, © 2001-
    2010 Bob Hackett & Sander Kingsepp, Revision 5
    Deutsches U-Boot Museum Cuxhafen-Altenbruch, www.deutsches-u-boot-
    museum.com

Bord über den Inhalt der Kisten informiert. Das Frachtgut war nicht für die deutschen Stützpunkte in Südost-Asien bestimmt. Es sollte lediglich in Batavia oder Surabaya auf ein japanisches U-Boot umgeladen werden. Der Empfänger war das japanische Verteidigungsministerium.

Außer der Mannschaft waren noch zwölf Passagiere an Bord von U 234. Es waren General Ullrich Kessler von der Deutschen Luftwaffe mit seinen zwei Adjutanten, der Radarspezialist Ulrich Menzel und Oberstleutnant Fritz von Sandrart, ein Experte in der Luftverteidigung. Kessler sollte neuer Luftwaffenattaché in Tokyo werden, und die beiden letztgenannten sollten Heinrich Foders in Tokyo beim Nachbauprojekt ‚Würzburg‘ unterstützen. Außerdem waren vier hochrangige deutsche Marineoffiziere und Spezialisten zur Unterstützung von Admiral Wenneker in Tokyo an Bord, sowie drei deutsche Zivilingenieure als Spezialisten für Elektronik und Flugzeugbau. Weitere Passagiere waren zwei japanische Offiziere, *Genzo Shoji* und *Shinchiro Tomonaga,* Spezialisten für Raketentechnik. Die beiden hatten sich in Deutschland ausgiebig über die neueste Waffen- und Raketentechnik informiert.

Die Atomforschung war in Deutschland schon ziemlich weit fortgeschritten, ja, Deutschland kann man als Geburtsland der Atomphysik bezeichnen, nachdem der Radioaktivitäts-Forscher Otto Hahn bereits im Jahre 1938/39 die Kernspaltung und deren Sprengkraft in Berlin entdeckt hatte. Auch Japan arbeitete an der Entwicklung einer Atombombe, aber Japan fehlte das Uran. Bereits drei japanische U-Boote, I-52, I-30 und I-29, die Uran in Deutschland abholen sollten, wurden von den Alliierten versenkt. Zwei dieser Boote waren bereits auf dem Rückweg und hatten größere Mengen Uranerz an Bord.

Offensichtlich hatte Hitler trotz anderslautender Parolen die Hoffnung, den Krieg noch zu gewinnen, bereits aufgegeben, denn nun wollte er mit allen ihm noch zur Verfügung stehenden Mitteln das japanische Kernwaffenprogramm unterstützen.

Nach Kriegsende wurde bekannt, dass U 23 neben großen Mengen an Quecksilber auch 560 Kilogramm Uranoxyd, das Rohmaterial für eine Atombombe, geladen hatte. Außerdem war ein zerlegter Nachtjäger ‚Messerschmitt Me 262‘, das erste Düsen-Strahlflugzeug der Welt, an Bord, sowie Bauteile für das Raketenflugzeug Me 163, Teile für die neueste Version der ballistischen Rakete V2 und unzählige Kisten mit kompletten Bauplänen, technischen Zeichnungen und Forschungsergebnissen der neuesten deutschen militärischen Entwicklungen. Die Gesamtfracht betrug rund 240 Tonnen. Die deutschen Wissenschaftler und Ingenieure sollten helfen, die japanische Kriegsmaschinerie so schnell wie möglich mit den neuesten

Errungenschaften der deutschen Waffenschmieden aufzurüsten. Wenn das Dritte Reich schon den Krieg verlöre, dann sollte doch wenigstens Japan gewinnen!

Zu dieser Zeit war in Berlin eine Forschung zur Verwirklichung einer Atombombe wegen der ununterbrochenen Luftangriffe schon kaum mehr möglich. Unter eingeschränkten Arbeitsbedingungen erfolgte die Fortführung des Projektes im sogenannten ‚Atomstollen‘ im süddeutschen Hechingen.

U 234 erreichte nie Java und Japan. Nach der Kapitulation des Deutschen Reiches am 7. Mai 1945 und der Aufforderung an alle Kommandanten der deutschen U-Boot Flotte, sich den Alliierten zu ergeben, steuerte U 234 mit seiner gefährlichen Fracht die USA an und ergab sich dort am 14. Mai 1945 dem amerikanischen Zerstörer *USS Sutton*. Die beiden japanischen Offiziere schieden zuvor noch auf U 234 durch Suizid aus dem Leben. Ein Japaner hatte seine Seele und seinen Leib dem ‚Göttlichen Kaiser‘ geweiht, und die beiden wollten ihren Feinden nicht in die Hände fallen. Drei Tage später lief U 234 in den Hafen Portsmouth an der Ostküste der USA ein.

Als die amerikanischen Wissenschaftler von dem erbeuteten Uranoxyd erfuhren, reagierten sie wie elektrisiert. In der Atom-Forschungsstelle in Oak Ridge wurde das deutsche Uranoxyd in waffenfähiges Uran aufbereitet. War dieses deutsche Uran Teil der amerikanischen Atombomben, mit denen Hiroshima und Nagasaki zerstört wurden? Es gibt amerikanische Wissenschaftler, die dies behaupten.

42. Kapitulation Deutschlands

Überall in Deutschland herrschte Chaos. Aber trotz des Rückzuges der deutschen Truppen an allen Fronten dröhnten Sondermeldungen über ‚gewonnene Schlachten, Wunderwaffen und Endsieg' mit dem Englandlied und Durchhalteparolen aus den Radios. Die Wirklichkeit sah anders aus! Deutschland lag in Trümmern.

Die Verluste der deutschen U-Boote erreichten bereits Mitte 1944 einen Höhepunkt. Bei nur vier versenkten alliierten Frachtschiffen gingen 23 deutsche U-Boote verloren.[163] Auf den U-Booten wurden laufend neue Radarwarngeräte mit klingenden Namen wie ‚Naxos', ‚Hohentwiel' oder ‚Borkum' eingesetzt, die allesamt keine Lösung des Problems brachten. Im Indischen Ozean und in der Javasee waren die wenigen deutschen U-Boote erfolgreicher. Hier wurde fast die Hälfte der alliierten Schiffe versenkt. Allerdings stiegen auch hier die Verluste. Im August 1944 wurden acht deutsche U-Boote versenkt, die für den Transport von Rohstoffen nach Deutschland eingesetzt waren. Da die Gesamtladung der Fracht-U-Boote auf Kosten der getankten Brennstoffvorräte ging, waren diese Boote auf die Versorgungsschiffe zum Nachtanken angewiesen. Die Versorgungsschiffe *Charlotte Schliemann* und *Brake* waren bereits versenkt. Die Boote, die vollbeladen auf dem Heimmarsch waren, trafen an den verabredeten Treffpunkten meist nur einen riesigen Ölfleck an. So musste zum Beispiel das voll beladene Boot U 532 zurück nach Penang.

U 532 machte einen zweiten Versuch, seine wertvolle Fracht nach Deutschland zu bringen. Am 31. Januar 1945[164] verließ das Boot Batavia. Anstelle der nicht mehr existierenden Versorgungsschiffe wurde nun das Boot U 195 für diesen Zweck eingesetzt. Südlich von Madagaskar wurde U 532 von U 195 mit Treibstoff versorgt. U 532 konnte aber seine Ladung vor Kriegsende nicht mehr nach Deutschland bringen. Das Boot kapitulierte am 10. Mai 1945 vor Liverpool.

Es gab aber immer noch einzelne Boote, die bis nach Europa durchkamen. Zum Beispiel legte U 843 am 10. Dezember 1944 vollbeladen mit Zinn, Molybdän, Kautschuk und anderen Rohstoffen in Batavia ab. Nach einer mehr als 16.000 Seemeilen langen Reise wurde U 843 am 9. April 1945 kurz vor seinem Zielhafen Kiel von einem britischen Flugzeug angegriffen. Das Ruder wurde beschädigt. Das Boot wurde in ein Minenfeld ab-

163 Brennecke, *Jäger - Gejagte*, S. 338
164 Es gibt Quellen, die auch den 13. Januar 1945 nennen

getrieben, lief auf eine Mine und versank. Das Boot unter dem Kommando von Kapitänleutnant Oskar Herwartz hatte eine Besatzung von 56 Mann. 44 Seeleute überlebten das Unglück nicht. 1958 wurde das Boot gehoben und die Ladung geborgen.

Die Rohstoffversorgung für die Kriegsmaschinerie war unterbrochen. Die großen neuen Fracht-U-Boote vom Typ XX, die eine Ladekapazität von 800 Tonnen hatten und nonstop vom ‚Südraum' nach Europa hätten fahren können, waren gegen Kriegsende noch nicht einsatzbereit.

Nach Hitlers Selbstmord war klar, dass der Krieg so schnell wie nur möglich beendet werden musste. Als Nachfolger bestimmte Hitler in seinem Testament den Oberbefehlshaber der deutschen Kriegsmarine, Großadmiral Karl Dönitz. Die deutsche Flotte war zum größten Teil versenkt, Rohstoffe und Stahl waren aufgebraucht und es gab keinen Nachschub. Wegen fehlendem Treibstoff blieb die Luftwaffe am Boden und die Menschen hatten Hunger. Die von der Front zurück nach Deutschland geflohenen Soldaten hatten schäbige Uniformen und durchlöcherte Schuhe an. Die deutschen Streitkräfte waren geschlagen.

Im Januar 1945, kurz vor Kriegsende, hatte die Deutsche Kriegsmarine mit rund 430 Booten die größte U-Boot-Flotte ihrer Geschichte. Die meisten waren wegen der noch nicht ausgebildeten Mannschaften und fehlendem Treibstoff nicht einsatzbereit. Die große Anzahl deutscher U-Boote war bedeutungslos geworden.

Das Codewort ‚Regenbogen', das vom Oberkommando der Marine an alle deutschen Schiffe und Marinestützpunkte in aller Welt gesendet wurde, war das Stichwort für die bevorstehende deutsche Kapitulation und für die sofortige Einstellung aller Kampfhandlungen, zehn Tage nach Hitlers Tod!

Großadmiral Dönitz wollte vor einer totalen Kapitulation Zeit gewinnen, um noch möglichst vielen Deutschen aus dem Osten – aus Ostpreußen und dem Kurland – die Flucht in den Westen zu ermöglichen. Selbst U-Boote wurden nun eingesetzt, um Zivilisten und Soldaten zu evakuieren. Alle wollten einer russischen Gefangenschaft entfliehen.

Zwischen dem 1. und 4. Mai 1945 erhielten alle Kommandanten von Oberkommando der U-Boote per Funk den Befehl, ihre Boote unbrauchbar zu machen. Von den noch rund 370 auf See verbliebenen Booten und Schiffen wurden über 200 von den Mannschaften versenkt. Die restlichen wurden von den Alliierten erbeutet. Die zum großen Teil neuen Elektro-U-Boote, die in europäischen Häfen lagen und für die noch keine ausgebildete Mannschaft für den Fronteinsatz zur Verfügung stand, wurden gesprengt, damit sie nicht in die Hände der Gegner fallen würden.

Am 4. Mai 1945 wurde Dönitz bei den Kapitulationsverhandlungen durch die Alliierten gezwungen, den Befehl zur Zerstörung der Boote wieder zurückzunehmen. Viele Kommandanten missachteten diesen zweiten Befehl. Die U-Boote, die sich zu diesem Zeitpunkt auf hoher See befanden, hatten natürlich keine andere Wahl, als sich den Alliierten zu ergeben. Es gab aber auch einige U-Boote, die den Atlantik durchquerten und im neutralen Argentinien anlegten.

Mit dem britischen Feldmarschall Montgomery konnten am 5. Mai 1945 eine Teilkapitulation und eine Waffenruhe vereinbart werden. Die Luftangriffe der Briten auf deutsche Städte wurden eingestellt. Mit US-General Eisenhower konnte lediglich eine Teilkapitulation mit einer Frist von 48 Stunden erreicht werden. Nur während dieser Zeit waren die USA noch bereit, deutsche Flüchtlinge aus dem Osten in von den USA besetzten Gebieten aufzunehmen. Durch diesen von Dönitz ausgehandelten Zeitgewinn und eine beispiellose Hilfsaktion der deutschen Kriegsmarine konnten rund zwei Millionen Menschen vor den Russen gerettet werden.

Von 1935 bis 1945 wurden 1.155 deutsche U-Boote gebaut und in Dienst gestellt. 15 weitere wurden von Fremdmächten wie Italien übernommen. Durch gegnerische Einsätze gingen 652 Boote verloren; durch andere Ursachen, wie Selbstversenkung, Unfall oder Geschenke an Japan, weitere 518. Welch ein sinnloser Verlust an Menschenleben und Material![165]

Am 7. Mai 1945 unterzeichnete Generaloberst Alfred Jodl für das Oberkommando der Wehrmacht die Kapitulationsurkunde in Frankreich. Einen Tag später wurde die Urkunde in Berlin nochmals unterzeichnet, diesmal im Beisein des Oberkommandierenden der Roten Armee und der Kommandeure der einzelnen deutschen Waffengattungen. Der lange und verheerende Krieg, der Millionen Menschenleben gefordert hatte und zerstörte Städte auf allen Seiten zurückließ, war endlich zu Ende.

Japanische Offiziere hatten den Kriegsverlauf und ihre Fähigkeiten, selbst zu dem Zeitpunkt als Deutschland kapitulierte, noch total überschätzt. Die Verluste der japanischen Marine im Pazifik waren bereits enorm, es fehlte an modernem Kriegsmaterial. Der Kampfgeist der Truppen hatte durch die tropischen Temperaturen und die Länge des Krieges bereits nachgelassen. Trotzdem glaubte Japan immer noch an einen überragenden Sieg.

Nach der Kapitulation Deutschlands wurden die deutschen Offiziere der Stützpunkte in Singapur und Penang sowie die Offiziere der noch dort liegenden U-Boote vor ihrer sogenannten ‚offenen Internierung‘ von den leitenden japanischen Offizieren zu einem großen ‚Abschiedsempfang‘ in Penang eingeladen. Hierbei wurde den Deutschen mit aller Deutlichkeit

---

165 Deutsches U-Boot-Museum, Cuxhafen-Altenbruch

und Seriosität versprochen, dass nach dem Sieg Japans über die Alliierten in Ostasien und dem Pazifik, Japan auch Deutschland wieder zurückerobern würde. Japan hatte seine Gegner, nur wenige Monate vor der eigenen Kapitulation, grotesk unterschätzt.[166]

U 181 mit dem Kommandanten Kapitän zur See Kurt Freiwald lag bei der deutschen Kapitulation im Hafen von Singapur. U 181 hatte am 16. März 1944 Bordeaux verlassen und war am 8. August 1944 in Penang eingetroffen. Nach einigen danach folgenden Operationen im Indischen Ozean und Fahrten zwischen Singapur und Batavia versuchte Freiwald nur wenige Tage vor der Kapitulation eine Rückfahrt nach Deutschland. Er wurde durch einen Funkbefehl aus Deutschland gezwungen, die Rückfahrt abzubrechen und nach Singapur zurückzukehren.

Hier eröffnete Freiwald den Mannschaften von U 181 und des ebenfalls in Singapur liegenden Boots U 862, dass Hitler tot sei und alle Kriegshandlungen, außer der Verteidigung Berlins gegen die sowjetischen Truppen, eingestellt wurden. Nach der bedingungslosen Kapitulation Deutschlands erschien Vizeadmiral *Fukudome Shigeru*, Kommandant der 13. japanischen Flotte in Ostasien, mit drei weiteren Admiralen auf dem deutschen Marinestützpunkt und informiert die Kommandanten Freiwald und Timm sowie Dommes, den Chef des ‚Südraums‘, dass die Boote nun von der japanischen Marine übernommen werden würden. Ein von Japan gewünschter Einsatz der beiden Boote mit der deutschen Mannschaft unter japanischer Flagge wurde von den deutschen Kommandanten höflich aber bestimmt abgelehnt. Trotzdem dankte Vizeadmiral *Fukudome* den deutschen Offizieren für ihren ‚selbstlosen und tapferen Einsatz gegen den gemeinsamen Feind‘. Am selben Nachmittag kamen japanische Marinesoldaten an Bord von U 862 und U 181. Sie holten die Flaggen der Deutschen Kriegsmarine ein und hissten das japanische Sonnenbanner.

Die Stamm-Mannschaften der Stützpunkte Penang und Singapur und die U-Boot-Mannschaften wurden in das Lager Pasir Panjang gebracht. Dieses Lager lag in einem Gebiet von Gummiplantagen südlich von Kuala Lumpur in Malaya und darf nicht verwechselt werden mit dem gleichnamigen Teil des deutschen Marinestützpunktes in Singapur. Es müssen einige hundert Männer gewesen sein, denn für den Transport der deutschen Soldaten und Zivilisten, die mit ihrem kleinen Gepäck dorthin befördert wurden, benötigten die Japaner einhundert Lastkraftwagen.

Die Deutschen wurden in dem 3.000 Seelen Dorf untergebracht. Sie durften sich frei bewegen. Die Offiziere wurden in Bungalows, die Mannschaften in großen Schulen und Gemeindehäusern untergebracht. Die Japaner waren

---

166 ONI-Review, Kapitän zur See Kurt Freiwald, *German U-Boats in the Indian Ocean*, S. 370

entsprechend ihren Möglichkeiten sehr hilfsbereit und entgegenkommend. Die deutschen Soldaten und Offiziere durften sogar ihre Waffen behalten.

Jeweils 30 Mann der beiden U-Boot Mannschaften wurden abgestellt, um die neue japanische Mannschaft in die Technik der in Singapur liegenden deutschen Boote einzuführen. Zunächst musste jedoch die deutsche Beschriftung der Hebel, Stellräder, Instrumente und Schalter mit Schildern in japanischer Schrift versehen werden. Die deutschen Boote wurden sofort umgetauft, um sie in die japanische Flotte zu integrieren.

Am 15. Juli 1945 wurden U 862 als I-502 unter dem Kommando von Korvettenkapitän *Yamanaka Shuaki* und U 181 als I-501 der 13. Japanischen Flotte zugeordnet. Die Boote sollten für Schulungszwecke und als Nachschubtransporter für Treibstoff zwischen Penang und den von Japan besetzten Andamanen eingesetzt werden. Am 1. August 1945 begannen die ersten Probefahrten beider Boote mit den neuen japanischen Mannschaften.

Der Stützpunktleiter von Batavia, Korvettenkapitän Dr. jur. Hermann Kandeler, der gleichzeitig der Vertreter des Deutschen Reichs in Niederländisch-Indien war, lehnte ebenfalls das Angebot der Japaner ab, mit den noch in Batavia und Surabaya liegenden U-Booten an Japans Seite weiterzukämpfen. Die Deutschen waren froh, dass für sie der Krieg endlich zu Ende war! Entsprechend einer deutsch-japanischen Abmachung musste das deutsche Kriegsmaterial im ,Südraum' an den japanischen Bündnispartner übergeben werden. Auch das deutsche Marinepersonal auf Java wurde in sogenannten ,offenen Lagern' zusammengefasst.

In Batavia war U 219 unter dem Kommando von Korvettenkapitän Walter Burghagen das letzte Boot, das für die Rückreise nach Deutschland seeklar gemacht wurde. Vergeblich versuchte die Mannschaft vor der absehbaren Kapitulation noch den Hafen Tanjung Priok zu verlassen. Als die Kapitulation Deutschlands bekannt wurde, marschierten sofort japanische Soldaten unter Führung von Konteradmiral Graf *Tadashi Maeda* vor dem U-Boot auf.

Abb. 48
Japanischer Stützpunktleiter Batavia,
Graf Tadashi Maeda (Kaiserlicher
Marineattaché beim Heeresbefehlshaber)

Mit feierlichem Pomp wurde die deutsche Reichskriegsflagge eingeholt und das japanische Sonnenbanner hochgezogen. Aus dem deutschen U-Boot U 219 wurde das japanische Boot I-505. *Tadashi Maeda* hielt eine erhabene Rede über den in Kürze zu erwartenden Sieg Japans über die Alliierten, die von dem Dolmetscher des Stützpunktes Batavia, Dr. Hupfer, übersetzt wurde.[167]

Die deutsche U-Boot-Mannschaft von U 219 führte die Japaner noch in die Technik und den Betrieb des deutschen U-Bootes ein, so dass dieses nun unter japanischer Flagge mit japanischer Mannschaft operieren konnte. Danach zogen die meisten der in Batavia stationierten deutschen Marinesoldaten und die Mannschaft von U 219 zur wohlverdienten Ruhe und Erholung in die Berge auf die ‚U-Boot-Wiese‘ der Helfferich-Plantage. Einige, auch der Stützpunktleiter Dr. Kandeler, mussten weiterhin den Japanern in Batavia zur Verfügung stehen.

In Surabaya lag das deutsche Boot U 195, das von der japanischen Marine als I-506 wieder in Dienst gestellt wurde. Die meisten Marinesoldaten verließen Surabaya und verteilten sich überall auf Java. Manche gingen nach Tretes oder Sarangan in die Berge, andere auf die ‚U-Boot-Wiese‘ im Westen bei Bogor. Aber auch in Surabaya musste auf Wunsch der Japaner eine Stammbesatzung auf der Marinebasis bleiben.

Nach der Kapitulation Deutschlands wurden die beiden im japanischen Kobe im Marinehafen liegenden ex-italienischen Boote UIT 24 und UIT 25 in RO-503 und RO-504 umgetauft und von der japanischen Marine wieder in Dienst gestellt. Dies waren die einzigen Boote, die unter der Flagge aller drei Achsenmächte fuhren, zuerst der italienischen, dann der deutschen und nun der japanischen. Von den italienischen Booten überlebten nur diese beiden den Krieg.

Der deutsche Stützpunktleiter in Kobe, Kapitänleutnant Kentrat, seine Offiziere, die U-Boot-Mannschaften und das deutsche Stammpersonal durften weiterhin in ihren Unterkünften bleiben. Sie waren alle in Hotels und Bungalows untergebracht. Als die Luftangriffe der USA auf die Stadt Kobe immer heftiger wurden, wurden alle in Japan lebenden Deutschen in die Ferienorte Rokko und Hakkone verlegt.

Rokko war ein japanisches Urlaubsparadies mit vorzüglichen Hotels, Gästehäusern und hervorragenden Restaurants. Von dem über 900 Meter hohen Hausberg Kobes hatte man eine unglaubliche Aussicht auf die Städte Kobe und Osaka. Auch hier hatten die Deutschen alle Freiheiten. Rokko muss zu jener Zeit fast eine deutsche Stadt gewesen sein, denn alleine die Kriegsmarine hatte rund 2.000 deutsche Soldaten in Japan stationiert. Dazu

---

167 Keppner, *Wie weit bis Airmolang*, S. 487

kamen noch mehrere Tausend in Japan lebende Zivilisten und die aus Niederländisch-Indien geflüchteten Frauen und Kinder, die auch in Hakkone, 100 Kilometer von Tokyo entfernt, untergebracht wurden. Nach Kriegsende konnte die Rückführung der Deutschen aus Japan nach Deutschland erst ab Mitte 1947 beginnen.

Zunächst gab es in Sarangan nur Gerüchte, aber dann wurde es auch hier zur Gewissheit, dass der Führer ‚im Kampf um Berlin gefallen sei‘ und Deutschland kapituliert hatte. Wie sollte es weitergehen? Nun hatten die Japaner in Sarangan das alleinige Sagen, und man kannte ihre Pläne nicht. Viele deutsche Männer, Marinesoldaten und Zivilisten trafen in Sarangan ein und suchten Unterschlupf. Andererseits verließen manche Mütter mit ihren Kindern den Ort. Wohin sollten sie gehen? Es herrschte eine gedrückte Stimmung.

Nach der Kapitulation Deutschlands ging in der Deutschen Schule in Sarangan der Unterricht weiter wie bisher. Man lebte ja immer noch in einem von den Japanern besetzten Gebiet und Japan war immer noch im Krieg. Die Deutsche Botschaft in Tokyo und das Konsulat in Jakarta wurden aufgelöst. Damit versiegten auch die finanziellen Zuwendungen an die Reichsdeutschen der Gemeinschaft in Sarangan. Die Volksdeutschen hatten nie eine finanzielle Unterstützung erhalten. Zum Glück waren aber alle Deutschen in Sarangan – bis zu einem gewissen Grad – Selbstversorger geworden, so dass die Not gelindert werden konnte.

Zur großen Freude der Lehrer und Schüler kam noch kurz vor der Kapitulation Deutschlands eine große Sendung mit deutschen Schulbüchern und Lehrmitteln sowie mit neuen Turngeräten aus Shanghai an. Die Schule war nun gut ausgerüstet.[168]

Immer schneller sank nun auch Nippons Sonne in Südost-Asien. Es mehrten sich Verhaftungen von Einheimischen durch die Japaner, sicher aus einer Art Verzweiflung heraus. War die einheimische Bevölkerung nicht demütig genug oder bedankte sie sich nicht gebührend für die erhaltenen ‚Wohltaten‘? Dann musste man unter der japanischen Geheim- und Militärpolizei *Kempetai* leiden. Viele Menschen wurden auf den leisesten Verdacht hin verhaftet. Alle in Südost-Asien lebenden prominenten Chinesen und Inder wurden von der *Kempetai* auf Schritt und Tritt bespitzelt. Auch in den vielen Gefangenen- und Internierungslagern wurde die Situation von Tag zu Tag schlimmer. Die *Kempetai* war Herr über Tod und Leben tausender alliierter Kriegsgefangener.

Der Krieg war nach der Kapitulation Deutschlands für viele Soldaten des Dritten Reichs noch nicht zu Ende. In der SORA (Sekolah Olahraga, einer

---

168 Informationen von dem ehemaligen Sarangan-Schüler Hardy Zöllner, Hausmitteilung ‚Sarangan‘ der Sarangan-Freunde, Hamburg 1989

Ausbildungsstätte für Sport und Sprachen) in Sarangan wurden indonesische Kadetten geschult und in der provisorischen ersten Militärakademie in Yogyakarta waren deutsche Offiziere als Ausbilder tätig. Auch in der ersten von Soekarno gegründeten Armee PETA waren deutsche Soldaten und Offiziere als Ausbilder aktiv. Marinesoldaten und ehemalige französische Fremdenlegionäre kämpften nach der Kapitulation Japans freiwillig an der Seite von Soekarnos Unabhängigkeitsbewegung gegen die zurückkehrenden Briten und Niederländer. Viele fanden in Indonesien eine neue Heimat.

Sechs deutsche Marinesoldaten, vier aus der Mannschaft von U 195, hatten kein Glück. Sie wollten sich den Freiheitskämpfern in Bogor anschließen, wurden jedoch von niederländischen Soldaten in Batavia entdeckt, als sie sich gerade mit Proviant versorgen wollten. Zunächst wurden sie im Glodok-Gefängnis in Batavia und danach auf der Gefängnisinsel Onrust inhaftiert. Später wurden sie nach Malang verlegt, da die Niederländer ihre Befreiung durch die Freiheitskämpfer befürchteten. Hans Philipsen und Alfred Pschunder konnten auf Mannschaftslisten der U-Boote nicht gefunden werden. Vermutlich gehörten sie zum Stammpersonal des Stützpunktes Batavia.

Abb. 49
Sechs deutsche Marinesoldaten nach der Gefangennahme durch Niederländer
Stehend von links: Wachoffizier Oberleutnant z. S. Fritz Arp (U 195), Maschinenmaat Erich Doring (U 195) und Hans Philipsen
Hockend von links: Alfred Pschunder, Maschinenobergefreiter Heinz Ulrich, Oberleutnant (Ing.) Herbert Weber

Nicht nur bei den Freiheitskämpfern in Indonesien, auch in Französisch-Indochina waren deutsche Soldaten willkommen. Als die deutschen Soldaten nach dem verlorenen Zweiten Weltkrieg aus der Kriegsgefangenschaft in das zerstörte Deutschland zurückkamen, blieb ihnen oft als einziger Ausweg die französische Fremdenlegion. Meist wurden sie in den Fernen Osten geschickt. Nicht selten desertierten sie und traten in die Dienste der Vietminh ein, der ,Liga für die Unabhängigkeit Vietnams'. Gründer und politischer Führer war *Ho Chi-minh*. Ehemalige Soldaten des Dritten Reichs erhielten sofort den Rang eines Offiziers. Sie wurden meist als Ausbilder für die Vietminh-Truppen eingesetzt, da diese noch keine Erfahrung in der modernen Kriegführung besaßen.[169]

---

169 Information von Zeitzeugen Fremdenlegionär Schneider
    Hougron Jean, *Das Mädchen von Saigon, Soleil au Ventre,* Gütersloh 1967, S. 67

43. Kapitulation Japans

Es war für die japanischen Streitkräfte unmöglich, den so schnell eroberten riesigen Raum in Ost- und Südost-Asien mit einer annähernd 10.000 Kilometer langen Flanke, die von Japan über Niederländisch-Indien bis Neuguinea reichte, sowie die vielen besetzten Inseln im Pazifik ausreichend zu verwalten und zu verteidigen. Die japanische Kriegsmaschinerie war einfach überfordert, überall: zu Lande, zu Wasser und in der Luft. Die Streitkräfte konnten nicht überall gleich stark präsent sein.

Wie schon das deutsche Hakenkreuz, so sank nun auch die Sonne Nippons! Durch massive Luftangriffe der Alliierten und den Verlust eines Stützpunktes nach dem anderen im Pazifik sah auch Japan das Kriegsende nahen. Japanische Politiker signalisierten bereits die Absicht einer Kapitulation an die Alliierten. Das japanische Militär war strikt dagegen. Die Soldaten sollten kämpfen, bis zum Tod.

Das Deutsche Reich und das Kaiserliche Japan hatten sich das Ende sicherlich anders vorgestellt: Hitler sprach von seinem ‚Tausendjährigen Reich‘, und als die japanische Armee Singapur erobert hatte, tauften sie die Stadt für die ‚nächsten 800 Jahre‘ in *Shonan* um. Beide Versprechen hielten nicht lange.

Am 6. August 1945 fiel die erste Atombombe auf Hiroshima. 80.000 Menschen fielen in Sekundenbruchteilen der Bombe zum Opfer. Im Laufe des Jahres starben weitere 100.000 bis 165.000 an den Folgeschäden. Nur drei Tage später fiel eine zweite Atombombe auf Nagasaki. Sofort und in den nachfolgenden Monaten starben weitere 70.000 Menschen. Der Krieg und die massenweise Vernichtung von Zivilisten hatte eine neue Dimension erreicht. Bis heute ist umstritten, ob dieser – Gottseidank bis heute einzige – Einsatz von Atomwaffen völkerrechtlich, ethisch und politisch richtig war.

Es waren nicht nur die Atombomben, die Japan zur Kapitulation zwangen. Nur einen Tag vor dem Abwurf der Atombombe auf Nagasaki brach die Sowjetunion den im April 1941 mit Japan geschlossenen Neutralitätspakt und erklärte Japan am 8. August 1945 den Krieg. Japans Kapitulation wurde, nachdem Kaiser Hirohito sie verkündet hatte, am 14. August 1945 um Mitternacht durch US-Präsident Roosevelt und den britischen Premierminister Richard Attlee bekanntgegeben. Der 15. August 1945 wurde jedoch offiziell als V-Day, Victory-Day, festgelegt. Am 16. August stellten die meisten japanischen Truppen ihr Feuer ein. Der Einmarsch der US-Wehrmacht in Japan verzögerte sich jedoch durch eine Serie von Taifunen um etwa zwei Wochen.

Zur Vermeidung der Schande durch den verlorenen Krieg und die bevorstehende Kriegsgefangenschaft riefen japanische Generäle ihre Offiziere und Soldaten zum Ritual des *Seppuku,* des traditionellen, in der westlichen Welt *Harakiri* genannten, Selbstmordes auf. Viele folgten dem Beispiel. Als der Tenno *Seppuku* verbot, begannen viele sich mit einer Handgranate zu zerfetzen. Das war erlaubt!

Am 2. September 1945 wurde vor Singapur auf dem US-Schlachtschiff *Missouri* die Kapitulationsurkunde unterzeichnet. Von nun an ging es Schlag auf Schlag. Am 5. September landeten die ersten britischen Truppen in Singapur. Am 8. September wurde die Kapitulation Japans für Teile von Niederländisch-Indien unterzeichnet. Einen Tag darauf folgten Neuguinea und die Inseln im Pazifik. Am 9. September 1945 kapitulierte die in Nanking stationierte japanische Armee mit rund einer Million Soldaten gegenüber Nationalchina unter der Führung von *Chiang kai-shek.* Brutale Ausschreitungen gegen die Japaner waren an der Tagesordnung. Das Massaker von Nanking, das die Japaner an der chinesischen Bevölkerung vollzogen hatten, hatten die Chinesen nicht vergessen und rächten sich nun!

Erst am 10. und 11. September 1945 kapitulierten die japanischen Truppen in Nord-Borneo und auf der zu Niederländisch-Indien gehörenden westlichen Hälfte der Insel Timor, so dass erst am 13. September die Kapitulationsurkunde für den gesamten als Niederländisch-Indien bekannten Archipel in Singapur unterzeichnet werden konnte. Am selben Tag folgte die Kapitulation der japanischen Kräfte in Birma und Malaya, am 16. September in Hongkong, und letztendlich wurde am 9. Oktober 1945 die nördlich von Sabang liegende Andamanen-Inselgruppe, die von der indischen Unabhängigkeitsbewegung, der ‚Indian National Army‘, besetzt war, von den Briten wieder in Besitz genommen.

Der Zweite Weltkrieg war zu Ende, aber die westlichen Kolonialmächte wollten ihre Besitzungen in Übersee nicht aufgeben. Frankreich kämpfte noch zwanzig Jahre weiter in Indochina, und die Niederlande führten noch fast fünf Jahre lang einen ebenso schrecklichen und besonders brutalen Kolonialkrieg gegen das seit Kriegsende unabhängige Indonesien unter Präsident Soekarno.

In den von den Alliierten befreiten Gebieten ging es nun hoch her. Die amerikanischen Offiziersclubs in Shanghai und Manila waren zum Bersten voll. Hier tanzten Offiziere der US-Armee mit jungen ‚Blumenmädchen‘ zu den Klängen von Swing und Jazz. In den englischen Clubs in Kuala Lumpur, Rangoon und Singapur herrschte ebenso Hochstimmung – nur etwas weniger laut. Und in Batavia – das nun Jakarta hieß – feierten britische und niederländische Offiziere in dem ehemaligen Café ‚Le Chat Noir‘ in der Jalan Veteran I.

In Südost-Asien wehte nun anstelle der *Aufgehenden Sonne* das amerikanische Sternenbanner oder der Union Jack. Die besinnliche und erhabene japanische Teezeremonie *O Cha-no-yu* wurde in den Clubs nicht mehr zelebriert. Sie wurde abgelöst von profanen Eiscremes, Hamburgern und Kaugummi. In einigen Ländern wurde die bereits durch die Japaner erhaltene Unabhängigkeit gefeiert, aber für Indonesien war die Freiheit noch lange nicht erreicht. Die Niederländer kamen zurück, aber die Vertreibung der niederländischen Kolonialherren war das Ziel aller Indonesier gewesen und die mit Hilfe Japans erhaltene Unabhängigkeit wollten sie nicht mehr aufgeben!

Der bereits genannte Leiter der japanischen Marinebasis in Penang, Konteradmiral *Uozumi Jisaku*, der im September 1944 noch das deutsche U-Boot 862 bei der Ankunft in Penang begrüßt hatte, unterschrieb am 2. September 1945 die Urkunde für die Übergabe der Stützpunkte Penang an Bord des britischen Kreuzers *HMS Nelson*. *Uozumi Jisaku* war in seiner strahlend weißen Uniform mit all seinen Auszeichnungen erschienen, darunter war auch der britische DSC-Orden (Distinguished Service Cross), den er für seine Dienste für Großbritannien im Ersten Weltkrieg erhalten hatte. An der Seite trug er das *Kaiguntō*, das lange geschwungene Schwert der japanischen Marineoffiziere, das meist in der Familie der Samurais von Generation zu Generation weitervererbt wurde. Das *Kaiguntō*-Schwert sollte den Offizieren den Ehrenkodex der Samurai näherbringen.

Nach Unterzeichnung der Übergabe-Urkunde erlitt *Uozumi Jisaku* einen Zusammenbruch und musste von einem britischen Militärpolizisten ins Krankenhaus gebracht werden. Auf dem Weg zum Krankenhaus entwendete der Brite dieses Schwert und nahm es als Souvenir mit nach Hause. Es war

Abb. 50
Admiral Uozumi
Jisaku bei der
Unterzeichnung
der Übergabe-
Urkunde in
Penang

ein Affront und die Nichtachtung eines japanischen Kulturgutes. Ich bin sicher, dass ihm dieses Schwert kein Glück gebracht hat!

In Singapur verlief die Übergabe des japanischen Stützpunktes einige Tage später dramatischer. Bereits am 28. August 1945, also vor der Unterzeichnung des Übergabe-Protokolls auf dem Schweren Kreuzer *HMS Sussex*, teilte der Befehlshaber der in Singapur stationierten 7. Kaiserlichen Armee, General *Seishiro Itagaki*, seiner Führungsmannschaft mit, dass die Kampfhandlungen einzustellen seien und die Kapitulationsbedingungen eingehalten werden müssten.

Rund 300 Offiziere veranstalteten daraufhin im berühmten Raffles Hotel eine makabre Abschiedsfeier vom Krieg mit einem Essen und viel Sake. Normalerweise dauern die Vorbereitungen für einen rituellen *Seppuku*-Selbstmord mehrere Monate. Aber hier musste es schneller gehen. Zum Abschluss ihres Festes lehnten sich alle Anwesenden über ihre geschwungenen *Kaiguntō*-Marineschwerter und zündeten Handgranaten an ihren Körpern. Die Seelen und die Körper der Opfer waren nun dem ‚Göttlichen Kaiser‘ geweiht. Seit Generationen wurde ihnen der Buddhismus mit seiner Gleichgültigkeit gegen den Tod und die heroische Begeisterung für den edlen Tod der Selbstentleibung eingepflanzt. Für das Hotelpersonal war es sicherlich weniger vergnüglich, den großen Saal des Raffles Hotels für die kurz danach folgenden Siegesfeiern der Alliierten wieder herzurichten.[170]

Die Männer der Monsun-Boote U 181 und U 862 waren mit dem Personal von Marinestützpunkt Singapur nach der Kapitulation Deutschlands von den Japanern in das offene Lager Pasir Panjang im feuchtheißen Dschungel von Malaya gebracht worden. Hier waren sie gemeinsam mit den Überlebenden der Hilfskreuzer *Michel* und *Thor*, den Besatzungsmitgliedern der Versorgungsschiffe und Prisen sowie dem Stammpersonal des Marinestützpunktes Penang untergebracht. Auch der Stützpunktleiter, Korvettenkapitän Ehrhardt, war dabei. Unter den Japanern hatten sie im Lager und in der Umgebung alle Freiheiten. Dies änderte sich, als die Briten nun wieder die Macht übernahmen.

Am 18. Oktober 1945 wurden die deutschen Seeleute in schmutzige Steinbaracken des berüchtigten Zuchthauses ‚Penjara Changi‘ (Changi Jail) nach Singapur verlegt. Die Verlegung leitete der junge britische Major Wilson. Major Wilson wollte den deutschen Seeleuten, entgegen der sonst erfahrenen britischen Fairness, eine Lektion erteilen. Er befahl, einen über 30 Kilometer langen Weg kreuz und quer durch Singapur bei tropischer Hitze zu Fuß zurückzulegen. Kapitän zu See Kurt Freiwald, der letzte Komman-

---

170 Bayly & Harper, *Forgotten Wars: Freedom and Revolution in Southeast Asia*, S. 49
The Straits Times, Singapore, September 4th, 2005, *The real Japanese surrender*‘
www.wikipedia/operation-zipper

dant von U 181, ließ die Seeleute antreten. Auf sein schneidiges Kommando marschierten über 300 Mann in strahlend weißer Kleidung mit polierten Schuhen und dem weißen Schiffchen auf dem Kopf los, Kapitän Freiwald an der Spitze.

Major Wilson gelang es nicht, die deutschen Seeleute zu erniedrigen. Mit schmissigen deutschen Soldatenliedern und dem englischen ‚It's a long way to Tipperary...', marschierte die von Gurkhas bewachte Gruppe durch Singapur. Am Straßenrand jubelten Malayen, Chinesen und Inder den Deutschen zu. Sie waren erstaunt, denn dass Europäer unter teilweiser Bewachung von Asiaten eine Militärparade durch die Kronkolonie veranstalten, hatten sie noch nie gesehen. Die begeistert johlende Bevölkerung musste durch britische und australische Fallschirmjäger zurückgedrängt werden. Die zur Bewachung der deutschen Soldaten mitmarschierenden Briten und Gurkhas mussten wegen Erschöpfung bereits abgelöst werden. Aber die Deutschen marschierten weiter, obwohl Major Wilson die Bitte nach Trinkwasser verweigert hatte. Schweißüberströmt und total erschöpft erreichen sie ihre Ziele, das vor Dreck strotzende und verlauste Gefängnis ‚Changi Jail'. Zuvor war es das Gefängnis für einheimische Diebe, Mörder und Drogenhändler.

Abb. 51
Marsch der deutschen
gefangenen Soldaten
durch Singapur 1945

Wer das Gesicht verlor und sich lächerlich machte war Major Wilson. Er zeigte den ihn verhöhnenden Asiaten, dass die Vormachtstellung der Europäer in Asien endlich zu Ende war! Ab Ende November 1945 wurde ein Teil der ehemaligen deutschen U-Boot-Mannschaften angewiesen, unter britischer Beobachtung alle wertvollen Teile der im ‚Südraum' verbliebenen deutschen U-Boote auszubauen.

Einige Monate später wurden die deutschen Seeleute auf den zum Truppentransporter umgebauten Passagierdampfer der ‚Canadian Pacific', der *RMS Empress of Australia*, eingeschifft und in ein Kriegsgefangenenlager gebracht. Wohin? Nach Australien? Nach Kanada? Das konnte bisher nicht ermittelt werden.[171]

171 Brennecke, *Haie...*, S. 10ff

Die *RMS Empress of Australia* war der ehemalige deutsche Passagierdampfer der Hamburg Amerika Linie *SS Tirpitz*.[172] Die *SS Tirpitz* ging im Rahmen der Reparationszahlungen nach dem Ersten Weltkrieg nach Kanada und fuhr dann von 1921 bis 1952 als *RMS Empress of Australia* über die Weltmeere.

Im Dezember 1945 wurde von der ‚Triparty Naval Commission‘ (USA, Großbritannien und Sowjetunion) entschieden, dass die Zerstörung der deutschen U-Boote U 219 in Batavia, U 195 in Surabaya sowie ex U 181(nun I-501) und ex U 862 (nun I-502) in Singapur unter britischer Verantwortung bis Mitte Februar 1946 erfolgen sollte. Am 15. Februar 1946 wurden die beiden letztgenannten Boote in der Straße von Malakka durch die Fregatte *HMS Loch Lomond* mit jeweils drei Sprengladungen versenkt. Nun liegen U 181 und U 862 auf der Position 03-05 Nord / 100-38 Süd in 95 Metern Wassertiefe auf dem Meeresgrund der Straße von Malakka.[173]

In Sarangan waren ja während des Krieges, mit ganz wenigen Ausnahmen, nur Frauen und Kinder ansässig. Die Männer waren durch die Niederländer in Lagern in Britisch Indien, Niederländisch-Guyana oder anderswo interniert worden. Mit dem Ende des Zweiten Weltkriegs änderte sich dies.

Viele deutsche Soldaten aus den Marinebasen in Surabaya und Jakarta hatten den Krieg nach der Kapitulation Japans satt und wollten weg. Sie erinnerten sich, dass Sarangan ein kühler Ferienort mit See war, in dem es eine deutsche Schule und viele deutsche Frauen und Kinder gab. Nun zog es nicht wenige Ex-Soldaten und Offiziere der Marine dorthin, wo sie auch freundlich aufgenommen wurden. Die Frauen waren aus Gründen der Sicherheit über den Männerzuwachs erfreut, denn Indonesien war nach Kriegsende durch raubende und mordende Jugendbanden ein unsicherer Staat geworden.

Bis zur Kapitulation Japans waren noch ein Teil der deutschen Mannschaft und die Jugendlichen aus Sarangan von den Japanern auf dem Stützpunkt Surabaya eingesetzt. Nun wurden sie vom ehemaligen Stationskommandanten, Kapitänleutnant Hoppe, nach Hause geschickt. Ordnungsgemäß erhielten sie noch ihren Sold, eine extra Prämie und aus den Beständen der Kleiderkammer duften sie mitnehmen, was sie wollten. Vollbepackt kehrten die reichs- und volksdeutschen Jungs nach Sarangan zurück.

Viele deutsche Marinesoldaten blieben jedoch noch freiwillig auf den Stützpunkten und warteten ab. Warten auf was? Auf wen? Auf Amerikaner,

---

172 nicht zu verwechseln mit dem deutschen Schlachtschiff *Tirpitz* des Zweiten Weltkriegs

173 Sensuikan: www.combinedfleet.com/I-502.htm von Bob Hackett & Sander Kingsepp

auf Briten oder auf Niederländer? Obwohl Japan bereits kapituliert hatte, hatte Japan zunächst immer noch die Militärgewalt im Lande. Keiner wusste, wie es weitergehen würde.

Im Gegensatz zu Singapur wurden die deutschen Marinesoldaten in Surabaya und Batavia durch die als erste aus Singapur eingetroffenen britischen Truppen äußerst korrekt behandelt. Wie mir zwei Zeitzeugen[174] erzählten, wurden die deutschen Marinesoldaten in Surabaya und Batavia von den Briten wieder aktiv beschäftigt. In Surabaya war nach der Bombardierung der Stadt das Kraftwerk für die Stromversorgung total zerstört. Im Hafen lag immer noch das deutsche U-Boot U 195, das von der japanischen Marine in I-506 umgetauft worden war.

Die Briten baten die verbliebenen deutschen Soldaten des Stützpunktes, eine Versorgung mit elektrischem Strom für die im Hafen liegenden Kasernen, die nun mit britischen und britisch-indischen Truppen besetzt waren, zu erschaffen. Dies konnte relativ schnell erfolgen, da hierzu die Dieselmotoren und die Generatoren von U-195/I-506 verwendet wurden. Diese Anlage erzeugte so viel elektrische Energie, dass sie sogar für die erste Stromversorgung von Privathäusern in Surabaya nach dem Zweiten Weltkrieg ausreichte. Bei den anschließenden Unruhen zwischen den indonesischen Freiheitskämpfern und den Briten konnten die Deutschen ungestört und in Ruhe weiterarbeiten. Der Hafen mit den militärischen Einrichtungen wurde von den Briten beschützt. In Batavia geschah mit U 219 ähnliches. Auch hier wurden die Motoren und Generatoren des U-Bootes für die Beleuchtung der Hafenanlagen zweckentfremdet.

Schon kurze Zeit nachdem der Krieg zu Ende war, wimmelte es im Fernen Osten und in Südost-Asien von Brautpaaren. Viele deutsche Frauen hatten bereits Nachricht erhalten, dass ihr Mann in einem der niederländischen Lager oder auf der *Van Imhoff* umgekommen war, und aus vielen jungen Mädchen waren bis 1946, dem ersten Friedensjahr, junge Frauen geworden. Es wurden neue Freundschaften geschlossen; es wurde geliebt und es wurden nicht wenige Ehen geschlossen und Kinder geboren. Nach sechs langen Kriegsjahren wollte man endlich ein Zuhause haben. Die Mehrzahl der unter der Tropensonne geschlossenen Bündnisse hielt ein Leben lang. Alle hatten eine tief in die Seele eingebrannte Gemeinsamkeit, den Krieg!

Nach der Kapitulation Japans übergaben die japanischen Soldaten ihre Waffen an die einheimischen Soldaten der PETA, der Armee der Freiheitskämpfer. Was die Freiheitskämpfer nicht freiwillig bekamen, holten sie sich aus den Depots. So fielen unzählige leichte und schwere Waffen kampflos in die Hände der Indonesier. Soekarno hatte am 17. August 1945 die Un-

---

174 General Otty Soekojo und Admiral Martadinata

abhängigkeit Indonesiens erklärt und Japan wollte, dass sich das Land zur Erhaltung seiner Unabhängigkeit und Selbstbestimmung auch selbst gegen die zurückkehrenden Niederländer verteidigen konnte. Mit allen ihm zur Verfügung stehenden Mitteln wollte Soekarno vermeiden, dass in Zukunft wieder fremde Mächte Entscheidungen über sein Land fällen würden. Die Volksarmee PETA, die nun eine gewichtige Streitmacht war, war der Schlüssel zur endgültigen Unabhängigkeit und der Samen, aus dem letztendlich die indonesischen Streitkräfte entstanden. Über die Unterstützung der PETA durch das Dritte Reich wird noch berichtet werden.

Die Japaner mussten nach ihrer Kapitulation an vielen Orten im Auftrag der Briten die Ordnung aufrechterhalten. Es dauerte noch lange, bis die Siegermächte dazu in der Lage waren. Ihre Waffen durften die Japaner, soweit diese nicht bereits an die PETA weitergegeben waren, vorläufig behalten.

Nach der Kapitulation Japans waren die Briten die ersten, die aus Singapur nach Java kamen. Jetzt dachten die in den japanischen Internierungslagern eingesperrten Niederländer: *Nun ist Friede, endlich sind wir wieder frei!* Aber es kam ganz anders! Die Niederländer blieben zunächst in ihren Lagern, und die Japaner mussten im Auftrag der Briten, die noch nicht über genügend eigenes britisch-indisches Personal verfügten, auf ihren Wachposten verbleiben. Sie waren nun nicht mehr Bewacher, sie wurden zu Beschützern! Die Niederländer waren nur in den Internierungslagern sicher. Der indonesische Mob, der nun in seinem Rausch von Freiheit und Hass nach jahrhundertelanger Demütigung Rache forderte, schlachtete jeden Niederländer ab, den er erwischen konnte. Ein Aufenthalt außerhalb eines Lagers bedeutete für jeden Niederländer den sicheren Tod. Selbst vor Frauen und Kindern machte der Mob nicht Halt. In Westjava wurden zum Beispiel mehrere Dutzend niederländischer Frauen und Kinder in einem Zug ermordet und auf den Bahndamm geworfen. Auch mehrere deutsche Marinesoldaten wurden gelyncht, weil sie für Niederländer gehalten wurden. Daraufhin trennten sie den Reichadler von ihrer Uniform ab und nähten ihn an den Ärmel ihres Hemdes, um eindeutig als Deutsche erkannt zu werden.

Zu ihrer großen Überraschung entdeckte erst im September 1945 ein britisches Regiment die deutschen Soldaten auf der ehemaligen ‚U-Boot Wiese' von Emil Helfferichs Teeplantage in Tjikopo. Nach der Kapitulation Deutschlands hatten sich viele deutsche Marinesoldaten hier eingefunden. Hoch in den Bergen und weitab von den Zentren Javas fühlten sie sich dort sicher. Als ältester Offizier übernahm Korvettenkapitän Walter Burghagen, der zuvor Kommandant von U 219 war, die Lagerleitung.

Ein Kuriosum zeigt die damalige chaotische Lage. In einem Internierungslager in Bogor (damals: Buitenzorg) saßen immer noch viele Niederländer aus der japanischen Besatzungszeit fest. Sie mussten vor dem indonesischen Mob, der das Lager stürmen wollte, beschützt werden. Die wenigen Briten waren kaum noch Herr der Lage. Den indonesischen Soldaten der PETA trauten die Briten nicht, da viele nur auf eine Gelegenheit warteten, sich an den Niederländern zu rächen. Daher beauftragte der Führer des britischen Regiments, ein schottischer Offizier, Korvettenkapitän Burghagen mit seinen Männern die Sicherung des Lagers zu übernehmen. Die rund 300 deutschen Marinesoldaten in Tjikopo mussten nun wieder ihre deutschen Uniformen anziehen und wurden von den Briten mit Handfeuerwaffen, Schnellfeuergewehren und Handgranaten bewaffnet. Mit 50 japanischen Lastwagen[175] wurden sie ins Lager Bogor gebracht und zum Schutz der im Lager einsitzenden Niederländer und Juden eingesetzt. Die Verlierer des Krieges, die zuvor in den niederländischen Internierungslagern schlimm behandelt worden waren, wurden wieder bewaffnet und mussten nun ihre ehemaligen Peiniger beschützen – in deutscher Uniform! Einige Monate lang! Das gefiel den inhaftierten Niederländern natürlich gar nicht. Aber ohne die deutsche Hilfe wären sie der Rache der marodierenden Banden nicht entkommen.

Schon in der ersten Nacht kam es zu einem Feueraustausch zwischen Deutschen und Indonesiern, bei dem zum Glück niemand verletzt wurde. Die indonesischen Freiheitskämpfer nahmen an, dass die deutschen Soldaten von den Briten inhaftiert wurden und wollten sie wieder befreien. Dieser ungewöhnliche Vorfall zeigt, wie gut die Deutschen bei der einheimischen Bevölkerung angesehen waren. Dessen ungeachtet mussten die deutschen Marinesoldaten das Lager in Bogor mehrmals vor marodierenden kommunistischen Jugendbanden und Milizen verteidigen.

Anfang 1946, als die Niederländer zurückkamen und nun das Kommando übernommen hatten, wurden die deutschen Bewacher in das berüchtigte Lager auf der Insel Onrust gebracht. Dem Marineflieger Werner und dem Seemann Lösche von U 219 gelang die Flucht. Beide schlossen sich den indonesischen Freiheitskämpfern auf Java an. Werner verunglückte tödlich bei dem Versuch, für die Freiheitskämpfer einen Flammenwerfer zu bauen.[176]

Der Zweite Weltkrieg war ein ungewöhnlicher Krieg. Man gab sich nicht mit Landgewinn und neuen Absatzmärkten zufrieden. Die Amerikaner hatten sich in den Kopf gesetzt, die japanische Bevölkerung auch umzuerziehen, zu demokratisieren und den ‚American Way of Life‘ nach Ostasien zu verpflanzen. Mit dem Eifer der Jugend lernte die japanischen Schüler etwas Neues. Die Alten hingegen waren reserviert, denn die amerikanische Unkenntnis der japanischen Psychologie war erschreckend. Die älteren Japaner

---

175 www.bogor.indo.net./indonesien.deutschersoldatenfriedhof, S. 5 (Herwig Zahorka)
176 Ibid., S. 6 (Herwig Zahorka)

lächelten die Besatzer nicht aus Begeisterung an, sie lächelten aus Taktgefühl, weil man in Asien auch Katastrophen und Leiden hinter einem Lächeln verbirgt.

Amerikaner und Japaner waren nach dem Krieg so ungleich wie zwei Nationen nur sein können. Die soziale Hierarchie, die Tradition und Kultur Nippons waren seit Jahrtausenden gewachsen und sie hatten sich in allen Lebenslagen bewährt. Man brauchte keine Gewerkschaften. Die Wirtschaftsbosse kümmerten sich seit Generationen väterlich um ihre Angestellten und Arbeiter, auch in schlechten Zeiten. Japaner aus gutem Hause behandelten selbst ihre Diener mit zuvorkommender Höflichkeit und Respekt. Man wollte keine Lehrmeister, keine Pädagogen in US-Uniform, die in ihrer Heimat ganz andere Verhältnisse hatten. Für die Amerikaner war die japanische Psyche wie ein Buch mit sieben Siegeln – und umgekehrt sicherlich ebenso. Viele Japaner fragten sich nach dem Ende des Zweiten Weltkriegs, warum ihre und die deutsche Nation in der westlichen Welt so unbeliebt sind. Sie kamen zu dem Schluss, dass die Welt vor ihrem Fleiß und ihrer Gründlichkeit Angst hat. Die Tüchtigen waren schon immer unpopulär.

Die japanisch-amerikanischen Beziehungen waren anfangs von großen Missverständnissen geprägt. Dies begann schon bei der vieldeutigen japanischen Sprache und endete bei den uralten traditionellen ‚Staats-Shinto-Zeremonien‘, die von den amerikanischen Besatzern verboten wurden. Warum sonnten sich die Amerikaner in ihrer Überheblichkeit und Überlegenheit? Die Amerikaner hatten überhaupt keinen Grund dazu! Sie, die Japaner, hatten eine uralte Kultur, waren von einer feineren Rasse, hatten das bessere Benehmen, und den technischen Vorsprung des Westens hatten sie in wenigen Jahrzehnten eingeholt. Es prallten – im Gegensatz zu dem besetzten Deutschland – zwei völlig unterschiedlichen Welten aufeinander.

44. Die deutsche Unterstützung für die indonesischen Freiheitskämpfer

Als ich 1963 nach Indonesien kam, waren nach der Zeit der japanischen Besatzung bereits 18 Jahre und nach dem Sieg der Unabhängigkeitskämpfer gegen die niederländischen Kolonialherren 13 Jahre verstrichen. Die Ereignisse jener Zeit waren jedoch bei allen Indonesiern noch immer ein hoch aktuelles Thema. Täglich teilten mir meine indonesischen Freunde, die selbst noch für die Unabhängigkeit ihres Landes gekämpft hatten, ihre eigenen Erfahrungen aus jener Zeit mit.

Außerdem habe ich über diesen Themenkomplex damals viele glaubwürdige Zeitzeugen befragt, die alle den Zweiten Weltkrieg mit der japanischen Okkupation und die Ausbildung in der ersten indonesischen Armee, der PETA (Pembela Tanah Air) mit dem nachfolgenden Unabhängigkeitskampf selbst miterlebt hatten. Diese Männer und Frauen kamen aus allen Schichten der Bevölkerung. Anfang 1963 gab es in Indonesien noch über eine halbe Million ehemaliger Freiheitskämpfer, Milizen und Partisanen, die sich in verschiedenen Veteranenverbänden zusammengeschlossen hatten. Es gab also noch genügend Gesprächspartner, die Zeitzeugen waren.

Immer wieder hörte ich von ihnen, dass Deutschland während der japanischen Besatzungszeit militärisches Material der Deutschen Wehrmacht für die Ausrüstung der PETA geliefert hätte, wie Stahlhelme, Feldflaschen oder Kochgeschirre. Auch schwereres Material, wie Fahrzeuge und Motorräder vom Typ DKW RT 125 und der Marken BMW und Triumph sollen aus Deutschland gekommen sein. Selbst ein Dornier-Wasserflugzeug hätten die Freiheitskämpfer von den Deutschen erhalten. Meine indonesischen Freunde bestätigten mir, dass sie während des Unabhängigkeitskampfes ab 1945, wie viele ihrer Mitstreiter, mit deutschen Stahlhelmen gegen die Niederländer und Briten ausgerüstet wurden. Außerdem sollen deutsche Offiziere als Ausbilder der indonesischen Streitkräfte und deutsche Marinesoldaten auf Seiten der indonesischen Freiheitskämpfer aktiv gewesen sein. Diesen Informationen wollte ich nachgehen!

Als ich im Jahre 1963 nach Jakarta kam, besuchte ich natürlich immer wieder den Straßenmarkt in der Jalan Surabaya, der Surabaya-Straße. Hier gab es alles, von Antiquitäten über Rundfunkgeräte bis zu Diebesgut. Die Geschäfte waren zu dieser Zeit fast immer leer, aber in der Jalan Surabaya konnte man fast alles finden. Wenn man etwas Spezielles suchte, wurde es ,besorgt'. Es war ein offizieller Schwarz- und Diebesmarkt.

Schon damals war ich überrascht, hier Unmengen von Reliquien der Deutschen Wehrmacht und der Nazizeit vorzufinden: Hunderte Stahlhelme, Bajonette und Waffen der Firma Mauser, Kochgeschirre, Feldflaschen, deutsche Wehrmachtsstiefel usw. Als Kuriosität erstand ich damals eine Feldflasche, ein Kochgeschirr und einen Stahlhelm der Deutschen Wehrmacht. Den Stahlhelm machte ich einem indonesischen Freund und Freiheitskämpfer zum Geschenk. Als er Ende der 1970er Jahre verstarb, schmückte seine Ehefrau damit sein Grab.

Abb. 52
Kochgeschirr und Feldflasche,
1963 in der Jalan Surabaya,
Jakarta, erworben

Aufgrund der 1963 noch vorhandenen Mengen muss das militärische Material für die PETA aus Deutschland gekommen sein. Diese Mengen konnten mit Sicherheit nicht nur aus den Beständen der Marinestützpunkte kommen.

Aber wie kam dieses militärische Material nach Java? Ein Transport mit Frachtschiffen schied ab 1942 wegen der Übermacht der Alliierten im Indischen Ozean und der Blockade im Atlantik praktisch aus. Der Oberbefehlshaber der Kriegsmarine, Großadmiral Dönitz, konnte sich keine weiteren Verluste der schon stark dezimierten Kriegs- und Handelsflotte erlauben. Daher gab es nur einen einzigen Weg – unter Wasser mit U-Booten! Über die große Anzahl von deutschen U-Booten, die Südost-Asien erreichten, wurde bereits berichtet. Von den wenigen Booten, bei denen ein Teil der Frachtpapiere erhalten geblieben sind, gibt es jedoch keine Hinweise auf Material, das für die PETA in Indonesien bestimmt war. Bedauerlicherweise haben die Tagebücher von Walther Hewel für die Zeit nach dem 31. Dezember 1941 den Krieg nicht überlebt. Diese Tagebücher hätten sicherlich zu einer Aufklärung beigetragen. Nach der Okkupation Niederländisch-Indiens durch Japan ab Anfang 1942 und der Einrichtung der deutschen Stützpunkte begann ein reger Austausch von Waren zwischen Deutschland und dem ,Südraum'. Die PETA wurde jedoch erst 1943 offiziell gegründet. Somit muss ich mich auf die Aussagen der indonesischen Veteranen jener Zeit berufen.

Es liegt jedoch nahe, dass Hewel seinen Einfluss auf Hitler geltend machte, um die Unabhängigkeitsbewegung in Niederländisch-Indien zu unterstützen. Die Rohstoffe des Landes waren für Hitler ohnehin schon lebensnotwendig. Wie die bereits erwähnten Tagebucheintragungen von Walther Hewel zeigten, war Niederländisch-Indien oft Thema seiner nächtlichen Gespräche mit Hitler unter vier Augen. Hewel hatte also alle Gelegenheiten, ihm sein Anliegen vorzutragen.

Die Menge des militärischen Materials, das Anfang der 1960er Jahre noch auf den Märkten Indonesiens anzutreffen war, konnten nicht nur die Restbestände der deutschen Marinestützpunkte gewesen sein. Es ist anzunehmen, dass Hitler seinem Experten für diesen Raum, Walther Hewel, freie Hand ließ, die PETA von Deutschland aus zu unterstützen.

Hewel hatte nicht nur die Möglichkeit, Hitlers Unterstützung zu erwirken, er hatte auch noch andere einflussreiche Helfer, die er für sein Vorhaben gewinnen konnte. In Berlin gab es ein Triumvirat von drei hochrangigen Freunden, die die Menschen, die Kultur und den gesamten indonesischen Archipel hervorragend kannten. Alle drei unterstützten die Loslösung des Landes von der niederländischen Kolonialmacht. Die zentrale Rolle, die für den Aufbau der einheimischen Armee PETA verantwortlich war, hatte jedoch Japan inne.

Von deutscher Seite war dies Walther Hewel mit seinen persönlichen Beziehungen zu Hitler, von japanischer Seite war *Oshima Hiroshi* sicher eine treibende Kraft. *Oshima Hiroshi* war General der Kaiserlich Japanischen Armee. Er wurde 1934 zunächst als japanischer Militärattaché nach Berlin entsandt. 1940 wurde *Oshima Hiroshi* japanischer Botschafter im Deutschen Reich. Er war regelmäßiger Gast bei Hitler, nicht nur während seiner Zeit als japanischer Botschafter. Bereits 1936, als er noch japanischer Militärattaché in Berlin war, hatte ihn Hitler zu einer gemeinsamen Reise nach Bayreuth eingeladen.[177]

Ende 1941, nach dem japanischen Überfall auf Pearl Harbor, wurde *Oshima Hiroshi* von Hitler der ‚Verdienstorden vom Deutschen Adler‘ in Gold verliehen. *Oshima* war schon seit Mitte der 1930er Jahre mit Joachim von Ribbentrop befreundet. Von Ribbentrop war als ‚Reichsminister des Auswärtigen‘ der direkte Vorgesetzte von Walther Hewel, aber Ribbentrop hatte wohl keine fundierten Kenntnisse über Niederländisch-Indien und spielt bei dieser Überlegung nur eine untergeordnete Rolle.

Hewel selbst hatte enge persönliche Verbindungen zu *Oshima Hiroshi*. Dies bestätigen seine Tagebucheintragungen von 1941 und seine privaten Unterlagen. Hier findet man gegenseitige Einladungen ab 1939, sowie eine spezielle

177 Hitlers Meetings: www.forum.axishistory.com

Einladung von *Oshima Hiroshi* an Walther Hewel anlässlich des Besuches des japanischen Außenministers *Matsuoka Yōsuke* im März 1941 in Berlin.[178]

In Dönitz, der ab 1939 Befehlshaber der U-Boot-Flotte und ab Januar 1943 Oberbefehlshaber der gesamten Deutschen Kriegsmarine war, hatten Hewel und *Oshima Hiroshi* einen weiteren Verbündeten. Dönitz befuhr als Kommandeur des *Kreuzers Emden* im Jahre 1935 anlässlich einer Südost-Asien-Reise vier Wochen lang die Gewässer Niederländisch-Indiens und hatte neben anderen Städten auch Surabaya und Batavia besucht. Er konnte sich also ein Bild von den Verhältnissen dort machen. Da Hewel während dieser Zeit noch in Batavia weilte,[179] ist mit großer Sicherheit anzunehmen, dass Hewel aufgrund seiner leitenden Funktion in der NSDAP als Pressereferent für ganz Niederländisch-Indien mit Dönitz bereits in Batavia zusammentraf. Die Unterstützer Indonesiens hatten also einen dritten einflussreichen Gleichgesinnten in ihren Reihen.

Hewel hatte alle Fäden in der Hand: Hitler als Geldgeber, *Oshima Hiroshi* als Organisator und Verteiler von Material in Niederländisch-Indien durch Japan, und Dönitz als den Mann, der noch eventuell freien Frachtraum in den U-Booten zur Verfügung stellen konnte.

Die indonesischen Veteranen erzählten mir, dass U-Boote der deutschen Marine schwer beladen mit Metallen und Rohstoffen von den Marine-Stützpunkten in Batavia und Surabaya zurück nach Deutschland in See stachen. Aber auf der Fahrt von Europa nach Java oder Japan hätten die Boote neben der Fracht für Japan auch ab und zu militärisches Material für die Ausrüstung der PETA an Bord gehabt.

Mein indonesischer Freund und ehemaliger Freiheitskämpfer Wibowo führte mich Anfang 1964 auf den Soldatenfriedhof Ancol bei Jakarta. Hier lagen indonesische Freiheitskämpfer neben niederländische Soldaten, mit Briten, Amerikanern und Japanern vereint. Zu meiner großen Überraschung sah ich, dass die meisten Gräber der gefallenen indonesischen Freiheitskämpfer mit deutschen Stahlhelmen geschmückt waren. Wegen einer Landgewinnung und neuen Bauvorhaben in diesem Gebiet wurde dieser Heldenfriedhof später verlegt und die damals noch vorhandenen deutschen Stahlhelme waren danach zum größten Teil verschwunden.

Es waren große Mengen von deutschen Stahlhelmen, die während der nur dreijährigen Periode der deutschen Marinestützpunkte ins Land gelangten, denn in den 1960er Jahren wurden immer noch auf dem Märkten in Indonesien neben den Original-Stahlhelmen auch durchlöcherte deutsche Stahlhelme als Salatsiebe verkauft. Bis heute sieht man auf den Straßen

---

178 IfZ, ED 100/79
179 seine Abreise nach Berlin war erst 1936

von Java und Bali noch immer Motoradfahrer, die anstelle eines modernen Sturzhelms einen alten deutschen Stahlhelm tragen.

Dass sogar deutsche Wehrmachts-Stiefel für die japanische Wehrmacht nach Java geliefert worden sein sollen, konnte ich zunächst kaum glauben. Erst kürzlich hat mich der Besitzer des ARMA Museums in Ubud, Agung Gde Rai, auf eine Kuriosität in Bali aufmerksam gemacht, die einen Beweis für den Einsatz deutscher Wehrmachtsstiefel auf Bali liefern soll.

Während der japanischen Okkupation in Niederländisch-Indien wurde im Dorf ,Desa Pakraman Taman Bedulu' der hinduistische Tempel ,Pura Bukit Lan Pucak' erneuert. Agung Gde Rai begleitete mich dorthin. Jeder der unzähligen hinduistischen Tempel auf Bali wird von lebensgroßen Steinskulpturen, den Tempelwächtern, bewacht, die vor dem Tempel-Eingangstor stehen. Dies können geflügelte Löwen, Riesenschlangen oder ,Dewapala'-Dämonen sein, die bösen Geistern den Zutritt verwehren sollen. Die Menschen Balis leben mit einem Volk von Göttern und Dämonen, deren Gesetze – für das westliche Verständnis – nur unklar definiert sind. Aber dieser eine Tempel ,Pura Bukit Lan Pucak' bildet eine Ausnahme. Diese Tempelanlage ist nicht nur eine Einmaligkeit auf Bali, an ihr sieht man gleichzeitig den großen Humor und Zynismus der Balinesen.

Die beiden Tempelwächter am Eingang sind nämlich zwei japanische Soldaten in voller Ausrüstung, fast lebensgroß in Stein gehauen. Bis ins kleinste Detail wurden sie damals nachgebildet, mit Uniform, dem Dienstgrad mit drei Sternen auf den Schulterklappen. Selbst eine Feldflasche und das Gewehr – allerdings heute mit abgebrochenem Lauf – fehlen nicht. Am Handgelenk der linken Hand glänzt eine Rolex-Uhr und – das ist die Überraschung – die Füße stecken in Stiefeln des Deutschen Heeres! Diese beiden finster blickenden japanischen Steinsoldaten, links und rechts des Eingangstores, haben bis heute die Aufgabe, anstelle der balinesischen Dämonen die bösen Geister abzuschrecken.

Wie mir Agung Gde Rai erzählte, führte er in den vergangenen Jahren einige japanische Veteranen, die während der japanischen Okkupation in Niederländisch-Indien ihren Dienst taten, zu diesem Tempel. Übereinstimmend hätten sie erzählt, dass das leichte Schuhwerk der japanischen Armee für den Einsatz in den Dschungeln von Südost-Asien nicht geeignet gewesen sei und dass größere Mengen von Stiefeln der deutschen Wehrmacht an die Japaner in Niederländisch-Indien übergeben worden seien. Diese Schuhe wären dann zum Teil an die PETA weitergegeben worden. Ob die Wehrmachtsstiefel aus Deutschland kamen oder aus der bereits erwähnten Fertigung aus Penang[180], konnte nicht geklärt werden.

180 s. Kapitel 35

Abb. 53
Schild am Eingangstor des Tempels Pura Bukit Lan Pucak

Abb. 54
Japanischer Soldat als Tempelwächter vor dem Tempel Pura Bukit Lan Pucak

Es gab aber nicht nur eine materielle Hilfe für die Unabhängigkeitsbewegung. Nach der Kapitulation Deutschland waren eine ganze Reihe von deutschen Offizieren als Ausbilder für die PETA und die erste provisorische Militärakademie in Yogyakarta tätig. Als Indonesien am 17. August 1945 seine Unabhängigkeit erklärt hatte, forderte Soekarno, dass alle indonesischen Offiziersanwärter die deutsche Sprache beherrschen müssten. In Gruppen erhielten die Kadetten in der ,Deutschen Schule Sarangan' von den dortigen deutschen Lehrerinnen und Lehrern eine Ausbildung in der deutschen Sprache und – wie es damals hieß – in ,Leibesertüchtigung'. Daher hieß die Nebenstelle der Militärakademie in Sarangan SORA, ,Sekolah Olahraga', Sportschule. Auch der spätere Oberbefehlshaber der indonesischen Marine, Admiral Martadinata, war zur Ausbildung dort. In den 1960er Jahren konnte ich mich noch fließend mit ihm in Deutsch unterhalten. Es ist bekannt, dass der erste Präsident Indonesiens, Soekarno, ausgesprochen germanophil war.

Immer wieder erzählten die Veteranen, dass ein zerlegtes Wasserflugzeug vom Typ Dornier DO 24 für die PETA mit einem der letzten Transport-U-Boote von Deutschland nach Java gekommen sein soll. Ich bezweifle allerdings, dass dies zutreffend ist. Der Militärflughafen Kalijati bei Subang war der Platz, an dem sich 1942 die Niederländer den Japanern unterwarfen. Bis Ende der 1970er Jahre befand sich hier die letzte noch funktionstüchtige Dornier DO 24K Maschine aus dem Zweiten Weltkrieg. Es war angeblich das Wasserflugzeug, das von Soekarno während des Unabhängigkeitskampfes gegen die Niederländer benutzt worden war. Nach Angaben des Flughafenkommandanten von Kalijati ist diese Maschine in dem bergigen Gelände des Vulkans Tangkubanprahu in West-Java abgestürzt.

Der niederländische ,Marine Luchtvaart Dienst' MLD (die niederländische Marineluftwaffe) hatte mehrere Flugzeuge desselben Typs in Niederländisch-Indien in Dienst gestellt. Es ist daher eher zu vermuten, dass das Flugboot der PETA ein erbeutetes Flugzeug der niederländischen MLD war.

Wie bereits berichtet war 1969 noch ein leichtes deutsches Schnellboot aus dem Zweiten Weltkrieg in Sabang im Einsatz. Es befand sich immer noch in einwandfreiem Zustand, nun im Dienste der Indonesischen Marine ALRI. Vermutlich war es eines der Schnellboote, die die deutschen Hilfskreuzer bei sich führten. Da dieses Boot 24 Jahre nach Kriegsende noch in einem hervorragenden Zustand war, ist anzunehmen, dass es sich während der Wirren des Unabhängigkeitskrieges in Händen der PETA befand. Die Niederländer hätten es sicherlich – wie so vieles – bei ihrem endgültigen Abzug aus Indonesien zerstört.

Mein alter Freund und ehemaliger Freiheitskämpfer General Otty Soekotjo berichtete mir, dass mindestens zwei Exemplare des sogenannten

Mercedes-Benz ‚Kolonialwagens G5‘ auf den deutschen Stützpunkt Batavia und Surabaya eingesetzt waren. Für die damalige Zeit waren diese Fahrzeuge ein ‚Wunder der Technik‘. Der ‚Kolonialwagen‘ wurde zwischen 1935 und 1941 an das deutsche Militär ausgeliefert. Es war ein geländegängiges robustes Fahrzeug, dessen Vorgänger schon um 1910 für die Kolonie Deutsch-Südwestafrika entwickelt wurde. Das Fahrzeug hatte Vierradantrieb und Vierradlenkung sowie eine auf die Tropen abgestimmte Kühlung. Für eine vollständige Kehrtwende benötigte der ‚Kolonialwagen‘ nur einen Raum von sieben Metern Durchmesser.

Ich kann mir gut vorstellen, wie dieser geländegängige Wagen über die damals noch holprigen Straßen brausen konnte. Wie mir mein Freund erzählte, seien diese Fahrzeuge, wie auch anderes Material, nach der Kapitulation Deutschlands an die japanische Militärverwaltung in Batavia übergeben worden. Nach der Kapitulation Japans hätte Soekarno eines der beiden Fahrzeuge vorübergehend benutzt. Später wurde Soekarno in einem schwarzen Mercedes 190 gefahren. Dieses Fahrzeug kann heute im Elternhaus Soekarnos in Blitar besichtigt werden.

Das Symbol des Hakenkreuzes findet man auf Bali an vielen Tempeln. Es ist ein traditionell hinduistisches Ornament, das in Sanskrit *Swastika/Svastika* heißt und so viel wie ‚Glücksbringer‘ oder ‚Heilsbringer‘ bedeutet. In der indischen Kultur wird dieses Zeichen als Sonnenrad oder als Symbol für die aufgehende Sonne gebraucht. Hitler hat dies als Symbol der arischen Rasse und des Germanenkults entfremdet.

Leider findet die Nazi-Verehrung in der indonesischen Jugend immer mehr Zuspruch. Es gibt sogar Organisationen, die sich in nachempfundenen Uniformen der Waffen-SS treffen. In indonesischen Zeitschriften und im Internet findet man daher immer wieder das Hakenkreuz. Hitler wird für seine Unterstützung der Unabhängigkeitsbewegung bis heute verehrt. Dabei wird leider ausgeblendet, dass das Dritte Reich ein verbrecherisches Regime war, das die Welt durch den Zweiten Weltkrieg in ein Chaos stürzte.

Im ‚Museum Sepuluh Nopember‘ in Surabaya wird an die vierwöchige Schlacht vom November 1945 der indonesischen Freiheitskämpfer gegen die Briten erinnert. Neben eindrucksvollen Fotos sind hier neben anderen Reliquien auch deutsche Gewehre der Firma Mauser und Bajonette ausgestellt, mit denen sich die Freiheitskämpfer gegen die Briten zur Wehr setzten. Vermutlich hatten die deutschen Marinesoldaten nach der Kapitulation Deutschlands diese Waffen den Freiheitskämpfern überlassen.

Wie schon in dem Kapitel über den indischen Freiheitskämpfer Subhas Chandra Bose zu lesen war, hat das Dritte Reich nicht unerheblich dazu beigetragen, dass Indien in die Unabhängigkeit geführt wurde. Leider hat

Bose – im Gegensatz zu Soekarno – diesen würdevollen Moment, dem er sein ganzes Leben gewidmet hatte, nicht mehr erleben dürfen. Fakt ist, dass das Dritte Reich – neben Japan – durch den Zweiten Weltkrieg direkt oder indirekt dazu beigetragen hat, dass die asiatischen Völker die Unabhängigkeit von einer Jahrhunderte langen Kolonialherrschaft erlangen konnten. Das Deutsche Reich lieferte dazu seinen größten Beitrag in Indien und in Niederländisch-Indien. In allen südostasiatischen Völkern hatte jedoch das kaiserliche Japan den größten Anteil daran.

Ende des 19. Jahrhunderts – während des deutschen Kaiserreichs – wurden bereits Unabhängigkeitsbestrebungen der einheimischen Bevölkerung in diesem Raum von Kaiser Wilhelm II. unterstützt. Es ist jedoch zu vermuten, dass diese Länder nach Erreichung der Unabhängigkeit in das Kaiserreich integriert werden sollten. Zum Beispiel gab es im 19. Jahrhundert auf den philippinischen Inseln mehrere deutsche Handelsniederlassungen, die mehr oder weniger als koloniale Vorposten dienten. Der deutsche Kaiser unterstützte massiv die Unabhängigkeitsbewegung der philippinischen Bevölkerung gegen die spanischen Kolonialherrn. Bereits 1565, 44 Jahre nachdem der portugiesische Seefahrer Magellan den Archipel zwischen der Chinasee und dem Pazifik entdeckt hatte, landeten dort die Spanier. Mehrheitlich waren es Missionare, die das Land für die spanische Krone und das Christentum in Besitz nahmen. Immer wieder gab es Revolten der philippinischen Freiheitskämpfer gegen die spanische Krone. 1885 wollte das Deutsche Kaiserreich die Kolonie von Spanien erwerben. Spanien lehnte das Angebot ab. Admiral Tirpitz wurde danach vom Deutschen Kaiser in die Philippinen entsandt, um die Lage zu eruieren und die Unabhängigkeitsbewegung zu stärken. 1896 berichtete Tirpitz, dass das philippinische Inselreich schon bald reif für die Unabhängigkeit sei.[181] Aber die Vereinigten Staaten kamen der Unabhängigkeit zuvor. In einem dreijährigen Krieg der USA gegen die Kolonialmacht Spanien wurde in einer entscheidenden Schlacht in der Manila-Bucht Spanien besiegt. 1898 wurden die Philippinen eine Kolonie der USA. In dem Krieg um die Vorherrschaft in der Kolonie starben 20.000 philippinische Soldaten und mindestens 250.000 Zivilisten. Rund 4.500 amerikanische Soldaten ließen dabei ihr Leben.

1943 wurde unter japanischer Obhut die unabhängige Republik der Philippinen gegründet. Obwohl sich die Philippinen von dem immer noch vorherrschenden amerikanischen Einfluss lösen wollen, unterhalten die USA bis heute immer noch zwei Dutzend Militärstützpunkte auf den philippinischen Inseln.[182]

---

181 Domingo, Benjamin B., *Philippine-German Relations* und
   Bacareza, Hermogenes E., *Philippine-German Relations*
182 Stechow, Johann K. von, *Southeast Asia and the Germans/Germans in the Philippines*, S. 131

45. Indonesiens Kampf um die Unabhängigkeit

Der japanische Premierminister *Koiso Kuniaki* verkündete bereits am 7. August 1944, Niederländisch-Indien die Unabhängigkeit zu gewähren. Je näher das Kriegsende für die Japaner abzusehen war, desto mehr unterstützte Japan die Unabhängigkeitsbemühungen Soekarnos. Das von den Japanern und Soekarno Anfang 1945 gegründete Komitee PPKI *(Panitia Persiapan Kemerdekaan Indonesia)* traf die Vorbereitungen für die Loslösung von den Niederlanden. Soekarno, der spätere erste Präsident eines unabhängigen Indonesiens und Mohammad Hatta, der spätere Vizepräsident, waren die Vorsitzenden der PPKI. Beide trafen am 12. August 1945 Feldmarschall Graf *Terauchi Hisaichi,* den Oberkommandierenden der japanischen Armee in Französisch-Indochina in der Nähe von Saigon. Hier wurde Soekarno und Hatta der baldige Zusammenbruch der japanischen Streitkräfte eröffnet, aber gleichzeitig versicherte *Terauchi Hisaichi,* in wenigen Tagen Indonesien die Unabhängigkeit zu gewähren.

Nach der Kapitulation Japans am 15. August 1945 überließ Japan die Macht in Niederländisch-Indien den Alliierten. Viele japanische Soldaten übergaben ihre Waffen den Freiheitskämpfern. Wo dies nicht freiwillig geschah, entwaffneten Soldaten der PETA die Japaner. Kasernen der Japaner wurden gestürmt, um die Waffen zu erbeuten, Munitionsdepots wurden geplündert. Alle strategischen Punkte im Lande, wie Radio- und Fernmeldestationen, Häfen und Eisenbahnverwaltungen wurden von der PETA besetzt.[183] Es gab viele Japaner, aber auch deutsche Marinesoldaten, die sich auf die Seite der indonesischen Freiheitskämpfer schlugen, die fast fünf Jahre zunächst gegen die Briten, dann gegen die Niederländer kämpften, bis diese endlich das Land verlassen mussten.

Für die indonesischen Nationalisten kam die plötzliche Kapitulation Japans nach den Atombombenabwürfen der Amerikaner völlig überraschend. Japanische Truppen waren doch noch überall in der ‚Großasiatischen Wohlstandssphäre‘ im Einsatz. Soekarno hatte gehofft, dass Japan noch einige Monate aushalten würde, um eine geordnete Basis für eine unabhängige Republik zu schaffen. Auf eine so schnelle Machtübernahme waren Soekarno und seine Mitstreiter nicht vorbereitet. Auf der anderen Seite befürchtete man eine baldige Rückkehr der Niederländer. Besonders die nationale Jugendorganisation PEMUDA verlangte eine schnelle Entscheidung.

---

183 Adams, *Sukarno*, S. 224

Am 16. August 1945 bestellte der Leiter des japanischen Marinestütz-punktes in Batavia, Konteradmiral Graf *Tadashi Maeda,* Soekarno und Hatta in seine Residenz in der heutigen Jalan Imam Bonjol No.1. Während der niederländischen Kolonialzeit hieß die Straße ‚Nassau Boulevaard‘, während der japanischen Besatzung *Jalan Meiji Dori.* Die baldige Kapitulation Japans war abzusehen, und *Tadashi Maeda* ermunterte Soekarno, noch zuvor die Unabhängigkeit Indonesiens auszurufen. Ob *Tadashi Maeda* die Order dafür aus Japan bekam oder ob er eigenmächtig und gegen die Anweisung des Chefs der japanischen Armee, General *Nashimura,* handelte, kann bis heute nicht eindeutig festgestellt werden.

In der Nacht wurde der Text der Unabhängigkeitserklärung im Haus von *Tadashi Maeda* verfasst. Als in den frühen Morgenstunden des 17. August 1945 die Proklamation offiziell zu Papier gebracht werden sollte, gab es in der Residenz von Konteradmiral *Tadashi Maeda* nur eine Schreibmaschine mit japanischen Schriftzeichen. Sein Adjutant *Satzuki Mishima* eilte zum Haus des ehemaligen Kommandanten der deutschen Dienststelle in Batavia, Korvettenkapitän Dr. jur. Kandeler und bat um Hilfe. Gemeinsam holten sie eine deutsche Schreibmaschine aus der Schreibstube des ehemaligen deutschen Marinestützpunktes im Hafen Tanjung Priok. Erst dann konnte die erste Proklamation der Unabhängigkeit Indonesiens durch Soekarnos Sekretär, Sayuti Melik, mit Hilfe einer deutschen Adler-Schreibmaschine geschrieben werden, die dann von Soekarno und Hatta in den frühen Mor-genstunden des 17. August 1945 unterzeichnet wurde.[184] Soekarno und Sayuti Melik waren seit 1926 befreundet. Als Nationalist war Sayuti Melik viele Jahre von den Niederländern im Konzentrationslager *Boven Digoel* in Niederländisch-Neuguinea inhaftiert. Bei der Abfassung der Proklamation ver-trat Sayuti Melik gleichzeitig die indonesische Jugendbewegung PEMUDA.

Die damalige Residenz von Konteradmiral *Tadashi Maeda* beherbergt heute das ‚Museum Perumusan Naskah Proklamasi (Museum of the De-claration of Independence), das nun mitten im Diplomatenviertel Jakartas liegt. Die dort gezeigte Schreibmaschine ist allerdings nicht die, auf der die Proklamation geschrieben wurde. Laut Auskunft des Kurators wurde die Adler-Schreibmaschine der Deutschen Kriegsmarine nach Fertigstellung der Proklamation an Dr. Kandeler zurückgegeben.

Die unabhängige Republik Indonesien war aus der Taufe gehoben, von vielen Helden wie Soekarno, Dr. Hatta, Sutan Syahrir[185], Bung Tomo oder Tan Malaka, die jahrzehntelang für die Unabhängigkeit ihres Landes ge-

184 Aussage von Zeitzeuge General Otty Soeketjo
185 Erster indonesischer Ministerpräsident und Autor des 1945 erschienenen Buches *Onze Strijd/Perdjoeangan/Unser Kampf*

kämpft hatten und dafür viele Jahre in Gefängnissen verbringen mussten. Japan hatte noch kurz vor seiner Kapitulation das gegenüber Soekarno gegebene Versprechen gehalten und Indonesien in die Unabhängigkeit geführt. Die weiße Macht der Niederländer schien zu Ende. Es war ein Trugschluss. Die Unverfrorenheit und Sturheit der Niederländer, ihre ehemalige Kolonie wieder zurückerobern zu wollen, kannte keine Grenzen.[186]

In der Zeit nach dem 17. August 1945 hallte der Ruf ,Sekali Merdeka! – Tetap Merdeka!' (Einmal Frei! – Für immer Frei!) übers Land, aber die Freude über die erreichte Unabhängigkeit währte nicht lange. Zunächst streiften marodierende Banden durch das Land und verursachten chaotische Zustände. Am 22. August 1945 gaben die Japaner bekannt, die unter dem Kommando von Soekarno stehende PETA und die in japanischen Diensten stehende indonesische Armee HAIHO auflösen und entwaffnen zu wollen. Dies gelang Japan nicht. Soekarno hatte bereits die Macht im Staate und die neuen indonesischen Streitkräfte in fester Hand. Ein Teil der Soldaten der PETA, die aus Mangel keine Schusswaffen erhalten konnten, wurden mit Bambusspeeren, Macheten oder Sicheln bewaffnet.

Abb. 55
Soldaten der PETA, bewaffnet mit Bambusspeeren

Bereits im Oktober 1945 führte Soekarno die verschiedenen militärischen und paramilitärischen Gruppierungen in der ABRI (Angkatan Bersenjata Republik Indonesia) zusammen, aus der sich die heutigen indonesischen Streitkräfte entwickelt haben.

---

186 Geerken, *Der Ruf des Geckos*, S. 159ff

Nach der Unabhängigkeitserklärung Indonesiens hatten die Niederländer noch keine Truppen nach Indonesien entsandt. Britische und britisch-indische Truppen, die bereits in Singapur und Malaya stationiert waren, sollten unter dem Kommando von Lord Mountbatten das Terrain für die geplante Wiederkehr der Niederländer vorbereiten. Hauptaufgabe der Briten war es, die in den Internierungs- und Gefangenenlagern eingesperrten Niederländer und Kriegsgefangenen zu befreien und in von Briten beherrschte Gebiete zu bringen. Danach sollte Indonesien Zug um Zug wieder an die zurückkehrenden Niederländer übergeben werden.

Als die japanischen Lagerkommandanten in den Internierungslagern verkündeten, dass der Krieg beendet sei, brach bei den niederländischen Insassen zunächst großer Jubel aus. Endlich waren die Japaner nicht mehr die Herren! Aber die Befreiung blieb zunächst ein Traum. Die niederländischen Frauen, Männer und Kinder konnten die Lager nicht verlassen. Das hätte den sicheren Tod bedeutet.

Bereits 1928 war der Grundstein für die national gesinnte Jugendorganisation PEMUDA gelegt worden. Während der japanischen Okkupation erlebte diese der Hitlerjugend nachempfundene ‚Großasiatische Jugend‘ ihren Höhepunkt an Zulauf und Radikalisierung. Diese jungen Männer sahen nun ihre Chance, sich an den Niederländern für die 350jährige Knechtschaft zu rächen. Nach der Unabhängigkeitserklärung der neuen Republik Indonesien am 17. August 1945 und bis zu dem Zeitpunkt, an dem die innere Ordnung wieder hergestellt werden konnte, gab es ein Machtvakuum, die sogenannte Periode *Bersiap* (Seid bereit!). Die Japaner hatten kapituliert und ihre Waffen zum großen Teil an die Freiheitskämpfer abgegeben, die Briten waren zunächst mit Malaya und Singapur beschäftigt, um dort wieder Fuß zu fassen. Und das gerade vom Deutschen Reich befreite Königreich der Niederlande hatte noch nicht die militärische Macht und Finanzmittel, um in ihrer Kolonie sofort die alten Machtverhältnisse wiederherzustellen.

Während dieser *Bersiap*-Periode gerieten einzelne Gruppen der PEMUDA außer Kontrolle. Sie zogen raubend und plündernd durchs Land und terrorisierten mit wehenden rotweißen Fahnen alle Niederländer und mit den Niederländern sympathisierende Landsleute. Unter den letztgenannten waren neben den Chinesen besonders die *Indos* und die christlichen Einwohner der Molukken-Inselgruppe die Leidtragenden. Diese Menschengruppen hatten sich schon immer viel zu eilfertig auf die Seite der kolonialen Herren geschlagen und hatten freiwillig in der niederländischen Armee KNIL als Kanonenfutter gegen aufständische Indonesier gekämpft. Jetzt stand dieser Personenkreis auf der Liste der nationalen Freiheitskämpfer ganz oben für eine unerbittliche Heimzahlung.

Ein gewaltiges nationales Gefühl hatte das ganze Land erfasst: ‚Endlich sind wir frei! *Merdeka!* Es lebe Soekarno‘! Auch bei der etablierten älteren Bevölkerung entlud sich der Jahrhunderte lang aufgestaute Hass gegen die Niederländer. Es herrsche Lynchjustiz. Ein Verlassen der japanischen Internierungslager hätte für jeden Niederländer den sicheren Tod bedeutet. Japanische und zum Teil auch deutsche Marinesoldaten wurden von den Briten, die diese Entwicklung nicht vorausgesehen hatten, aus Mangel an eigenem Personal wieder bewaffnet, um die in den Internierungslagern einsitzenden Niederländer vor dem marodierenden indonesischen Mob zu schützen.

Wie bereits berichtet rissen Freiheitskämpfer am 17. August 1945, dem Tag der indonesischen Unabhängigkeit, von der rot-weiß-blauen niederländischen Fahne den unteren blauen Streifen ab und hissten die rot-weiße indonesische Nationalflagge auf dem Dach des Oranje Hotels, das gegenüber dem deutschen Marinestützpunkt in Surabaya lag.

Auch die britische Besatzungsmacht war schon bald unerwünscht und es begannen Feindseligkeiten gegen sie, die zu Massakern und einem Krieg ausarteten. Am 25. Oktober 1945 landeten britische Infanterietruppen mit 6.000 Soldaten unter dem Kommando von General Mallaby in Surabaya, um – wie sie sagten – die Ordnung wieder herzustellen. Aber in Wahrheit wollten die britischen Truppen die von den Freiheitskämpfern besetzte Stadt für die Niederländer zurückerobern. Die Briten hatten jedoch den großen heldenhaften Kampfeswillen der Indonesier grob unterschätzt. Es kam immer wieder zu Scharmützeln zwischen den britischen Truppen und indonesischen Streitkräften. Die indonesischen Freiheitskämpfer wollten der Aufforderung der Briten, ihre Waffen abzugeben, nicht nachkommen. In Surabaya waren die Freiheitskämpfer besonders gut ausgerüstet, da die japanischen Truppen ihre Waffen zum größten Teil freiwillig an sie übergeben hatten. Bei einem Gefecht wurden britische Soldaten aufgebracht und der Kommandant der britischen Truppen, General Mallaby, erschossen.

Darauf entschied das britische Militär, Surabaya mit Gewalt einzunehmen. Weitere 24.000 britische Soldaten wurden mit Panzern und Flugzeugen aus Singapur angelandet. Britische Kriegsschiffe lagen vor der Küste. Ab dem 10. November 1945 wurde Surabaya drei Wochen lang bombardiert. 200.000 Menschen flohen aus der Stadt, Zivilisten, besonders Alte und Frauen mit Kindern. Die Briten beschossen die Kolonnen von Flüchtlingen auf den Überlandstraßen mit Maschinengewehren aus Tiefffliegern. Die Schlacht um Surabaya dauerte vier Wochen, bis die Briten die Stadt wieder unter ihre Kontrolle bringen konnten. Die aus Schottland stammende K'tut Tantri, besser bekannt als ‚Surabaya Sue‘, berichtete tagelang live über einen Geheimsender aus dem umkämpften Surabaya und wurde dadurch weltweit bekannt.[187]

187 Ibid., S. 162

Neben zehntausenden Zivilisten verloren 16.000 indonesische und 2.000 britische Soldaten bei den Kämpfen ihr Leben. Und das nach der Unabhängigkeit Indonesiens! Einheimische Frauen wurden von britisch-indischen Soldaten gejagt und vergewaltigt. Surabaya trägt aufgrund dieser Ereignisse bis heute den Namenzusatz ‚Stadt der Helden'. In heutiger Zeit würde dieses Massaker des Britischen Königreichs als Kriegsverbrechen ohne Kriegssituation geahndet werden![188] Eine zentrale Rolle bei der Schlacht um Surabaya spielte der Freiheitskämpfer Sutomo, der in Indonesien unter dem Namen ‚Bung Tomo' (Bruder Tomo) geehrt wird. Einen Tag vor der Schlacht um Surabaya rief er die Jugend in einem aufpeitschenden Appell über den Rundfunk auf, die Stadt zu verteidigen:

Hey British soldiers! As long as the Indonesian bulls, the youth of Indonesia, have red blood that can make a piece of white cloth red and white, we will never surrender. Friends, fellow fighters, especially the youth of Indonesia, we will fight on, we will expel the colonialists from our Indonesian land that we love... Long have we suffered, been exploited, trampled on. Now is the time for us to seize our independence. Our slogan: FREEDOM OR DEATH. GOD IS GREAT... GOD IS GREAT... GOD IS GREAT… FREEDOM![189]

Unter der Regierung des zweiten Präsidenten Indonesiens, Soeharto fiel Bung Tomo in Ungnade, als er offen die ausufernde Korruption anprangerte. Indirekt beschuldigte er Soeharto, dass dieser während des Unabhängigkeitskampfes keine Courage gezeigt hätte, aber nach dem Erhalt der Unabhängigkeit Indonesiens den Erfolg für sich alleine beanspruchen wollte. Bung Tomo wurde inhaftiert. Mit einem monumentalen Obelisk in Surabaya und einer detaillierten Dokumentation im ‚Museum Sepuluh Nopember' (Museum Zehnter November) wird Bung Tomo heute geehrt. In diesem Museum werden viele eindrucksvolle Fotos der Schlacht und Waffen der Freiheitskämpfer gezeigt, mit denen sie gegen die Briten gekämpft hatten. Darunter sind auch deutsche Waffen der Firma Mauser.[190]

Die Ausschreitungen gegen die neue, nun britische Besatzungsmacht eskalierten im ganzen Lande. Als zum Beispiel im November 1945 ein britisches Flugzeug in West-Java in der Nähe von Jakarta notlanden musste, wurde die gesamte Besatzung von der Bevölkerung gelyncht. Als Vergeltungsmaßnahme zerstörten britische Truppen den Ort Bekasi.

Wie bei den britischen Streitkräften üblich kam die große Mehrheit der in vorderster Front kämpfenden Truppen aus Indien. Nicht nur die indone-

---

188 Daten und Informationen vom Museum Sepuluh Nopember, Surabaya
189 Museum Sepuluh Nopember, Surabaya (die offizielle Übersetzung des Originaltextes in Bahasa Indonesia)
190 Museum Sepuluh Nopember, Surabaya

sische Bevölkerung protestierte, auch in Indien wurde im ganzen Land demonstriert. Man akzeptierte nicht, dass indische Truppen gegen ein anderes asiatisches Land – ihre asiatischen Brüder – eingesetzt wurden. Der indische Politiker Jawaharlal Nehru rief die indischen Truppen zur Niederlegung ihrer Waffen auf. Der Protest zeigte Erfolg. Die Briten zogen ihre Truppen aus Indonesien zurück. Als Folge von Nehrus Protest desertierten nun täglich hunderte indischer Soldaten mit ihren Waffen und paktierten mit den indonesischen Freiheitskämpfern.

Zu diesem Zeitpunkt waren bereits 25.000 niederländische Kriegsfreiwillige unterwegs nach Indonesien. 1946 änderte die niederländische Regierung mit dem Kabinett Schermerhorn und Drees kurzfristig die Verfassung, um weitere 100.000 junge Wehrpflichtige in einen blutigen Kolonialkrieg nach Indonesien schicken zu können. Dirk Schümer schrieb hierzu am 19. Dezember 2009 in der FAZ:

Wer sich aus Gewissensgründen weigerte, gleich nach der Besetzung durch die Deutschen, selbst in ein Land [Anm. d. Verf.: Indonesien] einzumarschieren, wurde zu Zuchthaus verurteilt und auch später im bürgerlichen Leben niemals rehabilitiert. Wer gegen den Kolonialkrieg war, galt in Holland als Deserteur und war gesellschaftlich lebenslang erledigt – eine schlimmere Strafe, als sie die meisten niederländischen NS-Kollaborateure traf.

Nur wenige Jahre nach der – natürlich unrechtmäßigen – Besetzung ihres Landes durch die Deutsche Wehrmacht, über die sich die Niederländer mit Recht beschwerten, besetzten sie ein anderes freies und seit dem 17. August 1945 unabhängiges Land und wunderten sich, dass sich Indonesien dagegen wehrte.

Als die niederländischen Truppen wieder im Land waren, übernahmen sie die Stelle der Briten. Die letzten britischen und britisch-indischen Truppen verließen den Archipel im Oktober 1946. Die Niederländer gingen nun massiv und brutal gegen Soekarno und seine Truppe vor, um die alten Machtverhältnisse wieder herzustellen. In ihren Augen waren die Niederlande durch ihre Kolonie eine *Middelgrote Mogendheid*, eine mittlere Großmacht geworden. Sie waren der Meinung, dass sie ohne Kolonie einen großen Prestigeverlust erleiden und in die Bedeutungslosigkeit zurückfallen würden. Sie hielten den Besitz von Niederländisch-Indien weiterhin für lebensnotwendig und rechtmäßig. Sie waren überzeugt, dass die Indonesier unfähig seien, ihr Land selbst zu regieren. Das niederländische Parlament erkannte die Souveränität Indonesiens nicht an und betrachtete Indonesien als eine von ‚Japan-Kollaborateuren‘ gegründete Republik.[191]

---

191 www.wikipedia.org, Indonesischer Unabhängigkeitskrieg, S. 10
  Doel, *Afscheid van Indie*, S. 350

Während der durch Niederländer begangenen Grausamkeiten gab es aber auch niederländische Soldaten, die desertierten und zu den indonesischen Truppen überliefen. Der bekannteste ist wohl der spätere Menschenrechtsaktivist Jan Princen. Ihm wurde die Wiedereinreise in die Niederlande bis 1995 verweigert. Erst dann, als Princen schon schwer krank war, durfte er seine Familie in den Niederlanden besuchen. Aber auch dies löste immer noch heftige Proteste in der Bevölkerung aus. Den Verlust ihrer Kolonie kann besonders die ältere Bevölkerungsschicht der Niederlande bis heute nicht verschmerzen.[192]

Im Gegensatz zu den Niederländern fehlte es den indonesischen Kämpfern an modernen Waffen. Aber die Soldaten der PETA hatten eine Idee, für die sie kämpften und in Soekarno einen Führer, an den sie glaubten. Die Soldaten waren junge und starke Bauern, deren Disziplin auf das vollkommene Vertrauen in Soekarno gebaut war. Es herrschte aber nicht nur ein Mangel an modernen Waffen. Durch fehlende Kommunikationsmöglichkeiten konnte eine schnelle Koordination zwischen den verschiedenen Truppeneinheiten nicht hergestellt werden. Oft mussten die einzelnen Gruppen unabhängig voneinander operieren. Das Idol Soekarno war ihr einziger Zusammenhalt, und das Ziel aller war die Unabhängigkeit und das Selbstbestimmungsrecht. Den zahlenmäßig überlegenen Freiheitskämpfern standen bis zu 150.000 gut ausgebildete und gut bewaffnete niederländische Soldaten und Soldaten der ehemaligen Kolonialarmee KNIL gegenüber. In Ausbildung und Ausrüstung waren die Freiheitskämpfer weit unterlegen, weshalb für sie notgedrungen nur ein Guerillakrieg Aussicht auf Erfolg versprach.

Es war ein blutiger und grausamer Kolonialkrieg, den die Niederländer entfesselt hatten. Die Teile der niederländischen Bevölkerung, die sich mit Recht gegen die Besetzung ihres Landes durch die deutsche Wehrmacht auflehnten, waren für sie Helden. Nun waren die indonesischen Freiheitskämpfer, die sich nur wenige Jahre danach gegen die niederländischen Invasoren auflehnten, Terroristen und Verbrecher. Die Niederländer urteilten mit zweierlei Maß.

In zwei von den Niederländern ‚Polizeiaktionen' (Politionele acties) genannten Besetzungen in den Jahren 1947 bis 1949 wurde versucht, die Regierung der nun freien Republik Indonesien auszuschalten und wieder die Herrschaft über das Land zu gewinnen. Die niederländische Regierung wählte für diese grausamen Aktionen den verharmlosenden Namen ‚Polizeiaktion', um der Weltöffentlichkeit die Regelung einer inneren Angelegenheit vorzutäuschen. In Wirklichkeit war es ein von den Niederländern entfesselter Kolonialkrieg.

---

192 Doel, *Het Rijk van Insulinde*, S. 298

Besonders der Einsatz niederländischer Fallschirmjäger gegen die indonesische Regierung während der sogenannten ‚Zweiten Polizeiaktion' mit 80.000 Soldaten erinnerte den niederländischen Historiker De Jong an den Überfall der Niederlande durch die deutsche Wehrmacht.[193] Yogyakarta, der vorübergehende Regierungssitz der neuen indonesischen Republik, wurde im Dezember 1948 bombardiert und Soekarno mit anderen Regierungsmitgliedern verhaftet und erneut ins Gefängnis gesteckt. Aber der Guerillakrieg der indonesischen Armee wurde dadurch nicht beendet, ganz im Gegenteil, er wurde intensiviert und die Grausamkeiten auf beiden Seiten nahmen zu.

Einer der schlimmsten niederländischen Kriegsverbrecher war der niederländische Hauptmann Raymond Westerling, der auf Celebes, Sumatra und Java ein Massaker nach dem anderen an der zivilen indonesischen Bevölkerung verübte. Er führte die ‚holländische Sondereinheit' DST[194] (Depot Speziale Troepen) an. In ganz Indonesien war Westerling als ‚Der Schlächter' bekannt. Bei Verhören von Einheimischen hängte er seine Opfer grundsätzlich an den Füßen auf. Willkürliche Exekutionen wurden vollstreckt. Ganze Dörfer wurden von ihm und seinen Schergen ausgerottet. Alleine in Süd-Sulawesi gehen über 40.000 ermordete indonesische Freiheitskämpfer, Frauen und Kinder auf sein Konto.[195] Westerling hatte mit eigenen Händen an die 400 Morde an Indonesiern begangen.[196]

Auch an den Händen von Fred Ormskerk alias Bikkel, einem Militär aus Niederländisch-Guyana (heute: Republik Surinam) klebte viel Blut. Er kam 1946 zu Westerlings DST und führte dort eine Unterabteilung. Die Niederländer setzten gerne Soldaten aus ihrer Kolonie Niederländisch-Guyana gegen die indonesischen Freiheitskämpfer ein, da diese Männer aus Südamerika bereits große Erfahrung im Dschungelkrieg hatten. Für seine im Auftrag der niederländischen Regierung begangenen Verbrechen soll Ormskerk 1946 mit der ‚Gold Medal for Honest and Faithful Service in Dutch East-Indies'[197] und 1948 mit der ‚Medal of Order and Peace in Gold with Swords'[198] ausgezeichnet worden sein. Obwohl sich diese Informationen in Indonesien hartnäckig halten, wird dies von holländischer Seite bezweifelt.[199]

---

193 Loe de Jong, *Het Koninkrijk der Nederlanden...*, S. 948
194 In manchen Publikationen wird diese Sondereinheit auch KST *(Korps Speziale Troepen)* genannt
195 Indonesisches Wochenmagazin TEMPO, 25.02 – 03.03. 2013, S. 32ff
     Geerken, *Der Ruf des Geckos*, S. 168ff
196 Doel, *Afscheid van Indie*, S. 284f
197 Gouden Medaille wegens Langdurige, Eerlijke en Trouwe Dienst
198 Erenmedaille verbonden aan de Orde van Oranje in Goud met de Zwaarden
199 Details hierzu: Kagie, *Bikkel*

Westerling wurde von General Simon Spoor, dem Oberkommandierenden der ‚Königlich-Niederländischen Armee in Indonesien‘, für seine
‚besonderen Leistungen‘ für eine hohe niederländische Auszeichnung vorgeschlagen. Er hat sie jedoch nie erhalten. Sicher ist, er war ein brutaler
Kriegsverbrecher und hätten lebenslänglich im Zuchthaus verbringen müssen. Aber die niederländische Justiz war auf diesem Auge blind.

Der niederländische Bestseller-Autor Geert Mak schreibt hierzu:

*Das Problem der Niederlande [… war] das endlose Leugnen, das Verdrängen
der Erinnerungen, die Weigerung, der historischen Wahrheit ins Auge zu sehen.
Immer haben die Niederländer, die über ein ähnliches Verhalten der Amerikaner
in Vietnam und der Serben in Bosnien und im Kosovo [Anm. d. V.: und der
Deutschen] so entrüstet waren, ihre eigenen My Lais und Oradours sorgfältig
zugedeckt. Das ist auch der Grund, warum […]praktisch keine Unterlagen erhalten geblieben sind […].*[200]

[Anm. d. Verf.: Das Massaker von My Lai war ein Kriegsverbrechen, das
US-amerikanische Soldaten 1968 an der Bevölkerung des Dorfes My Lai in
Südvietnam begingen.

Das Massaker von Oradour war ein Kriegsverbrechen, das 1944 im Dorf
Oradour an der französischen Bevölkerung durch die Waffen-SS verübt
wurde.]

Um den Tod von General Spoor gibt es viele Gerüchte und Spekulationen.
Zusammen mit seinem Adjutant, dem Hauptmilitärpfarrer und anderen
Gästen nahm er am 20. Mai 1949 im Jachtclub von Tanjung Priok in Batavia sein Mittagessen ein. Nach dem Essen stellten sich bei ihm und den
beiden neben ihm Platzierten schwere Herzbeschwerden ein. Spoor starb
fünf Tage später, der Adjutant und der Hauptmilitärpfarrer überlebten nach
langer Krankheit. Da alle anderen Gäste dasselbe gegessen hatten und keine
Beschwerden hatten, ist wohl von einem Giftanschlag auf Spoor auszugehen.
Indonesier sind Meister im ‚Giftmischen‘.[201]

Das Massaker vom 9. Dezember 1947 an der Zivilbevölkerung von Rawagede, einem Dorf in West-Java, bewegt immer noch die indonesischen
Gemüter. Die niederländischen Truppen vermuteten, dass sich der indonesische Guerillakrieger Lukas Kustario dort versteckt hielt. Sie fanden keine
Waffen und keine Kämpfer. Trotzdem trieben sie die Einwohner des Dorfes
zusammen und ermordeten 431 Männer, Jugendliche und Kranke. Trotz
dieses Kriegsverbrechens und einem empörenden Bericht der Vereinten Na-

---

200 Mak, Geert, *Das Jahrhundert meines Vaters*, S. 433f
201 Geerken, Horst, *Der Ruf des Geckos*, S. 328ff

tionen, sahen der verantwortliche Oberbefehlshaber General Spoor und der Generalstaatsanwalt in Den Haag von jeglicher Strafverfolgung ab.[202]

Am 1. August 1949 eröffnete ein niederländischer Leutnant in dem Dorf Goenoeng Simpin an der Südküste Javas ohne erkenntlichen Grund das Feuer auf die Gäste eines indonesischen Hochzeitsfestes und tötete 26 Menschen, 33 wurden verwundet.[203] Auch hier sahen die niederländischen Behörden keinen Grund für eine juristische Aufarbeitung. Eine Aufzählung niederländischer Kriegsverbrechen während der ,Polizeiaktionen' könnte noch lange weitergeführt werden. Bereits 1948 nannten die Vereinigten Nationen das Vorgehen der Niederländer in ihrer ehemaligen Kolonie ,absichtsvoll und erbarmungslos'. Kriegsverbrechen gab es sicherlich auch von indonesischer Seite. Aber man darf nicht vergessen, dass die Niederlande die Aggressoren waren und nicht die Indonesier, die nur ihre unabhängige Republik gegen eine erneute Kolonisierung verteidigten.

Als der internationale Druck gegen die Niederlande immer stärker wurde, versuchte Den Haag, den Archipel in mehrere Kleinstaaten zu zerschlagen. Durch einen Föderalismus hofften sie, Streit innerhalb der Nation zu entfachen. Zum Glück ist den Niederländern eine Spaltung der indonesischen Nation nicht gelungen.

Der größte Teil der Weltöffentlichkeit sympathisierte mit der indonesischen Unabhängigkeitsbewegung. In Australien und neunzehn weiteren asiatischen Ländern wurden ab 1948 holländische Waren und Schiffe boykottiert. Der Fall Indonesien kam zum wiederholten Male vor die Vereinten Nationen, wo die Niederländer die gegen sie erhobenen Anschuldigungen nicht widerlegen konnten. Die US-Regierung drohte die Marshall-Plan-Hilfe für die Niederlande zu stoppen. Die Amerikaner wollten nicht Hollands Kolonialkrieg in Indonesien finanzieren. Bei einer Konferenz am Runden Tisch am 23. August 1949 in Den Haag wurde auf Druck der USA und der Vereinten Nationen endlich beschlossen, dass die Niederlande am 30. Dezember 1949 unwiderruflich und bedingungslos die Hoheitsrechte an die unabhängige Republik Indonesien abtreten müsse. Unter diesem Druck gaben die Niederlande endlich, fast fünf Jahre nach der Unabhängigkeitserklärung vom 17. August 1945, ihren Widerstand auf.

Nachdem die Vereinten Nationen am 28. Dezember 1949 erneut zwei Resolutionen gegen die Niederlande beschlossen hatten, mussten die Niederländer ihre Kampfhandlungen einstellen. Noch am selben Tag[204] trat Soekarno als erster Präsident Indonesiens in Jakarta vor sein Volk. Hundert-

---

202 FAZ Nr. 295, 19.12.2009
203 Doel, *Afscheid van Indie*, S. 294f
204 Wegen der Zeitverschiebung war es in Jakarta bereits einen Tag später

tausende hatten sich auf dem ‚Koningsplein‘ (Deutsch: Königsplatz), der sofort in ‚Medan Merdeka‘ (Platz der Freiheit) umgetauft wurde, versammelt. Sie warteten gespannt auf eine Verkündung ihres Führers. Als Präsident Soekarno vor das Mikrophon trat, genoss er zunächst minutenlang die Macht der Stille. Als er schließlich triumphierte: *Alhamdulillah, Merdeka!* (Wir danken Gott! Wir sind frei!) und *Satu Tanah Air! Satu Bangsa dan Satu Tekad Tetap Merdeka!* (Wir haben eine Heimat! Wir sind eine Nation und haben die Entschlossenheit, für immer unabhängig zu sein!), brach unbeschreiblicher Jubel aus. Das Volk schrie in dem Freudentaumel ihrem ersten Präsidenten im Chor zu: Merdeka!, Freiheit! und Hidup!, ein langes Leben! Indonesien war frei, aber das Ansehen der Niederlande hatte durch die Sturheit seiner Politiker international sehr gelitten.

Abb. 56
Präsident Soekarno
am 28. Dezember 1949
vor seinem Palast

Die Kommunisten gingen nun in den Untergrund. Soekarno konnte unter der Losung ‚Bhinneka Tunggal Ika‘, Einheit in der Verschiedenheit, sein riesengroßes Reich über Rassen, Religionen und Sprachen hinweg jedoch vereinen.

Die indonesische Jugend weiß heute noch von ihren Eltern und Großeltern über die von den Niederländern begangenen Kriegsverbrechen bestens Bescheid. Jetzt erst, mehr als 60 Jahre später, berichten die indonesischen Medien mehr und mehr darüber. Dem niederländischen Königreich ist dies sehr unangenehm, denn sie wollten vergessen. Heute klagen Witwen, Kinder und Enkel der Opfer die Niederlande vor nationalen und internationalen Institutionen wegen der begangenen Massaker an – teilweise mit Erfolg, wie beim Massenmord von Rawagede. Mit ein Grund weshalb endlich Diskussionen über dieses Massaker ausgelöst wurden, war auch mein Buch *A Magic Gecko*[205], das 2011 in Jakarta veröffentlicht wurde. Es wurde in vielen indonesischen Tageszeitungen und Magazinen besprochen. Nun wurde 17 klagenden Witwen von der niederländischen Regierung im August 2013 endlich eine Entschädigung von 20.000 Euro pro Person zugesprochen. Es war zunächst ein Sieg der Witwen, wenn auch die Höhe der Entschädigung für dieses Kriegsverbrechen äußerst schäbig war. Aber nun wurden diese Verbrechen endlich auch als solche von der niederländischen Regierung anerkannt. Die Zusage der niederländischen Regierung für eine zügige Regulierung war allerdings nur ein Lippenbekenntnis. Bis Ende Mai 2014 wurde der Betrag an nur eine einzige Witwe ausbezahlt. Zwischenzeitlich sind wieder zwei der 17 Klägerinnen verstorben. Ihr Alter liegt zwischen 80 und 100 Jahren. Der Anspruch ist nach Auskunft des niederländischen Auswärtigen Amts nicht an die Nachkommen vererbbar. Daher verschleppt die niederländische Justiz laut Aussage der niederländischen Rechtsanwältin Liesbeth Zegveld das Verfahren absichtlich, in der Hoffnung, dass sich dieses für die Niederlande lästige Problem von selbst lösen wird.[206]

Die Klagen gegen das niederländische Königreich gehen weiter. In jüngster Zeit sind in Indonesien und in den Niederlanden durch die KUKB-Foundation (Dutch Debt of Honour Commitee Foundation), die die Interessen weiterer indonesischen Opfer vertritt, Bestrebungen im Gange, den Fall Westerling vor die Vereinten Nationen und den Internationalen Gerichtshof in Den Haag zu bringen. Im Mai 2012 wurde die offizielle Klage bei der niederländischen Regierung eingereicht. Das Ziel ist, Westerling für seine begangenen Terroraktionen posthum als Kriegsverbrecher einzustufen und die Kläger, die heute ein Alter zwischen 75 und 104 Jahren haben, oder deren Nachkommen finanziell zu entschädigen. Da es für die Niederländer äußerst peinlich wäre, wenn auch dieser Fall an die Öffentlichkeit gezerrt werden würde, wird vermutlich versucht, den Fall außergerichtlich zu regeln.[207]

Weshalb haben die Niederländer, Bevölkerung wie Regierung, so große Probleme, ihre unrühmliche Kolonialgeschichte zu akzeptieren? Hier geht es

---

205 Geerken, *A Magic Gecko, Peran CIA di Balik Jatuhnja Soekarno*, Perebit Buku Kompas 2011 und
Geerken, *A Magic Gecko, CIA's Role behind the Fall of Soekarno*, Penerbit Buku Kompas, 2011

206 NRC Handelsblad v. 25. Mai 2014, ‚Generour Gesture, Editor Emilie Outeren, The Hague
http://7mei.nl/2013/12/31/generous-gesture/

207 Das einschlägige indonesische Magazin TEMPO, 25.02 – 03.03. 2013, S. 40
Geerken, *Der Ruf des Geckos*, S. 168ff

hauptsächlich um den finanziellen Aspekt! Als wichtigstes Argument gegen eine Klage führen die niederländischen Behörden zunächst die Verjährung an. Vergleichbare Verbrechen der Deutschen aus der Zeit des Zweiten Weltkriegs werden jedoch weiterhin juristisch verfolgt. Wie immer gibt es die bekannten zweierlei Maß, mit denen die Niederlande messen!

Das Interesse an den Gräueltaten, die während des Kolonialkrieges begangen wurden, ist in den niederländischen Medien und bei den Niederländern – verständlicherweise – überraschend gering. Es sind nur Fraktionen aus dem ‚Linken Lager‘, die auf eine Wiedergutmachung pochen. Ganz im Gegensatz dazu werden die Geschichten der Opfer aus der deutschen Besatzungszeit der Bevölkerung allgegenwärtig aufgetischt. Im Gegensatz zu der allgemeinen niederländischen Meinungslage schreibt der holländische Historiker Lou de Jong in seinem Standardwerk *Das Königreich der Niederlande im Zweiten Weltkrieg*: Unsere Frau Justitia hat mit zweierlei Maß gemessen.[208] Aber die Vergangenheit wird auch noch die Niederländer einholen, denn Verbrechen gegen die Menschlichkeit verjähren nach internationalem Recht nicht!

Die indonesische Bevölkerung wartet nun schon seit über 60 Jahren vergeblich auf eine offizielle Entschuldigung des niederländischen Königshauses für die vielen Verbrechen während der Kolonialzeit und der Polizeiaktionen. Selbst bei dem Staatsbesuch von Königin Beatrix im Jahre 1995 in Indonesien konnte sie sich zu keiner Entschuldigung durchringen, obwohl dies in den indonesischen Medien gefordert wurde. Für jeden Indonesier und für jeden neutralen internationalen Beobachter ist es unverständlich, dass die niederländische Regierung bis heute als einziges Land der Welt das Unabhängigkeitsdatum der Republik Indonesien vom 17. August 1945 nicht offiziell anerkennt! Ist dies Sturheit? Dummheit? Verletzter Stolz? Oder sind es Bedenken wegen eventueller Wiedergutmachungszahlungen? Das könnte nämlich teuer werden, denn die niederländischen Streitkräfte haben ohne Kriegserklärung nach dem Ende des Zweiten Weltkriegs ein seit dem 17. August 1945 unabhängiges Land angegriffen.

---

208 Der Spiegel, 4/1988

46. Sarangan nach Kriegsende

Wie erging es nach Kriegsende den vielen Deutschen in Sarangan? Das liebliche Dorf, das ihnen für viele Jahre Heimat geworden war, wurde ihnen nun fremd und gefährlich. Keiner wusste wie es weitergehen würde. Marodierende Banden machten Java unsicher. Es gab zunächst ein Durcheinander zwischen verschiedenen politischen Gruppierungen. Die Periode Bersiap brachte Chaos und Plünderungen durch marodierende Banden und kommunistische Gruppen. Jede Nacht hörte man den raschen, fremdartigen Rhythmus der ,Tom Toms‘, der geschlitzten Dorftrommeln, durch die die Bevölkerung vor Überfällen, Raub oder Feuer gewarnt werden sollte. Nachrichten wurden damit blitzschnell von Dorf zu Dorf verbreitet. In den von den Freiheitskämpfern beherrschten Gebieten wurden von der neuen Regierung unter Soekarno nun neue Verwaltungsstrukturen aufgebaut sowie Schulen und Kasernen eingerichtet.

In Zusammenarbeit mit den neuen indonesischen Behörden in Yogyakarta wurde die Deutsche Schule in Sarangan in verkleinerter Form weitergeführt. Ab 1946 wurden auf Wunsch des indonesischen Militärs auch junge Offiziersanwärter und Studenten aufgenommen. Einige deutsche Familien mussten in andere Häuser umziehen. Das Militär hatte Vorrechte.

In Yogyakarta hatten die neuen indonesischen Streitkräfte eine behelfsmäßige Militärakademie gegründet. Dort waren nun auch deutsche Marinesoldaten und Offiziere des Stützpunktes Surabaya als Ausbilder tätig. Die indonesischen Verantwortlichen der Militärakademie waren von der Deutschen Schule und den Sportanlagen in Sarangan begeistert. Daher erhielt der Ableger der Militärakademie in Sarangan auch den Namen SORA, ,Sekolah Olah Raga‘, Sportschule. Es sollte aber nicht nur Sport getrieben werden.

Zunächst erhielten vierzehn Offiziersanwärter hier eine sportliche und eine fremdsprachige Ausbildung. Da schon einige Mütter mit ihren Kindern Sarangan verlassen hatten, waren die Schulklassen bereits geschrumpft. Nun bekamen die Lehrerinnen und die Männer in Sarangan neue Aufgaben. Sie arbeiteten jetzt auch für das neue indonesische Militär. Neben dem Sport und der javanischen Kampfsportart ,Klewang‘ wurden Deutsch, Englisch und Französisch gelehrt. Deutsche Männer machten die Buchhaltung für die SORA, deutsche Frauen wurden Sekretärinnen und leiteten das Küchenpersonal.

Das Leben in Sarangan wurde wieder leichter und sicherer. Die angelegten Gemüsegärten brachten eine reiche Ernte. Damit der Nachschub an

Gemüse für die neu hinzu Gekommenen nicht zu knapp wurde, wurden die deutschen Schüler beauftragt einen weiteren Gemüsegarten anzulegen. Für ihre Dienste wurden die Deutschen vom indonesischen Militär in Naturalien bezahlt: mit Reis, Zucker, indonesischen Zigaretten und javanischem Tee und Kaffee. Das Papiergeld hatte keinen Wert mehr.

Man aß meist gemeinsam mit den jungen Offiziersanwärtern. In der Freizeit machte man Ausflüge in die umliegenden Wälder oder badete im See. Die deutschen Schüler maßen sich im Kampfsport ‚Klewang' mit den indonesischen Offiziersanwärtern. Der Leiter der SORA in Sarangan war Colonel Singgeh, ein promovierter Veterinär. Er war charmant, äußerst korrekt und höflich.[209] Dr. Singgeh war ein Schulfreund von Präsident Soekarno. Er sprach gut Deutsch.

Ein Schüler der SORA war der spätere Admiral Martadinata, der Oberbefehlshaber der indonesischen Marine. Ab 1963 hatte ich mehrmals Gelegenheit, mit Admiral Martadinata zusammenzutreffen, und mich mit ihm auch über seine Zeit in Sarangan und Yogyakarta zu unterhalten. Er sprach immer noch gut Deutsch, das er in Sarangan erlernt hatte. Er bestätigte mir, dass in der ersten indonesischen Militärakademie in Yogyakarta deutsche Marineoffiziere unterrichteten, auch Kapitän Rosenow, über den später noch berichtet wird. Jedes Gespräch mit Admiral Martadinata war sehr freundlich und offen. Neben Sport und Sprachen wäre ihm in Sarangan auch Ordnungsliebe und Disziplin beigebracht worden. Insgesamt hätte er eine schöne und unbeschwerte Zeit mit den Deutschen in Sarangan verbracht. Die meisten Offiziersanwärter, die eine Ausbildung in der SORA erhielten, sind nach 1950 unter Präsident Soekarno in hochkarätige Positionen der indonesischen Streitkräfte aufgestiegen.

Die Zusammenarbeit mit dem indonesischen Militär bedeutete für die deutschen Bewohner in Sarangan auch eine zusätzliche Sicherheit. Sobald Gefahr von marodierenden Banden drohte, rückten indonesische Regierungssoldaten zur Bewachung an. Von beiden Seiten wurde die Zusammenarbeit als ein Zeugnis der völkerverbindenden deutsch-indonesischen Freundschaft angesehen.

Das Verhältnis Soekarnos und des indonesischen Militärs zu den Deutschen war ohnehin von großer Sympathie geprägt. Als Gegner der Niederländer und als nur noch halbe Freunde der geschlagenen Nippons, sah man in den Deutschen die Verbündeten der Zukunft.[210] Die Deutschen waren überall gefragt, nicht nur als Militärberater auf der Militärakademie. Deutsche Experten der verschiedensten Fachgebiete, Ingenieure, Handwerker, oder

209 Keppner, *Wie weit bis Airmolang*, S. 453 bis 460
210 Ibid., S. 394

auch Ärzte, die früher für die niederländische Kolonialregierung tätig waren, wurden nun von der noch jungen und unerfahrenen Republik Indonesien gebraucht. Zum Beispiel wurden nun in den Werkstätten der deutschen Marinestützpunkte, in denen früher Ersatzteile für die U-Boote hergestellt wurden, ,Goloks' (Macheten) und Speerspitzen für die Bambuslanzen der Freiheitskämpfer geschmiedet. Oft hatten sie keine anderen Waffen, um sich gegen die immer weiter vorrückenden niederländischen Truppen zu wehren.

Die Deutschen in Sarangan bekamen so langsam das Gefühl, dass man sie in dem einsamen Bergdorf vergessen hatte. Sie lebten wie auf einer Insel. Wo war das Rote Kreuz, um sie zurück in die Heimat zu bringen? Manche verloren die Geduld. Im Februar 1947 verließen einige Familien Sarangan und versuchten über Batavia, das nun Jakarta hieß, nach Europa oder Australien zu kommen. Die Niederländer hatten schon wieder die großen Hafenstädte auf Java unter ihre Kontrolle gebracht, und man hoffte, von dort weiterzukommen. In den Städten rund um Sarangan, wie Yogyakarta, Madiun oder Solo, wüteten aber immer noch Straßenkämpfe der Freiheitskämpfer gegen die Niederländer. Jede Reise über Land war gefährlich. Java war vielfach geteilt. Es gab Verwaltungen der Niederländer, der Japaner und der neuen indonesischen Regierung. Aber durch die von der neuen Republik kontrollierten Gebiete gab das indonesische Militär Begleitschutz, damit die Deutschen von der Bevölkerung nicht mit Niederländern verwechselt werden würden. Ohne Hilfe der Freiheitskämpfer wäre kein ,Blanker', kein Weißer, bis zur Küste gekommen.

Viele Frauen wollten dieses Risiko nicht auf sich nehmen und warteten auf die offizielle Hilfe des Roten Kreuzes, des *Nederlandsch Indische Roode Kruis*. Frauen, Männer und Kinder wollten so lange nach Kriegsende endlich heim nach Europa, nach Deutschland. Immer wieder erreichten Gerüchte über einen bevorstehenden Abtransport Sarangan. Man packte seinen Koffer, aber es geschah nichts. Die Deutschen schrieben Petitionen an die Verantwortlichen im *Centraal Informatie Bureau* in Jakarta, aber die Briefe des Roten Kreuzes, die die wartenden Frauen erreichten, waren meist nur Mitteilungen, dass ihre Männer in den niederländischen Internierungslagern auf Java, auf Sumatra, in Britisch-Indien oder in Niederländisch-Guyana umgekommen seien. Als dann endlich eine positive Nachricht nach Sarangan kam, waren es nur einige Frauen, die mit ihren Töchtern abreisen durften. Die andern mussten weiterhin in Sarangan ausharren.

Als die sogenannte zweite Polizeiaktion der Niederländer Ende 1948 begann, war auch Sarangan nicht mehr sicher. Die niederländischen Truppen kamen immer näher. Der *Van Imhoff*-Überlebende Herr Fischer, der Ex-Präsident der ,Freien Insel Nias' und ,Bürgermeister' von Sarangan, war plötzlich über Nacht verschwunden. Keiner wusste wohin. Er war einfach in den Untergrund abgetaucht, vermutlich zu den Freiheitskämpfern. Die Niederländer suchten ihn schon seit einiger Zeit. Sie wollten ihn wegen seines ‚Staatsstreichs‘, der zu einer deutschen Übergangsregierung und zum ersten Gebiet eines freien Indonesiens geführt hatte, zur Rechenschaft ziehen. Diesen Handstreich, der die Gefangennahme aller Niederländer, Briten und Australier auf der Insel Nias zur Folge hatte, konnten ihm die Niederländer nicht verzeihen, zumal unter den Briten und Australiern einige Soldaten waren, die aus Gefangenenlagern geflüchtet waren und in Nias von den Japanern hingerichtet wurden.[211] Fischers Nachfolger wurde der Dolmetscher des deutschen Stützpunktes in Batavia, Dr. Hupfer, der sich nach der Kapitulation Japans auch nach Sarangan zurückgezogen hatte.

Der indonesische Standortkommandant informierte im Dezember 1948 die jetzt noch gut 50 in Sarangan verbliebenen Deutschen, dass sie aufgrund der Übermacht der Niederländer den Ort verlassen müssten. Er könne nicht mehr für ihre Sicherheit garantieren. Seine Regierungssoldaten würden eine Aktion der ‚verbrannten Erde‘ durchführen. Sarangan sollte ganz zerstört und abgebrannt werden, damit den Niederländern keine bewohnbaren Gebäude, keine Menschen oder Tiere in die Hände fielen. Die Siegesbeute der Niederländer sollten nur noch verkohlte Balken und rußgeschwärzte Mauerreste sein.[212] Die Deutschen müssten sich entscheiden, mit ihnen in die umliegenden Wälder zu ziehen oder am Ort zu bleiben. Wenn sie jedoch weiterhin in Sarangan bleiben wollten, dann würden einige ihrer Häuser verschont bleiben. Die Deutschen in Sarangan entschieden sich für die zweite Option, sie blieben. Unter den letzten 52 Deutschen in Sarangan, 42 Frauen und Kinder und 10 Männer, war auch der ‚Bürgermeister‘ Dr. Hupfer.

Sarangan brannte noch lichterloh, als am 25. Dezember 1948 die niederländischen Truppen in Sarangan einmarschierten und die Deutschen erneut gefangen nahmen. Es war ein trauriger erster Weihnachtsfeiertag.

Die volksdeutschen Jungen mit niederländischer Staatsangehörigkeit, die für die Deutschen auf den Marinestützpunkten arbeiten mussten, hatten es nun besonders schwer. Sie hatten für die Deutschen gearbeitet, da sie andernfalls in einem japanischen Lager interniert worden wären. Nun waren sie für die Niederländer Kollaborateure. Der niederländische Geheimdienst PID *(Politieke Inlichtinger Dienst)* hatte eine lange schwarze Liste mit Namen. Die volksdeutschen Jungen wurden schikaniert und beschimpft: *Ihr wollt Niederländer sein und habt für die Deutschen gearbeitet?* Das war Hochverrat und konnte die Todesstrafe bedeuten. Sie mussten harte Strafarbeit

---

211 Anwar, *Sejarah Kecil*, S. 85ff
212 Keppner, *Wie weit bis Airmolang*, S. 464ff

leisten und wurden einer strengen Gehirnwäsche unterzogen. Ihnen erging es nun wie den Indos, sie saßen zwischen allen Stühlen.

So wie zuvor schon den Japanern, stand nun auch den in Sarangan und den in anderen Gebieten verbliebenen Deutschen die Zwangsrückführung in die Heimat bevor. Am 1. Januar 1949 wurden die Deutschen in offenen Lastwagen des Roten Kreuzes abtransportiert. Aller Besitz bis auf ein einziges Gepäckstück musste laut Anordnung der Niederländer zurückgelassen werden. Dies ist ein Grund, weshalb heute so gut wie keine Schriftstücke, Dokumente und Fotos aus dieser Zeit aus Sarangan erhalten geblieben sind. Über Madiun und Semarang erreichte eine Gruppe aus Frauen, Kindern und einigen Männern Jakarta. Hier wurden die Deutschen im Chasee-Camp und in dem ehemaligen Kriegsgefangenenlager auf der berüchtigten Gefangeneninsel Onrust festgehalten. Eine andere Gruppe musste wochenlang in primitivsten Unterkünften im Sawahan-Camp in Surabaya, in der Nähe des ehemaligen deutschen Marinestützpunktes, ausharren. Vier Jahre nach Kriegsende wurden deutsche Frauen und Kinder von den Niederländern wieder wie Kriegsgefangene behandelt!

Es dauerte neun lange Monate, bis September 1949, dann war die Odyssee der Deutschen im ehemaligen Niederländisch-Indien endlich zu Ende. Die letzten deutschen Frauen und Kinder durften mit dem niederländischen Schiff *Willem Ruyss* nach Amsterdam und von da nach Deutschland zurückreisen.

Auf der *Willem Ruyss* waren neben den Deutschen und niederländischen Soldaten auch sogenannte Rückkehrer, Niederländer mit deutschen Wurzeln, die während des Dritten Reichs als Volksdeutsche bezeichnet wurden. Eine deutsche Abstammung war für die niederländische Regierung Grund genug für eine unehrenhafte Amtsenthebung, für die Streichung der Pensionsansprüche, für Verhaftung, Verschleppung und Internierung, oft mit Todesfolge.[213] Wie mir ein ehemaliger Sarangan-Schüler bestätigte, führte die alleinige Erwähnung, dass ein Kind eines Volksdeutschen die Deutsche Schule in Sarangan besucht habe, zum sofortigen Verlust des Pensionsanspruches der Eltern. Viele der rückkehrenden Witwen kamen ohne finanzielle Mittel in Amsterdam an und waren auf Hilfe angewiesen. Der Kampf um eine Rehabilitierung dauerte lange und war oft nicht erfolgreich.

Die Niederlande hinterließen der jungen Republik Indonesien ein zerstörtes Land und fast 3,5 Milliarden US-Dollar Schulden. Dies war der Betrag, der von den Niederlanden für den Kolonialkrieg und die beiden Polizeiaktionen in Niederländisch-Indien aufgebracht worden war. Für Indonesien und die internationale Gemeinschaft war dies eine ungeheuerliche Drei-

213 Ibid., S. 508f

stigkeit. Aber mit Zustimmung vieler, auch westlicher Länder, hat Sukarno 1955 dieses ungerechte Abkommen aus der Haager Konferenz von 1949 einseitig annulliert. Indonesien konnte doch nicht für einen Krieg bezahlen, der ihnen aufgezwungen worden war![214]

Aber noch Ende Januar 1950, also nach dem von der Weltgemeinschaft erzwungenen Abzug der Niederländer und der endgültigen Befreiung Indonesiens, stellte Hauptmann Westerling aus Resten der in Indonesien verbliebenen holländischen Truppen und fanatischen Kommunisten und Muslimen nochmals ein Heer auf, die APRA (Angkatan Perang Ratu Adil), eine ,Wehrmacht des Gerechten Königs', mit der er einen Staatsstreich verübte und große Teile Bandungs besetzte. Er wollte immer noch die Regierung von Sukarno stürzen. Die Südstadt Bandungs setzte Westerling in Brand. Aber die indonesischen Kräfte hatten sich in der Zwischenzeit formiert. Diese letzte verbrecherische Aktion des niederländischen Hauptmanns scheiterte und Westerling musste im Februar 1950 nach Singapur fliehen.[215]

Von 1945 bis Ende 1949 sind nach indonesischen Aussagen bei den niederländischen Polizeiaktionen zwischen 100.000 und 200.000 indonesische Freiheitskämpfer und noch viel mehr Zivilisten ums Leben gekommen.

Die Spannungen zwischen den Niederlanden und Indonesien waren aber noch keineswegs beseitigt. Nach dem fast fünfjährigen Kampf um die Unabhängigkeit tobte ein vierzehnjähriger Streit um Niederländisch-Neuguinea, die westliche Hälfte der Insel. Indonesien, als Erbe des gesamten holländischen Besitzes in Ostindien, bestand darauf, dass ihm auch dieser Teil von Niederländisch-Indien zugesprochen wurde. Die Niederlande blieben aus machtpolitischen Bestrebungen stur und krallten sich auf diesem letzten Zipfel ihrer Kolonie fest. Es gab aber auch noch einen weiteren Grund, weshalb die Niederländer so lange an Niederländisch-Neuguinea festhielten: Die Niederländer hofften, die Indos dorthin umsiedeln zu können und nicht in das weiße ,pure blooded' Holland.[216] Während der Kolonialzeit hat die Niederlande ihre Kolonie in Neuguinea unter wirtschaftlichen Gesichtspunkten nie interessiert. Daher blieb dieser Inselteil völlig unterentwickelt.

Wegen der Unnachgiebigkeit der Niederlande in der Neuguinea-Frage leitete Sukarno im Dezember 1957 eine anti-niederländische Kampagne ein, in deren Folge zehntausende noch zurückgebliebene Niederländer in ihre Heimat fliehen mussten. Niederländischer Besitz wurde enteignet. Die Beziehungen zu den Niederlanden verschlechterten sich von Tag zu Tag. Der Streit führte sogar zum Abbruch aller wirtschaftlichen und diplomatischen

---

214 Geerken, *Der Ruf des Geckos*, S. 169f
215 Ibid., S. 170f
216 www://www.Insideindonesia.org/stories/being-indo-22031411, S. 7

Beziehungen der beiden Nationen. Anfang 1963 besetzte Indonesien die ihnen zustehende Inselhälfte Neuguineas, die so groß wie Kalifornien ist.

Zuvor schon hatte Soekarno eine Reihe von russischen U-Booten bestellt, die Anfang 1962 in Dienst gestellt wurden. Indonesien wollte gerüstet sein, falls die Niederländer erneut versuchen würden, mit ihrer Flotte einzugreifen. Eines dieser U-Boote, das Boot *KRI Pasopati 410*, ist heute als ‚Monumen Kapal Selam‘ (Submarine Monument) in der Jalan Pemuda in Surabaya zu besichtigen.

Abb. 57
U-Boot-Monument Surabaya

Erst nach großem internationalem Druck gegenüber den Niederlanden übergaben die Vereinten Nationen am 1. Mai 1963 die Verwaltung der ehemaligen Kolonie Niederländisch-Neuguinea in indonesische Hände. Heute heißt diese Inselhälfte West-Neuguinea oder West-Papua. In Indonesien wird die Inselhälfte ‚Provinz Papua‘ genannt. Das Trauma Niederländisch-Neuguinea, als Symbol fortdauernder Kolonialpolitik im Pazifik, war nun beseitigt. Endlich wehte die rot-weiße indonesische Fahne über dem ganzen Gebiet der ehemaligen niederländischen Kolonie. Jetzt erstreckte sich das indonesische Reich von Sabang bis Merauke! Die Niederlande haben durch ihr Festhalten an West-Papua sich und Indonesien wirtschaftlich sehr geschadet und den indonesischen Nationalismus über die Maßen gefördert.

Abb. 58
Briefmarke ‚Sabang bis Merauke‘

Leider zeigte Holland keine Bereitschaft, der ehemaligen Kolonie mit gutem Willen, Fairness und guten Ratschlägen als hilfsbereiter Freund unter die Arme zu greifen. Ganz im Gegenteil! Der noch jungen Republik Indonesien wurden aus Rache, dass sie sich von ihren Kolonialherren lösten, laufend Knüppel in den Weg geworfen.

Nach 1950 baten die Niederländer viele der aus Indonesien zurückkehrenden Volksdeutschen mit niederländischem Pass, doch wieder die deutsche Staatsangehörigkeit anzunehmen, um nach Indonesien zurückkehren zu können. Der erste Präsident Soekarno ließ nämlich keinen Niederländer mehr ins Land und die Deutschen sollten dann dort für sie die Geschäfte machen. Die Deutschen mit ihren Erfahrungen und Landeskenntnissen waren in Indonesien willkommen. Nach den Demütigungen in den Internierungslagern und Enteignungen waren die halben ‚Moffen‘, denen nicht mehr zu trauen war, nun wieder gut genug, Profite für die Niederlande zu machen. Aus der wirtschaftlichen Not der Nachkriegszeit heraus taten das nicht wenige. Die großen Geschäfte nach 1950 machten jedoch nur deutsche Firmen, um das zerstörte und ausgelaugte Land wieder aufzubauen.

Dies war nur eine kurze Zusammenfassung des Krieges des niederländischen Königreichs gegen die unabhängigen Republik Indonesien. Eine detailliertere Darstellung würde den Umfang des Buches sprengen.[217]

Aufgrund der Initiative des ehemaligen Sarangan-Schülers Hardy Zoellner wurde 2008 an einer zentralen Stelle Sarangans, wo die Straße Jalan Telaga Sarangan direkt auf den See *Telega Pasir* zuführt, feierlich eine Gedenktafel enthüllt. Sie erinnert an die Freundschaft zwischen den einheimischen Bewohnern Sarangans und den Deutschen, die während des Zweiten Weltkriegs und danach dort friedlich zusammen gelebt haben.

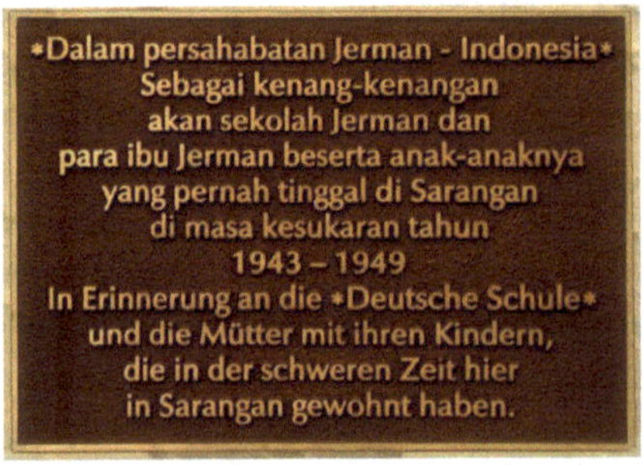

Abb. 59
Gedenktafel zur Erinnerung an die Deutsche Schule in Sarangan

---

217 Für weitere Infos siehe Geerken, *Der Ruf des Geckos*, S. 159ff

Die Plakette erregt heute bei Einheimischen wie auch bei Touristen viel Aufmerksamkeit. Im Informationsbüro (Kantor Pariwisata) in Sarangan wird auch das Büchlein *Sarangan* von Pastor i. R. Hans Martin Zoellner zusammen mit einer DVD über das 50jährige Jubiläum der Eröffnung der Deutschen Schule aufbewahrt. Hans Martin Zoellner war, wie sein Bruder Hardy, Schüler in Sarangan.

Als ich 1963, fünfzehn Jahre nachdem die Deutsche Schule aufgelöst und die letzten Deutschen Sarangan verlassen hatten, zum ersten Mal Sarangan besuchte, war es wieder ein kleines verträumtes und beschauliches Dorf. Damals fand ich noch Ruinen von der Aktion der ‚verbrannten Erde‘ und Fundamente der ehemaligen Deutschen Schule.

Ich übernachtete in der einzigen zumutbaren Unterkunft, dem Hotel Sarangan. Vermutlich war dies während der niederländischen Kolonialzeit das Hotel Bergzicht. Es war ein altes Hotel mit kolonialer Atmosphäre, herrlich über dem kühlen See gelegen, mit einer überwältigenden Aussicht. Die Einheimischen erzählten, dass dieses Hotel von zwei Deutschen erbaut wurde, die während des Ersten Weltkrieges hier untergetaucht seien.

Fast alle Zimmer waren von Russen mit ihren Familien belegt. Entsprechend floss der Wodka. Präsident Soekarno hatte für die indonesische Luftwaffe Kampfflugzeuge in der Sowjetunion bestellt. Diese waren auf dem Luftwaffenstützpunkt in Madiun stationiert und die russischen Piloten bildeten nun Indonesier an den Flugzeugen aus. Da den Russen das Klima in Madiun zu heiß war, pendelten sie jeden Tag und übernachteten im kühlen Sarangan bei ihren Frauen.

Heute ist Sarangan ein beliebter Ausflugsort mit vielen neuen Hotels um den See, mit Märkten und Souvenirläden. Über den See rasen Boote mit Wasserskiläufern. Aus Lautsprechern dröhnt laute Musik. Die geruhsame Zeit, als hier noch die Deutschen Schule stand, ist endgültig vorbei.

47. Die Niederländer nach Kriegsende

Von 1933 bis Kriegsbeginn war die Verbindung der Niederlande zu Deutschland ausgesprochen freundschaftlich geprägt. Als am 7. Januar 1937 die niederländische Thronfolgerin Juliane den deutschen Prinzen Bernhard von Lippe-Biesterfeld ehelichte, führte ihn sein erster Auslandsbesuch im Auftrag des niederländischen Königshauses zu Hitler nach Berlin. Noch Ende 1939, nach dem fehlgeschlagenen Attentat auf Hitler im Bürgerbräukeller in München, war Königin Wilhelmine die Erste, die ihm herzliche Glückwünsche übermittelte und ihre Freude ausdrückte, dass Hitler unverletzt blieb. Von freundschaftlichen Verbindungen konnte man nach Kriegsende nichts mehr spüren.

Als nach Kriegsende wieder die Möglichkeit bestand in die Niederlande zu reisen – es muss zwischen 1948 und 1950 gewesen sein – besuchten meine Mutter und ich unsere Verwandten in Holland. Als wir die niederländische Grenze überschritten hatten, wurden wir bereits im Zug von mitreisenden Niederländern beleidigt und beschimpft. Ich war verstört – ich war doch noch ein Jugendlicher – was hatte ich getan? An Restaurants in Amsterdam und anderswo hingen Plakate ,Für Deutsche und Hunde verboten'. Bei unseren Onkeln und Tanten wurden wir gebeten, möglichst das Haus nicht zu verlassen, aber wenn es sein musste, nicht laut Deutsch zu reden. Sie mussten verheimlichen, dass sie Deutsche beherbergten.

Es grenzt schon an eine große Scheinheiligkeit, wenn die Niederländer bis heute den Anschein erwecken wollen, als seien sie im Zweiten Weltkrieg nur Opfer geworden. Besonders nach dem Zweiten Weltkrieg hörten die Deutschen aus niederländischen Medien ununterbrochen: Nazi-Deutschland, Verbrecher, Konzentrationslager, Holocaust! So etwas könnte bei uns Niederländern doch nie geschehen. Und doch ist es geschehen!

Nachdem Deutschland kapituliert hatte, ging es niederländischen Frauen und jungen Damen, die irgendwelche freundlichen Kontakte zu den deutschen Soldaten während der Besatzung gepflegt hatten, nicht gut. Sie wurden als ,Moffenmeiden' beschimpft und kahlgeschoren, mit einem auf die Stirn gemaltem Hakenkreuz durch die Städte gejagt oder in offenen Lastwagen zur Schau durch die Städte gefahren.[218]

Nach Beendigung des Zweiten Weltkriegs gab es in Deutschland – Gott sei Dank! – keine Konzentrationslager mehr, aber die Niederländer eröffneten 1946 neue auf Inseln ihrer ehemaligen Kolonie. Tausende indonesische

---

218 http://7mei.nl/belanda-tjampur

Nationalisten und deren Sympathisanten wurden verhaftet und eingesperrt. Eines der schlimmsten Konzentrationslager war ‚*Boven Digoel*‘ im tiefsten Dschungel von Niederländisch-Neuguinea. Nachdem die Niederländer mit Recht den Luftangriff auf Rotterdam verurteilten, bombardierten sie mit ihren Flugzeugen nach Kriegsende Städte auf Java und Sumatra und töteten viele tausend Zivilisten. Die Niederländer waren nicht nur Opfer – wie sie bis heute versuchen, sich darzustellen – , sie waren auch Täter!

Nach Kriegsende äußerten sich die Niederländer so, als wenn sie – bis auf ganz wenige Ausnahmen – auf der richtigen Seite gewesen wären und sich mit aller Macht gegen Deutschland erhoben hätten. Es gelang ihnen sogar, ihr Fehlverhalten reinzuwaschen, und ihre eigenen Verbrechen verdrängten sie ganz einfach aus ihrer Erinnerung. Es ist jedoch eine bewiesene Tatsache, dass die niederländische Polizei, die Verwaltung, die Eisenbahn und viele niederländische Bürger aktiv an der Vernichtung der Juden mitgewirkt hatten. Dies wird sogar im *Tagebuch der Anne Frank* eingeräumt.[219] Auch dass die Niederlande während der sogenannten Polizeiaktionen in Indonesien Kriegsverbrechen begingen, ist eine unstrittige Tatsache.[220]

Nach dem Zweiten Weltkrieg versuchte die niederländische Regierung alles, um brisante Einzelheiten ihrer unrühmlichen kolonialen Vergangenheit und die Polizeiaktionen nicht öffentlich bekannt werden zu lassen. Die Kolonisierung Indonesiens war eine Episode, die man so schnell wie möglich wieder vergessen wollte, denn es war eine Episode, auf die man nicht stolz sein konnte!

Selbst der Empfang der in die Heimat zurückkehrenden indigenen Niederländer aus ihrer ehemaligen Kolonie, in der sie die letzten drei, vier oder mehr Jahre in japanischen Internierungslagern oder beim Bau der Eisenbahnstrecken in Sumatra und Birma leiden mussten, war äußerst zurückhaltend. Die Niederländer zu Hause blickten in die Zukunft und wollten Kriegsgeschichten aus dem fernen, nun vergangenen, Niederländisch-Indien nicht hören. Man hatte sich entfremdet und fürchtete die Konkurrenz der Neuankömmlinge im ohnehin ökonomisch darnieder liegenden Heimatland. Die Rückkehrer sprachen anders, ein mit malaiischen Worten vermischtes Niederländisch, sie waren durch das bequeme und luxuriöse Leben während der Kolonialzeit verwöhnt. Nun kamen sie mit leeren Taschen und benötigten Hilfe. Dank für ihren Einsatz für das niederländische Vaterland erhielten sie kaum. Die Rückkehrer aus Niederländisch-Indien kamen in drei Wellen zurück in ihre kalte und fremdgewordene Heimat an der Nord-

---

219 Titel der niederländischen Originalausgabe: ‚Het Achterhuis‘
220 Mak, *Das Jahrhundert...*, S. 476 und
   Bergstein u. Bloemgarten, *Remembering Jewish Amsterdam*

see. Sie waren nicht willkommen, denn man sah in ihnen Bittsteller, und für ‚indische' Nöte zeigte man kein Interesse.

Mit der ersten Welle kamen nach Kriegsende im Laufe des Jahres 1945 etwa 110.000 Niederländer und Indos in die Niederlande. Nachdem im Dezember 1949 die Niederländer ihren Traum von der Rückeroberung ihrer Kolonie begraben und auf Druck der Vereinten Nationen die Verwaltung in indonesische Hände geben mussten, kamen mit der zweiten Welle nochmals rund 100.000 ehemalige Siedler in die Niederlande zurück. Die dritte Welle wurde ausgelöst, als Sukarno im Dezember 1957 wegen der Unnachgiebigkeit der niederländischen Regierung in der Neuguinea-Frage eine antiniederländische Kampagne einleitete. Die letzten noch verbliebenen 50.000 Niederländer wurden nun gezwungen, Indonesien zu verlassen. Auch sie kamen in eine ihnen fremd gewordene Heimat.

Auch alle Indos, niederländische Staatsangehörige mit gemischtem Blut, mussten ihre vertraute indonesische Heimat, wo sie geboren wurden und aufgewachsen waren, verlassen. Anfang der 1930er Jahre waren rund ein Viertel aller von Niederländern in ihrer Kolonie geschlossenen Ehen Mischehen. Die Indos genannten Nachkommen bildeten eine eigene Gesellschaftsgruppe mit eigenen Clubs und Schulen.[221] Für die Indos war es besonders schwierig, ein neues Leben in den Niederlanden zu beginnen. Alle mussten Konflikte, fehlende Anerkennung, Erniedrigung und Traumata erleben. Sie waren nach ihren Dokumenten Niederländer, aber für die einheimischen Niederländer blieben sie Indos, Mischlinge, auf die man herabschaute.

Außerdem suchten zehntausende einheimische Soldaten, die für die niederländische Kolonialarmee KNIL Dienst getan hatten, mit ihren Familien Zuflucht in den Niederlanden. Die meisten waren Bewohner der Molukken-Inseln. Die Molukker, die seit der frühen Missionierung durch die Portugiesen mehrheitlich Christen waren und sich daher den europäischen Kolonialherren näher fühlten als die vorherrschend islamische Bevölkerung, waren schon während der Kolonialzeit immer auf Seiten der Niederländer. Während des Unabhängigkeitskrieges hatten sie mit den Niederländern gegen Soekarno paktiert. Soekarnos Aversion gegen die Molukker und deren Flucht in die Niederlande waren daher verständlich. Anfang der 1990er Jahre lebten bereits 450.000 Menschen in den Niederlanden, die, oder deren Eltern in Indonesien geboren wurden.[222] Dies ist bis heute nicht unproblematisch.[223] Die Kolonialbeamten und die Angehörigen der niederländischen Kolonialarmee erhielten eine dürftige Abfindung von 7.500 Gulden, nach

---

221 Loeber, Irmgard, *Das niederländische Kolonialreich*, S. 40
222 Doel, *Het Rijk van Insulinde*, S. 299
223 Geerken, Horst, *Der Ruf des Geckos*, S. 172ff

heutigem Wert etwa 3.300 Euro, ein kärglicher Lohn für viele Jahre Entbehrung unter japanischer Herrschaft.[224] Weißen Niederländern wurde die Zeit der japanischen Internierung bei der Berechnung ihrer Pension angerechnet. Den Indos, die in der niederländischen Kolonialarmee dienten, nicht. Sie kämpfen immer noch um das selbe Recht.

---

224 FAZ vom 15.08.1985, *Beim Wilhelmslied nahmen sie Haltung an*

48. Die Verwicklung von Portugiesisch-Timor in den Zweiten Weltkrieg und daraus resultierende weitreichende Folgen

Portugal blieb in Zweiten Weltkrieg neutral. Trotzdem wurde seine Kolonie Portugiesisch-Timor in den Krieg hineingezogen. Ich fand keine Hinweise, dass das Deutsche Reich Kontakte zu Portugals Kolonien pflegte. Trotzdem möchte ich die im indonesischen Archipel liegende Inselhälfte Portugiesisch-Timor kurz erwähnen, da hier die Auswirkungen des Zweiten Weltkriegs bis heute eine Rolle spielen.

Portugiesisch-Timor, die heutige ,Demokratische Republik Timor-Leste', die man besser als ,Osttimor' kennt, spielte im Zweiten Weltkrieg eine wichtige Rolle, obwohl die neutrale Inselhälfte weitab von den Machtzentren der Welt im östlichen Teil des indonesischen Archipels liegt. Die gesamte Insel Timor hat eine Länge von 476 Kilometern und die maximale Breite ist 102 Kilometer. Viele Jahrhunderte lang war die Insel ein Spielball der Kolonialmächte.

Vermutlich war die Insel Timor schon seit dem 14. Jahrhundert ein Teil des hinduistischen Majapahit-Reichs, dessen Hauptstadt in Ost-Java lag. Anfang des 16. Jahrhunderts waren portugiesische Seefahrer die ersten Europäer, die die Insel Timor entdeckten. Ab 1515 siedelten sich portugiesische Missionare in der Osthälfte der Insel an. Kurz danach wurden hier portugiesische Garnisonen und Handelsposten eingerichtet.

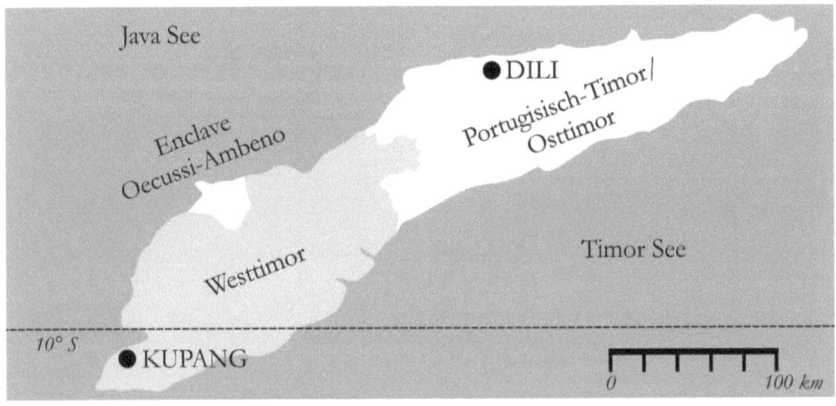

Abb. 60
Die Insel Timor

1640 begannen die Niederländer die Insel im Westen zu besiedeln. Über 200 Jahre lang bekriegten sich Portugal und die Niederlande, da jeder die damals noch wirtschaftlich interessante Insel alleine für sich ausbeuten wollte. Das auf der Insel vorkommende Sandelholz war in der alten Heimat sehr gefragt und brachte gute Gewinne. 1859 einigten sich beide Nationen auf eine Teilung der Insel. Doch die Streitereien und militärischen Auseinandersetzungen gingen weiter. Erst 1919 wurde die noch heute bestehende willkürliche Grenze, die Stämme und Dörfer teilt, festgelegt. Nun gab es ein Portugiesisch-Timor mit der Hauptstadt Dili im Osten und das zu Niederländisch-Indien gehörenden Westtimor (Timor Barat) mit der Hauptstadt Kupang im Westen. Vorerst herrschte Friede, aber die kleine portugiesische Inselhälfte blieb ein Fremdkörper im riesigen indonesischen Archipel.

Portugiesisch-Timor war ein ständiger Unruheherd. Die Portugiesen regierten mit brutaler Gewalt. Die einheimischen Timoresen litten unter Zwangsarbeit und einer extrem hohen Kopfsteuer. Regelmäßig, bis zum Zweiten Weltkrieg, gab es Aufstände gegen die portugiesische Fremdherrschaft. Die Ordnung konnte nur durch große Truppenkontingente aus Portugals Kolonien in Afrika aufrecht erhalten werden. Viele Tausende Einheimische wurden getötet oder eingekerkert. Nachdem die portugiesische Inselhälfte abgeholzt und ausgebeutet war, waren in der fünfmonatigen Regenzeit Überflutungen mit starken Erosionen und Dürre in der Trockenzeit die Folge. Von nun an wurde die Kolonie unter portugiesischer Herrschaft völlig vernachlässigt, es gab ja nichts mehr auszubeuten. Außer in der Hauptstadt Dili gab es so gut wie keine Infrastruktur. Die ländliche Bevölkerung verarmte. Dies nur zur Vorgeschichte.[225]

Während des Zweiten Weltkriegs blieb Portugal, wie gesagt, mit seinen Kolonien neutral. Ohne das Einverständnis Portugals stationierten die Niederlande und Australien ab Dezember 1941 Truppeneinheiten in Portugiesisch-Timor. Man wollte einer Besetzung durch Japan zuvorkommen. Australien befürchtete, dass diese Inselhälfte als Sprungbrett für einen Angriff auf ihren Kontinent genutzt werden könne. Die Proteste der Regierung Portugals blieben ohne Erfolg. Portugal lehnte weiterhin jegliche Zusammenarbeit mit den Alliierten ab.

Da die Niederlande und Australien unrechtmäßig die Kontrolle über Portugiesisch-Timor an sich genommen hatten, marschierten am 20. Februar 1942 mehrere Tausend japanische Infanteriesoldaten von Westen her in Portugiesisch-Timor ein. Gleichzeitig setzten japanische Schiffe 1.500

---

225 http://de.wikipedia.org/wiki/Rebellionen_in_Portugiesisch-Timor_
   %281860%E2%80%931912%29

Mann bei Dili an Land. Weitere 850 japanische Fallschirmjäger unterstützten die Truppen. Japan versicherte der erneut protestierenden Regierung in Lissabon, dass nach Kriegsende die Neutralität Portugiesisch-Timors nicht in Frage gestellt werden würde.

Bei heftigen Kämpfen, bei denen besonders die japanischen Fallschirmjäger große Verluste erlitten, gerieten die alliierten Truppen in Kriegsgefangenschaft. Ein kleiner Teil konnte sich in die Berge Osttimors zurückziehen und führte von dort aus einen Guerillakrieg gegen die Japaner. Mehrmals sollten Konvois amerikanischer und australischer Kriegsschiffe und Truppentransporter Verstärkung aus Darwin bringen. Die Konvois wurden regelmäßig von japanischen Flugzeugen angegriffen und mussten unter Verlusten nach Darwin zurückkehren.

Die alliierten Guerillas gingen äußerst brutal gegen die einheimische Bevölkerung in den Bergdörfern vor. Wenn sie den geringsten Verdacht auf Verrat schöpften oder nicht genügend mit Lebensmitteln versorgt wurden, gab es harte Strafen, oft den Tod. Die alliierten Guerillas wurden auch aus der Luft und mit Booten aus dem 650 Kilometer entfernten australischen Darwin mit Lebensmitteln und Waffen versorgt.

Der größte Teil der einheimischen Timoresen sah die Japaner zunächst als Befreier und schlug sich auf deren Seite. Aus kollaborierenden und zwangsverpflichteten Timoresen und Farbigen aus den portugiesischen Kolonien Afrikas stellten die japanischen Besatzer eine ‚Schwarze Kolonne‘ zusammen, die ‚Colunas Negras‘. Diese terrorisierte während der gesamten japanischen Besatzungszeit die portugiesischstämmigen Einwohner. Gleichzeitig wurden auch Auseinandersetzungen zwischen rivalisierenden Gruppen innerhalb der Bevölkerung Portugiesisch-Timors ausgetragen. Da die auf der Inselhälfte lebenden Portugiesen mit den Alliierten sympathisierten und verstärkt mit diesen zusammenarbeiteten, wurden im Oktober rund 600 Personen, meist portugiesische Beamte, mit ihren Familien in Lagern interniert. Viele starben an Krankheiten wegen fehlender Medikamente. Schon bald erlahmten auch die Anfangs den Japanern entgegen gebrachten Sympathien des einheimischen indigenen Bevölkerungsanteils. Die einheimische Bevölkerung setzte nun ihre Hoffnung zur Überwindung der Fremdherrschaft nicht mehr auf Japan, sondern eher auf das nahe gelegene Australien. Ende 1942 hatte Japan über 10.000 Soldaten auf dem portugiesischen Teil der Insel stationiert.

Im westlichen, dem niederländisch-indischen Teil der Insel, war die Situation anders. Hier wurden die Japaner bis Kriegsende als Befreier von der niederländischen Kolonialherrschaft angesehen. Die Bevölkerung dieses westlichen Teils der Insel arbeitete eng mit den Japanern zusammen und unterstützte auch aktiv Militäroperationen der Japaner in Portugiesisch-Timor gegen die Alliierten. Auch hier waren weit über 10.000 japanische Soldaten im Einsatz.

1943 hatten die Japaner die letzten alliierten Guerillas in Portugiesisch-Timor, die stark unter dem tropischen Klima und an Malaria litten, aufgerieben. Ein Teil der Truppen und einige portugiesische Zivilpersonen konnten mit Hilfe australischer Schiffe und einem amerikanischen Unterseeboot nach Australien in Sicherheit gebracht werden. Nun war Japan der alleinige Herrscher der gesamten Insel. Eine Rückeroberung der Insel durch die Alliierten war aufgrund der starken japanischen Truppenpräsenz kaum möglich.

Die japanischen Truppen rächten sich nun brutal an dem Teil der Bevölkerung, der die Alliierten unterstützt hatte. Die portugiesische Kolonialverwaltung wurde eliminiert und ein neues japanisches Ersatz-Papiergeld ausgegeben. In den Schulen wurde Japanisch unterrichtet. Es gab wieder Zwangsarbeit und Zwangsprostitution. Die wenigen noch vorhandenen Lebensmittel wurden beschlagnahmt.

Die Alliierten bombardierten während der japanischen Besatzungszeit mehrmals die Hauptstadt Dili und zerstörten das japanische Konsulat, die Radiostation, das Krankenhaus, den Hafen und weitere Ziele. Kurz vor Kriegsende leitete Japan Maßnahmen ein, um den alten Kolonialstatus und die Souveränität Portugals in Portugiesisch-Timor wieder herzustellen. Dies war genau die gegenteilige Vorgehensweise wie im Westteil der Insel. Hier leitete Japan Maßnahmen ein, um der Inselhälfte – wie in ganz Niederländisch-Indien – die Unabhängigkeit zu gewähren. Japans unterschiedliche Vorgehensweise wird verständlich, da abzusehen war, dass die Vereinigten Staaten die portugiesische Inselhälfte selbst nutzen wollten. Hier lagen reiche Ölvorkommen vor der Küste und die Inselhälfte war für die Amerikaner von größter strategischer Bedeutung. Um eine Nutzung durch die USA zu verhindern, wollte Japan den alten Kolonialstatus wieder aufleben lassen.

Nach Kriegsende übergab Japan die Macht der Insel an die Alliierten. Am 11. September 1945 erfolgte die Unterzeichnung der Kapitulationsurkunde für den niederländisch-indischen Teil der Insel auf dem australischen Geleitschiff *HMAS Moresby*. Sehr zum Ärger der Niederlande durften deren Vertreter nicht an der Zeremonie teilnehmen. West-Timor wurde somit von den Alliierten als ein Teil des seit dem 17. August 1945 unabhängigen Indonesiens anerkannt.

Am 26. September 1945 fand die offizielle Kapitulationszeremonie für Portugiesisch-Timor in Dili statt. Die große Mehrheit der Bevölkerung wünschte sich eine Loslösung von der portugiesischen Kolonialmacht. Bei Verhandlungen in Lissabon setzte sich die USA dafür ein, den Kolonialstatus zunächst beizubehalten. Im Gegenzug dafür wurde von den USA verlangt, den Militärstützpunkt auf den Azoren, der während des Zweiten Weltkriegs ausgebaut worden war, weiterhin nutzen zu können. Außerdem wurde Portugal eine größere Militärhilfe zugesichert. Aus politischen und strategischen Gründen der USA wurde der Bevölkerung Portugiesisch-Timors die Unabhängigkeit oder der Anschluss an Indonesien verweigert.

Am folgenden Tag, dem 27. September 1945, erreichten bereits die ersten portugiesischen Truppentransporter mit 2.000 Soldaten Dili, um den alten Kolonialstatus zu untermauern. Die Aufstände der einheimischen Bevölkerung gegen die portugiesische Fremdherrschaft gingen jedoch weiter. Die Rebellionen wurden von den Portugiesen mit großer Brutalität niedergeschlagen.

Da die Niederlande und Australien als Erste Portugiesisch-Timor besetzt hatten und daher für die nachfolgenden Kriegsschäden verantwortlich waren, wurden sie von Portugal aufgefordert, für diese Schäden aufzukommen. Vergeblich![226]

1975 erklärte sich Osttimor ohne Einverständnis Portugals für unabhängig, doch das Land verfiel in Chaos. Indonesische Truppen marschierten ein, um das Land zu befrieden. Sprachlich hatten die indonesischen Soldaten kein Problem, da im portugiesischen Teil der Insel wohl Portugiesisch präferiert wurde, aber Bahasa Indonesia die Lingua Franca war. Portugiesisch wurde nun von den indonesischen Behörden verboten, wie zuvor Bahasa Indonesia von den Portugiesen verboten wurde. Die Invasion und Annexion Osttimors durch Indonesien erfolgte mit Einverständnis der USA und Australiens. Vom australischen Botschafter in Jakarta und der australischen Regierung wurde die Annexion sogar begrüßt, da man in Indonesien einen geeigneteren und zahlungskräftigeren Partner bei der Ausbeutung der Ölvorräte in der Timorsee sah, als in einem unabhängigen kleinen Osttimor ohne sonstige Ressourcen.

Die indonesischen Militärs gingen hart gegen Anhänger der portugiesisch geprägten Bewegung ‚Fretlin‘ vor, die nun einen Guerillakrieg gegen die indonesischen Besatzer begannen. Auch der Besuch von Papst Johannes II im Oktober 1989 brachte keine friedliche Einigung der beiden verfeindeten Gruppen. Es war der erste Besuch eines Staatsoberhauptes in dem von Indonesien annektierten und mehrheitlich katholisch geprägten Land.

Am 12. November 1991 verübten indonesische Truppen bei der Demonstration anlässlich der Beisetzung eines Fretlin-Unabhängigkeitskämpfers ein Massaker, bei dem 271 – nach indonesischen Angaben 19 – Menschen

---

226 http://home.snafu.de/watchinII_1_05/Port_Timor.htm
    http://de.wikipedia.org/wiki/Schlacht_um_Timor

starben. Da dieses Massaker unter den Augen ausländischer Journalisten begangen wurde, erfuhr es große internationale Aufmerksamkeit, zumal das Massaker in einer religiös aufgeheizten Atmosphäre von einem islamischen Staat gegenüber Katholiken verübt wurde. Die zuvor verübten Massaker der katholischen Portugiesen an der einheimischen katholischen Bevölkerung waren für die westliche Presse weniger erwähnenswert.

Die Gewalt zwischen den beiden Parteien eskalierte. Das ohnehin arme Land war verwüstet, landwirtschaftliche Anbauflächen waren zerstört. Erst als australische Truppen auf der östlichen Inselhälfte landeten, konnte die aufgebrachte Situation einigermaßen befriedet werden. In einem von der UNO angeregten Unabhängigkeitsreferendum sollte sich das Land für einen Verbleib bei Indonesien oder für eine völlige Unabhängigkeit entscheiden. Im Vorfeld dieses Referendums spielte Bischof Belo eine ausschlaggebende Rolle.

Belo studierte 1968 Philosophie in Portugal. Nach der Annexion Portugiesisch-Timors durch Indonesien ging er zunächst nach Macao und später nach Portugal, um dort Theologie zu studieren. 1980 wurde er in Rom zum Priester geweiht und kehrte noch während der indonesischen Herrschaft in sein Heimatland zurück. Dort wurde er 1988 zum Bischof geweiht. Er setzte sich aktiv und öffentlich für eine Unabhängigkeit Osttimors ein und erfuhr dadurch immer wieder Repressalien von indonesischer Seite. Er regte ein Unabhängigkeitsreferendum an, das allerdings stark von der katholischen Kirche beeinflusst und gesteuert wurde.

Kurz vor dem 1999 durchgeführten Referendum besuchte ich Osttimor. Bei der einheimischen Bevölkerung spürte ich eine allgemein pro-indonesische Stimmung, da es während der indonesischen Besatzungszeit viele gravierende Fortschritte gab. Gelobt wurde der Ausbau der Infrastruktur, der während der portugiesischen Kolonialherrschaft fast gar nicht stattfand, die endlich erreichte Reisefreiheit, der freie Handel mit der Außenwelt und der nun geförderte öffentliche Gebrauch der Amtssprache Bahasa Indonesia. Auf der anderen Seite gab es eine starke Einschüchterung der einfachen Landbevölkerung durch den portugiesisch geprägten Teil der Bevölkerung, der – da eine Weiterführung der Kolonialherrschaft kaum mehr durchsetzbar war – nun wenigstens eine völlige Unabhängigkeit anstrebte. Immer wieder hörte ich, dass die katholische Kirche und Bischof Belo persönlich denjenigen die Exkommunikation androhte, die für den Verbleib bei Indonesien stimmen würden. Für die stark katholisch geprägte einfache Bevölkerung, die ihren Halt in der Kirche fand, hätte dies einen Ausschluss aus der Gemeinschaft zur Folge gehabt. Bei dem Referendum stimmte daher eine Mehrheit von 78 Prozent für die Unabhängigkeit. Neue Unruhen flammten auf, und rund

200.000 Ost-Timoresen flohen in den indonesischen Teil der Insel. Bischof Belo ging zurück nach Portugal und missionierte später in Mosambik.

Erst am 20. Mai 2002 erhielt Portugiesisch-Timor endgültig seine Unabhängigkeit von Portugal. Heute ist die Inselhälfte ohne eigene Ressourcen wirtschaftlich unattraktiv und kann ohne Hilfe von außen kaum überleben. Portugiesen und portugiesische Mischlinge dominieren bis heute die einheimische Bevölkerung.

In der Timorsee, zwischen Osttimor und Australien, liegen vor der Küste beträchtliche Öl- und Gasvorkommen. Schon kurz nach der Annexion Portugiesisch-Timors durch Indonesien im Jahr 1975 begannen Gespräche zwischen Indonesien und Australien, die eine Grenzfestlegung bei den Ölvorkommen im Meer zum Ziel hatten. 1989 führten diese Gespräche zum ,Timor Gap Treaty'. In dem Vertrag wurde eine gemeinsame Ausbeutung der Öl- und Gasvorräte in dem Territorium Osttimors vereinbart. Obwohl die Ölfelder wesentlich näher an Osttimor liegen als an Australien, wurden Australien von Indonesien 50 Prozent der Einkünfte zugesichert. Die auf Osttimor lebenden Menschen wurden dazu nicht gefragt, obwohl die größten Vorräte auf dem Gebiet ihres Landes liegen.

Osttimor ist heute wieder ein halber, nun unabhängiger, Inselteil in dem riesigen indonesischen Archipel mit mehr als 13.000 Inseln. Kann das gut gehen? Das kann doch nur zu Konflikten in der Zukunft führen! Die Konflikte sind bereits gegenwärtig, nicht mit Indonesien, sondern nun mit Australien. Seit der Unabhängigkeit gibt es Grenzstreitigkeiten wegen der Ausbeutung dieser Ölvorkommen. Internationale Gerichte beschäftigen sich bis heute damit.[227]

Als Osttimor noch von Indonesien besetzt war, wollten sich Indonesien und Australien die Förderrechte der riesigen Öl- und Gasvorräte in der Timorsee sichern. Es wurde eine ,Zone of Cooperation' geschaffen, um die Vorräte im Territorium von Osttimor gemeinsam auszubeuten. Mit der Unabhängigkeit Osttimors verwirkte Indonesien seine Rechte an den Vorkommen, gerade zu einem Zeitpunkt, als die Förderung Gewinn erwirtschaftete. Indonesien zog sich unter großen finanziellen Verlusten aus dem Gebiet zurück. Nicht so Australien! Es hielt an der mit Indonesien geschlossenen Grenzziehung fest, obwohl nach internationaler Festlegung der weitaus größte Teil der Öl- und Gasfelder auf dem Territorium von Osttimor liegt. Australien verzögert bis heute Gespräche über eine neue international gültige Grenzziehung und macht Milliarden Dollar Gewinne. Die Verzögerun-

---

227 The Sydney Morning Herald, 25, Januar 2014, *East Timor: Oil and troubled borders,*
www.smh.au/world/east-timor

gen dauern vermutlich so lange an, bis Osttimors Schätze im Meeresboden erschöpft sind. Obwohl sich in Osttimor eine Bürgerbewegung lautstark gegen die ‚Okkupation der Timorsee durch Australien‘ wehrt, finden deren Hilferufe nicht den Weg in die westlichen Medien. Das winzige Osttimor hat keine Chance sich gegen den mächtigen Nachbarn im Süden zu wehren.

Die Gier nach Rohöl ist groß. 2009 geschah auf einer australischen Förderplattform eine Panne und über vier Millionen Barrel Rohöl liefen ins Meer. Der Ölteppich verschmutzte nicht nur die Südküste Ost-Timors, auch viele indonesische Inseln wurden betroffen. Viele Fischer verloren ihre Lebensgrundlage. Es wird noch eine lange Zeit dauern, bis das Ökosystem wieder im Gleichgewicht ist.[228]

Die USA haben Pläne, auf Osttimor eine große Militärbasis mit einem Atom-U-Boot-Stützpunkt aufzubauen. Das wird Indonesien nicht gefallen. Ein amerikanischer Stützpunkt mitten in ihrem Archipel? Da Osttimor bis heute bettelarm ist und auf finanzielle Unterstützung von außen angewiesen ist, wird es dieses Angebot der Amerikaner kaum ausschlagen können. Weiterer Ärger ist vorprogrammiert!

Ein weiteres Gebiet bereitet Indonesien Unbehagen. Seit der portugiesischen Kolonialherrschaft liegt an der Nordküste des indonesischen Inselteils West-Timor die kleine portugiesische Enklave ‚Oecussi-Ambeno‘ (heute: Oecusse-Ambeno). In den 1980er Jahren gründete dort eine Gruppe neuseeländischer Anarchisten den fiktiven Staat ‚Sultanat von Oecussi-Ambeno‘. Unter den Briefmarkensammlern waren die neu herausgegebenen Briefmarken weltweit sehr gefragt. Die Enklave wurde zusammen mit Osttimor 2002 ein unabhängiger Staat. Bis heute gibt es Grenzstreitigkeiten zwischen der Republik Indonesien und der Enklave. Osttimor mit der Enklave Oecusse-Ambeno innerhalb des indonesischen Archipels wird in der Zukunft weiterhin für Unruhe in der Region verantwortlich sein.

---

228 http://www.laohamutuk.org/Oil/curse/OilInTLOilwatch.htm

49. Hitlers Tod

Am 7. Mai 1945 wurde die bedingungslose Kapitulation Deutschlands verkündet. Der Krieg und die Diktatur des Dritten Reichs waren endlich zu
Ende. Aber Europa lag in Trümmern. Berlin, die schöne und stolze Reichshauptstadt, war nun ein ‚Reichstrümmerfeld'. Ich war erst 11 Jahre und ein
paar Monate jung, aber nach dem zu urteilen, was ich in der Zeit des Krieges
erlebt hatte, war ich kein Kind mehr.

Wir Kinder wurden während des Dritten Reichs indoktriniert, in der
Schule, durch unser Umfeld, durch das Jungvolk und die Hitlerjugend. Wir
glaubten immer noch an eine Wunderwaffe und den Endsieg. Als wir erfuhren, dass sich Hitler durch Selbstmord der Verantwortung entzogen haben
sollte, brach für uns Jugendliche eine Welt zusammen. Wir konnten es nicht
glauben. Hitler war uns Kindern wie ein Gott dargestellt worden und wurde
von uns auch so verehrt! Es wurde viel spekuliert. Immer wieder wurde das
Gerücht neu belebt, dass Hitler sicher im Ausland leben würde. Man könne
sich auf ihn verlassen und er käme wieder zurück! Aber was hat Hitlers Tod
mit Indonesien zu tun? Vielleicht mehr als man zunächst denken könnte!
Dieser Aspekt ist bisher von den Historikern völlig vernachlässigt worden.

Die Rote Armee unter General Schukow umzingelte Berlin. Stalin wollte
durch die Einkesselung Berlins dem Zugriff der westlichen Alliierten zuvorkommen. Tagelang tobten in Berlin schreckliche Straßenkämpfe, obwohl
die russischen Streitkräfte den deutschen Verteidigern hundertfach überlegen waren.

Hitlers letzte Rundfunkansprache war bereits am 30. Januar 1945. Nur
12 Tage vor dem Fall Berlins feierte Hitler am 20. April 1945 seinen 56.
Geburtstag, anscheinend im Führerbunker in Berlin. Es herrschte bereits
Chaos. In Berlin standen Schlangen von Menschen vor den Lebensmittel-
geschäften, um sich die Sonderzuteilung zu Führers Geburtstag abzuholen.
Neben Walther Hewel, seinen Adjutanten, Leibwächtern, Sekretärinnen,
seinem Kammerdiener Linge und dem Arzt Dr. Schenk sollen noch weitere
Getreue bei Adolf Hitler im Bunker gewesen sein. Darunter auch Hitlers
Chefpilot Hans Baur.

Wie die letzte Deutsche Wochenschau Nummer 755 zeigte, schritt Hitler
an diesem Tag oben, unter freiem Himmel im Hof der Reichskanzlei, an
einer Reihe von Hitlerjungen entlang und machte ihnen Mut, Berlin bis
zum letzten Blutstropfen zu verteidigen. Die Jungen waren kaum älter als 10
Jahre. Väterlich tätschelte Hitler einem Jungen die Wange.

Abb. 61
Hitlers letzter
Auftritt,
angeblich am
20. April 1945

Dies war der bisher vermutete letzte öffentliche Auftritt Hitlers. Sein treuer Freund und Gefährte Walther Hewel war an seiner Seite und stellte Hitler die Jungen vor.[229] Zeugen, die Hitler anlässlich seines Geburtstags gesehen haben wollen, sollen ihm zur Flucht geraten haben. Nach diesem öffentlichen Auftritt soll sich Hitler wieder in seinem Bunker verschanzt haben, dem stabilsten Bunker der Welt, aus meterdickem undurchdringbarem Beton, neun Meter unter der Erde.

So jedenfalls ist bis heute die offizielle Version, mit der diese letzte Deutsche Wochenschau in den Medien kommentiert wird. Aber hier findet man bereits die ersten Ungereimtheiten:

Wie die Medienwissenschaftlerin Anne Luise Kiss, Absolventin der ‚Hochschule für Film und Fernsehen' (HFF) in Potsdam, erst kürzlich bewies, wurden die Filmaufnahmen keinesfalls an Hitlers Geburtstag aufgenommen. Wie sie aufgrund des Hintergrundes bewies, wurden die Aufnahmen nur teilweise im Hof der Reichskanzlei gemacht, teilweise aber auch im damaligen ‚Auslandshaus' (heute: ‚Haus Lenné') in Berlin-Gatow. Dieser Stadtteil konnte an Hitlers Geburtstag wegen dort tobender Straßengefechte nicht mehr erreicht werden. Hitler konnte somit am 20. April dort nicht gewesen sein. Es gab außerdem Filmschnitte und sogenannte Anschlussfehler, wie die unterschiedlichen Kopfbedeckungen eines jungen Rekruten. Als mögliche Drehtage für die zusammengeschnittene Inszenierung der letzten Wochenschau zu Hitlers Geburtstag konnte Anna Luise Kiss den 19. und 20. März 1945 verifizieren.[230] Somit muss Hitlers letzter Auftritt in der Öf-

229 www.youtube.com/watch?v=vslu5C2M98
230 Potsdamer Neueste Nachrichten vom 08.11.2013, *Hitlers letzter Auftritt* von Jan Kixmüller,
www.pnn.de/campus/802662/

fentlichkeit bereits vier Wochen früher stattgefunden haben als bisher angenommen. Für ihre exakten Recherchen erhielt Anne Luise Kiss den Nach-
wuchswissenschaftspreis 2013 des Landes Brandenburg.[231]

Hitlers Tod wurde offiziell am 1. Mai 1945 bekanntgegeben. Goebbels
sprach von ‚Heldentod'. Drei Wochen zuvor starb Roosevelt. Hitler hoffte
vergeblich, dass sich nun die Briten mit ihm gegen die Sowjetunion verbün-
den würden. Diese Befürchtung hatte auch Stalin, der Berlin umzingeln ließ
und damit die westalliierten Truppen von Berlin fernhielt.

Nicht nur Graf Stauffenberg hatte die Chance, Hitler zu töten. Auch der
russische Geheimdienst hatte 1943 und 1944 sichere Möglichkeiten, Hitler
zu liquidieren. Nach Aussagen des ehemaligen russischen Generals und In-
nenministers Anatoly Kulikov wurden beide Attentatsversuche durch Stalins
Einspruch verhindert. Stalin hatte Bedenken, dass Hitlers Nachfolger einen
separaten Friedensvertrag mit Großbritannien und den USA schließen würde, zum großen Nachteil der Sowjetunion.[232]

Als Berlin am 2. Mai 1945 gefallen und der Führerbunker erobert war,
fanden die Russen keine Spur von Hitler. Wo war er? War es überhaupt möglich, dass Hitler fliehen konnte? Hatte in den vergangenen Tagen ein Doppelgänger Hitlers Platz eingenommen, um Hitler die Flucht zu ermöglichen?
War die Wochenschau 755 an Hitlers Geburtstag eine Finte, um Hitlers
Anwesenheit in Berlin vorzutäuschen? Mikrofone und Kameras wurden im
Zweiten Weltkrieg erstmals als Waffen einer psychologischen Kriegsführung
eingesetzt. Es gab viele unbeantwortete Fragen und Spekulationen.

Um den Fernbomber Ju 390, der vom Reichs-Luftfahrtministerium die
Tarnbezeichnung ‚Junkers Lastkraftwagen' erhielt, ranken sich viele Gerüchte. Es war ein streng geheimes Projekt. Alleine die Stückzahl der bei Kriegsende einsatzbereiten Maschinen, die von zwei bis mehr als sieben schwankt,
ist ungeklärt. Es gibt Dokumente, in denen von sechs Versuchsflugzeugen
und einer Serienfertigung von 20 Stück die Rede ist. Gesichert ist jedoch,
dass die Ju 390 V-1 im Oktober 1943 einen Erstflug absolvierte. Auf dem
Militärflugplatz Rechlin[233], nördlich von Berlin, sollen bereits Tage vor dem
Fall Berlins drei vollgetankte sechsmotorige Langstreckenbomber vom Typ
Ju 390 für eine Flucht bereitgestanden haben. Der Flughafen Rechlin war
die wichtigste Erprobungsstelle für Militärflugzeuge und deren Waffen im

---

231 Potsdamer Neueste Nachrichten vom 1.11.2013, *Hitler, Piraten und
Fettleibigkeit* von Jan Kixmüller,
www.pnn.de/Campus/800820/

232 Geerken, *Missbrauchte Kindheit,* S. 204
Russische Nachrichtenagentur RIA Novosti/Kulikov

233 auch Rechlin-Lärz, heute: Müritz-Airpark

Dritten Reich. Laut den Flugbüchern des Militärflugplatzes sollen mit zwei der Maschinen im Februar und März 1945 Probeflüge gemacht worden sein. Heinrich Himmler wollte für sich eine der beiden Maschinen für eine Flucht aus Berlin reservieren lassen. Ihm soll gesagt worden sein, die Maschine wäre bereits für andere Personen reserviert. Nach der Kapitulation Deutschlands wurden zwei der Ju 390 Maschinen zerstört vorgefunden. Die dritte Maschine ist bis heute spurlos verschwunden, obwohl durch die USA intensiv danach gesucht worden ist. Auch in der Nähe von Oslo sollen mehrere dieser Fernbomber bereit gestanden haben.

Bereits Ende 1943 hat Hitlers Flugkapitän Hans Baur eine Ju 390 für die Regierungsstaffel angefordert. War diese als Fluchtmaschine vorgesehen? Mit diesem Langstreckenbomber hätte man nonstop nach Argentinien oder in das noch von Japan besetzte Mandschukuo (Mandschurei) und weiter nach Japan entkommen können.

Die Japanische Luftwaffe interessierte sich brennend für die Ju 390. Laut Aussagen von Albert Speer ist eine dieser Maschinen über die Polarroute nach Japan überführt worden. War Hitler in dieser oder in einer andern Maschine? Nach britischen Geheimberichten soll auch ein Flug bis nach New York und ein weiterer nonstop-Flug nach Südafrika stattgefunden haben.[234] Was ist Wahrheit? Was ist Fiktion? Um das sogenannte ‚Gespensterflugzeug' gibt es noch viele offene Fragen, die wohl kaum mehr beantwortet werden können.

Am 1. Mai 1945, also nur einen Tag vor dem Fall Berlins, machte der SS-Brigadeführer und Generalmajor der Waffen-SS, Wilhelm Mohnke, mit seinen Truppen einen Ausbruchversuch. Mohnke war ein erfahrener Kommandeur und Ritterkreuzträger. Erst Mitte April 1945 wurde er mit mehr als 3.000 Soldaten in die Reichskanzlei abkommandiert und direkt Adolf Hitler unterstellt. Er sollte das Regierungsviertel verteidigen. Obwohl zum Zeitpunkt des Ausbruchsversuchs das Regierungsviertel bereits von den sowjetischen Truppen eingekesselt war, wagte er mit seiner Truppe und Zivilpersonen diese fast aussichtslose Aktion. Mohnke geriet in russische Gefangenschaft, aber seine Truppen kämpften im Westen der Stadt noch tagelang weiter. Truppen unter General Weidling verteidigten einen Korridor in den Westen, bis auch die letzten Bunkerinsassen ausgebrochen waren. Wenn sie schon in Gefangenschaft geraten sollten, dann bei den Amerikanern und nicht bei den Russen! Vielen gelang der Durchbruch durch den

---

234 Georg, Friedrich, *Hitlers letzter Trumph. Entwicklung und Verrat der Wunderwaffen. Bd. I und II. Deutsche Nachkriegsgeschichte; Bd. 44 + 45*, Institut für Deutsche Nachkriegsgeschichte, 2009 und
www.globalecho.org/10324/junkers-ju-390-das-gespensterflugzeug

Kessel und sogar eine Flucht, um danach irgendwo unterzutauchen. Es ist kaum anzunehmen, dass Hitler mit Eva Braun diesen risikoreichen, sogar fast aussichtslosen Weg gewählt haben würde.[235]

Wenige Tage nach dem Fall Berlins wurden die angeblichen verbrannten sterblichen Überreste von Adolf Hitler und Eva Braun in der Nähe des Führerbunkers gefunden. Die Leichen waren so stark verkohlt, dass eine eindeutige Identifizierung unmöglich war. Russische Ärzte kamen zu dem Schluss, dass als Hitlers Leiche ein Doppelgänger präsentiert wurde. Die wenigen Leichenteile, wie Gebiss und Teile des Schädels, passten in eine Zigarrenschachtel. Sie wurden mehrmals an verschiedenen Orten ein- und wieder ausgegraben, bevor sie nach Moskau gebracht wurden. Anhand einer goldenen Zahnbrücke wurde zunächst ‚eindeutig‘ festgestellt, dass es sich bei dem Toten um Hitler handeln müsse. Aber große Zweifel blieben bestehen, weil die Zähne zum größten Teil unbeschädigt waren. Hitler und Eva Braun sollen sich außer mit Zyankali auch durch einen Schuss in den Mund getötet haben. Bei einem Schuss in den Mund, der durch die Austrittsöffnung der als Hitler zugehörig präsentierten Schädeldecke nachgewiesenen werden sollte, wären die Zähne und die Zahnbrücke jedoch stark zerstört worden. Auch wurden die Zahnteile nur durch einen Zahntechniker aus der Erinnerung ‚identifiziert‘. Nach der Identifizierung tauchte dieser Zeuge unter und wurde im Chaos von Berlin nie mehr gefunden. Ein wackliger Beweis für Hitlers Tod!

Nach neuesten Erkenntnissen hatte Hitler bis zu vier Doppelgänger. Auch Rudolf Hess und Heinrich Himmler sollen Doppelgänger gehabt haben. Die sowjetischen Truppen fanden nach dem Fall Berlins in einer Zisterne einen Mann, der Hitler verblüffend ähnlich sah. Er hatte sich eine Kugel in den Kopf geschossen. Einer der vier Doppelgänger soll sogar fähig gewesen sein, anstelle von Hitler selbst Reden zu halten, ohne dass die Zuhörer Verdacht schöpfen konnten. Ein anderer Doppelgänger musste sich angeblich dieselben Zahnreparaturen machen lassen wie sie Hitler hatte.[236]

Nach Kriegsende forschte der britische Geheimdienst Scotland Yard intensiv, um die Frage der Doppelgänger zu klären. Das Ergebnis der Untersuchung muss jedoch 100 Jahre unter Verschluss bleiben. Auf eine Veröffentlichung müssen wir also noch einige Jahrzehnte warten.

---

235 Fischer, *Die Verteidigung der Reichskanzlei 1945*
236 Peter Fotis Kapuistos, *Pope Sixtus VII*, Athen 2013,
    www.blackraiser.com/nredoubt/iden
    Glenn B. Infield, *Hitler's Secret Life*, New York 1979
    Donald M. McKale, *Hitler's Survival Myth*, New York 1981

Erst zwei Monate nach Kriegsende erlaubten die Russen den westlichen Alliierten, den Führerbunker zu inspizieren. Als die Amerikaner nach weiteren Leichenteilen Hitlers suchen wollten, wurden sie von den Russen daran gehindert. Die Aufklärung von Hitlers Tod lag also zunächst ausschließlich in russischen Händen. Erst viele Jahre später, in den 1970er Jahren, bekamen amerikanische Wissenschaftler die Chance, von den in Moskau aufbewahrten Leichenteilen DNA-Proben zu entnehmen. Es soll sich herausgestellt haben, dass Hitlers Leichenteile von einer Frau stammen müssen!

Stalin nährte immer wieder die Zweifel an Hitlers Tod. Er behauptete bis zu seinem Tod, dass Hitler aus Berlin entkommen sei und noch lebe. Ebenso überzeugt von Hitlers Flucht war General Schukow, Generalstabschef der Roten Armee, der die Schlacht um Berlin gewann. Er sagte: *Wir haben Hitler nicht gefunden* und *Hitler hat die Welt getäuscht*. Schukow verkündete am 9. Juni 1945 der Weltpresse, dass es keine Spur von Hitler gäbe und sein Aufenthaltsort ein Rätsel sei. Er glaube, dass Hitler aus Berlin ausgeflogen worden sei.[237]

Am 28. Mai 1945 veröffentlichte das US-Nachrichtenmagazin Time eine sensationelle Meldung der Sowjets. Danach hätte es in Hitlers persönlichem Raum hinter einer beweglichen Betonwand einen geheimen Gang mit einer Feldbahn gegeben, die ins Freie führte.[238] Eine weitere Falschmeldung?

War es Taktik der Russen, den Westen auf eine falsche Spur zu setzen? Desinformation ist eine Spezialität der Geheimdienste. Viel später behauptete das russische Militär, dass die Leichen Adolf Hitlers und Eva Brauns in einer Kaserne versteckt und erst 1970 vernichtet wurden. Was war wahr? Was waren Gerüchte? Bis heute fehlen eindeutige Beweise!

Kurz nach Kriegsende bereiste General Schukow zusammen mit dem amerikanischen General Dwight D. Eisenhower, dem Oberkommandierenden der alliierten Streitkräfte – der ab Januar 1953 Präsident der USA wurde –, das zerstörte Russland. Wie Schukow später berichtete, war auch Eisenhower überzeugt, dass Hitler die Flucht gelungen war.

Michael Mussmanno, Richter im Nürnberger Prozess, schreibt in seinem Buch *Ten Days to Die*, dass die alleinige Schuld, Hitler nicht gefangen genommen oder getötet zu haben, bei den Sowjets liege. Hitlers Sekretärinnen, sein Chauffeur, sein Leibwächter, sein Telefonist Rochus Misch sowie sein persönlicher SS-Adjutant Otto Günsche hätten wohl Hitlers Selbstmord bestätigt, aber die Aussagen aller glichen sich zunächst bis ins kleinste Detail

237 Der Spiegel 15/1995, *Hitlers Höllenfahrt*
www.spiegel.de/spiegel/print/d-9182358.html, S. 2
238 Der Spiegel 15/1995, *Hitlers Höllenfahrt*
www.spiegel.de/spiegel/print/d-9182358.html, S. 2

und klangen wie einstudiert. Waren diese Aussagen ein Täuschungsmanöver und wurden zuvor abgesprochen? Später änderten dieselben Personen nämlich immer wieder ihre Aussagen und verursachten einen ziemlichen Wirrwarr.[239]

Als Hitler endlich einsah, dass dieser Krieg nicht mehr gewonnen werden konnte, hatte er nur drei Möglichkeiten, zwischen denen er sich entscheiden konnte: den Freitod, die Flucht oder seine Gefangennahme durch die Sowjets. Diktatoren sind – wie viele Beispiele bis in die neueste Zeit zeigen – meist zu feige, den Freitod zu wählen. Eine zu hohe Selbsteinschätzung ihrer eigenen Wertigkeit lässt sie vor diesem letzten Schritt zurückschrecken. Sie haben keine Skrupel andere in den Tod zu schicken, aber selbst? Für einen Freitod fehlen auch eindeutige Beweise. Andererseits wollte Hitler seinen Feinden keinesfalls tot oder lebendig in die Hände fallen. Hitler wusste über das grausame Ende seines Achsenpartners Mussolini Bescheid. So wollte er nicht enden. Solange Hitlers Tod nicht eindeutig geklärt ist, bleibt bis heute als einzige denkbare Möglichkeit die Flucht.

Vermutlich hat sich Hitler schon Tage vor dem Kampf um Berlin abgesetzt und einem seiner Doppelgänger den Führerbunker überlassen. Hitlers letzter öffentlicher Auftritt war nach neuesten Erkenntnissen am 20. März 1945. Die Veröffentlichung dieser Aufnahmen erfolgte erst vier Wochen später mit der letzten Wochenschau Nummer 755, um Hitlers Präsenz im Führerbunker vorzutäuschen. Dies war ein Täuschungsmanöver, das schon bei der Japanreise des indischen Unabhängigkeitskämpfers Subhas Chandra Bose angewandt worden war.[240]

2.000 hochrangige Nazis wie Hermann Göring, Heinrich Himmler, Adolf Eichmann, Albert Bormann, Admiral Karl-Jesco von Puttkamer, Hitlers Leibarzt Dr. Theodor Morell, Hitlers Sekretärinnen Johanna Wolf und Christa Schröder oder Hans-Ulrich Rudel konnten noch bis zum 23. April 1945 aus Berlin ausgeflogen werden und zunächst in Süddeutschland, in Österreich oder Spanien untertauchen.

Rudel schaffte es mit einem gefälschten Pass und falschem Namen über die Schweiz und Italien bis nach Buenos Aires in Argentinien. Hans-Ulrich Rudel war der erfolgreichste deutsche Jagdflieger mit über 2.500 Feindflügen in seiner Junkers JU 87G und einer Focke-Wulff FW 190. Im Laufe des Krieges hatte er drei Schiffe und mehr als 70 Landungsfahrzeuge versenkt und 520 feindliche Panzer und über 150 Flak-Stellungen vernichtet. Noch im Dezember 1944 wurde ihm von Hitler persönlich die höchst mögliche Auszeichnung, das ‚Ritterkreuz mit goldenem Eichenlaub mit Schwertern und Brillanten' verliehen.

---

239 www.theforbiddenknowledge.com
240 siehe Kapitel 31

Schon kurz nach Rudels Ankunft in Buenos Aires wurde er Militärberater des Hitlerfreundes Juan Peron, des Präsidenten Argentiniens. Nebenbei betätigte er sich als Fluchthelfer für Nazi-Größen und Waffenhändler für die Diktatoren Augusto Pinochet in Chile und Alfredo Stroessner in Paraguay. Er schaffte es sogar, die Vertretungen großer deutscher Firmen in Südamerika zu übernehmen.

Wenn tausenden Nazi-Größen eine Flucht nach Südamerika und anderen Ländern gelang, warum sollte dies dann Hitler und Eva Braun nicht gelungen sein? Obwohl die westlichen Alliierten den Luftraum beherrschten und somit eine Flucht mit dem Flugzeug sehr risikoreich war, gelang es immer noch deutschen Flugzeugen, aus Berlin zu entkommen. So ist zum Beispiel Hanna Reitsch, die berühmte deutsche Fliegerin und Testpilotin, nur fünf Tage vor dem Fall Berlins und 11 Tage vor Kriegsende unbehelligt aus der zerstörten Reichshauptstadt geflogen. Hanna Reitsch soll noch vor ihrem spektakulären Flug bei Hitler gewesen sein. Sie verneinte jedoch nach Kriegsende, dass sie Hitler und Eva Braun ausgeflogen habe.

Auch mindestens einem deutschen Düsenjäger gelang es, die Linien der Alliierten im Westen Berlins zu durchbrechen. Es war drei Tage vor dem Fall von Berlin, als dieses Flugzeug mit zwei Passagieren in niedriger Höhe unbehelligt nach Westen fliegen konnte. Die alliierte Abwehr war so verblüfft, dass sie ihre Flugzeugabwehr-Geschütze erst in Stellung brachte, als das schnelle Flugzeug schon außer Reichweite war. Es konnte mit unbekanntem Ziel entkommen.

Ein nach Chile geflüchteter deutscher Pilot der Luftwaffe berichtete nach Kriegsende, er habe Hitler und Eva Braun am 30. April 1945 nach Tondern in Dänemark geflogen. Von dort seien sie weiter nach Kristiansund in Norwegen, wo ein Konvoi deutscher Unterseeboote für sie bereit gestanden hätte. Beide Länder, Norwegen und Dänemark, waren zu diesem Zeitpunkt noch von der Deutschen Wehrmacht besetzt.[241]

Die Version von Hitlers Flucht mit einem Flugzeug wurde indirekt von einem anderen Piloten ‚bestätigt‘, der ebenfalls nach dem Ende des Krieges in Chile lebte. Die ‚Diario Illustrado of Santiago in Chile‘, berichtete am 18. Januar 1948, dass der Pilot mit dem Namen ‚B‘[242] am 30. April 1945 mit einer JU 52 Truppen nach Berlin flog. Um 16.15 Uhr landete er auf dem Flughafen Tempelhof in Berlin. Nur 100 Meter entfernt sahen der Pilot und sein Funker wie Adolf Hitler von einer Reihe von Nazi-Funktionären vor einer Arado 234 verabschiedet wurde. Nur 15 Minuten später war der Pilot

241 Nachrichtenmagazin ‚Zig Zag‘, Santiago de Chile, 16. Januar 1948
242 Der volle Name des Piloten war dem Verfasser des Artikels und der Redaktion bekannt

mit seiner JU 52 wieder in der Luft. Den Start der Arado 234 mit Hitler konnte er nicht mehr beobachten.

Die Arado 234 war ein neues düsengetriebenes Aufklärungsflugzeug, das erst 1944 in Dienst gestellt wurde. Dieses Flugzeug konnte eine so hohe Geschwindigkeit entwickeln und eine so große Höhe erreichen, dass es für die alliierten Jäger unmöglich war, es abzufangen. Die Arado 234 war allen alliierten Flugzeugen weit überlegen. War dieses Flugzeug eine der Wunderwaffen, die Hitler und Goebbels immer wieder angekündigt hatten?

Es gab Gerüchte, Ungereimtheiten und Verschwörungstheorien über den Aufenthaltsort Hitlers, die die Spekulationen immer mehr anheizten. Stalin beschuldigte die Westmächte, Hitler zu beschützen. Nach sowjetischen Informationen sollte er sehr komfortabel mal auf einem Schloss in der britischen Besatzungszone leben, dann soll er wieder in Spanien oder Argentinien oder Japan untergetaucht sein. Mal wurde er als Schäfer in den bayrischen Alpen gesehen, mal als Croupier in einem Kasino. Nach Kriegsende tauchte in Hessen der arbeitslose Krankenpfleger Heinrich Noll auf. Durch seine Ähnlichkeit mit Hitler grüßten ihn Passanten auf der Straße verdutzt mit dem inzwischen verbotenen ‚Heil Hitler‘. Von den Amerikanern wurde er verhört. Mit einem Doppelgänger Hitlers hatte er jedoch nichts zu tun.[243]

Hitler wurde nie gefunden, obwohl die Alliierten und Israel intensiv nach ihm in Südamerika, Spanien oder Japan suchten. Japan hatte ja zugesichert, nach dem Sieg über die Alliierten Deutschland zurückzuerobern. Vielleicht wartete er dort diesen Zeitpunkt ab? Und warum wurde überhaupt nach Hitler gesucht, wenn man doch nach Kriegsende zunächst steif und fest behauptet hatte, dass Hitler tot sei?

In Spanien war noch sein engster Verbündeter Franco an der Macht, in Argentinien lebten viele Deutsche, die mit Hitler sympathisierten, und Argentiniens Staatschef Juan Peron war ein Bewunderer Hitlers. Japan war der Verbündete Deutschlands und hatte noch nicht kapituliert. In all diesen Ländern hätte Hitler Unterschlupf finden können. Hier wurde auch viele Jahre lang ohne Erfolg nach ihm gefahndet. Bei der weltweiten Fahndung wurde jedoch ein Land vergessen – Indonesien, obwohl Indonesien das einzige Land gewesen wäre, in dem Hitler und Eva Braun problemlos hätten untertauchen können. Indonesien war nach der deutschen Kapitulation noch Monate lang von dem Bündnispartner Japan besetzt. Aber wie dahin kommen?

Angenommen, Hitler wäre die Flucht aus Berlin noch vor dem Fall der Reichshauptstadt mit einem Flugzeug oder auf einem anderen Weg gelungen, dann hätte er mit einem Unterseeboot die größte Chance gehabt, in ein

243 Der Spiegel, 1/1950 v. 5.1.1950 und 7/1950 v. 16.2.1950

anderes und für ihn sicheres Land zu entkommen. Unterseeboote, die noch einsatzbereit waren, lagen an der deutschen Nordsee und in Skandinavien. Nach Hitlers letztem öffentlichen Auftritt, der nach neuesten Erkenntnissen bereits am 20. März 1945 war, wäre eine Flucht aus Berlin noch ohne große Probleme möglich gewesen. Hitler hätte mehr als genügend Zeit gehabt, in einem Unterseeboot irgendein Land in Übersee zu erreichen. Selbst wenn Hitler Berlin erst am 30. April 1945 mit dem angeblichen Flug über Dänemark nach Norwegen verlassen hätte, wäre eine Flucht mit einem U-Boot noch gelungen. Zehn Tage nach dem Flug vom 30. April 1945 stach am 10. Mai 1945 das Unterseeboot U 977 mit Kommandant Oberstleutnant zur See Heinz Schäffer von Norwegen aus in See. Offiziell existierte das Boot nicht mehr. Schäffer entließ nämlich einige Mann, die mit einem Schlauchboot in einem Fjord in Norwegen an Land gingen. Die Männer behaupteten, das Boot wäre auf eine Mine gelaufen und sie wären die einzigen Überlebenden von U 977. Daraufhin wurde das Boot am 10. Mai 1945 von der Kriegsmarine auf die Verlustliste gesetzt. Ein Täuschungsmanöver?

U 977 war inzwischen längst auf hoher See. Das Boot war mit einem Schnorchel ausgerüstet worden. Mit 66 Tagen Tauchfahrt, bei Tag sogar in 50 Metern Tiefe, stellte Kommandant Schäffer einen neuen absoluten Weltrekord auf. Die Fluchtroute führte zunächst entlang der Westküste Afrikas. Es war die gleiche Route, die auch die Unterseeboote nach Java und Japan nahmen. Erst am 17. August 1945, dreieinhalb Monate nach Deutschlands Kapitulation und an dem Tag, an dem Präsident Soekarno die Unabhängigkeit der nun freien Republik Indonesien ausrief, erreichte U 977 die argentinische Küste in dem Seebad und Hafen Mar del Plata. Als Grund für die lange Reise gaben der Kommandant und die Mannschaft an, sie hätten auf der unbewohnten Insel Branca der Kapverdischen Inseln einen Badeurlaub mit Fischfang, Sonnenbaden, nächtlichen Feiern an Deck und gutem Essen eingelegt. Außerdem wäre die Äquatortaufe ausgiebiger und länger gefeiert worden.[244] Der Kommandant und die Mannschaft wurden interniert und an die USA ausgeliefert. Schon bald danach tauchten von der Sowjetunion lancierte Gerüchte auf, dass U 977 Hitler und andere Nazi-Funktionäre mit Goldbarren, Waffen und geheimen Plänen nach Argentinien gebracht hätte.

Die überaus lange Fahrt des Unterseebootes U 977 von 108 Tagen kann auch anders erklärt werden. Das Boot verließ Norwegen, als die Sowjets Hitlers Bunker in Berlin stürmen. Danach blieb es noch Monate nach Kriegsende auf hoher See. Die extrem lange Reise wirft in der Tat viele Fragen auf. Ist U 977 zunächst von seiner Route abgewichen und von Südafrika nach Java oder einer andern Insel Indonesiens gefahren? Die deutschen Marinestütz-

---

244 Schaeffer, *U-977, Geheimfahrt nach Südamerika*

punkte in Batavia und Surabaya waren nach der Kapitulation Deutschlands immer noch in japanischer Hand und betriebsbereit. Der Verbündete Deutschlands musste somit erst nach der Unterzeichnung der Kapitulationserklärung vom 2. September 1945 die Kontrolle über die Stützpunkte aufgeben. Nach der Fahrtdauer des Bootes wäre es ohne weiteres möglich gewesen, Hitler und Eva Braun auf Java abzusetzen und dann weiter nach Argentinien zu fahren. Für Hitler und Eva Braun wäre es leicht möglich gewesen, noch vor der japanischen Kapitulation in Indonesien unterzutauchen.

Im Juli und August 1945 berichteten die Medien in Argentinien und Chile fast täglich von Menschen, die deutsche Unterseeboote gesehen haben wollten. Es ist bewiesen, dass einige deutsche U-Boote nach Kriegsende dort angelandet sind, wie auch U 530 unter dem Kommando von Oberleutnant zu See Otto Wermuth. Als Fluchtfahrzeug für Hitler kommt U 530 allerdings nur infrage, wenn Hitler bereits kurz nach seinem letzten öffentlichen Auftritt vom 20. März 1945 geflüchtet wäre. U 530 war mit einem Schnorchel ausgerüstet und erreichte lange nach der Kapitulation Deutschlands, erst am 10. Juli 1945, den argentinischen Hafen von Mar del Plata.

Um dieses Boot rankt sich bis heute eine Vielzahl von Gerüchten. Das Logbuch, das Kriegstagebuch, Codebücher und Seekarten waren bei der Anlandung in Argentinien nicht mehr an Bord. Von der gesamten Besatzung fehlten die Identitätspapiere. Es war nicht einmal sicher, dass der Offizier, der sich als Kommandant von U 530 zu erkennen gab, wirklich Otto Wermuth gewesen war. In Deutschland wurde Wermuth als groß und blond beschrieben, in Argentinien als klein und dunkelhaarig. Es wurde vermutet, dass der Kommandant, der das Boot in den Hafen von Mar del Plate führte, erst irgendwo an der Küste Argentiniens zugestiegen sei. Die üblicherweise sechs Gummirettungsboote an Bord des U-Bootes waren auch nicht mehr vollzählig. Über den Verbleib der fehlenden Gummiboote konnten keine Angaben gemacht werden. An Bord waren keine Torpedos, keine Waffen und keine Munition. Das Deckgeschütz fehlte. Ein Teil der Mannschaft sagte, es wäre bereits in Deutschland abgebaut worden, die andern sagten, es wäre erst während der Fahrt demontiert und über Bord geworfen worden. Alle Radargeräte und Druckmessgeräte waren verschwunden. Über den Verbleib dieser Geräte und über die Route gab es keine oder nur vage Angaben. Die Offiziere weigerten sich in den meisten Fällen Auskunft zu geben.[245] Es wurde vermutet, dass U 530 zunächst in Japan war. Logischer wäre es gewesen – wenn Hitler an Bord gewesen sein sollte –, ihn auf Java an Land zu setzen. Auf Java hätte man auch problemlos die Mannschaft austauschen können, denn hier waren noch viele ausgebildete U-Boot-Männer. U 530

245 www.de.wikipedia.org/wiki/U_530

gibt viele Rätsel auf, zumal auch der Abfahrtshafen und das Abfahrtsdatum aus Europa nicht eindeutig geklärt werden konnten.

Es kam auch der Verdacht auf, dass U 530 und U 977 nur als Köder dienten, um die Aufmerksamkeit von weiteren U-Booten abzulenken. Augenzeugen in Südamerika wollen nämlich bis zu zehn weitere U-Boote gesehen haben. Die argentinische Regierung lehnt bis heute Recherchen in Staatsarchiven aus sicherheitsrelevanten Gründen ab.[246] Es ist eine Tatsache, dass noch einige U-Boote vor Kriegsende ihre Häfen in Europa mit unbekanntem Ziel verließen und danach als verschollen gemeldet wurden.

Die Verschwörungstheorien wurden erst recht durch ein Buch des argentinischen Journalisten Ladislas Szabo[247] angeheizt. Er behauptete, Interviews mit mehreren Zeugen gehabt zu haben, die Hitler in Argentinien identifiziert haben wollten. Darunter waren auch zwei Mannschaftsmitglieder der vor Argentinien versenkten *Graf Spee*. Dieses Buch wurde ein Bestseller und legte den Grundstein für alle weiteren Spekulationen.

Beharrlich hielt sich das Gerücht, dass Hitler mit seinem Gefolge in seine 250 Kilometer von der Küste entfernte Eisfestung ‚Neu-Berchtesgaden' in der Antarktis geflohen sei. An der Küste sei ein Stützpunkt mit einem U-Boot-Hafen mit bis zu 1.000 Mann Besatzung ausgebaut worden. ‚Neu-Berchtesgaden' soll in der zum Teil eisfreien Besitzung ‚Neu-Schwabenland', der einzigen heimlichen Kolonie des Dritten Reichs, gelegen haben. Hitlers U-Boot-Konvoy – so wurde in Argentinien behauptet – habe Hitler durch meterdickes Eis zu diesem geheimen Ort in der Antarktis gebracht. Bereits seit 1940 hätten die Nazis dieses Versteck ‚Neu-Berchtesgaden' ausgebaut. Ein ganzer Berg sei zur Tarnung von innen ausgehöhlt worden. Die Spekulationen wurden sicherlich auch durch Äußerungen ausgelöst, die Admiral Dönitz 1943 von sich gab. Dönitz hatte gesagt, dass die deutsche Unterseebootflotte nun ein irdisches Paradies für den Führer geschaffen habe, eine uneinnehmbare Festung, irgendwo auf der Welt.

Zeitungen und Magazine rund um die Welt spekulierten über Hitlers Versteck am Südpol. Sie berichteten von einer intensiven Bautätigkeit in der Antarktis durch deutsche Firmen. Traktoren, Schlitten, Maschinen und Flugzeuge sollen in großer Stückzahl dorthin gebracht worden sein. Was ist hier Fiktion und was ist Wahrheit?

Fakt ist, dass Helmut C. H. Wohlthat – der bereits im ersten Teil des Buches als Leiter der Devisen-Bewirtschaftung, im Zusammenhang mit dem Rublee-Wohlthat-Plan und als Leiter der Wirtschaftsdelegation in Japan

---

246 www.v-22.de/forum/526, *Ist Hitler im U-Boot nach Südamerika geflohen?*
     www.bild.de/news/2009, *Der Untergang des Dritten Reiches*
247 Szabo, Ladislas, *Hitler está vivo,* (Hitler ist am Leben)

schon mehrfach erwähnt wurde – im Auftrag von Reichsmarschall Hermann Göring die deutsche Südpolarexpedition von 1938/1939 organisierte. Es sollte der Aufbau eines Stützpunktes im ewigen Eis in die Wege geleitet werden, um das deutsche Anrecht für den damals wichtigen Walfang zu unterstreichen. Deutschland verfügte vor Kriegsbeginn über 50 Walfangschiffe und sieben schwimmende Fabriken. Der Walfang war bereits ein wichtiger Wirtschaftszweig und sollte weiter ausgebaut werden, zumal Walöl durch das daraus gewonnene Glyzerin in der Sprengstoffherstellung eine wichtige Rolle spielte.

Das Expeditionsschiff *Schwabenland* unter dem Kommando von Kapitän Alfred Ritscher wurde mit den modernsten Forschungsmitteln ausgestattet. Zuvor hatte das Schiff als schwimmender Flugzeugstützpunkt für den Südamerika-Luftpostdienst der Lufthansa im Südatlantik gedient. Am 17. Dezember 1938 lief die *Schwabenland* zu der ersten von drei geplanten Expeditionsreisen in die Antarktis aus, wo sie am 19. Januar 1939 eintraf. Dabei waren zwei Flugzeuge des Typs Dornier-Wal, getauft auf die Namen *Boreas* und *Passat*. Sie wurden mit Dampfkatapulten vom Schiff gestartet. An den äußersten Punkten, die die Flugzeuge über der Antarktis erreichen konnten, wurden Flaggen und Stöcke mit dem deutschen Hoheitszeichen abgeworfen, um die deutschen Ansprüche abzustecken. Das neue, 600.000 Quadratkilometer große deutsche Hoheitsgebiet wurde ,Neu-Schwabenland' getauft. Rund einhundert deutsche Namen wurden für Gebirge, Gletscher, Seen oder geographische Objekte vergeben, darunter auch das bis heute so bezeichnete ,Wohlthat-Massiv'. In mehreren Vermessungsflügen wurden 350.000 Quadratkilometer vermessen und photographisch erfasst. Entdeckt wurde ein eisfreies Gebiete mit 118 Seen, die im arktischen Sommer eisfrei waren. Das Gebiet wurde ,Schirmacher-Oase' getauft. Die Kartographie eines großen Teils von ,Neu-Schwabenlands' war eine außergewöhnliche Pionierleistung. Der Kapitän des Expeditionsschiffes *Schwabenland,* Alfred Ritscher, wurde nach dem Krieg Vorsitzender der ,Deutschen Gesellschaft für Polarforschung'. 1959 wurde er mit dem ,Großen Bundesverdienstkreuz' ausgezeichnet.

Dieses Gebiet in der Antarktis wurde nach der Kapitulation Deutschlands von den Alliierten nicht besetzt, obwohl bekannt war, dass in den letzten Kriegswochen die Antarktis mehrmals von deutschen U-Booten angesteuert worden sein soll. Erst einige Zeit nach Kriegsende fanden Expeditionen in die Antarktis statt, die das Geheimnis um Hitler lüften sollten.

Der mit Carl G. Jung und Hermann Hesse eng befreundete chilenische Diplomat Miguel Serrano[248], Autor vieler Bücher[249], von denen eine ganze

---

248 u. a. Botschafter in Indien, Österreich und im ehemaligen Jugoslawien
249 Serrano, Miguel, *Adolf Hitler-El Ultimo Avatar,* (Adolf Hitler-Der letzte Avatar)

Reihe ins Deutsche übersetzt wurden, organisierte zwei Expeditionen. Bei beiden konnten keine Hinweise für eine Bautätigkeit gefunden werden.

Die USA führten einige mysteriöse Expeditionen in die Antarktis durch, vermutlich um nach Hitler zu suchen. 1946 starteten sie die bisher größte Antarktisexpedition unter dem Codenamen ‚Operation Highjump‘ mit 31 Schiffen, dem U-Boot *USS Sennet* und dem Flugzeugträger *USS Phillipine Sea*. Leiter der 4.700 Mann starken Operation war der Antarktisforscher Admiral Richard Evelyn Byrd. Proviant war für acht Monate eingeplant. Die Operation wurde von einigen Journalisten begleitet. Der Journalist der New York Times, Walter Sullivan, veröffentlichte später ein Buch[250] über diese Expedition. Darin bemängelt er die geringe Auskunftsfreudigkeit der Militärs über den Zweck dieser militärischen Operation. Besonders auffällig war die Mitnahme von überproportional viel schwerem Gerät. Das machte die ganze Operation suspekt, zumal sie unter dem Verlust von Menschen und Material vorzeitig und überhastet abgebrochen werden musste.

Die Verschwörungstheoretiker sahen darin schon einen gescheiterten Angriff auf die vermutete Nazi-Basis. Der vorzeitige Rückzug ist jedoch einfach zu erklären. In jenem Jahr waren die Temperaturen in der Antarktis außergewöhnlich niedrig. Die Expedition verfügte über nur einen Eisbrecher und die meisten Schiffe hatten keinen verstärkten Rumpf. So kam der Konvoy nur langsam voran und erreichte das Ross-Schelfeis erst am 15. Januar 1947. Ein Teil der Schiffe wurde vom Eis eingeschlossen. Um weitere Schäden zu vermeiden wurde ‚Operation Highjump‘ vorzeitig und überhastet abgebrochen. Der Verlust von Menschen wird offiziell mit dem Absturz eines Militärflugzeugs in einem Schneesturm erklärt. Es gibt aber auch Quellen, die behaupten, dass neun Flugzeuge mit ihren Besatzungen im ewigen Eis zurückgelassen werden mussten.[251]

Wenn Hitler in März oder April 1945 in die Antarktis geflüchtet wäre, wäre er zu Beginn des antarktischen Winters dort eingetroffen. Wie sollte ein U-Boot damaliger Bauart das meterdicke Eis durchbrechen? Und anschließend sollte Hitler noch in seine Eisfestung ‚Neu-Berchtesgaden‘, 250 Kilometer im Inland, gelangt sein? Eine völlig absurde Vorstellung.[252]

Ende der 1950er Jahre kam eine weitere Verschwörungstheorie in die Presse. Die Eisfestung ‚Neu-Berchtesgaden‘ sei durch den Abwurf von Atombomben zerstört worden. Dies wäre unter dem Deckmantel ‚Opera-

250 Sullivan, *Quest for a Continent*
251 Deutsche Antarktis Expedition 1938/39, www.wfg-gk.de/gesvchichte 8.html
252 Summerhayes, *Hitler's Antartic Base: The Myth and the Reality*, 2007, Polar Record, 43 (01)
   DOI: 10.1017/S003224740600578X

tion Argus' als Atombombentest getarnt worden. Atombombentests fanden tatsächlich 1958 in der Antarktis statt. Es wurden drei Atombomben, gut 2.000 Kilometer von ‚Neu-Schwabenland' entfernt, in einer Höhe von 750 Kilometern zur Explosion gebracht. Durch diese Tests sollte die Auswirkung der radioaktiven Strahlung auf Kommunikations- und Ortungssysteme erforscht werden. Sie hatten also nicht Hitler und seine Eisfestung zum Ziel.[253]

Das waren nur einige der Gerüchte und Verschwörungstheorien, die in der Nachkriegszeit über Hitlers angebliche Flucht aus dem Führerbunker in Umlauf gebracht wurden. Fakten sind nur, dass Hitler seinen letzten Auftritt in der Öffentlichkeit am 20. März hatte, dass drei Tage vor dem Fall Berlins noch ein deutsches Flugzeug mit einem Piloten und zwei Passagieren unbehelligt nach Westen entkommen konnte, dass Generalmajor Mohnke nur einen Tag vor dem Fall Berlins mit Personen aus dem Führerbunker einen erfolgreichen Ausbruchversuch aus dem eingekesselten Regierungsviertel unternahm, und dass noch einige deutsche U-Boote vor und bei der Kapitulation Deutschlands aufs offene Meer gelangten. Einige gingen nach ungewöhnlich langen Fahrten in Südamerika vor Anker. Weitere deutsche U-Boote wurden überall in Südamerika gesichtet.

Es gibt viele Mythen und Verschwörungstheorien über den Tod Hitlers oder sein eventuelles Entkommen, die die Medien bis heute beschäftigen. Eine sollte man allerdings nicht so einfach wegwischen. Eingangs habe ich erwähnt, dass Indonesien das einzige Land der Erde gewesen wäre, in dem Hitler unerkannt hätte untertauchen können. Sein Vertrauter und Indonesienkenner Walther Hewel hätte ihm sicherlich diese Empfehlung gegeben. In den letzten Tagen im Führerbunker wurde als mögliches Fluchtziel sogar der ‚Südraum' genannt.[254] Java war noch Monate später in der Hand des Bündnispartners Japan, und die deutschen Stützpunkte in Batavia und Surabaya waren noch intakt. Ohne weiteres hätte dort ein deutsches U-Boot nach Kriegsende einlaufen können. Hitler hätte nicht einmal einen falschen Pass benötigt. Und selbst nach der Kapitulation Japans im September 1945 hielten die japanischen Streitkräfte auf Java noch wochenlang die Ordnung einigermaßen aufrecht, bevor sie – auch nur teilweise – von den Briten entwaffnet wurden. In dem allgemeinen Chaos hätte sich Hitler unerkannt auf einer der 13.000 teilweise nur dünn besiedelten Inseln des Archipels niederlassen können. Auf den Inseln außerhalb Javas gab es noch Jahre nach Kriegsende keine Druckmedien und Kommunikationsmöglichkeiten. Die bäuerlichen Einwohner der Inseln waren damals, nach der niederländischen

---

253 Wolff, Suttie, Peel, *Atmospheric Environment: Antarctic Snow Record of Cadmium, Copper and Zinc Content during the Twentieth Century*
254 ZDF Info, 11.08.2014, 22.25h, *Hitlers Tod/Das Testament*

Kolonialzeit, noch zum größten Teil Analphabeten. Wer sollte Hitler dort vermuten und erkennen?

Durch die Unruhen in Indonesien, die nach der Unabhängigkeitserklärung Indonesiens am 17. August 1945[255] ausgelöst wurden, wäre ein Untertauchen sogar noch begünstigt worden. Indonesien wäre für Hitler der sicherste Ort der Welt gewesen, zumal die Alliierten bei ihrer Suche das Hauptaugenmerk auf Spanien und Südamerika richteten. Hewels Entscheidung in dieser Frage wäre mit Sicherheit auf Indonesien gefallen.

Hitlers treuer Freund und Begleiter Hewel war bis zum bitteren Ende an seiner Seite. Die letzten Wochen des Kriegs waren Hewel und Hitler zusammen im Führerbunker. Hewels Vertrauen in Hitler schien ungebrochen. Sein letzter öffentlicher Auftritt war zusammen mit Hitler am 20. März 1945, dann verlieren sich die Spuren beider. Flüchteten sie zusammen? Vieles spricht dafür! Wenn Hitler nach Indonesien geflohen sein sollte, wäre Hewel mit Sicherheit sein Begleiter gewesen. Hewel war mit dem Land vertraut, er beherrschte die Sprache und er kannte die Mentalität der Menschen.

Für einen Freitod Hewels spricht jedoch ein Interview, das Hewels Ehefrau Blanda-Elisabeth Hewel[256] nach dem Krieg dem britischen Historiker David Irwing gewährte. Am 8. Dezember 1970 schrieb Irwing unter Punkt 7 seines Aktenvermerks über das Interview folgendes:

She [Anm. d. Verf.: Frau Hewel] found it entirely in keeping with his [Hewels] nature, that when the man [Hitler] who had meant so much to him deceased, he too [Hewel] wanted to follow.'

Nach Frau Hewel war es mit Walther Hewels Psyche und Natur völlig in Übereinstimmung, dass er Hitler auch im Tod nachfolgen würde.[257] Gegen einen Freitod Hewels spricht hingegen, dass er als Diplomat mit nur geringen Entscheidungsbefugnissen die Nürnberger Prozesse vermutlich ohne großen Schaden überstanden hätte.

Hitler erregt bis heute in Indonesien große Aufmerksamkeit, denn Indonesien ist sich ganz sicher: Hitler starb in Indonesien! Hitler soll mit Eva Braun aus dem umkämpften Berlin über Graz, Belgrad und Rom und dann in einem U-Boot nach Indonesien entkommen sein. Als Boot wird immer wieder U 977 mit seiner Geheimfahrt nach Südamerika erwähnt. Nicht nur auf die ältere Generation, auch auf junge indonesische Studentinnen und Studenten übt Hitler bis heute eine gewisse Faszination aus. In ihren Au-

---

255 siehe hierzu Geerken, *Der Ruf des Geckos*, S. 159ff
256 geborene Ludwig, später wieder verheiratete Blanda-Elisabeth Benteler
257 IfZ: http://www.ifz-muenchen.de/archiv/zs/zs-2241.pdf. Originaldokument in GB eingesehen von Bill McCann

gen war Hitler ein Genie, der Indonesien zur Unabhängigkeit verhalf. Der Hitler-Kult wird durch Nazi-Embleme auf T-Shirts, Mützen oder Buttons sichtbar, nicht nur in Indonesien, auch in anderen asiatischen Staaten. In Bandung in West-Java wurde sogar vor einigen Jahren ein ‚Hitler-Cafe‘ eröffnet. Leider wird in Indonesien Hitler nur unter dem Gesichtspunkt der Erreichung der Unabhängigkeit gesehen. Seine durch ihn begangenen Verbrechen werden ausgeblendet.

Ausgelöst wurde die Diskussion über Hitler und Eva Braun in Indonesien durch einen Artikel von Dr. Sosro Husodo, der im Jahre 1983 in der indonesischen Tageszeitung ‚Pikiran Rakyat‘ erschienen ist. Darin beschrieb der Arzt Dr. Husodo seine Zusammenarbeit mit dem vermeintlichen Hitler. Da im Jahre 2010 noch das Buch *Hitler Mati di Indonesia: Rahasia yang Terkuak*[258] (übersetzt: ‚Hitler starb in Indonesien: Das Geheimnis ist enthüllt‘) erschienen ist, ist dieses Thema bis heute aktuell und erregte große Aufmerksamkeit. Beweise stützen sich auf Aussagen von Personen, die persönlich mit dem vermeintlichen Hitler gesprochen haben wollen und auf ein Notizbuch, das nach seinem Tod gefunden wurde.

Dr. Husodo, der seine Erkenntnisse erst nach dem Tod des vermeintlichen Adolf Hitlers öffentlich machte, hatte im Jahre 1960 seinen ersten Kontakt mit ihm. Als Arzt erhielt er von der indonesischen Regierung den Auftrag, am General Hospital, dem größten Hospitals auf der Insel Sumbawa, zu arbeiten. Sumbawa ist eine der ‚Kleinen Sundainseln‘ und liegt etwa 300 Kilometer östlich von Bali. Hier traf Dr. Husodo angeblich auf Hitler, der dort unter dem Namen Dr. G. A. Poch die Leitung des Hospitals innehatte. Zu jener Zeit praktizierten auf Einladung von Präsident Soekarno noch Hunderte deutsche Ärzte auf den Außeninseln Indonesiens. Ein deutscher Arzt auf der Insel Sumbawa war also nichts Außergewöhnliches.

Je länger Dr. Husodo mit dem deutschen Dr. Poch zusammen arbeitete, desto sicherer wurde er, dass es sich bei ihm um Hitler und bei seiner Ehefrau um Eva Braun handeln müsse. Der schon 71 jährige Dr. Poch habe keine Approbation vorweisen können und er habe so gut wie keine medizinischen Grundkenntnisse gehabt. Trotzdem habe er bei der einheimischen Bevölkerung, bei der er allgemein als ‚Doktor Jerman‘, der deutsche Doktor bekannt war, großes Ansehen genossen. Sein Aussehen – nur selten mit Schnauzbart – sei eindeutig das von Hitler gewesen, seine Sprache hätte den typisch österreichischen Akzent gehabt, seine linke Hand habe gezitterte und sein linker Fuß hinkte leicht, zwei Gebrechen, die auch Hitler hatte, behauptet Dr. Husodo. Wenn er bei Dr. Poch zu Hause war, sprach ihn seine Ehefrau, die angebliche Eva Braun, immer mit dem Kosenamen ‚Dolf‘ – möglicherweise

258 Soeryo Goerinto, *Hitler Mati di Indonesia, Rahasia yang Terkuak*

der Kosename von Adolf – an. Wenn Dr. Husodo in seinen Gesprächen mit Dr. Poch dessen Zeit in Deutschland ansprach, sei der Angesprochene immer ausgewichen. Aber er machte keinen Hehl daraus, dass er Hitler und Goebbels sehr verehrte. Außerdem leugnete er den Holocaust.

Anfang der 1960er Jahre verließ ihn seine Ehefrau, die angebliche Eva Braun, die als Frau Poch zurück nach Deutschland ging.[259] Dr. Poch lernte daraufhin eine Dame mit dem Namen Sulaesih aus Bandung kennen. Sie war bei der Lokalregierung der Insel Sumbawa angestellt. Die beiden heirateten 1965.

Dr. Poch starb laut Sterberegister am 16. Januar 1970 um 19:30 Uhr im Krankenhaus 'Rumah Sakit Dr. Sutomo'[260] in Surabaya an einem Herzinfarkt[261]. Dr. Pochs zweite Ehefrau Sulaesih ging nach seinem Tod zurück in ihre Heimatstadt Bandung. Hier spürte sie Dr. Husodo im Stadtteil Babakan Ciamis auf. Sulaesih übergab Dr. Husodo alle Dokumente von Dr. Poch, einschließlich seines Führerscheins mit Fingerabdrücken, seinem Pass und einem ziemlich abgegriffenen Notizbuch. Eindeutige Beweise, dass sich Adolf Hitler hinter der Person Dr. Poch verbarg, soll Husodo daher erst nach Dr. Pochs Tod von seiner Ehefrau Sulaesih erhalten haben.

In dem Notizbuch waren Hunderte von Namen – teilweise nur in einer Abkürzung oder einer Geheimsprache – mit Aufenthaltsorten in Argentinien, Chile, Pakistan, Südafrika, Tibet und verschiedenen arabischen Staaten eingetragen. Es liegt nahe, dass es sich hier um Nazi-Flüchtlinge handelte. Diese Vermutung wird bekräftigt, da an verschiedenen Stellen der Name des Franziskanerpriesters und Kirchenhistorikers Professor Dr. Draganovic[262] mit Adressen in Genua (Delegation Argentina da Imigration Europa, Genua, Val Albaro 38) und in Rom (Roma, Via Tomacelli 132) auftauchten.

Bei besonderen Anlässen huldigten auch Würdenträger der deutschen Kirchen beider Konfessionen den ‚Führer‘. Zum Beispiel schrieb anlässlich Hitlers 50. Geburtstag das Passauer Bistumsblatt in dem *Mitteilungsblatt des Bischöflichen Stuhls* am 16. April 1939:

[…] In der freudigen Erfüllung eines göttlichen Gebotes nehmen wir katholische Deutsche darum auch warmen Anteil daran, dass in diesen Tagen das Oberhaupt des Reiches, unser Führer Adolf Hitler, sein 50. Lebensjahr vollendet.[…]
Im stolzen Bewusstsein nationaler Selbstachtung hat er die Fesseln zerbrochen, die ein ungerechter Hassfriede von Versailles uns auferlegt hatte, hat damit die

---

259 http://www.faz.net/suche/?query=Der+Hitler%2C+der+in+Indonesien+starb
260 Es gibt auch Quellen, die ‚Rumah Sakit Karang Menjangan‘ nennen
261 Sterbe- und Beerdigungsregister des Friedhofs ‚Makam Islam Ngagel Rejo‘ in der Straße Jalan Bung Tomo, Nr. 19 in Ngagel, einem Stadtteil von Surabaya
262 an anderer Stelle auch Draganowitch geschrieben

Verteidigung unserer Ehre und unseres Namens in unsere eigenen Hände gelegt.
[…] Darum wollen wir anlässlich des 50. Geburtstagsfestes das inständige Gebet
für Führer und Volk als unsere vornehmste Pflicht erkennen. Gottes heilige Vor-
sehung möge dem Führer auch ferner Licht und Kraft verleihen zur Erfüllung
seiner Aufgabe.[263]

Auch die evangelische Kirche äußerte sich ähnlich:
Unser Führer wird 50 Jahre alt. Was klingt nicht alles mit in dem Wörtlein ,un-
ser'! Herzliches Vertrauen – grenzenlose Dankbarkeit – ehrfurchtsvolle Bewun-
derung – heiße Liebe! […] Unserem Volk ist mit diesem Mann ein ganz großes
Geschenk geworden. Durch ihn ist aus einem kleindeutschen Staat eines Reiches
Herrlichkeit gemacht worden. […] Wir beginnen zu ahnen, dass dieser Mann
unserem Volk von Gott geschenkt wurde. Mit diesem Manne greift Gott selber in
die Geschicke unseres Volkes ein.[264]

Es ist allgemein bekannt, dass der Vatikan in Rom Hitler nahe war. Selbst
nach dem Krieg wurde von hier aus noch massiv Fluchthilfe für deutsche
Kriegsverbrecher geleistet. Als Rattenlinien oder Klosterrouten wurden von
den US-Geheimdiensten die Fluchtrouten bezeichnet, auf denen führende
Vertreter des Dritten Reichs nach dem Zweiten Weltkrieg ins neutrale Ausland entkommen konnten. Zum Beispiel wurde neben dem ,Vater der Raketentechnik' Wernher von Braun auch Generalmajor Reinhard Gehlen, Chef
des ,Militärischen Nachrichtendiensts/Spionage Ost', nach Kriegsende von
der USA angeworben. Mit sechs seiner engsten Mitarbeiter sollte letzterer
den US-amerikanischen Heeresnachrichtendienst nach deutschem Muster
reformieren. 1956 wurde Gehlen Präsident des neu gegründeten Bundes-
nachrichtendienstes BND in Deutschland. Während des Dritten Reichs
pflegte er auch einen engen Kontakt zum Vatikan und versorgte diesen mit
Informationen.
    Da hochrangige Vertreter des Vatikans, einschließlich Papst Pius XII.
und sein engster Vertrauter Montini, der spätere Papst Paul VI., die Flucht
deutscher Kriegsverbrecher massiv unterstützten, wurden die Fluchtwege in
US-Medien Klosterrouten genannt. Der Fluchtweg führte meist über Süd-
tirol nach Rom und von dort über Genua nach Südamerika. Der Kopf der
Fluchtorganisation war der in Dr. Pochs Notizbuch genannte kroatische
Franziskanerpriester und Kirchenhistoriker Professor Dr. Krunoslav Draga-

---

263 Passauer Bistumsblatt, *Mitteilungsblatt des Bischöfichen Stuhls,* 4. Jahrgang, Nr.
    16, Passau 16. April 1939
264 Kirchliche Rundschau für das Gesamtgebiet der Deutschen Evangelischen
    Kirche, 16. Jahr, Nr. 16, Berlin 16. April 1939

novic, der auch ‚Der Goldene Priester‘ genannt wurde. Es wurden Identitäten geändert und vom Vatikan beglaubigt, Visa beschafft und finanzielle sowie organisatorische Hilfe geleistet. Die Schiffspassagen übernahm meist das ‚Internationale Rote Kreuz‘. Durch die Hilfe vom Draganovic gelang Nazi-Größen wie dem Flieger Hans-Ulrich Rudel, dem Schlächter von Lyon Klaus Barbie, Adolf Eichmann, dem Arzt Josef Mengele und Hunderten anderen die Flucht aus dem zerstörten Deutschland.[265]

Sosro Husodo erwähnte, dass neben Draganovic noch weitere Namen mit Kürzel und Anschriften in Argentinien aufgeführt wurden, die er nicht zuordnen könne. Auch seien viele Passagen in der alten Gabelsberger-Kurzschrift geschrieben, die er nicht entziffern könne. Unter Dr. Pochs Fluchtroute wären nur die Abkürzungen B, S, G, J, B, S, R genannt, die er als Berlin, Salzburg, Graz, Jugoslawien, Belgrad, Sarajewo und Rom interpretierte. In Rom war auch Dr. Pochs Reisepass ausgestellt worden. Ein Hinweis auf die Hilfe des Vatikans?

Nach dem Tod von Dr. Poch gestand seine zweite Ehefrau Sulaesih, dass Poch ihr vor seinem Tod im Vertrauen gesagt haben soll, er sei in Wirklichkeit Adolf Hitler. Dies sind die ‚Beweise‘, die in dem Buch *Hitler mati di Indonesia* (Hitler starb in Indonesien) vorgebracht wurden.

Leider blieben meine Versuche, in Indonesien die Anschrift von Sosro Husodo oder seiner Nachkommen ausfindig zu machen, ohne Erfolg. Eine weitere Einsicht in die ihm übergebenen Dokumente hätte vielleicht etwas mehr Klarheit bringen können. Wenn nicht um Hitler, so könnte es sich bei Dr. Poch um einen andern hochrangigen Vertreter des Dritten Reichs gehandelt haben.

Wenn Frau Poch, die angebliche Eva Braun, nach Deutschland zurückgekehrt wäre, könnte man hier Nachforschungen nach eventuellen Verwandten anstellen. Im deutschen Telefonbuch gibt es mehrere hundert Einträge von ‚Poch‘, die natürlich nicht alle kontaktiert werden konnten. Vielleicht wird das vorliegende Buch auch in diesem Personenkreis gelesen und die Identität von Dr. Poch könnte dadurch aufgeklärt werden.

Mehr Erfolg hatte ich mit meinen Nachforschungen nach Dr. Pochs Grabstätte, die es tatsächlich noch gibt. Ich besuchte den Friedhof ‚Makam Islam Ngagel Rejo‘ in der Straße Jalan Bung Tomo Nr. 19 in Ngagel, einem Stadtteil von Surabaya. Mit Hilfe des Friedhofwärters Edi Sumerman wurde

---

265 Bruns, *Der Vatikan und die Rattenlinie. Wie die katholische Kirche Nazis und Kriegsverbrecher nach Südamerika schleuste*
Goni, *Odessa: Die wahre Geschichte, Fluchthilfe für NS-Kriegsverbrecher*
Steinacher, *Nazis auf der Flucht: Wie Kriegsverbrecher über Italien nach Übersee entkamen*

Dr. Pochs Grabstätte in einer weit abgelegenen Stelle des Friedhofs gefunden. Auf der mit einem eisernen Zaun umrandeten Grabstätte aus grauem Stein ist eine Gedenktafel mit der Inschrift Dr. G. A. Poch, ohne Angabe der Geburtsdaten, angebracht.

Abb. 62
Grabstätte von
Dr. Poch

Abb. 63
Namenstafel an
Dr. Pochs Grabstätte

Auf der Plakette ist das Todesdatum 16. Januar 1970 – wie es scheint – nachträglich aufgemalt. Das Todesdatum und der Sterbezeitpunkt 19:30 Uhr stimmen jedoch mit dem von mir überprüften Sterbe- und Beerdigungsregister der Friedhofsverwaltung überein. Der Friedhofwärter Edi Sumerman

ist schon seit rund 20 Jahren dort angestellt. Bei seinem Dienstantritt sei das Todesdatum in der jetzigen Form bereits aufgemalt gewesen.

Wenn hier Hitler begraben wäre, wäre er im Alter von 81 Jahren gestorben. Dass Dr. Poch auf einem islamischen Friedhof beerdigt wurde lässt vermuten, dass er zum Islam übergetreten ist. Daher hätte er auch ohne vorhergehende Scheidung von seiner ersten Ehefrau Eva seine zweite Frau Sulaesih heiraten können. Der Tod von Dr. Pochs zweiter Ehefrau Sulaesih wurde laut Eintrag im Sterbe- und Beerdigungsregister desselben Friedhofs durch ein Mitglied ihrer Familie, einen Mohammad, in der Moschee ‚Mesjid Darmawangsa' in Surabaya gemeldet. Auch sie wurde auf diesem Friedhof beigesetzt. Ihre Grabstätte wurde bereits aufgelöst und ihr Todesdatum ist im Sterberegister nicht genannt.

Ein schlüssiger Beweis, dass Hitler wirklich nach Indonesien geflüchtet ist, fehlt natürlich bis heute. Auch von Walther Hewel gab es bisher keine Spuren, die auf einen Aufenthalt nach Kriegsende in Indonesien hinweisen könnten. Der Tod Hitlers bleibt weiterhin ein Mysterium. Forensische Untersuchungen der Grabstätte von Dr. Poch und eine intensivere Suche nach den Nachkommen von Dr. Sosro Husodo könnten hier mehr Klarheit schaffen.

Hitler wollte von seinem Volk als neuer Messias, als Gottgesandter zwischen Erlöser und Befreier gesehen werden, dem göttliche Ehre zustand. Sein Vorbild war die Figur des Gralsritters aus der keltisch-germanischen Sage, wie sie in den Opern Lohengrin und Parzival von Richard Wagner vorgezeichnet wurde. Daher sollte auch sein Abgang entsprechend dem Mysterium des heiligen Grals in vollständigem Dunkel bleiben.

50. Hitlers Wunderwaffen

Hitler und Propagandaminister Goebbels versprachen in ihren Reden immer wieder ‚Wunderwaffen‘, mit denen eine Wende des Kriegsgeschehens herbeigeführt werden würde. Alle ‚Wunderwaffen‘ waren bei Kriegsende noch nicht einsatzbereit, aber anscheinend war man der Realisierung näher gekommen, als man zunächst angenommen hatte. Diese neu entwickelten Waffensysteme haben jedoch dazu beigetragen, dass in vielen Bereichen der Technik nach dem Ende des Krieges ein gewaltiger Sprung nach vorne zu verzeichnen war. Zum Beispiel war Wernher von Braun mit seinem Wissen in der Raketentechnik gegenüber den USA und der Sowjetunion um Jahrzehnte voraus. In dieser kurzen Zusammenfassung sollen jedoch nur die Neuentwicklungen auf dem Sektor der U-Boote, Flugzeuge und Raketen betrachtet werden. Die neuen U-Boote und Langstrecken-Flugzeuge wären für einen Einsatz im ‚Südraum‘ von großer Bedeutung gewesen.

Bei den U-Booten gab es mit dem Elektro-U-Boot vom Typ XXI einen technologischen Durchbruch. Zu einer Wende im Krieg haben diese U-Boote allerdings nicht mehr beitragen können. Das Elektro-U-Boot XXI war ein echtes Unterwasserboot, das primär für die Unterwasserfahrt konzipiert wurde. Die bisherigen U-Boote waren eigentlich nur Tauchboote, die unter Wasser gingen, um sich vor einem Angriff zu schützen. Ihre Geschwindigkeit und Aufenthaltsdauer unter Wasser war daher sehr begrenzt. Nicht so beim Elektro-U-Boot XXI. Mit Schnorchel und einer Luftreinigungsanlage konnte dieses Boot praktisch unbegrenzt unter Wasser fahren. Unter Wasser erreichte das Boot eine maximale Geschwindigkeit von bisher unerreichten 16,5 Knoten (30,6 Km/h). Bei einer Unterwasserfahrt von 10 Knoten (18,5 Km/h) hatte es eine Reichweite von 29.000 Kilometern. In nur 30 Sekunden konnte es auf 150 Meter Tiefe tauchen und hatte eine automatische Torpedonachladung.[266] Die maximale Tauchtiefe lag bei bisher unerreichten 300 Metern und mehr! In großen Gefrier- und Kühlräumen konnte Proviant für neun Monate mitgeführt werden.

Im September 1944 wurden die ersten 14 Elektro-U-Boote in Dienst gestellt. Im Oktober folgten weitere 32, im November nochmals 65. Im Januar 1945 lagen 128 dieser Boote bei der ‚Ausbildungsgruppe-Front‘ und warteten auf ihren Einsatz im Atlantik. Gegen Kriegsende wurden die Boote am Fließband gebaut. In nur wenigen Wochen sollten 245 Elektro-U-Boote einsatzbereit sein. Die Elektro-U-Boote waren die letzte große Hoffnung der

266 Brennecke, *Jäger - Gejagte* , S. 376

deutschen Seekriegsleitung. Aber es fehlte an Treibstoff und ausgebildetem Personal.[267]

Das Lazarettschiff *Wilhelm Gustloff* sollte verletzte Soldaten von der Ost-front und 8.500 Frauen und Kinder aus Ostpreußen in den Westen brin-gen. Als das Schiff am 30. Januar 1945 von Gotenhafen ablegte, waren über 10.000 Menschen an Bord. Dabei waren auch die ersten ausgebilde-ten Besatzungen für die einsatzbereiten Elektro-Boote, die von Kiel aus in das Kriegsgeschehen eingreifen sollten. Hitler und Dönitz hofften, dadurch noch eine Wende im Kriegsverlauf herbeiführen zu können. Die *Wilhelm Gustloff* wurde in der Nacht von dem sowjetischen U-Boot S 13 torpediert und versenkt. Über 9.000 Menschen verloren ihr Leben. Bis heute ist der Untergang der *Wilhelm Gustloff* die größte Katastrophe in der Seegeschich-te.[268] Durch den Verlust der ausgebildeten U-Boot Männer konnte keines dieser Elektro-Boote an der Front eingesetzt werden.

Die meisten Elektro-Boote wurden vor Kriegsende vernichtet. Nur 18 fielen den Alliierten in die Hände. Diese wurden zwischen der US-Navy, der Royal Navy und der sowjetischen Marine aufgeteilt und waren noch in den 1950er Jahren im Einsatz. Die Boote vom Typ XXI waren eine echte Sensa-tion und leiteten international eine Wende in der U-Boot-Technik ein. Ein umgebautes Boot vom Typ XXI, ehemals U 2540 (heute: *Wilhelm Bauer*), kann im ‚Technikmuseum Wilhelm Bauer' im ‚Alten Hafen' von Bremerha-ven besichtigt werden.

Auch mit den konventionellen U-Booten konnten wieder Erfolge ver-zeichnet werden, nachdem sie mit einem Schnorchel ausgerüstet worden waren. Nun wurde die Zuluft durch den Schnorchel ins Boot und die Abga-se aus dem Boot geleitet. Die Boote konnten nun wochen-, ja monatelang große Strecken unter Wasser zurücklegen und gleichzeitig die Batterien wie-der aufladen. Diese Boote wurden sogar mit einer Höhensonne ausgerüstet, unter der sich immer fünf bis sechs Männer bräunen lassen konnten. Es waren aber erst 35 Boote der alten Typen mit einem Schnorchel ausgerüstet worden. Diese 35 Boote leiteten bereits eine Wende im Atlantik ein. Alle im März 1945 heimkehrenden Schnorchelboote meldeten Erfolge. Wegen stei-gender Verlustzahlen befürchteten die Alliierten sogar eine neue Seeschlacht im Atlantik. Wenn alle U-Boote früher mit einem Schnorchel ausgerüstet worden wären, wäre der Seekrieg im Atlantik erneut entflammt.

Dönitz wollte schon seit Beginn des Krieges einen totalen U-Boot-Krieg unter Wasser, und zwar mit Booten, die schneller als alle bisherigen Typen waren und auch länger getaucht bleiben konnten. In diese Vorgabe pass-

---

267 Ibid., S. 387ff
268 TV, ZDF Info, 1. Januar 2014, 23,15h und Spiegel-online v. 30. Januar 2005

te genau eine weitere technologische Neuerung. Es war das von Professor Helmuth Walter entwickelte Walter-U-Boot. Dönitz wollte dieses Projekt beschleunigen, stieß aber bei Hitler auf Widerstand, wodurch immer wieder Verzögerungen bei der Realisierung des Projektes auftraten.

Helmuth Walter arbeitete schon seit 1934 an seiner Erfindung. Der Treibstoff seines Bootes war nicht Diesel, sondern Perhydrol, ein Wasserstoffsuperoxyd, das eine Gasturbine für eine extreme Schnellfahrt antrieb. Walter legte immer wieder neue Pläne vor, und erhielt schließlich die Zusage, ein Versuchsboot zu bauen. Anfang 1940 erzielte dieses Boot eine Unterwassergeschwindigkeit von über 26 Knoten (fast 50 Km/h). Dies war mehr als die dreifache Unterwassergeschwindigkeit der bisherigen Boote mit Dieselantrieb. Der Bau einer Kleinserie wurde aus finanziellen und zeitlichen Gründen abgelehnt, da für den Preis eines komplizierten Walter-U-Boots zwei konventionelle Boote mit Dieselantrieb gebaut werden konnten.

Walter durfte jedoch ein weiteres Versuchsboot bauen, diesmal mit zwei Schrauben. Drei Antriebsmittel arbeiteten nun zusammen: Perhydrol, Kesselspeisewasser und Dieselöl. Die Leistung der Gasturbine konnte bis auf 7.500 PS gesteigert werden. Die Turbine nahm wesentlich weniger Platz ein als ein Dieselmotor – und das bei dreifacher Leistung! Mit dem Perhydrol konnten das Boot ohne Zufuhr von Außenluft, also ohne Schnorchel, tagelang unter Wasser betrieben werden. Die Zerfallsgase des Perhydrols setzten Sauerstoff frei, mit dem der Dieselmotor und die Mannschaft versorgt werden konnten.

Mit diesem Antrieb wurden nun vier Versuchsboote und fünf Frontboote gebaut. Durch diese Boote wurde das bisherige Gesetz, dass U-Boote unter Wasser langsamer sind als über Wasser, in das Gegenteil gekehrt. Dieses Boot setzte mit einem Fischprofil, Stabilisierungsflossen und einer stromlinienförmigen geschlossenen Brücke neue Maßstäbe. Gegenüber einem Dieselantrieb waren die Walter-U-Boote jedoch wesentlich komplizierter. Da die Schulung des Bedienungs- und Wartungspersonals sehr lange dauerte und nicht mehr genügend Perhydrol verfügbar war, kamen die Boote bis Kriegsende nicht mehr zum Einsatz.[269]

Nach der Kapitulation Deutschlands suchten die alliierten Geheimdienste gezielt nach deutschen Wissenschaftlern, Erfindern und Konstrukteuren. Dies war den Alliierten zunächst wichtiger, als Nazi-Größen aufzuspüren. Ein Hauptaugenmerk lag auf Professor Helmuth Walter. Die Briten spürten ihn auf und brachten ihn nach England.

Die Briten fanden das frontklare Walter-Boot U 1407 in der Nähe von Cuxhaven. Es wurde, wie auch das im Dezember fertiggestellte Boot U 1405,

269 Brennecke, *Jäger - Gejagte*, S. 214-228

nach England überführt. U 1406 lag in Rendsburg. In Hamburg wurden vier Boote bei Bombenangriffen zerstört und zwei weitere Boote kurz vor der Kapitulation gesprengt. Walter half den Briten bei der Erprobung von U 1407 und bei der Entwicklung eines Nachfolgetyps. Das neue britische Boot wurde mit Walters Hilfe mit dem Namen *U-Explorer* 1954 in Dienst gestellt.

Eine weitere bahnbrechende Entwicklung, die große Erfolge im Einsatz aufwies, war das erste Tarnkappen-U-Boot (Stealth-U-Boot) der Welt. Es war das Projekt ‚Alberich' der Deutschen Kriegsmarine. Bei U 480 wurde die Außenhaut des Bootes mit innen perforierten Gummimatten belegt. Die Tarn-Gummimatten absorbierten die ASDIC-Signale der Alliierten und machten so eine Ortung unmöglich.

U 480 begann im Juni 1944 mit Probeeinsätzen und versenkte vier britische Schiffe. Im Januar/Februar 1945 wurde die Ruderanlage des Boots bei einem Luftangriff zerstört. Das Boot driftete im Ärmelkanal in ein Minenfeld, lief auf eine Mine und versank. Erst 1998 wurde das Wrack entdeckt und untersucht. Insgesamt 14 U-Boote wurden mit dem Tarn-Gummi versehen. Den Amerikanern fiel U 1105 in die Hände. Das Boot wurde zu Untersuchungen und Tests in die USA überführt und erst Jahre später zerstört.

Auch bei der deutschen Luftfahrt gab es Neuerungen, die nach dem Krieg die militärische und zivile Luftfahrt revolutionierten. Der 1911 in Dessau geborene Hans Joachim Papst von Ohain ist der Vater des Strahltriebwerks. Bei dem Flugzeugbauer Ernst Heinkel entwickelte er ein Düsentriebwerk, mit dem die He 178 im August 1939 den weltweit ersten Flug eines düsengetriebenen Flugzeugs absolvierte.

Auch Messerschmitt arbeite mit Düsentriebwerken. Die Me 262 war das erste Flugzeug mit Strahltriebwerk der Welt, das in Serie gebaut wurde. Testflüge begannen im Juli 1942. Die Me 262 war das fortschrittlichste Flugzeug jener Zeit und hatte einen unvorstellbaren technischen Vorsprung gegenüber allen alliierten Jagdmaschinen. Zwischen 1943 und April 1945 wurden trotz massiver Bombenangriffe der Alliierten über 1.400 Flugzeuge dieses Typs gebaut. 800 davon waren einsatzbereit. Wegen Treibstoffmangel, fehlender Ersatzteile und ausgebildeter Piloten mussten viele Maschinen am Boden bleiben. Die für die deutsche Kriegsmaschinerie unentbehrlichen Ölquellen in Rumänien waren im September 1944 in russische Hand gefallen. Maximal einhundert dieser Abfangjäger konnten noch ins Kriegsgeschehen eingreifen. Über 700 dieser Düsenjets wurden von den Alliierten am Boden zerstört.[270]

---

270 Die Welt v. 09.07.2012

Japan zeigte an der Me 262 größtes Interesse. Der japanische Militärat-taché in Berlin durfte mehrere Testflüge beobachten. Deutschland überließ Japan die Konstruktionspläne. Selbst ein zerlegtes funktionsfähiges Flugzeug dieses Typs sollte noch mit U 234 nach Japan gebracht werden. Die Aktion schlug fehl, da das Boot bei Kriegsende gegenüber den US-Amerikanern ka-pitulieren musste. Aber zuvor waren schon Düsentriebwerke und Einzelteile dieses Flugzeugs mit U-Booten nach Japan geliefert worden. Dies führte zu der Entwicklung des japanischen Düsenjägers *Nakajima*.

Etwa 40 flugfähige Me 262 wurden bei Kriegsende von den Amerikanern erbeutet und in die USA gebracht. Sie mussten zugeben, dass das Flugzeug seiner Zeit um Jahrzehnte voraus war.[271] Die Amerikaner suchten intensiv nach Pabst von Ohain und spürten ihn in Bad Aibling in Bayern auf. Auch er wurde 1947 mit vielen anderen Ingenieuren in die USA gebracht. Dort entwickelte er für die US-Airforce militärische Düsenflugzeuge und wurde 1956 Direktor des ‚Air Force Aeronautical Research Laboratory'. Ohain hei-ratete in den USA und verstarb dort hochgeehrt 1989. Heute sind täglich tausende Passagiermaschinen mit Düsenantrieb in der Luft. Eine Welt ohne Düsenantrieb ist heute nicht mehr vorstellbar.

Hitler wollte unbedingt, dass das Jagdflugzeug Me 262 in einen Jagdbom-ber umgerüstet wurde. Der Jagdbomber, der als ‚Blitzbomber' bezeichnet wurde, war allerdings ein Fehlschlag. Da die 250 Kilogramm-Bomben un-terhalb der Tragflächen aufgehängt waren, verlor das Flugzeug 200 Kilometer pro Stunde an Geschwindigkeit und büßte somit seinen Vorteil gegenüber mit Propeller angetriebenen Flugzeugen ein.

Die Arado Ar 234 war ein Bomber mit zwei Strahltriebwerken, der gegen Kriegsende noch eingesetzt wurde. Die Ar 234 führte allerdings nur Auf-klärungsflüge über Großbritannien und keine Kampfeinsätze durch. Durch die hohe Geschwindigkeit konnte sie allen Abfangjägern entkommen. Es war das erste Flugzeug, das mit Schleudersitzen für die Piloten ausgerüstet war. Von Juli 1944 bis Kriegsende wurden über 200 Maschinen fertigge-stellt. Aufgrund der massiven Bombenangriffe der Alliierten sowie Mangel an Treibstoff und Piloten konnten diese Düsenbomber nicht mehr in das Kriegsgeschehen eingreifen. Nach Kriegsende wurden mehrere Ar 234 nach Großbritannien und in die USA überführt.

Eine vollständig neue Technologie wurde bei der Messerschmitt Me 163 ‚Komet' angewandt. Es war ein Jagdflugzeug mit Raketenantrieb, das seinen ersten Flug im August 1941 erfolgreich absolvierte. Der Raketenjäger wurde weiter entwickelt und es war das erste in Serie gefertigte Raketenflugzeug der Welt. Insgesamt wurden 274 Raketenjäger Me 163 an die Luftwaffe ausge-

---

271 www.me-262.de

liefert. Ab August 1944 konnten die ersten Kampfeinsätze geflogen werden. Es war das erste Flugzeug, das über 1.000 Kilometer pro Stunde flog. Am 6. Juli 1944 erreichte der Testpilot Heini Dittmar sogar eine Geschwindigkeit von 1.130 Kilometern pro Stunde. Die etwa zehnmal schnellere und höhere Steigrate der Me 163 gegenüber bisherigen Propellermaschinen und die erreichbare Höhen von bis zu 12.000 Metern lösten erstmals gesundheitliche Probleme bei den Piloten aus. Diese konnten später durch Höhenanzüge und Druckkabinen vermieden werden. Die Me 163 flog in einen neuen unbekannten und unerforschten Himmelsraum.

In den Flügeln der Me 163 war eine Reihe von Raketen integriert. Durch die hohe Geschwindigkeit waren die Raketenjäger wohl kaum angreifbar, aber dadurch konnten sie auch keine ausreichende Zielgenauigkeit erreichen. Bei der letzten Version der Me 163 erfolgte der Abschuss der Waffen daher automatisch. Der Pilot musste nur noch mit hoher Geschwindigkeit durch einen feindlichen Bomberverband fliegen. Wenn ein Infrarotstrahl ein Ziel traf, wurde eine Rakete automatisch ausgelöst. Erst wenige Tage vor Kriegsende, am 10. April 1945, kam diese neue Waffe erfolgreich zum Einsatz. Die Treffsicherheit lag bei 100 Prozent. Die meisten Raketenjäger mussten jedoch wegen Problemen bei der Beschaffung von Treibstoff und Mangel an Piloten am Boden bleiben. In Japan wurde die Messerschmitt Me 163 in Lizenzfertigung unter dem Namen *Mitsubishi J8M* nachgebaut.

Ein senkrecht startender Abfangjäger mit Raketenantrieb war die gegenüber der Me 163 wesentlich kleinere, ‚Natter‘ genannte Bachem Ba 349. Die Ba 349 sollte eingesetzt werden, um die massiven Bombenangriffe auf deutsche Städte zu reduzieren. Die Entwicklung und Fertigung begannen erst 1943/44. Wegen fehlender Rohstoffe wurde der Kleinst-Raketenjäger mit Sperrholz in traditioneller Holzbauweise mit einzelnen Panzerplatten gefertigt. Es war ein ‚Einwegflugzeug‘. Nach einem Angriff wurde die Kabinenhaube abgesprengt und der Pilot und der wieder verwendbare Raketenantrieb wurden mit Fallschirmen zur Erde zurückgebracht.

Die ersten Testflüge fanden Ende 1944/Anfang 1945 statt. Der erste erfolgreiche vertikale Start der Welt mit einem bemannten Raketenflugzeug fand im März 1945 statt. Die Ba 349 erreichte eine Höchstgeschwindigkeit von 1.000 Kilometer pro Stunde und eine Gipfelhöhe von 14.000 Metern. Für ein ‚Holzflugzeug‘ eine beachtliche Leistung. Die Bewaffnung bestand aus 33 Raketen mit 55 Millimetern oder 24 Stück mit 73 Millimetern. Insgesamt wurden mehr als 30 Exemplare der Ba 349 gebaut. Vor Kriegsende kam keiner dieser Raketenjäger zum Kriegseinsatz. Vier Ba 349 wurden von den US-Amerikanern erbeutet und in die USA gebracht. Ein ähnliches Projekt mit dem Namen ‚Julia‘ war bei dem Flugzeugbauer Heinkel in Bearbeitung. Allerdings war dieses Projekt eines Raketenjägers P 1077 noch weniger weit fortgeschritten.

Mit dem Projekt ‚Amerika-Bomber' sollte ein Flugzeug entwickelt werden, das in der Lage war, von Deutschland aus die USA anzugreifen. Messerschmitt arbeitete an der Me 264. Es war ein viermotoriges Propellerflugzeug mit einer Reichweite von 15.000 Kilometern, das eine Bombenlast von 3.000 Kilogramm tragen konnte. Erste erfolgreiche Testflüge fanden im Dezember1942 statt. Nachdem die beiden Prototypen bei einem Luftangriff zerstört wurden, wurde das Projekt nicht weiter verfolgt. Die Me 264 war das erste Flugzeug der Welt, bei dem die Treibstofftanks in die Flügel integriert waren. Durch diese neue Technik konnten rund 30 Prozent mehr Treibstoff mitgeführt werden. Nach dem Zweiten Weltkrieg wurde diese Technologie in der Luftfahrt Standard und ist es bis heute.

Auch Focke-Wulf arbeite an einem viermotorigen Transatlantik-Flugzeug, der Fw 300. Focke-Wulf hatte Erfahrung mit Langstreckenflugzeugen. Bereits 1939 hatte eine Fw 200 den ersten nonstop-Flug von Berlin nach New York erfolgreich durchführen können. Das Nachfolgemodell Fw 300 war zunächst als ziviles Verkehrsflugzeug für eine Direktverbindung von Europa nach Amerika geplant. Es war bei einer Besatzung von 5 Personen für 40 Passagiere ausgelegt. Alle Passagiere konnten bei diesem Flugzeug in bequemen Einzel-Schlafkabinen untergebracht werden.

Nach der Besetzung Frankreichs durch Deutschland arbeite die französische Luftfahrtindustrie mit dem Deutschen Reich zusammen. Die Fw 300 wurde nun in einen militärischen Fernkampfbomber umgeändert, der eine Bombenlast von 3.500 Kilogramm tragen konnte. Das Projekt wurde mit 300 französischen Ingenieuren und Technikern bei der ‚Société Nationale de Constructions Aéronautiques du Sud-Ouest' (SNCASO) weitergeführt. Mitte 1944 war die Fw 300 baureif. Obwohl das Flugzeug eine fortschrittliche Konzeption hatte, wurde vom Reichsluftministerium kein Auftrag für den Bau dieser Maschine erteilt. Bei der SNCASO wurde auch ein noch größeres, sechsmotoriges Transatlantik-Flugzeug konzipiert, die Fw Ta 400. Diese Maschine konnte sogar eine Bombenlast von 10 Tonnen tragen. Auch dieses Projekt konnte nicht mehr realisiert werden.

Vielversprechend war auch das Projekt, bei dem eine Dornier Do 217 einen Heinkel-Bomber He 177 so weit über den Atlantik schleppen sollte, bis die He 177 aus eigener Kraft die USA angreifen konnte. Der letzte Test vor einem Einsatz in den USA musste kurz vor Kriegsende aus Mangel an Treibstoff abgesagt werden.

Über den viermotorigen Fernbomber Ju 390 des Flugzeugbauers Junker wurde bereits an mehreren Stellen berichtet, so dass sich hier weitere Erläuterungen erübrigen.

Die Gebrüder Horten aus Bonn hatten bereits erfolgreich mit Nurflügel-Segelflugzeugen experimentiert. Als die für den Düsenjäger Me 262 entwickelten Triebwerke der Firmen Junkers und BMW ab Anfang 1942 betriebssicher arbeiteten, stellten die Gebrüder Horten dem Oberbefehlshaber der Deutschen Luftwaffe, Hermann Göring, ihr vollkommen neues Konzept eines Nurflügel-Flugzeugs vor. Göring war begeistert und gab den Brüdern den Auftrag, schnellstmöglich ein erstes Exemplar mit Düsenantrieb zu bauen.

Es war das Projekt 3.000. Der Nurflügeler entsprach der von Göring geforderten 1.000-1.000-1.000-Spezifikation, das heißt das Flugzeug musste 1.000 Kilometern pro Stunde schnell sein, eine Bombenlast von 1.000 Kilogramm tragen können und sollte 1.000 Kilometer weit fliegen. Bereits ab Ende 1944 fanden die ersten erfolgreichen Testflüge mit dem Prototyp der Bezeichnung HO 229 statt. Alle Erwartungen wurden übertroffen. Göring ließ sofort die Produktion für 40 Flugzeuge anlaufen.

Die Ho 229 war ein mit 2 Düsentriebwerken ausgestatteter Nurflügler. Es gab noch eine weitere Besonderheit: Es war das erste Tarnkappen-Flugzeug der Welt. Durch seine runde Form und einen besonderen Anstrich, der mit Kohlestaub vermischt war, hatte das Flugzeug den größten Teil der Radarstrahlen abgelenkt und absorbiert. Der Radarerfassungsbereich wurde somit erheblich reduziert. Das Flugzeug hätte also den Radargürtel an der englischen Kanalküste fast unerkannt durchbrechen können. Die britische Luftwaffe hätte weniger als zwei Minuten Zeit gehabt, um zu reagieren.

Ab Januar 1945 lief auf Anordnung Görings die Entwicklung eines Langstrecken-Nurflüglers mit der Bezeichnung HO 18 an. Dies war eine wesentlich größere Version, es sollte ein Langstreckenbomber werden. Mit diesem Langstreckenbomber, ebenfalls mit einer Geschwindigkeit von 1.000 Kilometer pro Stunde, wollte man New York erreichen. Für Ende 1945 bis Anfang 1946 wurde die Fertigstellung einer deutschen Atombombe erwartet. Hitler wollte mit der HO 18 den Krieg in die USA bringen. Zum Glück kam das Kriegsende früher.

Keines dieser beiden Flugzeuge kam noch zum Einsatz. Beim Einmarsch der Amerikaner fanden sie einen Prototyp und Teile der HO 229 vor und brachten diese mit den Originalplänen im Juli 1945 nach Amerika. Es war eine geheime Aktion mit dem Codenamen ‚Seahorse'. Bei der Firma Northrop in den USA fand die Weiterentwicklung für einen Tarnkappenflieger mit ‚Stealth-Technologie' statt. 1981 erhielt Northrop einen Großauftrag für den Tarnkappenflieger B2, der in Aussehen und Technik eine Kopie der HO 229 war.

Die Flugzeuge der Gebrüder Horten waren ein Geheimprojekt des Dritten Reichs, vielleicht die von der Nazi-Führung immer wieder angekündigte ‚Wunderwaffe‘? Die Experten der US-Luftwaffe kamen zu dem Urteil, dass das Flugzeug seiner Zeit um Jahrzehnte voraus war. Ihrer Ansicht nach hätte der rechtzeitige Einsatz des tödlichen Jägers HO 229 und des Langstreckenbombers HO 18 den Ausgang des Zweiten Weltkriegs noch entscheidend beeinflussen können.[272] Nach Kriegsende konstruierte und baute Walter Horten wieder Segelflugzeuge in Bonn. Da der Bau von mit Motor angetriebenen Flugzeugen in Deutschland von den Alliierten verboten wurde, ging Reimar Horten nach Argentinien und entwickelte dort neben anderen auch Flugzeuge mit Deltaflügeln.

Auch im Hubschauberbau setzte das Deutsche Reich Meilensteine. Mit dem Hubschrauber Fw 61, der zwei gegenläufigen Rotorblättern hatte, konstruierte Focke-Wulf den ersten wirklich brauchbaren und voll steuerbaren Hubschrauber der Welt. Er konnte eine Höhe von über 3.000 Metern erreichen. Hanna Reitsch, die erfolgreiche und legendäre Pilotin des Dritten Reichs, flog 1938 den Fw 61 anlässlich einer so genannten ‚Kolonialschau‘ mehrmals vor Fachleuten und Besuchern in der Deutschlandhalle in Berlin. Während des Zweiten Weltkriegs wurde dieser Hubschrauber nicht eingesetzt.

Genannt werden soll in diesem Zusammenhang auch die Raketentechnik. Professor Wernher von Braun (der Titel ‚Professor‘ wurde ihm von Adolf Hitler verliehen) war Mitglied der NSDAP und Sturmbannführer der Waffen-SS. Er entwickelte die Raketen V1 und V2, mit denen London bombardiert wurde. Seine Boden-Boden Rakete ‚Aggregat 4‘ (A4) erreichte eine Höhe von 200 Kilometern. Damit wurde erstmals ein von Menschen geschaffenes Objekt in den Weltraum befördert. Rund 100 dieser funktionsfähigen A4-Raketen fielen den Vereinigten Staaten in die Hände. Mit einer A4 wurde in Amerika die erste Aufnahme der Erde aus dem Weltraum gemacht. Mit einer von Braun entwickelten ‚Amerika-Rakete‘ (A10) hätte man sogar die USA angreifen können. Sie hatte schon damals einen Durchmesser von über vier Metern! Diese Rakete kam zum Glück nicht mehr zum Einsatz.

Nach Kriegsende wurde Wernher von Braun von amerikanischen Truppen gefangen genommen und mit seinen engsten Mitarbeitern in die USA gebracht. Hier fand er einen neuen Wirkungskreis. Seine Nazi-Vergangenheit wurde – wie bei vielen Experten – großzügig übersehen. Von Braun brachte es in den USA bis zum Direktor des ‚Marshall Space Flight Centers‘

---

272 Robert Forsyth, *Messerschmitt Me 264, Amerikabomber: The Luftwaffe's lost strategic Bomber*

in Alabama und zum stellvertretenden Direktor der NASA. Er leitete in den USA neben anderen auch die Mercury-, Gemini- und Apollo Programme, die seinen langjährigen Traum von einer bemannten Mondlandung wahr werden ließen. Ungeachtet seiner Vergangenheit gilt Wernher von Braun als der Wegbereiter der interplanetaren Raumfahrt.

Mit der ‚Operation Paperclip‘ wurde deutschen Wissenschaftlern und Ingenieuren mit einer Nazi-Vergangenheit Straffreiheit versprochen, wenn sie ihre Forschungen in den Vereinigten Staaten weiterführten. Mehrere tausend Experten folgten diesem Ruf. Die USA profitierte viel von ihrem Wissen. Nur wenige traten ins Rampenlicht der Öffentlichkeit. Die meisten, die in Deutschland als Kriegsverbrecher gesucht wurden, arbeiteten bis zu ihrem Tod im Verborgenen in den USA.

Der Architekt und General der SS, Dr. Ing. Hans Kammler, war Leiter des SS-Wirtschafts- und Verwaltungshauptamtes und zuständig für die Abteilung ‚Geheimwaffen‘ im Reichsluftfahrtministerium. Er galt als Hitlers mächtigster Raketenbeauftragter. Mit Wernher von Braun arbeitete er an der ballistischen Boden-Boden Rakete A4 und er war verantwortlich für das V2-Programm. Auch an der Entwicklung der ‚Repulsine‘, einer ‚Fliegenden Untertasse‘, die wegen ihrer Form ‚Nazi-Glocke‘ genannt wurde, war er beteiligt[273]. Er entwarf die Pläne für die Gaskammern der deutschen Konzentrationslager und leitete deren Bau. Er war Herr über 175.000 Zwangsarbeiter. Bei Kriegsende war Kammler verschwunden. Sein zunächst angenommener Suizid wurde jedoch bezweifelt, da mehrere Abschiedsbriefe an verschiedenen Orten gefunden wurden. Außerdem hatte er am 13. April 1945 gegenüber Albert Speer angedeutet, dass es besser wäre, sich jetzt abzusetzen und den Alliierten gegen Straffreiheit seine neuesten Kenntnisse der Rüstungstechnologie anzubieten.[274] Verwunderlich war, dass die Alliierten nach Kriegsende nicht nach diesem Kriegsverbrecher suchten. Nach neuesten Quellen, die der Historiker Rainer Karlsch ausfindig gemacht und veröffentlicht hat, soll sich auch Hans Kammler im Rahmen der ‚Operation Paperclip‘ in den Schutz der US-Geheimdienste begeben haben.[275] Dies war – auch auf Grund seiner Nähe zu Wernher von Braun – schon immer vermutet worden. In den USA änderte er – wie so viele – vermutlich seine Identität.

273 TV N24, 07.05.2012, Dokumentation: das UFO-Projekt der Nazis
274 de.wikipedia.org/wiki/Hans_Kammler
275 Rainer Karlsch: *Ein inszenierter Selbstmord. Überlebte Hitlers „letzter Hoffnungsträger", SS-Obergruppenführer Hans Kammler, den Krieg?*, Zeitschrift für Geschichtswissenschaft, Band 62, 2014, Heft 5, S. 485–505
Frankfurter Allgemeine Sonntagszeitung, 15. Juni 2014, Nr. 24, S. 52/53, *Was wurde aus Hans Kammler?*

Bereits 1944 wurde im Süden von Berlin ein kleiner Atomreaktor in Betrieb genommen, in dem auch eine Kernspaltung stattgefunden hatte. Wegen der andauernden Luftangriffe der Alliierten auf Berlin musste die Kernforschung der Wissenschaftler Werner Karl Heisenberg, Carl Friedrich von Weizsäcker und Otto Hahn immer wieder unterbrochen werden, bis schließlich ein Umzug des Forscherteams nach Süddeutschland, in den ‚Atomkeller‘ von Haigerloch, erforderlich wurde. Im Wettlauf um die Nutzung der Kernspaltung für eine Atombombe waren die Amerikaner immer knapp vorne und sie waren dann diejenigen, die durch den Atombombenabwurf auf Hiroshima dem Zweiten Weltkrieg ein Ende setzen.

Hitlers ‚Wunderwaffen‘ waren kein Mythos, sie waren eine Realität, die die Welt durch neue Technologien grundlegend verändert hat. Alle kamen glücklicherweise zu spät zum Einsatz, um noch einschneidend ins Kriegsgeschehen eingreifen zu können, aber sie wurden richtungsweisend für die nachfolgenden Jahrzehnte.

51. Ein deutscher Soldatenfriedhof auf Java

Wenn man mit dem Auto auf der alten Landstraße von Jakarta nach Bandung fährt, ist kurz hinter Bogor eine Abzweigung nach rechts, die hoch hinauf zum Vulkan Pangrango führt. Auf meinen vielen Dienstreisen nach Bandung bin ich hier hunderte Male vorbeigefahren. Aber in meinen 18 Berufsjahren in Indonesien hatte ich nur wenige Male Zeit und Gelegenheit, diese Straße hoch zu fahren. Wenn man dort bergauf fährt, findet man oberhalb des Dorfes Pasis Muncang ein Monument mit der Aufschrift:
DEM TAPFEREN DEUTSCH-OSTASIATISCHEN GESCHWADER 1914
ERRICHTET VON EMIL UND THEODOR HELFFERICH
Daneben ist ein deutscher Heldenfriedhof mit zehn Gräbern. Die strahlend weißen Grabsteine haben die Form von Eisernen Kreuzen.

Abb. 64
Monument

Abb. 65
Deutscher Soldatenfriedhof
Artja Domas/Arca Domas

Dieser Heldenfriedhof und das Monument stehen auf einem für Indonesier heiligen Ort, der ‚Artja Domas‘ (heute: Arca Domas) heißt: Platz der 800 Statuen. Über 1.000 Jahre herrschten hier hinduistische Könige über das Volk. Ab Anfang des 16. Jahrhunderts wurden die hier lebenden Menschen von islamischen Kriegern vertrieben oder konvertiert. Der Legende nach wurden in Artja Domas die letzten 800 Krieger des untergegangenen Pajajaran-Königreichs versteinert und den hinduistischen Göttern übergeben. Wie erzählt wird, sollen noch vor 150 Jahren Steinreste dieser Krieger dort gelegen haben, aber die Antiquitäten wurden im Laufe der Jahrhunderte immer weniger. Sammler haben sich bedient und die letzten Reste wurden zum Häuser- und Straßenbau verwendet.

Wie aber kommen diese Monumente und ein Heldenfriedhof für gefalle-
ne deutsche Soldaten an so einen magischen Ort auf Java, fast 1.000 Meter
über dem Meeresspiegel am Hang des Vulkans Pangrango? Das Denkmal
mit einem sitzenden meditierenden Buddha und einem elefantenköpfigen
Ganesha, dem Gott der Weisheit und des Wohlstands aus der hinduistischen
Mythologie, erinnert eher an einen balinesischen Tempel. An drei Ecken
dieses Platzes stehen riesige uralte Waringin-Bäume, indische Feigenbäu-
me. Viele Zweige neigen sich abwärts und wurzeln wieder in der Erde, um
als neue Stämme emporzuwachsen. Sie haben sich wieder mit dem uralten
Stamm verbunden. Auf diese Weise wird der Baum ständig erneuert und
kann viele hundert Jahre alt werden. Als Symbol der Lebenskraft, ist der
Waringin-Baum allen Indonesiern heilig. Anfang der 1960er Jahre waren es
noch vier Bäume, an jeder Ecke des Friedhofs einer. Ein Baum konnte einem
großen Sturm nicht standhalten.

Emil Helfferich, über den bereits an mehreren Stellen dieses Buches berichtet wurde, war der Sohn von Karl Helfferich, dem Vizekanzler des letzten
deutschen Kaisers. Er war ein Kaufmann, der zunächst mit Pfeffer handelte
und später das ‚Straits and Sunda Syndicate‘ leitete. Emil Helfferich war eine
herausragende Persönlichkeit unter den Kaufleuten Anfang des 20. Jahrhunderts in Niederländisch-Indien. Sein Bruder Theodor, den er in die holländische Kolonie nachkommen ließ, wirkte in seinem Schatten. Dieser Bruder
leitete verschiedene Industrieunternehmungen und war ‚Vertrauensmann‘
der Deutschen Marine. Er versorgte das Deutsch-Ostasiatische-Geschwader
mit geheimen Informationen, vermutlich über die Bewegungen von Schiffen anderer Nationen. Vor dem Ersten Weltkrieg hatte Deutschland noch
Kolonien in Ostasien und in der Südsee. Daher war die Flotte in diesem
Raum immer präsent.

Emil Helfferich kam 1899 in Penang in Malaysia an. Später wirkte er in
Batavia, wo auch seine Glanzzeit war. Er bemühte sich um die Festigung
der deutschen Wirtschaftsbeziehungen mit Niederländisch-Indien. Neben
anderen Aktivitäten gab er auch die deutschsprachige Zeitung ‚Deutsche
Wacht‘ für die hier tätigen Deutschen heraus.

Bereits vor dem Ersten Weltkrieg legten hin und wieder Kriegsschiffe des
Deutschen Ostasien-Geschwaders in Java und Sumatra an. Aus Verbunden-
heit mit der kaiserlichen Marine bereiteten die beiden Brüder Helfferich
den Offizieren und der Mannschaft regelmäßig einen herzlichen Empfang.
Auch der Kommandant des Deutschen Ostasien-Geschwaders, Vize-Admi-
ral Graf Maximilian von Spee, war Gast von Emil Helfferich. Es war also
kein Wunder, dass die beiden Brüder eine enge Beziehung zu diesem Geschwader hatten.

Während des Ersten Weltkriegs wurde das Deutsche Ostasien-Geschwader immer wieder in Kampfhandlungen mit den Briten verwickelt. In der Seeschlacht von Coronel vor der Küste Chiles im November 1914 hat das deutsche Geschwader die britische Flotte vernichtend geschlagen. Winston Churchill, damals ‚The First Lord‘ der Admiralität, hatte die Deutschen unterschätzt und schwor Rache. Schnellere und größere Kriegsschiffe mit Geschützen, die fast die doppelte Reichweite der Deutschen hatten, wurden losgeschickt, um das Deutsche Ostasien-Geschwader aufzuspüren. Bereits wenige Wochen später, in der entscheidenden Schlacht vor den Falklandinseln, kam die Vergeltung. Fünf deutsche Kriegsschiffe, unter anderen auch die *Scharnhorst* mit Graf Spee als Kapitän und Kommandant des Geschwaders, wurden bei diesem Seekrieg zerstört. Bei diesen schrecklichen Schlachten von Coronel und Falkland sind auf beiden Seiten Tausende junger Matrosen und Offiziere in der kalten antarktischen See ertrunken.

Wie bereits beschrieben wurde vor Direction Island, nur etwa 400 km südwestlich von der Südküste Javas, schon zuvor am 9. November 1914 das deutsche Kriegsschiff *Emden* von dem australischen Kreuzer *Sydney* versenkt. Das Deutsche Ostasien-Geschwader existierte nicht mehr.

Nach dem Ersten Weltkrieg besuchte 1926 der Schulkreuzer *Hamburg* als erstes Schiff der Deutschen Marine wieder Niederländisch-Indien. Die Helfferich-Brüder überlegten schon geraume Zeit, wie und wo man mit einem Denkmal wohl am besten der gefallenen Soldaten des Deutschen-Ostasien-Geschwaders gedenken könne. Zunächst war ein Gedenkstein auf den Cocos-Keeling-Inseln im Gespräch, weil dort noch bis heute Reste des Wracks der *Emden* zu sehen sind. Da er aber auf dem abgelegenen und schwer zugänglichen Atoll zu wenig Aufmerksamkeit erhalten hätte, entschieden sie sich für Artja Domas. Emil Helfferich war Eigentümer der Teeplantage Tjikopo (heute: Cikopo), die neben Artja Domas liegt. Auf der Plantage Tjikopo waren die Offiziere und Matrosen des Geschwaders vor dem Ersten Weltkrieg oft zu Besuch. So war der Besuch des Schulkreuzers *Hamburg* eine gute Gelegenheit, hier ein Denkmal zu Ehren der Gefallenen im Beisein des Kapitäns, der Offiziere und Teilen der Mannschaft zu enthüllen. Schon im Vorfeld des Besuches der *Hamburg* in Batavia berichtete Emil Helfferich in seiner Zeitung ‚Deutsche Wacht‘:

Nicht mehr lange wird es dauern, und wir werden ein Stück Vaterland hier draußen sehen. Im Oktober wird der Schulkreuzer ‚Hamburg‘ auf der Reede von Batavia erwartet. Wehmut und Stolz werden miteinander ringen, wenn wir des kleinen Kreuzers ansichtig werden; aber schließlich werden der Stolz und die Freude siegen, der Stolz trotz allem auf unser geliebtes Vaterland.

Es ist ein lang erwartetes und doch plötzlich aufflammendes Feuerzeichen auf fernem Gipfel, die Verkündung, dass Deutschland noch lebt, dass es trotz aller Not noch will, dass keine Hand – so schwer sie auch auf ihm laste – es zu erdrücken vermag. [...] Das kommende Schiff ist ein werbendes Stück Heimat und dieses Schiff führt unsere Flagge und dieses Schiff und die deutsche Flagge wollen wir einig und ehrfurchtsvoll begrüßen, als käme die Heimat selbst, uns hier in der Ferne zu suchen![276]

Bevor die *Hamburg* nach Batavia fuhr, legte sie in Surabaya an. Hier traf der Schulkreuzer *Hamburg* mit dem Fischkutter *Hamburg* zusammen. Oberleutnant Kirchheiß, ehemals Erster Offizier des ‚Seeteufels‘ Graf Luckner, segelte mit diesem Kutter rund um die Welt. Nach einer freudigen Begrüßung und der Übergabe von Farbe und Kleidungsstücken an die Mannschaft des Fischkutters trennten sich die beiden ‚Namensvettern‘ wieder.[277]

Am 17. Oktober 1926 wurde die Gedenkstätte in Artja Domas feierlich eingeweiht. Es ist ein wunderschönes Stückchen Erde, auf dem die Gedenkstätte steht. Es scheint, wie wenn die riesigen Vulkankegel rundum den Platz bewachen würden. In seiner Rede sagte Emil Helfferich:

Mögen die Wellen, die heute über ihr Grab ziehen, ihnen Kunde geben von unserm Gedenken! Möge das Denkmal, das wir zu ihrer Ehre errichtet haben, lange stehen! Möge dieser heilige Platz ein Wallfahrtsort werden für alle Deutschen hier draußen, die ihr Vaterland lieben. Mögen die Steine reden von der Treue, die nimmer vergeht![278]

Drei Tage nach dieser Einweihungsfeier verließ der Kreuzer *Hamburg* wieder Batavia mit Kurs auf Sumatra.

Während der japanischen Besetzung Niederländisch-Indiens wurde die Plantage Tjikopo von Emil Helfferich als ‚U-Boot-Wiese‘ zur Erholung für deutsche Seeleute genutzt. Nach der Kapitulation Deutschlands fanden hier die meisten deutschen Marinesoldaten Zuflucht. Korvettenkapitän Walter Burghagen, zuvor Kommandant von U 219, übernahm als ältester Offizier die Lagerleitung.

Es gab auch deutsche Soldaten, die sich bei indonesischen Freunden oder Freundinnen versteckten. Immer wieder kam es zu Verbrüderungsszenen, wenn die Indonesier auf Deutsche trafen. Sie wurden als gleichgesinnte Verbündete betrachtet. Die Deutschen mussten jedoch höllisch aufpassen, nicht mit Niederländern verwechselt zu werden. Es gab auch

---

276 Hans-Georg v. Friedeburg, *32.000 Seemeilen...*, S. 141f
277 Ibid.,S. 143f
278 Ibid.,S. 147

eine ganze Reihe der Marinesoldaten, die für immer in Indonesien bleiben wollten. Viele schlossen sich der indonesischen Unabhängigkeitsbewegung an.

Eine der interessantesten deutschen Persönlichkeiten, die für immer in Indonesien blieben, war ein Herr Schamberger, ein späterer Mitarbeiter der Deutschen Botschaft in Jakarta. In der zweiten Hälfte der 1930er Jahre war Schamberger Obersteward auf einem Passagierschiff des Norddeutschen Lloyd. Bei Kriegsanfang war er zufällig in Batavia. Er konnte bei indonesischen Freunden untertauchen und der Internierung durch die Niederländer entkommen. Während der japanischen Besetzung war er wieder frei und arbeitete auf den deutschen Marinestützpunkten in Batavia und Surabaya. Nach der Kapitulation Japans schloss er sich den indonesischen Freiheitskämpfern an. Hier muss er Soekarno oder einer anderen gewichtigen Person im Umfeld Soekarnos positiv aufgefallen sein, denn als im Dezember 1949 die Niederländer vertrieben waren, engagierte ihn Soekarno 1950 als Verwalter und Küchenchef für ein neu eingerichtetes, 800 Meter hoch in den Bergen gelegenes Regierungsgästehaus in Tugu, südlich von Jakarta. Als Hjalmar Schacht und seine Ehefrau 1951 auf Einladung von Präsident Soekarno in Indonesien weilten, verbrachten sie die Wochenenden in diesem Gästehaus. Sie waren nicht wenig überrascht, im Gästehaus von einem Deutschen, nämlich Herrn Schamberger, betreut zu werden.[279] Im Juni 1952 wurden die diplomatischen Beziehungen zwischen Deutschland und Indonesien aufgenommen. Nun wechselte Schamberger als Mitarbeiter an die Deutsche Botschaft in Jakarta, wo ich ihn 1963 kennen lernte. Bis zu seiner Pensionierung war er an der Botschaft tätig. Er verbrachte seinen Lebensabend in Indonesien.

Der Platz der Gedenkstätte Artja Domas wurde durch die Gräber von Seeleuten erweitert, die nach Kriegsende hier verstorben sind. Die Inschriften der zehn weißen Grabsteine in Form von Eisernen Kreuzen lauten:
ObLt. Dr. Ing. H. Haake, U 196; 1914 – 30. November 1944
Lt. Wilhelm-August Jens; 7. November 1907 – 12. Oktober 1945
Kpt. Lt. Hermann Tangermann; 11. Oktober 1919 – 23. August 1945
ObLt. Friedrich Steinfeld, Kdt. U 195; 15. Dezember 1906 – 30. November 1945
Schiffszimmermann Eduard Onnen; 14. Dezember 1906 – 15. April 1945
Lt. W. Martens; gest. Oktober 1945
Ob.Gefr. Willi Petschow; 31. Dezember 1912 – 28. September 1945
Ob.Lt. Willi Schlummer; gest. 12. Oktober 1945
Auf zwei Grabsteinen steht ‚unbekannt'.

---

279 Hjalmar Schacht, *76 Jahre meines Lebens,* S. 672

Willi Schlummer und Wilhelm Jens wurden in Bogor getötet, weil sie fälschlicherweise für Niederländer gehalten wurden. W. Martens wurde aus dem gleichen Grund während einer Zugfahrt von Jakarta nach Bogor gelyncht. Willi Petschow und Eduard Onnen sind auf der ‚U-Boot-Wiese' in Tjikopo verstorben; Hermann Tangermann kam durch einen Unfall ums Leben. Der Kommandant von U 195 und UIT 21, Friedrich Steinfeld, ist nach Aussage der Besatzungsmitglieder Peter Marl und Martin Müller während seiner Inhaftierung in Surabaya an Ruhr und Unterernährung gestorben. Auf Wunsch seiner Familie wurde auch für Dr. H. Haake ein Grabstein aufgestellt. Er ist mit U 196 am 30. November 1944 aus Batavia zu einer Operation in die Sundastraße ausgelaufen. Seither gilt das Boot als verschollen. In Südamerika hält sich jedoch das Gerücht, dass der größte Teil der 65 Mann starken Mannschaft mit dem Schiff *Almirante Latorre* in Iqueque in Chile an Land gegangen und dort verblieben sei.

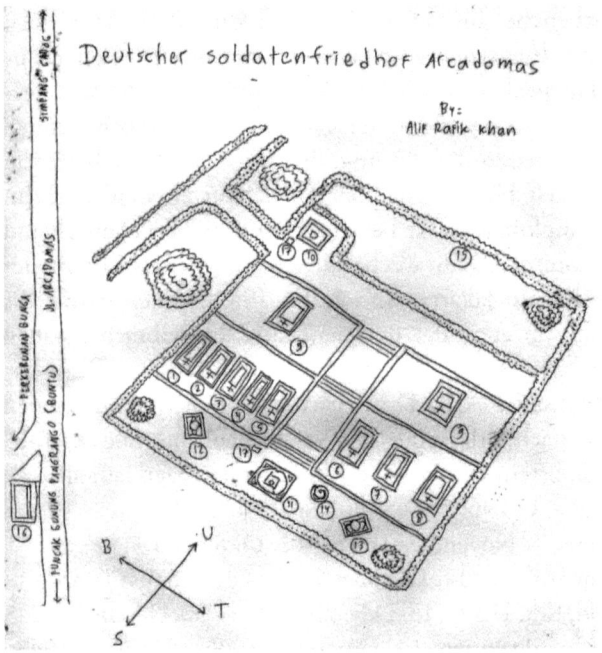

Abb. 66
Lageplan des deutschen Soldatenfriedhofs Arca Domas

1) Grab Willi Schlummer, 2) Grab Willi Petschow, 3) Grab W. Martens, 4) Grab Eduard Onnen, 5) Grab Friedrich Steinfeld, 6) Grab Hermann Tangermann, 7) Grab Wilhelm-August Jens, 8) Grab Dr. Heinz Haake, 9) Zwei Gräber ‚Unbekannt', 10) Gedenktafel ‚Deutscher Soldatenfriedhof' der Deutschen Botschaft Jakarta, 11) Monument für das Deutsche-Ostasien-Geschwader, 12) Buddha Statue, 13) Ganesha Statue, 14) Statue der Göttin des Todes Kala aus der indischen Mythologie, 15) Umzäunung

Bei einem der beiden Gräber mit der Aufschrift ‚unbekannt‘, könnte es sich um den Obermatrosen Thiel handeln, der hier während des Aufenthaltes des Hilfskreuzers *Hamburg* im Oktober 1926 mit allen militärischen Ehren beigesetzt wurde. Er war Teil der Besatzung und ist bei einer Fahrt mit der javanischen Eisenbahn durch einen Unfall ums Leben gekommen.[280]

Den deutschen Soldaten auf der Plantage Tjikopo ging es gut. Dank der eigenen Produktion von Gemüse und Fleisch war das Essen hervorragend und reichlich. Auch das Klima in der Bergregion ist trotz Äquatornähe kühl und gesund. Gegenüber dem zerbombten Deutschland mit seiner Hungersnot nach dem Krieg war die ehemalige ‚U-Boot-Wiese‘ ein Paradies. Ein Zeitzeuge, der damals 15 jährige Abah Sa'ad, beobachtete eine Beerdigung. Er erinnert sich, dass vier Soldaten den Sarg getragen hätten, gefolgt von Dutzenden weiteren Soldaten in weißen Uniformen. Für die Einwohner der nahen Dörfer war dies ein ganz besonderes Ereignis. Viele hundert säumten den Weg.

Erst im September 1945 wurden die deutschen Soldaten von einem britischen Ghurka-Regiment auf der Plantage Tjikopo entdeckt. Wie bereits beschrieben wurden sie wieder bewaffnet und mussten dann im Auftrag der Briten die im Lager Bogor internierten Niederländer vor marodierenden indonesischen Banden beschützen.

Jedes Jahr veranstaltet die Deutsche Botschaft am Volkstrauertag im November zusammen mit den vielen nun in Indonesien ansässigen Deutschen an diesem, nun Arca Domas genannten Platz unter den riesigen Waringin-Bäumen eine Gedenkfeier. Es wäre zu wünschen, wenn die indonesische Regierung auch den deutschen Kämpfern und Helfern für die Unabhängigkeit Indonesiens hier mit einem Denkmal ein ehrendes Gedenken gewähren würde. Die Plantage von Emil Helfferich in Tjikopo ist heute die Plantage VIII der staatlichen indonesischen Plantagengesellschaft ‚PTP Nusantara‘.

---

280 Hans-Georg v. Friedeburg, *32.000 Seemeilen...*, S. 147

52. Herausragende Deutsche beim Aufbau der freien Republik Indonesien

Kapitän August Friedrich Herrmann Rosenow

Als ich mich Ende 1963/Anfang 1964 bei mehreren Gelegenheiten mit dem Oberbefehlshaber der Indonesischen Kriegsmarine ALRI (Angkatan Laut Republik Indonesia), Admiral Eddy Martadinata, über Kurzwellensender für die Marine unterhielt, hat dieser immer wieder lobende Worte für den deutschen Kapitän Rosenow ausgesprochen. Rosenow habe einen überaus wichtigen Beitrag zur Erreichung der Unabhängigkeit des Landes und zum Aufbau der indonesischen Marine geleistet.

Kapitän Rosenow bereiste schon vor dem Ersten Weltkrieg als Schiffsoffizier der Hamburg-Amerika Linie HAPAG die Gewässer Niederländisch-Indiens. Er war ein hervorragender Kenner von Land und Leuten und der Landessprache.

Nach den Unterhaltungen mit Admiral Martadinata wollte ich noch mehr über Kapitän Rosenow erfahren und begann zu recherchieren. Was dabei herauskam ist eine ereignisreiche Lebensgeschichte. Schon während des Ersten Weltkriegs wurde Rosenow als Deutscher von den Niederländern in einem Lager in Belawan in Nordsumatra interniert. Nach Ende des Ersten Weltkrieges trat er in die Dienste der niederländischen Kolonialregierung ein und nahm die niederländische Staatsangehörigkeit an. Bis zum Ausbruch des Zweiten Weltkriegs war er als Lotse in den Gewässern des indonesischen Archipels tätig.

Nach Beginn des Zweiten Weltkriegs entzog sich Rosenow einer erneuten Internierung durch die Flucht nach Japan. Hier war er als Ausbilder in einer Seefahrtsschule der japanischen Marine tätig. 1942, nach der Okkupation Niederländisch-Indiens durch Japan, kehrte er nach Java zurück. Bereits zu dieser Zeit traf er mit dem Freiheitskämpfer Soekarno zusammen und stand ihm in maritimen Fragen mit Rat und Tat zur Seite. Rosenow legte Soekarno nahe, eine Militärakademie zu gründen. Die Entstehung der ersten provisorischen Militärakademie in Yogyakarta und der SORA in der Deutschen Schule Sarangan geht auf seine Initiative zurück. Soekarno hörte auf seinen fachlichen Rat.

Als nach der Unabhängigkeit der Republik Indonesien ab 17. August 1945 die Niederländer mit ihren Truppen zurückkamen um die Kolonialherrschaft mit militärischen Mitteln wieder herzustellen, schloss sich Rose-

now den Freiheitskämpfern an. Ein fast fünfjähriger grausamer Kolonial-
krieg begann. Während dieser Zeit betätigte sich Rosenow vorwiegend als
Ausbilder von indonesischen Kadetten in der ersten Militärakademie, wo er
von Soekarno zum Offizier der indonesischen Marine ernannt wurde. Ende
Dezember 1949 konnte Soekarno endlich vor seinem Palast in Jakarta vor
dem Jubel einer Million Menschen den Abzug der Niederländer verkünden:
Alhamdulillah, wir sind endlich frei! Als er nun endgültig als Präsident in den
Palast am Medan Merdeka (Platz der Freiheit) eingezogen war, erinnerte sich
Soekarno an Kapitän Rosenow. Rosenow wurde sein wichtigster Berater in
maritimen Fragen. Beide hatten den Weitblick, dass für den interinsulären
Verkehr des riesigen Archipels mit mehr als 13.000 Inseln schnell eine moder-
ne Marine und Handelsflotte mit gut ausgebildeten Seeleuten benötigt wurde.

Die Deutschen hatten in Indonesien viele bahnbrechende Spuren hinterlassen, weshalb Sukarno gerne mit deutschen Firmen zusammen arbeitete.
Aber sicherlich war es auch das Verdienst von Kapitän Rosenow, dass Soekarno Deutschland als Partner zum Aufbau einer modernen Flotte auswählte.

Kurz nach meiner Ankunft in Jakarta im Jahre 1963 ergab sich ein
bemerkenswerter Zufall. Ich konnte Kapitän Rosenow in Tanjung Priok,
dem Hafen von Jakarta, anlässlich einer Einladung an Bord eines HAPAG-
Frachters persönlich kennenlernen. Es waren höhere Offiziere der indonesischen Marine und einige deutsche Firmenvertreter zu einem gemeinsamen
Abendessen eingeladen. Ich hatte das Glück dabei zu sein. Rosenow war
blond, groß und stämmig mit einem breitem Gesicht und breiten Schultern,
so wie man sich einen richtigen Seemann vorstellt. Insgesamt war er eine sehr
sympathische Person. Von den indonesischen Offizieren wurde er mit größter
Hochachtung und größtem Respekt behandelt. An diesem Abend erfuhr ich
viele Einzelheiten aus seinem ereignisreichen und abenteuerlichen Leben.

Rosenow wurde im Jahre 1892 auf der Insel Usedom in der Ostsee geboren, wo er bei einem Besuch im Jahre 1926 auch seine spätere Ehefrau
kennenlernte, die mit ihm in das damalige Niederländisch-Indien ging. Aus
der Ehe gingen zwei Töchter hervor. Um 1936 brachte er eine seiner Töchter, die schwer an Malaria erkrankt war, zu ihrer Großmutter an die Ostsee.
Dort sollte sie ihre Krankheit auszukurieren. Aber der Zweite Weltkrieg kam
dazwischen und aufgrund der Wirren während des Unabhängigkeitskrieges
in Indonesien konnte sie nicht nach Niederländisch-Indien zurückkehren.
Rosenow sah sie erst im Jahre 1952 wieder.

Rosenow konnte Präsident Sukarno von der Notwendigkeit überzeugen,
in Deutschland ein Segelschulschiff für die Ausbildung indonesischer Kadetten bauen zu lassen. Er reiste Anfang 1952 nach Deutschland und fand
in der Werft H. C. Stülcken & Sohn – gegenüber den Landungsbrücken im

Hamburger Hafen – den richtigen Partner. Diese Werft hatte in den 1930er Jahren für die jugoslawische Marine einen Dreimast-Topsegelschoner als Schulschiff gebaut. Auf Basis dieses Schiffes wurde nun für Indonesien eine Dreimast-Barkentine mit Stahlrumpf bestellt. Da Indonesien durch die lange Kolonialherrschaft und den anschließenden Unabhängigkeitskampf ausgeblutet und finanziell ruiniert war, erfolgte die Bezahlung durch einen Tauschhandel mit Gummi und Kopra.

Zusammen mit dem jungen indonesischen Marineoffizier Capt. Oentoro Koesmardjo hatte er die Bauaufsicht auf der Werft. Der junge Marineoffizier und die während des Zweiten Weltkriegs in Deutschland aufgewachsene Tochter von Rosenow verliebten sich auf den ersten Blick und reisten zur Hochzeit nach Indonesien. Rosenow hatte von nun an die alleinige Verantwortung für den Bau des Schiffes. Der Stapellauf des Segelschulschiffs mit einer Länge von 58,3 Metern, einer Breite von 9,5 Metern und einer Segelfläche von 1.091 Quadratmetern fand im Januar 1953 statt. Im Juli 1953 begann die Segelreise in die zukünftige Heimat. Rosenow war Kommandant des Schiffes und Kapitän A. F. Hottendorf übernahm die nautische Leitung. Am 1. Oktober 1953 legte das Schulschiff sicher in der indonesischen Marinebasis in Surabaya an und wurde von Admiral Martadinata begrüßt. Das Segelschulschiff hatte seine erste lange Fahrt mit Bravur absolviert.

Abb. 67
Das indonesische Segelschulschiff Dewa Ruci

Kurz danach wurde das Schulschiff nach dem Vorschlag des Schwiegersohns von Rosenow, Oentoro Koesmardjo, der inzwischen zum Kapitän befördert worden war, auf den Namen *KRI Dewa Ruci* getauft. Die Schiffstaufe wurde von Admiral R. S. Dubijakto durchgeführt. Das neue Schulschiff erhielt als Gallionsfigur *Dewa Ruci,* die Schutzgöttin der Meere. Das Schiff wurde gleichzeitig an seinen ersten Kommandanten, den nun zum Oberstleutnant der Marine beförderten A. F. H. Rosenow, übergeben.

Inzwischen ist die *Dewa Ruci* auf allen Weltmeeren gesegelt und auch mehrmals wieder in Deutschland gewesen. Sie ist der Stolz der indonesischen Marine und hat an vielen Großsegler-Veranstaltungen erfolgreich teilgenommen. Die *Dewa Ruci* ist in jedem Hafen eine Attraktion. In der Zwischenzeit wurden unzählige Kadetten auf dem Segelschulschiff ausgebildet. Mit Sicherheit hat die *Dewa Ruci* auch viel zur Völkerverständigung beigetragen und anderen Kulturen ihr Heimatland mit seinen freundlichen Menschen näher gebracht. In Deutschland wurde zur Förderung des Schiffes mit Hilfe der Industrie- und Handelskammer die Stiftung ‚Freunde der Dewa Ruci‘ gegründet.

Kapitän Rosenow ist im Jahre 1966 in Indonesien verstorben. Seine Urne wurde von einem Schiff der indonesischen Marine in der Sundastraße, in der Nähe des Vulkans Krakatau, im Meer versenkt. Auf der Ahnentafel der *Dewa Ruci* steht Kapitän Rosenow als erster Kommandant ganz oben[281]. Rosenow wird in indonesischen Seefahrtskreisen bis heute hoch verehrt. Wenn man auf Bali mit dem Flugzeug landet, kommt man auf dem Weg vom Flughafen nach Kuta oder Ubud an einem riesigen Monument vorbei. Es ist der Göttin des Meeres *Dewa Ruci* geweiht.

Seit Rosenow haben sich die Beziehungen auf dem Gebiet des Schiffbaus zwischen Deutschland und Indonesien immer weiter verfestigt. Alleine die Meyer-Werft in Papenburg lieferte bisher über zwei Dutzend Passagierschiffe für bis zu 3.000 Passagiere an die staatliche indonesische Reederei P. T. Pelni, um einen regelmäßigen und zuverlässigen Linienverkehr zwischen den Haupthäfen des indonesischen Archipels aufrecht zu erhalten.

Dr. Hjalmar Schacht

Nur wenige Menschen wissen, dass Dr. Hjalmar Schacht, der von 1923 bis 1930 Reichsbankpräsident war und im Dritten Reich von Adolf Hitler erneut zum Präsidenten der Reichsbank ernannt wurde, nach dem Zweiten Weltkrieg in Indonesien war. Er spielte beim Aufbau eines stabilen Finanzsystems und mit Vorschlägen, wie die finanziellen und wirtschaftlichen Probleme des Landes überwunden werden können, eine herausragende Rolle.

---

281 Kowaas: *Dewa Ruci*, S. 432

Schacht hatte schon einmal bei der Einführung der Deutschen Rentenmark im Jahre 1923 einen wesentlichen Beitrag geleistet. Mit seiner Hilfe wurde die lähmende Arbeitslosigkeit überwunden. Ihm ist das Wunder gelungen, die Inflation in Deutschland zu beenden und die ‚Deutsche Mark‘ zu stabilisieren. Dies bewunderte auch Präsident Soekarno. Schacht wurde von Soekarno mit seiner Frau eingeladen, um auch in Indonesien ihn und seine Minister zu beraten. Auch andere Länder, wie Ägypten, Iran, Brasilien, oder amerikanische Ölgesellschaften suchten nach dem Zweiten Weltkrieg seinen Rat.[282]

Schacht studierte in Kiel, Berlin, München, Leipzig, Paris und London. In Kiel promovierte er zum Dr. phil. 1930 lernte Schacht Hermann Göring kennen, ein Jahr später Adolf Hitler und Joseph Goebbels. Er trat in den ‚Keppler-Kreis‘, den ‚Freundeskreis Reichsführer der SS Himmler‘ ein, dem auch Emil Helfferich angehörte. Er war aber nie Mitglied der NSDAP.

1933 wurde Schacht von Adolf Hitler erneut zum Präsidenten der Reichsbank ernannt. In dieser Funktion wurde er von Präsident Franklin Roosevelt im Weißen Haus in Washington empfangen. 28 Jahre zuvor traf Schacht in diesen Räumen bereits mit dessen Onkel, Präsident Theodor Roosevelt, zusammen. Von 1934 bis 1937 war Schacht in Personalunion auch Reichswirtschaftsminister und für die Finanzierung der militärischen Aufrüstung zuständig. 1937 wurde Schacht von Hitler das Goldene Parteiabzeichen verliehen.

Schacht war persönlich mit Sir Montagu Norman, dem Gouverneur der ‚Bank of England‘ befreundet, mit dem er gemeinsam im Gremium der ‚Bank für Internationalen Zahlungsausgleich‘ (BIZ) saß. Als junger Mann hielt sich Norman zu einem Musikstudium in Leipzig auf. Seinen Aufenthalt

in Deutschland hielt er in bester Erinnerung. Norman war sogar Taufpate des dritten Kindes von Schachts Tochter Inge, das auf den Namen ‚Norman Hjalmar‘ getauft wurde. Dies zeigt, wie eng das Verhältnis von Schacht zur Bank of England war.[283]

Abb. 68
Hjalmar Schacht im Gespräch mit Montagu Norman,
dem Präsidenten der englischen Nationalbank

282 AA, Bestand B 11, Band 696 und Generalanzeiger Bonn v. 08.01.1952
283 Schacht, *76 Jahre meines Lebens*, S. 250

1938 führte Schacht Verhandlungen in London mit dem Direktor des ‚Intergovernmental Commitee on Refugees‘ (ICR), George Rublee. Sie arbeiteten gemeinsam den bereits im ersten Teil des Buches erwähnten Schacht-Rublee-Plan aus, bei dem Schacht von Großbritannien, den USA und anderen westlichen Staaten eine Erhöhung der Einreisekontingente für die aussiedlungswilligen Juden aus Deutschland und Österreich erreichen wollte.[284]

Schachts Widerstand gegen die Politik Hitlers wuchs. Hitler waren die von Schacht gegenüber den Juden gemachten Zugeständnisse zu großzügig. Zuvor hatte sich Schacht schon von der Pogromnacht gegen die Juden distanziert. Dies missfiel Hitler. 1939 wurde Schacht – offiziell wegen seiner Nähe zur Opposition und seiner Kritik an Hitlers Rüstungs- und Finanzpolitik – aller Ämter enthoben. 1944 wurde er in Zusammenhang mit dem Attentat auf Hitler am 20. Juli 1944 wegen Hochverrats gegen das Hitler-Regime verhaftet und inhaftiert. In den Konzentrationslagern Ravensbrück und Dachau, im Kellergefängnis des Hauptquartiers des Reichssicherheit-Hauptamtes in Berlin und dem Vernichtungslager Flossenbürg wurde er verhört und drangsaliert, bis er endlich bei Kriegsende aus dem Lager Reichenau bei Innsbruck von den Amerikanern ‚befreit‘ wurde. Diese Herrlichkeit dauerte allerdings nur wenige Tage. Er und viele andere, die unter Einsatz ihres Lebens gegen Hitler gekämpft hatten, wurden mit den Schuldigen des Hitler-Regimes in einen Topf geworfen und als Kriegsverbrecher unter schlimmsten Bedingungen im Lager Aversa bei Neapel eingepfercht.

Nach Kriegsende wurde Schacht im Nürnberger Prozess gegen die Hauptkriegsverbrecher des Dritten Reichs von den Alliierten freigesprochen. Aber 1947 verurteilten ihn deutsche Spruchkammer-Gerichte als ‚Hauptschuldigen‘ zu acht Jahren Arbeitslager. Nach einem Berufungsverfahren wurde Hjalmar Schacht 1948 auch hier freigesprochen.

Der letzte britische Botschafter in Berlin, Henderson, schreibt – auch in Bezug zu Schacht – in seinen Memoiren:

Es wäre in einem hohen Grade ungerecht, nicht zu erkennen, dass eine große Anzahl von denen, die sich Hitler anschlossen und für ihn und das Naziregime arbeiteten, ehrliche Idealisten waren. […] Es ist möglich, dass Hitler am Anfang selbst ein Idealist gewesen ist.[285]

In diesem kurzen Abriss von Schachts Leben fehlt seine Aktivität nach Kriegsende in der Republik Indonesien. Über diese Zeit Hjalmar Schachts gibt es so gut wie keine Aufzeichnungen, obwohl er mit seinen Vorschlägen zur Wirtschafts- und Finanzpolitik maßgeblich am Aufbau der noch jungen

---

284 siehe Band 1 des Buches, Kapitel 20
285 Schacht, Hjalmar, *76 Jahre meines Lebens*, S. 627

Republik beigetragen hat. Ich hatte jedoch das Glück, während meiner Zeit in Indonesien Wilhelm Dunsing, den Vertreter der kleinen Hamburger Privatbank ‚Bankhaus Ludwig' kennen zu lernen. Hjalmar Schacht war Gründer und Mitinhaber des ‚Bankhauses Schacht & Co', das später in ‚Bankhaus Ludwig & Co' umbenannt wurde.

Wilhelm Dunsing kam, wenn ich mich recht erinnere, 1967 nach Jakarta. In den folgenden Jahren trafen wir uns regelmäßig zu einem Meinungsaustausch über die wirtschaftliche und politische Situation Indonesiens. Bei diesen Gesprächen habe ich auch viele Informationen über Hjalmar Schacht und seine Tätigkeit in Indonesien erhalten. Mit dem Schwiegersohn von Herrn Dunsing, Herrn Dierk von Drigalski, der auch einige Jahre auf dem Sektor der Agrochemie in Indonesien tätig war, stehe ich bis heute in Kontakt. In seinem Buch *Al Andar se Hace Camino, Stationen eines langen Lebens* beschreibt er anschaulich seine Zeit in Jakarta.[286]

Nachdem die Niederländer im Dezember 1949 Indonesien endgültig verlassen hatten, war das Land bettelarm. Bereits 1950 besuchte eine indonesische Abordnung unter der Leitung des indonesischen Finanzministers Jusuf Wibisono Dr. Schacht in seinem Haus in Bleckede an der Elbe. Die Abordnung überbrachte dem Ehepaar Schacht eine Einladung Präsident Soekarnos mit der gleichzeitigen Bitte, ein finanz- und wirtschaftspolitisches Gutachten zu erstellen. Schacht gab hierzu sein Einverständnis.

Nun reiste der Regierungsbevollmächtigte und damalige Industrie- und spätere Finanzminister Professor Dr. Soemitro Djojohadikoesoemo (neue Schreibweise: Sumitro Djojohadikusumo) eigens nach Deutschland, um Schacht auf den Besuch in Indonesien vorzubereiten. Soemitro war einer der führenden Ökologen Indonesiens und Autor vieler Sachbücher. Im Juli 1951 flog das Ehepaar Schacht mit Soemitro nach Jakarta ab. Schacht blieb auf Einladung der ägyptischen Regierung eine Woche in Kairo. Soemitro setzte seine Reise nach Jakarta fort, um Vorbereitungen für Schachts Ankunft zu treffen. Schacht beschrieb Soemitro als einen gebildeten, kenntnisreichen, aktiven und intelligenten Staatsmann.

In Bangkok musste das Ehepaar Schacht sechs Tage auf einen damals noch seltenen Direktflug nach Jakarta warten. Die britischen Behörden in Singapur hatten eine Vorschrift erlassen, dass Deutsche und Japaner nur mit einem Visum einreisen und während eines Aufenthalts in Singapur das Hotel nicht verlassen durften.[287] Schacht verzichtete daher verständlicherweise auf einen Zwischenaufenthalt in Singapur.

---

286 Dierk von Dirgalski, *Al Andar se Hace Camino, Stationen eines langen Lebens*, S. 114-133
287 Schacht, Hjalmar, *76 Jahre meines Lebens*, S. 664ff

In Jakarta wurde Schacht von der indonesischen Regierung eine Suite mit zwei Zimmern, einer geräumigen Loggia und einem Büro mit Sekretärin im ‚Hotel Duta Indonesia‘, das während der niederländischen Kolonialzeit ‚Hotel des Indes‘ hieß, zur Verfügung gestellt.[288] Am Wochenende wurde das Ehepaar Schacht im Regierungsgästehaus in Tugu von dem Deutschen Schamberger betreut, über den bereits zuvor berichtet wurde. Tugu liegt etwa 100 Kilometer südlich von Jakarta in einer kühlen Bergregion.

Die Wahl Präsident Soekarnos, mit dieser Aufgabe Schacht zu betreuen, fiel sicherlich unter den Gesichtspunkten, dass Deutschland nicht mehr mit kolonialen Hypotheken belastet war, dass Deutschland kein imperialistisches Interesse an Indonesien hatte, dass Soekarno gerne mit deutschen Geschäftsfreunden zusammenarbeitete und Produkte ‚Made in Germany‘ liebte. Grundsätzlich war er sehr germanophil eingestellt. Die deutsche Sprache und die deutsche Kultur waren ihm vertraut. Nach der Unabhängigkeit wurde Indonesien Asiens größter Rohstofflieferant für Westdeutschland.

Schachts Aufgabe war nicht einfach, denn die niederländischen Kolonialherren verbauten Indonesien Jahrhunderte lang den sozialen Aufstieg und legten keinen Wert auf die Schulbildung der einheimischen Bevölkerung. Bildung und Intelligenz war den Niederländern verdächtig, denn ein gebildetes Volk wehrt sich eher gegen die Unterdrückung und Ausbeutung. Nach Dr. Schachts Empfehlungen war – neben den finanz- und wirtschaftspolitischen Vorschlägen – Erziehungsarbeit am Volk nötig, denn einer nur sehr dünnen Schicht von im Ausland ausgebildeten dynamischen Politikern stand eine breite träge Schicht von Beamten und Arbeitern gegenüber. Die Letzteren galt es zu motivieren. Auch das von den Niederländern hinterlassene Analphabetentum machten Schacht und Soekarno große Sorgen. Schacht unterstützte die bereits von Soekarno und seinem Bildungsminister Wongsonegoro eingeleiteten Maßnahmen, mit 50.000 neuen Lehrern Millionen von Menschen in Intensivkursen das Lesen und Schreiben beizubringen.

Das Hauptproblem Indonesiens war jedoch der Mangel an Devisen. Schachts Vorschlag war, mit ausländischem Kapital solche Produktionsanlagen für indonesische Güter zu errichten, die auf dem Weltmarkt, also gegen Devisen, verkäuflich waren. Die Produktion sollte in Gemeinschaft von Indonesiern und Ausländern – in diesem Fall mit deutschen Unternehmen – erfolgen. Die gesamten Produktionsanlagen sollten auf Kosten der Unternehmen aufgebaut, aber anschließend aus dem Verkauf ihrer Produkte bezahlt werden. Schachts Plan war allerdings etwas optimistisch, denn er nahm an, dass sich die Anlagen in drei bis fünf Jahren amortisiert hätten.

---

288 Geschichte Hotel des Indes s. Geerken, *Der Ruf des Geckos,* S. 41f

Angedacht war eine Rückzahlung von 20 Prozent des Verkaufserlöses der indonesischen Produkte an die deutschen Anlagebauer.

Am 9. Oktober 1951 übergab Schacht der indonesischen Regierung seinen 65 Seiten langen Bericht in deutscher Sprache. Nicht nur Soekarno, auch die meisten seiner Minister und Mitarbeiter sprachen perfekt Deutsch. Nach der Unabhängigkeit Indonesiens wurde von Soekarno Deutsch als erste Fremdsprache propagiert. In den 1950er Jahren studierten mehr als 17.000 junge Indonesierinnen und Indonesier in Deutschland!

Schachts Bericht wurde vom indonesischen Presse- und Informationsministerium übersetzt und auf Deutsch und Indonesisch in einem Handbuch an alle leitenden Regierungsbeamten der Ministerien verteilt.

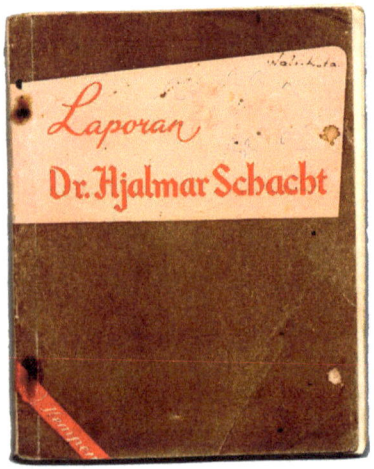

Abb. 69
Bericht von Hjalmar Schacht
in Buchform

Abb. 70
Hjalmar Schacht 1951 in seinem Büro
im Hotel Duta Indonesia

Auszüge aus diesem Bericht, die sich mit der allgemeinen Lage befassen, habe ich in Anlage 3 beigefügt. Schacht, der den persönlichen Kontakt zu den Ministern und höheren Beamten der indonesischen Regierung als stets sehr freundlich und vertrauensvoll bezeichnete, hatte den Bericht in enger Abstimmung mit Finanzminister Soemitro verfasst.[289]

Als Hjalmar Schacht in Jakarta war, hatte die Bundesrepublik Deutschland noch keinen Gesandten nach Indonesien entsandt. In Bonn hatte man noch nicht erkannt, welch wichtige wirtschaftliche und politische Rolle der neue Staat zwischen dem Indischen Ozean und dem Pazifik in Zukunft – auch

---

289 Schacht, *76 Jahre meines Lebens*, S. 672ff

für Deutschland – einmal spielen sollte. In Jakarta wäre ein Deutscher Botschafter wichtiger gewesen als in Rom oder anderswo! Erst ein Jahr, nachdem Schacht Jakarta wieder verlassen hatte, entsandte Deutschland im Jahre 1952 den ersten deutschen Botschafter, Werner Otto von Hentig, in die Republik Indonesien. Daher ist auch verständlich, dass in der Deutschen Botschaft Jakarta und im Politischen Archiv des Auswärtigen Amts keine erwähnenswerten Aufzeichnungen über Schachts Besuch in Indonesien vorliegen.

Wenige Tage vor der Übergabe von Schachts Bericht an die indonesische Regierung ereignete sich ein Eklat. Bei einem Empfang des UNO-Beauftragten in Indonesien, dem Inder Sir Mirza Ismail (Diwan/Premierminister von Mysore, Jaipur und Bangalore) und des indonesischen Ministers Wibisono zu Ehren von Hjalmar Schacht war die internationale Prominenz von Jakarta geladen. Bei diesem Empfang verkündete der kanadische UNO-Beamte Hugh L. Keensleyside gegenüber Hjalmar Schacht lautstark:

Es tut mir leid, aber diesem Manne kann ich nicht die Hand geben. Ich bin damit derselben Meinung wie alle, die Herrn Schachts Lebensgeschichte kennen. Das ist Einer, der bei allen Winden segeln kann. Ohne Prinzipien! Ein verachtungswürdiger Schurke! Eine Schande für die ganze Menschheit!

Schacht verließ mit seiner Ehefrau den Saal. Aber auch der rüpelhafte kanadische UNO-Beamte musste gehen, denn der indonesische Finanzminister Wibisono verkündete ebenso lautstark:

Ich bin der Ansicht, der weitere Verbleib von Herrn Keensleyside ist unerwünscht![290]

Der Beamte Keensleyside war ohnehin nur nach Jakarta gekommen, um den für Indonesien vorgesehenen UNO-Etat für 1952 zu kürzen. Schacht und die indonesische Regierung waren strikt dagegen.

Nachdem Keensleyside den Saal verlassen hatte, wurde Hjalmar Schacht mit seiner Ehefrau zurückgeholt. Sie wurden mit Applaus empfangen. Keensleyside hatte wegen seiner öffentlich geäußerten Ablehnung Schachts nicht nur diese Gesellschaft verlassen müssen, am Tag danach wurde er auch noch aus Indonesien ausgewiesen.

Schacht hat in Indonesien nicht nur gearbeitet. Soekarno stellte dem Ehepaar ein Flugzeug zu Verfügung, damit es außer Jakarta und Westjava auch noch andere Teile des wunderschönen Inselreichs kennenlernen konnte. So reiste das Ehepaar Schacht auch noch nach Mitteljava, Bali und Sumatra. Am 17. August 1951, dem Jahrestag der Unabhängigkeit Indonesiens, wurden die Schachts von Präsident Soekarno zu einem Festakt in den Palast in Jakarta eingeladen.

---

290 Der Spiegel, 16. Januar 1952, *Indonesien: Typisches Fiebertemperament*
    http://wissen.spiegel.de/wissen/image/show.html?did=21058603
    &aref=image028/E0203/SP195203-019-T2P-21058603.pdf&thumb=false

Die Abschiedsparty für Dr. Schacht und seine Ehefrau verlief harmonisch. Auch Präsident Soekarno und seine zauberhafte Frau Fatmawati waren anwesend. Hjalmar Schacht hatte auf ein Honorar für seine Beratertätigkeit großzügig verzichtet. Als freundliche Geste wurde Schacht ein Scheck über den Gegenwert von einer Deutschen Mark – umgerechnet in indonesische Rupiahs – überreicht. Die charmante Präsidentengattin Fatmawati hatte Herrn und Frau Schacht besonders ins Herz geschlossen. Frau Schacht und Frau Fatmawati hatten sich zuvor bereits mehrmals verabredet und gemeinsame Ausflüge gemacht. Entsprechend herzlich war der Abschied vom Präsidentenehepaar.

Schacht war in Asien ein gefragter Mann. Auf dem Rückweg nach Deutschland war Schacht war mit seiner Ehefrau noch einige Tage in New Delhi von Jawaharlal Nehru eingeladen. Auf Veranlassung des UNO-Beauftragten in Jakarta, Sir Mirza Ismail, war das Ehepaar Schacht Gast des Maharadschas von Mysore. Hier durften sie ein prunkvolles Fest erleben. Weitere Gespräche fanden in Persien (heute: Iran) mit Premierminister Mossadegh und Schah Mohammed statt. In Kairo wurde Schacht zu Gesprächen mit dem damals an der Spitze der Regierung stehenden Generals Nagib und Finanzminister El Emari eingeladen. An Weihnachten 1951 war Schacht wieder zu Hause in Deutschland. Hier wurde das Ehepaar Schacht kurz danach von dem indischen Premierminister Sir Mirza Ismail, den Schacht in Jakarta als UNO-Beauftragten kennengelernt hatte, in seiner Münchner Wohnung besucht. Im Dezember 1952 folgte Schacht einer Einladung der syrischen Regierung nach Damaskus für ein Gutachten zur Errichtung einer staatlichen Notenbank.

Nach seiner Indonesienreise stellt Schacht fest:

[...] *Was 75 Millionen Menschen aus diesem Inselreich machen werden, wird die Zukunft lehren. Es mag viele westliche Beobachter enttäuschen, dass die Ideale der heutigen westlichen Demokratie nicht übermäßig hoch im Kurse stehen. Das trifft nicht nur auf Indonesien zu, sondern auf fast alle mohammedanischen Länder. Selbstverständlich finden bei allen Gebildeten die Ausschweifungen und Verbrechen des Hitler-Regimes uneingeschränkte Verurteilung. Aber was die Hitlerzeit an sozialen und wirtschaftlichen Errungenschaften in den ersten Jahren aufgewiesen hat, ist von diesen Völkern mit größtem Interesse aufgenommen worden. Dazu kommt, dass sich alle diese Völker bewusst sind, dass sie dem Zweiten Weltkrieg ihre endgültige Befreiung von der kolonialen Herrschaft verdanken. Das lässt eine hundertprozentige Verurteilung des Hitler-Regimes nicht aufkommen. [...]*[291]

---

291 Schacht, Hjalmar, *76 Jahre meines Lebens*, S. 682f

1953 gründete Schacht sein ‚Bankhaus Schacht & Co‘ in Düsseldorf. Auch nach seinem Einsatz in Indonesien wurde Schacht in den folgenden Jahren immer wieder von der indonesischen Regierung als Fachmann in Finanzangelegenheiten herangezogen. Es dauerte allerdings bis 1962, bis die indonesische Regierung eine Palmölpressanlage im Wert von 17 Millionen Mark nach dem Vorschlag Schachts errichten lassen wollte. Schacht bemühte sich bei diesem Projekt persönlich um eine offizielle Ausfallbürgschaft über die staatliche Hermes Kreditversicherung bei dem Bundesministerium für wirtschaftliche Zusammenarbeit. Auch Bundespräsident Heinrich Lübke hat diesen Themenkomplex anlässlich seines Staatsbesuchs 1962 in Indonesien mit Präsident Soekarno angesprochen. Ein Jahr später beendete Schacht seine Karriere als Banker. Er schied aus dem ‚Bankhaus Schacht & Co‘ aus, das von nun an unter dem Namen ‚Bankhaus Ludwig & Co‘ Geschäfte tätigte.

1967 wurde die IGGI, die ‚Intergovernmental Group of Indonesia‘ gegründet. 16 Geberländer gaben Kredite an Indonesien, darunter auch Deutschland. Jeweils eine große Bank dieser Länder sollte die Verteilung der Gelder kontrollieren und dafür einen Vertreter nach Jakarta entsenden. Und nun kommt der Zwerg der deutschen Banken mit Schacht und der nun ‚Bankhaus Ludwig & Co‘ genannten Privatbank ins Spiel. Diese Privatbank war eigentlich viel zu klein unter den anderen internationalen ‚Global Players‘, aber die indonesische Regierung bestand darauf, dass nicht eine deutsche Großbank, sondern Schachts kleine Privatbank mit dabei sein musste. Man hatte Schacht und seinen Beitrag zum Aufbau der jungen Republik nicht vergessen und fühlte sich ihm gegenüber immer noch in alter Freundschaft verpflichtet. So kam es, dass Wilhelm Dunsing nach seiner Pensionierung als Vertreter dieser Hamburger Privatbank nach Jakarta entsandt wurde und ich von seinen Informationen profitieren konnte.

Wilhelm Dunsing war ein erfahrener Asien-Kenner. 1930 ging er nach Yantai in China, wo er bei der Firma Niggemann & Co tätig war. 1947 übernahm er die Organisation der chinesischen Firma Tung Hsi, deren Gründer Chiang Kai-shek und der einflussreiche deutsche Geschäftsmann Werner Jannings waren. Werner Jannings einmalige Sammlung chinesischer Waffen aus der Bronzezeit ist heute im ‚National Palace Museum‘ in Peking zu bewundern.

Nach der kommunistischen Machtübernahme in China wurde Wilhelm Dunsing als Beamter in die chinesische Außenhandelsorganisation übernommen. Im Februar 1951 wurde er mit seiner Frau wegen des Verdachts auf Spionage festgenommen. Die beiden wurden getrennt voneinander inhaftiert. Erst 1954 wurden beide nach Deutschland abgeschoben. Indonesien war nun die letzte Station in dem aufregenden Leben Wilhelm Dunsings. Danach setzte er sich endgültig zur Ruhe.[292]

Hjalmar Schacht verstarb 1970 im Alter von 93 Jahren in München. Sein ganzes Leben lang war sein Motto: *Staaten gehen an zwei Dingen zu Grunde – an Kriegen und an schlechten Finanzen.*[293]

Deutsche Ärzte in Indonesien

Bereits vor dem Ersten Weltkrieg kam eine Welle von deutschen Ärzten nach Niederländisch-Indien. Durch sie wurden Krankenhäuser modernisiert sowie die hygienischen Verhältnisse und die medizinische Versorgung verbessert. Allerdings durften zu dieser Zeit diese Ärzte die Einheimischen medizinisch nicht behandeln. Ich bin mit einer Arztfamilie befreundet, deren Eltern als Ärzte in Bandung tätig waren. Da sie sich in Notfällen nicht um diese Auflage der Niederländer kümmerten und kostenlos Einheimische behandelten, wurde die Familie nach Niederländisch-Neuguinea verbannt. Dort wurde auch die mit mir befreundete Tochter geboren.

Als die Holländer das Land Ende 1949 verlassen mussten, gab es nur eine Handvoll einheimischer Ärzte. Diesen Mangel wollte Soekarno so schnell wie möglich durch deutsche Ärzte ausgleichen. Ab 1950 startete Soekarno eine großangelegte Aktion, um deutsche Ärzte für Indonesien anzuwerben. Dazu reisten 1950 und 1951 indonesische Delegationen nach Deutschland. Bis zu 500 Ärzte nahmen das Angebot der noch jungen indonesischen Regierung an, als Regierungsärzte oder Chefärzte in den Zentralkrankenhäusern in abgelegenen Gebieten des Archipels zu arbeiten. Die überwiegende Zahl der Ärzte praktizierte zwischen den Jahren 1950 und 1960 in Indonesien. Als ich 1963 nach Indonesien kam, traf ich noch viele an. Manche blieben für immer.

Nach Kriegsende und nach der Kriegsgefangenschaft waren deutsche Mediziner massenhaft arbeitslos oder arbeiteten ohne Gehalt in einem Krankenhaus. Daher waren viele glücklich, dieses Angebot zu erhalten, obwohl die Bezahlung in Deutschen Mark plus eines Betrags in einheimischer Währung sehr bescheiden war.

Auf nur einen deutschen Arzt kamen durchschnittlich über 100.000 Menschen, die zu versorgen waren. Ein einziger Arzt war oft für ein Gebiet, das mit 150.000 Menschen doppelt so groß wie Baden-Württemberg war,

---

292 http://www.oai.de/de/component/content/article/37-publikationen/
   publikationen/778-deutsche-in-china-1920-1950.html
   Ostasieninstitut Hochschule Ludwigshafen am Rhein, *Deutsche in China, 1920-1950*
293 Interviews mit Wilhelm Dunsing
   Dirk von Drigalski: *Al Andar Se Hace Camino,* Berlin 2011, S. 119ff
   DER SPIEGEL, 4/1952 S. 19ff und 4/1964 S.26f
   www.wikipedia.org/Hjalmar_Schacht

alleine verantwortlich! Zu dem Aufgabenbereich dieser Ärzte gehörte nicht nur die Betreuung der Kranken in einem Zentralkrankenhaus, oft mussten auch noch ein oder zwei Dutzend Polikliniken besucht werden, die weit verstreut irgendwo im Dschungel lagen. Neben den notwendigen Operationen und Geburten mussten täglich 200 bis 300 Patienten in den Polikliniken behandelt werden. Es war keine leichte Aufgabe, denn alle Patienten wollten nur von dem ‚Doktor Jerman‘, dem deutschen Arzt behandelt werden. Von ihm erwartete man Wunder! Viele der Polikliniken waren nur durch tagelange Bootsreise auf Flüssen durch den Urwald von Sumatra, Borneo, Celebes oder über das Meer zu den Außeninseln zu erreichen!

Das klingt zunächst romantisch, aber ihre Aufgaben mussten die deutschen Ärzte unter schwierigsten Arbeitsbedingungen in tropischem Klima erfüllen. Es gab noch keine Wörterbücher, keine Sprachkurse und keine Einführung in Land und Leute und deren Mentalität. Alles musste selbst erobert werden. Es gab eine Sprachbarriere, ein ungewohntes tropisches Klima, ein Mangel an Medikamenten und tropische Krankheiten, die die Ärzte oft nur aus den Fachbüchern kannten. Zum Beispiel war ihnen die Nervenkrankheit Latah nicht einmal aus den Lehrbüchern bekannt, da diese nur im malaiischen Raum vorkam und erst in neuerer Zeit auch in Deutschland unter dem Fachbegriff ‚Spiegelneurose‘ bekannt wurde. Dazu kamen – wie in Sumatra – politische Unruhen, die große Gefahren für ihr Leben mit sich brachten. Und es gab oft keine Elektrizität. Unter solch schwierigen Bedingungen war es für die deutschen Ärzte eine aufreibende Tätigkeit. Diese Pioniere aus den 1950er und 1960er Jahren bewältigten die ihnen gestellte fast unlösbare Aufgabe mit großem Engagement und großem Pflichtbewusstsein. Man muss sie heute noch bewundern!

In dem Roman *Am Rande der Winde* beschreibt A. E. Johann wunderbar und lebensnah das Leben eines deutschen Arztes mit all seinen Schwierigkeiten in den 1950er Jahren in Nord-Sumatra. Auf seiner Reise in den Jahren 1959/1960 bereiste der Globetrotter Südost-Asien. Während dieser Reise muss A. E. Johann mit einem oder mehreren der dort tätigen deutschen Ärzte zusammengetroffen sein, die ihn beraten hatten. Andernfalls hätte er seine Geschichte nicht so wirklichkeitsnah beschreiben können.

Präsident Sukarno hat die herausragende Leistung dieser deutschen Ärzte anlässlich seiner viel beachteten Reden während seines auf Einladung von Bundespräsident Heuss erfolgten Staatsbesuches in Deutschland im Jahre 1956 besonders gewürdigt. Er dankte ‚aus ganzem Herzen für die wertvolle Hilfe auf dem Gebiet des Gesundheitswesens und der Erziehung‘.[294]

---

294 Anlage 2: Reden am 20. Juni 1956 in Berlin, am 21. Juni 1956 in Hamburg und am 22. Juni 1956 in Heidelberg

Ich bin mit der Witwe von Dr. Edgar May befreundet, der viele Jahre in West-Sumatra an einem Zentralkrankenhaus gearbeitet hatte. Sie erzählte mir viele seiner Erlebnisse. Oft musste ihr Mann, bei einer Ausbildung zum Allgemeinarzt, in einem Notfall eine schwierige Operation durchführen, die er zuvor noch nie erprobt hatte: mit dem Lehrbuch in der linken und dem Skalpell in der rechten Hand! Benötigte der Patient dann Ruhe, musste er immer wieder die vielen Mitglieder der Großfamilien, die bei dem Schwerkranken saßen, aßen, rauchten, schwatzten und sogar kochten, aus dem Krankenhauszimmer verbannen. Aber lange ließen diese den Kranken nicht alleine. Wie oft ist es dem Arzt – wenn er am Morgen in die Klinik kam – passiert, dass die Kranken auf dem Flur lagen und die Familienmitglieder in den Patientenbetten!

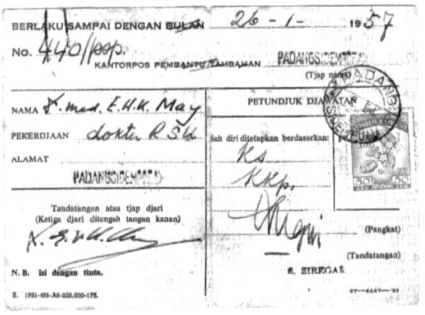

Abb. 71
Dokument der Aufenthaltsgenehmigung von Dr. Edgar May

Die Ärzte mussten mit vielen ungewohnten Umständen zurechtkommen, selbst mit *Guna Guna*, dem magischen Zauber der ihnen vertrauten Medizinmänner, denen sich die einfachen Menschen aus weit abgelegenen Dörfern damals oft noch lieber anvertrauten als einem westlichen Arzt.[295]

Einige dieser Ärzte blieben ein ganzes Leben lang in Indonesien, wie Dr. Stahlhake, der nach seiner Tätigkeit für die indonesische Regierung zunächst eine Privatpraxis in Jakarta betrieb und danach Hausarzt im Hotel Bali Beach auf Bali wurde.

Diese deutschen Ärzte waren echte Pioniere und haben beim Aufbau eines breitgefächerten medizinischen Dienstes der noch jungen Republik Indonesien unter schwierigsten Bedingungen einen großen Dienst erwiesen.

Da die Deutsche Schule in Sarangan beim Unabhängigkeitskampf im Dezember 1948 zerstört worden war, wurde 1956 in Bandung für die Kinder der deutschen Ärzte wieder eine private Deutsche Schule mit Internat eingerichtet. Viele Arztfamilien unterrichteten jedoch ihre Kinder selbst auf den oft weit entfernten Außenstationen. Da auch die Kinder der im Archipel tätigen deutschen Kaufleute und Ingenieure diese Schule besuchen durften, lag die Zahl der Schülerinnen und Schüler immerhin bei 50 bis 60. Es war zu dieser Zeit die

---

295 siehe auch Geerken, *Der Ruf des Geckos*, S. 335ff

einzige höhere deutsche Lehranstalt in Südost-Asien. Der deutsche Bundespräsident Lübke besuchte die Schule am 30. Oktober 1963. Erst 1966 wurde die neue Deutsche Schule Jakarta (heute: Deutsche Internationale Schule Jakarta) gegründet, an der nun rund 250 Schülerinnen und Schüler unterrichtet werden.

Carl Friedrich Wilhelm Borgward

Wer weiß heute noch in Deutschland, dass Borgward während des Dritten Reichs und in den Nachkriegsjahren zu den wichtigsten deutschen Herstellern von Kraftfahrzeugen gehörte? Borgward-Kraftfahrzeuge sind heute auf deutschen Straßen nur noch selten als Oldtimer zu sehen. Als ich 1963 nach Indonesien kam war ich allerdings erstaunt, denn hier war rund jedes vierte Kraftfahrzeug auf Javas Straßen ein Borgward. Auch heute sind dort noch Fahrzeuge von Borgward zu sehen und Borgward Oldtimer werden täglich durch Anzeigen in den lokalen Zeitungen gehandelt. Jeder Indonesier kennt heute noch den Autobauer Borgward. Wie ist das zu erklären?

Mitte der 1920er Jahre gründete Borgward die ,Fahrzeugwerke Borgward & Co. GmbH' in Bremen. 1930 war bereits jedes vierte Nutzfahrzeug des Deutschen Reichs ein Kleinlieferwagen von Borgward. Während des Dritten Reichs weitete Borgward seine Produktionspalette aus. Erst im September 1938 begann das Werk in Bremen mit der Produktion von Personenkraftwagen. Während des Krieges wurden die Borgward-Werke auch mit der Produktion von Kriegsmaterial beauftragt. Hier wurden zum Beispiel die fernlenkbaren Kleinstpanzer entwickelt, die Ladungsträger ,Goliath' und ,Springer', die unbemannt Sprengköpfe in die gegnerischen Reihen fahren konnten.

Nach Ende des Zweiten Weltkrieges wurde ab 1949 der ,Hansa 1500' produziert, ein Jahr später folgte der ,Lloyd LP 300'. Bis Ende der 1950er Jahre stand der ,Lloyd LP 300' in der Statistik der deutschen Zulassungen hinter dem ,VW-Käfer' und dem ,Opel Rekord' an dritter Stelle. Die größten Erfolge erzielte Borgward jedoch mit dem 1954 vorgestellten Modell ,Isabella'. Mit der Pontonkarosserie setzte Borgward als erster Autobauer Deutschlands neue Maßstäbe. Borgward war mit seinen Entscheidungen anderen Herstellern immer einen Schritt voraus. Der Exportanteil aller Modelle lag bei 40 Prozent, bei der ,Isabella' sogar bei 60 bis 65 Prozent.

In den Nachkriegsjahren gehörte Borgward zu den größten Produzenten von Kraftfahrzeugen in Deutschland. Zum Jahreswechsel 1954/55 wurde mit dem Borgward-Lied geworben: *Hinein ins neue Jahr mit frohem Mut. Wenn man mit Borgward fährt, dann fährt man gut...*[296] Borgward war ein herausragendes Beispiel für die ,Macher' des ,deutschen Wirtschaftswunders' in der noch jungen Bundesrepublik Deutschland.

296 www.garage2cv.de/das-borgward-lied/

Borgward interessierte sich schon früh für die Republik Indonesien. Von wem und wie sein Interesse für das ferne Land geweckt wurde, ist nicht überliefert, denn nach dem im Dezember 1949 erzwungenen Abzug der Niederländer dachte noch kaum ein deutscher Industriebetrieb an Investitionen in diesem Land. Indonesien wurde nämlich in den 1950er Jahren immer noch von Unruhen erschüttert.

Der erste gesicherte Termin, an dem Carl F. W. Borgward mit Präsident Soekarno zusammentraf, ist der 21. Juni 1956. Soekarno besuchte an diesem Tag während seines Staatsbesuchs in Deutschland Hamburg, wo er sich ins Goldene Buch der Stadt eintrug und vor dem Ostasiatischen-Verein eine eindrucksvolle Rede hielt (s. Anlage 2). Begleitet wurde Soekarno in Hamburg von Dr. h.c. Emil Helfferich – über dessen Rolle in Niederländisch-Indien und im Dritten Reich bereits mehrfach berichtet wurde – und dem Autopionier Carl F. W. Borgward.[297] Borgward hatte jedoch schon viel früher Kontakte zu Indonesien, denn zum Zeitpunkt des Besuchs von Präsident Soekarno in Deutschland verließen bereits neue Borgward-Kraftfahrzeuge die Fabrikhallen des Zweigwerks in Surabaya auf Java. War es der Indonesienkenner Emil Helfferich[298] oder der ehemalige Präsident der Reichsbank Hjalmar Schacht, der Borgward für Indonesien interessierte?

Schacht war bereits 1951 auf Einladung von Präsident Soekarno in Indonesien, um Vorschläge für eine Staatsbank und ein funktionierendes Bankensystem zu machen. Schacht bemühte sich, deutsche Unternehmen für Investitionen in Indonesien zu gewinnen. Dieser Zeitpunkt deckt sich mit dem Beginn der Aktivitäten von Borgward in dem Land. Als Hinweis für eine Verbindung von Borgward mit Schacht dient lediglich ein Foto, auf dem Carl Borgward in seiner Bibliothek das 1953 erschienene Buch *76 Jahre meines Lebens* von Hjalmar Schacht auffällig betont zeigt.

Abb. 72
Carl F. W. Borgward mit Buch von Hjalmar Schacht

---

297 AA, Bestand B 8, Band 154, Ostasiatischer Verein
298 Sohn von Karl Helfferich, Bankdirektor, Direktor der ‚Anatolischen Eisenbahn/ Bagdadbahn‘, Vizekanzlers unter dem letzten deutschen Kaiser und Reichstagsmitglied der Deutschnationalen Partei

Schacht favorisierte während seines Aufenthaltes in Indonesien im Jahre 1951 den Ausbau der Straßen gegenüber der Eisenbahn. In seinem Abschlussbericht gibt Schacht die folgende Empfehlung an die indonesische Regierung:

Der Straßenbau ist in Herstellung und Betrieb billiger als die Schiene mit ihrer komplizierten Bedienung. Abgesehen von der Einfuhr einiger billiger Straßenbaumaschinen, kann der Straßenbau mit einheimischen Kräften durchgeführt werden[299], während die Eisenbahn, angefangen von den Schienen, über Waggons und Lokomotiven bis zu komplizierten Signalsystemen, gegen kostbare Devisen ganz aus dem Ausland bezogen werden muss. Um die Beschaffung von Fahrzeugen [...] braucht sich die Regierung nicht zu kümmern. Die Beschaffung von Lastwagen und Omnibussen kann völlig den privaten Geschäftsunternehmen überlassen bleiben. [...] Auch ist der Bau neuer Landstraßen die ideale Grundlage für Neuansiedlungen in bisher unerschlossenen Gebieten.[300]

Es liegt somit nahe, dass Schacht nach seiner Rückkehr Ende 1951 Carl Borgward für eine Investition in Indonesien gewinnen konnte.

Bereits 1953/54 wurde Borgward von der indonesischen Regierung ein 14 Hektar großes Gelände in Surabaya für die Produktion von Kraftfahrzeugen und die Erstellung von Wohnungen für das technische Personal bereitgestellt. Zu diesem Zeitpunkt gab es bereits weitere Kontakte zwischen Indonesien und Borgward. Zum Beispiel besuchte der erste indonesische Geschäftsträger in Bonn, Dr. Zairin Zain, das Ehepaar Borgward im Juli 1953 in

Bremen.[301] Dr. Zairin Zain war ab Oktober 1952 bis Mai 1954 als Geschäftsträger und von Dezember 1956 bis April 1961 als indonesischer Botschafter in Bonn akkreditiert.

Abb. 73
Der Indonesische Botschafter
Dr. Zairin Zain mit dem
Borgward-Finanzdirektor
Carstens Otto, 1953

299 Kurz danach wurden auch die ersten Straßenbaumaschinen bei der Firma Zettelmeyer in Deutschland bestellt
300 Schacht, Hjalmar, *76 Jahre meines Lebens*, S. 468f
301 Foto in Privatsammlung von Monica Borgward mit Vermerk ihrer Frau Mutter: ‚Besuch des indonesischen Botschafter Ehepaares im Werk, Juli 1953‘

Auch die jüngste Tochter Carl Borgwards kann sich erinnern, dass sie auf Wunsch ihres Vaters als junges Mädchen in der ersten Hälfte der 1950er Jahre ein indonesisches Ehepaar betreute und durch den Rhododendren-Park in Bremen führte.[302]

Abb. 74
Indonesischer Besuch bei Carl Borgward im Juli 1953 (Handschriftlicher Vermerk von der Ehefrau Carl Borgwards auf der Rückseite des Fotos)

Abb. 75
Indonesischer Besuch bei Carl Borgward im Juli 1955 (Handschriftlicher Vermerk von der Ehefrau Carl Borgwards auf der Rückseite des Fotos)

Für das Zweigwerk in Surabaya wurde die Gesellschaft ‚PT Borgward-Uda-tin Indonesia' gegründet, an der je zur Hälfte indonesische Industriebetriebe und die Borgward-Werke in Bremen beteiligt waren. ‚Udatin' ist eine Abkür-zung für ‚Usaha Dagang Technik Indonesia', das ‚Handelsunternehmen für Technik in Indonesien' bedeutet. Das Gründungsdatum der ‚PT Borgward-Udatin Indonesia' ist vermutlich der 20. Juni 1954, da in Indonesien bis heute Memorabilien, auf denen dieses Datum vermerkt ist, gehandelt wer-

302 Information von Frau Monica Borgward vom 02.08.2014

342

den. Zum Beispiel wurden im Juli 2014 die folgenden Teile angeboten: Ein Zinnbecher mit Borgward-Emblem und der Aufschrift ‚20. Juli 1954‘, eine Junghans-Taschenuhr mit der Aufschrift ‚PT Borgward-Udatin Indonesia, 20. Juli 1954‘, eine versilberte Messingdose und ein goldener Ring mit dem Borgward-Emblem.[303]

Der Borgward-Forscher Peter Kurze[304], Autor vieler Werke über die Ära Borgward, konnte sich an zwei indonesische Delegationen erinnern, die das Werk in Bremen besuchten. Herr Kurze stellte mir Ausschnitte aus dem ‚Borgward-Kurier‘ Nr. 2 von 1960 zur Verfügung, in denen über die Delegation hochrangiger indonesischer Offiziere unter der Leitung von Oberst M. Ng. Soenarjo (später General) berichtet wurde.

Abb. 76
Carl F. W. Borgward begrüßt Oberst Soenarjo

Mit General Soenarjo war ich bis zu seinem Tod befreundet und habe ihn mehrfach in meinem Buch *Der Ruf des Geckos* erwähnt.[305] Die Delegation interessierte sich besonders für allradangetriebene geländegängige Fahrzeuge. Ein Borgward 0,75 TGL-Kübelwagen wurde im Gelände vorgeführt.

---

303 http://www.liveauctioneers.com/item/11506004_borgward-mixed-lot-of-4-pieces-1x-goldring-585
304 www.peterkurze.de/shop/index.htm
305 Geerken, *Der Ruf des Geckos,* S. 125, 144, 178, 196, 217, 241, 261, 264, 266 und 297

Abb. 77
Vorführung eines Borgward
0,75 TGL-Kübelwagens im
Gelände, vorne links Oberst
Soenarjo

Ebenfalls 1960 besuchte eine Gruppe indonesischer Studenten aus Ber lin, Hamburg, Aachen und Darmstadt die Borgward-Werksanlagen in Bremen. Die Studenten zeigten sich sehr interessiert und wissbegierig. Zum Abschluss des Besuches gab es zusammen mit dem Direktorium von Borgward und dem indonesischen Botschafter Dr. Zain eine große indonesische Reistafel. Präsident Soekarno förderte und unterstützte ein Studium der jungen Elite Indonesiens in Deutschland.

Indonesische Studenten, die in Berlin, Hamburg, Aachen und Darmstadt studieren, besuchten unser Werk. Die Gäste zeigten sich bei der Besichtigung der Werksanlagen sehr interessiert und wißbegierig.

1
Ein besonderer Anziehungspunkt war natürlich der NEUE GROSSE BORGWARD. Hier machen sich 4 junge Indonesier mit den Raffinessen der Innenausstattung vertraut.

2
Zum Abschluß des Besuches gab es im Bremer Deutschen Haus ein großes Essen mit original-indonesischer Speisenfolge. Dazu waren Mitglieder der indonesischen Botschaft geladen. Rechts im Bild Borgward-Direktor Carstens im Gespräch mit dem indonesischen Botschafter in Bonn Dr. Zain.

Abb. 78
Besuch indonesischer Studenten bei Borgward. Zweiter von rechts Botschafter
Dr. Zairin Zain, aus Borgward-Kurier No. 3, 1960

Das Borgward-Zweigwerk in Surabaya war das erste Werk, das Kraftfahrzeuge in Indonesien montierte und eine Teilefertigung startete. Es wurde von indonesischen Fachleuten geleitet. Für die Planung und Fertigung waren ein deutscher Technischer Direktor und einige Facharbeiter aus dem deutschen Stammwerk in Surabaya stationiert. Im Juli 1955 wurde mit der Produktion der Typen ‚Isabella‘, ‚Isabella Kombi‘ und einem 1-Tonner-Kleinlastwagen mit Benzinmotor begonnen. Bereits 1956 wurden die ersten Fahrzeuge ausgeliefert.[306] Anfangs war der lokal produzierte Anteil an den Fahrzeugen noch minimal, da die Lieferung der Fahrzeuge komplett in Einzelteilen (CKD ‚Completely Knocked Down‘) erfolgte. Gründe für die CKD-Lieferung waren, dass Indonesien nach der Kolonialzeit noch nicht zu einer weitergehende Produktion fähig war und der hohe Zoll für betriebsbereite Fahrzeuge damit umgangen wurde. In Surabaya wurden zunächst nur Lackarbeiten sowie die Polsterung und der Bezug der Sitze durchgeführt. Ich nehme an, dass Surabaya als Standort der Borgward-Werke gewählt wurde, weil sich dort von 1942 bis 1945 ein U-Boot-Stützpunkt der Deutschen Kriegsmarine mit gut ausgerüsteten Werkstätten befand. Hier wurden viele lokale Fachkräfte ausgebildet und beschäftigt, die auch der deutschen Sprache mächtig waren. Borgward konnte hier auf reichlich lokales und handwerklich gut ausgebildetes Fachpersonal zurückgreifen.

Im Laufe der Jahre und mit steigender Professionalität der lokalen Kräfte wurden aber sukzessive immer mehr Bauteile im Werk Surabaya gefertigt, so dass der aus Bremen zu importierende Anteil geringer wurde. Zum Beispiel wurden die Motoren anfangs komplett montiert geliefert. Aber schon bald gab es in Surabaya auch eine Teilmotorenfertigung. Der ‚Borgward-Isabella‘ war ein wunderschönes elegantes Auto. Es wurde in Indonesien ein voller Erfolg. Über die Anzahl der in Indonesien gefertigten Fahrzeuge und deren Exportanteil nach Australien konnten leider keine Angaben gefunden werden.

Für Borgward als Unternehmen war der Export nach Übersee eine ausschlaggebende Einnahmequelle. Als der Export 1961 stark zurückging und der Absatz in Deutschland stagnierte, kam Borgward in Zahlungsschwierigkeiten. Sein Unternehmen wurde vom größten Gläubiger, dem Senat der Stadt Bremen, übernommen. Die Produktion im Zweigwerk Surabaya war durch diesen Wechsel zunächst nicht betroffen, denn als ich 1963 nach Indonesien kam, verließen weiterhin neue Fahrzeuge das Werk. 1964 kaufte eine Gruppe von Investoren die Rechte und Produktionsmaschinen der Borgward-Werke in Bremen und produzierte die ‚Isabella‘ bis 1970 in Mexiko. Vermutlich wurden bis zu diesem Zeitpunkt Bauteile, die nicht in

306 Die Zeit, 11. August 1955, http://www.zeit.de/1955/32

Indonesien hergestellt werden konnten, aus Mexiko nach Surabaya geliefert, denn auch 1970 wurde die Produktion des ‚Borgward-Isabella‘ in Surabaya beendet. Stattdessen wurden nun in den Borgward-Hallen Holden-Fahrzeuge der General Motors assembliert. Die Firma nannte sich nun ‚PT Udatin‘. Bis in die späten 1980er Jahre wurden in Surabaya aber immer noch Ersatzteile für die ‚Isabella‘ und andere Borgward-Modelle angefertigt. Die Ersatzteile wurden in die ganze Welt – auch nach Deutschland – geliefert.

Aus Bremen kam nur eine Handvoll Borgward-Kraftfahrzeuge nach Australien. Wesentlich mehr kamen aus der Produktion in Surabaya. Wie überall in der Welt gibt es in Bremen wie auch in Australien einen ‚Borgward-Club‘. Bei den jährlichen Zusammenkünften des ‚Borgward Car Club of Australia‘ treffen sich die Besitzer von über 120 registrierten Borgward-Autos.

Carl Friedrich Wilhelm Borgward war ein deutscher Ingenieur und Unternehmer, dessen Ideen seiner Zeit weit voraus waren. Zum Beispiel entwickelte er nach dem Zweiten Weltkrieg unter der Leitung des erfahrenen Entwicklers Henrich Focke den Fw 61, den dreisitzigen Mehrzweck-Hubschrauber Borgward-Focke BFK-1, der unter dem Namen ‚Kolibri‘ bekannt wurde.

Borgward war der erste deutsche Investor in Indonesien nach der Unabhängigkeit. Heute haben hunderte deutsche Firmen Indonesien als Investitionsland entdeckt. Den Niedergang der Borgward-Werke wurde ohne Borgwards Schuld ausgelöst. Der Bremer Senat handelte voreilig, da eine Zahlungsunfähigkeit nur vorübergehend bestand. Der Pionier Borgward konnte den Verlust seiner Werke nicht verkraften. Er starb 1963 im Alter von 73 Jahren in Bremen. Carl F. W. Borgward schuf Großartiges. Eine Auto-Legende ging nicht nur in Deutschland zu Ende, sondern auch in Indonesien.

53. Anmerkungen zu Präsident Soekarno

Der erste Präsident Indonesiens, Soekarno, wird in westlichen Medien oft mit den Vornamen Ahmed oder Ahmad bezeichnet. Beide Vornamen sind in Bezug auf Soekarno falsch! Er hatte, wie viele Javaner, nur einen einzigen Namen, nämlich Soekarno. Seinen Söhnen und Töchtern wurden jedoch Vornamen gegeben.

Eine amerikanische Redaktion hatte, trotz des Widerstandes ihres Korrespondenten in Jakarta, für Soekarno den im islamischen Indonesien geläufigen Vornamen Achmed erfunden, da nach den Vorgaben ihrer Agentur ein Name prinzipiell nur mit Vornamen gedruckt werden durfte. Bis heute hat sich dieser Fehler in der westlichen Presse gehalten. In Indonesien ist der Vorname Achmed oder Ahmad in Verbindung mit Soekarno völlig unbekannt. In der westlichen Welt wird Soekarno oft vereinfacht auch Sukarno geschrieben.

Die Macht des überragenden Rhetorikers Soekarno beruhte hauptsächlich auf seiner taktischen Geschicklichkeit, mit der er die gegensätzlichen politischen Kräfte – insbesondere die Streitkräfte und die kommunistische Partei – gegeneinander ausspielte. Darüber hinaus war er das unangefochtene Symbol der indonesischen Freiheit und Einheit. Keine politische Gruppe oder Persönlichkeit konnte sich gegen ihn profilieren, ohne ihre Legitimität beim indonesischen Volk aufs Spiel zu setzen. Das indonesische Parlament bestand nicht aus gewählten, sondern aus vom Präsidenten ernannten Vertretern politischer Parteien und Gruppierungen. Soekarno war neben seinem Amt als Präsident Indonesiens auch gleichzeitig Staatschef, Regierungschef, Oberbefehlshaber der Streitkräfte, Vorsitzender des Obersten Beratungsausschusses und Chef des Ökonomischen Oberkommandos. Bei dieser Machtfülle hatte das Kabinett so gut wie keine autonome Bedeutung.[307]

Seit dem Ende des Zweiten Weltkriegs gab es wohl keinen Staatsmann auf der Welt, bei dem positive wie auch negative Urteile und Meinungen so extrem aufeinander prallten wie bei Soekarno. In einigen Punkten waren sich Bewunderer wie Kritiker allerdings einig: Soekarno war in der Gruppe der blockfreien Staaten Asiens und Afrikas ein so bestimmender politischer Faktor, dass er auch von den Großmächten wie den USA und der Sowjetunion beachtet werden musste.

In der niederländischen Kolonialzeit wurde er ein glühender und kompromissloser Nationalist und ein unbestrittener Führer der indonesischen Revolution, der die Unabhängigkeit von der niederländischen Kolonialherr-

---

307 AA, Bestand B8, Band 155

schaft erzwungen hat. Seine Leistungen haben ihn zu einem Nationalhelden gemacht. Um seine Ziele zu erreichen, hatte Soekarno seinem Volke allerdings auch viele Opfer abverlangt: Eine zusammengebrochene Wirtschaft, Arbeitslosigkeit, Nahrungsmittelmangel, Rückgang der indonesischen Exporte, Verfall der Währung und Inflation. Die Verdächtigungen der Niederländer, Soekarno hätte während der japanischen Besatzungszeit mit den Japanern kollaboriert, sind sicherlich nicht zutreffend.[308] Soekarnos Zusammenarbeit mit Japan war nur zum Schein, um ihm die Möglichkeit zu geben, eine eigene Armee aufbauen zu können. Während seiner Präsidentschaft wurden Soekarno viele internationale Preise und über zwei Dutzend Ehrendoktorwürden von Universitäten der ganzen Welt verliehen.

Soekarno hat Deutschland gegenüber immer Sympathien gezeigt. Während seiner Internierungen durch die Niederländer las er viele deutsche Bücher staatspolitischen und volkswirtschaftlichen Inhalts. Oft zitierte er Sätze aus diesen Büchern auf Deutsch in seinen fast täglichen Reden an das Volk. Soekarno hat 1951 als erster asiatischer Staatschef die Bundesrepublik Deutschland anerkannt und sich für die Aufnahme diplomatischer Beziehungen ausgesprochen. Er sah in Deutschland den interessantesten Partner für eine wirtschaftliche Zusammenarbeit.[309] Soekarno setzte sich auch für eine schnelle Ausweitung der kulturellen Kontakte mit Deutschland ein.

Auf Wunsch von Soekarno wurden schon sehr früh diplomatische Beziehungen zwischen Indonesien und Deutschland aufgenommen. Bereits im Oktober 1952 wurde Dr. Zairin Zain als erster indonesischer Geschäftsträger in Bonn akkreditiert. Im Mai 1954 wurde er von Dr. Alexander Andries Maramis als indonesischer Botschafter abgelöst. Maramis war ein poltischer Aktivist und Freiheitskämpfer. Während des indonesischen Unabhängigkeitskampfes war er 1945 bis 1946 Finanzminister und danach Außenminister. Im Dezember 1956 kam Dr. Zairin Zain erneut nach Bonn, nun auch als indonesischer Botschafter. Erster deutscher Botschafter in Jakarta war von Juli 1952 bis September 1954 Dr. Werner-Otto von Hentig. Er wurde von Botschafter Dr. Helmut Allardt abgelöst, der bis Juni 1958 in Jakarta blieb.

Obwohl Soekarno während der japanischen Besatzung ab 1942 gerne die Unterstützung des Deutschen Reichs für die von ihm gegründete Volksarmee PETA annahm, war er mit Hitlers Politik nicht einig. Im Juli 1941, also bereits sieben Monate vor der Invasion der Japaner und gut ein Jahr bevor die deutschen Marine-Stützpunkte in Niederländisch-Indien aufgebaut wurden, veröffentlichte die indonesische Zeitung *Pemandangan Daily* den nachfolgenden Artikel Soekarnos:

---

308 Geerken, *Der Ruf des Geckos*, S. 159ff
309 AA, Bestand B8, Band 155

Patriotismus darf nicht auf dem beschränkten Nationalismus basieren, wie er in Italien oder Deutschland besteht. Ich bete zu Gott, dass er uns vor der Dummheit bewahrt zu glauben, dass solcher Faschismus unser Weg zur Freiheit sein könne. [...] Die Menschheit muss die Hitlers und Mussolinis dieser Welt hassen. Antinazismus und Antifaschismus muss sich Indonesien auf die ideologische Fahne schreiben. Ich hasse diese Krankheit, die unweigerlich zu Krieg und einer Katastrophe führt. Das moralische Übel Faschismus betrifft nicht nur die weiße Rasse, auch Japan hat ein Begehren nach Macht, Petroleum und Kohle. Sie werden ihre Wohlerzogenheit vergessen und auch sie werden ihre Pranken in die Körper ihrer asiatischen Brüder schlagen. [...] Das blaue Wasser des Pazifik wird einen blutigen Holocaust erleben, wie ihn die Welt noch nie gesehen hat.[310]

Wie recht Soekarno mit seinem Weitblick hatte.

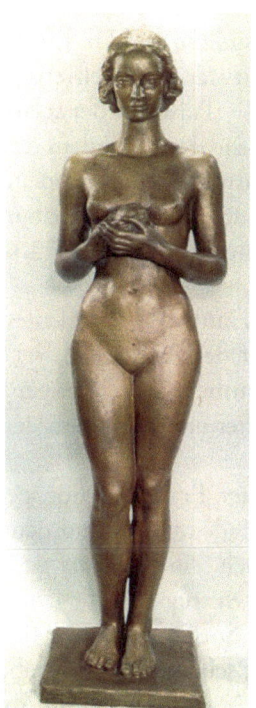

Andererseits liebte Soekarno den ‚neuen deutschen Stil‘, wie ihn Hitler mit ausdrucksstarken und heroischen Statuen und gestählten menschlichen Körpern propagierte. Die populärsten Bildhauer von Skulpturen dieser ‚Staatskunst‘ Nazi-Deutschlands waren Künstler wie Arno Breker, Professor Fritz Klimsch oder Josef Thorak. Sie schufen nationalsozialistische Kunst in Anlehnung an die griechische Antike für Skulpturen, Bauten und Monumente. Besonders bekannt waren die von Klimsch geschaffenen Büsten Hitlers. Klimsch wurde von Goebbels als Genie bezeichnet und von Hitler sogar auf seine Liste der ‚Gottbegnadeten‘ gesetzt.[311]

In Soekarnos Sammlung von Gemälden und Skulpturen findet man an die zwei Dutzend Werke dieses Stils von Künstlern aus Deutschland, Österreich, Ungarn, Jugoslawien und der Tschechoslowakei. 1964 wurde ein monumentales fünfbändiges Werk über Soekarnos Sammlung von Gemälden und Skulpturen in Japan publiziert.[312] Darunter ist auch eine Skulptur von Fritz Klimsch.

8. F. KLIMSCH *(Djerman)* **SEORANG GADIS DAN BUAH APEL** *(Perunggu)*
F. クリムシュ（ドイツ）少女とりんご
F. KLIMSCH *(Germany)* **A GIRL AND HER APPLE** *(Bronze)*

Abb. 79 Fritz Klimsch: Mädchen mit Apfel aus Soekarnos Kunstsammlung

310 Adams, *Sukarno*, S. 146 und Anwar, *Sejarah Kecil*, S. 123
311 wikipedia.org/wiki/Fritz_Klimsch
312 *Paintings and Statues from the Collection President Soekarno of the Republic of Indonesia*, published 1964, printed by Toppan Printing., Co. Ltd., Tokyo, Japan

Auf Einladung von Bundespräsident Professor Dr. Theodor Heuss besuchte der indonesische Präsident Soekarno vom 18. bis 26. Juni 1956 die Bundesrepublik Deutschland. Er wurde von seinem erstgeborenen zwölfjährigen Sohn Muhammad Guntur Soekarnoputra begleitet. Soekarno landete am 18. Juni 1956 in einer Maschine der PAA (Pan American Airline) auf dem Flughafen Köln-Wahn (heute: Köln-Bonn). Er wurde dort von Bundespräsident Heuss, Bundeskanzler Konrad Adenauer und Bundestagspräsident Eugen Gerstenmaier empfangen.

Hochrangige offizielle Begleiter des indonesischen Präsidenten waren Ruslan Abdulgani (Minister des Auswärtigen), Zainul Arifin und Arudji Kartawinada (1. und 2. stellvertretender Parlamentspräsident), Dr. Wirono Prodjodikoro (Präsident des Obersten Gerichtshofes), Dr. A. K. Pringgodigdo (Chef des Präsidialkabinetts), Sanusi Hardjadinata (Gouverneur von Westjava), Dr. Sukiman Wirjosandjojo, Sutarto Hadisudibjo und Dr. J. Laimena (Mitglieder des Parlaments), Luftmarschall Suryadarma (stellvertretender Stabschef der indonesischen Luftwaffe), Sowirjo (Präsident der staatlichen indonesischen Industriebank), Oberst Moh. Nazir (Kommandeur des Marine-Stützpunktes in Surabaya), Oberst J. F. Warrouw (Kommandeur der VII. Heeresdivision), Oberstleutnant Sugandhy und Major Moh. Sabur (Adjutanten des Präsidenten) und Dr. Ouw Eng Liang (Leibarzt des Präsidenten).

Der Tross der inoffiziellen Begleiter bestand aus S. Hardjowardojo (Leiter des Präsidialhaushalts), Dr. A. Kusumo Utojo (Chef des Protokolls), verschiedenen Pressereferenten, Vertretern von Presseagenturen und Zeitungen, Bildberichterstattern, Sekretären der offiziellen Begleiter und Vertretern der Indonesischen Botschaft in Bonn.[313]

Soekarno war größer als der Durchschnittsindonesier. Er machte mit seiner sportlichen Erscheinung, seiner schneeweißen Paradeuniform und dem davon abstechenden schwarzen Pitji, einem Käppchen, eine überaus gute Figur, nicht nur bei den Frauen. Bei offiziellen Anlässen trug er jedoch eine schwarze Uniform. In Indonesien – auch als ich mit Soekarno Anfang der 1960er Jahre zusammentraf – hatte er seinen Tongkat, seinen Marschallstab, immer dabei. Meist hatte er ihn unter seinem linken Arm festgeklemmt. Es war das Sinnbild seiner weltlichen Macht und Würde. In Indonesien trug er seinen Tongkat immer bei sich, zum Essen, zum Schlafen, selbst zum Bade, denn im Innern war ein magischer Kris, ein gewellter Dolch, als Symbol der Unverletzlichkeit und Gerechtigkeit aufbewahrt. Das indonesische Volk glaubte, dass er durch die mystische Kraft dieser rituellen Waffe mehrere Attacken auf sein Leben unverletzt überlebt hatte. Auf Fotos, die während

---

313 AA, Bestand B 8, Band 155, Sukarno

Soekarnos Staatsbesuch in Deutschland gemacht wurden, ist sein Tongkat nicht immer zu sehen. Vermutlich hatte er diesen mystischen Schutz unter seinem Jackett oder im Ärmel versteckt.

Anlässlich von Soekarnos Staatsbesuch in Deutschland wurde ihm von Bundespräsident Heuss die ‚Sonderstufe des Großkreuzes des Deutschen Bundesverdienstordens‘, der nur in besonderen Fällen an Staatsoberhäupter vergeben wird, verliehen. Dies erregte in den Niederlanden großes Missfallen und wurde als böswilliger Akt betrachtet. Die Niederlande hatten mit Soekarno immer noch große Probleme und er wurde in den Niederlanden – sechs Jahre nachdem sie ihr Kolonialreich endgültig verlassen mussten – immer noch als Terrorist und Satan betrachtet.[314] Denn die Niederlande hatten damals und sogar bis heute als einziges Land der Welt die Unabhängigkeit Indonesiens vom 17. August 1945 nicht offiziell anerkannt. Armes, einsames Holland! Die Niederländer sind mit ihrer unrühmlichen Kolonialgeschichte immer noch nicht im Reinen!

Bei Soekarnos Staatsbesuch in Deutschland fungierte Botschafter Ehrenfried von Holleben als Chef des Protokolls. Bereits kurz nach seiner Ankunft traf Soekarno zu einem Meinungsaustausch mit Konrad Adenauer im Bundeskanzleramt (Palais Schaumburg) zusammen. Noch am selben Tag, dem 18. Juni 1956, besichtigte Soekarno die Firma Friedrich Krupp AG in Essen. Am 19. Juni flog Soekarno mit seinem Sohn Guntur vom Flughafen Düsseldorf nach Berlin.

Abb. 80
Präsident Soekarno begrüßt Mitarbeiter der Fa. Friedr. Krupp, 18. Juni 1956

314 AA, Bestand B8, Band 1548, Dok. 5545
www.insideindonesia.org/stories/being-indo-22031411, S. 9

Abb. 81
Präsident Soekarno spricht
zu der Belegschaft der
Fa. Friedr. Krupp,
18. Juni 1956

Abb. 82
Präsident Soekarno mit Sohn
Guntur beim Rundgang
in der Fa. Friedr. Krupp,
18. Juni 1956

Abb. 83
Präsident Soekarno
mit Sohn Guntur
beim Abflug nach Berlin,
19. Juni 1956

Am 20. Juni 1956 begann der offizielle Teil des Besuchs von Soekarno in Berlin. Es war der erste Staatsbesuch eines ausländischen Staatsoberhauptes, bei dem ein Besuch in der ehemaligen Reichshauptstadt Berlin, die während des ‚Kalten Kriegs' als Frontstadt galt, eingeplant war. Soekarno galt als Vorkämpfer einer antikolonialen Freiheit. Daher hatte dieser Besuch in der geteilten und zwischen vier Siegermächten aufgeteilten Stadt zusätzliche Symbolkraft. In Berlin wurde ihm von der Technischen Universität die Ehrendoktorwürde verliehen. Seine Rede ist in Anlage 2 beigefügt.

Am 21. Juni besuchte Soekarno Hamburg, wo er sich ins Goldene Buch der Stadt eintrug. Vor dem Ostasiatischen Verein hielt er eine eindrucksvolle Rede. Begleitet wurde er in Hamburg von Dr. h.c. Emil Helfferich und dem Autopionier Carl Friedrich Wilhelm Borgward.[315] Zu diesem Zeitpunkt verließen bereits neue Borgward-Kraftfahrzeuge, die in dem Zweigwerk in Surabaya auf Java, der ‚PT Borgward-Udatin Indonesia', assembliert und produziert wurden, die Fabrikhallen.

Zum Besuch der Daimler-Benz-Werke traf Staatspräsident Soekarno am 22. Juni 1956 mit einem Sonderzug in Begleitung von 39 Personen seiner Delegation in Stuttgart ein. Am Hauptbahnhof wurde Soekarno von dem Ministerpräsidenten Baden-Württembergs, Dr. Gebhard Müller, vom Vizepräsidenten des Landtages und dem Oberbürgermeister der Stadt Stuttgart begrüßt. Eine Polizeikapelle spielte die indonesische und die deutsche Nationalhymne. Ein Autokonvoi mit Polizeieskorte brachte die Delegation zu den Daimler-Benz-Werken in Untertürkheim. Nach der Begrüßung durch den Vorstand besichtigte Soekarno das Museum und die Produktionshallen von Mercedes.

Am Nachmittag desselben Tages fuhr Soekarno und die Delegation mit dem Sonderzug weiter nach Heidelberg. Nach einer Besichtigung des Heidelberger Schlosses besuchte Soekarno die Ruprecht-Karl-Universität. Im Rektorenzimmer durfte er sich in das historische Goldene Buch der Universität eintragen. In der Aula der Universität wurden Soekarno das Siegel der ‚Ruperto-Carola-Universität', zwei in Safranleder gebundene Bücher mit Widmung des Rektors sowie eine Mappe mit Abbildungen alter Handschriften überreicht. Anschließend sprach Soekarno zu den Professoren und Studenten der Universität. Mit dieser Rede stieß Soekarno auf große deutsche und internationale Resonanz, da er als ausländischer Staatsmann erstmals das Recht des deutschen Volkes auf eine Wiedervereinigung hervorhob. Diese Erklärung war angesichts des großen Ansehens, das Soekarno im Lager der

---

315 AA, Bestand B 8, Band 154, Vorschlagliste Ostasiatischer Verein

blockfreien Staaten genoss, für die Bundesregierung von nicht zu übersehendem Wert.[316] Soekarno sagte unter anderem in seiner in perfektem Deutsch gehaltenen Rede:

Nichts ist stärker als eine wirklich geeinte Nation, und nichts ist schwächer als ein geteiltes Volk. Ihre eigene Geschichte zeigt es deutlich. Ich bin überzeugt, dass Ihre Zukunft dies erneut beweisen wird. [...] Möge auch Ihnen, meine deutschen Freunde, in ihrem Ringen um die nationale Einheit Erfüllung zur Seite stehen. Möge unsere beiden Nationen der Geist verbinden, der einen Großen, Friedrich Schiller, sagen ließ: Wir wollen sein ein einig Volk von Brüdern, in keiner Not uns trennen und Gefahr. Wir wollen frei sein, wie die Väter waren und uns nicht fürchten vor der Macht der Menschen.[317]

Die deutsche Bundesregierung war begeistert und die Presse ebenso. Mit überschwänglichen Worten wurde diese Heidelberger Rede weltweit in den Medien kommentiert.[318] Soekarno positionierte sich eindeutig zugunsten des westdeutschen Rechtsanspruchs, was von der sowjetisch besetzten Zone, der Deutschen Demokratischen Republik, mit Unverständnis aufgenommen wurde. Für Deutschland wurde seine Vision von 1956 erst 1989 wahr, und wir haben das Glück, seither ohne Mauer leben zu können. Leider hat Soekarno diesen historischen Moment nicht mehr erleben dürfen.

Nach einem Abendempfang im Hotel ,Schwarzes Schiff' und einer Schiffsrundfahrt auf dem Neckar bei Feuerwerk und Schlossbeleuchtung, blieb der indonesische Staatspräsident über Nacht in Heidelberg. Am nächsten Morgen, dem 23. Juni 1956, fuhr er mit einem Sonderzug weiter nach Frankfurt am Main. Auch hier wurde für Soekarno der ,Rote Läufer' ausgerollt und eine Kapelle der Bereitschaftspolizei spielten die indonesische und die deutsche Nationalhymne. Zunächst ging es mit einer Polizeieskorte zum ,Hotel Frankfurter Hof', wo auch die Übernachtung Soekarnos eingeplant war. Nach einer Besichtigung der Farbwerke Hoechst, einer kurzen Rede Soekarnos und einem Essen im Kasino, wurde das ,Jugendheim Bergstraße' in Seeheim-Jugenheim besucht. Das Schuldorf war als internationale Schule mit angeschlossenem Internat ein Vorreiter bei der Entwicklung eines zeitgemäßen Schulprogramms. 1952 wurde das Schuldorf gegründet, 1954

---

316 AA, Bestand B 8, Band 155
317 Friedrich Günther, *Heuss auf Reisen, Das bundesdeutsche Selbstverständnis,* S. 55f; Anlage 2
und Geerken, *Der Ruf des Geckos,* S. 191ff
318 z.B. auch in der ,FAZ' v. 26. Und. 27.06.1956, ,Die Welt' v. 27.06.1956. Ob Soekarnos Rede in Heidelberg mit dem Redemanuskript genau übereinstimmte, kann bezweifelt werden, da Soekarno seine Rede – nach der Aussage von Teilnehmern – zu großen Teilen frei hielt.

wurden bereits 1.400 Schüler aufgenommen. Es war das erste Schulzentrum Deutschlands, das sämtliche Bildungsstufen vom Kindergarten bis zum Gymnasium beinhaltete. Soekarno interessierte sich für die reformpädagogischen Neuerungen, wie ein Ganztagsprogramm mit Essensangeboten, den erweiterten Sprachenunterricht, den Schwerpunkt der ökologischen Bildung und das große Schulsportzentrum. Er wollte manche dieser Ideen in das indonesische Schulsystem einfließen lassen.

Abb. 84
Präsident Soekarno mit
Bundespräsident Theodor
Heuss und Bundeskanzler
Konrad Adenauer

Am 24. Juni wurde im Haus des Bundespräsidenten, der Villa Hammerschmidt in Bonn, ein Essen mit allen deutschen Ministern, Staatssekretären und Ministerialdirigenten ausgerichtet.[319] In der Ansprache von Bundespräsident Heuss zu Ehren Soekarnos wurden die guten Beziehungen Deutschlands zu Soekarno und Indonesien besonders hervorgehoben.[320] Am Abend gab es zu Ehren Soekarnos in der Stadthalle Bonn-Bad Godesberg ein Konzert des Kölner Rundfunk-Sinfonieorchesters mit einem Abendessen, bei dem auch der deutsche Bundeskanzler, der Bundestagspräsident, der Bundesratspräsident, Minister und mehrere Staatssekretäre anwesend waren. Als Gegeneinladung gab Soekarno am 25. Juni einen Empfang im damaligen Gästehaus der Bundesregierung, dem Hotel Petersberg bei Bonn, an dem auch Bundespräsident Heuss teilnahm.

Staatspräsident Soekarno hatte bei seinem Staatsbesuch in Deutschland ein volles und anstrengendes Programm. Zwischen den einzelnen deutschen Städten reiste Soekarno mit dem Flugzeug oder in einem Sonderzug. Meist wurde er von den Ministerpräsidenten des jeweiligen Landes begleitet. Bei den offiziellen Anlässen wurde für Soekarnos Sohn Guntur oft ein getrenntes Programm durchgeführt. In vielen deutschen Städten durfte er die Spielzeugabteilungen der Kaufhäuser besuchen.

319 AA, Bestand B8, Band 154
320 AA, Bestand 1, Band 114, Bestand B 8, Band 153
    Bestand B 8, Band 538

Soekarno sah, wie er in seinen Reden mehrfach betonte, in Deutschland seine geistige Heimat. Er war nicht nur ein begnadeter Rhetoriker, er war auch besonders sprachbegabt. Neben Deutsch sprach er noch weitere acht Sprachen. Soekarnos Reden in Deutschland wurden in der deutschen und internationalen Presse mit übergroßem Lob kommentiert. Da diese Reden bemerkenswerte Zeitdokumente sind und in den Universitäten sowie im Politischen Archiv des Auswärtigen Amts in Berlin nicht mehr auffindbar sind, wurden sie in Anlage 2 dem Buch beigefügt. Auch in Indonesien sind diese Unterlagen während des Putsches 1965 verlorengegangen. Es war mir daher eine Freude, dass ich diese Reden dem Soekarno-Archiv in Blitar in Ostjava zu Verfügung stellen konnte. Das Büchlein *Staatspräsident Dr. Sukarno: Reden in Deutschland,* das von der Presse- und Informationsabteilung der Indonesischen Botschaft in Bonn herausgegeben wurde, wurde mir freundlicherweise von Karl Mertes, Präsident der Deutsch-Indonesischen Gesellschaft in Köln, in Kopie zur Verfügung gestellt.

Obwohl Soekarno betont germanophil eingestellt war, bewirkte der Staatsbesuch Soekarnos einen außergewöhnlichen Höhepunkt der deutsch-indonesischen Beziehungen. Trotz mancher Meinungsverschiedenheiten hielten die guten Beziehungen bis zu seinem Machtverlust 1965 an. Viele Großaufträge fielen in der Amtsperiode Soekarnos an die deutsche Industrie und an deutsche Handelshäuser. Ich hatte das große Glück, die letzten spannenden Jahre unter der Präsidentschaft Soekarnos in Indonesien erleben zu dürfen.

Wenige Wochen vor dem Staatsbesuch Soekarnos in der Bundesrepublik Deutschland besuchte er die USA. Nicht nur in Deutschland, auch in den USA feierte er – sehr zum Ärger der Niederländer – große Erfolge in der Politik und beim Publikum. Besonders seine Ansprachen an die amerikanische Bevölkerung fanden viel Beifall, da Soekarno einen historischen Vergleich zwischen dem amerikanischen und dem indonesischen Unabhängigkeitskrieg herstellte. Gleichzeitig mahnte er an, dass 1956 noch immer viele asiatische und afrikanische Völker unter der kolonialen Unterdrückung litten und für ihre Freiheit und Unabhängigkeit kämpften.

In Deutschland wie in den USA machte Soekarno deutlich, dass Indonesien nach der langen Kolonialzeit eine schwere Last zu tragen habe. Gerne und mit Freuden würde er Hilfe beim Aufbau des noch jungen Staats annehmen, vom Westen wie vom Osten. Allerdings dürfte die Hilfe nicht an politische Bedingungen geknüpft werden. Die noch junge Republik sei nun endlich eine unabhängige Demokratie!

Am 30. September 1960 verkündete Staatspräsident Soekarno in einer eindrucksvollen und viel beachteten Rede mit der Schlagzeile *To build the World anew* vor der 15. Generalversammlung der Vereinten Nationen in New York unter anderem:

We seek to build a world where there is justice and prosperity for all people!
We seek to build a world where everyone can live in peace!
We seek to build a world in which humanity can achieve its full glory.[321]

Die Freundschaft zwischen Soekarno und der USA dauerte allerdings nicht lange. Die Vereinigten Staaten wollten keine Hilfsgelder an Staaten geben, die nicht zu einer Gegenleistung bereit waren. Da Soekarno auf der Basis einer Bevormundung nicht mit den USA kooperieren wollte, beauftragte Präsident Eisenhauer 1957 die CIA, einen Umsturz in Indonesien zu planen. Als Soekarno die USA mit dem Ausruf *Go to Hell with your Aid* brüskierte, gelang 1965 mit Hilfe der CIA der Putsch des von den USA gesteuerten Generals Soeharto. Schon zuvor hatte Sukarno mit Indonesien die Organisation der Vereinten Nationen verlassen. Als Grund nannte er die Dominanz von imperialistischen Staaten. Leider wird die so genannte ‚hilfreiche amerikanische Hand‘ – besonders in Asien – bis heute immer wieder zu sehr von machtpolitischen Erwägungen geleitet, ohne auf die kulturellen Eigenarten und nationalen Empfindlichkeiten der Völker Rücksicht zu nehmen.

Als ich 1964 mit Präsident Soekarno in seinem Palast in Tampaksiring auf der Insel Bali zusammentraf, kam er auch auf seinen Staatsbesuch in Deutschland zu sprechen. Der Besuch und die exzellente Betreuung und Organisation hatten bei ihm viele angenehme und positive Eindrücke hinterlassen. Auch der Wiederaufbau Deutschlands und die Leistungskraft der deutschen Industrie – nur 11 Jahre nach Ende des Zweiten Weltkriegs – hatten ihn tief beeindruckt. Allerdings beklagte er auch Missverständnisse, die in den letzten Jahren in der deutschen Presse aufgekommen seien. Deutsche Presseberichte ließen Soekarno in keinem guten Licht erscheinen. Zu einer ersten Trübung der deutsch-indonesischen Beziehungen kam es Ende 1957, als Indonesien wegen der niederländischen Unnachgiebigkeit in der Niederländisch-Neuguinea-Frage (auch: West-Irian-Frage) niederländisches Eigentum beschlagnahmte und niederländische Firmen und Niederländer zum Verlassen des Landes zwang. Die bis dahin gegenüber Indonesien freundliche deutsche Presse übernahm ungeprüft die einseitig gefärbte und äußerst negative Berichterstattung der Niederlande. Diese mussten durch die internationale Regelung der Niederländisch-Neuguinea-Frage um den Verlust ihrer letzten Besitzung in Südost-Asien bangten und diffamierte

---

321 http://www.worldcat.org/title/to-build-the-world-anew-presidents-sukarnos-major-address-delivered-before-the-15th-united-nations-general-assembly-session-of-friday-30-september-1960/oclc/12256970 und
http://books.google.co.id/books/about/To_build_the_world_anew.html?hl=id&id=UDsjAAAAMAAJ&output=html_text

Soekarno. Die deutsche Presse schlug von da an synchron mit der niederländischen Presse einen nahezu feindseligen Ton an, was bei der indonesischen Regierung und bei Soekarno selbst zu einer Verstimmung führte. In abfälligen Kommentaren wurde über Soekarnos Privatleben, über seine amourösen Vergnügungen, seine Ehen, über angeblich teure Auslandsreisen und so weiter berichtet. Soekarno konnte – wie er mir gegenüber erwähnte – nicht verstehen, dass sich Deutschland aus purer Rücksichtnahme auf die Seite der Niederländer schlug. Die Soekarno in den deutschen Medien vorgeworfene Vergnügungs- und Verschwendungssucht – die im internationalen Vergleich und verglichen mit seinem Nachfolger nur unwesentlich war – sind im malaiischen Raum kein moralischer Mangel. Im Gegenteil, eine solche Lebensführung steht dem Führer eines Landes zu.[322]

Als Deutschland auch noch die Lieferung von militärischen Ausrüstungsgegenständen für die indonesische Armee einstellen wollte, zogen linke Kreise in Jakarta in Betracht, die damalige ‚Deutsche Demokratische Republik‘ diplomatisch anzuerkennen. Dies hätte aufgrund der Hallstein-Doktrin einen sofortigen Abbruch der diplomatischen Beziehungen von Seiten der Bundesrepublik zur Folge gehabt. Nur durch die Zusage der Bundesrepublik, die Wirtschaftsbeziehungen mit Indonesien zu verstärken und das Land mit weiteren Krediten zu unterstützen, konnte dies verhindert werden. Die Verstimmungen legten sich, aber die deutschen Medien blieben bei ihrer negativen Berichterstattung.

Das alte Vertrauensverhältnis sollte wiederhergestellt werden. Auf Einladung von Präsident Soekarno führte der deutsche Bundespräsident Heinrich Lübke mit seiner Gattin vom 28. Oktober bis 3. November 1963 einen Staatsbesuch in Indonesien durch. Es war der erste Staatsbesuch eines deutschen Staatsoberhauptes in Indonesien. Im Vorfeld wurde die Einladung immer wieder verschoben. Bereits 1961 wurde ein Ersatzbesuch von Außenminister Heinrich von Brentano kurzfristig abgesagt. Dafür reiste der deutsche Bundesminister Hans Joachim von Merkatz. Die indonesische Regierung hatte den Eindruck, dass die Bundesrepublik mit ihr nicht auf gleicher Augenhöhe kommuniziere und war zunächst wieder verärgert. Die Stimmung wurde wieder aufgehellt, als Merkatz der Regierung Soekarnos eine projektgebundene Kapitalhilfe in Höhe von 100 Millionen DM und einen Plafond für Hermes-Bürgschaften in derselben Höhe überbrachte. Außerdem wurden mehrere Technische-Hilfe-Projekte gewährt: Eine Zahnklinik für Medan in Nordsumatra, ein Forstinstitut für Bandung, eine Werkmeisterschule und eine Reyon-Versuchsanlage.

---

322 AA, Bestand 1, Band 114, Bestand B 8, Band 153 und Bestand B 8, Band 538

Lübkes Staatsbesuch wurde dann trotz der vorhergegangenen Missstimmung ein voller Erfolg. 76 Orden und 50 Verdienstmedaillen wurden an hervorragende indonesische Persönlichkeiten vergeben. Soekarno erhielt eine weitere Sonderstufe, fünf Orden mit Großkreuz erhielten die Minister Djuanda Kartawidjaja, Außenminister Dr. Soebandrio, Verteidigungsminister General Abdul Haris Nasution und der Sultan Hamengkubuwono IX von Djogjakarta (damalige Schreibweise). Der Minister für Grundindustrie und stellvertretender Ministerpräsident Chaerul Saleh erhielt das ‚Große Verdienstkreuz mit Stern und Schulterband.[323]

Als Gastgeschenk für Soekarno war zunächst ein Automobil von Mercedes Typ 600 vorgesehen. Wegen Lieferschwierigkeiten des Werks wurde stattdessen Soekarno eine Original-Bronzeplastik mit dem Bezeichnung ‚Eva' von Professor Klimsch als Geschenk überreicht. Es handelte sich um einen von Soekarno geäußerten Wunsch. Das Auswärtige Amt hatte die Bronzeskulptur für DM 15.000,- beim Kunsthaus Lempertz in Köln erstanden.[324] Bei der Abbildung in den Bildbänden über Soekarnos Kunstsammlung könnte es sich bei dem ‚Mädchen mit Apfel' um diese Bronzeskulptur ‚Eva' handeln.

Außerdem hatte Soekarno gegenüber dem damaligen Deutschen Botschafter Freiherr von Mirbach den Wunsch geäußert, ihm Bücher über deutsche Malerei und Architektur zu beschaffen.[325] Zu Soekarnos großer Freude wurde ihm eine umfassende Sammlung dieser Bücher als Geschenk überreicht und einige Unimog-Ambulanzwagen überlassen. Die Tochter Soekarnos, Megawati Soekarnoputri, erhielt eine Damenhandtasche aus Krokodilleder im Wert von 500 DM.[326] Dieses Geschenk hatte sicherlich keinen nachhaltigen Eindruck hinterlassen, da Indonesien zu diesem Zeitpunkt noch exklusive Handtaschen aus Krokodilleder nach Europa exportierte. Diese wurden in Jakarta für weniger als ein Zehntel des deutschen Preises auf den lokalen Märkten angeboten.

Am 2. November 1963 lud Bundespräsident Lübke über 500 Personen zu einem Bankett in das luxuriöse Hotel Indonesia in Jakarta ein. Anstelle der allgemeinen Entenbrust zum Hauptgang erhielt Soekarno, entsprechend seinem Wunsch, Hühnchen serviert. Da Soekarno keine alkoholischen Getränke zu sich nahm, wünschte er Orangensaft anstelle von Champagner.[327] Bei allen offiziellen Empfängen der beiden Staatsoberhäupter wurde Soekar-

323 AA, Bestand B 8, Band 1548, Dokument 82 SO-1/92.16 und 5545
324 AA, Bestand 8, Band 542, 10-1-83 v. 30.9.63, Name der Skulptur: ‚Eva'
325 AA, Bestand 8, Band 538, Fernschreiben der Deutschen Botschaft Jakarta Nr. 126 v. 6.6.63
326 AA, Bestand 8, Band 542, 10-1-83
327 AA, Bestand 8, Band 540, Bericht Jakarta Nr. 963/63 v. 16.09.1963, S. 7-8

no von seiner Tochter Megawati Soekarnoputri begleitet. Von 2001 bis 2004 war Megawati Soekarnoputri selbst Präsidentin Indonesiens.

Bereits am 28. Oktober 1963 hatte Lübke alle in Indonesien tätigen Deutschen zu einem Empfang in das Goethe-Institut in Jakarta eingeladen. Zum Abschied sangen indonesische Teilnehmer des Deutschunterrichts das Lied ‚Sah ein Knab ein Röslein stehn…‘.

Am 30. Oktober besuchte Lübke die Deutsche Schule und das deutsche Technische-Hilfe-Projekt ‚Forstinstitut‘ in Bandung.[328] Das Forstinstitut war nur wenige Wochen zuvor offiziell eröffnet worden. Unter der Leitung von deutschen und indonesischen Experten der Forst- und Holzwirtschaft arbeiteten hier 80 indonesische Mitarbeiter. Weitere Einzelheiten zur Reise von Bundespräsident Lübke mit Staatspräsident Soekarno nach Bali findet man in dem Buch ‚Der Ruf des Geckos‘.[329]

Soekarno, der erste Präsident, ist und bleibt der Vater der Unabhängigkeit, obwohl der zweite Präsident Indonesiens, Soeharto, in seiner dogmatischen, von den Vereinigten Staaten unterstützten antikommunistischen Ära versuchte, die Lorbeeren der Unabhängigkeit für sich selbst zu reklamieren. Sogar der legendäre Freiheitskämpfer Bung Tomo fiel bei Soeharto in Ungnade und wurde inhaftiert, da er Soeharto indirekt beschuldigt hatte, während des Unabhängigkeitskampfes keine Courage gezeigt zu haben, aber nach dem Erhalt der Unabhängigkeit Indonesiens den Erfolg für sich alleine beanspruchen zu wollen.

Dies hat sich nach der Ära Soeharto zum Glück wieder geändert. Es herrscht nun wieder Presse- und Meinungsfreiheit. Heute kann ich auch schreiben, wie ich zu den geheimen Informationen kam, die zum Sturz Soekarnos durch die CIA führten. Nach der Veröffentlichung meiner Bücher *Der Ruf des Geckos, 18 erlebnisreiche Jahre in Indonesien* (Norderstedt 2009) und *A Magic Gecko, CIA's Role Behind the Fall of Soekarno* (Jakarta 2011) wurde ich immer wieder danach gefragt. Ohne Gefahr für mein Leben hätte ich diese Informationen in der Ära Soeharto nicht öffentlich machen können.

Als langjähriger Funkamateur wollte ich mich in Indonesien um die Einführung des Amateurfunks bemühen. Amateurfunk war nämlich seit den 1930er Jahren in Niederländisch-Indien und dann in Indonesien verboten. Nun wollte ich auch hier Amateurfunk betreiben und den Kontakt zu meinen Freunden in Deutschland aufrecht erhalten. Ich war guten Mutes, dass es mir gelingen würde, den Amateurfunk nach mehreren Jahrzehnten der Funkstille in Indonesien wieder zu aktivieren. Bereits 1963 brachte ich eine

---

328 AA, Bestand 8, Band 534, Organisationsplan v. 26.10.1963
329 Geerken, *Der Ruf des Geckos*, S. 198

komplette Sende- und mehrere Empfangsanlagen mit meinem Umzugsgut in das Land. Darunter waren auch professionelle Kurzwellenempfänger der Firma Telefunken, mit denen der gesamte Kurzwellenbereich überwacht werden konnte. Mit Hilfe der Deutschen Botschaft in Jakarta wurde das deutsche Amateurfunk-Gesetz den Verhältnissen in Indonesien angepasst und übersetzt. Meine Bemühungen führten zum Erfolg. Am 30. Dezember 1967 unterzeichnete Präsident Soeharto die Regierungsverordnung No. 21 über den Amateurfunk in Indonesien. Bis heute hat dieses Gesetz, das dem deutschen Amateurfunkgesetz bis in Details gleicht, seine Gültigkeit. Wenig später erhielt ich dann meine erste indonesische Sendegenehmigung.

Da ich bereits eine Sende- und Empfangsanlage im Land hatte, war ich der erste Amateurfunker Indonesiens, der nach langer Funkpause internationalen Funkverkehr aufnehmen konnte. Da ich gerade in Sabang, dem ehemaligen ersten Anlaufpunkt der deutschen U-Boote im ‚Südraum‘, war, machte ich von dort die ersten Funkverbindungen mit dem Rufzeichen DJ2JB/YB. Ein Jahr später erhielt ich das indonesische Rufzeichen YBØAAG. Nach Jahrzehnten der Funkstille war ich mit meinem exotischen Rufzeichen von Funkamateuren weltweit gefragt. Mit tausenden Stationen rund um den Globus und mit meinen Freunden in Deutschland hatte ich nun regelmäßige Funkkontakte.[330]

So viel zur Vorgeschichte. In den Jahren von meiner Ankunft in Jakarta bis zum Erhalt meiner indonesischen Funklizenz durfte ich natürlich die mitgebrachte Funkstation nicht benützen. Umso intensiver beobachtete ich die Kurzwelle mit den professionellen Empfangsanlagen. Bereits in den ersten Tagen des Jahres 1964 beobachtete ich einen intensiven Funkverkehr zwischen den Philippinen, Singapur und der US-Botschaft in Jakarta. Ich fand heraus, dass es sich bei der Station auf den Philippinen um eine CIA-Basis handelte, die Nachrichten an den CIA-Vertreter in Jakarta übermittelte. Dies war für mich natürlich von großem Interesse, zumal ich immer wieder erwähnte Personen wie Edward Masters, den Politischen Attaché und späteren Botschafter der USA, persönlich kannte.[331] Schon damals vermutete ich richtig, dass Masters für die CIA arbeitete und war entsprechend vorsichtig. Ich erfuhr nun aus den abgehörten Funkgesprächen, dass im Laufe der Jahre 1964 bis zum Sturz Soekarnos der Putsch vom 30. September 1965 durch General Soeharto mit Hilfe der USA bis ins Detail vorbereitet wurde. Waffen, Funkgeräte, Fahrzeuge und anderes Material wurden auf den Philippinen bereitgehalten und nach Jakarta verschifft. Schon zuvor wurden

---

330 s. auch Geerken, *Der Ruf des Geckos*, S. 15f, 32, 129, 292f, 298, 316ff, 551, 384
331 Geerken, *Der Ruf des Geckos*, S.241

Geldbeträge für Sympathisanten Soehartos bereitgestellt. Ohne diese Hilfe der USA hätte ein Putsch gegen Soekarno kaum Chancen gehabt und die intensive Verfolgung und Tötung von hunderttausenden Kommunisten und Anhängern Soekarnos durch die Truppen Soehartos wäre ohne das von der USA bereitgestellte Material nicht möglich gewesen.[332] Gesteuert wurden die Vorbereitungen des Putsches von dem ‚Deputy CIA Station Chief' Joseph Lazarsky in Singapur. Edward Masters war auch mitverantwortlich für die ‚Todeslisten' die in Jakarta erstellt wurden. Da in Vietnam noch Kämpfe der USA tobten, wollten die USA mit aller Macht und ohne Rücksicht auf Menschenleben verhindern, dass auch in Indonesien Kommunisten die Oberhand gewinnen könnten. In nur einem Jahr fielen den Massakern zwischen einer und zwei Millionen Menschen zum Opfer.

Heute wird Soekarno vom ganzen Volk verehrt. In Blitar, dem Geburtsort von Soekarno in Ostjava, wo auch heute die eindrucksvolle Grabstätte Soekarnos liegt, wird er in einem Soekarno-Museum und einem Soekarno-Archiv geehrt. Täglich strömen Tausende seiner Anhänger dorthin, um Blumen an seiner Grabstätte abzulegen.

Abb. 85
Der Autor in Soekarnos Geburtshaus in Blitar, Februar 2014

---

332 Geerken, *Der Ruf des Geckos*, S. 264ff

Als unbestrittener Führer der indonesischen Revolution hatte Soekarno gegen die niederländische Kolonialmacht am 17. August 1945 die Unabhängigkeit erzwungen. Noch während des Unabhängigkeitskampfes gegen die wiederkehrenden Niederländer ließ er 1946 einen nationalkommunistischen Staatsstreichversuch unter Tan Malakka und die Rebellion der Kommunisten im Jahre 1948 scheitern. Auch die jahrelang schwelende Niederländisch-Neuguinea-Frage konnte er lösen und die ehemalige niederländische Kolonie im Osten in sein Staatsgebiet integrieren. Aufgrund dieser eindrucksvollen Leistungen wird Soekarno bis heute von seinem Volk als der größte Nationalheld verehrt. Die von Soekarno seinem Volk nach der Unabhängigkeit aufgebürdeten Opfer waren unvorstellbar groß, denn die Niederländer hatten Indonesien eine zusammengebrochene Wirtschaft, Inflation, ein Analphabetentum von über 95 Prozent der Bevölkerung und Chaos hinterlassen. Aber der Leitspruch jedes einzelnen Indonesiers war nun: Ich bin jetzt ein freier Indonesier!

54. Zeugen des Zweiten Weltkriegs

Letzte Zeugen des Zweiten Weltkriegs findet man immer noch in Südost-Asien. In dem Gebiet der ehemaligen Kolonie Deutsch-Guinea spielten sich die heftigsten Kämpfe zwischen Japanern und den Alliierten ab. Das Meer und der Dschungel des Bismarck-Archipels sind bis heute von Wracks aus dem Zweiten Weltkrieg übersät.

Auch an der Nordküste Balis liegt heute noch das Wrack eines 126 Meter langen US-Liberty-Versorgungsschiffes. Das Schiff, beladen mit Kautschuk und Ersatzteilen, war auf dem Weg von Australien in die Philippinen, als es am 11. Januar 1942 von einem japanischen U-Boot torpediert wurde. 21 Jahre lag es am Strand bei Tambulan an der Nordküste Balis, bis es beim Ausbruch des Vulkans Gunung Agung im März 1963 von der ausströmenden Lava zurück ins Meer geschoben wurde. Das Wrack fand nun seinen Ruheplatz in einer Tiefe von etwa 30 Metern vor der Küste. Heute ist dieses Wrack der beliebteste Tauchplatz Balis. Sporttaucher aus aller Welt treffen sich hier. Das Wrack ist von Hart- und Weichkorallen überzogen und wurde Heimat von mehreren hundert Fischarten.

Im November 2013 gab es einen Fund, der die Weltpresse intensiv beschäftigte. Indonesische Archäologen gingen Informationen von Fischern nach, die – 68 Jahre nach Kriegsende – zufällig ein bisher unbekanntes Wrack in 18 Metern Wassertiefe in der Javasee entdeckt hatten. Es lag in der Nähe der Ortschaft Karimunjava, westlich von Surabaya an der Nordküste Javas. Am 20. November 2013 bestätigte der indonesische Archäologe Shinatria Adhityatama gegenüber der AFP (Agence France Presse), dass es sich bei dem Wrack um ein deutsches U-Boot handelt. War es U 183 oder U 168? Beide wurden in der weiteren Umgebung des Fundortes versenkt.

U 183 wurde am 23. April 1945 von dem amerikanischen Boot *USS Besugo* torpediert. Es gab, wie bereits in Kapitel 42 berichtet, nur einen Überlebenden. U 168 war mit Kommandant Helmuth Pich auf dem Weg von Batavia nach Surabaya, wo das Boot für eine Operation in Australien ausgerüstet werden sollte. Am 6. Oktober 1944 wurde U 168 von dem niederländischen U-Boot *Zwaardfis* versenkt. Von der 50 Mann starken Besatzung überlebten 28. Der Fundort 6,20° südlicher Breite und 111,28° östlicher Länge muss eindeutig U 168 zugeordnet werden, da U 183 weiter nördlich versenkt wurde. Der Fundort stimmt auch mit den Angaben des niederländischen U-Bootes *Zwaardfis* überein, das U 168 versenkt hatte. Das Wrack von U 168 ist das erste, das in der Javasee von den im ‚Südraum' versenkten deutschen U-Booten gefunden wurde.

Das Boot vom Typ IX C/40 war ursprünglich gut 76 Meter lang. Ein Rest von 47 Metern war erhalten geblieben. Das Heck war verschwunden. Stahlplatten, Batterien, Rohrleitungen und ein Teil der Flugzeugabwehrkanone lagen auf dem Meeresboden verstreut. Im Innern von U 168 fanden die Archäologen bei ihren Tauchgängen bisher 17 menschliche Skelette der deutschen Marinesoldaten. Auch Porzellanteller und Tassen mit Hakenkreuzen, Ferngläser, Uniformknöpfe und andere Dinge konnten geborgen werden. Die Porzellanmanufaktur Jäger aus Eisenberg in Thüringen produzierte ab 1933 Porzellangeschirr für die Deutsche Kriegsmarine.

Abb. 86
Aus dem Wrack von U 168 geborgene Porzellantasse, Porzellanteller und Uniformknopf.

Die Erkundungen am Wrack von U 168 stehen ganz am Anfang und sollen 2015 fortgesetzt werden. In der Zwischenzeit wird das Wrack von der indonesischen Marine bewacht.[333] Vor der Küste Javas wird U 168 in Zukunft für Sporttaucher sicher genau so anziehend sein, wie das ‚Liberty-Wrack' vor Bali.

333 Jakarta Post, 3. Februar 2014
     Die Welt, 20. November 2013
     Spiegel online, 21. November 2013

55. Ausklang

So wie der amerikanische Präsident James Monroe 1823 in der sogenannten Monroe-Doktrin ,Amerika den Amerikanern' verkündete, so strebte Japan im 20. Jahrhundert ein ,Asien für die Asiaten' an. Gleichzeitig versicherte Monroe, dass die Vereinigten Staaten keine Territorien als Kolonie beanspruchen würden. Dieses Versprechen hielt allerdings nicht lange: Nach der Schlacht zwischen Spanien und den Vereinigten Staaten in der Bucht von Manila fielen 1889 die spanische Kolonie der Philippinen und weitere Inseln im Pazifik als Kolonien an die USA.

Deutschland und Japan erlitten im Zweiten Weltkrieg eine totale Niederlage. Japan – wie auch Hitler – hatte seine militärische Stärke weit überschätzt und sich in einen völlig aussichtslosen Kampf verstrickt. Bei beiden Nationen folgten auf schnelle Erfolge gewaltige Rückschläge.

Die Asiaten waren selbst überrascht, als nach der Stunde, in der Nippon seinen Traum von einem japanischen Weltreich mit einer ,Großasiatischen Wohlstandssphäre' begraben musste und Japan geschlagen war, dessen ungeachtet Asien nun doch tatsächlich den Asiaten gehörte. Die Japaner kämpften ungewöhnlich tapfer. Sie mussten sich aber letztendlich der dreifachen Übermacht der Alliierten geschlagen geben. Trotzdem war es für Japan ein moralischer Sieg. Die asiatischen Völker wurden sich wieder ihrer alten Kulturwerte bewusst und ihr Selbstbewusstsein ist durch die Einmischung Japans gegen die westlichen Kolonialmächte außerordentlich gestärkt worden. Japan hat gezeigt, dass auch ein asiatisches Land – wenn auch nur vorübergehend – westliche Mächte besiegen kann. Für die Europäer und Amerikaner, die sich an den Reichtümern Südost-Asiens Jahrhunderte lang bedient hatten, ging eine Epoche der Kolonisation zu Ende.

Obwohl Japan zum ersten Mal in seiner langen Geschichte eine verheerende Niederlage eingestehen musste, hat Japan mit Hilfe Deutschlands sein Ziel erreicht – die Beendigung der europäischen und amerikanischen Kolonialherrschaft in Asien. Laut Walther Hewels Tagebucheintrag vom 16. Dezember 1941 erwähnte Hitler über Japan:

Seltsam, dass wir mit Hilfe Japans die Position der weißen Rasse in Ostasien vernichten...[334]

Der Sieg der Kolonialvölker wäre ohne die lokalen Führungspersönlichkeiten, die eine Loslösung von den Kolonialmächten anstrebten – wie Soekarno in Niederländisch-Indien oder Subhas Chandra Bose in Britisch-Indien –

334 S. Teil 1 des Buches, Kap. 21

nicht möglich gewesen. Diese Männer sahen jedoch durch Hitler und seinen Krieg mit den Kolonialmächten endlich die Chance, die Fesseln der Kolonialisierung nach Jahrhunderten der Unterdrückung und Ausbeutung abzustreifen.

Japan konnte seinen Traum von einer ‚Großasiatischen Wohlstandssphäre‘ auf der Grundlage von Gleichberechtigung und Selbstbestimmung nicht verwirklichen. Aber Japan – wie Deutschland – konnten ihre wirtschaftliche und politische Position nach Ende des Krieges stärken. Die westliche Welt musste erkennen, dass Japan – ein asiatisches Volk – zu ungewöhnlichen Leistungen in Krieg, Technik und Wirtschaft fähig war und nun als eine Großmacht anerkannt werden musste.

Das Deutsche Reich und Japan hatten in Südost-Asien unterschiedliche Interessen. Deutschland wollte in Südost-Asien – wie auch in Indien – keine territorialen, militärischen, religiösen oder kulturellen Absichten durchsetzen. Deutschlands einziges Interesse an Südost-Asien lag während des Zweiten Weltkriegs an dem Bezug von Rohstoffen. Erst danach dachte Deutschland auch an die Unabhängigkeit dieser Länder. Japans primäres Ziel war jedoch, die asiatischen Nationen von der Vorherrschaft der westlichen Kolonialmächte zu befreien, um dann in diesen Ländern eigene Interessen durchzusetzen.

Hitler war primär an Afrika und an der Rückführung der ehemaligen Kolonien Deutsch-Ostafrika (heute: Burundi, Ruanda und Tansania), Deutsch-Südwestafrika (heute: Namibia) und Kamerun und Togo interessiert. Es gab hunderte Produkte, die Deutschland aus diesen Ländern bezog. Südost-Asien war Hitler – trotz der großen Einflussnahme durch Walter Hewel – zu weit entfernt und zu fremd. Daher spielten die ehemaligen Schutzgebiete in China und im Pazifik für Hitler nur eine untergeordnete Rolle. In Afrika konnte er seine Eroberungspläne auf einem geschichtlichen Hintergrund aufbauen. Daher spielten auch die vielen Propagandafilme des Dritten Reichs vor kolonialer Kulisse ausnahmslos in Afrika. In der deutschen Bevölkerung und in der deutschen Literatur lag der Brennpunkt des Interesses allerdings in Niederländisch-Indien.

1934 wurde das Reichs-Kolonialamt gegründet und der ‚Afrika-Sender‘ nahm in Berlin seinen Betrieb auf. Alle Sendungen betrafen durchwegs die wirtschaftlichen, politischen oder kolonialen Fragen Afrikas. Nach französischen und niederländischen Vorbildern wurden Frauen und Männer in Haushaltsführung, Landwirtschaft, Viehzucht und Plantagenbewirtschaftung unter tropischen Bedingungen ausgebildet. Beamte wurden in *Kisuaheli* (auch *Swaheli* und *Swahili*), der Verkehrssprache Ostafrikas, ausgebildet.

Auch dies zeigt, dass Hitlers Augenmerk ausschließlich auf kolonialen Aktivitäten in Afrika lag.

Ein asiatisches Land nach dem andern erreichte nach Kriegsende seine Unabhängigkeit, manche relativ friedlich, wie Birma, Malaya, die Philippinen oder Indien, andere blutig und unter schrecklichen Verlusten, wie Indonesien oder Vietnam. Der Krieg war aus, aber Friede war noch keiner. Die Niederländer zwangen Indonesien nach der Unabhängigkeit einen blutigen Kolonialkrieg auf. Sie mussten sich im Dezember 1949 endlich geschlagen geben und das Land verlassen. Die Niederländer lebten aber noch lange danach in der Illusion, dass das inzwischen freie Indonesien immer noch ein Teil ihres Landes sei. Bei Frankreich hieß es in Französisch-Indochina erst 1954, nach dem Fall der Festung Dien Bien Phu, *Au Revoir France!*

Die Völker Asiens nahmen nun ihr Schicksal in die eigene Hand. Es ging ihnen vielleicht nicht besser als unter der Herrschaft des ‚Weißen Mannes‘ – aber jetzt waren sie frei von kolonialer Bevormundung! Leider beuten heute anstelle der Kolonialherren meist namenlos agierende internationale Gesellschaften die ehemaligen Kolonialvölker in Afrika und Asien aus. Nur diese Gesellschaften und die mit ihnen kollaborierenden korrupten lokalen Oberschichten vermehren ihre Pfründe. Die Taschen des Volkes bleiben leer!

Auch das Deutsche Reich hat seinen Beitrag zur Befreiung der Kolonialvölker in Asien geleistet. Obwohl die Aktivitäten Hitlers in diesem Raum wesentlich geringer waren als die Japans, wird dem Einfluss Deutschlands bei der Erreichung der Unabhängigkeit – zumindest in Indonesien, aber auch in Indien – wesentlich mehr Gewicht beigemessen. Hitlers Einmarsch von deutschen Truppen in die Niederlande ist bis heute für Indonesien das wichtigste und ausschlaggebende Ereignis, das letztendlich zur Unabhängigkeit des Landes führte.

Hier muss auch erwähnt werden, dass die Insel Nias der erste Teil im gesamten indonesischen Archipel war, der mit Hilfe der Deutschen das Joch von 350 Jahren Kolonialherrschaft abwerfen konnte – mehr als drei Jahre bevor Soekarno im August 1945 die Unabhängigkeit des gesamten Indonesischen Archipels ausrief!

Die Deutschen in Niederländisch-Indien haben während des Zweiten Weltkriegs nie in ein Kampfgeschehen mit der einheimischen Bevölkerung eingegriffen. Auch waren sie keine Besatzungsmacht wie die Japaner. Die deutschen Soldaten lebten in Zurückgezogenheit und hatten ein freundschaftliches Verhältnis auf Augenhöhe mit den Einheimischen. Nach der Kapitulation Deutschlands waren viele deutsche Soldaten im Auftrag Soekarnos als Ausbilder in seiner ersten Volksarmee PETA und in der ersten Militärakademie tätig. Eine ganze Anzahl deutscher Marinesoldaten, Marineflieger und Zivilisten haben sich nach der Kapitulation Deutschlands der indonesischen Unabhängigkeitsbewegung angeschlossen. Manche haben für Indonesien ihr Leben gelassen. In den 1960er Jahren traf ich noch eine ganze Reihe von Deutschen, die den fast fünf Jahre dauernden Unabhängigkeitskampf überlebt hatten. Fast alle blieben bis zu ihrem Lebensende in Indonesien.

Auch das Engagement deutscher Ärzte und Fachleute, die bereits Anfang der 1950er Jahren der jungen und unerfahrenen Republik Indonesiens auf die Beine halfen, wird immer wieder lobend erwähnt. All dies trägt dazu bei, dass die Wertschätzung Deutschlands bis heute nachklingt. Über den japanischen Kaiser *Hirohito* spricht man kaum, aber Hitler ist noch allgegenwärtig und übt bis heute in Indonesien eine große Faszination aus. Der Holocaust und andere Gräueltaten Hitlers sind weit weg geschehen und spielen für Indonesier nur eine untergeordnete Rolle.

Botschafter Stahmer, der letzte Botschafter des Deutschen Reichs beim Tenno, schreibt in seinem Buch *Japans Niederlage – Asiens Sieg*[335]:
Von hoher Warte aus betrachtet darf man sagen, dass wir [Anm. d. Verf.: Deutschland] in zwei gewaltigen Weltkriegen, insbesondere in dem gigantischen Ringen von 1939 bis 1945, direkt und indirekt dazu beitrugen, dass asiatische Völker die Freiheit gewannen.

Hitler war nicht nur Massenmörder, Rassist und Demagoge. Ohne Zweifel wurde durch ihn – gemeinsam mit Japan – die Welt verändert. Gewaltige weltpolitische Umwälzungen haben alle Grenzen in Asien und Afrika verändert. Die Festlegung der Grenzen durch die abziehenden Kolonialherren erfolgte oft willkürlich und überstürzt. Dadurch existieren bis heute Unruheherde, wie zwischen Pakistan und Indien oder Palästina und Israel. Auch Hitlers Biograph Sebastian Haffner schreibt: *Die Welt von heute, ob es uns gefällt oder nicht, ist das Werk Hitlers.*[336]

Ohne Hitler hätte es keine so rasche Entkolonialisierung Asiens und Afrikas gegeben. Erst jetzt wird klar, wie weit die Fäden von Hitlers Spinnennetz in der Welt schon gesponnen waren. Hitler versuchte die Juden auszurotten. Die Überlebenden waren in ihrer Verzweiflung gezwungen, nach zweitausend Jahren wieder einen eigenen Staat zu gründen. Das Ziel der Juden war nach Tausenden von Jahren der Verfolgung – trotz massivem Widerstand Großbritanniens – ein eigener Staat in Palästina. Ohne Hitler gäbe es vielleicht bis heute kein Israel!

---

335 Stahmer, *Japans Niederlage - ...* S. 307
336 Haffner, *Anmerkungen zu Hitler*, S. 114

Die alliierten Streitkräfte haben den Krieg gewonnen, aber alle – Sieger wie Verlierer – haben viel verloren. Für manche gab es auch positive Aspekte. Die Sowjetunion hat im Krieg gegen Hitler viele Millionen Menschen verloren, aber durch die gewaltigen Kriegsanstrengungen ist die Sowjetunion zu einer Großmacht aufgestiegen, die sie vorher nicht war.

Das Vorkriegspolen weckte immer wieder Begehrlichkeiten seiner Nachbarn Schweden, Russland, Österreich und Deutschland. Polen hat – trotz aller Verbrechen durch Nazi-Deutschland – einen großen Vorteil erlangt. Polen, das während des Zweiten Weltkriegs besonders leiden musste, ist nun endlich ein geographisch und national geschlossener und gesunder Staat.

In den USA mussten keine zerstörten Städte wieder aufgebaut werden. Daher erlebten sie nach Ende des Zweiten Weltkriegs einen rasanten technologischen Aufschwung, vor allem bedingt durch die Übersiedlung von vielen deutschen Ingenieuren und Wissenschaftlern.

Neben den Niederlanden und Frankreich war Großbritannien der größte Verlierer des Zweiten Weltkriegs. Die Niederlande und Frankreich verloren nur ihre Kolonien, aber das Britische Königreich hat sein Weltreich eingebüßt. Jahrhunderte lang hatte Großbritannien seine weltweite Machtposition erfolgreich verteidigt. Zum Beispiel herrschte Königin Victoria 63 Jahre lang über ein Drittel der Weltbevölkerung! Das Britische Empire, in dem niemals die Sonne unterging, gibt es nicht mehr.

Abb. 87
Churchill: Empire ade!
Karikatur aus dem
Magazin
‚Kladderadatsch‘
von 1942

Der Fall von Singapur läutete das Ende des Britischen Empires ein. Für die Briten war dies die am meisten demütigende Niederlage des Zweiten Weltkriegs. Dieser Krieg hat das Weltreich zerbrochen. Heute ist Großbritannien keine Großmacht mehr und auf ein Mittelmaß geschrumpft.[337] Die Lokomotiven in Europa sind nun Frankreich und Deutschland, nicht Großbritannien. Das ist auch ein Grund, weshalb Großbritannien heute wieder versucht, durch eigennützige Forderungen die Europäische Union bei jeder sich bietenden Gelegenheit zu stören und damit zu schwächen.

Wie bereits in Kapitel 31 beschrieben, hat der indische Freiheitskämpfer Subhas Chandra Bose die moralische Niederlage Großbritanniens bereits 1943, nach der Kapitulation Italiens, vorausgesagt:

Gleichgültig, ob die Achsenmächte gewinnen oder verlieren, auf jeden Fall werden die Engländer aus Indien herausgeworfen werden. [...][338]

Die Reparationszahlungen, die Deutschland für die Kriegsschäden des Ersten Weltkriegs an die ehemaligen Feinde zahlen sollte, überstiegen den Wert des gesamten Goldes dieser Welt. Es war eine so überhöhte Forderung, die für jedes Volk auf Erden untragbar war. Diese Erniedrigung brachte Hitler 1933 an die Macht. Schon wenige Jahre danach blühte der Handel mit der Welt. Die schönsten und schnellsten deutschen Passagierschiffe durchpflügten wieder die Meere. Deutschland verzeichnete nur wenige Jahre nach Hitlers Machtergreifung den höchsten Lebensstandard seiner Geschichte. Nach der Schmach des Versailler Vertrags waren die Deutschen wieder stolz und stark und nahmen auf dem Kontinent eine Vormachtstellung ein. Mit welchen Mitteln Hitler all dies in kürzester Zeit erreichte, steht auf einem andern Blatt. So ist es nicht verwunderlich, dass diese schnellen Erfolge Hitlers in den Anfangsjahren des Dritten Reichs nicht nur bei den Deutschen, sondern auch bei unseren europäischen Nachbarn und in der Welt einen überwältigenden Eindruck hinterließen. Der hervorragende Hitler-Biograph Joachim Fest vermutet sogar, dass Hitler als einer der größten deutschen Staatsmänner in die Geschichte eingegangen wäre, wenn er Ende 1938 einem Attentat zum Opfer gefallen wäre.[339]

Auch von Großbritannien kamen anfangs noch Sympathiebekenntnisse für Hitler. Der renommierte englische Zeitungsbaron Lord Rothermere schrieb in seiner *Daily Mail* 1934:

Die hervorragendste Gestalt in der heutigen Welt ist Adolf Hitler. [...] Hitler steht in der direkten Reihe jener großen Menschheitsführer, die selten mehr als

---

337 Ibid., S. 114
338 Werth, *Der Tiger Indiens*, S. 195
339 Mak, *Das Jahrhundert meines Vaters*, S 205

einmal in zwei oder drei Jahrhunderten auftauchen. [...] Da ist erfreulich zu
sehen, dass Hitlers Rede seine Volkstümlichkeit in England stark erhellt hat.[340]

In Großbritannien stieg jedoch die Besorgnis vor dem – durch die Eingliede-
rung des Rheinlands, Österreichs und des Sudetenlands – größer werdenden
Deutschen Reichs, durch den immer erfolgreicher werdenden internationalen Handel und der mächtiger werdenden deutschen Seemacht.[341] Deutschland hatte wieder einen entsprechenden Anteil am Welthandel gewonnen,
aber das damit zusammenhängende politische Risiko unterschätzt, denn
nun wirkte besonders Großbritannien mit Abmachungen und Bündnissen
gegen das Deutsche Reich.

Im Vorfeld des Ersten Weltkriegs war es nicht anders. Deutschland war
1862 nur mit 4,9 Prozent am Welthandel beteiligt. Großbritannien hatte
mit knapp 20 Prozent den größten Anteil. 1913 war der Anteil des Deutschen Kaiserreichs am Welthandel auf 13,2 Prozent gestiegen, während der
Anteil Großbritanniens auf 14,2 Prozent zurückging.[342] 1913 generierte und
verbrauchte das Deutsche Kaiserreich mehr elektrische Energie als Großbritannien, Frankreich und Italien zusammen.[343] Das Markenzeichen ‚Made
in Germany‘ wurde für die deutschen Nachbarn zu einer Bedrohung und
Großbritannien betrachtete den industriellen Aufschwung des Deutschen
Kaiserreichs als einen Einbruch in seine weltweite Dominanz.

Gegen Großbritannien wollte Hitler keinen Krieg führen. Im Gegenteil!
Hitler wollte mit Großbritannien eine Partnerschaft gegen den Kommunismus, die aber an Churchill scheiterte. Von Seiten der Dritten Reichs und
seiner nahen Umgebung, wie von Walther Hewel oder Unity Mitford, gab
es viele vergebliche Versuche, einen Pakt zwischen Großbritannien und
Deutschland zu schmieden. Allerdings wären die Folgen nicht abzusehen,
wenn Hitler mit seinem verbrecherischen System den Zweiten Weltkrieg gewonnen hätte. Hitler war auch kein Feind des britischen Kolonialbestrebens.
Er betonte mehrmals – auch noch während des Krieges –, dass das Britische
Königreich seine Kolonien behalten solle. Aus diesem Grund fand auch der
indische Freiheitskämpfer Subhas Chandra Bose nicht die militärische Unterstützung durch Hitler, die er sich erhofft hatte.

Obwohl zwischen der deutschen und der britischen Bevölkerung kein
Hass besteht, hatten sich die beiden Länder aufgrund von Eifersüchteleien

---

340 Schacht, Hjalmar, *76 Jahre meines Lebens*, S. 626f
341 Gibbs, Philip, *Blood Relations*, (Übersetzung: *Verwandte Welten*, S. 150)
342 Clark, Christopher, *The Sleepwalkers*, S. 159-167
343 Wehler, Hans-Ulrich, *Deutsche Gesellschaftsberichte*, Band 3, S. 610-612

der Regierungen in zwei Weltkriegen gegenseitig abgeschlachtet, wobei die schlechtesten Eigenschaften der menschlichen Natur zum Vorschein kamen. Dies ist umso verwunderlicher, da die enge Blutsverwandtschaft zwischen den britischen und den deutschen Königshäusern weit – bis auf die Urur-großeltern der Königin Victoria – zurückgeht. Deutsch war die Umgangs-sprache im britischen Königshaus, auch bei Königin Victoria. Diese hatte eine deutsche Mutter und verheiratete fast alle ihrer neun Kinder mit dem deutschen Adel. So wurde ihre Tochter Viky, die Prinzessin von Großbri-tannien und Irland, die Ehefrau von Friedrich III, dem Deutschen Kaiser und König von Preußen. Ihre Tochter Beatrice heiratete Prinz Heinrich von Battenberg. Auf Wunsch von Königin Victoria musste das Paar in England leben. Der Name des nachfolgenden Zweigs der ‚von Battenbergs‘ wurde – wegen des allzu deutsch klingenden Namens – in ‚Mountbatten‘ umge-ändert. Der berühmte Lord Louis Mountbatten – dessen Mutter Prinzessin Viktoria von Hessen war – war bis 1947 der letzte Vizekönig und General-gouverneur von Indien.

Die Kriege zwischen Großbritannien und Deutschland gingen nicht vom Volk, sondern von den Führern der Nationen aus, die Komplotte und Ge-genkomplotte aus nationaler Rivalität schmiedeten. Der Hass, der auf bei-den Seiten aufflammte, wurde bewusst von den Medien geschürt. Dies ist umso schmerzhafter, wenn zwei verwandte Völker durch ihre Führer und die Medien aufeinander gehetzt werden.

Während des Zweiten Weltkriegs sagte Churchill, dass der Krieg nicht gegen Hitler oder den Nationalsozialismus sei, sondern gegen die Kraft des deutschen Volkes. Die Kriegserklärung gegen Deutschland erfolgte daher sicher nicht nur aufgrund des zwischen Großbritannien und Polen bestehen-den Paktes, sondern auch aus imperialistischen Gründen. Die Vormachtstel-lung Großbritanniens sollte durch den Krieg erhalten bleiben. Dabei hatte Großbritannien allerdings die Stärke der Sowjetunion unterschätzt, die nun die militärische Vormachtstellung auf dem europäischen Kontinent errang.

Nach Kriegsende änderte Churchill seine Meinung. Am 26. Januar 1949 sagte er im Britischen Parlament:

Ich glaube, dass der Tag kommen wird, an dem alle zweifelsfrei erkennen können – und nicht nur die eine Seite des Hauses – sondern die gesamte zivilisierte Welt, dass es eine unermessliche Segnung für die Welt gewesen wäre, den Bolschewismus schon bei seiner Geburt erdrosselt zu haben… [Das] hätte den Zweiten Weltkrieg verhindert.[344]

---

344 Parlaments-Debatten, Hansard, House of Commons, His Majesty's Office, Teil 460, Nr. 46, Mittwoch, 26.01.1949, Mr. Churchill – 950

Inwieweit die Operationen der Deutschen Kriegsmarine rund um Südafrika, im Indischen Ozean und in den Gewässern von Niederländisch-Indien für den Fortgang des Krieges entscheidend waren, bleibt offen. Die wenigen U-Boote und Hilfskreuzer, die im Südraum operierten, waren jedoch sehr erfolgreich. Der Rohstofftransport nach Großbritannien konnte gewaltig gestört werden.

1942 erreichten die ersten deutschen U-Boote den Indischen Ozean und den Südraum. Mehrere Unterseeboote machten die Fahrt in den Südraum sogar zwei und drei Mal hin und zurück. Ab 1944 wurden fast alle U-Boote nur noch für den Rohstofftransport und nicht mehr mit Kampfeinsätzen beauftragt. Die deutsche Kriegsindustrie kam durch den fehlenden Nachschub an Rohstoffen immer mehr in Bedrängnis. Japan war in dieser Beziehung nicht so anfällig. Die Rohstoffe lagen in ihrem Einflussbereich und die Transportwege waren wesentlich kürzer.

Von September 1941 bis Kriegsende wurden mit Blockadebrechern und U-Booten zusammen über 260.000 Tonnen Rohstoffe nach Deutschland verschifft. Nur gut 43 Prozent erreichten ihr Ziel. Der Transport von Rohstoffen mit U-Booten war sehr verlustreich und unproduktiv, da die Ladekapazität eines U-Bootes nur rund drei Prozent eines Überwasser-Blockadebrechers entsprach. Allerdings konnte durch die U-Boot-Lieferungen von Wolfram und Molybdän die Stahlproduktion in Deutschland über längere Zeit aufrecht erhalten werden.

Im selben Zeitraum wurden über 58.000 Tonnen Kriegsmaterial, darunter viele Tonnen Quecksilber, von Deutschland nach Japan geliefert. Auf diesem Weg erreichten 84 Prozent der verschifften Waren sicher ihr Ziel in Japan.[345]

Auch die Anzahl der zwischen Deutschland und Japan mit U-Booten transportierten Passagiere war gering. Die U-Boote waren nicht für die Mitnahme von Passagieren konzipiert und die U-Boot Kommandanten lehnten oft aus Platzgründen und den zu erwartenden Problemen mit den unerfahrenen Landratten eine Mitnahme ab. Von 1942 bis Kriegsende wurden vom ‚Südraum‘ nach Europa lediglich 89, von Europa in den ‚Südraum‘ 96 Passagiere mitgenommen.[346]

Wenn man bedenkt, dass der deutsche Einsatz im ‚Südraum‘ schlecht geplant und vorbereitet war und dass im ‚Südraum‘ die Marinesoldaten auf sich selbst gestellt waren und dass sich ein Erfolg nur durch Improvisation einstellte, muss man die Leistung der damals eingesetzten Männer bewundern.

---

345 Krug, Hirama, Sander-Nagashima, Niestlé, *Reluctant Allies...*, S. 231f
346 Ibid., S. 203 und 210

Im Vergleich zum Atlantik war der Kriegsschauplatz im Indischen Ozean und im Südraum während des Zweiten Weltkriegs eher unbedeutend. Dies wird deutlich, wenn man die im Südraum versenkten 151 alliierten Schiffe mit den 2.520 alliierten Schiffen vergleicht, die insgesamt von deutschen U-Booten während des Zweiten Weltkriegs versenkt wurden.[347] Dies war vielleicht ein Grund, dass den Aktivitäten der Deutschen Kriegsmarine in diesem Raum bisher fast keine Aufmerksamkeit gewidmet wurde. Auf Java, in Penang, Singapur und in Sabang war jedoch in den 1960er Jahren die Erinnerung an die deutschen U-Boote und Marinesoldaten immer noch präsent. Immer wieder wurde ich als Deutscher in diesen Orten daraufhin angesprochen. Doch langsam schwindet auch hier die Erinnerung. Damit die Ereignisse im ‚Südraum' während des Zweiten Weltkriegs umfassend bekannt werden, habe ich versucht in diesem Buch das Vergangene für die Zukunft zu erhalten.

Deutschland war für einen zweiten Weltkrieg nicht gerüstet und konnte einen solchen Weltkrieg auch nicht durchstehen. Die britische Luftwaffe alleine war schon stärker als die deutsche. Bei Kriegsbeginn verfügte die Deutsche Kriegsmarine über nur 15 atlantikfähige Unterseeboote.[348] Während des Zweiten Weltkriegs wurden rund 3.000 neue U-Boote in Dienst gestellt. Drei von vier U-Booten gingen verloren.

Millionen Menschen starben auf beiden Seiten durch einen Krieg, den die Deutschen durch Hitlers ‚Lebensraumgewinnung' und die ‚Blut-und-Boden-Ideologie' verantworten müssen. Es waren nicht die Menschen, die einen Krieg wollten; es sind immer verantwortungslose Staatsmänner, die Völker – bis heute – aufeinander hetzen. Keiner hatte aus den Erfahrungen des grausamen Ersten Weltkrieges von 1914 – 1918 eine Lehre gezogen. Millionen Menschen auf beiden Seiten haben wieder unter den Einschlägen von Bomben und Granaten gezittert. Viele Länder lagen wieder in Trümmern und Asche. Bei Kriegsende fanden Millionen Menschen anstelle ihrer Häuser nur noch Ruinen vor. Existenzen waren zerstört. Flucht, Vertreibung und Entwurzelung waren die Folge. Leid war überall! Auch in Asien!

Und das Leid der Völker geht weiter. Die USA und Großbritannien mit Australien und Kanada begannen einen völkerrechtswidrigen Krieg im Irak, ohne die Konsequenzen zu bedenken. Nun ist bis heute eine ganze Region destabilisiert und Millionen Menschen sind auf der Flucht. Es scheint, dass die Menschheit aus Erfahrungen der Vergangenheit keine Lehren zieht. Die grausame und böse Naziherrschaft wurde vernichtet und

---

347 Ibid., S. 78
348 Aussage von Großadmiral Dönitz im Nürnberger Prozess: Schacht, Hjalmar, *76 Jahre meines Lebens*, S. 513

ausgerottet, aber das Böse wird in der Welt unter einem anderen Namen wieder kommen.

Walther Hewel war die zentrale Anlaufstelle für alle Südost-Asien betreffenden Fragen. Dadurch muss ihm eine bisher nicht bekannte, ja nicht einmal vermutete Bedeutung zugeschrieben werden. Weitergehende Forschungen über seine Person werden dies sicherlich bestätigen.

Neben den Verbrechen, die Hitler während der Zeit des Dritten Reichs begangen hat, muss man doch – auch wenn es schwer fällt – staunen, welch enorme Aufrüstung die deutsche Kriegsmaschinerie von 1933 an erfahren hat. Viele bahnbrechende Erfindungen, die in kürzester Zeit – selbst noch unter schwierigsten Bedingungen während der Bombardements der Alliierten – gemacht wurden, haben die Welt danach einschneidend verändert.

Kein anderes Land hat nach dem Zweiten Weltkrieg seine Vergangenheit so gründlich aufgearbeitet wie Deutschland. Das steht den Niederländern – ob sie es wollen oder nicht – noch bevor. Bis heute versuchen sie, alle Verbrechen unter den Teppich zu kehren. Über 60 Jahre seit dem Ende des von den Niederländern ausgelösten blutigen Krieges gegen die Freiheitsbestrebungen der Indonesier sind nun vorbei. Auf eine Entschuldigung des Niederländischen Königshauses und auf eine Anerkennung des 17. Augusts 1945 als Tag der Unabhängigkeit wartet das indonesische Volk bis heute!

Nach Asien, wo ein Großteil der Weltbevölkerung lebt, schlägt heute das weltpolitische Pendel aus. Das Ende vom Kolonialismus in Asien hat diese Entwicklung eingeleitet! Asien mit China als Führungsmacht hat die größte Chance, das westliche Wirtschaftssystem abzulösen. Viele Anzeichen sprechen dafür. Deutschland wurde von China als Exportweltmeister abgelöst. Indonesien ist mit über 240 Millionen Einwohnern bereits das viertgrößte Land der Erde. Es gibt kaum einen Rohstoff, der nicht in diesem riesigen Inselreich vorhanden wäre und das Land kann mit einem stabilen Wachstum von 7 Prozent aufwarten. Davon kann die westliche Welt nur träumen! Die westlichen Länder werden, um überleben zu können, eine engere Partnerschaft mit den asiatischen Völkern suchen müssen. Das 21. Jahrhundert wird mit China, Indien, Indonesien und Japan ein asiatisches Jahrhundert werden. Daher liegt auch in Asien unsere Zukunft!

Anlage 1

Tsuda Kiyokazu, *Vorhaben Würzburg* (Übersetzung des Titels vom Japanischen ins Deutsche),
CQ-Verlag Kinokuniya, Tokyo, 15.12.1981

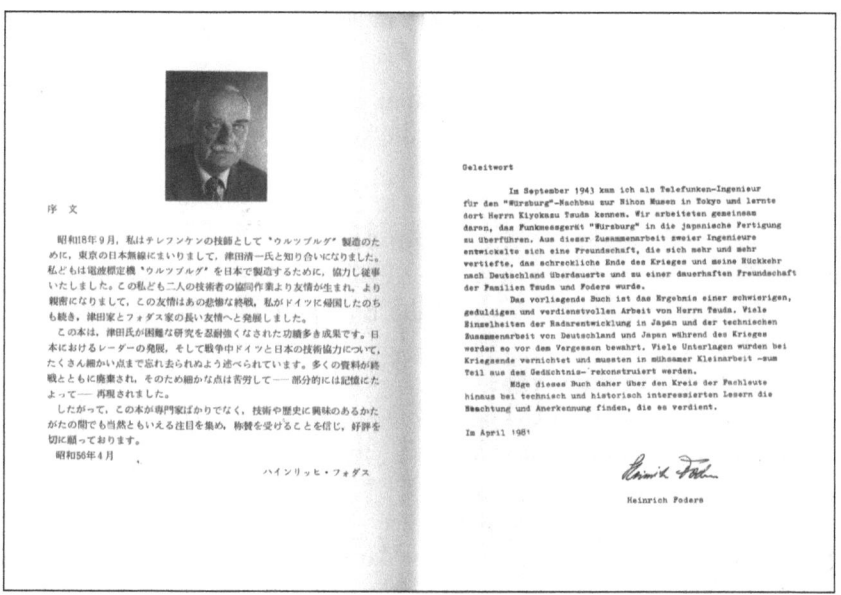

Abb. 88
Geleitwort von Heinrich Foders

Inhaltsverzeichnis
(Übersetzt aus dem Japanischen von Ayumi Schürmann)

1. Detailschilderung zur Einführung von ‚Würzburg‘
* Der Erkenntnisstand des japanischen Militärs im Umgang mit Funkwaffen
* Entsendung einer Delegation der japanischen Armee nach Deutschland und Italien
* Entsendung einer weiteren Delegation nach Deutschland

2. Die Verhandlungen um die Übergabe der Würzburg-Anlagen und der Transport nach Japan
* Die Verhandlungen und der Außenminister Matsuoka

- Der Kriegsausbruch zwischen Deutschland und Russland, Heimkehr der Delegation
- Die Bedingungen zur Übergabe der Anlagen, japanische U-Boote für den Transport
- Die Ausbildung japanischer Experten an Würzburg-Anlage beim deutschen Militär
- Die Reparatur des U-Boots I-30
- Transport der Würzburg-Anlage
- Das Unglück im Hafen von Singapur
- Zerstörung durch Seeminen und die Vernichtung der Diagramme und Materialien

3. Der zweite Transport der Würzburg-Anlagen
- Anforderungen an das deutsche Militär, erneute Übergabe von Diagrammen und Materialien und die Entsendung deutscher Ingenieure nach Japan
- Herr Foders wird überredet
- Qualvolle 76 Tage im U-Boot
- Ankunft in Singapur und Flug nach Japan

4. Radaranlagen des japanischen Militärs
- Die Radaranlagen der japanischen Marine
- Der Radio-Locator der japanischen Armee
- Die Radaranlagen der japanischen Armee
- Das ‚Tama Technische Institut' und das ‚Marine Technische Institut'
- Der Bericht eines japanischen Offiziers über die Würzburg-Anlage
- Improvisation bei der Produktionsplanung der Würzburg-Anlage (Satake-Stil)

5. Produktion der Würzburg-Anlagen
- Der Aufbau der Würzburg-Anlagen
- Ausbildung japanischer Ingenieure in Deutschland
- Das schon lange erwartete Eintreffen der Diagramme
- Die Vor- und Nachteile der deutschen Diagramme
- Die Umgestaltung der Diagramme im Eilverfahren
- Der Plan zur Inlandsproduktion der Würzburg-Anlage
- Die Produktion von deutschen Vakuumröhren
- Der Würzburg-Prototyp
- Die Entwicklung zur Anpassung an die Flugzeugabwehrkanone

Anlage 2

Staatspräsident Dr. Sukarno: Reden in Deutschland
(Presse- und Informationsabteilung der Indonesischen Botschaft in Bonn)

Staatspräsident Dr. Sukarno

Reden

in

Deutschland

Rede von Staatspräsident Dr. Sukarno
anläßlich der Verleihung der Ehrendoktorwürde der
Technischen Universität Berlin, 20. Juni 1956

Eure Magnifizenz! Meine Herren Professoren! Sehr verehrte Damen und Herren!

Es ist ein eindrucksvoller Augenblick, wenn man in die Gemeinschaft einer so bedeutenden Universität aufgenommen wird. Die Zeremonie der Aufnahme hat etwas Feierliches an sich und reicht in die historische Vergangenheit zurück. Sie ist Ausdruck des Verbindenden in der Geschichte des geistigen Strebens unserer Menschheit. Sie ist noch mehr ·— einer der Momente, in denen die Kontinuität und Einheit der Geschichte offenbar wird.

Sie haben mir die Doktorwürde Ihrer — oder darf ich jetzt sagen u n s e r e r — Universität verliehen. Damit haben Sie mir gestattet, die lange Reihe namhafter Männer und Frauen fortzusetzen, die in allen Zeiten um die Wahrheit gerungen und ihre Kenntnisse dem Fortschritt in der Welt geliehen haben.

Ich stehe jetzt vor Ihnen — erfüllt von Dankbarkeit und Stolz. Warum diese Dankbarkeit und warum dieser Stolz? Weil auch uns in Indonesien seit langem bekannt ist, daß Deutschland in technischer Hinsicht eine führende Stelle einnimmt, daß die deutschen Techniker überall in der Welt einen ausgezeichneten Ruf genießen. Wichtiger aber ist noch, daß wir in Indonesien den Weltruf kennen, den gerade die Technische Hochschule Charlottenburg, die sich jetzt Technische Universität nennt, besitzt. Wo immer man in Europa und Amerika, im Nahen und im Fernen Osten, ja überall in der Welt einem Techniker begegnet, der ein Diplom Ihrer Hochschule vorweisen kann, da weiß man, daß man einem Techniker von Format, einem Meister seines Fachs gegenübersteht.

Das ist der Hauptgrund, warum ich Ihnen für die Ehrung so dankbar bin.

Schon seit drei Tagen habe ich die große Ehre, Ihr Land als Staatsmann, als Präsident der Republik Indonesien, als Politiker also, kennen zu lernen. Daneben habe ich als Techniker die Freude, auch die großartigen Leistungen der deutschen Technik bewundern zu dürfen. Beide Berufungen, die des Politikers und die des Technikers, stehen nicht im Gegensatz zu einander. Denn ebenso wie sich in mir der Politiker und der Techniker vereinen, ebensosehr sind in der modernen Welt Politik und Technologie miteinander verbunden. Das zeigt uns die Geschichte der Zivilisation und auch die Geschichte meines Landes.

Wir haben im Lauf der Epoche, die man in Ihrer Geschichtsschreibung die N e u z e i t nennt, mehrere Revolutionen erlebt. Die erste brachte die Entdeckung fremder Länder und die Ausweitung des Welthandels, insbesondere des Handels

1.

zwischen Europa und Asien — es war das, was die Engländer die „commercial revolution" nennen. Sie kostete Indonesien die Selbständigkeit. Dann kam die i n d u - s t r i e l l e R e v o l u t i o n , die Zeit der Dampfmaschine und der Vermassung des Menschen. Sie brachte Indonesien den Verlust der wirtschaftlichen Freiheit.

Danach kam die Revolution der Kernenergie. Sie hat die Frage noch offen gelassen, ob sie zum Segen oder zum Fluch der Menschheit ausschlagen wird. Es zeichnet sich aber bereits jetzt eine Reaktion, eine Antwort auf diese Frage ab. Es ist die afro-asiatische Revolution, die hunderten von Millionen, nein — es sind mehr, es sind ein- und eine halbe Milliarde Menschen, die bisher unter fremder Herrschaft standen, die verlorene Freiheit wiedergibt.

Es wird manchen von Ihnen vielleicht kühn klingen, wenn ich sage: diese gewaltige afro-asiatische Revolution, diese von Tag zu Tag wachsende afrikanisch-asiatische Solidarität wird auf die Weltgeschichte einen größeren Einfluß ausüben als die Revolution der Kernenergie.

Damit möchte ich keineswegs die Möglichkeiten der Technologie für die weitere Entwicklung der Menschheit verkleinern. Denn gerade wir in Indonesien setzen in die Technologie große Zukunftshoffnungen. Die weitere Entwicklung unseres Landes wäre ohne die außerordentlich starke Mitwirkung der Technik gar nicht denkbar.

Elf Jahre lang ist Indonesien schon ein freier Staat. Aber in diesen elf Jahren konnte die Technik uns noch nicht im gewünschten Maße beim Aufbau behilflich sein, da wir mehrere Jahre lang die errungene Freiheit mit den Waffen verteidigen mußten.

Die indonesische Revolution, die vor elf Jahren begann, ist heute noch im Gang. Nach der ersten Phase des rein physischen Kampfes um die Macht und der zweiten Phase der Heilung der Wunden und Festigung der Freiheit und Demokratie, stehen wir jetzt in der dritten Phase der geistigen und technischen Investierungen. Jetzt schaffen wir den Rahmen für die Endphase der Revolution, in der die Technologie mehr als bisher eine wichtige Rolle spielen wird. Es wird die Zeit planvollen Aufbaus sein.

Es wird nicht möglich sein, unser Land ohne Investierungen aufzubauen — und zwar materielle und geistige.

In unserem Zeitalter wird es keinen Wiederaufbau geben, wenn nicht Technik und ethisch fundierter Geist Hand in Hand arbeiten. Für die technischen Investitionen brauchen wir viel fremdes Kapital, technische Ausrüstungen, technischen Rat. Das ist ein Gebiet, auf dem gerade Ihr Land eine für uns sehr wichtige Rolle spielen kann. Deutsche Techniker waren von je her in Asien sehr geschätzt und willkommen. In Zukunft wird dies noch mehr der Fall sein.

2

Während also auf dem Gebiet der Technik unsere Hände ausgestreckt und unsere Ohren jedem Rat geöffnet sind, müssen wir den geistigen Wiederaufbau unseres Landes selbst in die Hand nehmen.

Lassen Sie mich nun zum Anlaß dieser Stunde zurückkommen. Es ist mir immer eine besondere Freude, Universitäten zu besuchen und unter Studenten zu sein. Ich weiß, daß unser aller Zukunft auf den Schultern unseres akademischen Nachwuchses liegt.

Heute haben Sie mir, Sukarno, die Würde eines Doktors der Technischen Wissenschaften verliehen. Ich bin Ihnen aus tiefem Herzen dankbar dafür. Aber ich fühle — und das macht mich besonders glücklich — daß Sie damit nicht nur mich, sondern vor allem mein Land und mein Volk geehrt haben.

Sie werden vielleicht wissen, daß ich bereits in meiner Heimat einen akademischen Grad der technischen Fakultät erworben habe. Von Beruf bin ich also eigentlich Ingenieur. Aber schon seit langem mußte ich den Bau von Brücken aufgeben und mich dem Aufbau der Nation widmen. Und nun bin ich in gewissem Sinne zu meinem ursprünglichen Beruf zurückgekehrt.

In den vergangenen Wochen habe ich auf meiner langen Reise viele Brücken gebaut. Es waren keine Brücken aus Stahl und Beton, sondern Brücken der Verständigung, die unsere Völker verbinden sollen und werden.

Rede von Staatspräsident Dr. Sukarno
vor dem Ostasiatischen Verein Hamburg am 21. 6. 1956

Dankbar nehme ich die Gelegenheit wahr heute zu Ihnen zu sprechen — zu einer so auserwählten Zuhörerschaft. Hafenstädte, finde ich, haben meist einen besonderen Reiz. Sie haben ihren eigenen Charakter, ihre eigentümliche Atmosphäre. Vielleicht liegt das daran, daß sie den Pulsschlag fremder Kontinente spüren. Natürlich wissen die Menschen in Hafenstädten mehr von dem, was in der Welt vor sich geht, als die Binnenländer. Gerade in den Häfen begegnen und vermischen sich die Elemente verschiedenster Kulturen, um von dort aus ins Landesinnere vorzudringen. Ideen, ebenso wie Güter, finden ihren Weg durch die Häfen.

Ich habe schon immer feststellen können, daß die zahlreichen Häfen meines Landes ihr eigenes, ihr besonderes Gepräge haben, das sich wesentlich von dem der Städte im Innern des Landes unterscheidet. Jetzt bin ich in der Erfahrung reicher geworden, daß die Häfen in anderen Ländern — Amerika, Kanada, Italien und nun auch Westdeutschland — ebenfalls ihren eigenen Charakter aufweisen, und — was mir genau so bedeutend erscheint — sie besitzen ihn gemeinsam, überall in der Welt.

Für mich ist das eine bedeutende Entdeckung, die mir das bestätigt, woran ich seit langem glaube: ich glaube fest daran, daß die Menschen überall auf der

3

Welt im Grunde gleich sind. Natürlich sind die Menschen nach ihrer Hautfarbe, Religion und Kultur verschieden. Doch das Gemeinsame überwiegt die Unterschiede. Von Hamburg bis Yokohama sind die Wünsche und die Nöte der Menschen die gleichen. Der Gedanke einer „geeinten Welt" ist heute zum politischen Schlagwort geworden: die Menschheit hatte sich diesen Gedanken schon lange zu Eigen gemacht, bevor sich politische Philosophen damit befaßten.

Als Inselreich besitzt Indonesien zahllose Häfen, Treffpunkte der Menschen vieler Länder. Auf unseren 3000 Inseln ist nicht jeder Hafen ein „Tor zur Welt", doch sind die Hafenstädte die Lungen unseres Landes und die Hauptadern, durch die das gesamte Wirtschaftsleben pulsiert. Diese Inseln, umspült von den Wassern riesiger Meere, erstrecken sich auf einer Länge von mehr als 5000 Kilometern entlang des Äquators. Die beiden äußersten sind weiter voneinander entfernt als New York von San Francisco, als Lissabon vom Ural

Erwärmt durch die tropischen Gewässer, gekühlt vom Seewind, sind diese Inseln heute in der Lage, unterentwickelt wie sie sind, ein Volk von 82 Millionen zu versorgen.

Verzeihen Sie, wenn ich anmaßend erscheine. Das ist nicht meine Absicht. Nur, um Ihnen leichter verständlich zu machen, was ich sagen will, muß ich Ihnen ins Gedächtnis zurückrufen, daß Indonesien tatsächlich kein unbedeutender Teil der Welt ist. Ein Volk von 82 Millionen kann selbst in einer Steinwüste nicht unbedeutend sein. Und unser Land ist wirklich keine Steinwüste. Es erzeugt mehr Kautschuk als irgendein anderes Land in der Welt. Nur ein einziges Land fördert mehr Zinn als Indonesien. Es ist der fünftgrößte Erdölproduzent. Bauxit, Nickel, Kohle, Schwefel, Uran, Gold, Silber, Diamanten — alle diese Schätze liegen in unserem Boden verborgen. Kopra, pflanzliche Öle, Edelhölzer und landwirtschaftliche Produkte trägt unsere Erde im Überfluß. Und dann die Gewürze! Ja, die Gewürze. Dieselben Gewürze, um derentwillen die großen europäischen Nationen Kriege geführt haben, um derentwillen große Flotten gefährliche Reisen um die Südspitze Afrikas unternahmen. Die Gewürze, nach denen Kolumbus suchte, und die ihn auf halbem Wege Amerika entdecken ließen. Für die Gewürze bevölkerten mehr Segel das Meer als die Griechen vor Troja.

Heute wird vielfach die Befürchtung laut, daß die Rohstoffquellen der Erde bald erschöpft sein könnten. Wir teilen diese Befürchtung nicht. Unser Land ist ausgedehnt, sein Potential jedoch noch unerschlossen. Mehr noch, sein Potential ist unerforscht. Wir haben nur sehr unklare Vorstellungen von dem Reichtum, den die mit Urwald bedeckten Inseln Sumatra, Borneo und Celebes in ihrem Innern bergen. Mit Ausnahme der Antarktis ist Indonesien das größte wirtschaftlich unerschlossene Land der Erde. Das ist auf die Kolonialherrschaft zurückzuführen. Nur auf der Insel Java hatte man mit der wirtschaftlichen Erschließung des Landes begonnen.

4

Aber der größte Reichtum unserer Nation liegt in unserem Volk. Die Fähigkeiten eines Volkes müssen ebenso wie die Schätze eines Landes voll ausgewertet werden. Das kann unter einer Kolonialherrschaft nie geschehen, weil das koloniale Wirtschaftssystem nur eine geringe Anzahl von Fachkräften benötigt. Das bedeutet also nur einen niedrigen Ausbildungsstand der Untertanen.

Ein Mann mit zwei Händen, nicht einer mit Verstand, ist der ideale Arbeiter einer Kolonialwirtschaft. Unser bedeutendster Wohlstand liegt heute in unserem Volk begründet: 82 Millionen Einwohner mit einem unermeßlichen wirtschaftlichen Potential. Es mag wiederum anmaßend erscheinen, aber ich bin wirklich stolz auf mein Land. Ich bin der Präsident der Republik Indonesien. Aber selbst wenn ich der einfachste Arbeiter auf dem Feld wäre, wäre ich stolz auf dieses Land. Aus diesem Land, dessen soziale Entwicklung während drei und ein halb Jahrhunderte dauernden Kolonialherrschaft gelähmt war, das jetzt einer rauhen Welt wiedergeboren wurde, physisch und geistig durch die Besatzung, Krieg und Revolution geschwächt, aus diesem Land ist nun etwas völlig Neues, etwas Großes erstanden, das vielversprechende Aussichten für die Zukunft der Menschheit eröffnet. Am 17. August 1945 wurde Indonesien ein unabhängiger und souveräner Staat. An jenem Tag hat meine Nation die Zukunft herausgefordert. Wir erklärten unsere Unabhängigkeit, und was das bedeutete war klar. Wir setzten uns das Ziel, den Kolonialismus von unseren Küsten zu verbannen, heute — nach schweren Kämpfen — hat der Kolonialismus unser Land verlassen, und wir sind überzeugt, daß bald nur noch eine unangenehme Erinnerung im ganzen Lande davon übrig bleiben wird.

Meine Nation entstand nicht erst im Jahre 1945. Tatsächlich nicht. Bevor der Kolonialismus uns mit seinem Todeskuß berührte, war Indonesien ein bedeutendes Land. Unsere Kultur ist älter als das Christentum, älter als der Islam oder als der Hinduismus. Und alle diese Einflüsse und tausend andere haben ihre Spuren bei uns zurückgelassen. Sehen Sie sich Indonesien heute an: Sie erblicken einen Querschnitt der Kulturgeschichte unserer Welt. Wir waren eine seefahrende Nation, wir waren eine Nation mit hochentwickelten technischen Fähigkeiten und einer wohlgeformten Gesellschaftsstruktur.

Und dann kam die Kolonialzeit, die uns hart zugesetzt hat. Unternehmungsgeist und Lebenskraft wichen zunehmender Schwäche und sozialen Übelständen. Als wir 1945 als Staat wiedergeboren wurden, konnten wir mit der übrigen Welt nicht mehr Schritt halten. Wir waren mit allem weit zurück und hatten mit großen Schwierigkeiten zu kämpfen. Analphabetismus, hohe Sterblichkeits- und Krankheitsziffern, ein niedriges Lohnniveau, all dies machte uns schwer zu schaffen und erschwerte die Lösung unserer Probleme. Es war nicht zum ersten Mal in der Geschichte, daß eine Nation ihr Schicksal in ihre eigenen Hände nahm. Amerika tat dies, Italien und Deutschland ebenso. Aber, aber — es besteht ein großer Unterschied zwischen der Lage, in der sich Amerika nach seiner Revolution befand, oder Deutschland nach der Bismarck-Ära und der Indonesiens. Indone-

5

sien kam in eine Welt des kalten Krieges. Wir nahmen die Verantwortung für eine nationale Gemeinschaft auf uns, in einer Welt, die in zwei Blocks verbündeter Staaten auseinandergerissen war. Wir wurden Mitglied der Völkerfamilie, ohne geschultes Beamtentum, ohne eingearbeiteten Regierungsapparat, ohne konstruktiv arbeitende politische Organe. Wir kamen in eine Welt, in der die Atombombe wie ein Damoklesschwert über der Menschheit schwebte, und wir sind aufgewachsen in einer Welt, in der die einzelnen Nationen sich zu Machtgruppen zusammengeschlossen hatten, die sich unter dem Pilz der Wasserstoffexplosion gegenseitig befehden. Wir kamen in eine Welt, in der sogar die Vereinten Nationen, Vorboten der Zukunft, in zwei weltanschauliche Lager gespalten waren, wodurch die Grundbegriffe der Menschlichkeit verloren zu gehen drohten.

Wir kamen in eine Welt, in der die Menschheit vor eine grundlegende Entscheidung gestellt war. Die Atomkraft kann zum Nutzen oder zur Vernichtung des Menschengeschlechts gebraucht werden. Die Atomkraft kann dazu dienen, die Welt wie einen Garten erblühen zu lassen, oder die Humanität und die edelsten Träume der Menschheit in ein Häufchen Asche zu verwandeln. Und doch, es ist unsere Welt. Die Menschheit hat aus ihr das gemacht, was sie ist. Die Menschheit kann dies mit Gottes Hilfe ändern. Welche Aussichten haben wir für die Zukunft? Was hat Indonesien zu erwarten? Welches Schicksal steht Deutschland bevor?

Sehen Sie! In den schwärzesten Tagen unserer Revolution, in den Tagen, als nur noch ein schwacher Hoffnungsschimmer, ein Gebet und ein Wunschtraum für den Sieg verblieben, da wurde das indonesische Volk nur noch durch das Eine aufrecht erhalten: Das war die einfache Tatsache, daß unser Volk und seine politischen Führer sich zum ersten Mal als Herren ihres Schicksals fühlten. Wir fühlten uns als ausführende Organe unserer eigenen Geschichte. Werfen Sie einen Blick auf unsere heutige Welt! Und was sehen Sie? Die Nationen unserer Erde, zum größten Teil weltanschaulich voneinander abgewandt. Aber die irrationalen Stützen dieser ideologischen Schranken stehen auf unsicherem Grund, so daß diese Schranken sehr wohl einmal zusammenbrechen könnten. Von größerer Tragweite jedoch, als der Eiserne Vorhang, ist die Revolte Asiens. Schwerwiegender als die Atombombe ist die nationale Neuordnung Asiens und das Erwachen der asiatischen Völker. Betrachten Sie die Geschichte der Nachkriegszeit! Und was sehen Sie da? Drei große Veränderungen in unserer Welt. Jede dieser Veränderungen wird die Weltgeschichte entscheidend beeinflussen. Die erste dieser Veränderungen betrifft die Konsolidierung der westlichen Staatsauffassung. Diese gründet sich auf die Demokratie und die demokratischen Methoden, und wurde in der Vergangenheit zur treibenden Kraft für einige der bedeutendsten geistigen Strömungen und erfolgreichen Bemühungen ihrer Umsetzung in die Tat. Dieses westliche Staatssystem ist für diejenigen, die dessen Vorteile genießen, von großem Wert, und für diejenigen, die danach streben, ein erreichbares Ziel. Ich sage, ein erreichbares Ziel, und das ist sicher nicht übertrieben, sonst wären nicht schon $^3/_4$ der Welt seiner teilhaftig.

6

Zweitens: Wir erleben jetzt die Evolution des Kommunismus. Der Kommunismus ist der Inbegriff einer neuen sozialen und wirtschaftlichen Ordnung. Diese neue Ordnung bedeutet eine Herausforderung gegenüber den althergebrachten Vorstellungen und vor allem gegenüber dem staatlichen System, das sich im Westen herausgebildet hat. Diese neue soziale und wirtschaftliche Ordnung lenkt bereits die Schicksale von nicht weniger als 900 Millionen Menschen in der Welt.

Die dritte und vielleicht schwerwiegendste Veränderung ist mit der Wiedergeburt großer Nationen in Asien und Afrika eingetreten. Ich sage Wiedergeburt, weil diese Staaten in der Vergangenheit, vor der Ausbreitung des westlichen Kommunismus in Asien, bereits große Bedeutung erlangten, und zwar als selbständige Staaten. Diese Nationale Revolution Asiens und Afrikas umfaßt eineinhalb Milliarden Menschen. Dies war eine echte Revolution des zwanzigsten Jahrhunderts und hat weitgehende Änderungen auf der politischen Karte der Welt zur Folge gehabt. Als eine soziale und wirtschaftliche Ordnung hat der Kommunismus das alte Gleichgewicht der Welt gestört. Dazu kamen nun die Revolutionen in Asien und Afrika, die wiederum das alte Gleichgewicht beeinträchtigt haben. Ungeahnte soziale und wirtschaftliche Kräfte wurden dadurch frei. Wenn die Welt diesen neuen Kräften kein Verständnis entgegenbringen sollte, dann ist sie eben nicht in der Lage, sich dem Wandel der Zeit anzupassen. Es ist vielleicht die dinglichste politische Aufgabe, ja sogar vielleicht die dringlichste internationale Aufgabe unserer Tage, diese jungen Kräfte in Asien verstehen zu lernen. Wenn das nicht der Fall ist, wäre eine Verbannung sowohl des westlichen als auch des kommunistischen Systems aus diesem Gebiet möglicherweise die Folge, und das würde der Menschheit nur Not und Elend bringen. Die Wünsche dieser neuentstandenen Nationen sind nicht zu anspruchsvoll. Die Menschen dieser Länder verlangen keine besondere Behandlung und keinen besonderen Platz an der Sonne. Sie wollen nur Gleichheit in der Behandlung, Gleichheit in der Achtung und Gleichheit in ihrer Stellung. Überall auf der Welt trachtet die Menschheit nur nach Freiheit, Frieden und angemessenem Wohlstand. Wir in Asien bilden da keine Ausnahme. Wir verlangen nach Freiheit, nach Frieden und einem höheren Lebensstandard. Wenn wir auf der Grundlage dieser Bedingungen internationale Anerkennung finden, dann ist damit die Tür zu einer neuen Ära der Menschheit geöffnet. Die Geschichte der Nachkriegszeit ist nur verständlich, wenn man die afro-asiatische Bewegung des anti-Kolonialismus und Nationalismus in Betracht zieht. Sie bildet eine essentielle und unabänderliche Grundlage für unser nationales Dasein.

Wir bringen der Welt jedoch mehr als nur dies. Allen Ernstes wage ich zu behaupten, daß ein unabhängiges Asien und ein unabhängiges Afrika in Zukunft weitgehend zur Stabilität der Welt beitragen werden. Sie werden ihre Kräfte vereinigen, um dazu beizutragen, eine neue Weltordnung mit gerechten und gesunden Zielen zu errichten. Um es einmal von diesem Gesichtspunkt aus zu betrachten muß man sagen, daß die Welt viele Generationen hindurch sich eines ungerechtfertigten Wohlstandes erfreute. Der Wohlstand, dessen sich Europa

7

und Amerika erfreuten — lassen sie es mich offen sagen, war auf die koloniale Ausbeutung Afrikas und Asiens gegründet. Ich will gerne zugeben, daß noch andere Faktoren diesen Wohlstand mitbewirkten. Aber letzten Endes wäre er uns unmöglich gewesen ohne die billigen Rohstoffe und ohne die billigen Arbeitskräfte in Asien und Afrika. Dies war aber eben kein echter Wohlstand, denn er wurde nicht allein durch die natürlichen Reichtümer, sondern vor allem durch die Ausnützung der Menschen erreicht. Was aber war die Folge davon? Daß noch in jüngster Vergangenheit nur etwa 20% des Welteinkommens auf 75% der Weltbevölkerung entfielen. Für diese ³/₄ der Menschheit bedeutete dies Krankheit, Unkenntnis, rücksichtslose Ausnützung der Arbeitskräfte und niedriges Lebensalter für die Mehrzahl der Menschen. Wir leben in einer Welt der raschen Verbindungen, in einer Welt, in der die Ereignisse in kürzester Zeit von Land zu Land eilen. Unser Wissen nimmt von Tag zu Tag zu. Überall in der Welt ist man sich heute über die elementaren menschlichen Anrechte im Klaren. Gott hat unsere Erde mit Gaben reich gesegnet; es ist genug für alle Menschen vorhanden. Seien Sie dessen gewiß: in dem Maße, in dem Asien und Afrika einen wirtschaftlichen Aufschwung erleben, wird auch dieser in den übrigen Teilen der Welt seinen Niederschlag finden. Wie könnte es auch anders sein? Asien und Afrika verfügen noch über keine nennenswerte Industrie. Sie stellen daher für die westlichen Industrieländer riesige Absatzmärkte dar. Wenn nun Asien und Afrika in sozialer und wirtschaftlicher Hinsicht gestärkt werden, dann wird damit auch ihr Bedarf an Gütern erhöht. So wird sich also eine Industrialisierung der afroasiatischen Völker und der damit verbundene wirtschaftliche Wohlstand günstig auf die anderen Kontinente auswirken. Man soll also nicht denken, daß die Erhebung dieser jungen Länder eine wirtschaftliche Bedrohung für die übrige Welt darstellt.

Andererseits muß sich der Westen der Tatsache bewußt sein, daß für die Zusammenarbeit mit den neuen Nationen Afrikas und Asiens ein völlig neuer Weg gefunden werden muß. Wer diese Zusammenarbeit sucht, muß sich über folgendes im Klaren sein: die Zeiten sind vorbei, in denen als Handels- und Geschäftspartner Regierungen, zusammengesetzt aus kleinen Gruppen mächtiger Personen, oder einzelner Fürsten auftraten. Die Handelspartner von heute sind die Völker insgesamt der betreffenden Länder! Alle Schichten dieser Völker fordern das Recht — und haben es auch — voll an den Früchten der wirtschaftlichen Verbindungen und wirtschaftlichen Zusammenarbeit zwischen den asiatischen und anderen Völkern beteiligt zu werden. Und sie haben nicht nur das Recht — sie haben auch die Fähigkeiten dazu! Nicht nur Regierungen und kleine Oberschichten eines Volkes sollen im Besitz des Wohlstandes sein. Ich wiederhole: das Verständnis dieser Tatsache ist wesentlich für jede zukünftige Zusammenarbeit! Ich bin glücklich, feststellen zu können, daß man auf deutscher Seite schon die praktischen Folgerungen aus dieser Erkenntnis zu ziehen beginnt. Es ist natürlich möglich, daß einige Länder ihre bisherige Monopolstellung verlieren werden, aber es wird Ihnen klar sein, daß man die jungen Staaten Afrikas und

8

Asiens dafür nicht verantwortlich machen kann. Auch für die Länder, die in den vergangenen Jahrhunderten im Welthandel eine Monopolstellung bekleideten, gibt es in Zukunft viele Möglichkeiten der wirtschaftlichen Zusammenarbeit. Verstehen diese Länder es, sich dem notwendigen neuen Geist des wirtschaftlichen Verkehrs mit den afro-asiatischen Ländern zu erschließen, dann kann sich der augenblickliche Verlust, den viele davon erlitten haben mögen oder erleiden werden, als Gewinn auf lange Sicht erweisen. Wir kommen nicht mit leeren Händen, um in die Familie der Völker aufgenommen zu werden. Wir bringen nicht nur Ideologien, sondern auch praktische Werte mit. Indonesien ist ein zum größten Teil noch unerschlossenes Land, das der gesamten Menschheit praktische Möglichkeiten gibt. Die Durchführung der wirtschaftlichen Erschließung an sich bringt der übrigen Welt erheblichen wirtschaftlichen Gewinn. Sie als Hanseaten werden ein solches Angebot zu schätzen wissen. Indonesien und die übrigen Länder werden gleichermaßen aus den Früchten einer solchen wirtschaftlichen Erschließung Nutzen ziehen. Indonesien als Agrarland mit riesigen Vorräten an in der ganzen Welt begehrten Rohstoffen, und Deutschland als rohstoffarmes, aber hochindustrialisiertes Land können sich wirtschaftlich sehr gut ergänzen. In diesem Zusammenhang möchte ich Ihre Aufmerksamkeit darauf lenken, daß wir in Indonesien noch viele Schwierigkeiten zu überwinden haben. Vor elf Jahren begann in Indonesien nicht nur eine politische, sondern auch eine soziale Revolution. Die sich daraus ergebenden Probleme sind nicht nur ungeheuer schwierig, sondern auch ungeheuer vielfältig. Ich kann das mit einigen Beispielen erklären.

Auf dem Gebiet der Erziehung und Bildung müssen wir nicht nur gegen das Analphabetentum ankämpfen und die Zahl der Schulen vermehren, sondern darüber hinaus einen neuen indonesischen Menschen formen.

Auf dem Gebiet des Verwaltungswesens müssen wir nicht nur einen neuen Verwaltungsapparat schaffen, sondern auch eine neue Form der Verwaltung finden: sie muß auf dem Verständnis und der gegenseitigen Zusammenarbeit zwischen der Regierung und der Regierten beruhen. Die Regierten müssen ohne Furcht volles Vertrauen in die Regierung setzen können.

Auf politischem Gebiet muß das Interesse der gesamten Bevölkerung für die Belange des neuen Staates geweckt und in fruchtbringende Mitarbeit umgestaltet werden.

Kurz gesagt: wir müssen eine vollständig neue staatliche und soziale Gemeinschaft schaffen. Wir bekämpfen nicht nur die Überreste des Kolonialismus, sondern haben die Aufgabe, einen indonesischen Staat zu bauen, der seinen Beitrag zur positiven Entwicklung der Menschheit leisten kann.

Um auf das wirtschaftliche Gebiet zurückzukommen: als Folge der Kolonialherrschaft ist der größte Teil des indonesischen Volkes wirtschaftlich schwach;

9

es hat keine Erfahrung in der modernen Wirtschaftsführung. Aus diesem Grunde spielt in unserem Lande — genau so wie in vielen anderen asiatischen und afrikanischen Ländern — die Regierung in der Wirtschaft eine große Rolle. Sie muß dies tun!

Man kann die wirtschaftliche Lage Indonesiens nicht mit westlichen Maßstäben messen. Die Voraussetzungen in unserem Lande sind ganz andere. Da ist zunächst einmal der Mangel an Kapital. Nur wenig echtes Kapital befindet sich zur Zeit in Privathand. Es zu schaffen und langsam zu mehren, wird eine Aufgabe für Generationen sein.

Dazu kommt, daß als Folge der jahrhundertelangen Kolonialherrschaft die Masse unseres Volkes noch nicht über die wirtschaftlichen und wirtschaftswissenschaftlichen Kenntnisse verfügt, die der modernen und komplizierten Weltwirtschaft als Grundlage dienen. Wir haben in Indonesien keine Zeit zu verlieren! Wir können nicht mit den Wirtschaftsmethoden beginnen, die in der deutschen Gründerzeit entwickelt wurden, und wollen nicht die Kinderkrankheiten und Fehler des Frühkapitalismus wiederholen.

Wir schreiben heute das Jahr 1956, nicht mehr das Jahr 1870. Das heißt für uns, daß wir die dazwischenliegenden Entwicklungsjahre für unser Volk überspringen müssen. Es entspricht auch nicht der sozialen und geistigen Struktur unseres Volkes, die Wirtschaft nach völlig privatwirtschaftlichen Grundsätzen auszurichten. So lange die aufstrebenden kleinen Geschäftsleute unseres Landes nicht in der Lage sind, aus eigener Kraft und mit Hilfe ihrer Privatinitiative sich im freien Wettbewerb gegenüber den riesigen ausländischen Gesellschaften, Konzernen und Kartellen zu behaupten, muß der Staat die Rolle eines Beschützers übernehmen. Der staatliche Schutz darf aber nicht in Bürokratie und in starrem Staatssozialismus ausarten. Wir wollen in unserem Lande eine Schicht fähiger Kaufleute und Wirtschaftler heranbilden, die einmal in der Lage sein soll, ohne die lenkende Hand des Staates die Wirtschaft Indonesiens zur Blüte zu bringen. Zu diesem Zweck streben wir zunächst die Bildung von Erzeuger-Verbraucher- und Kreditgenossenschaften an. Nach jahrhundertelanger erzwungener wirtschaftlicher Untätigkeit muß gemeinsam mit der materiellen Grundlage auch die geistige geschaffen werden. Wir brauchen zwar Kapital — das ist eine grundlegende Feststellung. Aber wichtiger als das Kapital ist noch die Erziehung unseres Volkes. Unsere Landsleute müssen lernen, mit dem finanziellen und technischen Kapital richtig umzugehen. Zu diesem Zweck brauchen wir die technische Hilfe der Völker, die technisch schon höher entwickelt sind. In diesem Zusammenhang kann ich mit Freuden feststellen, daß man auch in Deutschland für dieses Problem Verständnis zu zeigen beginnt. Ein Beispiel dafür war für uns der bekannte Zeitungsartikel von Herrn Fritz Berg, in dem die Problematik der asiatischen Völker sehr deutlich erkannt war. Ihre Freie Hansestadt Hamburg hat schon seit über einhundert Jahren sehr enge und gute Beziehungen zu meinem Lande gepflegt. Diese Beziehungen waren stets unbelastet durch die Metho-

10

den des Kolonialismus. Schiffe mit indonesischen Matrosen laufen Ihren Hafen an, junge Menschen aus meiner Heimat studieren an Ihren Hochschulen, sitzen in Ihren Kontoren und Werkstätten und lernen mit offenen Augen und Ohren, was sie von deutschem Fleiß, deutscher Gründlichkeit und deutschem Fachwissen lernen können, um es in die Heimat zurückzubringen. So spielt also Ihre große und schöne Hansestadt, über deren Geschichte und Bedeutung in der Welt auch in unseren Schulbüchern vieles zu finden ist, eine wichtige Rolle für die Ausgestaltung der deutsch-indonesischen Beziehungen. Daß diese schon traditionellen Bindungen zwischen Hamburg und unserem Lande immer enger und fruchtbarer werden mögen — das ist mein aufrichtiger Wunsch.

Ich hoffe, daß das, was ich gesagt habe, ein wenig mehr Licht auf die Inselgruppe warf, die zwischen dem Pazifischen Ozean und dem Indischen Ozean liegt, und die eine Hauptstraße zwischen Europa und Australien darstellt.

Deutschland wird manchmal das Herz Europas genannt. Unsere Lage ist vielleicht nicht weniger wichtig, vielleicht ist unsere Lage noch wichtiger. Wir sitzen an der Kreuzung zweier großer Kontinente und zweier großer Ozeane. Und wir sind reich — fabelhaft reich, obgleich wir erst die Oberfläche dieses Reichtums angekratzt haben. Wir sind wirtschaftlich strategisch, wir sind politisch strategisch, wir sind militärisch strategisch. Wir sind strategisch in Raum und Zeit.

Ja, unsere Zeit ist strategisch. Da, heute in dieser unruhigen Welt, dort in Indonesien brennt ein großes Feuer, das Feuer des Nationalismus. Dort in dieser unsicheren Welt erheben sich achtzig Millionen Menschen für ihre Unabhängigkeit und ein besseres Leben. Dieses Feuer, diese Erhebung ist ein Teil des großen Feuers in Asien — ein Teil des „Sturmes über Asien", so oft in Büchern beschrieben, so selten verstanden.

Verstehen Sie das Feuer, verstehen Sie den „Sturm". Wissen Sie, daß das Wiedererwachen Asiens und Afrikas ein Geschehen von größerer historischer Bedeutung ist, als die Erfindung der Atombombe? Eine Milliarde und sechshundert Millionen Menschen, die Bevölkerung Asiens und Afrikas, geben der Welt ein neues Gesicht. Eine Milliarde und sechshundert Millionen Menschen ändern das Gesicht der Welt. Ja, sie ändern das Gesicht der Welt und sie machen die Welt wieder rund. Denn unser Nationalismus ist kein Nationalismus des Hasses und des Chauvinismus: unser Nationalismus sucht Selbstverwirklichung und Weltbrüderlichkeit. Mahatma Gandhi, einer der Führer dieses Nationalismus sagte: „Mein Nationalismus ist Menschenliebe." Wir Indonesier sagen: „Unser Nationalismus ist ein Teil der Menschenliebe."

Sie alle kämpfen für die Freiheit der Nationen und des einzelnen. Bringen Sie unserem Kampf Verständnis entgegen, unserem Kampf für die Freiheit unserer Nationen und unserer Menschen.

11

Die geistige Strömung in Asien als moralische Kraft in der Welt.

**Rede des Staatspräsidenten Dr. Sukarno in der Heidelberger
Universität am 22. Juni 1956**

Eure Magnifizenz! Meine Herren Professoren! Meine Damen und Herren!

Der Besuch dieser altehrwürdigen Stätte der Gelehrsamkeit bedeutet für mich
ein Erlebnis, für das ich aus tiefstem Herzen dankbar bin. Die Früchte deutscher
Wissenschaft sind uns in Indonesien, und besonders meiner Generation, keineswegs unbekannt. Einen großen Teil unseres Wissens um die grundlegenden geistigen Erkenntnisse dieser Welt, verdanken wir deutschen Büchern. Und nun, da
ich zum ersten Male deutschen Boden betrete, habe ich das Gefühl, in gewisser
Weise in meine geistige Heimat zurückgekehrt zu sein. Hier erst kommt mir so
richtig zum Bewußtsein, daß meine geistige Ausbildung in nicht geringem Maße
in Deutschland — dem Land einer alten Kultur — beheimatet ist. Ruf und Ansehen Deutschlands und seiner geistigen Werte sind über die weiten Meere geeilt,
und in die entferntesten Teile der Welt gedrungen. Diese geistige Ausstrahlung
ist in der Tat von nicht geringerem Wert als der Export hochentwickelter
Industrieerzeugnisse. Und jetzt, da ich Ihr Land mit eigenen Augen erlebe, erfüllen mich dessen Leistungen mit um so größerer Bewunderung und Ehrfurcht.
Die Herzlichkeit des Empfanges, der mir hier zuteil wurde, gab mir das Gefühl,
in Ihrem Lande willkommen zu sein. Ich möchte Ihnen dafür meinen tiefempfun-
denen Dank aussprechen.

Für Sie, wie für uns, war die jüngste Vergangenheit eine Zeit der Auseinandersetzungen und des Ringens um die nationale Existenz, eine Zeit, in der die wert-
vollsten Traditionen des Volkstums mit Füßen getreten wurden. Meine deutschen
Freunde, ich überbringe Ihrem schwergeprüften Land die ganze Sympathie
meines Volkes!

Weit, weit entfernt von den Gestaden des Rheins und des Neckars liegt meine
Heimat, die Inselwelt Indonesiens, umspült von den warmen Wassern des Indischen und Pazifischen Ozeans, „ein Gürtel aus Smaragden, um den Äquator ge-
schlungen", so nannte es einer unserer Dichter. Sei es Überschwang poetischer
Freiheit — es bleibt doch ein lebendiges Bild der dreitausend großen und kleinen
Inseln, die einer Bevölkerung von zweiundachtzig Millionen Menschen eine Heimat bieten. Indonesien ist eines der ausgedehntesten Länder der Welt, und es ist
tatsächlich die drittgrößte Republik mit einer demokratischen Staatsform. Und
diese Inseln versorgen nicht nur ihre eigene Bevölkerung, sondern beliefern aus
ihrem Überfluß fast alle Länder der Welt. Die Pflanzenwelt der indonesischen
Inseln ist vielfältig und üppig. Sie wetteifert mit dem Reichtum der sie umgebenden Meere.

12

Viele unserer Inseln sind vulkanisch. Das Innere der Erde hat dort seine Lava über das Land ausgegossen, und den Boden fruchtbar gemacht. Jedoch, mit Ausnahme Javas, sind die meisten Inseln noch sehr wenig erschlossen. Wir wissen nicht, welche Schätze die tropischen Urwälder Borneos oder Sumatras unserem Auge verborgen halten. Die Produkte unserer Inseln sind überall in der Welt bekannt: Kautschuk, Zinn, Erdöl, Kopra, — sie alle treten von unseren Küsten aus den Weg über die Meere an.

Ja, die Produkte sind bekannt, aber die Menschen, die unsere Inseln bewohnen, haben in der Geschichte noch wenig von sich reden gemacht, zumindest in der Geschichte des Westens. Aber die Geschichte Asiens verzeichnet eine Fülle von Taten unserer Nation. Es war jedoch der natürliche Reichtum unserer Inseln, der die großen Seefahrer Europas im Mittelalter zu kühnen Abenteuerfahrten verlockte.

Bereits Camoins, der größte portugiesische Dichter, beschrieb in seinem Nationalepos auf die Reise Vasco da Gamas nach Indien, die Schönheit unserer wundersamen Inseln. Seine Darstellung hat heute noch Gültigkeit, aber man darf nicht glauben, daß diese unsere Inseln nur romantisch und unwirklich sind.

„Im Anfang war das Gewürz." Mit diesen Worten beginnt Stefan Zweig sein Buch über die Reise Magellans. Diese wenigen Worte kennzeichnen eine ganze Epoche der Geschichte.

Dem Gewürz verdanken wir die Wiederentdeckung der neuen Welt. Den Gewürzinseln verdanken wir die Bestätigung des kopernikanischen Weltbildes. Die Gewürzinseln gaben den Anstoß zu der ersten zaghaften Begegnung zwischen Ost und West. Das Gewürz jedoch bedeutet für Indonesien selbst drei und ein halb Jahrhunderte kolonialer Herrschaft. Drei und ein halb Jahrhunderte lang waren wir unserer nationalen Integrität, unserer nationalen Persönlichkeit, unserer Eigenständigkeit beraubt. Für fünfzehn Generationen stand die Uhr der nationalen und internationalen Geschichte Indonesiens still. Welch ungeheure Evolution brachten doch diese dreihundertundfünfzig Jahre den freien Nationen und den freien Menschen auf der Welt!

Goethe, Voltaire, Leibnitz, Newton, Shakespeare, Bacon, Kant, bewegten die Welt in dieser Zeit mit ihren hohen Gedanken. Diese dreihundertundfünfzig Jahre erfuhren die Verkündung der Menschenrechte, sie waren Zeuge der amerikanischen und französischen Revolution. In diesen dreihundertundfünfzig Jahren erlebten Deutschland sowie Italien ihre erste staatliche Einigung. Im Verlauf von fünfzehn Generationen vollzog sich die gewaltigste technische Entwicklung der Geschichte — die industrielle Revolution. Von dieser industriellen Revolution wurden wir übergangen. Die Dampfkraft, die Elektrizität, das Flugzeug, das Radio, die moderne Chemie, das neue physikalische Weltbild, haben das indonesische Volk bisher nur wenig beeindruckt, denn dieses Volk war von der Welt

13

durch den „Eisernen Vorhang" der Kolonialherrschaft abgeschnitten. Die industrielle Revolution, dem Geist freier Menschen entsprungen, verändert grundlegend das Bild der Geschichte und die gesellschaftliche Struktur des größten Teiles der Welt.

Und doch, die industrielle Revolution gründete sich im gefährlichen Ausmaße auf den Besitz von Kolonien, die die westlichen Industrieländer mit Rohstoffen und billigen Arbeitskräften versorgten. In diesen drei und ein halb Jahrhunderten bestimmten die westlichen Länder ihr eigenes Geschick. Wir jedoch, kolonisiert und isoliert, wurden von dieser Entwicklung und dem Fortschritt ausgeschlossen, absichtlich ausgeschlossen. Während dieser drei und ein halb Jahrhunderte war eine kleine Nation, achttausend Meilen von unseren Küsten entfernt, Herr unseres Schicksals, und entschied über unsere Zukunft. Aber man konnte uns nicht einfach übergehen! Wir erduldeten nicht widerspruchslos das Schicksal, das der Kolonialismus uns auferlegt hatte. Auch wir haben unsere Nationalhelden, auch wir haben unsere nationalen Märtyrer. Der Weg zu unserer nationalen Wiedergeburt wurde von den Gräbern unserer Väter und Vorväter gesäumt.

Am 17. August 1945 erlangte das indonesische Volk seine nationale, internationale und persönliche Integrität.

Große Aufgaben stehen uns noch bevor. Wir haben noch einen weiten Weg. Denken Sie an die Voraussetzungen, unter denen die beiden jungen Demokratien ins Leben gerufen wurden. Hundertfünfzig Jahre lang konnten die Vereinigten Staaten von Amerika — getreu dem Wahlspruch George Washingtons — sich von allen Bündnissen und Allianzen fernhalten.

Die Vereinigten Staaten von Amerika konnten eine Monroe-Doktrin aufstellen, als Barriere gegen den europäischen Kolonialismus. Sie waren in der Lage, ihre ungeheuren physischen Kraftreserven auszuschöpfen, ohne in den Strudel der Weltwirren mit hineingezogen zu werden. Das Ergebnis davon war, daß die Vereinigten Staaten sich zu einer starken Demokratie mit einem gewaltigen Machtpotential entwickelt haben. Ich komme gerade aus Amerika, und ich bin außerordentlich beeindruckt von dem, was ich dort gesehen habe.

Nun, vergleichen Sie damit die Geburt unserer jungen Republik vor knapp elf Jahren. Meine Nation erhob sich aus dem Dunkel der Kolonialzeit mit einer Bevölkerung, die zu 94 Prozent aus Analphabeten bestand; wir hatten die höchste Sterblichkeitsquote unter allen Ländern; wir hatten die meisten Krankheitsfälle und den niedrigsten Lebensstandard in der Welt; unsere nationale Befreiung fiel mit dem Anfang des kalten Krieges zusammen, und wir haben unseren Wiederaufbau während dieses kalten Krieges begonnen.

Jenes historische Datum, der 17. August 1945, bezeichnet mehr oder weniger auch den Beginn des Atomzeitalters.

14

Kaum drei Jahre, nachdem Indonesien seine Unabhängigkeit und Souveränität erlangt hatte, fiel die erste Wasserstoffbombe! Eine neue Dimension des Absoluten hat das physische Weltbild von Grund auf verändert und verfolgt seitdem die Menschheit.

Die industrielle Revolution des neunzehnten Jahrhunderts wurde im Westen bereits von der Revolution in der Chemie und Physik abgelöst, so daß heute ein Verfasser wissenschaftlicher Zukunftsromane ein besserer Prophet ist als ein Mathematiker, der sich auf Rechenschieber und Rechenmaschine verläßt. Wir in Indonesien jedoch, wir in Asien und Afrika, haben noch nicht einmal unsere industrielle Revolution gehabt! Ja, wir haben einen langen Weg vor uns, und wir haben noch viele Probleme zu bewältigen, bevor sich unsere Technik und Industrie auf die gleiche Stufe mit den Ländern stellen kann, die vor hundert Jahren ihre industrielle Revolution durchgemacht haben. Das ist keine leichte Last und keine geringe Aufgabe für eine junge Demokratie! Doch in einer wesentlichen Hinsicht haben wir eine große Kraft. Es ist richtig: unsere Armee ist schwach, unsere industrielle Technik rückständig, unsere Wirtschaft unausgeglichen. Dafür haben wir etwas, was vielleicht die größte Macht in der Welt darstellt. Wir in Asien und Afrika haben eine moralische Kraft und eine moralische Geschlossenheit, die — wie sich bereits erwiesen hat — das Bild der Geschichte und das Gesicht der Welt völlig verändern kann. Grundsätze sind stärker und dauerhafter als Erwägungen der Zweckmäßigkeit; Philosophie und Ethik sind die Grundlagen, sind die Säulen unseres Staates. Und in aller Bescheidenheit möchte ich behaupten, daß die Nationen Asiens und Afrikas daraus eine große moralische Kraft schöpfen.

Unsere Welt des zwanzigsten Jahrhunderts ist rasch und weit fortgeschritten. Ich denke nicht nur an technische Errungenschaften, sondern auch an Ideen und Grundsätze. Es ist meine aufrichtige Überzeugung, daß die nationalen Revolutionen Asiens und Afrikas mit die bedeutendste Entwicklung zu unseren Lebzeiten darstellen. Sie sind bedeutender als die Atombombe.

Sehen Sie es einmal von diesem Gesichtspunkt aus an:

Lange Zeit wurde die Welt vom Westen überwacht und beherrscht. Ich sage das nicht in kritisierender Weise, sondern ich stelle es als Tatsache fest. Die Lage hat sich heute geändert. Vielleicht sind wir in Asien noch nicht im vollen Besitze unserer Selbstbestimmung — die wirtschaftliche Gliederung der Welt läßt das nicht zu — aber mindestens haben wir ein entscheidendes Wort bei der Bestimmung unseres Geschickes mitzureden. Darüber hinaus haben wir das Recht und die Pflicht, unsere Stimme immer dann zu erheben, wenn es um unser Schicksal und unsere Zukunft geht. In dieser in sich unabhängigen Welt gibt es keine isolierten Handlungen mehr. Alles zieht überall seine Rückwirkungen nach sich. Wenn die Welt in den Wahnsinn eines Krieges verfallen sollte, könnten dessen Folgen nicht auf die unmittelbar streitenden Mächte beschränkt werden. Ein

15

Krieg in Europa würde den Tod in Asien bedeuten. Deshalb haben wir uns und der Welt gegenüber eine heilige Pflicht. Wir haben die Pflicht, alles zu tun, um die Quellen der Konflikte aus der Welt zu schaffen.. Der Kolonialismus ist eine solche Quelle des Konflikts. Unerfüllter Nationalismus ist eine andere! Und künstlich geteilte Nationen sind wieder eine andere! Wir wissen das sehr wohl. Wir haben es alle erlebt und erlitten! Wir können neues Licht in die Dinge bringen, eine neue Sicht der Probleme, gegründet auf Prinzipien und schwere Erfahrung. Wir zeigen einen neuen Weg der Annäherung, der diesen Grundsätzen voll entspricht. Die Welt hat dabei nichts zu verlieren und vielleicht kann sie viel gewinnen!

Abgesehen von dem kolonialen Interregnum, bin ich oft sehr beeindruckt von den Parallelen, die sich zwischen der deutschen Geschichte und der Geschichte des indonesischen Volkes ergeben. Deutschland spielte in der früheren Geschichte Europas eine wichtige Rolle als Durchzugsgebiet und Schmelztiegel der verschiedensten Völker. Aus seinem Gebiet brachen einzelne Volksstämme — ja, sogar ganze Völker — auf, um nach Süden und Westen zu ziehen. Und andere nahmen ihren Platz ein. Sie wurden seßhaft oder wanderten weiter. Romanische und germanische Kulturen rangen hier um Einfluß und Macht. Später wurden die Ufer des Rheins Zentrum des alten Grenzgebiets zwischen germanischem und romanischem Volkstum, wieder zum Ausgangspunkt einer neuen Expansion nach dem Osten.

Betrachten Sie jetzt den indonesischen Archipel. Buddhistische, hinduistische und islamitische Reiche lösten einander in rascher Reihenfolge ab. Dann, im sechzehnten Jahrhundert, stellten die Portugiesen den ersten europäischen Kontakt mit dem Inselreich her, auf dem später die Holländer ihre Kolonialmacht errichteten.

Wie in Deutschland, so haben auch hier viele Kulturen und Religionen ihren Einfluß auf unseren Inseln verbreitet. Sie kamen aus Indien, aus Ostasien, sie kamen aus dem Mittleren Osten und schließlich, in weit geringerem Maße, aus Europa. Es ist erstaunlich, daß unsere Nation daraus eine besondere Weltanschauung geschaffen hat, die den Wunsch nach nationalem Eigenleben mit der Toleranz gegenüber anderen geistigen und kulturellen Anschauungen zu verbinden sucht. Diese nationale Eigenschaft der Toleranz erfuhr jedoch einen empfindlichen Rückschlag während der Kolonialzeit in Indonesien.

Wie war es nun in Deutschland? In Ihrem Lande ermöglichte erst die Erhebung gegen Napoleon die Verwirklichung der romantischen Freiheitsideale. Von Anfang an entdeckten beide Nationen die Notwendigkeit einer Idee und eines Ideals. Idee und Ideal verlangen nach Freiheit, aber nur die Freiheit ermöglicht die Verwirklichung der Idee.

Indonesien, jahrhundertelang abgeschnitten von der übrigen Welt, konnte an solch einer Entwicklung nicht aktiv teilnehmen. Aber diese Tatsache vermochte

16

nicht unsere internationale Anschauung zu beeinträchtigen, sondern diese wurde nur noch bestimmter. Wir waren von der Welt abgeschnitten, aber der Wunsch der großen Völkerfamilie anzugehören, war stärker. Unsere Führer waren nationale Führer und haben immer wieder dem Begriff der Nation, dem Begriff des Staates, dem Begriff des Volkes einen tiefen Sinn gegeben. Diesem Gedanken entsprang unsere politische Philosophie, die wir Pantjasila nennen.

Dem Volk eines Goethe und Schiller, dem Volk der Dichter und Denker, sind solche Gedankengänge durchaus nicht fremd. Und sie bilden in der Tat die Grundlage, auf der alle echten Demokratien und weltoffenen Staaten gegründet sein müssen. Sehen Sie hier unser indonesisches Wappen! Es wird getragen von dem Garuda, dem indonesischen Adler der Mythologie und des Symbolismus. Dieser Adler erscheint seit Jahrhunderten immer wieder in unserer Literatur. Wir finden ihn schon in Form von Steinskulpturen und Tempelmalereien des sechsten Jahrhunderts. Für uns bedeutet der Garuda schöpferische Kraft. Er trägt siebzehn Flugfedern an jedem Flügel und hat acht Schwanzfedern. Sie erinnern sich vielleicht, daß die Unabhängigkeit Indonesiens am siebzehnten Tag des achten Monats verkündet wurde. Unter dem Garuda steht der Wahlspruch des indonesischen Volkes: „Bhinneka Tunggal Ika", Einheit in der Verschiedenheit, Bhinneka Tunggal Ika. Diese Losung geht auf einen Dichter der Kadiri-Zeit zurück, die eine der größten und bedeutendsten Epochen der indonesischen Geschichte war. Dieser Dichter, Empu Tantular, wird heute von uns nicht nur deswegen verehrt, weil er dieses Motto prägte, sondern auch weil er in verschiedenster Weise die tiefsten Anliegen und die tiefsten Wünsche unseres Volkes zum Ausdruck brachte. Das Schild um den Nacken des Garuda symbolisiert Selbstverteidigung; Selbstverteidigung unserer nationalen Selbständigkeit, Selbstverteidigung unserer Gesellschaftsform, Selbstverteidigung unserer Kultur, Selbstverteidigung unserer nationalen Einheit.

Lassen Sie mich jetzt etwas von unserer Staatsphilosophie berichten. Wir nennen sie die Pantjasila.

In Analogie an gewisse christlich-theologische Vorstellungen von der Dreieinigkeit, möchte ich von unserer Pantjasila als von einer Fünf-Einigkeit sprechen. Damit will ich sagen, daß die folgenden fünf Prinzipien unserer Pantjasila nicht nur untrennbar voneinander verbunden, sondern auch fünf verschiedene Erscheinungsformen einer und derselben Idee sind.

Woraus besteht diese Fünf-Einigkeit? Es sind die folgenden Ideen: Glaube an die göttliche Allmacht, Nationalbewußtsein und Nationalismus, Humanitarismus auf der Grundlage der Gleichheit aller Menschen, Demokratie und Souveränität des Volkes, soziale Gerechtigkeit. Ich wiederhole: diese Aufzählung bedeutet keine Rangordnung. Keines dieser Prinzipien ist wichtiger oder weniger wichtig als ein anderes. A l l e durchdringen vielmehr j e d e Lebensäußerung unseres Volkes. Trotz der verschiedenen begrifflichen Formulierung bilden alle fünf Prinzipien eine Einheit des Geistes, und eine Einheit der Tat.

17

Eine Einheit der Tat! Denn unsere Pantjasila ist keine Philosophie, die wolken-
hoch über dem Alltagsleben als abstrakte Theorie schwebt. Sie ist Wirklichkeit
nicht nur im Geist, sondern auch für die Menschen aus Fleisch und Blut. Die
fünf Prinzipien werden im Alltag des indonesischen Volkes auch in die Tat um-
gesetzt.

Glaube an die göttliche Allmacht: Das bedeutet in der Praxis meines Landes
völlige Religionsfreiheit. Jeder Mensch kann bei uns seinem Gott in Freiheit
dienen, welchen Namen dieser Gott auch immer tragen mag.

Nationalbewußtsein und Nationalismus: das heißt, daß das indonesische Volk in
engem Gemeinschaftsgefühl und im Bewußtsein der eigenen Kraft seinen Staat
aufbaut.

Nationalismus ist bei uns also nicht der überholte historische Nationalismus, der
sich in Europa aus den besonderen Gegebenheiten des 19. Jahrhunderts entwickelte.

Nationalismus ist für uns nicht Chauvinismus, nicht Überheblichkeit, nicht Iso-
lierung von fremden Völkern und Ideen. Im Gegenteil: er ist, wenn ich das Beispiel wählen darf, die Kehrseite der Münze, auf deren Kopfseite die Idee der Einheit und Brüderlichkeit der Welt geprägt ist.

Unser Nationalismus schöpft aus den Urquellen des indonesischen Volkstums. Er
ist ein Wiedererwachen, eine Renaissance von Grundgedanken, die seit Jahrtausenden im indonesischen Volk vorhanden waren. In der uralten Geschichte
unseres Volkes haben wir das Gute und Positive, das andere Völker auf unser
Inselreich brachten, assimiliert und dem eigenen Volkscharakter angepaßt. Nur
war vieles davon in der Zeit der jahrhundertelangen Kolonialherrschaft in Ver-
gessenheit geraten, gewissermaßen in einen Winterschlaf versunken.

Diese Ideen wurden nun aus dem Schlaf geweckt, wie das Dornröschen des deutschen Märchens.

Wir haben uns aber nicht damit begnügt, das Alte zu neuem Leben zu erwecken.
Wir haben das Gedankengut, was uns an der westlichen parlamentarischen
Demokratie auch für unser Volk geeignet erschien, übernommen, angepaßt und
in unser politisches System eingebaut.

So müssen Sie den Begriff von „Nationalismus" auffassen, wenn er in bezug
auf Indonesien, oder große Teile Asiens, gebraucht wird. Entsprechend einer
weiteren Grundlinie unserer Pantjasila wird der indonesische Staat auf der
Grundlage sozialer Gerechtigkeit aufgebaut. Dieser Grundsatz sollte in unserem
Jahrhundert eigentlich überall in der Welt eine Selbstverständlichkeit sein. Ich
brauche nicht besonders zu betonen, daß dies noch keineswegs der Fall ist! Das
indonesische Volk hat lange Zeit am eigenen Leibe erfahren, was es heißt, mit
ungenügender Nahrung und mangelhafter Kleidung, mit hungrigen Kindern und
kranken Müttern zu existieren, und ein kurzes Leben fristen zu müssen.

18

Wir sind fest entschlossen, neue Lebensverhältnisse zu schaffen, die unserem Ideal der sozialen Gerechtigkeit und Wohlfahrt entsprechen. Wir möchten Ihnen folgendes sagen: in einer Welt des Friedens braucht Indonesien für die Zukunft nichts zu fürchten. Unser Land ist reich und dicht bevölkert. Unser Land ist noch unerschlossen, ebenso unerschlossen wie seine Fähigkeiten und das Potential seiner Menschen. Wir haben moralische und geistige Kräfte, die aus dem Nationalismus erwachsen und aus diesem heraus stets erneuert werden. Wir glauben, daß wir, wenn es notwendig wäre, unsere Rohstoffe und unser menschliches Potential mit eigener Kraft auswerten könnten. Doch würde uns die schwierige Aufgabe wesentlich erleichtert werden und wir würden rascher zum Ziel gelangen, wenn wir auf ein verständnisvolles Entgegenkommen, und eine aktive Mithilfe anderer Staaten rechnen könnten. Es genügt nicht, daß wir die vorhandenen Reichtümer ausnützen, wir müssen zunächst die Mittel dazu schaffen. Wir benötigen Fachleute, Techniker und Spezialarbeiter. Wir brauchen Ärzte und Lehrer — mit einem Wort — wir brauchen all das, was für westliche Länder eine Selbstverständlichkeit ist. Erziehung und berufliche Ausbildung, gehören deshalb zu unseren vordringlichsten Aufgaben. Es wird Ihnen vielleicht seltsam oder gar naiv erscheinen, aber es gehört zu meinen stillen Freuden, des morgens lange Reihen von Schulkindern zu beobachten, die, mit ihren vielbenutzten, aber wohlgehüteten Büchern zur Schule ihres Dorfes gehen.

Diese Schule wurde unter großen Opfern ihrer Eltern gebaut, die selbst nie Gelegenheit hatten zur Schule zu gehen.

Die Probleme denen wir gegenüberstehen, sind wirklich außergewöhnlich schwer. Aber wir haben schon Fortschritte erzielt, gerade auch auf dem Gebiet der Erziehung und des Bildungswesens. Vor elf Jahren kehrten wir in das nationale und internationale Leben zurück mit einer Bevölkerung, die zu vierundneunzig Prozent aus Analphabeten bestand. Diesen erschreckend hohen Prozentsatz konnten wir auf vierzig Prozent herabmindern, und dies erreichten wir aus eigener Kraft. Können Sie sich die Freude vorstellen, die ein Mensch um die vierzig empfindet, der bisher des Lesens und Schreibens unkundig war, und jetzt zum erstenmal ein Buch aufschlägt und sei es um Zugang zu der kindlich-wundersamen Welt des Struwelpeter zu finden!

Ja, wir haben unsere Märchen, wir haben unsere Mythen, und wir haben unsere wertvollen Epen. Unser Volk, Erwachsene wie Kinder, wird jetzt die Möglichkeit haben, in ihre Geheimnisse einzudringen!

Befreundete Staaten helfen uns bereits, manche unserer dringendsten Probleme zu lösen! Von ihnen erhielten wir Industrieausrüstungen, fachliche Ausbildung und Kapitalgüter. Von ihnen erhielten wir wertvolle Hilfe auf dem Gebiet des Gesundheitswesens und der Erziehung. Für diese Unterstützung sind wir aus ganzem Herzen dankbar, und wir hoffen sehr, daß man uns weiter hilfreich entgegenkommen wird.

19

Wir werden diese Hilfe mit Freuden annehmen, denn sie wird uns helfen unsere schwere Last zu tragen. Aber wir wollen sie nur dann annehmen, wenn sie keine politischen Konsequenzen und militärischen Verpflichtungen nach sich zieht.

Eines unserer wichtigsten Ziele ist die wirtschaftliche Emanzipation. In dieser modernen Welt kann sich kein Land mehr darauf beschränken, ausschließlich die Rolle des Rohstofflieferanten zu spielen. Das wirtschaftliche Wohlergehen eines solchen Landes ist zwangsläufig abhängig von den Schwankungen der Weltmärkte, von dem Good-Will anderer Staaten. Auch heute noch ist unser wirtschaftliches und soziales Wohlergehen weitgehend von den Bewegungen auf den Weltrohstoffmärkten abhängig. Während wir keine Mühe scheuen, unsere Landwirtschaft auszubauen, müssen wir gleichfalls unsere ganze Kraft dafür einsetzen, um unsere eigene Industrie, und unsere eigenen Märkte zu erweitern. Es geht uns zunächst nicht darum, Luxusgüter und hochwertige Spezialerzeugnisse herzustellen. Für uns liegt der Sinn der Industrialisierung darin, verarbeitende Industrien für unsere Rohstoffe, und für den dringendsten Bedarf unserer Bevölkerung aufzubauen.

Es ist letzten Endes widersinnig, unsere geringen Devisenreserven für den Import von Nahrungsmitteln auszugeben, während unser eigenes landwirtschaftliches Potential nicht annähernd ausgenutzt wird.

Dies ist von grundlegender Bedeutung für uns: Wie ich bereits sagte, ist unser Staat auf demokratischer Grundlage aufgebaut. Aber welchen Wert hat die Demokratie für einen hungrigen Menschen? Kein Mensch kann von Stimmzetteln leben. Ein hungriger Mensch ist unzufrieden. Ein Mensch, dessen Kinder Hunger leiden, ist verzweifelt. Ein hungriger Mensch hat nur wenig Verständnis für demokratische Ideale, und er neigt nur allzu leicht zu politischen Extremen. Ebenso ist ein hungriges Land ein unzufriedenes Land und wird leicht zu einem politischen Unruheherd. Dies muß so sein, denn unsere heutige Welt ist in sich ein geschlossenes Ganzes, dessen einzelne Teile voneinander abhängig sind, es ist in der Tat ei n e Welt.

Ich habe über die unterentwickelte Wirtschaft unseres Landes gesprochen. Indonesien wird oft als unterentwickeltes Land bezeichnet. Ich will Ihnen offen sagen, daß wir diesen Ausdruck nicht besonders schätzen. Unsere Wirtschaft ist unterentwickelt, das ist wahr. Das Potential unseres Volkes ist wirtschaftlich nicht ausgenützt, auch das ist wahr. Aber: eine Nation lebt nicht nur aus ihrer Wirtschaft! Ein Staat lebt aus der Quelle seiner moralischen Werte und seiner geistigen Substanz. Was die geistigen und moralischen Kräfte anbelangt, ist Indonesien voller Zuversicht. Die besondere geistige und moralische Kraft des indonesischen Volkes befähigt uns dazu, eine neue Form der Außenpolitik zu entwickeln. Wir nennen sie eine aktive und unabhängige Außenpolitik. Sie ist zum Teil durch geopolitische und geographische Faktoren, zum anderen durch den Charakter des indonesischen Volkes bedingt.

20

Im Jahre 1945, nach einer Unterbrechung von dreihundertfünfzig Jahren, war mein Volk endlich in der Lage, sein Schicksal selbst in die Hand zu nehmen. Wir mußten uns über unsere Stellung in der Welt klar werden in der Erkenntnis, daß unsere vornehmste Aufgabe darin bestand unsere Unabhängigkeit zu verteidigen. Eine weitere, nicht weniger wichtige Aufgabe bestand darin, unserem Volk ein besseres und erfüllteres Leben zu ermöglichen. Diesen Zwecken mußten wir unsere Außenpolitik anpassen. Wir können unser Ziel nur in einer friedlichen Welt erreichen. Daher liegt das Hauptziel der indonesischen Außenpolitik darin, den Frieden zu wahren und zu festigen.

Die unterschiedlichen Weltanschauungen drohten in jüngster Zeit die Welt der Zerstörung auszuliefern! Unser indonesisches Volk ist entschlossen, alles in seiner Macht stehende zu tun, um eine Entspannung in der Welt herbeizuführen. Wir wissen, daß unsere Politik, gleich der vieler anderer Nationen, als neutral bezeichnet wird. Man nennt uns Neutralisten; aber wir betreiben keine Politik der Neutralität. Ein Neutralist hält sich von den internationalen Konflikten fern; wir dagegen nehmen aktiven Anteil an den Auseinandersetzungen der Welt, wir nehmen eine aktive und unabhängige Haltung gegenüber diesen Konflikten ein. Was wir wollen, ist eine Welt in Frieden, und wir werden nicht müde werden, uns dafür einzusetzen. Es ist wahr, daß wir uns keinem der großen Machtblöcke angeschlossen haben; es ist ebenso wahr, daß wir auch in Zukunft unsere Unabhängigkeit bewahren werden, denn es ist unsere feste Überzeugung, daß die Teilung der Welt in zwei Lager niemals den Weg zur Einigung der Menschheit öffnen wird. Wenn wir und andere unabhängige Staaten der Welt unmittelbar an diesem Konflikt teilnehmen würden, so würde das unsere Möglichkeiten, die Kluft zu überbrücken, erheblich vermindern. Denn die Gegenseite würde uns mißtrauen und keinerlei Beachtung schenken. Wir schließen uns keinem der großen Machtblöcke an, aber wir suchen aktiv nach Mitteln und Wegen, um auf eine Versöhnung der politischen Lager hinzuwirken. Deshalb nennen wir unsere Außenpolitik unabhängig und aktiv, aber ich wiederhole: sie ist nicht neutral, und sie wird nicht neutral sein, so lange noch irgendwo auf der Welt Tyrannei herrscht.

Im vergangenen Jahr haben neunundzwanzig afrikanische und asiatische Staaten ihre Vertreter nach Bandung entsandt. Diese Konferenz war eine praktische Anwendung der unabhängigen und aktiven Außenpolitik. Sie war Ausdruck dieser Politik gegenüber unseren Nachbarländern; aber wir wollen uns hierbei nicht auf unsere Nachbarländer beschränken. Wir sind Mitglied der Vereinten Nationen, und wir versuchen, ein loyales und gutes Mitglied zu sein. Wir glauben, daß die Grundsätze der Versöhnung und Verständigung die Grundlage für die Tätigkeit der Vereinten Nationen bilden, und wir haben uns bemüht, diese Prinzipien hier anzuwenden.

Wir sind erst vor kurzem auf die Bühne der Welt getreten. Das ist für uns insofern ein glücklicher Umstand, als wir keiner traditionellen Außenpolitik ver-

21

haftet sind. Wir haben keine lange Tradition der Bündnisse und historischen Feindschaften. Selbst gegenüber unserem alten kolonialen Feind herrscht keine Erbitterung mehr, sondern nur Ernüchterung. In unserem Streben nach Frieden suchen wir Annäherung mit jeder Form der freien Geistesäußerung. Wir bemühen uns, objektiv zu sein, aber unsere Einstellung ist weder negativ noch neutral, wenn es um grundsätzliche Fragen geht. Es darf nicht verkannt werden, daß unsere unablässigen Bemühungen, den Lebensstandard unseres eigenen Volkes zu heben, einen wichtigen Bestandteil unserer Außenpolitik bilden. Indem wir diese Probleme der sozialen und wirtschaftlichen Emanzipation in unserem eigenen Land angreifen und zu lösen versuchen und indem wir den Kampf gegen alle Formen des Kolonialismus, wo immer er auftritt, mit allen Mitteln unterstützen, tragen wir dazu bei, eine der Grundursachen für Krieg und Aggression aus der Welt zu schaffen.

Die Welt wurde für den Krieg mobilisiert; alle Reserven an Menschen und Material wurden dafür aufgeboten! Ich frage Sie: sollte es nicht möglich sein, alle guten Kräfte für die Sache des Friedens zu begeistern? Und ich bin felsenfest davon überzeugt, daß das in der Tat möglich ist. Mehr noch, ich glaube daran, daß wir uns bereits in dieser Richtung bewegen. Und wenn ich das, ohne überheblich zu wirken, sagen darf, so ist das nicht zu geringem Teil das Verdienst der keinem Machtblock angeschlossenen Staaten Asiens und Afrikas. Wir erstreben eine geeinte Welt, die sich aus den verschiedenen nationalen Eigengebilden zusammensetzt. Wir erstreben das „Bhinneka Tunggal Ika" für die ganze Welt. In meinem Lande leben bereits Völker mit verschiedenen sozialen und wirtschaftlichen Problemen harmonisch miteinander. Und so müssen alle Nationen mit ihren verschiedenen sozialen und wirtschaftlichen Systemen lernen, zusammenzuleben. Damit würden wir tatsächlich die Lehren der großen Religionsstifter befolgen, denn alle großen Religionen sind begründet auf die Liebe Gottes zu den Menschen, die Liebe der Menschen zu Gott, und die Liebe der Menschen untereinander.

Jesus, Buddha, Mohammed, Konfuzius, alle haben dies gelehrt. Nur wenn wir unsere Pflicht vor Gott und den Menschen vergessen, versinken wir in Haß und Barbarei des Krieges.

Heute hat die Menschheit das Wissen und die Fähigkeit, die Welt in einen Garten zu verwandeln. Aber wie sieht diese Welt in Wirklichkeit aus? Wir sehen die großen Nationen gespalten in politische Lager und getrennt durch verschiedene Weltanschauungen. Wir sehen den Bruder vom Bruder durch ideologische Schranken getrennt.

Meine deutschen Freunde, darf ich Ihnen dies sagen: seit langem kennen wir Deutschland als eine nationale Einheit, und diese Idee Ihrer nationalen Einheit hat Indonesien befruchtet! Eine Nation stellt sehr viel mehr dar, als die Summe ihrer Individuen. Eine Nation ist ein Organismus, und ein Organismus ist unteilbar. Eine Nation hat ihr eigenes nationales Leben und ihren eigenen Bestand.

22

Das Leben einer geteilten Nation ist ein kümmerliches Leben. Wir selber wissen das. Wir haben es am eigenen Leibe erfahren! Während unserer nationalen Revolution war Indonesien künstlich in verschiedene Splitterstaaten geteilt. Um die koloniale Herrschaft zurückzugewinnen, versuchte die Besatzungsmacht, diesen Zustand aufrechtzuerhalten. Diese Politik schlug fehl! Sie zerbrach an dem Willen des Volkes! Das ausgeprägteste Charakteristikum einer Nation ist der Wille des Volkes zur Einheit. Wenn dieser Wille durch überwältigende Macht unterdrückt wird, dann ist der nationale Organismus in tödlicher Gefahr. Wir erreichten unsere Wiedervereinigung weitgehend, weil unsere Nation einmütig und entschlossen dieses Ziel verfolgte. Nichts ist stärker als eine wirklich geeinte Nation und nichts ist schwächer als ein geteiltes Volk. Ihre eigene Geschichte zeigt es deutlich. Ich bin davon überzeugt, daß Ihre Zukunft dies erneut beweisen wird.

Meine deutschen Freunde, die stärkste Macht in der Welt ist die Idee, die reine Idee, die Idee an sich. Auf ethischen Grundsätzen fußt unsere Philosophie; auf diese ethische Geisteshaltung ist unser Staat gegründet; und die ethischen Maßstäbe bestimmen unser ganzes Leben.

Die Kraft der Idee ist allen anderen Kräften dieser Welt überlegen. Die Völker aller Zeiten haben dies gewußt. Sie alle haben eine geistige und ethische Ordnung gekannt und anerkannt. Aber sie haben sie oft mißbraucht. Sie haben sie in eine materialistische Form gezwängt. Die Folge davon aber ist der Konflikt zwischen Theorie und Praxis, während die wahre Idee darüber steht!

Wir in Indonesien halten fest an unseren Prinzipien, den Prinzipien der Pantjasila. Wir können auch in der Politik konstant bleiben, eben weil wir nicht Partei ergreifen, weil wir unsere Ideale nicht realistischen Zwecken unterordnen, sondern sie über diese stellen. Wir erstreben das absolut Gültige, das absolut Gute in der Welt. Wir bekennen uns zu den elementaren Rechten und Pflichten des Menschen, zu dem Recht auf volle Entfaltung des nationalen Eigenlebens und auf das Recht der Selbstbestimmung für alle Völker. Und wir bekennen uns zu der Pflicht, im Leben des Einzelnen, wie im Zusammenleben der Völker, die Menschlichkeit als oberstes Gesetz walten zu lassen.

Was wir verkünden ist nicht die Theorie einer Idee, sondern ein Glaubensbekenntnis. Es ist der reine Glaube an das Gute in der Welt.

Möge es auch Ihnen, meine deutschen Freunde, in Ihrem Ringen um die nationale Erfüllung zur Seite stehen. Möge unsere beiden Nationen der Geist verbinden, der einen Großen, Friedrich von Schiller, sagen ließ:

> „Wir wollen sein ein einig Volk von Brüdern.
> In keiner Not uns trennen und Gefahr,
> Wir wollen frei sein, wie die Väter waren,
> Und uns nicht fürchten vor der Macht der Menschen."

23

Meine Damen und Herren. Ich spreche als ein Vertreter Indonesiens. Sie haben die Stimme Indonesiens aus meinem Munde sprechen hören. Lernen Sie doch Indonesien kennen und verstehen Sie doch Indonesien. Indonesien ist Ihr Freund! Ich hoffe, daß das was ich gesagt habe, ein wenig mehr Licht auf die Inselgruppe warf, die zwischen dem Pazifischen und dem Indischen Ozean liegt und die eine Hauptstraße zwischen Europa und Australien darstellt.

Deutschland wird manchmal das Herz Europas genannt. Unsere Lage ist vielleicht nicht weniger wichtig, vielleicht ist unsere Lage noch wichtiger. Wir sitzen an der Kreuzung zweier großer Kontinente und zweier großer Ozeane. Und wir sind reich — fabelhaft reich, obgleich wir erst die Oberfläche dieses Reichtums angekratzt haben. Wir sind wirtschaftlich strategisch, wir sind politisch strategisch, wir sind militärisch strategisch. Wir sind strategisch in Raum und in Zeit.

Ja, unsere Zeit ist strategisch. Da, heute in dieser unruhigen Welt, dort in Indonesien brennt ein großes Feuer, das Feuer des Nationalismus. Dort in dieser unsicheren Welt erheben sich achtzig Millionen Menschen für ihre Unabhängigkeit und ein besseres Leben. Dieses Feuer, diese Erhebung ist ein Teil des großen Feuers in Asien — ein Teil des „Sturmes über Asien", so oft in Büchern beschrieben, so selten verstanden.

Verstehen Sie das Feuer, verstehen Sie den „Sturm". Wissen Sie, daß das Wiedererwachen Asiens und Afrikas ein Geschehen von größerer historischer Bedeutung ist, als die Erfindung der Atombombe? Eine Milliarde und sechshundert Millionen Menschen, die Bevölkerung Asiens und Afrikas, geben der Welt ein neues Gesicht. Eine Milliarde und sechshundert Millionen Menschen ändern das Gesicht der Welt. Ja, sie ändern das Gesicht der Welt, und sie machen die Welt wieder rund. Denn unser Nationalismus ist kein Nationalismus des Hasses und des Chauvinismus: unser Nationalismus sucht Selbstverwirklichung und Weltbrüderlichkeit. Mahatma Gandhi, einer der Führer dieses Nationalismus sagte: „Mein Nationalismus ist Menschenliebe". Wir Indonesier sagen: „Unser Nationalismus ist ein Teil der Menschenliebe".

Sie alle kämpfen für die Freiheit der Nationen und des Einzelnen. Bringen Sie unserem Kampf Verständnis entgegen, unserem Kampf für die Freiheit unserer Nationen und unserer Menschen.

24

Anlage 3

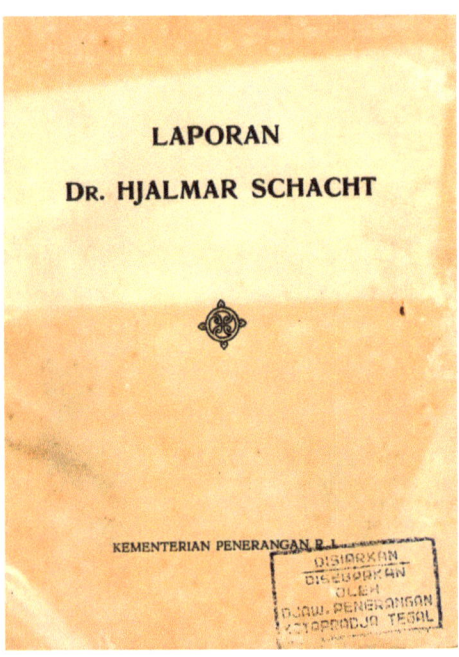

KEMENTERIAN PENERANGAN R. I.

Abb. 89
2. Seite von Buch
Hjalmar Schacht

Einige Ausschnitte[349] aus dem Bericht Hjalmar Schachts, den er am 9. Oktober 1951 der indonesischen Regierung übergeben hat. Auf Wunsch der Regierung enthält der Bericht Empfehlungen und Ansichten über die Mittel und Wege, durch die die bestehenden Schwierigkeiten, wie überhaupt die finanziellen und wirtschaftlichen Probleme des Landes überwunden werden können:

‚Die Schwierigkeiten, denen die junge indonesische Republik gegenübersteht, entspringen der Tatsache, dass man ein Volk von 75 Millionen mit verschiedensten Sprachen, Sitten, Lebensgewohnheiten und primitiven sozialen Zuständen durch einen plötzlichen Umbruch von einer darüber liegenden, zwar fremden aber gut funktionierenden Verwaltung losgerissen und sich selbst überlassen hat. Das ist noch dazu geschehen unter der Verwendung von politischen Schlagworten wie Demokratie, Freiheit, Selbstverwaltung, die schon unter den höchstentwickelten und gebildetsten Nationen nur mit entsprechenden Einschränkungen Geltung erlangt haben, die aber in einer völlig kenntnislosen, schriftunkundigen Menschenmasse geradezu Verheerung anrichten müssen. Die sehr kleine gebildete einheimische Oberschicht, die heute für diese ganze uneinheitliche Masse die politische Verantwortung trägt, verdient höchstes Lob. Diese kleine führende Schicht sollte es nicht als unehrenhaft empfinden, dass ihre Mitarbeiter an Kenntnissen und Erfahrungen zurückstehen hinter der bisherigen fremden Verwaltung. Es ist nicht ihre Schuld, dass sie Kenntnisse und Erfahrungen erst jetzt nachholen

---

349 Ibid., S. 675-681

können. Die Verantwortung dafür trifft nicht die jetzigen indonesischen Führungskreise, sondern die früheren Beherrscher'.
[Anm. d. Verf.: Dies ist eine Kritik an die früheren Kolonialherren, die Niederländer, die keine geordnete Übergabe an die freie Republik Indonesien zuließen.]

,Die Jugendlichkeit ihrer republikanischen Freiheit macht es verständlich, dass das indonesische Volk heute außerordentlich empfindlich ist in der Wahrung seiner Souveränität. Doch sollte das indonesische Volk begreifen, dass eine ausländische Mitwirkung an seiner Aufwärtsentwicklung mit der Beibehaltung seiner souveränen Rechte durchaus vereinbar ist und nicht entbehrt werden kann. Dies trifft in erster Linie für den Verwaltungsapparat zu. Noch weniger kann die ausländische Mitwirkung auf wirtschaftlichem Gebiet entbehrt werden. Alle unterentwickelten Länder, die sich die europäische Technik und Zivilisation zu Eigen gemacht haben, sind zu ihrem höchsten Vorteil den gleichen Weg gegangen, den auch Indonesien gehen muss.
Die Angst vor einem etwaigen Missbrauch ausländischen Kapitals gegenüber indonesischen Interessen hat bei den Indonesiern einen Inferioritätskomplex hervorgerufen, der völlig unberechtigt ist. Die formellen Beschränkungen, die gegen das Einströmen fremden Kapitals aufgerichtet worden sind, sollten sofort abgeschafft werden. Man darf nicht vergessen, dass in der Kolonialzeit das ausländische Kapital unter ausländischem Recht arbeitete, dass aber nunmehr das ausländische Kapital unter indonesischer Gerichtsbarkeit steht'.

,Die Lebenshaltung der indonesischen Bevölkerung ist sehr niedrig. Der Bedarf an den einfachsten Geräten für Haushalt, Wohnung, Kleidung und Verkehr ist außerordentlich groß. Die Befriedung dieses Bedarfs und die Steigerung der Lebenshaltung kann zwar von der Regierung unterstützt werden, sie muss aber aus der Arbeit der Bevölkerung selbst erwachen. Aus allen sachkundigen Berichten und Beobachtungen ergibt sich die Tatsache, dass die heutige Arbeitsleistung der Bevölkerung hinter der Leistung in der Kolonialzeit erheblich zurücksteht. Verbunden mit den gesteigerten Lohnforderungen der Arbeiter hat der Rückgang der Arbeitsleistung dazu geführt, zahlreiche Pflanzungen unrentabel zu machen. Die Bevölkerung muss immer wieder darüber aufgeklärt werden, dass Unternehmungen, die keinen Überschuss abwerfen, zur Betriebseinstellung und damit zu Arbeiterentlassungen gezwungen werden. Die Bevölkerung muss sich ferner darüber klar werden, dass zwischen Lohn und Leistung ein ursächlicher Unterschied besteht. Wo kein Überschuss erzielt wird, kann auch kein Überschuss verteilt werden. Wer mehr leistet, muss höher entlohnt werden als derjenige, der weniger leistet. Freiheit ist nicht gleichbedeutend mit Faulheit. Freiheit wird nicht geschenkt, sondern muss täglich verdient werden, im Krieg mit der Waffe, im Frieden mit der Arbeit von Kopf und Hand. [...] Dazu gehört Selbstzucht, Verantwortungsgefühl und Leistungswille. [...] Dem Faulen fällt nichts in den Schoß, der Fleißige erobert sich und seinem Volke die Freiheit und das Leben'.

‚Die Idee des volksbeglückenden Wohlfahrtsstaates unter beamteter Führung ist eine Anmaßung, die geradewegs in den totalitären Kommunismus führt, mit selbstverantwortlicher Freiheit des einzelnen Menschen aber nicht das Geringste gemein hat. [...] Der Staat ist nicht dazu da, um seine Bürger glücklich zu machen, das müssen die Bürger selbst tun. Der Staat ist dazu da, seine Bürger zu schützen. Geschenke und Wohltaten sind schlechte Erzieher, Schwierigkeiten und Not schmieden den Menschen'.

‚Die Wiederinstandsetzung des vorhandenen Eisenbahnsystems und seine möglichste Leistungssteigerung ist natürlich geboten. Darüber hinaus sollte die Verkehrspolitik nicht an der Erweiterung des Bahnsystems, sondern an den Bau von großen Landfernstraßen herangehen. Seitdem das Automobil den unerhörten Aufschwung nicht nur im Personenverkehr, sondern auch gerade in der Lastenbeförderung genommen hat, kann man sagen, dass das Zeitalter des Eisenbahnbaues vorüber ist. Die sich neu entwickelnden Länder haben vor den alten Industriestaaten den Vorteil voraus, dass sie den kostspieligen Eisenbahnbau sozusagen überspringen und durch den Bau von Fernstraßen ersetzen können. Der Straßenbau ist in Herstellung und Betrieb billiger als die Schiene mit ihrer komplizierten Bedienung. Abgesehen von der Einfuhr einiger billiger Straßenbaumaschinen, kann der Straßenbau mit einheimischen Mitteln und Kräften durchgeführt werden, während die Eisenbahn, angefangen von der Schiene, über Waggons und Lokomotiven bis zum komplizierten Signalsystem, gegen kostbare Devisen ganz aus dem Ausland bezogen werden muss. Um die Beschaffung von Fahrzeugen auf der Landstraße braucht sich die Regierung nicht zu kümmern. Die Beschaffung von Lastwagen und Omnibussen kann völlig den privaten Geschäftsunternehmern überlassen bleiben. Sie werden diese neue Möglichkeit, sich geschäftlich zu betätigen, gern ergreifen. Auch ist der Bau neuer Landstraßen die ideale Grundlage für Neuansiedlung in bisher unerschlossenen Gebieten'. [Anm. d. Verf.: Schon kurz nachdem Schacht Indonesien wieder verlassen hatte, wurden in Deutschland Straßenbaumaschinen, zum Beispiel Straßenwalzen der Firma Zettelmeyer, bestellt.]

‚Ein junger Staat, in welchem es an allem Kapital gebricht, und der infolgedessen immer in die inflationistische Gefahrenzone zu geraten droht, weil er auf die Kredite der Notenbank zurückgreifen muss, ein solcher Staat muss vor allem auf eiserne Sparsamkeit in seinen Staatsausgaben halten. Er darf nur immer die wichtigsten Aufgaben in Angriff nehmen und muss alles zurückstellen, wenn die erforderlichen Einnahmequellen nicht fließen. Dieser Notwendigkeit des Sparens steht das begreifliche Verlangen der parlamentarischen Volksvertretung gegenüber, ihren Wählern so viele wirtschaftliche Wünsche zu erfüllen, als nur möglich ist, Wünsche, die fast immer mit Staatsausgaben verbunden sind. Wenn mangelnde Einnahmen dem Finanzminister nicht erlauben, solchen Wünschen nachzukommen, so fallen die Vorwürfe mit Vorliebe auf ihn, statt auf die Abgeordneten, die finanziell unerfüllbare Forderungen stellen. [...] Die Regierung sollte sich entschließen, nur solche Ausgabenanträge im Parlament mitzuberaten, die gleichzeitig den Hinweis enthalten, aus welchen Quellen die Deckung erfolgen soll. Man spricht jetzt so viel in der ganzen Welt von deficit spending und empfiehlt die Überbrückung wirtschaftlicher Nöte durch eine solche Politik der Budgetüberschreitung. Aber auch jede Ausgabe, die nicht im Budget vorgesehen ist, muss irgendwie kassenmäßig bewerkstelligt werden. Einen Geldmarkt, auf dem dies durch Ausgabe kurzfristiger Schatzwechsel oder dergleichen geschehen könnte, besitzt Indonesien nicht. Die Notenbang dafür in Anspruch zu nehmen, bedroht die Stabilität der Währung. Also muss die indonesische Staatsfinanzpolitik unter allen Umständen bemüht sein, Ausgaben und Einnahmen des Staates im Gleichgewicht zu halten. Ein kleiner, gut bezahlter Beamtenapparat ist besser als ein schlecht bezahlter übervölkerter. Insbesondere sollte die Vergütung der höchsten Staatsstellen so bemessen sein, dass ihre Inhaber sich von materiellen Sorgen frei wissen und sich ganz der Staatsführung widmen können. Auch die Bezahlung der übrigen Beamten muss so bemessen sein, dass sie für materielle Zuwendungen unerlaubter Art unzugänglich werden. Der Beamte muss wissen, dass er der Träger der Ehre des Staates ist'.

‚Das indonesische Volk ist intelligent, gutwillig und, wie alle Naturvölker, von großem Rechtsgefühl. Aus der langen Zeit der Kolonialherrschaft erklärt es sich, dass es ihm an Selbstzucht gebricht. [Anm. des Verf.: Zu jener Zeit streiften immer noch marodierende, meist kommunistische Terrorbanden durch das Land.] Wer sich aber nicht selbst beherrschen kann, der läuft Gefahr, von anderen beherrscht zu werden. Das indonesische Volk steht vor der Lebensfrage, ob es seine Herrscher aus der eigenen Mitte wählen oder wieder fremdem Einfluss unterliegen will. [...] Aber wenn es seine Regierung sel-

ber wählen will, dann muss es auch dieser Regierung soviel Herrschermacht zuerkennen, dass die Regierung die Zucht durchsetzen und den Gehorsam gegen diese Gesetze erzwingen kann. Demokratische Parlamente sind nicht dazu da, um jede einzelne taktische Maßnahme der Regierung vorher zu diskutieren. Sie sollen der Regierung Richtlinien geben, und innerhalb dieser Richtlinien Aktionsfreiheit. [...] Eine Regierung, die keine Vollmacht zum Handeln hat, kann nicht handeln. Parlamente sind keine rhetorischen Übungsplätze, sondern sind verantwortungsbewusste Vollmachtgeber. Gegenüber aller Unordnung, Unsicherheit und Unbotmäßigkeit im Lande braucht Indonesien eine handlungsfähige Regierung, welche den Willen, die Kraft und die Macht hat, jede Auflehnung gegen die öffentliche Ordnung mit staatlicher Gewalt zu bestrafen und zu beseitigen'.
[Anm. d. Verf.: Schon kurz danach dehnte Präsident Soekarno seine Machtbefugnisse erheblich aus und ging mit großer Härte gegen die Terrorbanden vor.]

,Er [der Indonesier] will gleichberechtigt sein, aber seine Eigenart nicht aufgeben. Er lässt sich keinen fremden Lebensstil aufdrängen. Er schätzt Geld und Gut und westlichen Komfort, aber es gibt für ihn auch Dinge, die nicht gut käuflich sind: Menschenwürde, Ehrgefühl, Nationalbewusstsein, gesittetes Benehmen, Gottverbundenheit. Nur wer diese Philosophie begreift, kann ihm wirklich nützliche Hilfe leisten. [...]'.
[Anm. d. Verf.: Die gilt heute noch genauso wie damals.]

Nachdem Schacht seinen Bericht übergeben hatte, bereiste er mit seiner Frau Sumatra und Bali. Wie er schreibt, fand er überall seine Beobachtungen bestätigt. Er stellte fest, dass Indonesien eines der reichsten Länder der Erde ist, da es kaum einen Rohstoff gibt, der nicht in diesem Inselreich vorhanden wäre. Was 75 Millionen Menschen aus diesem Inselreich machen werden, wird die Zukunft lehren.[350]
Indonesien ist heute mit über 240 Millionen Einwohnern und einem Wachstum von 7 Prozent ein aufstrebender Staat, in dem es mit einer mehrheitlich islamischen Bevölkerung erstaunlich friedlich ist. Hjalmar Schacht hat schon vor 63 Jahren dafür die Akzente gesetzt.

---

350 Ibid., S. 682

Personenregister

(Japanische, vietnamesische und chinesische Namen sind *kursiv* geschrieben)

Abdulgani, Ruslan 350
Abid Hassan 73, 89
Adenauer, Konrad 350f, 355
Agung Gde Rai 244
Agusprio Susilo 149
Ali al-Gaylani 55, 67
Allardt, Dr. Helmut 348
Amery, John 64
Amery, Leopold 64
Anwar, Rosihan 149, 207, 266, 349
Aoyagi 87
Ariizumi Tatsunosuke 177, 195
Arora, Dr. Vijay 69
Arudji Kartawinada 350
Attlee, Richard 88, 230
Ba Maw, Dr. 80
Badoglio 40
Baillie-Steward, Norman 60
Balke, Dr. 174
Barbie, Klaus 303
Baur, Hans 284, 287
Behn, Sosthenes 114ff
Beinhorn, Elly 143, 146
Belo, Bischof 281f
Blankenberg, Dr. 26
Bode, Lydia 202
Böhm, Hans Willi 141f
Borgward, Carl Friedrich Wilhelm 339-346, 353
Bose, Aurobindo 89
Bose, Subhas Chandra 18, 22, 36, 49-93, 180, 247, 290, 336, 371f
Bose-Pfaff, Dr. Anita 51
Bräker, Prof. Dr. Hans 68f, 89
Braun, Eva 288f, 291f, 294, 299ff

Braun, Wernher von 302, 306, 314f
Breker, Arno 349
Brennecke, Jochen 14
Brentano, Heinrich von 258
Buchholz, Dr. 19
Bung Tomo 250, 254, 303, 360
Burghagen, Walter 225, 237f, 320
Byrd, Richard Evelyn 297
Canaris, Wilhelm 99, 103
Carissan, Jacques 26
Chaerul Saleh 359
Chaplin, Charlie 138
Chiang kai-shek 231, 335
Chung Thye Phin 134
CIA 33, 357, 360ff
Cohausz, Hans 155
Cripps, Sir Stafford 53
de Jong, Loe 257, 262
Dechow 109
Detmers, Theodor 152ff
Dittmar, Heini 311
Djuanda Kartawidjaja 359
Dommes, Wilhelm 17, 40, 117, 176f, 180, 224
Dönitz. Karl 119, 154, 173, 177, 192, 194, 222f, 241, 243, 295, 307
Hatta, Dr. Mohammad 182, 184, 294f
Draganovic, Dr. Krunoslav 301, 303
Drees 255
Drigalski, Dierk von 330, 336
Drygalski, Dagobert von 165
Dubijakto, R. S. 327
Dunsing, Wilhelm 330, 335f

Sachregister

(Die kursiv geschriebenen Wörter sind Namen von Schiffen und Booten)

Verwendete Archive und Bibliotheken

AA, Auswärtiges Amt, Politisches Archiv, Berlin

ANRI, Arsip Nasional Republik Indonesia/Perpustakaan Nasional RI, (Nationalarchiv der Republik Indonesien), Jl. Ampera Raya No. 7, Jakarta 12560

BA, Bundesarchiv, Koblenz

DHM, Deutsches Historisches Museum, Berlin

DMM, Deutsches Marinemuseum, Wilhelmshafen

DUBM, Deutsches U-Boot-Museum, Cuxhafen

HAFK, Historisches Archiv der Friedrich Krupp AG (heute Thyssen Krupp)

IfW, Institut für Weltwirtschaft an der Universität Kiel

IfZ, Institut für Zeitgeschichte, München

KIT, The Royal Tropical Institut, Amsterdam

MPNP, Museum Perunusan Naskah Proklamasi, Jakarta

MSN, Museum Sepuluh Nopember (Museum und Archiv der Schlacht der Briten um Surabaya), Surabaya

NAA, National Archives of Australia

NRB, Netaji Research Bureau/Netaji Bahwan, Kolkata, West Bengal, India

PNRI, Perpustakaan Nasional Republik Indonesia (National Library), Jakarta

PPA, Plessen-Privat-Archiv, Wahlstorf

UH, Universitätsbibliothek Heidelberg

UPT, Perpustakaan Proklamator Bung Karno (Soekarno Archiv), Jalan Kalasan 1, Blitar, Ost- Java

Literatur zu den Quellenangaben

Adams, Cindy, *Sukarno, An Autobiography*, New York 1965

Alberti-Sittenfeld, Conrad, *Die Eroberung der Erde: Der Weiße als Entdecker, Erforscher und Besiedler fremder Erdteile*, Berlin 1909

Anwar, Rosihan, *Penetrasi Ekonomi dan Intel Jepang ke Hindia Belanda Seblum Perang*

Anwar, Rosihan, *Sejarah Kecil, Petite Histoire Indonesia*, Jakarta 2010

Bacareza, Hermogenes E., *Philippine-German Relations*, Manila 2007

Beinhorn, Elly, *Ein Mädchen fliegt um die Welt*, Berlin 1932

Brennecke, Jochen, *Haie im Paradies*, München 1975

Brennecke, Jochen, *Jäger – Gejagte, Deutsche U-Boote 1939-1945*, München 1986

Brennecke, Jochen, *Schwarze Schiffe – Weite See*, Oldenburg 1958

Bruns, Theo, *Der Vatikan und die Rattenlinie. Wie die katholische Kirche Nazis und Kriegsverbrecher nach Südamerika schleuste*

Bucher Gruppe, *Freundeskreis Himmler*, Books Llc 2010

Büttner, Ursula und Voss-Louis, Angelika, *Neuanfang auf Trümmern*, Oldenburg 1992

Churchill, Winston, *The Second World War*, London 1949

Clark, Christopher, *The Sleepwalkers. How Europe Went to War in 1914*, London 2013

Doel, H. W. van den, *Afscheid van Indie*, Amsterdam 2000

Doel, H. W. van den, *Het Rijk van Insulinde. Opkomsten ondergang van een Nederlandse kolonie*, Amsterdam, 1996

Domingo, Benjamin B., *Philippine-German Relations*, Manila 1983

Drigalski, Dierk von, *Al Andar se Hace Camino, Stationen eines langen Lebens*, Berlin 2011

Farago, Ladislas, *The Tenth Fleet*, New York 1962

Fest, Joachim C., *Hitler – Eine Biographie*, Frankfurt 1973

Fischer, Thomas, *Die Verteidigung der Reichskanzlei 1945: Kampfkommando Mohnke berichtet*, München 2007

Forsyth, Robert, *Messerschmitt Me 264, Amerikabomber: The Luftwaffe's lost strategic Bomber*

Frank-Rutger Hausmann, *Ernst Wilhelm Bohle, Gauleiter im Dienst von Partei und Staat*, Berlin 2009

Friedeburg, Hans-Georg von, *32000 Seemeilen auf blauem Wasser, Hamburg 1926/27*, Minden

Gablenz, Carl August von, *D-ANOY bezwingt den Pamir,* Oldenburg i. O. 1937

Geerken, Horst H., *Der Ruf des Geckos,* Norderstedt 2009

Geerken, Horst H., *Missbrauchte Kindheit,* Norderstedt 2011

Genin, Robert, *Die Ferne Insel. Aufzeichnungen von meiner Fahrt nach Bali,* 1929

Gibbs, Phillip, *Verwandte Welten (Blood Relations),* Berlin 1937

Globus, *Illustrierte Zeitschrift für Länder- und Völkerkunde,* 1876

Goni, Uki, *Odessa: Die wahre Geschichte, Fluchthilfe für NS-Kriegsverbrecher*

Günther und Rehmer, *Inder, Indien und Berlin*

Günther, Dr. Lothar, *Indien und Deutschland – Berichte und Analysen,* Nr. 4/2007

Haffner, Sebastian, *Anmerkungen zu Hitler* (27. Auflage), Frankfurt a. M. 1981

Hayes, Roman, *Subhas Chandra Bose in Nazi Germany,* London 2011

Helfferich, Emil, *Dienst am Vaterland,* Hamburg 1938

Helfferich, Emil, *Ein Leben,* Hamburg 1948

Herold,Klaus, *Der Längstwellensender Goliath bei Kalbe an der Milbe von 1941-1945*

Hesse, Hermann, *In Indien,* Berlin 1923

Hitler, Adolf, *Mein Kampf,* München 1939

Hougron Jean, *Das Mädchen von Saigon, Soleil au Ventre,* Gütersloh 1967

Infield, Glenn B., *Hitler's Secret Life,* New York 1979

Jog, N. G., *Churchills Blind Spot,* Bombay 1944

Johann, A. E. *Am Rande der Winde,* Gütersloh 1963

Jong, Loe de, *Het Koninkrijk der Nederlanden in de Tweede Wereldoorlog,* Band 12, Den Haag 1985

Jong, Louis de, *The German Fifth Column in the Second World War,* Chicago 1956

K'tut Tantri, *Aufruhr im Paradies,* Berlin, 1961

Kagie, Rudie, *Bikkel, Het verhaal van de politieke mord van het Bouterse,* Amsterdam *2012*

Kapuistos, Peter Fotis, *Pope Sixtus VII,* Athen 2013

Keppner, Gerhard, *Wie weit bis Airmolang?,* Berlin 2006

Kowaas, Cornelis, *Dewa Ruci,* Jakarta 2010

Krug, Hans-Joachim; Hirama, Yoichi; Sander-Nagashima, Berthold J.; Niestlé, Axel; *Reluctant Allies, German-Japanese Naval Relations in World War II,* Annapolis 2001

Loeber, Irmgard, *Das niederländische Kolonialreich* aus der Reihe Weltgeschehen, 1939

Madhusree Mukerrjee, *Churchills Secret War,* New York 2010

Mak, Geert, *Das Jahrhundert meines Vaters,* München 2005

Mangat, Gurbachan Singh, *The Tiger Strikes: An Unwritten Chapter of Netaji's Life History,* Ludhiana 1986

May, Karl, *Friede auf Erden,* Freiburg i. Br. 1904

McDonogh, Giles, *A Good German: Adam von Trott zu Solz,* London 1989

McKale, Donald M., *Hitler's Survival Myth,* New York 1981

Mussmanno, Michael, *Ten Days to Die,* Davies 1951

Netaji Collected Works, Oxford University Press, USA 1995 u. A.

Polya, Gideon M., *Jane Austen and the Black Hole of British History: Colonial Rapacity, Holocaust Denial and the Crisis in Biological Sustainability,* Melbourne ²2008

Schacht, Hjalmar, *76 Jahre meines Lebens,* Bad Wörishofen 1953

Schaeffer, Heinz, *U-977, Geheimfahrt nach Südamerika,* Wiesbaden 1974

Schnabel, Reimund, *Tiger und Schakal: Deutsche Innenpolitik 1941-43,* Wien 1968

Serrano, Miguel, *Adolf Hitler - El Ultimo Avatar,* Madrid

Soekarno, *Paintings and Statues from the Collection of President Soekarno of the Republic of Indonesia,* Tokyo 1964

Soeryo Goerinto, Ir. KGPH, *Hitler Mati di Indonesia, Rahasia yang Terkuak,* Jakarta 2010

Stahmer, Heinrich Georg, *Japans Niederlage – Asiens Sieg,* Bielefeld 1952

Stechow, Johann K. von, *Southeast Asia and the Germans/Germans in the Philippines,* Tübingen 1977

Steinacher, Gerald, *Nazis auf der Flucht: Wie Kriegsverbrecher über Italien nach Übersee entkamen,* Frankfurt/M 2010

Sullivan, Walter, *Quest for a Continent,* New York 1957

Szabo, Ladislas, *Hitler está vivo* (Hitler ist am Leben), Buenos Aires, 1947

Tsuda, Kiyokazu, *Vorhaben Würzburg,* CQ Verlags GmbH, Tokyo 15.12. 1981(Übersetzung des japanischen Titels)

Vogt, Martin, *Herbst 1941 im Führerhauptquartier,* 2002

Werth, Alexander, *Der Tiger Indiens,* München 1971

Wolff, Eric W., Suttie, Erdward D., Peel, David A., *Atmospheric Environment*

Yoshimi Yoshiaki, *Comfort Women,* New York 2000

Zöllner, Hans Martin, *Sarangan,* Hamburg 1989

Quellenangaben der Abbildungen

Abb. 1, © Horst H. Geerken

Abb. 2, Ibid.

Abb. 3, Skizze/Ausschnitt aus dem Perth Street Directory

Abb. 4, http://commons.wikimedia.org/wiki/File:Douvresradar1.jpg

Abb. 5, © Tsuda Kiyokazu, *Vorhaben Würzburg* (Titel übersetzt), S. 31

Abb. 6, http://www.lasegundaguerra.com/viewtopic.php?t=10160/public

Abb. 7, © Tsuda Kiyokazu, aus Buch *Vorhaben Würzburg* (Titel übersetzt)

Abb. 8, © Tsuda Kiyokazu, *Vorhaben Würzburg* (Titel übersetzt), S. 111

Abb. 9, © Tsuda Kiyokazu, *Vorhaben Würzburg* (Titel übersetzt), S. 112

Abb. 10, © Universitätsbibliothek Heidelberg, *Kladderadatsch* Nr. 16 vom 19. April 1942

Abb. 11, http://de.wikipedia.org/wiki/Flagge_Japans

Abb. 12, Bundesarchiv 146-1985-130-30, Fotograf Hoffmann

Abb. 13, © Sammlung Dr. Madan/Dr. Bräker

Abb. 14, http://de.wikipedia.org/wiki/Legion_Freies_Indien

Abb. 15, http://www.oldindianphotos.in/2012/01/netaji-subhas-chandra-bose-and-adolf.html

Abb. 16, http://fantasticpictures4u.blogspot.in

Abb. 17, © Horst H. Geerken, Foto: Dr. Hans Bräker

Abb. 18, Quelle unbekant. Foto von indonesischem Sammler

Abb. 19, Werth, *Der Tiger Indiens,* Bild ohne Seitenangabe, links neben S. 161

Abb. 20, http://azad-hind-sena.blogspot.de

Abb. 21, © Sammlung Seow Kuan, Malaysia

Abb. 22, http://upload.wikimedia.org/wikipedia/commons/f/fe/Subhas_Chandra_Bose.jpg

Abb. 23, Bundesarchiv Bild 146-1980-036-05 common

Abb. 24, www.kalbe-milde.de/gol/gol3/gol3f2.htm

Abb. 25, © Ibrahim Ahmad, Indonesien

Abb. 26, Ibid.

Abb. 27, Mit freundlicher Genehmigung © Sammlung Bode

Abb. 28, Ibid

Abb. 29, © Horst H. Geerken

Abb. 30, Das Foto wurde mir 1965 von einem Zeitzeugen in Surabaya überlassen

Abb. 31, Nach einem Bild im Hotel Majapahit, Surabaya, © Horst H. Geerken

Abb. 32, Fotografie eines Bildes im Museum Sepuluh Nopember', © Horst H. Geerken

Abb. 33, © Foto: Horst H. Geerken

Abb. 34, Ausschnitt aus Gemälde, Museum ‚Sepuluh Nopember‘, © Horst H. Geerken

Abb. 35, © Alif Rafik Khan (aus Hamel, Didier, *Theo Meier: A Swiss Artist under the Tropics*)

Abb. 36, Bild aus: *Flugzeug Classic,* 07/2010, Foto: P. Schenk/AK Gröner

Abb. 37, Commons.wikipedia-org/wiki/Category:Doenier_Do_24

Abb. 38, © Horst H. Geerken

Abb. 39, Ibid.

Abb. 40, Mit freundlicher Genehmigung © Sammlung Bernd-Uwe Schinzel

Abb. 41, © Horst H. Geerken

Abb. 42, http://www.familie-luyken.de/07Genealogie/Bilder/10Gen/10044.htm

Abb. 43, PETA Museum Bogor, Indonesien

Abb. 44, PETA © 2014Merdeka.com

Abb. 45, © Alif Rafik Khan, Indonesien

Abb. 46, Ibid.

Abb. 47, Nach Angaben aus der Erinnerung von Zeitzeugen unter Vorlage des Plans aus dem Büchlein *Sarangan* von Hans-Martin Zöllner, S. 82

Abb. 48, http://en.wikipedia.org/wiki/Tadashi_Maeda_%28admiral%29

Abb. 49, © Alif Rafik Khan, Indonesien

Abb. 50, Imperial War Museum London, IND 4806/public domain

Abb. 51, © Ibrahim Ahmat, Indonesien: aus Broschüre *A U-Boat far from Home,* von Dieter Hille (Leutnant auf U 181)

Abb. 52, © Horst H. Geerken

Abb. 53, Ibid.

Abb. 54, Ibid.

Abb. 55, © Soekarno Museum Blitar, Indonesien

Abb. 56, Quelle unbekannt. Foto von einem indonesischen Sammler

Abb. 57, © Horst H. Geerken

Abb. 58, © Sammlung A. Sch.

Abb. 59, Mit freundlicher Genehmigung © Hardy Zoellner

Abb. 60, © Horst H. Geerken

Abb. 61, Deutsche Wochenschau Nummer 755

Abb. 62, © Horst H. Geerken

Abb. 63, Ibid.

Abb. 64, © Fotograf: Alif Rafik Khan, Indonesien

Abb. 65, Ibid.

Abb. 66, Ibid.

Abb. 67, © Kompas Media Nusantara, Jakarta/Cornelis Kowaas

Abb. 68, Schacht, Hjalmar, *76 Jahre meines Lebens,* zwischen S. 216 und 217

Abb. 69, © Ivan Taniputera, Indonesien

Abb. 70, Ibid.

Abb. 71, © Privatsammlung Linde May

Abb. 72, © Privatsammlung Monica Borgward, Fotograf unbekannt

Abb. 73, © Foto Walter Richleske/Archiv Peter Kurze

Abb. 74, © Privatsammlung Monica Borgward, Fotograf unbekannt

Abb. 75, Ibid.

Abb. 76, © Foto Walter Richleske/Archiv Peter Kurze

Abb. 77, Borgward Kurier 1960, Nr. 2 © Archiv Peter Kurze

Abb. 78, © Foto Walter Richleske/Archiv Peter Kurze, Borgward Kurier, 1960 No. 3

Abb. 79, Paintings and Statues from the Collection President Soekarno, Band 5, Abb. 8

Abb. 80, Politisches Archiv des AA-Berlin: Fotobuch, Erinnerung an den Besuch Seiner Exzellenz des Präsidenten der Republik Indonesien, Dr. Ahmad Sukarno bei der Fa. Fried. Krupp, Essen am 18. Juni 1956. Mit freundlicher Genehmigung der Alfred Krupp von Bohlen und Halbach-Stiftung, Historisches Archiv Krupp

Abb. 81, Ibid.

Abb. 82, Ibid.

Abb. 83, Ibid.

Abb. 84, © Politisches Archiv AA-Berlin, Sukarno Bild 00012362

Abb. 85, © Horst H. Geerken, Fotograf: Anette Bräker

Abb. 86, © Agence France Presse

Abb. 87, Karikatur aus dem Magazin ‚Kladderadatsch‘ von 1942

Abb. 88, © Tsuda Kiyokazu, aus Buch *Vorhaben Würzburg* (Titel übersetzt), S. 2 u. 3

Abb. 89, © Ivan Taniputera, Indonesien

Der Autor hat sich bemüht, die Urheber der Abbildungen und Texte ausfindig zu machen und die Genehmigung zur Veröffentlichung zu erlangen. Falls dennoch jemand Rechte an einer Abbildung oder an einem Text haben sollte, wird er gebeten, den Autor zu kontaktieren.

Einige Abbildungen aus den 1930er und 1940er Jahren haben leider eine schlechte Qualität. Aus historischen Gründen habe ich sie trotzdem im Buch wiedergegeben. Auf einigen historischen Aufnahmen sind auch das Hakenkreuz und andere Nazi-Symbole zu sehen. Dies geschieht aus rein historischen Gründen und dient nicht der Verherrlichung der Nazi-Zeit. Dies ist in der Berichterstattung über Vorgänge des Zeitgeschehens und der Geschichte erlaubt.

Weitere Bücher des Autors in Deutsch

Horst H. Geerken
Der Ruf des Geckos. 18 erlebnisreiche Jahre in Indonesien
436 Seiten, Paperback, Norderstedt 2009, € 24,90

Horst H. Geerken
Missbrauchte Kindheit. Geboren im Jahr von Hitlers Machtergreifung
240 Seiten, Seiten, Norderstedt 2011, € 16,90

Horst H. Geerken
Hitlers Griff nach Asien, Band 1
380 Seiten, Paperback, Norderstedt 2015, € 27,95

Horst H. Geerken
Hitlers Griff nach Asien, Band 2
432 Seiten, Paperback, Norderstedt 2015, € 27,95

Horst H. Geerken
Erinnerung an Annette. Der letzte Weg einer außergewöhnlichen und tapferen Frau
148 Seiten, Paperback, Norderstedt 2015, € 14,99

Horst H. Geerken
Annettes letzte Reise. Die ungewöhnliche Reise einer außergewöhnlichen Frau
80 Seiten, Paperback, Norderstedt 2016, € 9,95

Annette Bräker, Horst H. Geerken
Indonesien Gestern und Heute. Reiseberichte der anderen Art
316 Seiten, Paperback, Norderstedt 2016, € 19,95

Annette Bräker, Horst H. Geerken
Der Karakorum-Highway und das Hunzatal, 1998: Geschichte, Kultur und Erlebnisse
244 Seiten, Paperback, Norderstedt 2016, € 19,95

Horst H. Geerken
Die Ahnen. Eine Familiengeschichte in Wort und Bild. Geerken/Gerken – Thiel – Mannhardt – Schenk
516 Seiten, Hardcover, Norderstedt 2018, € 98,99

Horst H. Geerken
Eine Balinesin in Deutschland und ein Deutscher auf Bali
183 Seiten, Paperback, Norderstedt 2019, € 17,99

Piet Jonasson (Hrsg. Horst H. Geerken)
Die Tote am Blutturm. Schatten über dem Schützenfest
192 Seiten, Paperback, Norderstedt 2010, € 11,90

Piet Jonasson (Hrsg. Horst H. Geerken)
Glaube? Sitte? Heimat? Pecunia non olet!
256 Seiten, Paperback, Norderstedt 2013, € 14,95

Weitere Bücher des Autors in Englisch

Horst H. Geerken
A Gecko for Luck. 18 years in Indonesia
392 Seiten, Paperback, Norderstedt 2010, € 24,95

Horst H. Geerken
A Magic Gecko. CIA's Role Behind the Fall of Soekarno
360 Seiten, Paperback, Jakarta 2011, IRP 150.000,00

Horst H. Geerken
Hitler's Asian Adventure
572 Seiten, Paperback, Norderstedt 2015, € 27,95

Annette Bräker, Horst H Geerken
The Karakoram Highway and the Hunza Valley, 1998: History, Culture, Experiences
232 Seiten, Paperback, Norderstedt 2017, € 19,95

Horst H. Geerken, Annette Bräker
Indonesia Then and Now. A Different Kind of Travel Book
300 Seiten, Paperback, Norderstedt 2018, € 19,95

Horst H. Geerken
My Ancestors. A Family Historyy in Words and Pictures. Geerken/Gerken - Thiel - Mannhardt - Schenk
508 Seiten, Paperback, Norderstedt 2020, € 92,99

Weitere Bücher des Autors in Bahasa Indonesia

Horst H. Geerken
A Magic Gecko. Peran CIA di Balik Jatuhnya Soekarno
498 Seiten, Paperback, Jakarta 2011, ISBN 978-979-709-555-0, IRP 85 000,00

Horst H. Geerken
Jejak Hitler di Indonesia
402 Seiten, Paperback, Jakarta 2017, ISBN 978-602-412-175-4, IRP 119 000,00

Horst H. Geerken
Indonesia Then and Now. A Different Kind of Travel Book
300 Seiten, Paperback, Norderstedt 2018, € 19,95

Alle deutsch- und englischsprachigen Bücher können portofrei beim Verlag unter dem folgenden Link bestellt werden: https://www.bod.de/buchshop/catalogsearch/result/?q=horst+h.+geerken Alle deutsch- und englischsprachigen Titel sind auch im Buchhandel erhältlich.

Die englischsprachigen Bücher können über www.amazon.com und viele weitere Online-Shops bezogen werden. Sämtliche Bücher sind auch als E-Book/Kindle Edition erhältlich.

In Indonesien verlegte Bücher erhält man nur dort in allen GRAMEDIA Buchhandlungen oder beim Verlag über www.buku.kompas.com oder www.gramedia.com

A BukitCinta Book

Pressestimmen zu
‚Der Ruf des Geckos‘ und ‚A Gecko for Luck‘:

Amüsante und interessante Ereignisse aus dem eigenen privaten und beruflichen Leben machen das Buch zu einer historisch spannenden, aber auch menschlich heiteren Lektüre für all diejenigen, die Indonesien abseits der Touristenpfade kennenlernen wollen.

(*General-Anzeiger,* Bonn, 30. Juli 2009)

Von Interesse für den niederländischen Leser sind vor allem die zahlreichen Passagen über das koloniale Terrorregime und die blutige Antwort auf die indonesischen Unabhängigkeitsbestrebungen.

(Übersetzt aus *Vrij Nederland,* Amsterdam, 1. August 2009)

Geerken describes Indonesian history and the atrocities committed by the Dutch colonial power in an honest, clear, lively and intelligent way, revealing and documenting events which were previously little known about.

(*Koran Tempo,* Jakarta, October 26th, 2009)

The book A Gecko for Luck uncovers the involvement of Central Intelligence Agency (CIA) in the 1965 coup. [...] Geerken says that the US secret agents were the real masterminds behind the operation.

(*The Jakarta Post,* Jakarta, July 4th, 2010)

To the reader of 'A Gecko for Luck' the distress radio call send by the Chogyal [King] of Sikkim to Horst Geerken shows a true picture of that scenario where the Chogyal tried his best to gather last minute help to save his kingdom.

(*Sikkim Express,* Gangtok, Sikkim, November 21st, 2010)

I gained from the background Geerken provided to the history and politics of Indonesia, both preceding his time there and as it actually happened during his stay. Geerken delves into the Dutch colonial history of Indonesia to understand the impetus it gave to Indonesia's declaration of independence in 1945 and its future trajectory. **The Dutch Past** is a frightening story of the profit-motivated power that the Dutch East Indies Company wielded over the conomy and the people of Indonesia.

(*Wombat News,* Sydney, Australia, März 2012)